El asesoramiento financiero en Europa tras la MiFID II (II)

Carteras, regulación y fiscalidad

Coordinadores
INMACULADA PRA MARTOS
RODRIGO MARTÍN GARCÍA
PROFESORES DE ECONOMÍA FINANCIERA EN EL DEPARTAMENTO DE ECONOMÍA DE LA EMPRESA Y CONTABILIDAD EN LA UNIVERSIDAD NACIONAL DE EDUCACIÓN A DISTANCIA (UNED)

El asesoramiento financiero en Europa tras la MiFID II (II)

Carteras, regulación y fiscalidad

EDICIONES PIRÁMIDE

COLECCIÓN «ECONOMÍA Y EMPRESA»

Director:
Miguel Santesmases Mestre
Catedrático de la Universidad de Alcalá

Diseño de cubierta: Anaí Miguel

Juan Ignacio Luca de Tena, 15. 28027 Madrid
Teléfono: 91 393 89 89
www.edicionespiramide.es
Depósito legal: M. 1.507-2020
ISBN: 978-84-368-4228-9
Printed in Spain

Relación de autores

Raquel Arguedas Sanz
Profesora Titular de Economía Financiera. UNED

Damián de la Fuente Sánchez
Profesor Titular de Economía Financiera. UNED

Montserrat Hernández Solís
Profesora Contratado Doctor de Economía Financiera. UNED

Gabriel J. López
Director General de Inverdif Asesores Financieros

Carmen López Martín
Profesora de Economía Financiera. UNED

Rodrigo Martín García
Profesor Contratado Doctor de Economía Financiera. UNED

Juan Manuel Moral Calvo
Asesor fiscal especialista en sector financiero. Socio de KPMG Abogados

Inmaculada Pra Martos
Profesora Contratado Doctor de Economía Financiera. UNED

Ana Isabel Segovia San Juan
Profesora Titular de Contabilidad. UNED

Índice

Abreviaturas

AEAT:	Agencia Estatal de la Administración Tributaria.
CNMV:	Comisión Nacional del Mercado de Valores.
DGT:	Dirección General de Tributos.
ESMA:	European Securities and Markets Authority.
FGDEC:	Fondo de Garantía de Depósitos de Entidades de Crédito.
FIN-NET:	Financial Dispute Resolution Network.
FOGAIN:	Fondo de Garantía de Inversiones.
GAFIC:	Grupo de Acción Financiera del Caribe.
GAFILAT:	Grupo de Acción Financiera de Latinoamérica.
GAFIMOAN:	Grupo de Acción Financiera del Medio Oriente y África del Norte.
IP:	Impuesto sobre el Patrimonio.
IRNR:	Impuesto sobre la Renta de No Residentes.
IRPF:	Impuesto sobre la Renta de las Personas Físicas.
IS:	Impuesto sobre Sociedades.
ISyD:	Impuesto sobre Sociedades y Donaciones.
ITPyAJD:	Impuesto sobre Transmisiones Patrimoniales y Actos Jurídicos Documentados.
IVA:	Impuesto sobre el Valor Añadido.
LFCA:	Ley 22/2009, de 18 de diciembre, por la que se regula el sistema de financiación de las Comunidades Autónomas y Ciudades con Estatuto de Autonomía.
LGT:	Ley 58/2003, de 17 de diciembre, General Tributaria.
LIP:	Ley 19/1991, de 16 de junio, del Impuesto sobre el Patrimonio.
LIRPF:	Ley 35/2006, de 28 de noviembre, del Impuesto sobre la Renta de las Personas Físicas y de modificación parcial de las leyes de los Impuestos sobre Sociedades, sobre la Renta de no Residentes y sobre el Patrimonio.

LIS: Ley 27/2014, de 27 de noviembre, del Impuesto sobre Sociedades.

LISyD: Ley 29/1987, de 18 de diciembre, del Impuesto sobre Sociedades y Donaciones.

LITPyAJD: Real Decreto Legislativo 1/1993, de 24 de septiembre, por el que se aprueba el texto refundido de la Ley del Impuesto sobre Transmisiones Patrimoniales y Actos Jurídicos Documentados.

LIVA: Ley 37/1992, de 27 de diciembre, del Impuesto sobre el Valor Añadido.

RIRNR: Real Decreto 1776/2004, de 30 de julio, por el que se aprueba el Reglamento del Impuesto sobre la Renta de No Residentes.

RIRPF: Real Decreto 439/2007, de 30 de marzo, por el que se aprueba el Reglamento del Impuesto sobre la Renta de las Personas Físicas.

RISyD: Real Decreto 1629/1991 de 8 de noviembre, por el que se aprueba el Reglamento del Impuesto sobre Sucesiones y Donaciones.

SEPBLAC: Servicio Ejecutivo de la Comisión de Prevención del Blanqueo de Capitales.

STOR: Notificación de operaciones u órdenes sospechosas.

TEAC: Tribunal Económico Administrativo Central.

TR-LIRNR: Real Decreto Legislativo 5/2004, de 5 de marzo, por el que se aprueba el texto refundido de la Ley del Impuesto sobre la Renta de No Residentes.

TRLMV: Texto Refundido Ley de Mercado de Valores.

UE: Unión Europea.

Presentación

Los dos volúmenes que forman el libro *El asesoramiento financiero en Europa tras la MiFID II* proporcionan los conocimientos y las herramientas de análisis para el buen desarrollo de la actividad de información y asesoramiento financiero. En ellos, se recogen los contenidos exigidos a nivel europeo a los profesionales del sector financiero que desarrollan su trabajo en este ámbito y, en su elaboración, se han seguido las indicaciones marcadas por los organismos con competencia en la materia.

Por un lado, los dos libros siguen las Directrices para la evaluación de los conocimientos y competencias del personal que informa y que asesora de la Autoridad Europea del Mercado de Valores (AEMV, ESMA), de marzo de 2016, que son de aplicación desde enero de 2018, y proporcionan los conocimientos exigidos en la *Guía técnica de la Comisión Nacional del Mercado de Valores* (CNMV).

Por otro, los contenidos han sido redactados para facilitar el cumplimiento de lo exigido en la Directiva Europea MiFID II (2014/65/EU) relativa a los mercados de instrumentos financieros, que establece (arts. 24.2 y 25) que las empresas de servicios de inversión deben comprender las características de los instrumentos financieros que ofrecen o recomiendan a los clientes y que, para ello, los Estados miembros han de exigir a dichas empresas que aseguren y demuestren a las autoridades competentes que las personas que dan información o asesoran a clientes disponen de los conocimientos y competencias necesarios para cumplir sus obligaciones.

La estructura de los contenidos es la propuesta por la EFPA *(European Financial Planning Association)* para la obtención de la Certificación Europea EFA (*European Financial Advisor,* asesor financiero europeo), en la actualidad, la acreditación más demandada en el ámbito del asesoramiento financiero en Europa.

El presente libro tiene carácter teórico-práctico y trata las diversas materias de forma muy didáctica, incluyendo numerosos ejemplos y ejercicios resueltos a lo largo de la exposición de cada capítulo. Consideramos por ello que es un material de consulta adecuado también para estudiantes universitarios de grado y de posgrado en el área de finanzas.

Esta segunda parte de la obra, subtitulada *Carteras, regulación y fiscalidad,* se estructura en diecinueve capítulos, elaborados por académicos de la UNED y profesionales de las finanzas.

El capítulo 1 comienza presentando conceptos introductorios como son el binomio rentabilidad-riesgo, la diversificación en una cartera y la eficiencia en los mercados de capitales. A continuación el capítulo 2 describe los principales modelos de la teoría de carteras. En los capítulos 3 y 4 se analiza el proceso de asignación de activos y la medición de resultados, respectivamente.

Los capítulos 5 y 6 están dedicados al análisis de los seguros. Tras una presentación de las principales características del contrato de seguro, se analizan los distintos tipos de coberturas: personales, de daños y patrimoniales.

El capítulo 7 se centra en el estudio de los planes y fondos de pensiones: los elementos que los definen, sus modalidades y los fundamentos de su operativa. Los aspectos que es necesario considerar a la hora de hacer una planificación financiera de la jubilación se explican en el capítulo 8.

Las características de la inversión inmobiliaria y sus diferencias respecto a la inversión financiera tradicional son abordadas en el capítulo 9. El capítulo finaliza con un análisis del préstamo hipotecario, sus características y principales métodos de amortización.

Los capítulos 10 y 11 están dedicados a la gestión del riesgo en las carteras minoristas de las entidades financieras. En el capítulo 10 se definen algunos conceptos que constituyen la base del análisis, así como las fases en la gestión del riesgo. El capítulo 11 se centra en las garantías y la gestión de la insolvencia en este tipo de carteras.

Los aspectos fiscales de la inversión financiera se tratan en los capítulos 12 a 16. Esta parte comienza con una revisión general de los principales impuestos en los capítulos 12 a 14 (IRPF, Patrimonio, Sucesiones y Sociedades) y continúa con un análisis de la fiscalidad de los principales productos financieros en el capítulo 15. Por último, en el capítulo 16 se comentan los aspectos más relevantes a considerar para una planificación fiscal óptima.

El capítulo 17 presenta la normativa vigente en materia de prestación de servicios de inversión, abuso de mercado, prevención del blanqueo de capitales y protección de datos. Los contenidos de la Directiva MiFID y el código ético de EFPA se analizan en el capítulo 18.

Para terminar, el capítulo 19 aborda el proceso de asesoría financiera: las características de la banca personal y privada y los servicios que ofrecen y las actividades necesarias para llevar a cabo una correcta asesoría financiera.

Esperamos que el libro satisfaga las expectativas de los lectores interesados en al área de finanzas y en el asesoramiento financiero.

No queremos finalizar sin expresar nuestro más sincero agradecimiento a los coautores del libro, a la UNED y a Ediciones Pirámide, por la confianza depositada en este proyecto.

Madrid, diciembre de 2019.

INMACULADA PRA
RODRIGO MARTÍN

1 Rentabilidad y riesgo

Raquel Arguedas Sanz
Carmen López Martín
Rodrigo Martín García

Resumen del capítulo

En este capítulo se abordarán los conceptos de rentabilidad y riesgo como medidas para cuantificar y comparar diferentes activos financieros. Así, se introduce el concepto de rentabilidad de un activo cierto y la rentabilidad de un activo en condiciones de incertidumbre y se presenta su medida del riesgo correspondiente. A continuación, se introduce el concepto de cartera de valores y se presenta la rentabilidad y riesgo de esta. Se analiza el concepto de diversificación como forma de conseguir encontrar combinaciones de activos que simultáneamente ofrezcan una determinada rentabilidad, pero reduciendo el riesgo asociado a esta. El capítulo concluye exponiendo el concepto de mercados de capitales eficientes y las diferentes hipótesis de eficiencia en los mercados, así como algunas de las anomalías presentes en los mercados financieros.

Objetivos de aprendizaje

Después de estudiar el capítulo el lector ha de ser capaz de entender:

1. El concepto de rentabilidad y riesgo de un activo en condiciones de certeza y de incertidumbre. Cálculo de la rentabilidad y el riesgo de una cartera formada con dos activos o más activos.
2. Entender la importancia del coeficiente de correlación de los activos que forman una cartera a la hora de disminuir su volatilidad (riesgo).
3. Entender la necesidad y ventajas de diversificación de carteras.
4. Conocer el significado de mercados eficientes, así como los diferentes grados de eficiencia que se establece en los mercados.
5. Los tipos de anomalías de los mercados financieros.

1.1. INTRODUCCIÓN

Las decisiones de inversión y financiación exigen una adecuada planificación financiera que tome conjuntamente en consideración la rentabilidad, el riesgo, la liquidez y el plazo de la inversión, así como las necesidades de recursos financieros que implicarían en el futuro esas decisiones de inversión.

Trasladando lo anterior al contexto de las inversiones financieras, encontramos que los productos financieros comportan decisiones en términos de *rentabilidad, riesgo* y *liquidez,* que habitualmente funcionan en sentido contrapuesto: los productos más rentables generalmente soportan mayor riesgo, y aquellos más líquidos suelen ser, en principio, menos rentables que las inversiones financieras a medio y largo plazo.

Rentabilidad, riesgo y liquidez forman, por tanto, una trilogía que debe ser evaluada al analizar los instrumentos financieros (véase figura 1.1). En el caso de la inversión financiera individual o colectiva, Palomo y Mateu (2004) enumeran, para diferentes familias de productos, una serie de características y recomendaciones útiles que se sintetizan en la tabla 1.1.

Algunos de esos productos están directamente relacionados con el negocio propio de las entidades de crédito, y más particularmente con las operaciones de pasivo de bancos y cajas (es el caso de las cuentas a la vista y los depósitos, e indirectamente de otros como los productos de inversión colectiva). Otros instrumentos, como la renta fija y la renta variable, se negocian, con carácter general, en mercados organizados, y son empleados con frecuencia por las empresas para financiarse.

En este capítulo abordaremos el concepto de rentabilidad y riesgo como medidas para cuantificar diferentes activos. Aunque en primer lugar se introduce el concepto de rentabilidad de un activo en condiciones de certeza (en cuyo caso la rentabilidad esperada coincidirá con la que se obtendrá finalmente), la realidad económica es bien distinta, por la existencia de incertidumbre: el rendimiento futuro esperado es una variable aleatoria. Veremos cómo se obtiene en cada caso la rentabilidad o rendimiento de un activo, y se presentará una medida del riesgo asociado a cada rendimiento del título, ya que cualquier inversor necesita poder cuantificar, para cada activo, tanto su rendimiento incierto como el nivel de dicha incertidumbre antes de tomar una decisión respecto a la idoneidad de realizar una inversión.

A continuación, ambos conceptos, rentabilidad y riesgo, se generalizan para el caso de una cartera formada por varios activos. Se introduce el concepto de diversificación como forma de conseguir encontrar combinaciones de activos que simultáneamente ofrezcan más rentabilidad con el mismo riesgo, o carteras que presenten la misma rentabilidad esperada pero reduciendo el riesgo. La diversificación de carteras es el principio básico de la operativa en los mercados financieros.

El capítulo concluye exponiendo el concepto de mercados de capitales eficientes y las diferentes hipótesis de eficiencia en los mercados.

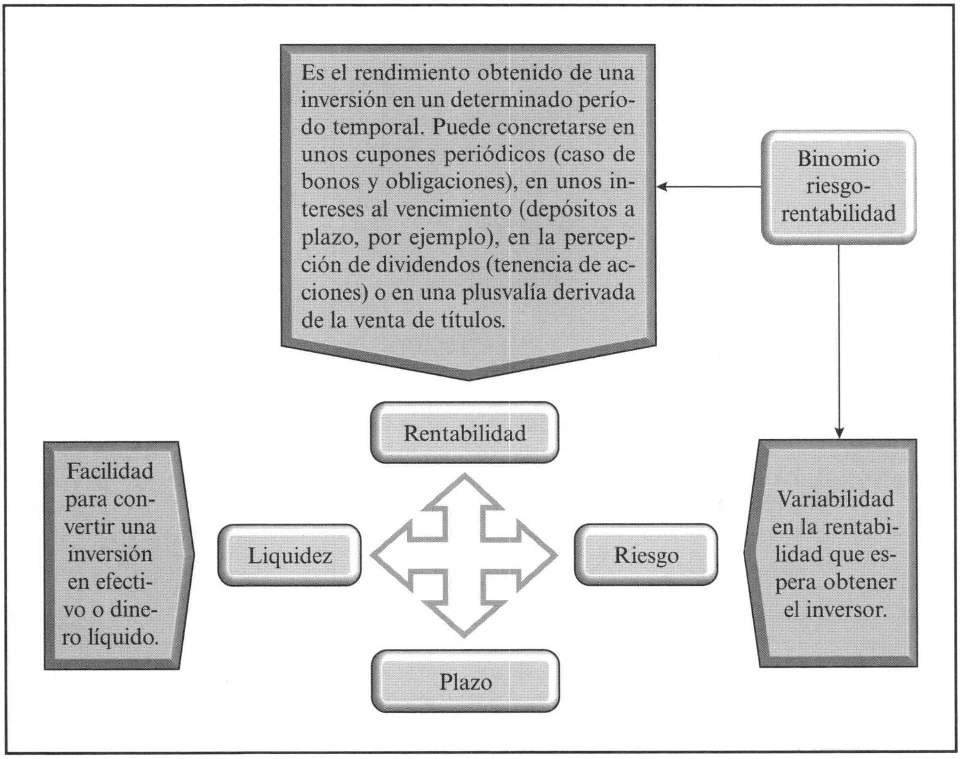

FUENTE: elaboración propia.

Figura 1.1. Rentabilidad, riesgo y liquidez: claves de la decisión financiera.

TABLA 1.1

Características generales de los productos financieros

Producto	Rentabilidad	Riesgo	Liquidez	Observaciones
Cuentas a la vista	Nula o muy baja (excepción: cuentas de bancos en Internet).	Muy bajo (solo el de posible insolvencia del banco).	Muy alta.	Adecuado para transacciones diarias y, transitoriamente, hasta acumular capital para otras inversiones y gastos.
Depósitos a plazo	Media o baja (depende de plazo y aportación).	El asumido por posible insolvencia del banco. El riesgo de tipo de interés.	Baja. Posibilidad de cancelación anticipada con penalización.	Adecuado para inversores que no desean asumir riesgos a medio plazo. Asegura una determinada rentabilidad.
Depósitos con riesgo (referenciados, estructurados...)	Media-alta (depende de plazo, aportación y evolución del tramo con riesgo).	Asegurada la inversión inicial, pero riesgo sobre la rentabilidad obtenida final.	Baja, aunque depende de las condiciones del producto.	Adecuado para inversores que no quieren arriesgarse a perder dinero, pero sí quieren arriesgarse a ganar.
Renta fija a corto plazo (activos del mercado monetario)	Baja.	Muy bajo. Son activos libres de riesgo si el emisor es un Estado solvente.	Muy alta.	Adecuado para inversores con bajo perfil de riesgo y para inversiones transitorias de tesorería.
Renta fija a medio y largo plazo	Media. Solo es conocida al vencimiento, pero no si se vende antes.	Bajo o medio-bajo. Riesgo de tipos de interés. Riesgo de insolvencia del emisor.	Depende del emisor, del mercado y del volumen de la emisión.	Adecuado para inversores que desean rentabilidades periódicas y para diversificar carteras de inversión.
Renta variable (acciones cotizadas o no)	A corto plazo: difícil de prever. A medio y largo plazo: media o alta.	Alto.	Depende del título y de si cotiza o no en mercados organizados.	Adecuado para inversores con perfil de riesgo alto. Ofrece la oportunidad de ganar más que con cualquier otra inversión financiera.
Fondos de Inversión	Depende del tipo de fondo. Rentabilidad esperada asociada al nivel de riesgo asumido.	Depende del tipo de fondo. Desde muy bajo (Fondtesoros) a muy alto (renta variable).	Alta (24 a 48 horas).	Adecuado para inversores que quieren gestión profesional y diversificación combinando rentabilidad y riesgo asumido. Importante ver comisiones.

TABLA 1.1 *(continuación)*

Producto	Rentabilidad	Riesgo	Liquidez	Observaciones
Planes de pensiones	Media o alta, si el plazo es suficiente. Depende del tipo de plan y de la evolución de los mercados.	Depende del tipo de plan (composición de la cartera).	Muy baja. Solo puede hacerse líquido cuando se cumplen los supuestos legales.	Es una inversión con carácter de previsión que goza de fiscalidad favorable frente a otros productos. Interesa rentabilidad financiero-fiscal.
Seguros (financieros) y planes de jubilación	Media. Depende del tipo de seguro y condiciones.	Bajo o medio según el tipo de seguro (por ejemplo, *unit linked*).	Muy baja. Solo en las condiciones recogidas en el contrato.	Básicamente, son seguros de vida en los que puede plantearse el rescate en una fecha determinada. Incluye planes de jubilación.
Otros productos (tangibles, derivados financieros, etc.)	Depende de condiciones particulares de cada producto.	Depende del producto.		Pueden ser combinaciones de productos o productos específicos para determinados segmentos de mercado.

FUENTE: Palomo y Mateu (2004).

1.2. RENTABILIDAD Y RIESGO

1.2.1. Rentabilidad y riesgo de un título

El concepto de rentabilidad o rendimiento de un activo hace referencia a la ganancia que se obtiene con una inversión en dicho activo en un período de tiempo determinado. Así, la rentabilidad de un activo financiero viene definida por la relación entre las rentas generadas por dicho activo en un período de tiempo y el precio del activo al comienzo del período.

Las rentas generadas por el activo financiero se concretan, por una parte, en los dividendos (renta variable) o intereses del período (d_{it}) (renta fija) y, por otra, en la diferencia entre el precio al comienzo del período y el precio al final del mismo período ($P_{it} - P_{it-1}$). A esta diferencia se la denomina ganancia de capital o plusvalía si $P_{it} > P_{it-1}$. En el caso de que $P_{it} < P_{it-1}$, se obtienen minusvalías.

Por tanto, la **rentabilidad del título *i* durante el período *t*,** la podemos obtener a partir de la siguiente expresión:

$$R_{it} = \frac{(P_{it} - P_{it-1}) + d_{it}}{P_{it-1}}$$

EJEMPLO 1

Si el precio de la acción (cotización) en el período t es de 30 euros, habiendo cobrado un dividendo de 2 euros, y el precio en el momento $t - 1$ fue de 25 euros, calcular la rentabilidad de la acción.

Solución

$$R = \frac{(30 - 25) + 2}{25} = 0{,}28 = 28\%$$

La rentabilidad así obtenida resulta de agregar la rentabilidad por concepto de plusvalía y por los dividendos.

— Plusvalía:

$$R_{\text{plusvalía}} = \frac{(30 - 25)}{25} = 0{,}20 = 20\%$$

— Dividendo:

$$R_{\text{dividendo}} = \frac{2}{25} = 0{,}08 = 8\%$$

El valor de R_{it} se puede conocer con exactitud a posteriori, porque se conocerá entonces el valor del título al final del intervalo de tiempo, así como los dividendos o interés percibidos (o, en su caso, el valor de los derechos de suscripción). Sin embargo, al comienzo del período, cuando se adquiere el título, se desconoce la evolución futura de los precios, motivo por el que estos serán magnitudes que serán estimadas en función de la frecuencia de las variaciones de estos. La rentabilidad, por tanto, será una variable aleatoria, cuyos valores no se podrán conocer más que en términos de probabilidad. Los datos históricos sobre la evolución de los precios del título pueden ayudarnos a estimar la rentabilidad esperada futura.

Ex ante, la rentabilidad de un título se comporta como una variable aleatoria de carácter subjetivo. La esperanza matemática de dicha variable aleatoria nos proporcionará una medida de la rentabilidad media, mientras que la varianza nos proporcionará una medida del riesgo del mismo título.

Respecto a la **rentabilidad media esperada del título *i* en el período *t*,** $E(R_{it})$ adoptaría entonces la siguiente formulación matemática:

$$E(R_{it}) = \sum_{t=1}^{n} R_t \cdot P_t$$

siendo:

R_{it} = Rendimiento del título *i* en el momento *t*.
P_{it} = La probabilidad de que ocurra el rendimiento del título *i* en el período *t*.

Cuando el inversor se plantea adquirir un activo, no conoce con certeza el rendimiento que este generará en un futuro. La existencia de diferentes niveles posibles de rentabilidad asociada a los activos financieros disponibles para la inversión está estrictamente relacionada con el concepto de riesgo, lo cual implica que los activos se puedan diferenciar según su nivel de riesgo y rendimiento esperado. Así, el inversor que está asumiendo simultáneamente una «variabilidad de los rendimientos en torno a su valor esperado», está por tanto asumiendo el riesgo de ese activo. De hecho, la decisión de invertir en un activo u otro supone la valoración del riesgo, es decir, determinar si los activos en consideración ofrecen recompensas acordes a sus niveles de riesgo, o si estas son mayores o menores que sus rendimientos teóricos. Los conceptos de rentabilidad y riesgo están íntimamente ligados. De hecho, no puede entenderse uno sin el otro.

Matemáticamente, podemos asignarle a una variable aleatoria su variabilidad a través del cálculo de lo que se conoce como medidas de dispersión estadística. Como sabemos, las medidas estadísticas más utilizadas son la varianza y la desviación típica de la variable.

Así, el **riesgo del título,** medido por el **valor de la varianza de un título,** $\sigma^2(R_{it})$, será:

$$\sigma^2(R_{it}) = \sum_{t=1}^{n} P_t[R_t - E(R_t)]^2$$

Cuando el **riesgo es medido a través de la desviación típica, la expresión del riesgo es:**

$$\sigma(R_{it}) = \sqrt{\sigma^2(R_{it})}$$

EJEMPLO 2

Dados dos títulos *X* e *Y*, calcular la rentabilidad media esperada y el riesgo de dichos títulos, a partir de la información proporcionada en la siguiente tabla:

Título X		Título Y	
Rentabilidad ($R_{X,t}$)	**Probabilidad**	**Rentabilidad ($R_{Y,t}$)**	**Probabilidad**
15%	10%	20%	45%
10%	30%	10%	30%
5%	40%	5%	15%
−2%	20%	−5%	10%

Solución

En la siguiente tabla se recogen los cálculos necesarios para obtener la rentabilidad media esperada de cada título en el período t, así como el riesgo de estos, medido a través de la varianza.

Rentabilidad media esperada de cada título i en el período t
• Título X: $E(R_{X,t}) = 0{,}15 \cdot 0{,}10 + 0{,}10 \cdot 0{,}30 + 0{,}05 \cdot 0{,}40 + (-0{,}02 \cdot 0{,}20) = 0{,}061 = 6{,}1\%$
• Título Y: $E(R_{Y,t}) = 0{,}20 \cdot 0{,}45 + 0{,}10 \cdot 0{,}30 + 0{,}05 \cdot 0{,}15 + (-0{,}05 \cdot 0{,}10) = 0{,}1225 = 12{,}2\%$
Riesgo de cada título i en el período t
• Título X: $\sigma^2(R_{X,t}) = (0{,}15 - 0{,}061)^2 \cdot 0{,}1 + (0{,}10 - 0{,}061)^2 \cdot 0{,}3 + (0{,}05 - 0{,}061)^2 \cdot 0{,}4 + (-0{,}02 - 0{,}061)^2 \cdot 0{,}2 = 0{,}002645 = 0{,}2645\%$
• Título Y: $\sigma^2(R_{Y,t}) = (0{,}20 - 0{,}1225)^2 \cdot 0{,}45 + (0{,}10 - 0{,}1225)^2 \cdot 0{,}3 + (0{,}05 - 0{,}1225)^2 \cdot 0{,}15 + (-0{,}05 - 0{,}1225)^2 \cdot 0{,}1 = 0{,}00661 = 0{,}662\%$

Puede observarse que el título Y presenta una mayor rentabilidad esperada (duplica el rendimiento esperado del título X), pero tiene también un riesgo considerablemente mayor que el título X.

La volatilidad de un activo, al igual que ocurre con la rentabilidad, puede estar referida a períodos anuales o a fracciones del año, dependiendo del período de tiempo al que esté referido el cálculo de la rentabilidad: anual, mensual, semanal, diario u otro. Para calcular la desviación típica de una fracción de tiempo en función de otra desviación conocida se emplea la aproximación conocida como «regla de la raíz cuadrada del tiempo», que consistirá en multiplicar por la raíz cuadrada del número de veces que la fracción temporal se repite. Es decir, si es conocida la desviación típica mensual, y el objetivo es anualizarla, habría que multiplicar por $\sqrt{12}$.

EJEMPLO 3

Se ha calculado el riesgo diario de un activo y ha resultado ser 1%. ¿Cuál será su volatilidad en términos anuales, mensuales y semanales?

Solución

Si $\sigma_{\text{diario}} = 1\%$, los valores de las volatilidades solicitados, asumiendo 252 días, 22 días y 5 días en un año, mes y semana, respectivamente, serán:

$$\sigma_{\text{anual}} = \sqrt{252}\sigma_{\text{diario}} = \sqrt{252} \cdot 1\% = 15{,}87\%$$

$$\sigma_{\text{mensual}} = \sqrt{22}\sigma_{\text{diario}} = \sqrt{22} \cdot 1\% = 4{,}69\%$$

$$\sigma_{\text{semanal}} = \sqrt{5}\sigma_{\text{diario}} = \sqrt{5} \cdot 1\% = 2{,}24\%$$

Hay que tener en cuenta el número de sesiones de cotización del activo financiero y no el número de días naturales.

1.2.2. Rentabilidad y riesgo de una cartera

Una cartera de valores es una inversión financiera compuesta por una determinada combinación de valores mobiliarios. Posteriormente trataremos de llegar a una combinación óptima de estos valores, pero de momento nos centraremos en el cálculo del rendimiento y del riesgo de la cartera.

Una característica diferenciadora entre el título individual y la cartera, es que en esta debemos tener en cuenta el peso específico de cada título o la proporción de cada título en la cartera.

La **rentabilidad de una cartera** se calcula como la media aritmética ponderada de las rentabilidades de cada título.

$$R_p = \sum_{i=1}^{n} R_{it} w_i \quad \text{con} \quad \sum_{i=1}^{n} w_i = 1$$

donde:

R_p = Rendimiento de la cartera.
R_{it} = Rendimiento del título i en el período t.
w_i = Ponderación del título i.
n = Número de títulos que integran la cartera.

De igual forma que sucedía con los títulos individuales, a posteriori conocemos con exactitud los valores R_{it}, y por tanto también conocemos con exactitud el valor de R_p. Sin embargo, *ex ante,* el valor R_i es una variable aleatoria, de modo que consiguientemente R_p también lo será. En este caso, deberá calcularse la esperanza matemática de R_p tomando la media esperada de cada uno de los títulos que componen la cartera. Es decir, la rentabilidad esperada de la cartera será la media ponderada de las rentabilidades esperadas de los valores que componen la cartera.

EJEMPLO 4

Calcular la rentabilidad obtenida por la cartera de la tabla adjunta:

Título	Precio inicial	Precio final	Dividendos	Ponderación
A	20	25	3	20%
B	13	12	2	30%
C	27	29	5	40%
D	15	15	1	10%

Solución

Calculamos, en primer lugar, la rentabilidad individual de cada título:

$$R_A = \frac{3 + 25 - 20}{20} = 0,4 = 40\%$$

$$R_B = \frac{2 + 12 - 13}{13} = 0,077 = 7,7\%$$

$$R_C = \frac{5 + 29 - 27}{27} = 0,259 = 25,9\%$$

$$R_D = \frac{1 + 15 - 15}{15} = 0,066 = 6,6\%$$

La rentabilidad de la cartera será:

$$R_p = \sum_{i=1}^{4} R_{it} w_i = 0{,}4 \cdot 0{,}2 + 0{,}077 \cdot 0{,}3 + 0{,}259 \cdot 0{,}4 + 0{,}066 \cdot 0{,}1 =$$

$$= 0{,}2133 = 21{,}33\%$$

El **análisis del riesgo de la cartera** precisa considerar que, entre los títulos que componen la cartera, se producen efectos iterativos que no se pueden pasar por alto. Este elemento nuevo son las covarianzas entre los títulos, pues, por lo general, los títulos están correlacionados entre sí:

$$\sigma_p^2 = w_1^2\sigma_1^2 + w_2^2\sigma_2^2 + w_3^2\sigma_3^2 + 2w_1w_2\sigma_{12} + 2w_1w_3\sigma_{13} + \cdots =$$

$$= \sum_{i=1}^{n} w_i^2\sigma_i^2 + \sum_{i \neq j} w_i w_j \sigma_{ij} = \sum_i \sum_j w_i w_j \sigma_{ij}$$

donde:

σ_i^2 = Varianza de R_i.
σ_{ij} = Covarianza de R_i y R_j.

Por tanto, el riesgo de una cartera depende de tres factores:

— La proporción de cada valor en la misma (w_i).
— La varianza de cada valor.
— La covarianza o coeficiente de correlación entre los valores. Cuando las rentabilidades de los dos valores se mueven en el mismo sentido (cuando aumenta una, también aumenta la otra) la covarianza es positiva. Cuando las rentabilidades se mueven en sentido inverso (cuando aumenta la de uno, disminuye la del otro) la covarianza es negativa.

EJEMPLO 5

Sea una cartera formada por los títulos *A* y *B*. El inversor contempla la posibilidad de una subida de tipos de interés, con una probabilidad del 30% o de una bajada de tipos, con una probabilidad que estima en un 70%. En función de estas posibilidades, las rentabilidades que obtendría para cada título son las que aparecen en el cuadro adjunto:

Título	Subida de tipos (30 %)	Bajada de tipos (70 %)
Rentabilidad de *A*	12 %	10 %
Rentabilidad de *B*	15 %	12 %

Se pide: calcular el riesgo total de la cartera, sabiendo que *A* tiene un peso específico en la cartera del 60 % y *B* del 40 %.

Solución

Calculamos, en primer lugar, las rentabilidades esperadas para cada título individual y para la cartera:

$$E(R_A) = 0{,}3 \cdot 0{,}12 + 0{,}7 \cdot 0{,}1 = 10{,}6\%$$
$$E(R_B) = 0{,}3 \cdot 0{,}15 + 0{,}7 \cdot 0{,}12 = 12{,}9\%$$
$$E(R_p) = 0{,}106 \cdot 0{,}6 + 0{,}129 \cdot 0{,}4 = 11{,}52\%$$

Riesgo individual:

$$\sigma_A^2 = 0{,}3 \cdot (0{,}12 - 0{,}106)^2 + 0{,}7 \cdot (0{,}1 - 0{,}106)^2 = 0{,}0084\%$$
$$\sigma_B^2 = 0{,}3 \cdot (0{,}15 - 0{,}129)^2 + 0{,}7 \cdot (0{,}12 - 0{,}129)^2 = 0{,}0189\%$$

Covarianza:

$$\text{cov}\,(R_A, R_B) = \sigma_{AB} = \sum [R_{At} - E(R_A) \cdot (R_{Bt} - E(R_B)]w =$$
$$= 0{,}3 \cdot (0{,}12 - 0{,}106) \cdot (0{,}15 - 0{,}129) + 0{,}7 \cdot (0{,}1 - 0{,}106) \cdot (0{,}12 - 0{,}129) =$$
$$= 0{,}0126\%$$

Varianza de la cartera:

$$\sigma_p^2 = w_A^2\sigma_a^2 + w_B^2\sigma_B^2 + 2w_A w_B \sigma_{AB} =$$
$$= 0{,}6^2 \cdot 0{,}000084 + 0{,}4^2 \cdot 0{,}000189 + 2 \cdot 0{,}6 \cdot 0{,}4 \cdot 0{,}000126 = 0{,}01209\%$$

Otra manera alternativa de definir la varianza de una cartera es expresándola en función del coeficiente de correlación ρ. Este coeficiente se define como el cociente entre la covarianza de dos variables y el producto de las desviaciones típicas de ambas variables:

$$\frac{\sigma_{AB}}{\sigma_A \sigma_B} = \rho$$

En este sentido, la covarianza entre dos títulos puede expresarse como $\sigma_{AB} = \sigma_A \sigma_B \rho$, luego el riesgo de la cartera para dos títulos será:

$$\sigma_p^2 = w_A^2 \sigma_A^2 + w_B^2 \sigma_B^2 + 2 w_A w_B \sigma_A \sigma_B \rho$$

Si bien la rentabilidad de una cartera viene determinada por la rentabilidad individual de cada uno de los activos y por el peso de estos dentro de la cartera, el riesgo de la cartera no solo dependerá del riesgo individual de cada uno de los activos que lo forman, ni del peso de cada uno de ellos, sino también del riesgo conjunto y de la relación que tengan los activos entre sí, todo ello medido a través del coeficiente de correlación y de la covarianza.

1.2.3. El concepto de diversificación

La expresión anterior de la varianza de una cartera en función del coeficiente de correlación facilita la introducción, de forma más evidente, de lo que se conoce como diversificación. El concepto de diversificación se define como la combinación de valores en una cartera de forma que se reduzca el riesgo.

El coeficiente de correlación de Pearson, ρ, toma valores comprendidos entre 1 y −1. En función de ello podemos identificar la siguiente casuística:

— Cuando $\rho = 1$, la correlación será perfecta y positiva, haciendo que los títulos varíen en el mismo sentido y en proporción constante. En este caso, el riesgo de la cartera será máximo.
— Cuando $\rho = -1$, la correlación será perfecta y negativa, haciendo que los títulos varíen en el diferente sentido y en proporción constante. El riesgo de la cartera será mínimo.
— Cuando $\rho = 0$, no existe correlación entre ambos títulos. El riesgo de la cartera será la suma de los riesgos individuales de cada uno de los títulos, ponderados por el cuadrado de sus pesos dentro de la cartera.

En la figura 1.2 se presenta la evolución de diferentes activos con distintos coeficientes de correlación. En el caso de la gráfica *a*) se observa que la evolución de los índices DAX y S&P 500 se mueven en el mismo sentido, es decir, ambos tienen un comportamiento similar (correlación positiva). En la gráfica *b*) se presenta la evolución del Ibex-35 y el índice de volatilidad del Ibex-35 (VIX-

Ibex). En este caso el comportamiento es totalmente opuesto al anterior, ya que, cuando el Ibex aumenta, el índice VIX-Ibex disminuye, y viceversa; ambos índices tienen un comportamiento opuesto (correlación negativa). Por último, en la gráfica *c*) se presenta de nuevo la evolución del Ibex y el tipo de cambio (dólar/euro). En este caso se observa un comportamiento más aleatorio entre ambas series temporales, ya que cuando el Ibex aumenta, en algunas ocasiones el tipo de cambio también aumenta, pero en otros casos disminuye.

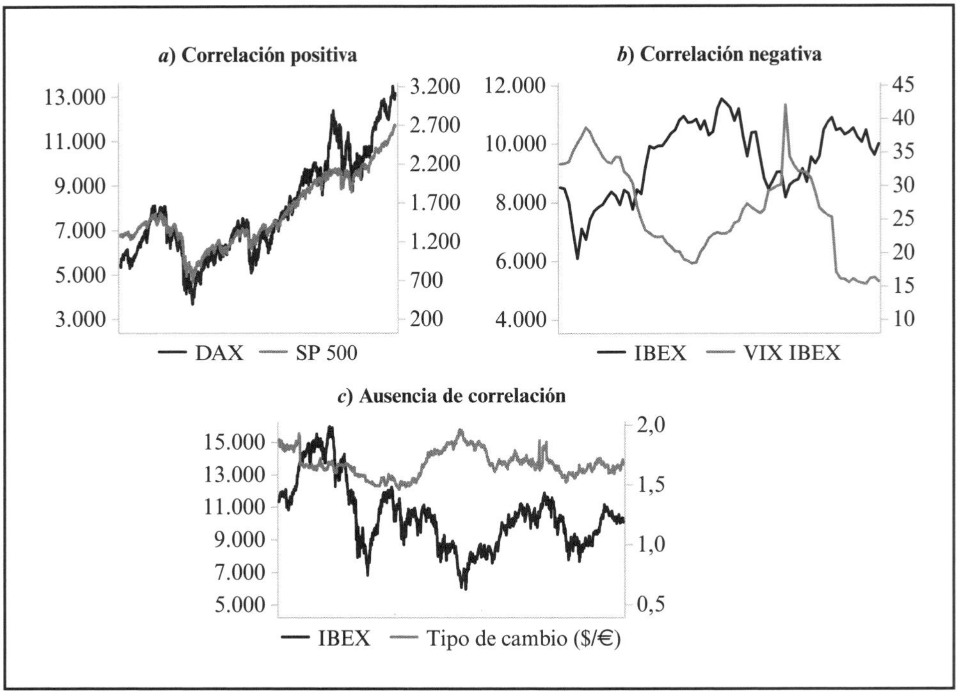

Figura 1.2. Evolución de diferentes series financieras con distintas correlaciones.

En resumen, si el coeficiente de correlación es positivo, el riesgo total de la cartera será mayor que la suma de los riesgos individuales, mientras que si fuera negativo el riesgo de la cartera será menor que la suma de los riesgos de los títulos que la componen. Como diversificar una cartera persigue disminuir el riesgo de esta, para conseguirlo habría que elegir los activos de la cartera de tal forma que entre ellos haya una correlación perfecta pero negativa.

$$\sigma_p^2 = w_A^2\sigma_A^2 + w_B^2\sigma_B^2 + 2w_A w_B \sigma_A \sigma_B \qquad \rho = 1$$

$$\sigma_p^2 = w_A^2\sigma_A^2 + w_B^2\sigma_B^2 - 2w_A w_B \sigma_A \sigma_B \qquad \rho = -1$$

$$\sigma_p^2 = w_A^2\sigma_A^2 + w_B^2\sigma_B^2 \qquad \rho = 0$$

La forma más tradicional de diversificación se ha centrado en poseer varios tipos de valores (acciones u obligaciones) entre los distintos tipos de sectores (eléctricas, mineras, químicas...). Este tipo de diversificación, que evidentemente reduce el riesgo de la cartera, pero que está basada en la mera combinación de valores pertenecientes a distintos sectores, suele denominarse *diversificación naïve*.

Markowitz (1952, 1959) introduce el modelo de selección de carteras en base a la diversificación eficiente. En el capítulo siguiente se analizará este modelo.

1.2.4. Supuesto de hipótesis de normalidad

En la figura 1.3 se presentan la evolución del índice y los rendimientos diarios del Ibex-35 desde 2000 a 2017. El rendimiento diario del índice se obtiene como sigue:

$$R_t = \frac{I_t - I_{t-1}}{I_{t-1}}$$

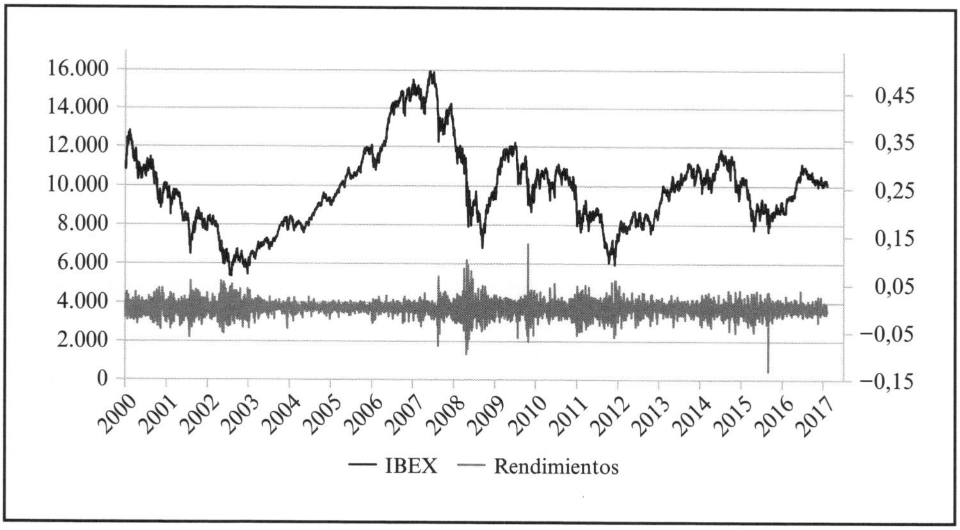

Figura 1.3. Evolución del índice y de los rendimientos del Ibex-35.

Si analizamos la evolución de los rendimientos, se observa que estos muestran un perfil de diente de sierra, alternando períodos con pendiente ascendente con un período de disminuciones repentinas. Además, podemos observar que la fluctuación de los rendimientos diarios no es constante, lo que significa que la varianza de los retornos cambia con el tiempo. La volatilidad del Ibex-35 fue particularmente alta entre 2008 y 2009, coincidiendo con el período conocido como Global Financial Crisis. En los últimos años de la muestra observamos un período que es más estable. El histograma de los rendimientos se presenta en la figura 1.4. Los valores de la variable se representan en el eje horizontal, mientras que el eje vertical representa la frecuencia relativa de cada valor.

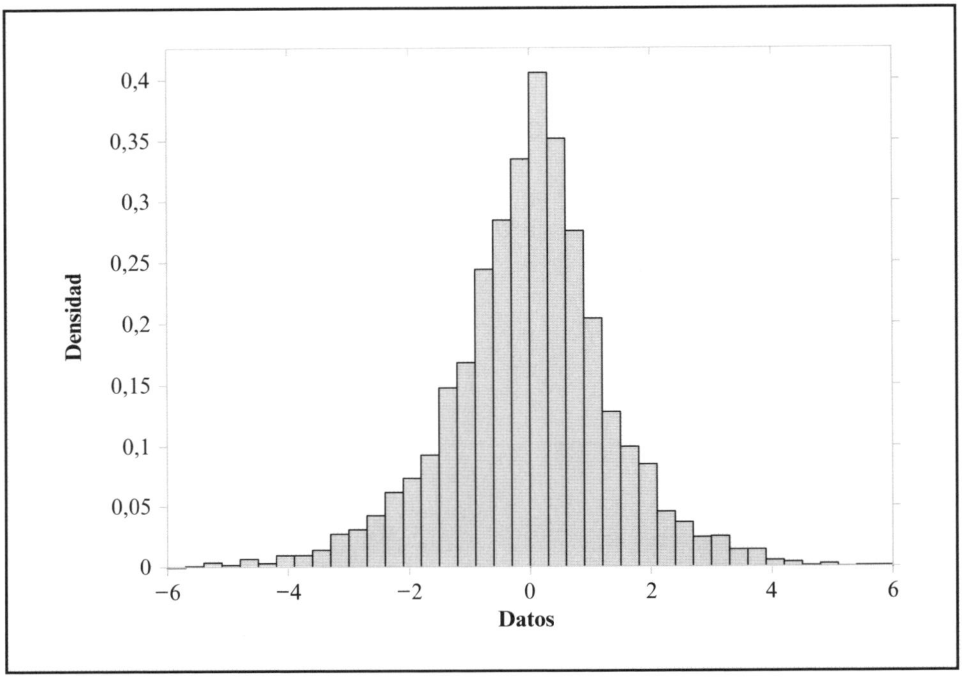

Figura 1.4. Histograma de los rendimientos del Ibex-35.

La función matemática que ajusta el histograma recibe el nombre de función de densidad. La distribución normal, distribución gaussiana o campana de Gauss es una función que permite modelizar numerosos fenómenos, tanto en el campo de las ciencias de la naturaleza como en las ciencias sociales. Se trata de una distribución simétrica alrededor de la media; además, esta tiene la frecuencia más alta, y cada par de valores con distancias iguales a la media deben tener la misma frecuencia relativa. Por ello la media, la moda y la mediana coinciden. Así, la función de densidad de los datos presentados en la figura 1.4 tiene la forma que se muestra en la figura 1.5.

La expresión analítica de la función de densidad normal $N(\mu, \sigma)$ es la siguiente:

$$f(x) = \frac{1}{\sigma\sqrt{2\pi}} e^{-(x-\mu)^2/2\sigma^2}$$

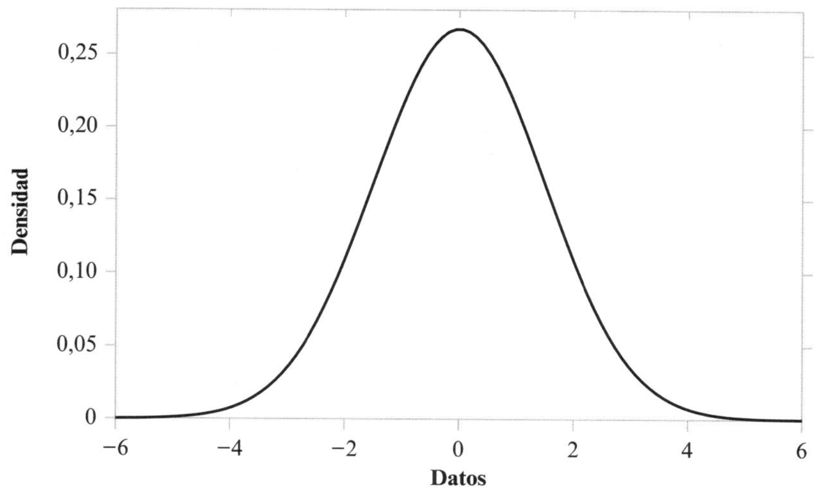

Figura 1.5. Densidad de los rendimientos del Ibex-35.

Como se puede observar, esta función depende de dos parámetros: μ (media) y σ (desviación típica). Siguiendo con el ejemplo presentado, para el caso de los rendimientos del Ibex-35, ajustada la función, se obtiene que estos siguen una distribución $N(-0{,}0032,\ 1{,}4202)$.

Si una variable aleatoria sigue una distribución normal $N(\mu, \sigma)$, como regla general (véase figura 1.6) se puede afirmar que:

— En el intervalo $[\mu - \sigma, \mu + \sigma]$ están situados el 68% de los posibles valores de la variable.
— En el intervalo $[\mu - 2\sigma, \mu + 2\sigma]$ están situados el 95,5% de los posibles valores de la variable.
— En el intervalo $[\mu - 3\sigma, \mu + 3\sigma]$ están situados el 99,7% de los posibles valores de la variable.

En el caso de los rendimientos del Ibex-35, que sabemos que se distribuyen según la $N(-0{,}0032,\ 1{,}4202)$ podemos afirmar que, con una probabilidad del 68%, los rendimientos se moverán en el intervalo [−1,4234, 1,417], y para el intervalo [−2,8436, 2,8372] la probabilidad será del 95%.

En el anexo I se presenta lo que se conoce como *Normal estandarizada* o $N(0, 1)$. La tabla está construida de tal forma que proporciona la probabilidad de que una variable con media 0 y desviación típica 1 tenga un valor por encima de a. La primera columna y la primera fila muestran los posibles valores de la variable. Por ejemplo, si queremos conocer la probabilidad de que la variable tenga un valor mayor de 1,45, buscaríamos en la primera columna el valor de 1,4 y en la primera fila el valor 0,05. El valor de la probabilidad se encuentra en la intersección de ambos valores. Así, $P(X > 1{,}45) = 0{,}0735$, es decir, un 7,35%. Pero esta tabla también tiene otra utilidad. Si conocemos la probabilidad de que suceda un acontecimiento, podemos obtener cuál es el valor de la variable asociada. Es decir, si nos preguntan cuál es el valor de la variable que deja a su izquierda una probabilidad de 0,75, $P(X < a) = 0{,}75$, buscamos el valor 0,25 en la tabla (probabilidad a la derecha) y vemos qué valores corresponden en la primera columna y en la primera fila. Así, aproximando, obtendríamos que el valor de $a = 0{,}67$.

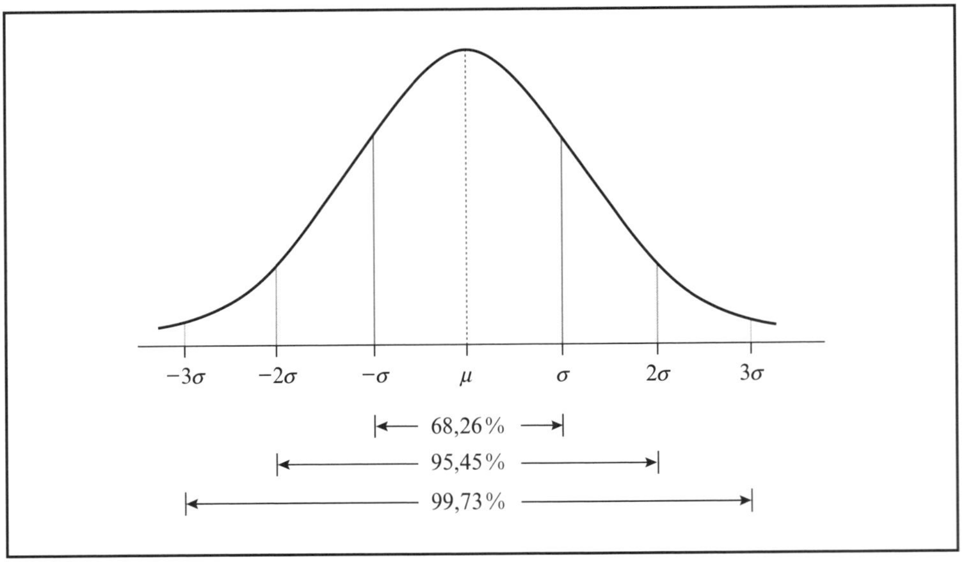

Figura 1.6. Porcentaje de la distribución en cada intervalo.

Lo usual es que una variable siga una distribución normal, no tenga media 0 ni desviación igual a 1. Sin ir más lejos, en nuestro caso los rendimientos del Ibex siguen la distribución $N(-0{,}0032,\ 1{,}4202)$.

Para el cálculo de probabilidades se recurre a la $N(0, 1)$, después de haber definido lo que se conoce como variable tipificada. Si una variable sigue una distribución $N(\mu, \sigma)$, se puede definir a partir de ella una variable tipificada Z que sigue una normal $N(0, 1)$.

$$Z = \frac{X - \mu}{\sigma}$$

Por tanto, si queremos calcular el valor de los rendimientos del Ibex que deja a su izquierda un 75% de probabilidad, sabemos que el valor de a es 0,67. En nuestro caso:

$$Z = 0{,}67 = \frac{X - \mu}{\sigma} \Rightarrow 0{,}67 = \frac{X - (-0{,}0032)}{1{,}4202} \Rightarrow$$

$$\Rightarrow X = 0{,}67 \cdot 1{,}4202 - 0{,}0032 = 0{,}948$$

Ejemplo 6

Se sabe que un activo financiero sigue una normal $N(0{,}057,\ 0{,}002)$.

a) Calcular la probabilidad de que el rendimiento del activo esté por encima de 0,075.
b) ¿Qué valor tendrá el rendimiento que deja a su izquierda una probabilidad 0,9192?

Solución

a) $P(X > 0{,}075) = P\left(\frac{X - 0{,}057}{0{,}002} > \frac{0{,}075 - 0{,}057}{0{,}02}\right) = P(Z > 0{,}9) = 0{,}1841.$

b) Como la tabla del anexo I nos proporciona la información sobre la cola de la derecha, y sabemos que deja a su izquierda una probabilidad de 0,9192, entonces a su derecha el valor de la probabilidad es 1 − 0,9192 = 0,0808. Buscamos este valor en la tabla y se observa que el valor correspondiente de la variable es 1,4.

$$P(Z > 1{,}4) = 0{,}0808$$

Y como sabemos que:

$$Z = \frac{X - \mu}{\sigma} = 1{,}4 \Rightarrow X = 1{,}4 \cdot 0{,}002 + 0{,}057 = 0{,}0598$$

Señalar por último que, a pesar de la utilidad de la distribución normal, esta presenta una serie de limitaciones, principalmente por sus características como la simetría o la falta de exceso de curtosis. Los rendimientos financieros no se ajustan exactamente a una normal debido a que los activos presentan distribuciones asimétricas, con colas anchas y un exceso de apuntamiento muy superior al que presenta la distribución normal. Por ello, en el campo financiero se buscan funciones asimétricas y de colas pesadas, que son mejores para modelizar las propiedades de los activos financieros.

1.3. MERCADOS DE CAPITAL EFICIENTES

1.3.1. El concepto de eficiencia en los mercados de capitales

Un mercado financiero se puede definir como el lugar y los mecanismos que permiten poner en contacto a los ahorradores e inversores interesados en intercambiar activos financieros, estableciendo su precio a través de la contraposición de oferta y demanda en un mercado secundario, o bien fijando el emisor un precio en un mercado primario.

Los mercados financieros desempeñan un papel esencial en la asignación del ahorro a los procesos productivos, condicionando tanto la evolución coyuntural de las economías como su crecimiento económico en el largo plazo. En este sentido, es importante para todos los agentes económicos conocer sus características y funciones básicas.

Las funciones principales de los mercados financieros son las siguientes:

- *Poner en contacto de oferentes y demandantes* de fondos, ya sea directamente o través de intermediarios financieros.
- Mecanismo de *fijación de precios.*
- Proporcionar *liquidez* a los activos financieros.
- *Reducir el plazo y los costes de intermediación* debido a la competencia del mercado.
- Dotar de *transparencia* a las transacciones, como consecuencia del fácil acceso a la información sobre la situación y evolución de la empresa a la que pertenece el activo.
- Permitir la obtención de *rentabilidad,* tanto por la vía de los rendimientos como por el incremento del valor del activo.

Se dice que un mercado es eficiente cuando cumple sus funciones de forma perfecta. Así, un mercado de valores es eficiente cuando la competencia entre los distintos actores que intervienen en el mismo, conduce a una situación de equilibrio en la que el precio de mercado de cualquier título constituye una buena estimación de su precio teórico o intrínseco. Dicho de otra forma, los precios de los títulos que se negocian en mercados financieros eficientes reflejan toda la información disponible y ajustan total y rápidamente la nueva información, de modo que todos los activos quedan perfectamente valorados.

Para ello, un mercado financiero debe cumplir las siguientes *características:*

- **Amplitud.** Un mercado es tanto más amplio cuanto mayor sea el número de títulos que en él se negocian.
- **Profundidad.** Un mercado es tanto más profundo cuanto mayor sea el número de órdenes de compra y venta para cada tipo de activo financiero.
- **Flexibilidad.** Un mercado es tanto más flexible cuanto mayor sea la rapidez con la que pueden reaccionar los agentes ante cualquier cambio en las condiciones del mercado.
- **Transparencia.** Cuanto mejor y más barata sea la información que pueden obtener los participantes, más transparente es el mercado.
- **Homogeneidad.** En cada segmento de mercado, al comprador le resulta indiferente comprar un activo u otro, ya que estos son iguales.
- **Libertad.** Relativa a entrada y salida del mercado para compradores y vendedores, así como a la ausencia de limitaciones para intercambiar volumen de activo y a la no injerencia de autoridades o cualquier otro agente en cuanto a la formación de los precios.

A continuación se analizará en qué consiste la hipótesis de eficiencia en los mercados y las distintas formas que puede adoptar.

1.3.2. Hipótesis de eficiencia en los mercados

La hipótesis de eficiencia en los mercados (HEM) sostiene que toda la información existente en el mercado está contenida en los precios, reflejando no únicamente la información actual, sino las proyecciones de resultados futuros. Las hipótesis en las que se basa el modelo HEM son:

- La información es perfecta, es decir, todos los integrantes del mercado tienen libre acceso a la misma, que además es gratuita.
- No existen costes de transacción en las operaciones.
- Los integrantes del mercado son individuos racionales, es decir, tratarán de maximizar su beneficio particular tomando decisiones racionales basadas en el comportamiento de los precios, siendo conocidas por todas las variables que influyen (y en qué medida) sobre los precios de los activos.

Aceptando este modelo de equilibrio (conocido como equilibrio de Pareto), se alcanzará un precio de equilibrio en todos los activos, de modo que todos los integrantes del mercado coincidirán. En determinados momentos es posible la existencia de ligeros desequilibrios, si bien, si las hipótesis explicadas anteriormente son correctas, llegaríamos rápidamente a un nuevo equilibrio.

Una importante consecuencia de la HEM es la imposibilidad de existencia de inversores que puedan sacar partido de información asimétrica, no existiendo regla posible de inversión que permita batir sistemáticamente al mercado. Es más, si la información que poseen todos los individuos es la misma, cualquier estrategia que implique la compra y venta de activos ofrecerá un peor comportamiento que comprar y mantener los activos, debido al coste que acarrean las comisiones.

1.3.3. Diferentes hipótesis de eficiencia en los mercados

Una vez aceptada la idea de que los precios no necesariamente reflejan toda la información que existe en el mercado, Harry Roberts identificó en 1967 tres niveles, grados o **formas de eficiencia** (véase figura 1.7):

— **Eficiencia débil.** La forma débil de eficiencia de los mercados aparece cuando los precios de los activos recogen toda la información contenida en las transacciones anteriores, es decir, precios, volúmenes, tendencias, etc. Es decir, los precios de los valores recogen toda la información histórica. En tal caso, los precios siguen un modelo de camino aleatorio *(random walk)*.

La eficiencia de los mercados en su forma débil pone en tela de juicio las bases del análisis técnico, según el cual el mercado tiene memoria histórica, conservándose determinados parámetros de evolución de los precios. Los inversores no pueden obtener rentabilidades superiores a las del mercado analizando las cotizaciones pasadas, y si las obtienen será solo producto del azar.

— **Eficiencia semifuerte.** Este tipo de eficiencia afirma que toda la información sobre un activo, disponible públicamente, está ya contenida en el precio. Además de la información contemplada en la eficiencia débil (precios, volúmenes, etc.), añade todas las referencias de condiciones económicas de la empresa (estados contables, cuentas de pérdidas y ganancias) y de la economía en general (inflación, tipos de interés, crecimiento, etc.).

Es precisamente esta información la que utiliza el análisis fundamental para realizar sus valoraciones de activos, apreciándose, una vez comparado el precio teórico con el de mercado, sobrevaloraciones o infravaloraciones. Tal y como ocurría con el análisis técnico en la primera hipótesis, si la forma de eficiencia del mercado fuera semifuerte, el análisis fundamental se revelaría inútil a la hora de obtener unos rendimientos que superasen sistemáticamente a los rendimientos del mercado.

— **Eficiencia fuerte.** La forma fuerte de la HEM sostiene que los precios incluyen no solo la información pública disponible, sino también la información privilegiada poseída por los gestores de la empresa *(insiders)*, lo que se conoce como *insider information.* Los precios son un reflejo completo de toda la información.

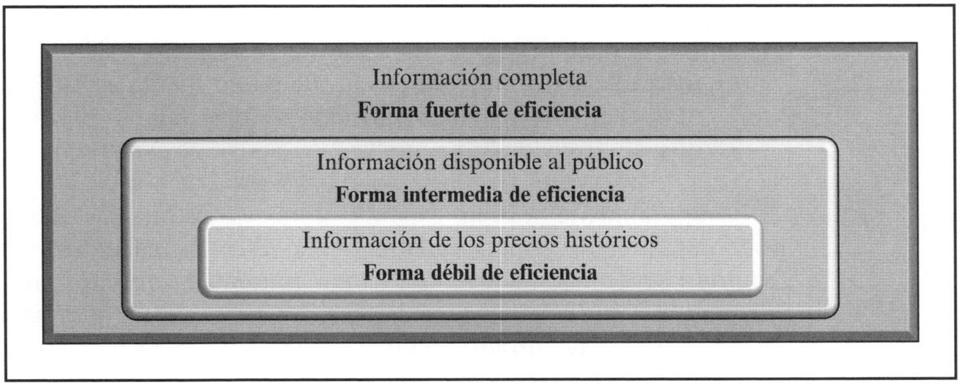

FUENTE: elaboración propia.

Figura 1.7. Formas de eficiencia del mercado.

1.3.4. Consecuencias de la eficiencia del mercado y anomalías

Las técnicas que se pueden utilizar para predecir el precio de los activos son el análisis fundamental y el análisis técnico.

El análisis fundamental es la herramienta utilizada por los inversores, consistente en la aplicación del análisis económico para estimar el comportamiento de los precios de los activos. Para ello se realiza un análisis detallado de los estados contables de las empresas, así como las perspectivas futuras de planes de expansión, además de tener en cuenta el entorno socioeconómico que pueda tener impacto sobre la marcha de la empresa. El análisis fundamental considera que el precio de una acción debe oscilar alrededor de su valor intrínseco.

El análisis técnico trata de estimar los precios de los activos a partir de la evolución histórica. Parte del supuesto de que el precio de un activo es determinado por la interacción de la oferta y la demanda, y por ello el analista técnico pretende predecir los cambios en la oferta y la demanda.

La aceptación de la hipótesis de eficiencia en los mercados conllevará necesariamente las siguientes **consecuencias:**

— El mercado únicamente se entenderá que es eficiente si los precios de los activos recogen completamente toda la información existente.

— Los precios de los activos siguen un proceso de paseo aleatorio. Esto es comprobable estadísticamente a través de los test sobre *random walk*.
— Es imposible predecir el comportamiento de los precios. Si se pudieran predecir, significaría que algunos individuos podrían utilizar información privilegiada y construir estrategias en base a esta información.
— No se puede construir una estrategia de gestión de carteras que bata al mercado de forma continuada, de modo que la estrategia de comprar y mantener *(buy and hold)* arrojará siempre a largo plazo mejores resultados, en promedio, que una gestión activa de carteras.

Temporalmente podrían existir gestores y/o estrategias que, durante un período determinado, superasen la rentabilidad del mercado. Sin embargo, no conseguirían superar al mercado de forma continuada durante varios períodos. Si encontramos una estrategia que sistemáticamente supere la rentabilidad del mercado habremos encontrado una ineficiencia.

Las consecuencias de esto son las siguientes:

— El análisis técnico es inútil cuando el mercado es eficiente al menos en su forma débil.
— El análisis fundamental es inútil si el mercado es eficiente en su forma semifuerte.
— El uso de cualquier información, incluso la privilegiada *(insider trading)*, es inútil si el mercado es eficiente en su forma fuerte.

A finales de la década de los años setenta surgieron nuevas líneas de investigación en torno a la hipótesis de eficiencia, que cuestionaban su validez. Analizando el comportamiento de rentabilidades de índices de bolsa, se observaron una serie de patrones de comportamiento que contradecían el concepto de mercado eficiente. Las **anomalías de mercado** detectadas son numerosas, pero no todas tienen la misma incidencia en los mercados:

— *Anomalías de calendario.* Recogen regularidades estacionales, es decir, por día, semana o incluso mes. Entre las anomalías de calendario encontramos:

  • Efecto estacional: el precio de las acciones suele subir en primavera y bajar en invierno.
  • Efecto vacaciones: la última sesión bursátil anterior a un período vacacional de una semana de duración suele ser una sesión alcista.
  • Efecto día de la semana: de acuerdo con este fenómeno, la rentabilidad media de los activos no es la misma para todos los días de la semana.
  • El efecto lunes se utiliza para describir el comportamiento observado de que los rendimientos medios de los lunes son significativamente más bajos que el resto de la semana.

- El efecto fin de semana, además de explicar que los rendimientos de los lunes son menores, también explica que el rendimiento medio de los viernes es significativamente mayor que el resto de los días.
- Efecto fin de año: este fenómeno sucede en el mercado de valores cuando se produce el paso a un nuevo año. También se conoce como efecto cambio de año o incluso efecto enero. De acuerdo con este fenómeno, las rentabilidades observadas en el mes de enero son anormalmente más altas que en el resto de los meses. Esto está provocado porque los precios de determinados activos en diciembre tienen una tendencia bajista, y por el contrario a principio de enero esta tendencia pasa a ser alcista.

— *Anomalías en la valoración de activos.* Estas anomalías están referidas a variables de la empresa:

- La anomalía conocida como efecto tamaño trata de explicar la relación que existe entre la capitalización bursátil y las rentabilidades de los activos. Así, los títulos de empresas de menor tamaño registran rentabilidades más altas que los títulos de empresas grandes. Esto explica la falta de liquidez y el mayor riesgo que presentan las pequeñas empresas frente a las de gran tamaño.
- Efecto de los dividendos: el precio de las acciones sube a medida que se acerca la fecha de reparto de dividendos, y desciende justo después del reparto. Los días anteriores al reparto el comportamiento es alcista, y bajista en los días posteriores.
- Efecto PER: las acciones con un PER bajo proporcionan unas rentabilidades superiores al promedio de rentabilidad obtenido por el conjunto de acciones, medida esta por el CAPM.
- Efecto *book-to-market:* la rentabilidad de los títulos cuya relación valor de mercado en libros es elevada resulta ser significativamente mayor que la rentabilidad media de los activos cuya relación es más reducida.

— *Otras anomalías.*

- Efecto sobrerreacción: los inversores tienden a sobrevalorar la información más reciente y a infravalor la información histórica, por lo que la cotización de los activos reacciona en exceso ante la información que llega a los mercados.
- Efecto infrarreacción: los inversores infravaloran la información y acontecimientos producidos en el corto plazo, dando más información a toda la información histórica de la que dispone; así, se comprarán activos que han tenido un buen comportamiento en el pasado y se venderán aquellos que han tenido una trayectoria menos favorable, a pesar de que las últimas noticas estimen que sus rentabilidades futuras son positivas.

REFERENCIAS BIBLIOGRÁFICAS

Arguedas, R. y González, J. (2016). *Finanzas empresariales.* Madrid: Editorial Centro de Estudios Ramón Areces.

Fama, E. (1970). Efficient capital markets: A review of theory and empirical work. *Journal of Finance, 25*(2), mayo, 383-417.

Fama, E. (1976). *Foundations of finance.* Nueva York: Basic Books.

Fama, E. (1980). Agency problems and the theory of the firm. *Journal of Political Economy, 88,* abril, 288-307.

Fama, E. (1991). Efficient capital markets II. *Journal of Finance, 46,* diciembre, 1575-1617.

Markowitz, H. (1952). *Portfolio selection: Journal of Finance,* 77-91.

Markowitz, H. (1959). *Portfolio selection: Efficient diversification of investments.* Nueva York: John Wiley.

Palomo, R. J. y Mateu, J. L. (2004). *Productos financieros y operaciones de inversión.* Madrid: Instituto Superior de Técnicas y Prácticas Bancarias.

Roberts, H. (1967). *Statistical versus clinical prediction of the stock market* (manuscrito no publicado), mayo. CRSP, University of Chicago.

Rubio, F. (2005). *Eficiencia de mercado, administración de carteras de fondos y behavioural finance.* EconWPA, documento de trabajo, vol. 503028. Disponible en: http://econwpa.repec.org/eps/fin/papers/0503/0503028.pdf.

Suárez, A. (2005). *Decisiones óptimas de inversión y financiación* (21.ª ed.). Madrid: Pirámide.

Páginas web recomendadas

Banco Central Europeo (BCE): www.ecb.int.
Banco de España: http://www.bde.es.
Bank for International Settlements (BIS): http://www.bis.org.

ANEXO I

Tabla de la distribución normal N(0, 1)

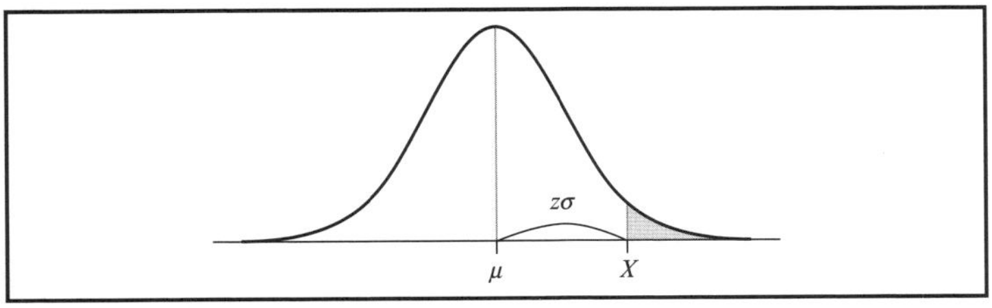

Ejemplo:

$$Z = \frac{X - \mu}{\sigma}$$

$$P(Z > 1) = 0{,}1587$$

$$P(Z > 1{,}96) = 0{,}0250$$

Desv. Normal *X*	**0,00**	**0,01**	**0,02**	**0,03**	**0,04**	**0,05**	**0,06**	**0,07**	**0,08**	**0,09**
0,0	0,5000	0,4960	0,4920	0,4880	0,4840	0,4801	0,4761	0,4721	0,4681	0,4641
0,1	0,4602	0,4562	0,4522	0,4483	0,4443	0,4404	0,4364	0,4325	0,4286	0,4247
0,2	0,4207	0,4168	0,4129	0,4090	0,4052	0,4013	0,3974	0,3936	0,3897	0,3859
0,3	0,3821	0,3783	0,3745	0,3707	0,3669	0,3632	0,3594	0,3557	0,3520	0,3483
0,4	0,3446	0,3409	0,3372	0,3336	0,3300	0,3264	0,3228	0,3192	0,3156	0,3121
0,5	0,3085	0,3050	0,3015	0,2981	0,2946	0,2912	0,2877	0,2843	0,2810	0,2776
0,6	0,2743	0,2709	0,2676	0,2643	0,2611	0,2578	0,2546	0,2514	0,2483	0,2451
0,7	0,2420	0,2389	0,2358	0,2327	0,2296	0,2266	0,2236	0,2206	0,2177	0,2148
0,8	0,2119	0,2090	0,2061	0,2033	0,2005	0,1977	0,1949	0,1922	0,1894	0,1867
0,9	0,1841	0,1814	0,1788	0,1762	0,1736	0,1711	0,1685	0,1660	0,1635	0,1611
1,0	0,1587	0,1562	0,1539	0,1515	0,1492	0,1469	0,1446	0,1423	0,1401	0,1379
1,1	0,1357	0,1335	0,1314	0,1292	0,1271	0,1251	0,1230	0,1210	0,1190	0,1170
1,2	0,1151	0,1131	0,1112	0,1093	0,1075	0,1056	0,1038	0,1020	0,1003	0,0985
1,3	0,0968	0,0951	0,0934	0,0918	0,0901	0,0885	0,0869	0,0853	0,0838	0,0823
1,4	0,0808	0,0793	0,0778	0,0764	0,0749	0,0735	0,0721	0,0708	0,0694	0,0681
1,5	0,0668	0,0655	0,0643	0,0630	0,0618	0,0606	0,0594	0,0582	0,0571	0,0559
1,6	0,0548	0,0537	0,0526	0,0516	0,0505	0,0495	0,0485	0,0475	0,0465	0,0455
1,7	0,0446	0,0436	0,0427	0,0418	0,0409	0,0401	0,0392	0,0384	0,0375	0,0367
1,8	0,0359	0,0351	0,0344	0,0336	0,0329	0,0322	0,0314	0,0307	0,0301	0,0294
1,9	0,0287	0,0281	0,0274	0,0268	0,0262	0,0256	0,0250	0,0244	0,0239	0,0233
2,0	0,0228	0,0222	0,0217	0,0212	0,0207	0,0202	0,0197	0,0192	0,0188	0,0183
2,1	0,0179	0,0174	0,0170	0,0166	0,0162	0,0158	0,0154	0,0150	0,0146	0,0143
2,2	0,0139	0,0136	0,0132	0,0129	0,0124	0,0122	0,0119	0,0116	0,0113	0,0110
2,3	0,0107	0,0104	0,0102	0,0099	0,0096	0,0094	0,0091	0,0089	0,0087	0,0084
2,4	0,0082	0,0080	0,0078	0,0075	0,0073	0,0071	0,0069	0,0068	0,0066	0,0064
2,5	0,0062	0,0060	0,0059	0,0057	0,0055	0,0054	0,0052	0,0051	0,0049	0,0048
2,6	0,0047	0,0045	0,0044	0,0043	0,0041	0,0040	0,0039	0,0038	0,0037	0,0036
2,7	0,0035	0,0034	0,0033	0,0032	0,0031	0,0030	0,0029	0,0028	0,0027	0,0026
2,8	0,0026	0,0025	0,0024	0,0023	0,0023	0,0022	0,0021	0,0021	0,0020	0,0019
2,9	0,0019	0,0018	0,0018	0,0017	0,0016	0,0016	0,0015	0,0015	0,0014	0,0014
3,0	0,0013	0,0013	0,0013	0,0012	0,0012	0,0011	0,0011	0,0011	0,0010	0,0010

2 Teoría de carteras (I)

Raquel Arguedas Sanz
Carmen López Martín
Rodrigo Martín García

Resumen del capítulo

En este capítulo se introducen los aspectos fundamentales de la teoría de carteras. Comienza con la presentación del modelo de Markowitz. Se presentan los diferentes tipos de inversores según su aversión al riesgo y se introduce el concepto de frontera eficiente para obtener la cartera óptima. A continuación se calcula la composición de una cartera para obtener la máxima rentabilidad o el mínimo riesgo y se presentan las limitaciones de este modelo. Como solución a estas, se introduce el modelo CAPM y, posteriormente, la línea del mercado de capitales (CML) y la línea del mercado de valores (SML).

El capítulo concluye introduciendo el modelo alternativo de selección de cartera de Graham y Dodd (1934), cuya estrategia para seleccionar activos se basa en la búsqueda de acciones cuyo precio de mercado esté situado por debajo de su valor intrínseco.

Objetivos de aprendizaje

Después de estudiar el capítulo el lector ha de ser capaz de entender:

1. Los conceptos de cartera factible, cartera eficiente y frontera eficiente.
2. Cómo calcular la composición de una cartera con el objetivo de maximizar la rentabilidad esperada o de minimizar el riesgo.
3. La aversión al riesgo y las curvas de indiferencia de un inversor adverso al riesgo.
4. Los fundamentos, construcción y limitaciones del modelo de Markowitz y la simplificación que proporciona el modelo de Sharpe.
5. El riesgo sistemático (no diversificable o de mercado) y el riesgo específico (diversificable) y el coeficiente beta.
6. La cartera de mercado, la línea del mercado de capitales (CML) y la línea del mercado de valores (SML).
7. Entender el significado de un activo infravalorado y sobrevalorado.
8. El modelo de Graham y Dodd.

2.1. INTRODUCCIÓN

Una inversión financiera es aquella que se realiza en títulos, activos financieros o valores inmobiliarios y en la que no hay creación de riqueza, sino que lo único que se produce es un cambio de titularidad. Como en cualquier inversión real, se produce un desembolso inicial y unos flujos periódicos, constituidos por dividendos y derechos de suscripción (renta variable) o por intereses (renta fija) y por el valor de reembolso final.

Cuando en la inversión financiera se combinan varios activos financieros se obtiene lo que se conoce como una cartera de valores. Los objetivos que se persiguen al invertir en una cartera pueden ser varios: colocar ahorros ociosos para que produzcan una rentabilidad, protegerse de la inflación o controlar un número importante de acciones de una empresa. En cualquier caso, el inversor siempre pretenderá combinar los tres parámetros fundamentales —rentabilidad, riesgo y liquidez— de forma adecuada a sus preferencias.

Pero, como también es conocido, rentabilidad, riesgo y liquidez son variables que funcionan en sentido contrapuesto, de forma que los activos más rentables (deseados por el inversor) generalmente soportan mayor riesgo (rechazado por el inversor), y los que ofrecen una elevada liquidez (siempre favorable al inversor) suelen presentar una baja tasa de rentabilidad.

La teoría de carteras trata de formar la combinación de valores óptima, es decir, aquella que, para un determinado nivel de riesgo aceptado por el inversor, produce la máxima rentabilidad, o aquella combinación de títulos que, para un nivel de rentabilidad aceptada por el inversor, disminuye el riesgo al máximo.

Hasta la década de los sesenta, a falta de estudios rigurosos de cómo lograr esta cartera óptima se intentaba disminuir el riesgo de la cartera a través de una diversificación llamada *naïve,* que consistía en invertir en valores de sectores dispares. Sin embargo, es en 1959, al publicar Harry M. Markowitz su investigación en el libro *Portfolio selection* (Markowitz, 1959), cuando se inicia una nueva etapa en el análisis de carteras.

Markowitz parte de la idea de que el análisis de valores se puede hacer con dos parámetros: la rentabilidad y el riesgo, y a partir de ellos determinar una cartera óptima. Posteriormente, continuando los trabajos de Markowitz, e incidiendo en algunas de las cuestiones que generaban un mayor problema, Sharpe (Sharpe, 1961, 1964, 1970, 1976) desarrolló una teoría de carteras que se tomó como referencia para la valoración de los títulos en el mercado en aportaciones posteriores conocidas como CAPM *(Capital Asset Pricing Model).*

La aplicación de estas teorías, todavía presentes en los procesos de decisión en las inversiones financieras en los mercados, ha permitido importantes avances, lo que las convierte en una referencia básica y necesaria en el estudio de carteras.

2.2. EL MODELO DE SELECCIÓN DE CARTERAS DE MARKOWITZ

Hemos visto que el riesgo de una cartera no depende únicamente de la varianza o riesgo de cada uno de los valores que constituyen la cartera, sino también de la relación entre dichos valores (covarianza).

El primer intento de diversificación, de carácter científico, lo hizo Markowitz. La diversificación no reduce el riesgo ni la rentabilidad de cada título individual, pues ambos son independientes de la forma en que se combinen, sino que lo que reduce es el riesgo total de la cartera. Para desarrollar el modelo, Markowitz parte de los siguientes principios:

— El rendimiento de un título o cartera viene dado por una variable aleatoria subjetiva, cuya distribución de probabilidad es conocida por el inversor, y el *rendimiento es el valor medio o esperanza matemática de dicha variable aleatoria.*
— La *varianza o desviación estándar de la variable aleatoria que describe el rendimiento se acepta como medida del riesgo.*
— *Racionalidad del inversor.* Se supone una conducta racional del inversor financiero, en el sentido de que se supone que prefiere una cartera cuyo rendimiento sea lo más alto posible y cuyo riesgo sea el mínimo posible.

Para determinar la cartera óptima, Markowitz se centra en dos aspectos: el cálculo de todas las carteras eficientes posibles y la introducción de la conducta racional del inversor a través de las curvas de indiferencia de este. Respecto a las curvas de indiferencia del inversor, señalar que son los lugares geométricos de los puntos del plano que representan todas las combinaciones posibles de rentabilidad y riesgo que proporcionan al inversor la misma utilidad o satisfacción. Dependiendo de la relación entre ambas, podemos encontrarnos inversores adversos al riesgo, indiferentes al riesgo o propensos al riesgo. En la figura 2.1 se representan tres curvas de indiferencia para cada uno de los casos.

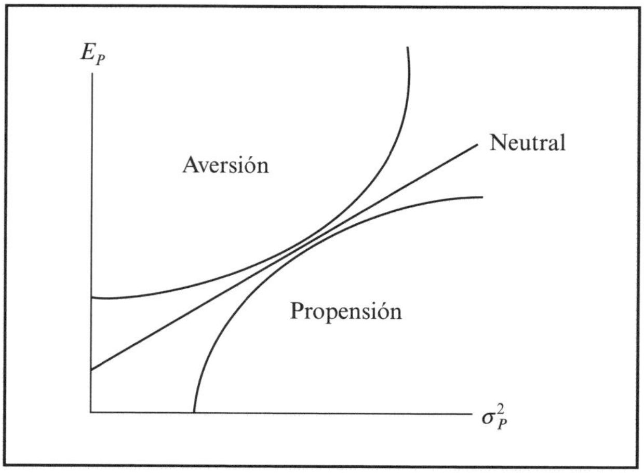

Figura 2.1. Curvas de indiferencia de un inversor.

Un inversor es indiferente al riesgo cuando, por cada unidad de riesgo adicional que asume, hay que aumentarle en la misma cantidad la rentabilidad. Un inversor es propenso al riesgo cuando por rendimientos cada vez menores está dispuesto a asumir mayores riesgos. Un inversor es adverso al riesgo cuando por cada unidad de riesgo adicional que asume hay que compensarlo con una rentabilidad cada vez mayor.

En cuanto a las *carteras eficientes,* su determinación ha de estar basada en el binomio rentabilidad-riesgo. Y una cartera no será eficiente si existe otra: *a*) con igual rentabilidad esperada y con nivel de riesgo menor, y *b*) con el mismo nivel de riesgo y una rentabilidad esperada mayor. Es decir, una cartera será eficiente cuando nos proporciona el máximo rendimiento para un determinado nivel de riesgo, o bien cuando proporciona el mínimo nivel de riesgo para un rendimiento concreto. De esta definición se infiere que la determinación de las carteras eficientes es un problema de programación cuadrática que puede plantearse de dos formas: maximizando el rendimiento de la cartera para cada valor del riesgo o minimizando el riesgo para cada valor del rendimiento.

La primera alternativa, *maximización del rendimiento,* se resolvería con el siguiente programa:

$$\text{Máx } E(R_p) = w_1 E(R_1) + w_2 E(R_2) + \cdots + w_n E(R_n) \Rightarrow \text{Función objetivo}$$

sujeto a las siguientes restricciones:

$$\left.\begin{array}{l} \sigma_p^2 = \sum_i \sum_j w_i w_j \sigma_{ij} \\ \sum_{i=1}^{n} w_i = 1 \\ w_1, w_2, \dots, w_n \geqslant 0 \end{array}\right\} \text{Restricciones}$$

La primera restricción es paramétrica y para cada nivel de riesgo habrá que resolver un programa; la segunda restricción es presupuestaria, y la tercera es la restricción de no negatividad.

El problema consiste, entonces, en encontrar los valores w_1, w_2, ..., w_n que proporcionan a la cartera la máxima esperanza matemática para cada valor de la varianza σ_p^2.

La segunda alternativa consiste en *minimizar el riesgo.* En este caso, el programa que hay que resolver es el siguiente:

$$\text{Mín } \sigma_p^2 = \sum_i \sum_j w_i w_j \sigma_{ij} \quad \Rightarrow \quad \text{Función objetivo}$$

Segunda alternativa:

$$\left.\begin{array}{l} E(R_p) = w_1 E(R_1) + w_2 E(R_2) + \cdots + w_n E(R_n) \\ \sum_{i=1}^{n} w_i = 1 \\ w_1, w_2, \dots, w_n \geqslant 0 \end{array}\right\} \text{Restricciones}$$

Igual que en el caso anterior, la primera restricción es paramétrica, y para cada nivel $E(R_p)$ requiere resolver un problema de programación.

Si representamos en un gráfico el conjunto de soluciones posibles, obtendríamos el área que aparece subrayada en la figura 2.2. Esta área sombreada corresponde con todas las *carteras posibles o factibles.* En esta figura se puede observar que todas las carteras situadas en el arco AB nos proporcionan la máxima rentabilidad que puede alcanzarse para cada valor de σ_p^2, o que dado un valor de $E(R_p)$, el riesgo mínimo se obtiene precisamente sobre ese arco. Ello quiere decir que el arco AB es el conjunto de todas las *carteras eficientes*. Puede comprobarse en la figura 2.2 que, para un nivel de rentabilidad dado (R_0), el nivel de riesgo σ_0^2 es el mínimo dentro del área de carteras posibles, y que para el nivel de riesgo σ_0^2, la mayor rentabilidad que puede alcanzarse, en la zona de carteras posibles, corresponde a la rentabilidad R_0. El punto de corte de R_0 con σ_0^2 (punto E) es, entonces, una cartera eficiente. Así, la *frontera eficiente* (arco AB) comprende el conjunto de todas las carteras que proporcionan un valor máximo de R_0 para cada valor de σ_0^2, o un valor mínimo de σ_0^2 para cada valor de R_0.

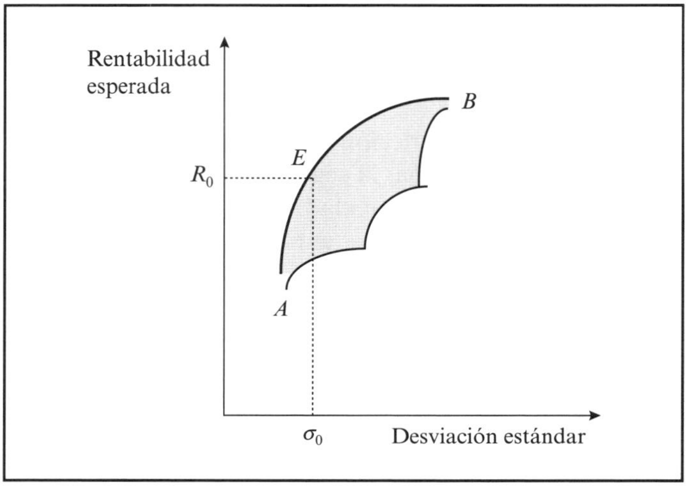

Figura 2.2. Conjunto de carteras eficientes del modelo de Markowitz (arco *AB*).

El segundo aspecto importante que considerar en el modelo de Markowitz es el referente a la confección de las *curvas de indiferencia del inversor.* Una curva de indiferencia representa combinaciones entre riesgo y rentabilidad ante las cuales el inversor es indiferente. Como es lógico, el inversor solo será indiferente cuando pueda obtener más rentabilidad a cambio de aceptar un mayor riesgo.

La forma que generalmente toman las curvas de indiferencia es la que aparece en la figura 2.3. En ella se puede apreciar que las curvas de indiferencia son crecientes (el sujeto decisor aceptará aumentos en el nivel de riesgo cuando se produzcan aumentos en la rentabilidad), y cóncavas respecto al eje de ordenadas (según aumenta el nivel de riesgo, el decisor, averso al riesgo, exigirá cada vez mayor rentabilidad esperada).

Finalmente, las curvas de indiferencia no pueden cortarse, ya que, si así fuese, se producirían incongruencias, como que para un mismo nivel de rentabilidad existirían varios niveles de riesgo. El número de curvas de indiferencia es infinito, y cuanto más alejadas están del origen mayor nivel de satisfacción producen, ya que para un mismo nivel de riesgo se alcanza mayor rentabilidad.

Una vez calculada la frontera eficiente (conjunto de carteras eficientes) y las curvas de indiferencia del inversor, el tercer y último paso consiste en integrar ambas informaciones (figura 2.4). El punto *C*, punto de tangencia de la frontera eficiente con una curva de indiferencia, representa la *cartera óptima,* ya que, como se ha dicho anteriormente, las curvas más alejadas del origen representan un mayor nivel de satisfacción para el inversor, y cualquier otro punto de la frontera eficiente distinto de *C* será cortado por una curva de indiferencia de inferior nivel de satisfacción.

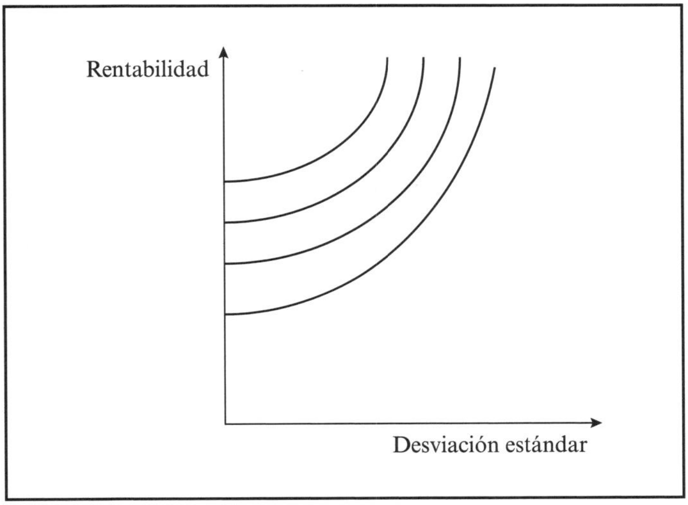

Figura 2.3. Curvas de indiferencia del inversor modelo de Markowitz.

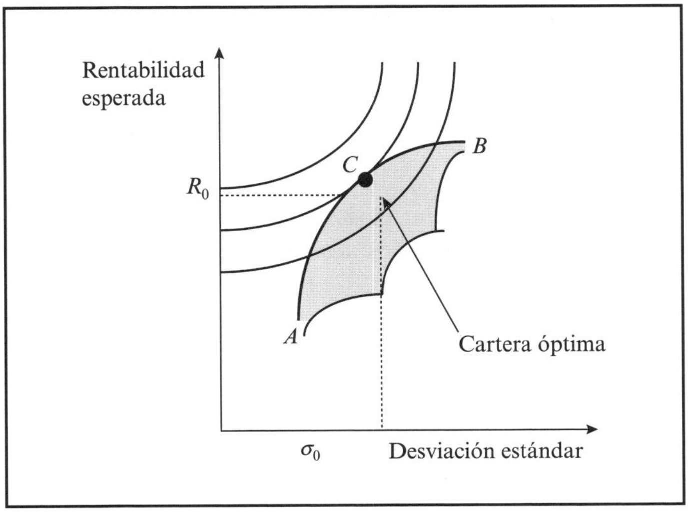

Figura 2.4. Cartera óptima del modelo de Markowitz.

Una vez calculado el punto *C* y conocidos, por tanto, el nivel de riesgo y rentabilidad de la cartera, se resuelve el problema de programación paramétrica para dichos valores y se obtiene la combinación de valores $w_1, w_2, ..., w_n$, que integran la cartera óptima.

Cabe añadir, para finalizar el modelo de Markowitz, que la cartera óptima será distinta para cada inversor, porque, si bien la frontera eficiente es común para todos los inversores, las curvas de indiferencia son distintas para cada inversor, en función de su aversión al riesgo.

EJEMPLO 1

La siguiente tabla presenta las rentabilidades de dos activos financieros *A* y *B*:

R_A	p_A	R_B	p_B
25%	30%	40%	10%
10%	40%	20%	50%
0%	30%	10%	40%

a) Se forma una cartera con ambos activos, de tal forma que se sabe que se ha elegido cuatro veces más del activo *A* que del *B*. Calcule el riesgo de dicha cartera, suponiendo que la correlación de ambos activos es 1, 0 y −1.

b) Sabiendo que la correlación entre ambos activos es perfectamente negativa, ¿cuál debería ser el peso de cada uno de los activos para conseguir una cartera con un rendimiento cierto (riesgo nulo)?

Solución

a) Para calcular el riesgo de la cartera necesitamos conocer el riesgo individual de cada uno de los activos. Así,

$$\sigma^2(R) = E[(R_i - \bar{R})^2] = \sum_{i=1}^{n} (R_i - \bar{\bar{R}})^2 p_i = E(R^2) - E(R)^2$$

$$E(R_A^2) = 0{,}25^2 \cdot 0{,}3 + 0{,}1^2 \cdot 0{,}4 + 0^2 \cdot 0{,}3 = 0{,}02275$$

$$E(R_A) = 0{,}25 \cdot 0{,}3 + 0{,}1 \cdot 0{,}4 + 0 \cdot 0{,}3 = 0{,}115$$

$$E(R_B^2) = 0{,}4^2 \cdot 0{,}1 + 0{,}2^2 \cdot 0{,}5 + 0{,}1^2 \cdot 0{,}4 = 0{,}04$$

$$E(R_B) = 0{,}4 \cdot 0{,}1 + 0{,}2 \cdot 0{,}5 + 0{,}1 \cdot 0{,}4 = 0{,}18$$

Por tanto, el riesgo de cada activo es:

$$\sigma_A^2 = 0{,}02275 - 0{,}115^2 = 0{,}009525$$
$$\sigma_B^2 = 0{,}04 - 0{,}18^2 = 0{,}0076$$

La varianza de la cartera se obtiene a partir de la siguiente expresión:

$$\sigma_p^2 = w_A^2\sigma_A^2 + w_B^2\sigma_B^2 + 2w_A w_B \sigma_{AB} = w_A^2\sigma_A^2 + w_B^2\sigma_B^2 + 2w_A w_B \sigma_A \sigma_B \rho$$

Teniendo en cuenta que el peso en la cartera del activo A es cuatro veces superior al del activo B:

$$w_A + w_B = 1 \ \ ; \ \ w_A = 4w_B \ \rightarrow \ 4w_B + w_B = 1 \ \rightarrow \ w_B = \frac{1}{5} = 0{,}2$$

La cartera está formada por un 80% del activo A y un 20% del activo B.

— Si $\rho = 1$:

$$\begin{aligned}\sigma_p^2 &= w_A^2\sigma_A^2 + w_B^2\sigma_B^2 + 2w_A w_B \sigma_A \sigma_B \rho = \\ &= 0{,}8^2 \cdot 0{,}009525 + 0{,}2^2 \cdot 0{,}0076 + 2 \cdot 0{,}8 \cdot 0{,}2 \cdot \sqrt{0{,}009525} \cdot \sqrt{0{,}0076} \cdot 1 = \\ &= 0{,}00912\end{aligned}$$
$$\sigma_p = \sqrt{0{,}00912} = 0{,}0955$$

— Si $\rho = 0$:

$$\begin{aligned}\sigma_p^2 &= 0{,}8^2 \cdot 0{,}009525 + 0{,}2^2 \cdot 0{,}0076 + 2 \cdot 0{,}8 \cdot 0{,}2 \cdot \sqrt{0{,}009525} \cdot \sqrt{0{,}0076} \cdot 0 = \\ &= 0{,}0064\end{aligned}$$
$$\sigma_p = \sqrt{0{,}0064} = 0{,}08$$

— Si $\rho = -1$:

$$\begin{aligned}\sigma_p^2 &= 0{,}8^2 \cdot 0{,}009525 + 0{,}2^2 \cdot 0{,}0076 + 2 \cdot 0{,}8 \cdot 0{,}2 \cdot \sqrt{0{,}009525} \cdot \sqrt{0{,}0076} \cdot (-1) = \\ &= 0{,}003677\end{aligned}$$
$$\sigma_p = \sqrt{0{,}003677} = 0{,}0606$$

b) Si el objetivo es conseguir una cartera con un rendimiento cierto ($\sigma_p^2 = 0$), sabiendo que la correlación entre los activos es perfectamente negativa:

$$\sigma_p^2 = w_A^2\sigma_A^2 + w_B^2\sigma_B^2 + 2w_A w_B \sigma_A \sigma_B \rho = w_A^2\sigma_A^2 + w_B^2\sigma_B^2 - 2w_A w_B \sigma_A \sigma_B = 0$$

y además se debe cumplir la restricción $w_A + w_B = 1$, la expresión de la varianza se puede escribir como un producto notable

$$\sigma_p^2 = (w_A\sigma_A - w_B\sigma_B)^2 = 0$$

Por tanto, $w_A\sigma_A - w_B\sigma_B = 0$, y despejando uno de los pesos en función del otro y teniendo en cuenta la restricción ($w_B = 1 - w_A$), se llega a:

$$w_A\sigma_A = w_B\sigma_B \Rightarrow w_A\sigma_A = (1 - w_A)\sigma_B \Rightarrow w_A = \frac{\sigma_B}{\sigma_A + \sigma_B}$$

Sustituyendo los valores de las desviaciones calculadas en el apartado *a*):

$$w_A = \frac{\sqrt{0{,}0076}}{\sqrt{0{,}009525} + \sqrt{0{,}0076}} = 0{,}4718 \Rightarrow w_B = 0{,}528$$

Si formamos una cartera compuesta por un 47,18% por el activo *A* y un 52,82% por el activo *B*, conseguimos obtener una cartera libre de riesgo.

La rentabilidad obtenida con esta cartera será:

$$E(R_p) = w_A E(R_A) + w_B E(R_B) = 0{,}4718 \cdot 0{,}115 + 0{,}5282 \cdot 0{,}18 = 0{,}1493 = 14{,}93\%$$

Una generalización natural del modelo de Markowitz es suponer que un inversor forme una cartera con activos con riesgo y activos libres de riesgo, es decir, una cartera mixta. Esta generalización fue iniciada por Tobin (1958). Las modificaciones incluidas por Tobin son las siguientes:

a) Incluye en la cartera activos libres de riesgo.
b) Incluye la posibilidad de prestar y pedir prestado a un tipo de interés determinado. Así, se distingue entre carteras con préstamo *(lending portfolio)* y carteras con endeudamiento *(borrowing portfolio)*.

Si el activo con riesgo es *A*, en las carteras mixtas w_A puede ser mayor o menor que la unidad. Si es mayor que la unidad, entonces tendríamos una cartera con endeudamiento, y si fuera menor que la unidad tendríamos una cartera con préstamo.

— *Cartera con préstamo:* una parte del presupuesto la destinamos al activo con riesgo y el resto lo prestamos, es decir, lo invertimos en el activo libre de riesgo a una tasa R_f. Si w_A es la parte del presupuesto invertida en activos libre de riesgo o prestada, y w_B la parte del presupuesto destinada a activos con riesgo, se sigue cumpliendo que $w_A + w_B = 1$, dado que $w_A > 0$ y $w_B > 0$.
— *Carteras con endeudamiento:* parte del presupuesto se invierte en activos libres de riesgo y parte del presupuesto en activos con riesgo. Se sigue cumpliendo que $w_A + w_B = 1$, pero ahora $w_A > 0$ y $w_B < 0$, ya que en este caso $w_A > 1$.

Si incluimos en el modelo la posibilidad de adquirir activos libres de riesgo (supongamos que es el activo A), la rentabilidad y el riesgo de la cartera viene dado por:

$$E(R_p) = w_A E(R_A) + w_B E(R_B) = w_A R_A + w_B E(R_B) = w_A R_A + (1 - w_A) E(R_B)$$

$$\sigma_p^2 = w_A^2 \sigma_A^2 + w_B^2 \sigma_B^2 + 2 w_A w_B \sigma_A \sigma_B \rho = w_B^2 \sigma_B^2$$

ya que $\sigma_A^2 = 0$.

Teniendo en cuenta la restricción $w_A + w_B = 1$, en este caso la varianza de la cartera es:

$$\sigma_p^2 = (1 - w_A)^2 \sigma_B^2 \quad \Rightarrow \quad (1 - w_A) = \frac{\sigma_p}{\sigma_B}$$

$$E(R_p) = w_A R_A + (1 - w_A) E(R_B) = \left(1 - \frac{\sigma_p}{\sigma_B}\right) R_A + \frac{\sigma_p}{\sigma_B} E(R_B) =$$

$$= R_A + \frac{E(R_B) - R_A}{\sigma_B} \sigma_p$$

A partir de la expresión anterior se puede concluir que la relación funcional entre la rentabilidad esperada de una cartera mixta y su riesgo viene dada por una función lineal, siendo la pendiente $[E(R_B) - R_A]/\sigma_B$. Por tanto, la frontera eficiente, cuando existe un activo sin riesgo, es una forma funcional lineal.

EJEMPLO 2

Un inversor dispone de fondos propios. Además, este inversor puede prestar y pedir prestado al tipo de interés libre de riesgo, del 5%. El inversor tiene cuatro alternativas de inversión:

a) Invertir todos sus fondos a un tipo de interés libre de riesgo.
b) Invertir en una cartera de valores que tiene un rendimiento esperado del 8% y una desviación típica del 15%.
c) Invertir en una cartera, formada por los dos activos anteriores, con una desviación típica de 6%.
d) Invertir en una cartera, formada por los dos activos anteriores, con una desviación típica de 20%.

¿Cómo debería invertir en cada caso y cuál es la inversión que le reportará mayor rentabilidad?

Solución

a) En el caso de que invierta todos los fondos en activos libre de riesgo, $w_A = 1$ y $w_B = 0$. Por tanto, el rendimiento y el riesgo asumido en esta inversión:

$$E(R_P) = 1 \cdot 5\% + 0 \cdot 8\% = 5\%$$
$$\sigma_p^2 = 1 \cdot 0 + 0 \cdot 0{,}15^2 + 2 \cdot 0 \cdot 1\sigma_{AB} = 0$$

b) Si invierte todos los fondos en activos con riesgo, $w_A = 0$ y $w_B = 1$:

$$E(R_P) = 0 \cdot 5\% + 1 \cdot 8\% = 8\%$$
$$\sigma_p^2 = 0 \cdot 0 + 1 \cdot 0{,}15^2 + 2 \cdot 0 \cdot 1\sigma_{AB} = 0{,}0225 \rightarrow \sigma_p = 0{,}15$$

c) Si invierte todos los fondos en ambos activos con el objetivo de tener una cartera con una desviación de 6%:

$$E(R_P) = w_A \cdot 5\% + w_B \cdot 8\%$$
$$\sigma_p^2 = w_A^2 \cdot 0 + w_B^2 \cdot 0{,}15^2 + 2 \cdot w_A \cdot w_B \cdot 0 \cdot 0{,}15 \cdot \rho = 0{,}06^2 = 0{,}0036$$
$$w_B^2 = 0{,}16 \rightarrow w_B = 0{,}4 \text{ y } w_A = 0{,}6$$

Para conseguir asumir un riesgo de 6%, el inversor tiene que invertir el 40% de sus ahorros en activos con riesgo y el 60% en activo libre de riesgo. En estas condiciones la rentabilidad obtenida será:

$$E(R_p) = 0{,}6 \cdot 5\% + 0{,}4 \cdot 8\% = 6{,}2\%$$

Hubiéramos llegado al mismo resultado utilizando la expresión de la frontera de eficiencia para el caso de carteras mixtas:

$$E(R_p) = 5\% + \frac{8\% - 5\%}{15\%} \cdot 6\% = 6{,}2\%$$

Este es el caso de una cartera con préstamo *(lending portfolio)*.

d) Si invierte todos los fondos en ambos activos, con el objetivo de tener una cartera con una desviación de 20%.

$$\sigma_p^2 = w_A \cdot 0 + w_B \cdot 0{,}15^2 + 2 \cdot w_A \cdot w_B \cdot 0 \cdot 0{,}06 \cdot \rho = 0{,}2^2 = 0{,}04$$

$$w_B = 1{,}33 \rightarrow w_A = 1 - 1{,}33 = -0{,}33$$

$$E(R_p) = 5\% + \frac{8\% - 5\%}{15\%} \cdot 20\% = 9\%$$

Como invierte en el activo con riesgo un 133% de sus fondos, el inversor debe pedir prestada una cantidad equivalente al 33% de sus fondos. Este es el caso de una cartera con endeudamiento *(borrowing portfolio)*.

En términos de rentabilidad, esta última inversión le reporta un mayor rendimiento, pero también asume un mayor riesgo.

2.3. EL MODELO DE SELECCIÓN DE CARTERAS DE SHARPE

El modelo de Markowitz fue el germen de la teoría de carteras, pero presentaba el inconveniente de su aplicación práctica, debido al gran número de operaciones que era necesario realizar. En concreto, para un número de valores *n* de la cartera es preciso realizar el siguiente número de estimaciones:

a) *n* esperanzas matemáticas de los rendimientos.
b) *n* varianzas.
c) $[n(n - 1)]/2$ covarianzas.

La suma de estas estimaciones alcanza la cifra de $[n(n + 3)]/2$ estimaciones, lo que significa que, para una cartera compuesta, por ejemplo, de 100 valores, el número de estimaciones a realizar sería de 5.150.

Ante esta dificultad, Willian F. Sharpe publica en 1964 su modelo de selección de carteras basado en el modelo de Markowitz. Básicamente, este modelo parte del supuesto de que no existe correlación entre los distintos valores que conforman una cartera, pero sí existe una relación más o menos estrecha entre cada uno de los valores y el índice general del mercado (normalmente, el índice bursátil). De esta forma se suprimen del modelo de Markowitz las $[n(n-1)]/2$ estimaciones de las covarianzas, y solamente es preciso realizar n estimaciones.

Sharpe parte de la idea de que todos los valores se relacionan con un índice general, y que la relación que puede existir entre los distintos valores se deriva únicamente de la relación directa entre cada uno de ellos con el índice general. Por ello, la correlación entre los títulos es nula.

El modelo econométrico que relaciona el rendimiento de un título con el índice del mercado al que llega Sharpe es el siguiente, conocido también como línea característica de un título:

$$R_i = \alpha_i + \beta_i \cdot R_M + \varepsilon_i$$

donde:

- R_i = Rendimiento del título i.
- α_i = Variable independiente. Rentabilidad del título i que no depende de la variación del índice del mercado.
- β_i = Término dependiente. Riesgo sistemático o relación entre la rentabilidad del título y el índice del mercado.
- R_M = Rentabilidad del mercado, tomada como índice de mercado (aunque también podrían utilizarse otros índices bursátiles), obtenida a partir del índice aplicando la siguiente fórmula:

$$R_M = \frac{\text{Valor del índice al final del período} - \text{Valor del índice al principio del período}}{\text{Valor del índice al principio del período}}$$

- ε_i = Perturbación aleatoria. Expresa las variaciones en R_i que son independientes de los movimientos del mercado, pero dependen de las características específicas del título i.

De forma gráfica, el modelo sería el que se ilustra en la figura 2.5. Se representa en el eje de abscisas el valor del índice del mercado y en el eje de ordenadas los rendimientos del título (o cartera). Para un período determinado que deseemos analizar, se van punteando los valores que toma el rendimiento del título para cada valor que vaya tomando el índice, obteniéndose así una nube de puntos como los de la figura 2.5.

Si los puntos de la nube están muy dispersos y, por tanto, alejados de la recta de regresión, querrá decir que la correlación entre el índice del mercado y la rentabilidad del título es baja. En otras palabras, la β será más precisa cuanto más próximos estén los puntos de la nube a la recta de regresión.

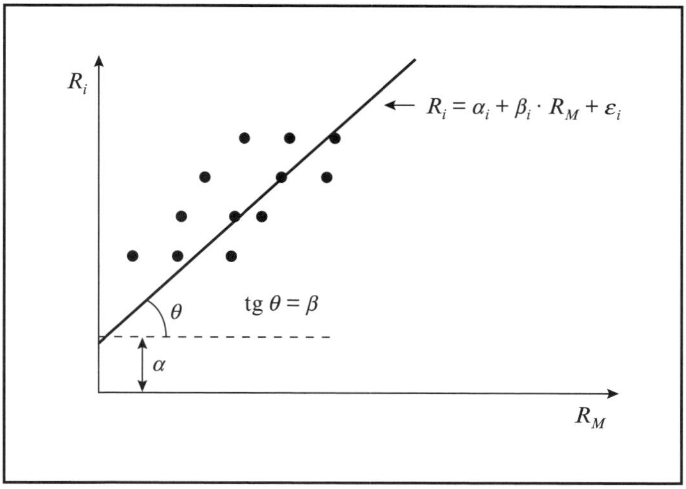

Figura 2.5. Recta de regresión en el modelo de Sharpe.

La tangente del ángulo que forma la recta de regresión con la horizontal (tg θ) es la beta (β) del título *i*. Para un ángulo de 45°, la β vale la unidad, lo que significa que un incremento en el valor del índice del mercado produce un incremento similar en el rendimiento del título. Si el ángulo es mayor de 45° ($\beta > 1$), un incremento en el valor del índice produce un incremento mayor en el rendimiento del título, y este incremento porcentual será tanto mayor cuanto mayor sea el ángulo (y β); los títulos que se comportan de esta manera se denominan *títulos agresivos*. Si el ángulo es igual a 45° ($\beta = 1$), un incremento en el valor del índice produce un incremento igual en el rendimiento del título, por lo que estos títulos simplemente transmiten las variaciones observadas en el mercado; los títulos que se comportan de esta manera se denominan *títulos neutros o normales.* Por último, si el ángulo es inferior a 45° ($\beta < 1$), un incremento en el valor del índice comporta un incremento porcentual menor en el rendimiento del título; a estos títulos se les denomina *títulos defensivos* (véase figura 2.6).

En síntesis, el coeficiente β puede tomar los siguientes valores:

a) $\beta = 1$. El título o la cartera se comporta de la misma forma que el mercado. Así, un incremento de un 5% en la rentabilidad del mercado supone un incremento de un 5% en la rentabilidad del título o de la cartera.

b) $\beta > 1$. El título es más sensible o volátil que el índice del mercado, lo que significa que un incremento (decremento) del índice del mercado conlleva un incremento (decremento) mayor de la rentabilidad del título.

c) $\beta < 1$. El título o cartera es menos sensible o volátil que el índice del mercado. Un incremento en el rendimiento del mercado conlleva un incremento de menor cuantía en el rendimiento del título.

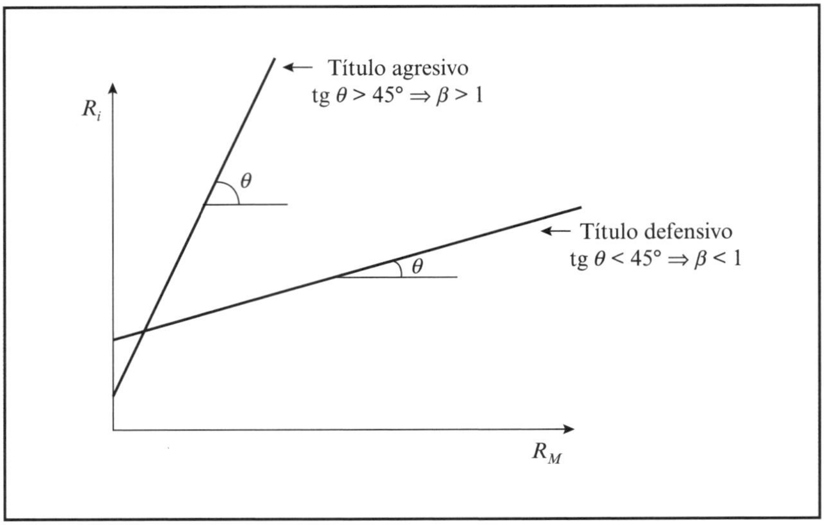

Figura 2.6. Tipos de títulos en función de su riesgo sistemático.

Puesto que se trata de un modelo lineal simple, la perturbación aleatoria (ε) cumple los siguientes requisitos:

— Su esperanza matemática es cero y su varianza toma un valor finito y distinto para cada título: $E(\varepsilon_i) = 0$ y $\sigma^2_{s_i} \neq \sigma^2_{s_j}$.
— La covarianza de dos títulos cualquiera es nula. Es decir, no existe correlación entre los títulos: cov $(\varepsilon_i, \varepsilon_j) = 0$.
— No existe correlación entre la perturbación aleatoria y el índice del mercado: cov $(\varepsilon_i, R_M) = 0$.
— La perturbación aleatoria se comporta siguiendo una distribución normal de media cero y varianza $\sigma^2_{\varepsilon_i}$: $\varepsilon_i \rightarrow N(0, \sigma_i^2)$.

Teniendo en cuenta estas propiedades de ε, podemos calcular la media y la varianza de R_i en el modelo de Sharpe:

$$E(R_i) = \alpha_i + \beta_i \cdot (R_M)$$
$$\sigma^2(R_i) = \beta_i^2 \cdot \sigma^2_{R_M} + \sigma^2(\varepsilon_i)$$

El modelo de Sharpe, hasta aquí expuesto, permite relacionar un título con un índice del mercado. Este modelo puede hacerse extensivo a una cartera, y para ello es preciso incorporar al análisis las siguientes variables y parámetros:

— Rendimiento medio de la cartera (R_p), que se obtiene como la media ponderada de los rendimientos de los títulos que componen la cartera.

$$R_p = \sum_{i=1}^{n} w_i \cdot R_i$$

— Término independiente (α_p) se calcula como la media ponderada de las alfas de cada título.

$$\alpha_p = \sum_{i=1}^{n} w_i \cdot \alpha_i$$

— Beta de la cartera (β_p). Equivale a la media ponderada de la beta de cada título que integra la cartera.

$$\beta_p = \sum_{i=1}^{n} w_i \cdot \beta_i$$

— Perturbación aleatoria de la cartera (ε_p), también obtenida como media ponderada de las ε de cada título.

$$\varepsilon_p = \sum_{i=1}^{n} w_i \cdot \varepsilon_i$$

La expresión de la línea característica del modelo, aplicado ahora a una cartera, podría escribirse la expresión de la línea característica de una cartera como sigue:

$$R_p = \alpha_p + \beta_p \cdot R_M + \varepsilon_p$$

La esperanza matemática y la varianza de los rendimientos de la cartera (R_p y σ_p^2) se pueden obtener de la siguiente forma:

$$E(R_p) = E\left(\sum w_i \cdot R_i\right) = \sum w_i \cdot E(R_i) = \sum w_i \cdot [\alpha_i + \beta_i \cdot E(R_M)] =$$
$$= \sum w_i \cdot \alpha_i + \cdot E(R_M) \sum w_i \cdot \beta_i \cdot E(R_p) = \alpha_p + \beta_p \cdot E(R_M)$$

y de igual forma:

$$\sigma^2(R_p) = \beta_p^2 \sigma_M^2 + \sigma^2(\varepsilon_p)$$

La expresión de la varianza de R_i consta de dos sumandos. El primero de ellos $[\beta_p^2 \cdot \sigma_p^2(R_M)]$ mide el riesgo sistemático o de mercado, y el segundo $[\sigma^2(\varepsilon_p)]$ mide el riesgo diversificable o específico, de donde se puede obtener la igualdad fundamental:

$$\text{Riesgo total} = \text{Riesgo específico} + \text{Riesgo sistemático}$$

2.3.1. Riesgo específico y riesgo sistemático

La idea inicial de que los títulos se comportan de manera distinta ante una variación del índice del mercado permitió que Sharpe distinguiese dos tipos de riesgo: el riesgo específico y el riesgo sistemático.

— El *riesgo específico,* también llamado *riesgo propio, riesgo único, riesgo no sistemático* o *riesgo diversificable* es el resultado de los peligros que corre una determinada empresa y que son específicos suyos. Este riesgo puede potencialmente ser eliminado a través de la diversificación.
— El *riesgo sistemático, riesgo de mercado* o *riesgo no diversificable* deriva de que en el conjunto de la economía existen otros peligros que afectan a todas las empresas. Este riesgo no es diversificable y, por tanto, están expuestos a él todos los inversores.

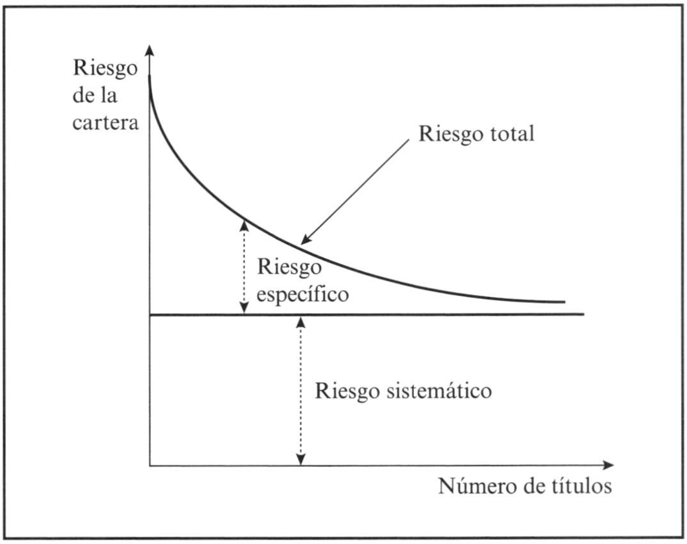

Figura 2.7. Comportamiento del riesgo de una cartera.

Teniendo en cuenta, pues, que el riesgo específico se puede eliminar, el riesgo de una cartera bien diversificada depende únicamente del riesgo sistemático o de mercado de los títulos que componen la cartera. De aquí que lo que realmente interesa conocer de un título es su riesgo sistemático, lo que quiere decir que lo que nos interesa es medir la sensibilidad del título respecto a los movimientos del mercado (véase figura 2.7).

Si nos detenemos un poco más en el análisis del riesgo sistemático $[\beta_i^2 \cdot \sigma_i^2(R_M)]$, podemos observar que la varianza del mercado $[\sigma_i^2(R_M)]$ es la misma para todos los títulos, y, por tanto, podemos medir el riesgo sistemático de un título por la beta cuadrado, o simplemente por la beta, siendo beta la pendiente de la recta de regresión correspondiente al título (véase figura 2.6).

La interpretación de la beta es muy sencilla: un título con una $\beta = 2$ significa que para un aumento de un 1% la rentabilidad del mercado, el precio del título aumenta en un 2%. Por ello, cuanto más elevada sea la beta de un título o de una cartera, más arriesgado será ese título o cartera, porque una pequeña caída del índice provocará mayores caídas en el precio de las acciones.

EJEMPLO 3

Un inversor posee una cartera formada únicamente con dos tipos de activos *A* y *B*. Sabiendo que la β del activo *A* es igual a 0,5 y la β del activo *B* es 1,2, si el inversor desea tener una cartera con una β igual a 0,75:

a) Determinar la proporción a invertir en el activo *A* para lograr esa cartera.
b) Si la desviación típica de los activos *A* y *B* son respectivamente 10% y 6% y los activos no están correlacionados, ¿cuál es el riesgo especifico de la cartera formada en el apartado *a*)?
c) Si el riesgo de mercado, medido como la desviación típica es el 8%, ¿cuál es el valor del riesgo sistemático?
d) Riesgo total de la cartera.

Solución

a) La β de una cartera viene definida como la suma ponderada de las β de cada uno de los activos que la forman:

$$\beta_p = \sum_{i=1}^{n} w_i \cdot \beta_i$$

Por tanto,

$$0{,}75 = w_A \cdot 0{,}5 + w_B \cdot 1{,}2$$
$$0{,}75 = w_A \cdot 0{,}5 + (1 - w_A) \cdot 1{,}2$$

Resolviendo se obtiene que la proporción de activo A que debe tener la cartera es $w_A = 0{,}6428 = 64{,}29\%$, y por tanto $w_B = 35{,}71\%$.

b) El riesgo específico de la cartera anterior:

$$\sigma^2_{\text{específico}} = (0{,}6429)^2 \cdot (0{,}1)^2 + (0{,}3771)^2 \cdot (0{,}06)^2 = 0{,}004591 \rightarrow$$
$$\rightarrow \sigma_p = 0{,}06775 = 6{,}77\%$$

c) El riesgo de mercado o sistemático:

$$\sigma^2_{\text{sistemático}} = \beta^2_A \cdot \sigma^2_M = (0{,}75)^2 \cdot (0{,}08)^2 = 0{,}0036 \rightarrow \sigma_p = 0{,}06 = 6\%$$

d) El riesgo total de la cartera:

$$\sigma^2_p = \beta^2_A \cdot \sigma^2_M + \sigma^2_\varepsilon$$
$$\sigma^2_p = 0{,}004591 + 0{,}0036 = 0{,}00819 \rightarrow \sigma_p = 0{,}0905 = 9{,}05\%$$

2.3.2. Estimación de los parámetros α y β en el modelo de mercado de Sharpe

Para estimar los valores de α y β nos basamos en la información histórica acerca de $R_M(t)$ y de $R(t)$. Así, utilizando el método de los mínimos cuadrados, tendríamos que estimar α y β de forma que minimicen la expresión:

$$\xi = \sum_{i=1}^{n} \varepsilon_i^2(t) = \sum_{i=1}^{n} [R(t) - \alpha_i - \beta_i \cdot R_M(t)]^2$$

donde:

t = Representa cada uno de los períodos de los que tomemos información.
$R(t)$ = Rendimiento del título en el período t.
R_M = Rendimiento del mercado en el período t.

Derivando la expresión anterior con respecto a α y β, e igualando a 0, se obtiene:

$$\frac{d\xi}{d\alpha} = -2 \sum_{i=1}^{n} [R(t) - \alpha_i - \beta_i \cdot R_M(t)] = 0$$

$$\frac{d\xi}{d\beta} = -2 \sum_{i=1}^{n} [R(t) - \alpha_i - \beta_i \cdot R_M(t)] \cdot R_M(t) = 0$$

de donde:

$$\sum_{t=1}^{n} R(t) = n \cdot \alpha_i + \beta_i \cdot \sum_{i=1}^{n} R_M(t)$$

$$\sum_{t=1}^{n} R(t) \cdot R_M(t) = \alpha_i \cdot \sum_{t=1}^{n} R_M(t) + \beta_i \cdot \sum_{i=1}^{n} R_M(t)$$

Finalmente, se obtendría:

$$\beta_i = \frac{\sum_{t=1}^{n} [R(t) - \bar{R}(t)] \cdot [R_M(t) - \bar{R}_M(t)]}{\sum_{t=1}^{n} [R_M(t) - \bar{R}_M(t)]^2} = \frac{\text{cov } [R(t) \cdot R_M(t)]}{\sigma_M^2}$$

$$\alpha_i = \bar{R}(t) - \beta_i \cdot \bar{R}_M$$

En definitiva, las expresiones que nos permiten calcular α y β son las siguientes:

$$\alpha_i = E(R_i) - \beta_i \cdot E(R_M)$$

$$\beta_i = \frac{\sigma_{iM}}{\sigma_M^2}$$

Obsérvese que el subíndice i indica el título i (que también puede ser una cartera de títulos) y que el subíndice M se refiere al mercado. Por otro lado, si calculamos el coeficiente de determinación (r) de la recta de regresión del modelo de Sharpe podemos conocer la bondad del ajuste. Sabemos que este coeficiente puede tomar valores comprendidos entre 0 y 1. Si todos los puntos estuviesen sobre la recta, el coeficiente valdría 1 y nos estaría indicando que las variaciones en la rentabilidad del título son únicamente explicadas por las variaciones en el mercado. Si, por el contrario, el coeficiente tomase el valor 0, querría decir que las variaciones en la rentabilidad del título no se explican por las variaciones del mercado, sino por la $\varepsilon(t)$.

EJEMPLO 4

El valor del índice de la Bolsa de Madrid a lo largo de un año (tomado el día primero de cada mes), así como las cotizaciones (en u.m.) de las acciones A, B, C y D, son los que aparecen reflejados en la siguiente tabla. Supóngase que no ha habido reparto de dividendos:

	1-ene	1-feb	1-mar	1-abr	1-may	1-jun	1-jul	1-ago	1-sep	1-oct	1-nov	1-dic	31-dic
Índice	861	863	864	854	856	863	867	860	870	875	880	884	870
A	25	31	32	30	31	34	35	33	33	36	35	35	38
B	10	11	12	14	13	14	15	15	17	18	16	17	18
C	18	18	19	19	18	19	20	20	21	22	21	23	25
D	4	6	5	7	9	10	11	11	12	10	11	12	12

Calcular:

1. El rendimiento mensual de cada título y el del índice.
2. Rendimiento medio de cada título y del índice.
3. Los coeficientes α y β para cada título.
4. Los riesgos específicos y sistemáticos.
5. La cotización esperada para cada título cuando el índice del mercado se sitúe en 1.100 puntos.
6. Suponiendo que los títulos *A*, *B*, *C* y *D* forman una cartera en la que cada acción tiene la siguiente ponderación: $A = 50\%$, $B = 20\%$, $C = 20\%$ y $D = 10\%$, calcular la rentabilidad esperada para la cartera, así como su riesgo específico y sistemático.

Solución

1. Para calcular el rendimiento mensual utilizaremos la siguiente fórmula:

$$R_{it} = \frac{(P_{it} - P_{it-1} + d_{it})}{P_{it-1}}$$

$$R_{B1} = \frac{(11 - 10)}{10} = 10\% \qquad R_{B12} = \frac{(18 - 17)}{17} = 5{,}9\%$$

$$R_{C1} = \frac{(18 - 18)}{18} = 0{,}0\% \qquad R_{C12} = \frac{(25 - 23)}{23} = 8{,}7\%$$

$$R_{D1} = \frac{(6 - 4)}{4} = 50\% \qquad R_{D12} = \frac{(12 - 12)}{12} = 0{,}0\%$$

$$R_{M1} = \frac{(863 - 861)}{861} = 0{,}23\% \qquad R_{M12} = \frac{(870 - 884)}{884} = -1{,}6\%$$

Los cálculos completos de los rendimientos mensuales aparecen en la tabla:

	Ene	**Feb**	**Mar**	**Abr**	**May**	**Jun**	**Jul**	**Ago**	**Sep**	**Oct**	**Nov**	**Dic**
Índice	0,002	0,001	−0,012	0,002	0,008	0,005	−0,008	0,012	0,006	0,006	0,005	−0,016
A	0,240	0,032	−0,063	0,033	0,097	0,029	−0,057	0,000	0,091	−0,028	0,000	0,086
B	0,100	0,091	0,167	−0,071	0,077	0,071	0,000	0,133	0,059	−0,111	0,063	0,059
C	0,000	0,056	0,000	−0,053	0,056	0,053	0,000	0,050	0,048	−0,045	0,095	0,087
D	0,500	−0,167	0,400	0,286	0,111	0,100	0,000	0,091	−0,167	0,100	0,091	0,000

2. Rendimientos medios mensuales:

$$\bar{R}_A = \frac{1}{12} \cdot (0{,}240 + 0{,}032 - 0{,}063 + \cdots + 0{,}086) = 3{,}84\%$$

$$\bar{R}_B = \frac{1}{12} \cdot (0{,}100 + 0{,}091 + 0{,}167 + \cdots + 0{,}059) = 5{,}30\%$$

$$\bar{R}_C = \frac{1}{12} \cdot (0{,}000 - 0{,}056 + 0{,}000 + \cdots + 0{,}087) = 2{,}88\%$$

$$\bar{R}_D = \frac{1}{12} \cdot (0{,}500 - 0{,}167 + 0{,}400 + \cdots + 0{,}000) = 11{,}21\%$$

$$\bar{R}_I = \frac{1}{12} \cdot (0{,}002 + 0{,}001 - 0{,}012 + \cdots - 0{,}016) = 0{,}09\%$$

3. Coeficientes α y β.

— Cálculo de β:

$$\beta_i = \frac{\sigma_{iM}}{\sigma_M^2} = \frac{\sum_{t=1}^{n} (R_{it} - \bar{R}_i) \cdot (R_{Mt} - \bar{R}_M)}{\sum_{t=1}^{n} (R_{Mt} - \bar{R}_M)^2}$$

En la tabla siguiente aparecen los cálculos necesarios para hallar la β:

$$\beta_A = \frac{0{,}1380}{0{,}0762} = 1{,}8065 \quad ; \quad \beta_B = \frac{-0{,}0765}{0{,}0762} = -1{,}0034$$

$$\beta_C = \frac{-0{,}0020}{0{,}0762} = -0{,}0263 \quad ; \quad \beta_D = \frac{-0{,}1750}{0{,}0762} = -2{,}2894$$

	Ene	Feb	Mar	Abr	May	Jun	Jul	Ago	Sep	Oct	Nov	Dic	Total
$(R_A - \bar{R}_A)\cdot(R_M - \bar{R}_M)$	0,03%	0,00%	0,13%	0,00%	0,04%	0,00%	0,09%	−0,04%	0,03%	−0,03%	−0,01%	−0,08%	0,1380%
$(R_B - \bar{R}_B)\cdot(R_M - \bar{R}_M)$	0,01%	0,00%	−0,14%	−0,02%	0,02%	0,01%	0,05%	0,09%	0,00%	−0,08%	0,00%	−0,01%	−0,0765%
$(R_C - \bar{R}_C)\cdot(R_M - \bar{R}_M)$	0,00%	0,00%	0,04%	−0,01%	0,02%	0,01%	0,03%	0,02%	0,01%	−0,04%	0,02%	−0,10%	−0,0020%
$(R_D - \bar{R}_D)\cdot(R_M - \bar{R}_M)$	0,06%	−0,01%	−0,36%	0,03%	0,00%	0,00%	0,10%	−0,02%	−0,14%	−0,01%	−0,01%	0,19%	−0,1750%
$(R_M - \bar{R}_M)^2$	0,00%	0,00%	0,02%	0,00%	0,01%	0,00%	0,01%	0,01%	0,00%	0,00%	0,00%	0,03%	0,0762%

— Cálculo de α:

Cuando se quiere estimar α en función de los rendimientos medios esperados, se utiliza la fórmula $\alpha_i = E(R_i) - \beta_i \cdot E(R_M)$. Pero si queremos calcularla basándonos en valores históricos, como es este caso, se sustituye la esperanza matemática por la media, es decir:

$$\alpha_A = \bar{R}_A - \beta_A \cdot \bar{R}_M = 3{,}84 - 1{,}8065 \cdot 0{,}09 = 3{,}679$$

$$\alpha_B = \bar{R}_B - \beta_B \cdot \bar{R}_M = 5{,}30 - (-1{,}0034) \cdot 0{,}09 = 5{,}397$$

$$\alpha_C = \bar{R}_C - \beta_C \cdot \bar{R}_M = 2{,}88 - (-0{,}0263) \cdot 0{,}09 = 2{,}881$$

$$\alpha_D = \bar{R}_D - \beta_D \cdot \bar{R}_M = 11{,}21 - (-2{,}2894) \cdot 0{,}09 = 11{,}417$$

4. Riesgo específico y sistemático.

En la siguiente tabla figura el cálculo de las varianzas. Las columnas se obtienen restando al rendimiento de cada mes el rendimiento medio del título (o índice) y elevando esta diferencia al cuadrado $(R_i - \bar{R}_i)^2$. La última columna es la suma de las 12 anteriores, y dividiéndola entre 12 nos proporciona el valor de la varianza del título

$$\sigma_i^2 = \frac{1}{12} \cdot \sum_{1}^{12} (R_i - \bar{R}_i)^2$$

	Ene	Feb	Mar	Abr	May	Jun	Jul	Ago	Sep	Oct	Nov	Dic	Total
Índice	0,00%	0,00%	0,02%	0,00%	0,01%	0,00%	0,01%	0,01%	0,00%	0,00%	0,00%	0,03%	0,0762%
A	4,06%	0,00%	1,02%	0,00%	0,34%	0,01%	0,91%	0,15%	0,28%	0,44%	0,15%	0,22%	7,583%
B	0,22%	0,14%	1,29%	1,55%	0,06%	0,03%	0,28%	0,64%	0,00%	2,70%	0,01%	0,00%	6,931%
C	0,08%	0,07%	0,08%	0,66%	0,07%	0,06%	0,08%	0,04%	0,04%	0,55%	0,44%	0,34%	2,523%
D	15,05%	7,77%	8,29%	3,01%	0,00%	0,01%	1,26%	0,04%	7,77%	0,01%	0,04%	1,26%	44,524%

Por tanto, el valor de la varianza para cada título, que mide el riesgo total, será el siguiente.

— Riesgo total σ_i^2:

$$\sigma_A^2 = \frac{7{,}583\%}{12} = 0{,}632\%$$

$$\sigma_B^2 = \frac{6{,}931\%}{12} = 0{,}578\%$$

$$\sigma_C^2 = \frac{2{,}523\%}{12} = 0{,}210\%$$

$$\sigma_D^2 = \frac{44{,}524\%}{12} = 3{,}710\%$$

$$\sigma_M^2 = \frac{0{,}0762\%}{12} = 0{,}006\%$$

— Respecto al **riesgo sistemático** ($\beta_i^2 \cdot \sigma_M^2$) y al **riesgo específico** (que se obtiene por la diferencia entre el riesgo total y riesgo sistemático: $\sigma_{\varepsilon i}^2 = \sigma_i^2 - \beta_i^2 \cdot \sigma_M^2$), la siguiente tabla resume los cálculos aplicados a nuestro ejemplo:

Riesgo sistemático: $\beta_i^2 \cdot \sigma_M^2$	Riesgo específico: $\sigma_{\varepsilon i}^2$
$\beta_A^2 \cdot \sigma_M^2 = 1{,}8065^2 \cdot 0{,}006 = 0{,}020735$	$\sigma_{\varepsilon A}^2 = 0{,}632 - 0{,}020735 = 0{,}61\%$
$\beta_B^2 \cdot \sigma_M^2 = (-1{,}0034)^2 \cdot 0{,}006 = 0{,}006396$	$\sigma_{\varepsilon B}^2 = 0{,}578 - 0{,}006396 = 0{,}57\%$
$\beta_C^2 \cdot \sigma_M^2 = (-0{,}0263)^2 \cdot 0{,}006 = 0{,}000004$	$\sigma_{\varepsilon C}^2 = 0{,}210 - 0{,}000004 = 0{,}21\%$
$\beta_D^2 \cdot \sigma_M^2 = (-2{,}2894)^2 \cdot 0{,}006 = 0{,}0333$	$\sigma_{\varepsilon D}^2 = 3{,}710 - 0{,}0333 = 3{,}68\%$

5. Cotización esperada para cada título cuando el índice del mercado se sitúe en 1.100.

Cuando el índice de la bolsa alcance el valor 1.100, supone un incremento respecto al día 31 del mes de diciembre del 26,44%, ya que:

$$\frac{1.100 - 870}{870} = 0{,}2644$$

Para calcular la cotización del título A cuando el rendimiento del mercado se incremente en un 26,44%, lo haremos a partir de la siguiente fórmula:

$$E(\Delta R_i) = \beta_i \cdot E(\Delta R_M)$$

Al utilizar los incrementos de rentabilidad no interviene α, ya que esta solamente se utiliza para calcular el valor del rendimiento de un título para un rendimiento determinado del mercado (véase la figura de la recta de regresión). Por ejemplo, conocida la recta de regresión, calcular el rendimiento de un título cuando el rendimiento del mercado es de un 10%. Cuando se trata de incrementos de rentabilidad, puede resultar más fácil el cálculo de la beta, ya que despejando:

$$\beta_i = \frac{\Delta R_i}{\Delta R_M}$$

— Cotización de *A*:
$E(\Delta R_A) = 1{,}8065 \cdot 0{,}2644 = 0{,}4776$. Es decir, cuando el rendimiento del mercado se incremente en un 26,44%, el rendimiento de la acción se incrementa en un 47,76%. Por tanto, la cotización de *A* será:

$$\frac{C_A - 38}{38} = 0{,}4776 \Leftrightarrow C_A = 56{,}15 \text{ u.m.}$$

— Cotización de *B*:
$E(\Delta R_B) = (-1{,}0034) \cdot 0{,}2644 = -0{,}2653$. Cuando el rendimiento del mercado se incremente en un 26,44%, el rendimiento de la acción disminuye en un 26,53%. Por tanto, la cotización de *B* será:

$$\frac{C_B - 18}{18} = -0{,}2653 \Leftrightarrow C_B = 13{,}22 \text{ u.m.}$$

— Cotización de *C*:
$E(\Delta R_C) = (-0{,}0263) \cdot 0{,}2644 = -0{,}00695$. Cuando el rendimiento del mercado se incremente en un 26,44%, el rendimiento de la acción disminuye en un 0,695%. Por tanto, la cotización de *C* será:

$$\frac{C_C - 25}{25} = -0{,}00695 \Leftrightarrow C_C = 24{,}83 \text{ u.m.}$$

— Cotización de *D*:
$E(\Delta R_D) = (-2{,}2894) \cdot 0{,}2644 = -0{,}6053$. Cuando el rendimiento del mercado se incremente en un 26,44%, el rendimiento de la acción disminuye en un 60,53%. Por tanto, la cotización de *D* será:

$$\frac{C_D - 12}{12} = -0{,}6053 \Leftrightarrow C_D = 4{,}74 \text{ u.m.}$$

Puede apreciarse fácilmente que, cuanto mayor es la β del título, más agresivo es este (es el caso de A, que pasa de cotizar a 38 u.m. a cotizar a 56,19 u.m.), de modo que un incremento en la rentabilidad del mercado provoca incrementos mayores en la rentabilidad del título.

6. Suponiendo que los títulos A, B, C y D forman una cartera en la que cada acción tiene la siguiente ponderación: $A = 50\%$, $B = 20\%$, $C = 20\%$ y $D = 10\%$, calcular la rentabilidad esperada para la cartera, así como su riesgo específico y sistemático.

Construimos la tabla con los rendimientos medios del mercado y de cada título, tal como los habíamos calculado en el ejercicio anterior, pero multiplicándolos por la ponderación del título en la cartera. La última columna (R_P) se obtiene sumando las cuatro columnas anteriores.

De esta forma, la columna primera (R_M) representa el rendimiento del mercado para cada mes, y la última columna (R_P) representa el rendimiento mensual de la cartera. No debe sorprender que los rendimientos de la cartera sean bastante más altos (o las pérdidas), pues ya se sabe que el título A es el que tiene mayor β y también el que tiene más peso en la cartera.

	R_M (%)	R_A (%)	R_B (%)	R_C (%)	R_D (%)	R_P (%)
Enero	0,2	12,00	2,00	0,00	5,00	19,00
Febrero	0,1	1,61	1,82	1,11	−1,67	2,87
Marzo	−1,2	−3,13	3,33	0,00	4,00	4,20
Abril	0,2	1,67	−1,43	−1,05	2,86	2,05
Mayo	0,8	4,84	1,54	1,11	1,11	8,60
Junio	0,5	1,47	1,43	1,05	1,00	4,95
Julio	−0,8	−2,86	0,00	0,00	0,00	−2,86
Agosto	1,2	0,00	2,67	1,00	0,91	4,58
Septiembre	0,6	4,55	1,18	0,95	−1,67	5,01
Octubre	0,6	−1,39	−2,22	−0,91	1,00	−3,52
Noviembre	0,5	0,00	1,25	1,90	0,91	4,06
Diciembre	−1,6	4,29	1,18	1,74	0,00	7,21

El rendimiento esperado para cartera será la media de los rendimientos en los 12 meses. Es decir:

$$E(R_P) = \frac{1}{12} \cdot \sum_{t=1}^{12} R_{Pt} = 4{,}68\%$$

Respecto a la alfa y la beta de la cartera:

$$\beta_P = \frac{\sigma_{PM}}{\sigma_M^2} = \frac{\sum_{t=1}^{n} (R_{Pt} - \bar{R}_P) \cdot (R_{Mt} - \bar{R}_M)}{\sum_{t=1}^{n} (R_{Mt} - \bar{R}_M)^2} = \frac{0,236}{0,661} = 0,357$$

$$\alpha_P = E(R_P) - \beta \cdot E(R_M) = 0,0468 - 0,357 \cdot 0,0917 = 0,0141$$

$R_{Pt} - E(R_P)$	$R_{Mt} - E(R_M)$	$[R_{Pt} - E(R_P)] \cdot [R_{Mt} - E(R_M)]$	$[R_{Mt} - E(R_M)]^2$
14,32	0,108	1,551	0,012
−1,81	0,008	−0,015	0,000
−0,48	−1,292	0,620	1,668
−2,63	0,108	−0,285	0,012
3,92	0,708	2,777	0,502
0,27	0,408	0,110	0,167
−7,54	−0,892	6,723	0,795
−0,10	1,108	−0,111	1,228
0,33	0,508	0,168	0,258
−8,20	0,508	−4,168	0,258
−0,62	0,408	−0,253	0,167
2,53	−1,692	−4,280	2,862
Media		**0,236**	**0,661**

El riesgo total de la cartera lo podemos obtener a partir de la siguiente fórmula:

$$\sigma_P^2 = \frac{1}{12} \cdot \sum_{t=1}^{12} [R_{Pt} - E(R_P)]^2 =$$

$$= \frac{1}{12} \cdot [(0,1900 - 0,0468)^2 + \cdots + (0,0721 - 0,0468)^2] = 0,30173$$

El riesgo sistemático será:

$$\beta_P^2 \cdot \sigma_M^2 = 0,357^2 \cdot 0,661 = 0,08424$$

El riesgo específico se puede obtener por diferencia entre el riesgo total y el riesgo sistemático:

Riesgo específico = 0,30173 − 0,08424 = 0,21749

Como comentario final, podemos afirmar que la cartera así construida es poco agresiva, ya que su beta es inferior a la unidad (0,357). Asimismo, la diversificación es aceptable, ya que el riesgo específico elimina un 72,08% del riesgo total de la cartera.

2.4. MODELO DE EQUILIBRIO DE ACTIVOS (CAPM)

La teoría de carteras de Markowitz supone que el inversor elige su cartera según sus expectativas sobre la rentabilidad esperada y el riesgo del activo. Partiendo de la teoría de carteras de Sharpe, el propio autor, y posteriormente Lintner, desarrollaron lo que se ha llamado el modelo CAPM *(Capital Asset Pricing Model)* de valoración de activos financieros. Este modelo trata de relacionar la rentabilidad exigida por los inversores con el riesgo asociado a la inversión.

El modelo CAPM *(Capital Asset Pricing Model)* o modelo de valoración de activos con cartera de mercado analiza cómo los inversores determinan las rentabilidades esperadas en función del riesgo. Además, este modelo analiza si en el mercado se alcanzan precios de equilibrio. Suponiendo que se cumple la eficiencia de mercados, es decir, que todos los partícipes en el mercado se mueven buscando maximizar su rentabilidad para un nivel de riesgo asumido, se alcanza un punto de equilibrio en el que el precio del activo es una buena estimación de su precio teórico, dado por el valor actual de todos los flujos de caja futuros. Un mercado en equilibrio debe pagar únicamente por el riesgo sistemático o no diversificable, medido por la β del activo, ya que todos los inversores son diversificadores eficientes. Por tanto, el rendimiento que se espera de un activo debe ser igual a la rentabilidad del activo libre de riesgo más una prima que compense al inversor por el riesgo asumido.

El CAPM se basa en una serie de supuestos:

- Los inversores son aversos al riesgo que maximizan su utilidad esperada.
- Los inversores son tomadores de precios y tienen expectativas homogéneas sobre los rendimientos de los activos que siguen una distribución normal.
- Todos los inversores eligen sus carteras exclusivamente por el rendimiento esperado y el riesgo de la misma.
- Todos los inversores tienen acceso a la misma información.
- Existe un activo libre de riesgo, que los inversores pueden comprar o vender a una tasa libre de riesgo.
- La oferta de activos financieros está dada, y además estos son perfectamente divisibles.
- No existen costes de información ni de transacción.

- Los mercados son perfectos y no existen impuestos, regulaciones o restricciones.
- Es imposible encontrar activos infra o sobrevalorados en el mercado; no existe oportunidad de arbitraje.

Las principales consecuencias del modelo CAPM son las siguientes:

- En primer lugar, el rendimiento esperado de un activo no depende del riesgo total del activo, sino solo de la parte del riesgo que presenta el activo que está correlacionado con la cartera de mercado, es decir, el riesgo sistemático definido por $\beta\sigma_M$. Existe una relación lineal entre el rendimiento esperado de un activo y su beta.
- En segundo lugar, el modelo CAPM es un modelo de equilibrio, por lo que, si una cartera es eficiente, entonces debe satisfacerse la relación lineal entre la rentabilidad y su beta siguiente:

$$E(R_i) = R_f + [E(R_M - R_f)] \cdot \beta_i$$

2.4.1. La línea del mercado de capitales (CML)

Partiendo de los razonamientos de Markowitz, incluimos una nueva variable en el estudio: la posibilidad de invertir en activos libres de riesgo, lo que posibilitará al inversor distribuir su inversión entre activos con riesgo y sin riesgo.

Al incluir los activos libres de riesgo ocurre que los diferentes puntos de la frontera eficiente ya no son comparables, es decir, que continúen siendo óptimos desde la perspectiva del binomio rentabilidad-riesgo. Así, podremos identificar un punto de la frontera eficiente que, al combinarlo con la rentabilidad libre de riesgo, ofrecerá una combinación superior a las demás, representado por M en la figura 2.8, punto al cual denominaremos *cartera de mercado.*

De la combinación entre la rentabilidad libre de riesgo y la cartera de mercado se obtiene una representación gráfica conocida como línea del mercado de capitales o CML *(Capital Market Line),* que vendrá definida por dos componentes:

- La ordenada en el origen (el término independiente) será la rentabilidad libre de riesgo.
- La pendiente de la recta CML vendrá definida por la relación entre la rentabilidad esperada [$E(R_P)$]) y el riesgo asociado (σ_P), lo que se denomina precio del riesgo. La expresión analítica será:

$$\operatorname{tg}\theta = \frac{E(R_M) - R_f}{\sigma_M}$$

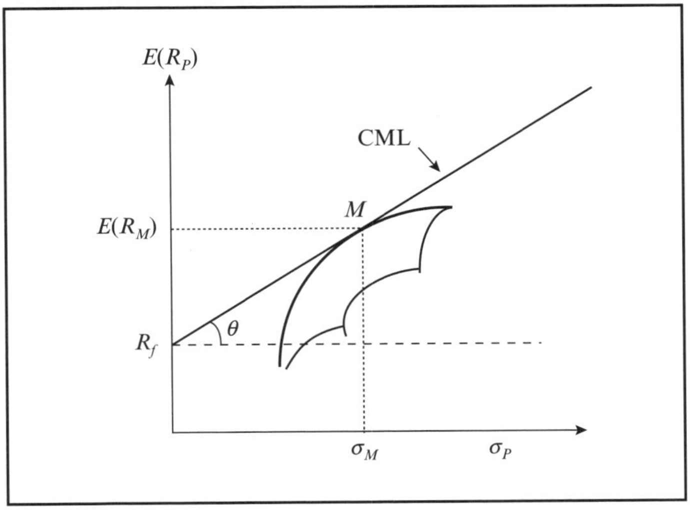

Figura 2.8. Línea de mercado de capitales (CML).

Luego la expresión de la línea del mercado de capitales, tomando en consideración las cuestiones anteriores, será:

$$E(R_P) = R_f + \frac{E(R_M) - R_f}{\sigma_M} \cdot \sigma_P$$

Por tanto, todas las carteras eficientes del modelo son proporcionales a la cartera del mercado.

La expresión se plantea sobre estimaciones realizadas *a priori,* fundamentadas en las expectativas de los diferentes inversores. La cartera de mercado se considera ineficiente en ambiente de certidumbre, *ex post,* dado que de ser así los inversores no tendrían la necesidad de diversificar riesgos.

2.4.2. Relación entre el riesgo y las tasas de rendimiento: la línea de mercado de títulos (SML)

La línea CML asume la hipótesis de equilibrio entre rentabilidad y riesgo de las carteras eficientes de mercado, pero dicha relación no se da en las carteras ineficientes. Partiendo de que la beta es una medida apropiada del riesgo de mercado, de lo que se trata ahora es de buscar la relación existente entre el riesgo y el rendimiento. Conocido un valor concreto de beta, debemos conocer cuál es el rendimiento que exige el inversor para ser compensado por haber asumido ese riesgo. Esta relación viene representada por la línea de mercado de títulos o *Security Market Line* (SML). La representación de la línea de mercado (SML) es la base del modelo de valoración de los activos (CAPM). Si representamos gráficamente el rendimiento esperado en función del coeficiente de volatilidad (β_i),

$$E(R_i) = R_f + [E(R_M - R_f)] \cdot \beta_i$$

se obtiene la línea del mercado de capitales (figura 2.9).

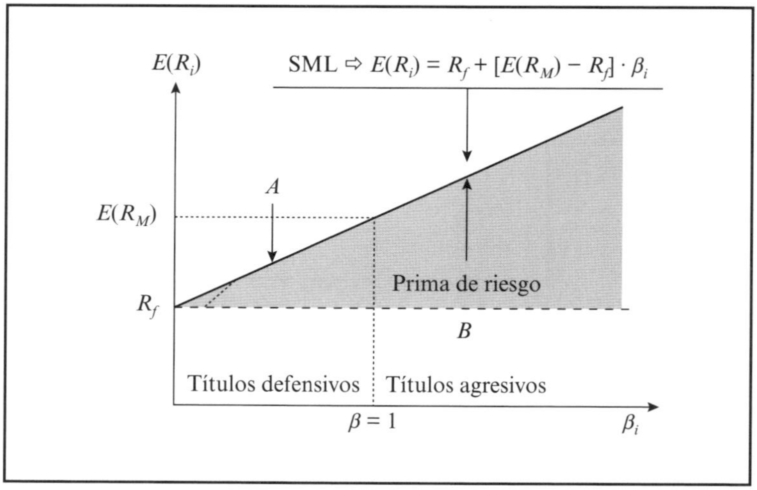

Figura 2.9. Línea de mercado de títulos (SML).

En la figura 2.9 se representa la beta (riesgo) en el eje de abscisas y los rendimientos esperados para el título en el eje de ordenadas. El punto *A* representa una situación en la que, para un riesgo dado, el título presenta un rendimiento excepcionalmente alto (activo infravalorado). Esto significa que su rentabilidad esperada es excesiva para el riesgo sistemático que ofrece, y por tanto sería un título interesante, porque su precio realmente no refleja el rendimiento que ofrece. Esto implicaría que tendría mayor demanda, que haría que su precio estuviese al alza y, consiguientemente, su rendimiento disminuyese hasta situarse sobre la línea de mercado. Por contra, el punto *B* representa una situación en la que el rendimiento es más bajo de lo que le corresponde a su riesgo. Nadie quería comprarlo a su precio de mercado (activo sobrevalorado); los inversores venderán el activo, ya que proporciona un rendimiento bajo. Al vender el activo su precio descenderá, provocando un aumento de su rendimiento, que aumentará hasta situarse sobre la línea de equilibrio SML. En un mercado eficiente todos los activos deben situarse en la línea SML.

Si R_f es la tasa de rendimiento de los activos libres de riesgo, por ejemplo un bono del estado, la prima de riesgo para la acción *i* será igual a la diferencia entre el rendimiento exigido para la acción *i* y la tasa de rendimiento libre de riesgo. Es decir, $PR_i = R_i - R_f$.

Si, por ejemplo, el rendimiento que ofrece un bono (tasa libre de riesgo) es del 5%, y el rendimiento que se le exige a una acción de la empresa ABC para invertir en ella es del 8%, significa que la prima de riesgo exigida a las acciones de ABC será: $PR_T = 8\% - 5\% = 3\%$. Ahora bien, también podemos definir la prima de riesgo del mercado (PR_M) como el rendimiento adicional sobre la tasa libre de riesgo que se exige por asumir una cantidad promedio de riesgo: $PR_M = E(R_M - R_f)$. Sabemos que el riesgo medio del mercado es aquel cuya beta es la unidad, y que el riesgo de una acción lo podemos medir por su beta. Por tanto, si conocemos la prima de riesgo del mercado y la beta de la acción, se puede medir la prima de riesgo de la acción como el producto $PR_M \cdot \beta_i$.

Es decir, la prima de riesgo de la acción i será igual:

$$PR_i = PR_M \cdot \beta_i = [E(R_M - R_f)] \cdot \beta_i$$

Puesto que el rendimiento de un título nos vendrá dado por:

Rendimiento de i = Rendimiento libre de riesgo + Prima de riesgo

se obtiene que el rendimiento esperado de un título viene dado por la siguiente ecuación:

$$E(R_i) = R_f + [E(R_M - R_f)] \cdot \beta_i$$

que es la ecuación de la línea de mercado SML, y muestra la relación existente entre el riesgo medido por la beta y la tasa de rendimiento exigido a cada valor.

Como puede apreciarse en la figura 2.9, $E(R_M)$ es el rendimiento que se corresponde con los títulos cuya beta (o riesgo sistemático) es igual a la unidad.

La línea de mercado podemos expresarla en función de la covarianza (sustituyendo β por su valor, calculado en el apartado anterior), de la siguiente forma:

$$E(R_i) = R_f + [E(R_M - R_f)] \cdot \frac{\text{cov}\,(R_i R_M)}{\sigma_M^2}$$

De aquí se deduce que cuando la covarianza del rendimiento de un activo financiero, en relación al rendimiento del mercado (o del índice), sea inferior a la varianza del rendimiento del mercado σ_M^2, es decir, cuando β_i sea inferior a la unidad, nos encontraremos ante un título defensivo. Mientras que si la covarianza del rendimiento de un activo financiero, en relación al rendimiento del mercado (o del índice), sea superior a la varianza del rendimiento del mercado σ_M^2, es decir, cuando β_i sea superior a la unidad, nos encontraremos ante un título agresivo. Si se produce un aumento de la tasa libre de riesgo, la línea de mercado se desplaza paralelamente a la línea de mercado inicial, y por tanto, se producirá el mismo aumento en la rentabilidad del activo. El planteamiento de la línea de mercado desarrollado para títulos individuales puede generalizarse para el caso de carteras de valores, sin más que sustituir los rendimientos y los riesgos individuales por rendimientos y riesgos de la cartera.

EJEMPLO 5

Sea un título A que tiene una beta de 2. Sabiendo que el rendimiento libre de riesgo se sitúa en el 3% y el rendimiento esperado para el mercado en el 5%, calcule:

a) El rendimiento esperado para el título A.
b) El valor esperado del rendimiento de A y el del mercado, si el rendimiento libre de riesgo aumenta a un 4%.
c) El valor esperado para el rendimiento de A si el rendimiento del mercado aumenta al 7%.
d) La beta de A, suponiendo que el rendimiento libre de riesgo es del 5%, que el rendimiento esperado por el mercado es de 7% y el rendimiento esperado para A es de 6%.

Solución

a) Rendimiento esperado de A:

$$E(R_A) = R_f + [E(R_M - R_f)] \cdot \beta_A = 3 + (5 - 3) \cdot 2 = 7\%$$

b) $R_f = 4\%$. Si nos fijamos en la línea de mercado, se puede observar que, al aumentar la tasa libre de riesgo, se produce un desplazamiento de la línea de mercado hacia arriba de forma paralela, lo que significa que el rendimiento esperado para el título será el mismo que tenía anteriormente, incrementado en la misma cuantía que el incremento sufrido por la tasa de interés libre de riesgo. Este efecto puede observarse en la siguiente representación gráfica:

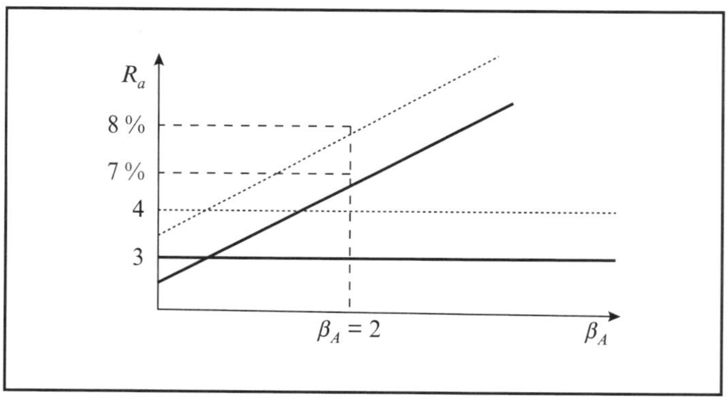

Mientras no cambie la beta (es decir, la pendiente de la línea de mercado), un aumento de la tasa libre de riesgo (en este caso del 3% al 4%) provocará un incremento por la misma cuantía del rendimiento esperado para el título (de 7% a 8%). Por tanto:

$$E(R_A) = 8\%$$

Y el rendimiento esperado para el mercado lo podemos deducir de:

$$E(R_A) = R_f + [E(R_M) - R_f)] \cdot \beta_A \Rightarrow 8 = 4 + [E(R_M) - 4] \cdot 2 \Rightarrow E(R_M) = 6\%$$

c) Rendimiento esperado para A si $R_M = 7\%$:

$$E(R_A) = R_f + [E(R_M) - R_f)] \cdot \beta_A \Rightarrow E(R_A) = 3 + (7 - 3) \cdot 2 = 11\%$$

d) Cálculo de beta:

$$E(R_A) = R_f + [E(R_M) - R_f)] \cdot \beta_A \Rightarrow 6 = 5 + (7 - 5) \cdot \beta_A \Rightarrow \beta_A = 0{,}5$$

2.5. OTROS MODELOS TEÓRICOS: GRAHAM Y DODD

La teoría de la inversión de valor se asocia a menudo con nombres famosos, como Graham, Dodd y Warren Buffett, aunque inicialmente este modelo fue introducido por Graham y Dodd (1934), que postulan como estrategia de inversión de valor el arte de encontrar acciones cuyo precio de mercado esté situado por debajo de su valor intrínseco.

El objetivo es encontrar acciones fundamentalmente sólidas cuyo valor intrínseco supere el precio de mercado actual. El valor de una empresa viene dado por dos variables: el valor de sus activos presentes y los futuros flujos de caja, por lo que los inversores deben intentar buscar o bien acciones que tengan precios relativos bajos o bien aquellas inversiones con flujos de caja en crecimiento. En este caso, el inversor debe adquirir el activo y mantenerlo hasta que el mercado reconozca su verdadero valor intrínseco. El modelo de Graham y Dodd postula un análisis cualitativo de características de la empresa como la experiencia de los gestores y la capacidad de generar valor añadido, y un análisis cuantitativo de aspectos tangibles de la empresa como pueden ser las ratios históricas de la empresa, para poder compararlas con ratios de otras empresas, de la industria o con las ratios del mercado. Introducen el concepto denominado «margen de seguridad» como diferencia entre el valor intrínseco del negocio que se compra y su precio en el mercado.

REFERENCIAS BIBLIOGRÁFICAS

Arguedas, R. y González, J. (2016). *Finanzas empresariales.* Madrid: Editorial Centro de Estudios Ramón Areces.

Black, F. (1972). Capital market equilibrium with restricted borrowing. *Journal of Business, 45*(3), 444-455.

Graham, B. y Dodd, D. L. (1934). *Security analysis* (4.ª ed.). Nueva York: McGraw-Hill.

Lintner, J. (1965). The valuation of risk assets and the selection of risky investments in stock portfolios and capital budgets. *Review of Economics and Statistics, 47*(1), 13-37.

Markowitz, H. (1952). *Portfolio selection: Journal of Finance, 7*(1), 77-91.

Markowitz, H. (1959). *Portfolio selection: Efficient diversification of investments.* Nueva York: John Wiley and Sons.

Morales-Arce, R. (2010). *Finanzas empresariales.* Madrid: UNED.

Rubio, F. y Ferncapital, S. (2005). *Eficiencia de mercado, administración de carteras de fondos y behavioural finance.* EconWPA, documento de trabajo, 503028.

Sharpe, W. F. (1961). *Portfolio analysis based on a simplified model of the relationships among securities.* Ph.D. dissertation. Los Ángeles: University of California.

Sharpe, W. F. (1964). Capital asset prices: A theory of market equilibrium under conditions of risk. *Journal of Finance, 19*(3), septiembre, 425-442.

Sharpe, W. F. (1970). *Portfolio theory and capital markets.* Nueva York: McGraw-Hill.

Sharpe, W. F. (1976). *Teoría de cartera y del mercado de capitales.* Bilbao: Deusto.

Suárez Suárez, A. (2005). *Decisiones óptimas de inversión y financiación* (21.ª ed.). Madrid: Pirámide.

Tobin, J. (1958). Liquidity preference as behaviour towards risk. *The Review of Economic Studies, 25,* 65-86.

Páginas web recomendadas

Comisión Nacional del Mercado de Valores (CNMV): http://www.cnmv.es.
Banco Central Europeo (BCE): http://www.ecb.int.
Banco de España: http://www.bde.es.
Bank for International Settlements (BIS): http://www.bis.org.

3 Teoría de carteras (II)

Carmen López Martín
Raquel Arguedas Sanz
Rodrigo Martín García

Resumen del capítulo

En este capítulo se introducen los aspectos fundamentales de la gestión financiera de carteras. A diferencia de los modelos de Markowitz y Sharpe, en este capítulo se introduce una visión actual del proceso de gestión de carteras empezando con un análisis del perfil de riesgo que presenta el inversor, y a partir de este considerar, de todos los activos disponibles en los mercados financieros, cuáles son los que se ajusta más a cada inversor según las circunstancias personales de estos y ciertas restricciones a la hora de realizar la inversión. Se introduce el concepto de índice de referencia y se presentan algunos de los *benchmarks* más utilizados. El capítulo finaliza con la presentación de los diferentes tipos de asignación de activos que existen.

Objetivos de aprendizaje

Después de estudiar el capítulo el lector ha de ser capaz de entender:

1. Los objetivos y características distintivas de las inversiones financieras.
2. Conocer el concepto de perfil de riesgo del inversor, así como las posibles restricciones tanto legales como personales que puede imponer a la hora de elegir entre inversiones financieras alternativas.
3. Distinguir entre gestión pasiva y activa de una cartera.
4. Conocer el universo/tipología de activos para construir una cartera.
5. Conocer el concepto de índice de referencia, así como las características que debe cumplir el índice para ser considerado como índice de referencia.
6. Diferenciar entre el proceso de asignación estratégica y táctica de activos.

3.1. INTRODUCCIÓN

Cuando en una inversión financiera se combinan varios activos financieros se obtiene lo que se conoce como una cartera de valores. Las inversiones financieras presentan una serie de características que las diferencian de otro tipo de inversiones. Entre estas características diferenciadoras cabe destacar:

— **Fraccionabilidad,** debido principalmente a la existencia de un gran número de activos financieros de reducido valor, lo que permite realizar inversiones en cualquier cantidad.
— **Liquidez.** Debido a la existencia de mercado secundarios, es posible en cualquier momento conocer el valor de los activos y transformarlos en dinero líquido.
— **Diversificabilidad.** Gracias a la fraccionabilidad de los activos financieros se puede distribuir el valor de una inversión en distintos activos financieros.
— **Flexibilidad temporal.** Esta característica es una consecuencia de la liquidez, ya que en el caso de las inversiones financieras no es necesario esperar un determinado período de tiempo para poder liquidarla.

Los objetivos que se persiguen al invertir en una cartera pueden ser varios: colocar ahorros ociosos para que produzcan una rentabilidad, protegerse de la inflación o controlar un número de acciones importante de una empresa. En cualquier caso, el inversor siempre pretenderá combinar los tres parámetros fundamentales —rentabilidad, riesgo y liquidez— de forma adecuada a sus preferencias. Como se ha visto en capítulos anteriores, la teoría de carteras trata de formar la combinación de valores óptima, es decir, aquella que, para un determinado nivel de riesgo aceptado por el inversor, produce la máxima rentabilidad. O aquella combinación de títulos que, para un nivel de rentabilidad aceptada por el inversor, disminuye el riesgo al máximo.

La gestión financiera ha evolucionado en las últimas décadas hacia un proceso más sofisticado y complejo, principalmente debido al amplio abanico de productos financieros y a la complejidad de muchos de ellos.

El concepto actual de gestión de carteras contempla varias fases. La primera de ellas es el análisis del perfil del inversor, y, determinado este, se considera cuál o cuáles son los activos que se pueden ajustar a este perfil. A continuación se eligen las distintas ponderaciones de los activos dentro de la cartera, y por último se analizan los resultados obtenidos con la cartera, para evaluar tanto el comportamiento de esta como la gestión llevada a cabo por el gestor, y, en su caso, poder hacer los ajustes que sean necesarios.

3.2. DEFINICIÓN DE PROCESOS DE ASIGNACIÓN DE ACTIVOS

En las últimas décadas, los cambios sufridos en los mercados financieros, principalmente por el desarrollo de las nuevas tecnologías, han sido muy profundos. Esto ha tenido un efecto directo sobre la administración y gestión de inversiones, que ha tenido que evolucionar paralelamente a como lo hacía el mercado.

A principios de la década de los sesenta, el argumento utilizado para la diversificación de la cartera con el objetivo de minimizar el riesgo de la misma era simplemente no colocar todo el dinero en una única inversión, es decir, la diversificación se basaba en la idea de «evitar poner todos sus huevos en una misma cesta». Esto estaba justificado por el hecho de que si todo su dinero se colocaba en una sola inversión se podía ganar mucho, pero también se asumían pérdidas muy grandes. El hecho de distribuir el dinero entre varias inversiones diferentes aumentaba la probabilidad de que, aunque no en todas ellas se pudiera ganar al mismo tiempo, tampoco pudiera perderse simultáneamente. En aquel momento el concepto de asignación de activos no existía.

El primer modelo matemático, desarrollado por Markowitz, muestra una vía para reducir la volatilidad de una cartera combinando inversiones con diferentes comportamientos de volatilidad. Esta gestión se centra en el estudio de la correlación entre los diferentes activos que forman la cartera.

La teoría moderna de carteras va un paso más allá, ya que añade una nueva visión, al enfocarse en la cartera en su conjunto más que en el análisis de los valores individuales que la integran. La diversificación en la teoría moderna no se centra en calcular el porcentaje en el que participa cada uno de los activos seleccionados en la formación de la cartera. Esta nueva visión se centra en buscar carteras que sean claramente diferentes entre sí e invertir en una amplia gama de inversiones diferentes.

Los objetivos fundamentales que se persiguen en la gestión de carteras es bien maximizar la rentabilidad de la cartera o conseguir la rentabilidad perseguida, teniendo en cuenta el perfil de riesgo del inversor.

En el proceso de asignación de carteras se pueden distinguir una serie de etapas: en primer lugar, y como ya se ha indicado anteriormente, un **análisis del per-**

fil del inversor, para así poder calibrar su aversión al riesgo; en segundo lugar **elegir, del conjunto tan amplio que existe de instrumentos financieros,** cuál de ellos es apto según el perfil que presenta el inversor, y además conocer la **correlación** entre los diferentes activos; en tercer lugar, **asignar o ponderar cada uno de los distintos activos seleccionados** al total de la cartera que se desea formar, para construir la cartera óptima, y por último **medición de los resultados obtenidos** con la cartera seleccionada, para evaluar el comportamiento de esta y, por tanto, también evaluar la gestión realizada por el gestor (véase figura 3.1).

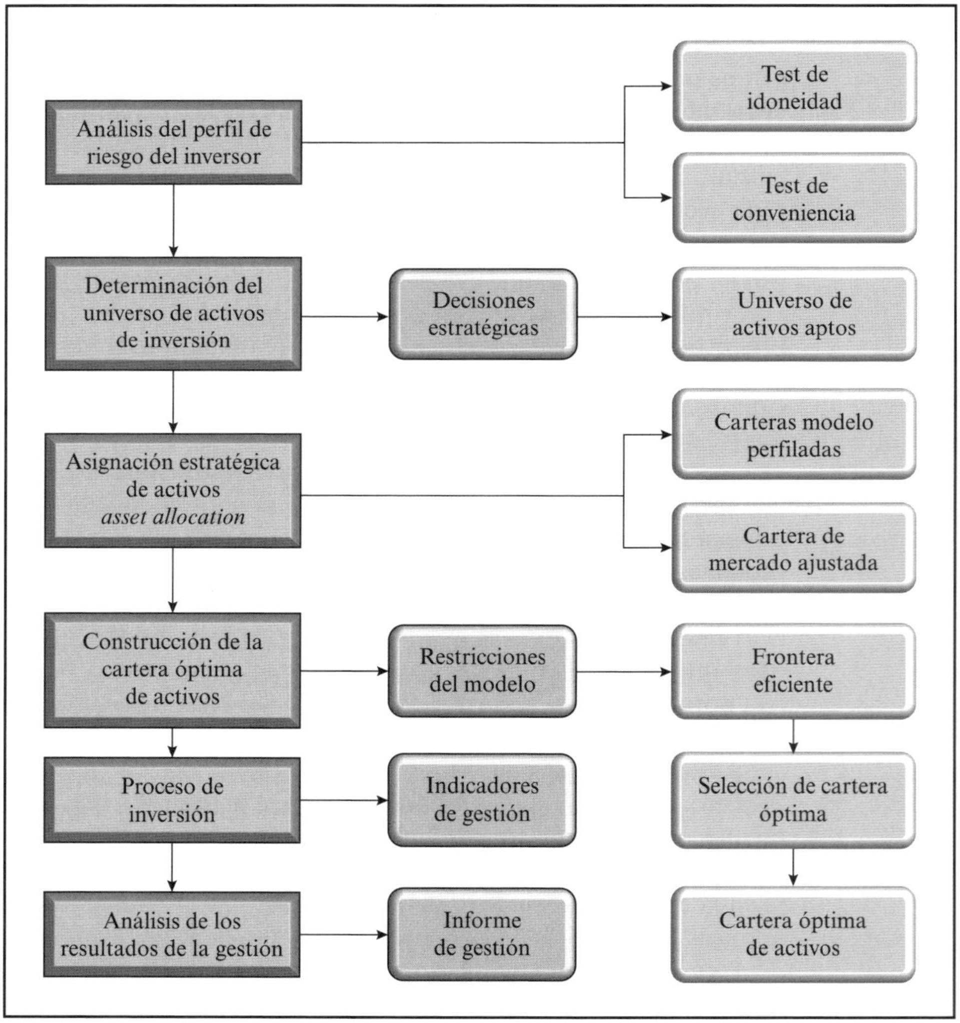

FUENTE: Gutiérrez (2011).

Figura 3.1. Pasos de construcción de una cartera óptima de activos.

Los inversores necesitan información para poder comprender claramente cuáles son las distintas alternativas de inversión de las que disponen, y poder, con esa información, decidir cuáles son sus necesidades de ahorro e inversión. Por ello, el primer paso que hay que tener claro a la hora de asesorar a un cliente sobre posibles inversiones financieras es conocer y recopilar datos de este, identificando sus necesidades y sus circunstancias. Por ello es importante conocer el perfil del potencial inversor. Según la CNMV, se define el perfil del inversor como la relación o ratio entre los riesgos que el inversor está dispuesto a asumir y los rendimientos que espera obtener. Según esta definición, se distinguen inversores con **perfil conservador, medio y agresivo.** Un inversor será conservador si no está dispuesto a perder nada (acepta un rendimiento bajo y un riesgo reducido). Si tenemos un inversor dispuesto a asumir un riesgo alto con la posibilidad de obtener también beneficios altos, tendremos un inversor agresivo. El conocimiento del perfil es determinante a la hora de ofrecer los productos financieros que más se ajustan a sus necesidades, ya que, conocido el perfil de riesgo y rentabilidad de cada cliente, se puede diseñar una estrategia de inversión. Cuanto más averso sea el inversor al riesgo, mayor será la prima de riesgo que exigirá a los activos con mayor riesgo.

Además de la actitud de los inversores ante el riesgo hay que tener en cuenta otra serie de factores. Uno de ellos es el **horizonte temporal o ciclo vital,** ya que la edad del inversor influye sobre el nivel de riesgo que está dispuesto a asumir. Como se señala en Gutiérrez (2011), la edad del inversor influye sobre el nivel de riesgo, debido al acortamiento natural o vital de la duración de la cartera. Los inversores jóvenes tienen un horizonte temporal esperado mayor, por lo que pueden plantearse horizontes temporales de inversión mayores. La probabilidad de obtener pérdidas en inversiones a muy largo plazo son más reducidas que en inversiones a corto plazo.

Otra limitación que puede imponer el inversor hace referencia a la **restricción de liquidez o restricciones personales.** La primera limitación aparece cuando el inversor debe hacer frente a pagos, lo que limita y ha de tenerse en cuenta a la hora de fijar los objetivos de inversión, mientras que las preferencias personales hacen referencia a un fenómeno comportamental basado en lo afectivo o subjetivo.

Pero, además de las restricciones que puede imponer el inversor, no podemos olvidar que existen otros tipos de restricciones, impuestas por el **entorno económico-financiero,** como son las **restricciones legales y el sistema impositivo** existente en la economía, debido al efecto de los impuestos en todas las decisiones económicas que se adoptan y en particular sobre la rentabilidad de la cartera.

Una vez que se ha definido el perfil de riesgo del inversor, el siguiente paso es empezar a definir qué estrategia se adoptará para intentar conseguir la rentabilidad que se persigue. Las **estrategias de gestión** se definen como el conjunto de técnicas de gestión empleadas para obtener los objetivos marcados previamente. Existen dos tipos de estrategias de gestión: gestión pasiva y gestión activa.

— **Gestión pasiva.** La idea en la que se basa este tipo de gestión es que, a largo plazo, no se puede superar la rentabilidad del mercado de referencia. Por ello, el objetivo de este tipo de gestión es alcanzar resultados similares a la rentabilidad del *benchmark* del mercado, simulando el comportamiento del índice de referencia. Así, lo que se pretende es buscar una cartera que tenga una distribución similar a la composición del índice de referencia que se quiere replicar, con el objetivo de seguir el comportamiento del mercado mediante técnicas de indexación. Aunque aparentemente este tipo de gestión pueda parecer simplista, no lo es, ya que, aunque se replica el índice de referencia, esto se hace con un número de título mucho más reducido que los títulos que realmente componen el índice. La ventaja de este tipo de gestión es que se reducen muchos costes debido al análisis y la gestión de la cartera, por lo que las comisiones que hay que pagar a los gestores son menores.

— **Gestión activa.** Aprovechando que no siempre los mercados son eficientes, es posible superar al mercado. Así, el objetivo de esta estrategia es construir una cartera que sea capaz de conseguir resultados superiores a los conseguidos por el índice de referencia del mercado. El objetivo del gestor es batir al *benchmark*. A diferencia de la gestión anterior, esto supone tener un conocimiento profundo para poder realizar el proceso de análisis y selección de valores que deben formar la cartera. Por tanto, los gastos por comisiones son superiores que en el caso de la gestión pasiva. Podemos encontrar gestores que intentan anticiparse a movimientos del mercado, buscadores de títulos infravalorados (sobrevalorados) para así sobreponderarlos (infraponderarlos) dentro de la cartera, o buscadores de sectores económicos alternativos, dependiendo de la evolución económica.

La decisión entre llevar una gestión activa o pasiva no es fácil ni existe un criterio generalizado común. Pero lo que sí está claro es que la gestión activa debe proporcionar una rentabilidad superior para compensar por los mayores costes de gestión frente a la gestión pasiva.

Una alternativa que permite evaluar el tipo de gestión llevada a cabo es utilizar algún indicador que permita comparar el desempeño de la cartera frente al denominado *benchmark*. La medida de *performance* denominado ***tracking error*** mide la dispersión entre la rentabilidad obtenida por la cartera, comparándola con la rentabilidad del índice de mercado elegido; así, permite obtener una medida del grado de indexación de la cartera al *benchmark*.

La expresión de este índice, que representa la desviación típica del alfa de Jensen respecto de la cartera, es la siguiente:

$$TE = \sqrt{\sigma_p^2 - \beta_p^2 \sigma_M^2}$$

Cuanto mayor es el valor del *tracking error,* eso significa que $\sigma_p^2 > \beta_p^2\sigma_M^2$, por tanto, el comportamiento de la cartera se aleja más del comportamiento seguido por el mercado. En general, se considera que si el valor de TE es superior al 2%, se ha llevado a cabo una gestión activa de la cartera, habiéndose batido al mercado, mientras que si es menor al 2% la gestión es pasiva.

3.3. DISTRIBUCIÓN DE ACTIVOS: MATRIZ DE *ASSET ALLOCATION*

La asignación de activos, o por su término anglosajón *asset allocation,* hace referencia al conjunto de decisiones tomadas a la hora de invertir entre distintos activos. Se denomina así a la diversificación de las inversiones entre distintos productos o mercados, con el fin de mejorar el rendimiento y/o controlar el riesgo del agregado, además de fijar las ponderaciones de cada activo dentro de la cartera. Se trata de una estrategia de inversión a largo plazo, definiendo carteras a medio y largo plazo.

A la hora de configurar la cartera se debe tener en cuenta no solo la rentabilidad y riesgo de cada activo, sino también la **correlación entre los diferentes activos.**

Como señala Gutiérrez (2011), la asignación de activos no solo implica decidir las ponderaciones de las grandes tipologías de activos (activos monetarios, renta fija, renta variable, activos alternativos), sino también sobre las zonas geográficas de referencia (Estados Unidos, Europa, Japón, economías emergentes), sobre las divisas (euro, dólar, libra esterlina, franco suizo, yen), los sectores, el tamaño (grandes corporaciones, pequeñas y medianas empresas), el tipo de empresas (con tendencia a la creación de valor frente a crecimiento del volumen de negocio), la calidad crediticia (grado de inversión —activos con mayor calidad crediticia— o inversión especulativa —los denominados también bonos basura—) o el emisor (deuda pública, deuda corporativa).

Una categoría de activos hace referencia a un grupo de activos financieros que presentan similares características, como puede ser parecida rentabilidad-riesgo. En general, podemos hablar de cuatro grandes clases de activos financieros: activos monetarios, renta fija, renta variable y productos derivados o estructurados. La decisión sobre qué categoría de activos seleccionar para formar la cartera es el factor más influyente sobre el riesgo de la cartera final. Incluir renta variable y determinados productos estructurados en las carteras supone incrementar significativamente el nivel de riesgo de las mismas. La renta fija, y especialmente los activos monetarios, por el contrario, reducen el riesgo de las inversiones.

Uno de los **criterios para construir carteras modelos o carteras de referencia** a la hora de la asignación de activos es asignar, para cada perfil de inversor (conservador, moderado, arriesgado o muy arriesgado), unos porcentajes mínimos y máximos para cada tipo de activo financiero. En general, los perfiles más conservadores tienen un mayor peso de activos monetarios y renta fija a corto y medio plazo, pública o privada, con una calificación crediticia alta y un peso reducido de renta variable, nacional o de la zona euro, ya que estos activos presentan menor riesgo, mientras que los perfiles más arriesgados incrementan su peso en renta variable nacional, de la zona euro e internacional con riesgo divisa, alargan la duración de la renta fija, incorporan deuda corporativa de menor *rating,* incluso de países emergentes o productos estructurados.

3.4. ELABORACIÓN DE CARTERAS MODELO

La cartera de referencia o cartera modelo sirve como base para comparar el comportamiento de la cartera mantenida.

Un *benchmark* es una tasa o índice de referencia, título o cartera que se utiliza para el análisis de la evolución del mercado, y sirve también para medir por comparación la rentabilidad y/o el riesgo de una inversión. En el ámbito financiero, se denomina *benchmark* a cualquier índice que se tome como referencia para valorar la eficiencia en la gestión de una cartera. Por ese motivo, es considerado como un elemento fundamental, ya que permite comparar los resultados obtenidos en una cartera, así como establecer los objetivos de esta, considerando una cartera alternativa de referencia. En el caso del modelo CAPM, el mejor índice es el índice de mercado.

Para que un índice o título pueda ser considerado un buen *benchmark* debe cumplir una serie de **requisitos,** entre los que cabe destacar:

- La composición de estos índices debe estar claramente definida con antelación.
- Debe ser posible obtener datos diarios; las cotizaciones de los activos se realizan diariamente, y por ello los datos de la referencia también deben ser diarios.
- Máxima similitud con la cartera: para que los resultados puedan ser comparables, los activos que componen la cartera deben ser lo más parecidos posible a los que componen la cartera de referencia.
- Debe ser fácilmente replicable.
- Debe ser cuantificable.

Los indicadores de la situación sectorial o global del mercado, los cuales expresan en porcentaje las variaciones que van experimentando las cotizaciones de los valores, tomándolas como base en un momento dado, son un buen *benchmark* sectorial, ya que dan una visión global de las cotizaciones del mercado bursátil en un período determinado, relacionándolo con otro tomado como base. Podemos señalar como más representativos los siguientes:

— En **Europa:**

- FTSE 100 (Financial Times Stock Exchange 100 Index): índice medio ponderado de referencia de las 100 empresas con mayor capitalización bursátil de la Bolsa de Londres.
- FTSEurofirst 300: índice que aglutina las 300 primeras compañías por capitalización.
- Euro Stoxx 50: principal indicador bursátil europeo, que agrupa a los 50 valores con mayor capitalización de la zona euro. Es el principal índice de referencia para los gestores de renta variable europea.
- Dow Jones EURO STOXX 50: índice creado en 1998, que representa el rendimiento de las 50 empresas más grandes entre los 19 supersectores en términos de capitalización de mercado de la Eurozona. Se trata de un índice ponderado por capitalización bursátil.

— En **América:**

- Dow Jones: es un índice compuesto por las 30 mayores empresas industriales y financieras de Estados Unidos. Este índice está calculado por precio y no por capitalización.
- S&P 500: es un índice de la Bolsa de Nueva York con base 1943 = 10, elaborado por la agencia de calificación de riesgos Standard & Poor's. Está formado por los 500 valores más representativos de dicha Bolsa. Sobre él se negocian contratos de futuros y opciones en el Chicago Board of Trade (CBOT).
- Nasdaq Composite: índice que mide el valor de mercado de todas las acciones americanas y extranjeras que cotizan en el Mercado de Valores Nasdaq, elaborado mediante el promedio ponderado de todas las acciones que se negocian.

• En **Asia:**

- Nikkei 225: es el índice más importante de la Bolsa de Tokio. Está formado por los 225 valores más contratados en dicha Bolsa. Sobre dicho índice se negocian contratos de futuros en la Osaka Stock Exchange (OSE).
- Hang Seng: el principal índice bursátil de la Bolsa de Hong Kong. Es usado para grabar y monitorizar diariamente los cambios de las 33 compañías más grandes de Hong Kong, representando el 65% de la Bolsa del país.

- Topix (Tokyo stock Price IndeX). Obtenido como la medida aritmética ponderada por capitalización, incluye todas las compañías cotizadas en la primera sección de la Bolsa de Tokio (unas 1.250 empresas). Cuenta con 33 índices sectoriales y solo mide las variaciones en los precios, ignorando los dividendos.

— ***Benchmark* a nivel global:**

- MSCI Global: índice elaborado por Morgan Stanley Capital International y calculado como la media de las cotizaciones bursátiles de 1.644 empresas de diferentes países.
- Dow Jones Global (GDOW): índice elaborado como una media equiponderada de empresas líderes en todo el mundo y en todos los sectores.
- FTSE All-World: índice del mercado de valores elaborado por FTSE, que agrupa a más de 3.100 empresas de 47 países distintos.

— **Nacional:** A nivel nacional, el Ibex-35 es el principal índice de referencia del mercado bursátil español. Se calcula utilizando las 35 empresas más líquidas cotizadas en bolsa y se obtiene como como una media ponderada por capitalización bursátil.

En Europa, desde la entrada en vigor del euro, el tipo de interés de referencia del mercado monetario de la «zona euro» es el EURIBOR *(Europe Interbanking Offered Rate)*. Elaborado por la FBE (Federación Bancaria Europea), representa unas 4.500 entidades financieras de los estados miembros de la Unión Europea, así como Islandia, Noruega, Suiza y la AMF (Asociación de Mercados Financieros). Se utiliza como índice de referencia en la mayoría de las operaciones financieras. Este índice se publica diariamente.

Dada la importancia de los índices de referencia en la gestión de carteras, en la Unión Europea ha entrado en vigor el Reglamento (UE) 2016/1011 sobre los índices utilizados como referencia en los instrumentos financieros y en los contratos financieros o para medir la rentabilidad de los fondos de inversión. Este reglamento es de aplicación desde el inicio de 2018 y establece disposiciones transitorias para los proveedores de índices que elaboren índices de referencia a partir de 30 de junio de 2016, que deberán solicitar autorización o inscripción registral a más tardar el 1 de enero de 2020, pudiendo entonces seguir elaborando índices de referencia ya existentes hasta el 1 de enero de 2020. A partir del 1 de enero de 2020 los nuevos instrumentos financieros solo podrán utilizar índices de referencia de terceros países que estén incluidos en el Registro de administradores e índices de referencia de ESMA *(European Securities and Markets Authority)*[1].

[1] https://www.esma.europa.eu/sites/default/files/library/esma70-145-114_qas_on_bmr.pdf.

3.5. TIPOS DE ASIGNACIÓN DE ACTIVOS

Como ya se ha comentado, el concepto de asignación de activos hace referencia a la **diversificación de las inversiones entre distintos productos o mercados,** con el fin de mejorar el rendimiento y/o controlar el riesgo del agregado. La asignación de activos o política de inversión permite determinar las ponderaciones de cada uno de los activos considerados idóneos para la inversión en función de las características personales del inversor y de los objetivos de inversión de este. Es conocido que diferentes tipos de activos tienden a comportarse de manera diferente como respuesta a cambios que se puedan producir en el mercado. La **asignación de activos es la práctica de elegir activos no correlacionados entre sí para encontrar un equilibrio óptimo de riesgo y rendimiento en función del perfil de inversión de un inversor.** La selección de valores es el proceso de identificación de valores individuales dentro de una determinada clase de activos que conformarán la cartera. Ambos son componentes clave de una estrategia de inversión, pero requieren metodologías separadas y distintas. Cuando la gestión llevada a cabo es una gestión pasiva, la asignación de activos es un proceso más simple que en el caso de realizar una gestión activa.

La práctica sobre políticas de inversión diferencia entre la definición de la composición de la cartera de referencia de largo plazo o *benchmark* y de los mecanismos de desviación en el corto plazo respecto a esa cartera. Así, podemos identificar dos tipologías de asignación de activos que se presentan a continuación.

3.5.1. Asignación estratégica de activos

El concepto «estratégica» hace referencia al horizonte temporal de la inversión. Con este tipo de asignación se define una cartera a medio y largo plazo. Este tipo de asignación busca identificar y mantener una asignación de activos adecuada para los objetivos financieros, el objetivo de inversión, el horizonte temporal y el perfil de riesgo del inversor.

Como el objetivo temporal es a medio y largo plazo, el gestor no hace ninguna predicción de la volatilidad del mercado a corto plazo. Una característica fundamental de este tipo de estrategia es que hace una **asignación fija de objetivos para cada tipo de activos que conforman la cartera, pero requiere una reponderación continua de la cartera para mantener la asignación fijada de cada activo.**

Dentro del universo que existe de activos financieros, los gestores en el desarrollo de sus funciones estarán facultados y debidamente autorizados por el cliente, mediante la firma del contrato, para adquirir en su nombre una parte o la totalidad de los siguientes activos financieros, en función del modelo o estilo de gestión elegido y del perfil de riesgo establecido. Los activos financieros pueden agruparse como se presenta a continuación:

— Renta fija. Deuda pública y bonos soberanos, deuda corporativa ordinaria, subordinada, *high yield,* estructurada, etc.
— Renta variable. Acciones ordinarias, acciones preferentes, préstamo de títulos, ADR, ADS, etc.
— Activos monetarios. Letras del Tesoro, *repo,* depósitos, pagarés, etc.
— IIC (Instituciones de Inversión colectiva). SICAV y fondos de inversión clásicos, fondos de fondos IIC de Inversión libre (SIL y FIL).
— ETF o fondos cotizados. Fondos índice sobre diversos tipos de activos.
— Productos estructurados. Derivados OTC, estructuras a medida sobre diversos subyacentes, etc.
— Instrumentos derivados. Futuros y opciones de mercados organizados, *warrants,* instrumentos financieros derivados para la transferencia de riesgo de crédito (*total return swaps, asset swaps,* otros instrumentos financieros derivados relacionados con valores, divisas, tipos de interés, materias primas, *credit default swaps,* contratos financieros por diferencias (CFD), etcétera.
— Planes de pensiones del sistema individual y las entidades de previsión social voluntaria, tal y como aparecen definidos en la legislación vigente de planes y fondos de pensiones de las entidades de previsión social voluntaria.
— Participaciones de sociedades de responsabilidad limitada.

Los porcentajes asignados a cada tipo de activos para cada perfil inversor se obtienen a partir de modelos matemáticos basados en la optimización de la rentabilidad esperada por cada inversor sujeta a su perfil de riesgo.

Periódicamente se llevará a cabo una **evaluación de los resultados** obtenidos por la cartera para poder, en primer lugar, conocer si se están consiguiendo los resultados previamente fijados, de manera absoluta o respecto de la evolución del mercado, y en segundo lugar, si son necesarios **reajustes de los pesos de los activos** que permitan reequilibrar la cartera.

3.5.2. Asignación táctica de activos

En el caso de la asignación táctica de activos lo que se persigue es **optimizar el rendimiento a corto plazo,** mediante una variación continua de la ponderación de los activos. Con una estrategia táctica, el gestor varía periódicamente la asignación a varias clases de activos en función de los pronósticos de los rendimientos de las clases de activos.

En el corto plazo, las ponderaciones podrán ser modificadas por decisiones tácticas en función de la coyuntura económica y financiera. Muchos gestores consideran que esta es la decisión más importante que se adopta en relación con una cartera. Decidir estar o no en un mercado sería lo importante, seleccionar un valor u otro sería secundario.

La asignación táctica de activos conserva las **ventajas de la diversificación,** al mantener los compromisos mínimos para todas las clases de activos en una cartera, mientras que **agrega valor al sobreponderar o infraponderar oportunamente los compromisos de clase de activos.**

Para finalizar, hay que señalar que, como se ha comentado al inicio de este epígrafe, las decisiones que debe tomar el gestor son dos: **tipos de activos** que han de formar la cartera *(asset allocation)* y la **selección de activos específicos** de cada uno de los tipos de activos existentes *(security selection).* Además, y a diferencia de la asignación estratégica en la que se lleva a cabo un proceso estático o de reajustes en la cartera inicial, en el caso de la asignación táctica podemos decidir además qué momento es el más adecuado para hacer o deshacer la inversión. Esta estrategia, conocida como *market timing,* consiste en tomar decisiones de compra o venta de activos financieros: acciones, bonos, divisas..., intentando anticipar el movimiento que tendrá el precio de estos activos, al alza o a la baja. Para ello se basa tanto en **análisis técnico como fundamental,** es decir, en las conclusiones que se pueden extraer de los niveles de precio que nos muestran los gráficos, así como en sus beneficios, ventas, deuda y otras magnitudes relevantes que den idea de la marcha del negocio del activo, economía o país en cuestión.

A la vista de lo expuesto anteriormente, la pregunta que cabe plantear es si la asignación táctica de activos añade valor respecto de la estratégica. Existen investigaciones empíricas que sugieren que la mayoría de los enfoques tácticos no mejorarán el desempeño de la asignación estratégica de activos.

Existen otros tipos de asignación de activos, como el conocido como **asignación de activos asegurados,** en el que el objetivo es fijar un patrimonio mínimo.

REFERENCIAS BIBLIOGRÁFICAS

Arguedas, R. y González, J. (2016). *Finanzas empresariales.* Madrid: Centro de Estudios Ramón Areces.

Asset Allocation Framework (2010). En *Investing in microfinance: Integrating new asset classes into an asset allocation framework applying scenario methodology* (pp. 5-23). Wiesbaden: Gabler.

Gutiérrez, J. J. T. (2011). La formación de una cartera óptima de activos: una guía para no especialistas. *eXtoikos, 4,* 63-74.

Marston, R. (2011). *Portfolio design a modern approach to asset allocation* (Wiley finance series; 641). Hoboken, N.J.: Wiley.

Pola, G., Corazza, M. y Pizzi, C. (2010). Optimal dynamic asset allocation in a non-Gaussian world. En *Mathematical and Statistical Methods for Actuarial Sciences and Finance* (pp. 273-282). Milán: Springer Milan.

Schneeweis, T., Crowder, G. y Kazemi, H. (2010). *The new science of asset allocation risk management in a multi-asset world* (Wiley Finance). Hoboken, NJ: Wiley.

Sharpe, W. F. (1964). Capital asset prices: A theory of market equilibrium under conditions of risk. *The Journal of Finance, 19*(3), 425-442.

Suárez, A. (2005): *Decisiones óptimas de inversión y financiación* (21.ª ed.). Madrid: Pirámide.

Tobin, J. (1958). Liquidity preference as behavior towards risk. *The Review of Economic Studies, 25*(2), 65-86.

Páginas web recomendadas

Banco Central Europeo (BCE): http://www.ecb.int.
Banco de España: http://www.bde.es.
Bank for International Settlements (BIS): http://www.bis.org.
Bolsa y Mercados Españoles (BME): http://www.bolsasymercados.es/.
Comisión Nacional del Mercado de Valores (CNMV): http://www.cnmv.es.
Observatorio del inversor: https://www.andbank.es/observatoriodelinversor/.

4 Teoría de carteras (III)

Carmen López Martín
Raquel Arguedas Sanz
Rodrigo Martín García

Resumen del capítulo

Este capítulo se centra en la medición y atribución de resultados en gestión de carteras, con el objetivo de tener criterios que permitan conocer si la gestión llevada a cabo es correcta o si es necesario realizar cambios sobre la cartera elegida.

El capítulo finaliza introduciendo la necesidad de que la información financiera que recibe el cliente por parte de los distintos gestores de fondos sea presentada de forma homogénea y que exista una uniformidad estándar de cálculo y presentación de los resultados en unos mercados financieros globalizados.

Objetivos de aprendizaje

Después de estudiar el capítulo, el lector ha de ser capaz de entender:

1. Comprender los conceptos de rentabilidad simple, rentabilidad del inversor y rentabilidad del gestor.
2. Conocer el concepto de medidas de rentabilidad ajustadas al riesgo. Ratio de Sharpe, ratio de Treynor, alfa de Jensen, *tracking error* y ratio de información.
3. Entender el concepto de Valor en Riesgo (VaR) y conocer algunas de las metodologías desarrolladas para su estimación econométrica.
4. Conocer que es un índice de referencia o *benchmark*.
5. Conocer la diferencia entre *ranking* y *rating* de un fondo.
6. Conocer el objetivo de las normas *Global Investment Performance Estándar* (GIPS)

4.1. INTRODUCCIÓN

En la gestión de activos financieros es necesario realizar una evaluación continua de los resultados obtenidos, para comprobar la bondad de la gestión que se está llevando a cabo. Esto permite al gestor comprobar si se han conseguido los objetivos fijados inicialmente y, si no es así, corregir las posibles desviaciones. Esta evaluación se puede realizar o bien analizando medidas de rentabilidad o bien analizando el binomio rentabilidad-riesgo, a través de medidas de rentabilidad ajustada al riesgo.

El capítulo comienza con la presentación de tres medidas de rentabilidad y se prosigue con la introducción de un conjunto de medidas ajustadas por riesgo, que tienen en cuenta no solo la rentabilidad obtenida sino también el riesgo asumido, ya que la comparación entre distintas rentabilidades no es una medida correcta de la gestión realizada, siendo necesario tener en cuenta también los distintos niveles de riesgo entre una inversión y otra.

Otra posible alternativa para la evaluación de la gestión realizada es comparar los resultados obtenidos con la cartera seleccionada y con otra cartera tomada como patrón, conocida como *benchmark* o índice de referencia. Una vez comparados los resultados con el índice de referencia, el siguiente paso es analizar cuáles han sido las razones de dichos resultados y si el gestor, en el desempeño de su función, ha añadido o ha restado valor.

Con las medidas de rentabilidad presentadas es posible analizar y realizar una selección de fondos a través de lo que se denomina *rating,* elaborado por las agencias de calificación. Pero también es posible hacer una clasificación o *ranking* de los fondos según los resultados obtenidos. Conociendo la posición de la inversión dentro del universo de inversiones existentes, es posible en primer lugar analizar los resultados obtenidos y en segundo lugar presentar dicha información al cliente del producto financiero.

El fenómeno de globalización que afecta a los mercados financieros hace necesaria una presentación homogénea y estandarizada de los resultados obtenidos por las distintas inversiones, con el objetivo de que tanto los gestores de carteras como los inversores se beneficien de unas normas globales, que permitan una comparación directa entre distintas rentabilidades obtenidas en el ámbito internacional sin tener que hacer ningún ajuste previo para su comparación. Además, el hecho de que los gestores acepten estas normas proporciona confianza a los inversores, ya que se aseguran de que la presentación de los resultados va a ser completa y fiel. Este es el objetivo principal de lo que se conoce como *Global Investment Performance Standards* (GIPS).

4.2. MEDIDAS DE RENTABILIDAD

4.2.1. Rentabilidad simple

Como se presentó en capítulos anteriores, el concepto de rentabilidad o rendimiento de un activo hace referencia a la ganancia que se obtiene con una inversión en dicho activo en un período de tiempo determinado. Así, la rentabilidad de un activo financiero viene definida por la relación entre las rentas generadas por dicho activo en un período de tiempo y el precio del activo a comienzo del período.

Las rentas generadas por el activo financiero se concretan, por una parte, en los dividendos (renta variable) o intereses del período (d_{it}) (renta fija) y, por otra, en la diferencia entre el precio al comienzo del período y el precio al final del mismo período ($P_{it} - P_{it-1}$). A esta diferencia se le denomina ganancia de capital o plusvalía si $P_{it} > P_{it-1}$. En el caso de que $P_{it} < P_{it-1}$, se obtienen minusvalías.

Por tanto, la **rentabilidad del título *i* durante el período *t*** la podemos obtener a partir de la siguiente expresión:

$$R_{it} = \frac{(P_{it} - P_{it-1}) + d_{it}}{P_{it-1}}$$

EJEMPLO 1

Una acción se compra en el año 1 a un precio de 30 €. En año 2 se recibe un dividendo de 2 € y en ese momento la acción cotiza a 35 €. Si el inversor vende el título en año 3 a un precio de 32 €, ¿cuál ha sido la rentabilidad de la inversión?

Solución

$$R = \frac{(32 - 30) + 2}{30} = 0{,}13 = 13\%$$

Para el caso de una cartera, la **rentabilidad de la cartera** se calcula como la media aritmética ponderada de las rentabilidades de cada título.

$$R_p = \sum_{i=1}^{n} R_{it} w_i \quad \text{con} \quad \sum_{i=1}^{n} w_i = 1$$

donde

R_P = Rendimiento de la cartera.
R_{it} = Rendimiento del título i en el período t.
w_i = Ponderación del título i.
n = Número de títulos que integran la cartera.

EJEMPLO 2

Calcular la rentabilidad que se obtendrá con una cartera conformada con los títulos que aparecen en la tabla:

Título	Rentabilidad (%)	Ponderación
A	24	20%
B	15	30%
C	18	50%

Solución

Ponderando cada uno de los rendimientos por su peso en la cartera, se obtiene:

$$R_p = \sum_{i=1}^{3} R_{it} w_i = 0{,}24 \cdot 0{,}2 + 0{,}15 \cdot 0{,}3 + 0{,}18 \cdot 0{,}5 = 0{,}183 = 18{,}3\%$$

Por tanto, la rentabilidad obtenida por esta cartera es del 18,3%.

4.2.2. Rentabilidad del inversor

Esta medida de rentabilidad tiene en cuenta los flujos monetarios generados por la inversión a lo largo del tiempo y que son responsabilidad del inversor. Por ello, para determinar la rentabilidad del inversor lo que hay obtener es el valor de la **tasa interna de retorno de la inversión (TIR).** La TIR nos ofrece, en términos relativos, la rentabilidad de inversiones. Esta tasa dependerá del horizonte temporal de la inversión (n), del desembolso inicial realizado (A) y de los distintos flujos de caja (Q_i). Desde el punto de vista analítico, la TIR es la tasa que iguala a cero el valor capital.

$$0 = -A + \frac{Q_1}{(1+\text{TIR})} + \frac{Q_2}{(1+\text{TIR})^2} + \cdots + \frac{Q_n}{(1+\text{TIR})^n}$$

Si los flujos de la inversión son constantes y la inversión tiene un **horizonte temporal finito (*n*),** teniendo en cuenta que tendríamos la expresión de una progresión geométrica, la expresión anterior se puede escribir como sigue:

$$A = Q\frac{(1+\text{TIR})^n - 1}{(1+\text{TIR})^n \cdot \text{TIR}}$$

Si se tratara de una **inversión perpetua,** es decir, $n \to \infty$, la expresión de la TIR es la siguiente:

$$\text{TIR} = \frac{Q}{A}$$

Por tanto, para el caso de flujos constantes y rentas perpetuas, el valor de la tasa es el cociente entre el flujo y el desembolso inicial.

La rentabilidad del inversor obtenida como la TIR asume que los flujos son reinvertidos a una tasa igual a la TIR.

Ejemplo 3

Un inversor adquiere 1.000 acciones de una multinacional a un precio de 5 €/título. Durante el primer año vende la cuarta parte de las acciones, que cotizan en ese momento a 5,5 €. Si en el segundo año vende todas las acciones de las que dispone a un precio de cotización de 5,3 €, ¿cuál es la rentabilidad que obtiene el inversor por toda la operación?

Solución

El desembolso inicial realizado ha sido 1.000 títulos · 5 €/título = 5.000 €.

Los flujos obtenidos en los diferentes años han sido:

— Año 1: 250 títulos · 5,5 €/título = 1.375 €.
— Año 2: 750 títulos · 5,3 €/título = 3.975 €.

La expresión de la TIR para estos datos será:

$$5.000 = \frac{1.375}{(1 + \text{TIR})} + \frac{3.975}{(1 + \text{TIR})^2}$$

Haciendo el cambio de variable $x = (1 + \text{TIR})$, y poniendo común denominador, se llega a la expresión:

$$5.000x^2 - 1.375x - 3.975 = 0$$

Resolviendo la ecuación de segundo grado se obtienen dos soluciones, una de ellas negativa y por tanto sin sentido económico. La solución correcta es $x = 1,0396$. Deshaciendo el cambio de variable:

$$1,0396 = 1 + \text{TIR} \rightarrow \text{TIR} = 3,96\%$$

Ejemplo 4

Un inversor adquiere 1.000 acciones de una multinacional a un precio de 5 €/título. Si la multinacional se compromete a pagar anualmente un dividendo de 0,2 €/título, ¿cuál es la rentabilidad que obtiene el inversor?

Solución

El desembolso inicial realizado ha sido igual que en el ejemplo anterior:

1.000 títulos · 5 €/título = 5.000 €

Los dividendos que recibe el inversor serán 1.000 títulos · 0,2 €/título = 200 €. En este caso, los flujos obtenidos son constantes y a perpetuidad. Por tanto:

$$\text{TIR} = \frac{Q}{A} = \frac{200}{5.000} = 0,04$$

Por tanto, la rentabilidad obtenida por el inversor en esta operación es del 4%.

4.2.3. Rentabilidad del gestor

En muchas ocasiones, cuando se desea obtener promedios de magnitudes tales como tipos de interés, números índices, porcentajes, etc., donde las magnitudes representan la evolución de una característica respecto de un valor inicial en el momento $t = 0$, la media aritmética pierde su significado. En casos así, la mejor representación para la medida de posición central es la media geométrica. Así, la **media geométrica** para un conjunto de valores $(x_1, ..., x_n)$ será:

$$G = \sqrt[n]{x_1 \cdot x_2 \cdot ... \cdot x_n}$$

A partir de la media geométrica se halla la **rentabilidad del gestor,** que se define como la media geométrica de las distintas rentabilidades simples obtenidas a lo largo de un período. Esta tasa es independiente de los flujos monetarios que realiza el inversor, pero sí de las rentabilidades simples de cada una de las inversiones.

Si denotamos a la rentabilidad del gestor por RG y a las distintas rentabilidades simples por RS_i obtenidas en cada uno de los períodos $(i = 1, ..., n)$ podemos expresar que:

$$(1 + RG) = \sqrt[n]{(1 + RS_1) \cdot (1 + RS_2) \cdot ... \cdot (1 + RS_n)}$$

y despejando RG:

$$RG = \sqrt[n]{(1 + RS_1) \cdot (1 + RS_2) \cdot ... \cdot (1 + RS_n)} - 1$$

La comparación entre la rentabilidad del inversor (TIR) y la rentabilidad del gestor (RG) permite analizar si las decisiones de entrada y salida de capital a lo largo de la inversión ha sido acertada o no.

Así:

— Si TIR > RG, el inversor ha acertado en sus decisiones.
— Si TIR = RG, el resultado es indiferente.
— Si TIR < RG, el inversor se ha equivocado en sus decisiones de inversión.

EJEMPLO 5

Un inversor adquiere 1.000 acciones de una multinacional a un precio de 5 €/título. En el primer año vende la cuarta parte de las acciones, que cotizan en ese momento a 5,5 €. Si en el segundo año vende todas las acciones de las que dispone a un precio de cotización de 5,3 €, ¿cuál es la rentabilidad del gestor? ¿Ha sido acertada la estrategia del inversor?

Solución

La tasa de rentabilidad del inversor (TIR) se calculó en el ejemplo 3 y resultó ser del 3,96%. Para conocer la rentabilidad del gestor, lo primero que hay que obtener son las distintas tasas de rentabilidad simples para cada período:

5 € 5,5 € 5,3 €

— Rentabilidades simples:

$$RS_1 = \frac{5{,}5 - 5}{5} = 0{,}1; \qquad RS_2 = \frac{5{,}3 - 5{,}5}{5{,}5} = -0{,}036$$

— Rentabilidad del gestor:

$$RG = \sqrt[2]{(1 + 0{,}1) \cdot (1 - 0{,}036)} - 1 = 0{,}02975 = 2{,}98\,\%$$

Como la rentabilidad del inversor (3,96%) es superior a la del gestor (2,98%), el inversor ha acertado en sus decisiones.

4.3. MEDIDAS DE RENTABILIDAD AJUSTADAS AL RIESGO

Como se ha señalado anteriormente, una posible medida de la bondad de la gestión de activos podría ser la rentabilidad obtenida por la inversión. Pero como se ha visto en capítulos anteriores, son tres las características que determinan una inversión: rentabilidad, riesgo y liquidez. También se ha mostrado que tanto la rentabilidad como el riesgo de un activo son dos medidas determinantes en los resultados de un título o de una cartera. La comparación de las rentabilidades obtenidas no es una medida correcta, ya que, al asumir posiblemente el inversor distintos niveles de riesgo entre una inversión y otra, estas rentabilidades no son directamente comparables.

En la figura 4.1 se presentan, para cinco activos distintos, su rentabilidad y riesgo.

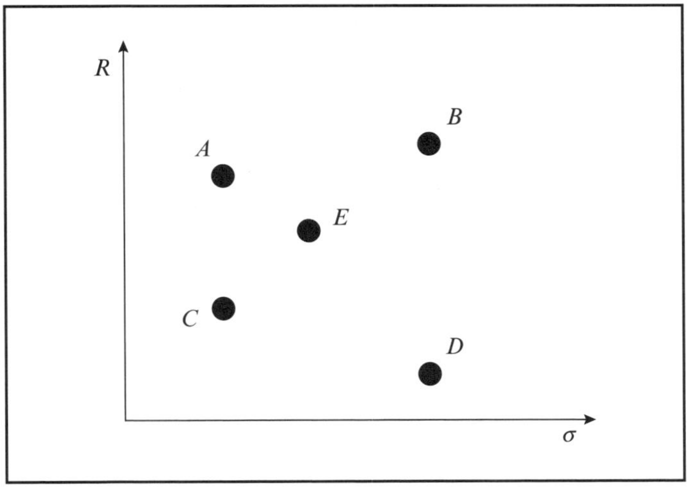

Figura 4.1. Rentabilidad y riesgo para distintos activos.

A partir de la gráfica podemos asegurar que el activo *A* es mejor que el activo *C*, ya que para ambos activos el riesgo asumido es igual y la rentabilidad obtenida por el activo *A* es superior a la *C*. Por la misma justificación, *B* es superior a *D*. Por otra parte, *A* es superior a *E*, ya que el activo *A* tiene un rendimiento superior al *E* y además hay que asumir un menor riesgo. De igual modo, cuando se comparan las inversiones *E* y *D* se observa que *E* es superior a *D*. Ahora bien, si lo que pretendemos es ver cuál de las inversiones entre el subconjunto *B*, *E* y *C* es superior, en este caso la decisión no es tan evidente.

Para solventar esta limitación y poder comparar los resultados obtenidos al invertir en un determinado activo, frente a otros alternativos, es necesario disponer de algún índice que relacione la rentabilidad y el riesgo de un activo y que nos permita comparar dicho índice entre distintos activos.

El objetivo de la introducción de estos índices es doble; por un lado, se presenta en un único número el resumen de las características de un activo financiero (rentabilidad y riesgo), y por otro lado el valor de cada índice nos permitirá hacer comparaciones entre activos alternativos.

Treynor (1965), Sharpe (1966) y Jensen (1968), entre otros, plantearon en sus diferentes trabajos de formación de carteras la utilización de estos índices como medida del desempeño o *performance* de la cartera. Con carácter general, los índices o indicadores de la *performance* son utilizados en la gestión activa para evaluar los resultados generados por el activo o cartera, comparándolos con los del mercado, tomando para ello en consideración el activo sin riesgo y la prima de riesgo. A continuación se presentan algunas de las medidas de *performance* más utilizadas para medir la bondad de una inversión, atendiendo tanto al rendimiento obtenido como al riesgo asumido.

4.3.1. Ratio de Sharpe

El índice de Sharpe mide la **bondad de la inversión utilizando la línea del mercado de capitales (CML).** Como se vio en el capítulo 2, la expresión de la ecuación CML viene dada por:

$$E(R_P) = R_f + \frac{E(R_M) - R_f}{\sigma_M} \sigma_P$$

A partir de esta expresión, Sharpe define el índice que relaciona la **diferencia entre el valor esperado del rendimiento de la cartera** (es decir, su rendimiento medio) y el **activo libre de riesgo** (R_f) **con el riesgo de la cartera** (medida como su desviación típica). Por tanto, la expresión del índice viene dada por:

$$S = \frac{E(R_p) - R_f}{\sigma_p}$$

Este índice expresa la **prima de riesgo por cada unidad de riesgo,** y se interpreta como la prima de rendimiento obtenida por cada unidad de riesgo soportado, interpretación similar a la que realizamos respecto a la pendiente de la curva CML. Por ello, cuanto mayor sea la pendiente de la curva CML mejor será el activo. Cuanto mayor sea el valor del índice *S*, mayor será la rentabilidad del activo, comparado con el riesgo asumido. Si el índice fuera negativo, el rendimiento del activo será inferior al rendimiento del activo libre de riesgo. Así, obtenidos los valores del índice para diferentes activos se podrán comparar, y un activo será preferido a frente a otro si su índice de Sharpe es superior.

EJEMPLO 6

Una cartera (A) ha obtenido una rentabilidad media anual del 17% y ha presentado una volatilidad (desviación) del 20%. Otra cartera (B) ha obtenido una rentabilidad media anual del 19% y ha presentado una volatilidad (desviación) del 21%. Si el activo libre de riesgo ha tenido una rentabilidad media anual del 3%. ¿Qué cartera deberíamos elegir si utilizamos como medida de *performance* el índice de Sharpe?

Solución

La expresión del índice de Sharpe viene dada por:

$$S = \frac{E(R_p) - R_f}{\sigma_P}$$

Particularizando para los datos del ejercicio:

— Cartera A: $S_A = \dfrac{17 - 3}{20} = 0{,}7$

— Cartera B: $S_B = \dfrac{19 - 3}{21} = 0{,}76$

Por la que la cartera preferida será la cartera B al presentar un índice de Sharpe superior.

4.3.2. Ratio de Treynor

El índice de Treynor mide la ***performance* de la cartera utilizando la línea del mercado de valores (SML).** El índice o ratio de Treynor se define como el cociente entre la prima de riesgo (diferencia entre el rendimiento medio de la cartera y el rendimiento de activo libre de riesgo) y la volatilidad de la cartera, medida por su β. Así, la expresión de este ratio es la siguiente:

$$T_p = \frac{E(R_p) - R_f}{\beta_p}$$

Este índice, conocido también como **premio o ratio de volatilidad,** representa la prima que se ha pagado a la cartera por cada unidad de volatilidad asumida (β), y viene dado por la pendiente de las rectas SML. Cuanto más elevado sea el índice, mayor será la remuneración de la cartera por unidad de riesgo sistemático.

Para el caso de la cartera de mercado, el índice de Treynor coincide con la prima del mercado $[E(R_M) - R_f]$, ya que la β del mercado es igual a la unidad.

Cuando una cartera tiene un ratio de Treynor superior al índice de Treynor del mercado se dice que esta cartera ha batido al mercado. En caso contrario, estamos ante una cartera que ha sido batida por el mercado.

EJEMPLO 7

Existen dos fondos de inversión. Por un lado el Fondo ABC, que tiene una rentabilidad anual del 8,5%, con un riesgo medido por su desviación típica del 15% y una β de 1,2. Por otro lado el Fondo XYZ, que tiene una rentabilidad anual del 5%, con un riesgo medido por su desviación típica del 7,5% y una β

de 0,8. La rentabilidad del activo libre de riesgo ha sido del 3%. ¿Qué cartera deberíamos elegir si utilizamos como medida de *performance* el índice de Sharpe? ¿Cambiaría la decisión si utilizáramos el ratio de Treynor?

Solución

Calculemos el valor del índice de Sharpe y el del Treynor para ambos fondos:

Sharpe:

$$\text{Fondo ABC: } S_{ABC} = \frac{8{,}5\% - 3\%}{15\%} = 0{,}36\%\text{ ; Fondo XYZ: } S_{XYZ} = \frac{5\% - 3\%}{7{,}5\%} = 0{,}27\%$$

Treynor:

$$\text{Fondo ABC: } T_{ABC} = \frac{8{,}5\% - 3\%}{1{,}2\%} = 4{,}58\%\text{ ; Fondo XYZ: } T_{XYZ} = \frac{5\% - 3\%}{0{,}8\%} = 2{,}5\%$$

Según el índice de Sharpe es preferible el fondo ABC, por ser el valor de este índice superior para este fondo que para el alternativo. Si utilizamos como criterio el índice de Treynor no cambiaríamos la decisión, por ser también este índice superior para el caso del fondo ABC.

4.3.3. Alfa de Jensen

Una limitación que presentan los dos índices anteriores es que, en el caso de que la rentabilidad esperada del mercado sea menor que la rentabilidad del activo libre de riesgo, tienen escasa utilidad.

En un mercado en equilibrio se paga únicamente el riesgo sistemático o de mercado de los activos, situándose las combinaciones de rentabilidad-riesgo de mercado de todos ellos sobre la recta *SML*, es decir, sobre la recta de la ecuación:

$$E(R_p) = R_f + \beta_p[E(R_M) - R_f]$$

Si se analizan las **combinaciones rentabilidad-riesgo de mercado de los activos, todos aquellos que se encuentren por encima de la *SML* habrán batido al mercado.** Además, si dos activos se encuentran por encima de la SML, será preferido aquel que se encuentre más lejos de dicha recta. Si tenemos una cartera con una rentabilidad media superior a la esperada, podemos escribir esta rentabilidad en función de la rentabilidad pronosticada por la ecuación de la recta SML, ya que lo que tendríamos es la ecuación de una recta paralela a ella. Por ello, si tenemos un activo que ha batido al mercado, su rentabilidad(E'_p) se puede expresar como la suma de la rentabilidad predicha por la línea SML (E_p) más una rentabilidad diferencial, que es el índice de Jensen, J_p. El **índice de Jensen,** conocido también como **alfa de Jensen** (Jensen, 1968) **compara la rentabilidad de la cartera con la rentabilidad que hubiera obtenido bajo el modelo CAPM.** Tiene como expresión:

$$J_p = E'_p - E_p$$
$$J_p = E(R_p)' - \{R_f + \beta_p[E(R_M) - R_f]\}$$

A partir del valor de este índice se pueden clasificar los activos en tres grupos: activos superiores, inferiores o neutros. Si $J_p > 0$ el activo es superior, de modo que la cartera está infravalorada y representa una oportunidad de inversión. Si $J_p < 0$ el activo es inferior, por lo que la cartera está sobrevalorada y no ofrece una rentabilidad suficiente para el inversor. Por último, si $J_p = 0$ el activo es neutro. Un alfa de Jensen positivo representará que la actuación del gestor ha sido la correcta, obteniendo rentabilidades que baten al mercado; sin embargo, un índice negativo es indicador de una incorrecta gestión.

EJEMPLO 8

Un fondo de inversión ha obtenido una rentabilidad media anual del 19% y ha presentado una volatilidad (desviación) del 8%. La beta del fondo tiene un valor de 2. El activo libre de riesgo ha tenido una rentabilidad media anual del 5% y la rentabilidad del mercado se colocó en 10%. ¿Podemos concluir que la gestión del fondo fue correcta si nos basamos en el índice de Jensen?

Solución

En primer lugar calculamos la rentabilidad esperada según la línea SML:

$$E(R_p) = R_f + \beta_p[E(R_M) - R_f] = 5\% + 2(10\% - 5\%) = 15\%$$

El índice de Jensen en este caso será:

$$J_p = 19\% - 15\% = 4\%$$

Como el valor del índice es positivo, podemos asegurar que la cartera ha batido al mercado y, por tanto, que la actuación del gestor ha sido correcta.

4.3.4. *Tracking-error*

Otra posible alternativa para evaluar el desempeño de la cartera es compararla con un activo que se tomará como referencia, denominada *benchmark*. Este indicador mide y compara los **rendimientos alcanzados por una cartera o fondo de inversión, en comparación con la media del mercado elegido.**

Restando el rendimiento de la cartera (R_p) y del rendimiento del *benchmark* (R_M) se obtiene una serie de diferencias entre ambos, denominada exceso de rentabilidad (ER), es decir, $ER = (R_p - R_M)$.

A partir de la serie de excesos de diferencias se define el *tracking-error* como la volatilidad, medida por su desviación típica, del exceso de diferencias. Así:

$$TE = \sqrt{\frac{\sum_{i=1}^{N}(ER_i - \overline{ER})^2}{N}}$$

Hay que tener cuidado a la hora de interpretar este índice. Un mayor valor de este índice indica que el comportamiento de la cartera se ha desviado de la evolución del *benchmark*. Esto puede llevar a pensar que el gestor de la cartera ha obtenido una rentabilidad superior a la del *benchmark,* pero hay que tener en cuenta que este ratio no ofrece información sobre si la diferencia es positiva o negativa.

Otra alternativa para obtener el valor *TE* es a partir del alfa de Jensen. El índice TE representa la desviación típica del alfa de Jensen respecto de la cartera. Por tanto:

$$TE = \sqrt{\sigma_p^2 - \beta_p^2\sigma_M^2}$$

Como el *tracking-error* relaciona el comportamiento de la cartera con la evolución del índice de referencia, su valor nos permite analizar qué relación existe entre ambos, permitiendo analizar el grado de indexación de la cartera. Cuanto más alto sea el *tracking-error,* entonces hay menos posibilidades de replicar con la cartera formada el *benchmark*. Un *tracking-error* bajo mostrará que la rentabilidad entre la cartera y el *benchmark* es más similar.

Una posible alternativa a la hora de gestionar una cartera es **replicar con dicha cartera los resultados obtenidos por el índice de referencia seleccionado.** A este tipo de gestión se le denomina **gestión pasiva,** siendo una forma conservadora de gestión de carteras. A partir del valor que tenga el *tracking-error* podemos clasificar el tipo de gestión realizada por el inversor. Un *tracking-error* alto indica que la cartera tiene menos posibilidades de replicar su *benchmark* y, por el contrario, una cartera de inversión con un *tracking-error* bajo tendrá un comportamiento similar al índice de referencia.

A partir de los valores obtenidos con el *tracking-error,* se consideran **diferentes intervalos que permiten clasificar el tipo de gestión realizada:**

— Si el *tracking-error* se sitúa alrededor del 5%, tendremos una gestión financiera activa.
— Si el *tracking-error* se mueve entre el 2 y el 4%, la gestión es activa pero muy regulada.
— Si el *tracking-error* se mueve entre el 0 y el 2%, estaremos ante una gestión pasiva.

4.3.5. Ratio de información

Para salvar el problema que presenta el *tracking-error,* al no distinguir si el rendimiento de la cartera es superior o inferior al rendimiento del índice de referencia, Treynor y Black (1973) introducen como medida de *performance* el ratio de información. Se define el ratio de información (*RI*) como el **cociente entre la media del exceso de rentabilidad o, lo que es lo mismo, el índice de Jensen y el *tracking-error:***

$$RI = \frac{J_p}{TE}$$

Cuanto mayor sea el *RI* de una cartera, mayor será el exceso de rentabilidad que se obtiene por cada punto de desviación típica con respecto a la cartera de referencia, es decir, refleja cuánta rentabilidad de más obtiene la cartera respecto del índice por unidad de riesgo de desviación del índice de referencia y, por tanto, mayor será también su *performance.*

EJEMPLO 9

Un fondo de inversión ha obtenido una rentabilidad media anual del 19% y ha presentado una volatilidad (desviación) del 8%. La beta del fondo es de 1,2. Si la rentabilidad del índice de referencia es de 15%, su volatilidad es de 5% y el activo libre de riesgo es de 8%, calcule el *tracking-error* y el ratio de información del fondo. ¿Qué tipo de gestión se ha llevado a cabo?

Solución

En primer lugar calculamos el índice de Jensen, que en este caso será:

$$E(R_p) = R_f + \beta_p[E(R_M) - R_f] = 8\% + 1{,}2(15\% - 8\%) = 16{,}4\%$$
$$J_p = 19\% - 16{,}4\% = 2{,}6\%$$

El valor del *tracking-error* se obtiene a partir de la expresión:

$$TE = \sqrt{\sigma_p^2 - \beta_p^2\sigma_M^2} = \sqrt{(0{,}08)^2 - 1{,}2^2(0{,}05)^2} = 0{,}0529 = 5{,}29\%$$

El ratio de información tiene un valor de:

$$RI = \frac{J_p}{TE} = \frac{0{,}026}{0{,}0529} = 0{,}491$$

Teniendo en cuenta que el valor de *TE* es superior al 5%, podemos afirmar que se ha llevado a cabo una gestión activa de inversión.

4.3.6. Concepto de *VaR*

La evolución de los precios de cualquier activo tiene un comportamiento aleatorio, que, como hipótesis inicial, podemos considerar un comportamiento que sigue una distribución normal. Como se ha visto en el capítulo «Rentabilidad y riesgo», es posible valorar también el riesgo en términos de probabilidad. Por ejemplo, si sabemos que el rendimiento de un activo sigue una distribución normal de media 5% y desviación típica 2,5%, podemos calcular que la probabilidad de que los rendimientos del activo sean negativos. Así:

$$\text{Prob}(R < 0) = \text{Prob}\left(\frac{R-5}{2{,}5} < \frac{0-5}{2{,}5}\right) = \text{Prob}(\xi < -2) = 0{,}0228$$

es decir, la probabilidad de que este activo tenga un rendimiento negativo es de 2,28%.

Uno de los problemas más importantes al que se enfrentan tanto las instituciones como los gestores financieros es medir la exposición de cualquier activo al riesgo de mercado. Una de las posibles vías para medir dicho riesgo es evaluar las posibles pérdidas en que se puede incurrir cuando caen los precios de los activos de una cartera. Este es el objetivo de la metodología conocida como Valor en Riesgo (*VaR*), popularizada por J. P. Morgan (Morgan, 1996) cuando publicaron su metodología de gestión de riesgo conocida como Riskmetrics. El *VaR* tiene múltiples aplicaciones, que son usadas tanto para la gestión interna de los riesgos a los que una entidad está expuesta como con objetivos legislativos y reguladores. Se trata de una medida del riesgo de mercado que a la vez permite gestionar carteras ajustando estas al riesgo que soportan.

Siguiendo a Jorion (2001), el **Valor en Riesgo (*VaR*) se define como la peor pérdida esperada en un horizonte temporal dado en condiciones normales de mercado a un nivel de confianza determinado.** El horizonte temporal hace referencia al período sobre el que queremos conocer las posibles pérdidas potenciales, y el nivel de confianza hace referencia al grado de protección que se considere adecuado. Formalmente, **el *VaR* de un activo con un nivel de confianza $(1-\alpha)$ es el percentil de la distribución de probabilidad de los rendimientos de un activo:**

$$\text{Prob}[R < VaR(\alpha)] = \alpha$$

Es decir, si queremos calcular el *VaR* a un nivel de confianza del 95%, eso significa que habrá una probabilidad del 5% de que el activo sufra una pérdida mayor que el *VaR* obtenido.

Lo usual es calcular el *VaR* a un nivel de significación del 5%, lo que equivale a 5 de cada 100 veces o, lo que es lo mismo, 1 de cada 20 veces, es decir, 1 vez al mes con datos diarios, los rendimientos caerán por debajo del *VaR*.

Desde que el Banco Internacional de Pagos de Basilea (BIS)[1] estableciera la utilización del *VaR* para la incorporación del riesgo de mercado a los requerimientos de capital de las instituciones financieras, la metodología *VaR* se ha convertido en una de las herramientas más empleadas para medir el riesgo de mercado. La justificación por la que ha adquirido tanta popularidad el concepto *VaR* se debe esencialmente a su simplicidad conceptual, ya que el *VaR* reduce el riesgo asociado a una cartera a un solo número. Pero a pesar de esta simplicidad, su estimación estadística sigue siendo a día de hoy un reto. Por ello, a lo largo de los años se han desarrollado distintas metodologías para obtener medidas *VaR* más precisas.

Uno de los primeros métodos aplicados para la obtención del *VaR* es el método de la matriz de varianzas-covarianzas o *modelo delta-normal.* Suponiendo

[1] A pesar de su utilización, el *VaR* no está exento de críticas; una de ellas es que no cumple todas las propiedades que debe cumplir cualquier medida de riesgo, en particular la condición de subaditividad. Por ello se ha propuesto otra medida alternativa, conocida como *Expected Shortfall.*

que el rendimiento es una variable aleatoria que sigue una distribución normal, el *VaR* de un activo se calcula como sigue:

$$VaR = P \cdot \beta \cdot \Delta P \cdot q_\alpha$$

donde P es el precio actual del activo, β representa la sensibilidad del activo a cambios en los precios, ΔP cambios potenciales de los precios en el horizonte temporal elegido, y q_α es el percentil correspondiente de la distribución normal.

En general, podemos agrupar las **metodologías** existentes desarrolladas para estimar el *VaR* en los siguientes grupos2:

— Simulación histórica.
— Simulación de Monte Carlo.
— Métodos paramétricos.
— Teoría de valores extremos.

La **simulación histórica** es la aproximación no paramétrica más popular. Este método se basa en utilizar la distribución empírica de los rendimientos financieros. Para obtener el *VaR* al 95%, lo primero que hay que hacer es elegir una muestra, y a continuación ordenar de menor a mayor los rendimientos del activo correspondiente. Si el objetivo es calcular el VaR al 95%, y tenemos una muestra de 1.250 observaciones, el valor del VaR corresponderá con el rendimiento que se encuentre en la posición 63, ya que esa posición corresponde con el percentil 5 (1.250 · 0,05 = 62,5). Entre las ventajas que presenta esta aproximación destaca que es muy fácil su implementación y que no hay que hacer ninguna suposición sobre la distribución de los rendimientos financieros. Por el contrario, el principal problema que presenta es que la estimación depende completamente del conjunto de datos elegido, y que, al ser una extrapolación de los datos pasados para hacer previsiones sobre el riesgo futuro, en algunas ocasiones no refleja eventos extremos o turbulencias en los mercados.

La **simulación de Monte Carlo** es similar a la anterior, pero los cambios en los rendimientos se generan mediante modelos, en lugar de utilizar la serie histórica de los rendimientos. Una de las desventajas de este modelo es que hay que prefijar de antemano el comportamiento de los rendimientos, además de que el coste computacional es alto.

De las metodologías enumeradas anteriormente, es el método paramétrico el más utilizado por las instituciones financieras. La **aproximación paramétrica** estima el riesgo ajustando la curva de probabilidad de los datos, y entonces a partir de esta se obtiene el percentil 5%. Dentro de esta aproximación, el modelo

[2] En Abad et al. (2014) se presenta un profundo análisis del estado del arte de la metodología desarrollada sobre el *VaR*, presentando para cada modelo sus fortalezas y debilidades, así como los nuevos modelos introducidos para obtener estimaciones cada vez más precisas.

más sencillo consiste en suponer que los rendimientos siguen una distribución normal. Así, el *VaR* se obtiene:

$$VaR(\alpha) = \mu - \sigma q_\alpha$$

siendo μ y σ la media y la desviación estándar de los rendimientos respectivamente y q_α el quantil de la distribución normal. En el caso en el que se calcule el $VaR(5\%)$ el valor de $q_\alpha = 1{,}65$, y para el $VaR(1\%)$ $q_\alpha = 2{,}33$.

La aproximación de **Teoría de valores extremos** focaliza el estudio del comportamiento de los rendimientos extremos observados a lo largo de un período. El primer objetivo es, por tanto, elegir cuáles son esos valores extremos. Para ello se han desarrollado dos modelos, conocidos como modelo de bloque máximo (BMM) y modelo picos sobre el umbral (POT).

Obtenido el valor del *VaR* de un activo, el siguiente paso es obtener el *VaR* de una cartera, y dado que la volatilidad no es aditiva, es decir, la volatilidad de una cartera no es la suma de las volatilidades de cada uno de los activos que la componen, el problema que ahora se plantea no es sencillo.

Una manera bastante extendida para el cálculo del *VaR* de una cartera formada por *n* activos es calcular el *VaR* de cada uno de ellos y agregarlos en función de la correlación que exista entre cada uno de los activos. Así, si tenemos una cartera formada por tres activos, el primer paso es calcular el *VaR* (VaR_i, $i = 1, ..., 3$) de cada uno de ellos así como la correlación entre los distintos activos ($\rho_{i,j}$ con $i,j = 1, ..., 3$). El *VaR* de la cartera (VaR_p) viene determinado por la siguiente expresión:

$$VaR_p = \sqrt{(VaR_1, VaR_2, VaR_3)\begin{bmatrix} 1 & \rho_{1,2} & \rho_{1,3} \\ \rho_{1,2} & 1 & \rho_{2,3} \\ \rho_{1,3} & \rho_{2,3} & 1 \end{bmatrix}\begin{pmatrix} Var_1 \\ Var_2 \\ Var_3 \end{pmatrix}}$$

4.4. COMPARACIÓN CON UN ÍNDICE DE REFERENCIA: *BENCHMARK*

Como se vio en el capítulo anterior, se puede definir un *benchmar*k como un índice de referencia, título o cartera que se utiliza para el análisis de la evolución del mercado. También sirve como patrón de medida, ya que también permite medir por comparación la rentabilidad y/o el riesgo de una inversión.

Una forma analizar la *performance* de una cartera es mediante la **comparación de la evolución de la cartera respecto de la evolución del índice de referencia.**

Ya es conocido que, en un mercado eficiente, nadie puede beneficiarse, ya que todos los intervinientes disponen de la misma información, tanto pública como privilegiada. Pero en los mercados financieros existen anomalías que un buen gestor puede utilizar para realizar una gestión mejor que la de sus competidores, incluso superior a la rentabilidad que proporciona el índice o *benchmark* del mercado. Se dice que una cartera ha batido al mercado cuando la cartera ha obtenido una rentabilidad superior, o una caída menor que la posible caída del rendimiento del mercado. Por ello, el objetivo de todo gestor es batir al mercado.

La comparación entre el *benchmark* y la cartera puede hacerse cotejando directamente la rentabilidad obtenida por ambos. Si la rentabilidad de la cartera es superior (inferior), nuestra inversión ha (no) batido al mercado, obteniendo así rentabilidades extraordinarias. Pero esta comparación también puede hacerse comparando la rentabilidad ajustada al riesgo de ambas.

Los ratios ajustados por riesgo, además de permitirnos seleccionar activos, también permiten conocer si una cartera ha batido al mercado. Así, para poder comparar es necesario obtener los ratios de las distintas carteras, así como los ratios correspondientes al *benchmark*.

Si utilizamos como índice de desempeño el ratio de Sharpe, una vez calculado este para un conjunto de carteras, y también para la cartera del mercado *(benchmark),* podemos encontrarnos las situaciones representadas en la figura 4.2.

Sean las carteras 1, 2 y 3. Por definición, el ratio de Sharpe coincide con las pendientes de las distintas rectas que representan la línea de mercado de capitales para cada una de las carteras. Por tanto, el ratio de Sharpe de la cartera 1 es superior al ratio del *benchmark* (M), y las carteras 2 y 3 tienen unos ratios inferiores al mercado. Así, la cartera 1 ha batido al mercado, mientras que las car-

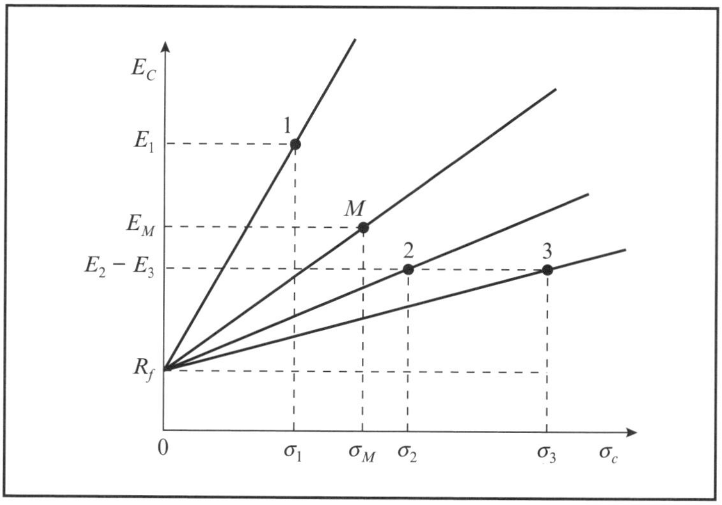

Figura 4.2. Línea del mercado de capitales (CLM).

teras 2 y 3 han sido batidas por el mercado. El hecho de que los ratios de las carteras 2 y 3 sean menores muestra la mala gestión llevada de dichas carteras, ya que se podrían haber obtenido mejores resultados, solo combinando activos sin riesgo y la cartera del mercado.

De la misma forma podemos utilizar como medida de *performance* el índice de Treynor para llevar a cabo la comparación entre distintas carteras y la cartera de mercado. En este caso, el índice de Treynor representa las pendientes de las rectas SML.

Siguiendo con el ejemplo anterior, la cartera del mercado es aquella en la que β es la unidad, ya que:

$$\beta_M = \frac{\operatorname{cov}(R_M, R_M)}{\sigma_M^2} = \frac{\sigma_M^2}{\sigma_M^2} = 1$$

Como el ratio de Treynor coincide con la pendiente de las distintas rectas que representa la línea de mercado de valores para cada una de las carteras, el ratio de Treynor de la cartera 1 es superior al ratio del *benchmark,* y las carteras 2 y 3 tienen unos ratios inferiores al mercado. Por tanto, la cartera 1 ha batido al mercado, mientras que las carteras 2 y 3 han sido batidas por el mercado. Los gestores de la carteras 2 y 3 han llevado a cabo una mala gestión de dichas carteras, ya que cualquier inversor podría haber obtenido mejores resultados que los obtenidos con las cartera 2 y 3 solo invirtiendo en la cartera del mercado.

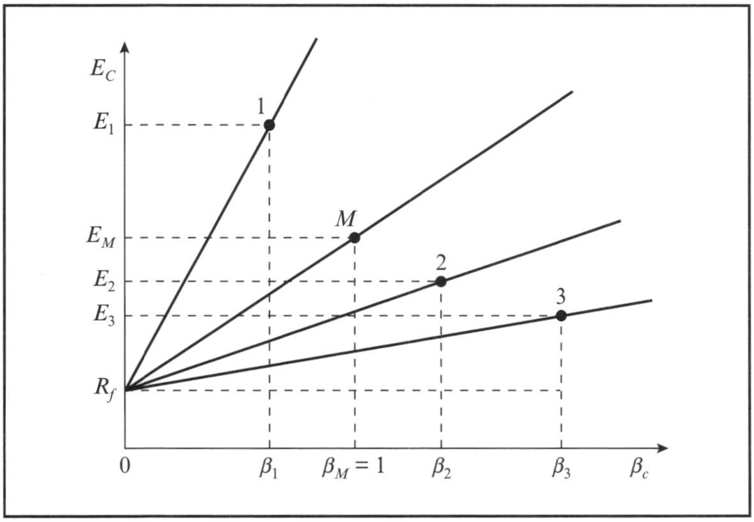

Figura 4.3. Línea del mercado de valores (SLM).

Como se ha explicado anteriormente, en un mercado que se encuentre en equilibrio se paga solo el riesgo sistemático o de mercado de los activos, por lo que todos los activos se situarán sobre la línea SML. Pero podemos encontrarnos situaciones en las que los activos se encuentran por encima de la SML y otros por debajo. Los activos que se encuentren por encima de la línea SML habrán batido al mercado (activo 1). Además, cuanto más alejado se encuentre un activo de la recta mayor será el valor del índice de Jensen; esta será la situación que desearán todos los inversores. De la misma forma, los activos que se encuentren por debajo de la línea SML habrán sido batidos por el mercado (activo 3).

Para finalizar, baste recordar que el *tracking-error* y el ratio de información, medidas de *performance* vistas anteriormente, permiten comparar también con el índice de referencia *o benchmark.*

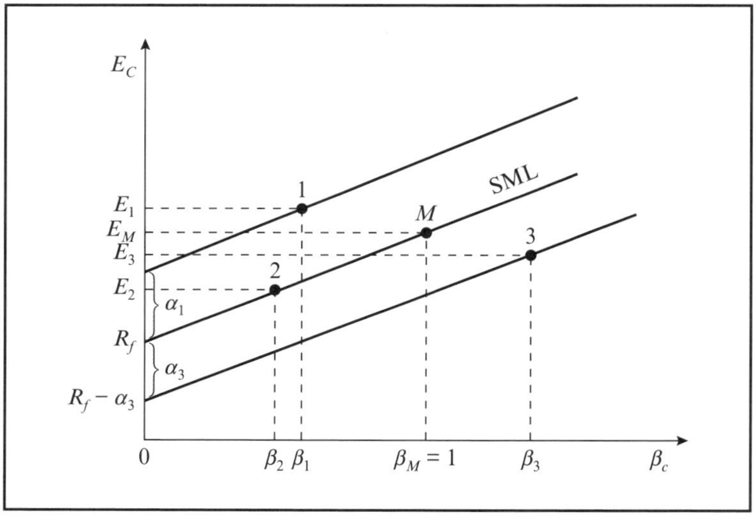

Figura 4.4. Alfa de Jensen.

4.5. APLICACIÓN AL ANÁLISIS Y SELECCIÓN DE FONDOS

La medición y atribución de resultados tiene por objeto evaluar la rentabilidad de los fondos de inversión, bien utilizando alguna referencia de mercado *(benchmark),* bien comparando directamente la rentabilidad de cartera, o bien construyendo alguna(s) medida(s) de rendimiento *(performance)* del fondo (alfa de Jensen, ratio de Treynor o ratio de Sharpe), con el objetivo de ayudar al inversor a decidir cuál de los fondos tiene mejor o peor comportamiento respecto de uno determinado, o si un fondo en concreto se encuentra en el grupo de los mejores o por el contrario es uno de los peores.

Una alternativa para ayudar al inversor a decidir qué posibles fondos elegir es utilizar la calificación recibida por parte de una agencia o como sociedad de *rating.* Estas sociedades tienen por objeto calificar la calidad de las emisiones y la solvencia de los emisores de los activos financieros sometidos a calificación para afrontar el pago de sus rendimientos periódicos y la amortización del principal. Entre las funciones que desempeñan las agencias de calificación caben destacar la sencillez y rapidez para el usuario de la información proporcionada y la evaluación del riesgo. Además, estas agencias realizan una clasificación de riesgos con criterios homogéneos, suponiendo una forma de homologar el riesgo en los mercados internacionales que permite a los inversores acceder a mercados en cualquier punto del mundo.

Aunque a nivel mundial existen numerosas **agencias de calificación,** las principales son las americanas Standard & Poor's y Moody's y la británica Fitch. A pesar de que cada una tiene unos sistemas de calificación propios, existe una equivalencia entre ellos (véase tabla 4.1).

Otra alternativa para facilitar la labor de selección de fondos es utilizar lo que se conoce como ***ranking.*** Con ello se consigue una clasificación de mayor a menor calidad, utilizando diferentes criterios de valoración. El objetivo es conseguir una clasificación de los fondos de inversión, teniendo en cuenta no solo rentabilidades pasadas, sino el riesgo y la consistencia de los resultados, expresada en los *ratings,* que son una forma de calificar la calidad de la gestión del fondo. Una vez clasificados los fondos, podemos definir lo que se conoce como cuartil o cuantil. Los cuantiles son tres valores que dividen el total de la muestra en cuatro partes iguales. Para el caso de los fondos, si tenemos 200 fondos, el fondo que se sitúe en la posición 50 (200 · 0,25) representa el cuantil 1 (Q1), el fondo situado justo en la mitad, en nuestro caso el fondo que ocupe la posición 100 (200 · 0,5), se conoce como mediana o cuantil 2 (Q2), y por último el situado en la posición 150 (200 · 0,75) será el cuartil 3. Cualquier fondo que se encuentre por encima del 50 pertenece al primer cuartil; un fondo que se encuentre entre Q1 y Q2 diremos que pertenece al cuartil 2; un fondo situado entre Q2 y Q3 pertenece al cuartil 3, y, por último, si se encuentra por debajo de la posición que ocupa el cuartil 3 diremos que se encuentra en el cuartil 4. Así, los cuartiles permiten la división del *ranking* total en cuatro partes iguales, clasificando todos los fondos en cuatro grupos. Aprovechando el concepto de cuartil podemos comparar la evolución de los fondos a lo largo del tiempo, analizando su posición dentro de cada cuartil, al comparar el tiempo de permanencia del fondo en cada cuartil y la regularidad en el *ranking.* Así, un fondo que siempre se haya mantenido en el primer cuartil significa que siempre ha estado en las primeras posiciones de su grupo y, por tanto, se ha comportado continuamente mejor que la media de los fondos. Contrariamente, un fondo que regularmente se ha mantenido en el tercer o cuarto cuartil habrá registrado un comportamiento inferior a la media de forma consistente.

TABLA 4.1

Equivalencia de calificaciones entre las distintas agencias

	Significado	Standard & Poor's y Fitch IBCA	Moody's	Graduación equivalente en escala de 1 a 10 (1 la mejor; 10 la peor)
Grado de inversión *(investment grade)*	Máxima calidad	AAA	Aaa	1
	Alta calidad	AA+	Aa1	2
		AA	Aa2	3
		AA–	Aa3	4
	Buena calidad	A+	A1	5
		A	A2	6
		A–	A3	7
	Capacidad satisfactoria, que disminuirá con un cambio de circunstancia	BBB	Baa1	8
		BBB+	Baa2	9
		BBB–	Baa3	10
Grado especulativo	Moderada seguridad; mayor exposición a factores adversos	BB+	Ba1	1
		BB	Ba2	2
		BB–	Ba3	3
	Seguridad reducida; mayor vulnerabilidad	B+	B1	4
		B	B	5
		B–	B–	6
	Vulnerabilidad identificada	CCC	CCC	7
	Retraso en pagos	CC	CC	8
	Pocas posibilidades de pago	C	C	9
	Emisión con incumplimiento declarado	D	D	10

4.6. ATRIBUCIÓN DE RESULTADOS. PROCESO Y CÁLCULO

La atribución de resultados, o *performance attribution,* trata de determinar el diferencial entre la cartera y el índice de referencia, además de explicar las diferencias existentes. Así, se desagrega la rentabilidad total de la inversión y se le intenta atribuir ese diferencial a distintos factores que la han podido determinar el resultado de la inversión.

Si nos centramos en la gestión activa, los posibles diferenciales pueden venir o bien por la decisión que ha tomado el gestor al modificar los **pesos de los activos** que se han elegido en la cartera frente a los pesos neutrales (decisión estratégica de *asset allocation*), o bien puede **sobreponderar o infraponderar** una serie de títulos frente a otros (selección de títulos o *security selection*).

El diferencial entre la rentabilidad total de la cartera y la rentabilidad del índice es el resultado de la decisión estratégica y de la decisión de la selección de los títulos. Si el diferencial es positivo, entonces el gestor ha añadido valor a la inversión.

En el proceso de atribución de resultados es necesario conocer las rentabilidades de los títulos que forman la cartera (R_{pj}), así como los pesos elegidos por el gestor (ω_{pj}), y también las rentabilidades de los activos utilizados incluidos en el índice de referencia (R_{ij}) y sus pesos correspondientes (ω_{ij}).

A partir de estos datos se obtiene, en primer lugar, la rentabilidad de la cartera y del índice como:

$$R_p = \sum_{j=1}^{n} R_{pj} \cdot \omega_{pj}; \qquad R_i = \sum_{j=1}^{n} R_{ij} \cdot \omega_{ij}$$

El diferencial entre la rentabilidad total y la del índice será:

$$\sum_{j=1}^{n} R_{pj} \cdot \omega_{pj} - \sum_{j=1}^{n} R_{ij} \cdot \omega_{ij} \tag{1}$$

Para evaluar la aportación en ese diferencial del efecto debido a la selección de los activos, se calcula la diferencia entre la rentabilidad de la cartera y la rentabilidad del *benchmark,* considerando los pesos elegidos en la cartera.

$$\sum_{j=1}^{n} \omega_{pj}(R_{pj} - R_{ij}) = Security\ allocation \tag{2}$$

Como el diferencial entre rentabilidades puede venir por aportación estratégica o por aportación debida a la selección de activos, entonces:

$$\sum_{j=1}^{n} R_{pj} \cdot \omega_{pj} - \sum_{j=1}^{n} R_{ij} \cdot \omega_{ij} = Asset\ allocation + Security\ selection$$

para evaluar la decisión estratégica *(asset allocation)* hay que obtener la diferencia entre el diferencial de rentabilidades (ecuación 1) y la aportación por selección (ecuación 2), es decir,

$$Asset\ allocation = \sum_{j=1}^{n} R_{pj} \cdot \omega_{pj} - \sum_{j=1}^{n} R_{ij} \cdot \omega_{ij} - \sum_{j=1}^{n} \omega_{pj}(R_{pj} - R_{ij})$$

EJEMPLO 10

Conociendo la rentabilidades y ponderaciones de los activos en la cartera y en el índice de referencia que aparecen en la tabla siguiente, analice los rendimientos atribuidos por la estrategia *(asset allocation)* y los rendimientos atribuidos por selección de activos *(security selection):*

	Cartera		***Benchmark***	
Título	**Rentabilidad (%)**	**Ponderación dentro de la cartera**	**Rentabilidad (%)**	**Ponderación dentro del índice**
Mercado monetario	24	20%	15	10%
Renta fija	15	30%	8	50%
Renta variable	18	50%	9	40%

Solución

En primer lugar, calculamos la rentabilidad obtenida por la cartera y por el *benchmark:*

$$R_p = \sum_{j=1}^{n} R_{pj} \cdot \omega_{pj} = 0{,}2 \cdot 24\,\% + 0{,}3 \cdot 15\,\% + 0{,}5 \cdot 18\,\% = 18{,}3\,\%$$

$$R_i = \sum_{j=1}^{n} R_{ij} \cdot \omega_{ij} = 0{,}1 \cdot 15\,\% + 0{,}5 \cdot 8\,\% + 0{,}4 \cdot 9\,\% = 9{,}1\,\%$$

El diferencial entre la rentabilidad de la cartera y del índice es 9,2% (18,3% – 9,1%). A continuación se calcula la aportación por selección de activos:

$$\sum_{j=1}^{n} \omega_{pj}(R_{pj} - R_{ij}) = 0{,}2(24 - 15) + 0{,}3(15 - 8) + 0{,}5(18 - 9) = 8{,}4\,\%$$

Por tanto, la aportación por estrategia es 9,2% – 8,4% = 0,8%.

Así, podemos afirmar que, a nivel global, el gestor ha añadido valor tanto por estrategia como por selección.

4.7. INFORMACIÓN DEL RENDIMIENTO A LOS CLIENTES

4.7.1. Atribución de resultados a corto y largo plazo

Una alternativa para presentar los rendimientos obtenidos por la cartera del cliente es utilizar el **concepto de cuartil y percentil.** Como ya se ha visto anteriormente, matemáticamente los cuartiles son los tres valores que dividen al conjunto de la muestra, en nuestro caso el conjunto de activos, en cuatro partes iguales. El concepto de percentil es equivalente al anterior, pero en este caso son los noventa y nueve valores que dividen a la muestra en cien partes iguales.

Cuando se presentan los resultados al inversor, una posibilidad para expresar la rentabilidad de su activo o del fondo en cuestión es presentar la información en función de cuartiles y percentiles al que pertenezca. Así, los fondos con mejores rentabilidades se encontrarán en el cuartil 1 o en percentiles por debajo de 25, y los peores fondos en términos de rentabilidad se encontrarán en el cuarto cuartil o entre los percentiles 75 y 100.

Los conceptos de cuartil y percentil también sirven para evaluar a largo plazo las rentabilidades de la cartera. Así, si un fondo se ha mantenido siempre en el cuartil se interpreta como un fondo que ha tenido a largo plazo un comportamiento consistente superior a la media. En el otro polo, si un fondo siempre se ha mantenido entre los cuartiles tres y cuatro ha tenido un comportamiento muy por debajo que la media.

Al igual que podemos clasificar la rentabilidad de un activo o fondo en términos de cuartiles, también se puede expresar en las medidas de riesgo, como son la volatilidad y la beta.

4.7.2. Normas internacionales de presentación de resultados: Global Investment Performance Standard (GIPS)

Desde que en 1995 se constituyera el CFA Institute con el objetivo de establecer una serie de códigos éticos y normas de conducta a la hora de presentar los rendimientos de las inversiones siguiendo los principios de imagen fiel y transparencia, este organismo ha ido evolucionando, hasta que en 2005 se crearon el Comité Ejecutivo y el Consejo GIPS. El Comité Ejecutivo GIPS es el órgano de toma de decisiones relacionadas con las normas internaciones de presentación de resultados, mientras que el Consejo de GIPS promueve la participación de todos los participantes para mantener el desarrollo continuo y la promoción de dichas normas.

La globalización es un fenómeno que afecta a todos los mercados, y en particular al mercado financiero. En un mercado en continuo crecimiento de las entidades financieras, tanto en número como en variedad, se hace necesaria una presentación estandarizada del cálculo y de los rendimientos obtenidos por las distintas inversiones. Así, tanto los gestores de carteras como los inversores se benefician de unas normas globales, que permiten una comparación directa entre distintas rentabilidades obtenidas en el ámbito internacional, sin tener que hacer ningún ajuste previo para su comparación. Además, el hecho de que los gestores acepten estas normas proporciona confianza a los inversores, ya que se aseguran de que la presentación de los resultados va a ser completa y fiel. Este es el objetivo principal de lo que se conoce como Global Investment Performance Standards (GIPS). Pero como se presenta en la web de la entidad (www.gipsstandards.org), entre los **objetivos de las normas GIPS** se pueden enumerar los siguientes:

- Establecer las mejores prácticas de la industria de gestión de inversiones para el cálculo y la presentación de rendimientos de inversión, que promuevan los intereses de los inversores y que infundan confianza en ellos.
- Obtener la aceptación internacional de una norma única para el cálculo y la presentación de rendimientos de inversión sobre la base de los principios de presentación fiel y desglose completo.
- Promover la utilización de datos de rendimientos de inversión coherentes y precisos.
- Impulsar la competencia leal y global entre entidades de inversión sin crear barreras de entrada.
- Fomentar la noción de autorregulación de la industria sobre una base global.

Las normas GIPS son un **conjunto de normas éticas, y para garantizar su presentación las entidades deben adherirse y cumplir todos los requerimientos incluidos en dichas normas, obligando a las entidades a ciertos métodos de cálculo y a presentar** determinados desgloses del rendimiento histórico de la entidad correspondiente. Las entidades que declaren el cumplimiento de las normas GIPS están obligadas a cumplir con todos los requerimientos (requerimientos de valoración, requerimientos adicionales para la valoración de activos inmobiliarios, requerimientos para valoración de activos no cotizados), y deberían cumplir las recomendaciones (para la valoración de activos inmobiliarios, para la valoración de activos no cotizados, etc.) presentadas en las normas GIPS.

REFERENCIAS BIBLIOGRÁFICAS

Abad, P., Benito, S. y López, C. (2014). A comprehensive review of value at risk methodologies. *The Spanish Review of Financial Economics, 12*(1), 15-32.

Brealey, R. A., Myers, S. C., Marcus, A. J. y Mateos-Aparicio, P. (2010). *Finanzas corporativas.* Madrid: McGraw-Hill.

Calvo, A., Parejo, J. A., Rodríguez, L. y Cuervo, A. (2010). *Manual del sistema financiero español.* Ariel.

Ferruz Agudo, L. y Badía Fraile, G. (2014). ¿Se puede batir al mercado con un CAPM Sectorial? Can you beat the market with a Sector CAPM? *Análisis Financiero, 126,* 6-21.

Jensen, M. C. (1968). The performance of mutual funds in the period 1945-1964, *Journal of Finance,* 398-416.

Jensen, M. C. (1969). Risk, the pricing of capital assets and the evaluation of investment portfolios. *Journal of Business,* 167-247.

Morgan, J. P. (1996). *Riskmetrics technical document* (4.ª ed.). Nueva York.

Pascual, F. G. B., Ibarra, J. A. M., Grúber, J. S. y Larragán, A. A. (2007). Índices de performance, gestión activa y eficiencia. Un análisis de sensitividad y del fenómeno de la persistencia. *EKONOMIAZ. Revista Vasca de Economía, 66*(03), 220-245.

Sharpe, W. F. (1966). Mutual fund performance. *Journal of Business,* 119-138.

Treynor, J. L. (1965). How to rate management of investment funds. *Harvard Business Review,* 63-75.

Treynor, J. y Black, F. (1973). How to use security analysis to improve portfolio selection. *Journal of Business, 46*(1), 66-86.

Páginas web recomendadas

Asociación Española de Presentación de Resultados de Gestión: https://www.cfasociety.org/spain/es/Documents/GIPS/normas_gips_castellano.pdf. https://www.gipsstandards.org/Pages/index.aspx.

Comisión Nacional del Mercado de Valores (CNMV): http://www.cnmv.es.

Banco Central Europeo (BCE): http://www.ecb.int.

Banco de España: http://www.bde.es.

Bank for International Settlements (BIS): http://www.bis.org.

Fitch: https://www.fitchratings.com/site/home.

Moodys: https://www.moodys.com/.

Standard & Poors: https://www.standardandpoors.com/en_US/web/guest/home.

5 Introducción al seguro

Montserrat Hernández Solís

Resumen del capítulo

En este capítulo se hace una introducción al concepto de seguro, la póliza del seguro, así como los elementos formales, personales y reales del contrato de seguro, estudiándose las diferentes clasificaciones existentes de las modalidades de seguros vigentes. Se define el concepto de riesgo, las clases de riesgos, así como los principios aseguradores existentes necesarios para poder lograr el equilibrio financiero de la empresa de seguros, así como la solvencia que necesita para poder hacer frente a dichos riesgos.

Objetivos de aprendizaje

Después de estudiar el capítulo, el lector ha de ser capaz de entender:

1. El contrato del seguro, en lo referente a sus características propias que lo hacen diferente de otras modalidades de contrato, los elementos que lo forman así como las diferentes modalidades de seguros existentes.
2. Los diferentes riesgos que afectan a las empresas, y en concreto los específicos de las entidades aseguradoras.
3. Los principios aseguradores toman especial relevancia dado que son necesarios para conseguir el equilibrio financiero y la capacidad económica precisa para hacer afrontar los riesgos de la entidad.
4. El análisis de las diferentes medidas existentes para disminuir el riesgo latente en el negocio asegurador.

5.1. CONCEPTO DEL SEGURO: INTRODUCCIÓN

Un contrato es un acuerdo o pacto entre dos o más partes por el cual estas se comprometen sobre el tema firmado. Específicamente en el ámbito asegurador, es el documento por el cual una entidad aseguradora establece los acuerdos que se han de fijar entre las partes (siendo la entidad aseguradora el asegurador y el tomador de la póliza el asegurado), indicándose tanto los derechos como los deberes de ambas partes. Por este documento, el asegurador tiene la obligación, previo cobro de la prima a abonar por el asegurado, a indemnizar, dentro de los límites establecidos, al asegurado, en los términos previstos en el contrato, siempre y cuando acaezca alguno de los siniestros cubiertos en la póliza.

En el ámbito jurídico, el contrato de seguro se define como el documento por el cual la entidad aseguradora tiene la obligación, mediante el cobro de una cuantía monetaria, denominada prima, y en el caso de que suceda el siniestro cubierto en la póliza de seguro, a indemnizar, en la cuantía establecida, al asegurado, bien en forma de capital o bien en forma de renta periódica (Ley 50/1980, del Contrato de Seguro).

Otra acepción importante es la que considera el seguro como una institución empresarial con un objetivo claro y específico, que es asumir determinados riesgos que son asegurables, con un componente de aleatoriedad, pero que se pueden predecir y cuantificar a priori, antes de su acaecimiento. En este caso se considera el entorno asegurador integrado dentro del sistema financiero.

El seguro es un instrumento económico cuyo objetivo es dejar a cero las consecuencias económicas o las pérdidas económicas que se derivan de determinados riesgos, transfiriendo dichos riesgos a una entidad aseguradora.

El contrato de seguro presenta una serie características que lo hacen diferente del resto:

— Bilateralidad: es un contrato que hace que exista una reciprocidad en lo referente a las obligaciones entre las partes que lo firman.
— Acordado de mutuo acuerdo entre las partes.
— Depende del azar, en el sentido que cuando se firma el contrato no se sabe a ciencia cierta si se va a producir la ganancia o la pérdida, ya que el acaecimiento de los siniestros acordados en la póliza es fortuito y depende del azar.
— Depende de la buena fe de las partes, lo mismo que en el resto de los contratos que se firman en cualquier ámbito de la sociedad. En un contrato de seguro esto es fundamental por ambas partes. Por un lado, el asegurado ha de intentar que no ocurra el siniestro cubierto en la póliza, y por otro lado el asegurador ha de ser honesto al facilitar toda la información necesaria al asegurado.

En lo referente a la cobertura del seguro, es preciso que se lleve a cabo dentro de la institución empresarial denominada entidad aseguradora, debido a que en la misma se lleva a cabo un adecuado control y gestión de los riesgos que han sido asumidos por la entidad, de la planificación financiera de las primas que se cobran a los asegurados para que tengan derecho a las prestaciones garantizadas por contrato en el supuesto de que acaezca el siniestro cubierto en la póliza, así como del mantenimiento de un correcto nivel de solvencia.

5.1.1. La póliza del seguro

Es el documento escrito por el cual se lleva a cabo la materialización del contrato de seguro, y en el cual quedan reflejadas todas las cláusulas pactadas entre ambas partes intervinientes en la operación de seguro. En este documento se fijan los términos por los que la entidad aseguradora se obliga a resarcir del daño asegurado al producirse el siniestro cubierto en el contrato, o al pago de una cantidad de dinero en forma de capital o renta a cambio del pago de una prima.

Toda póliza consta de unas condiciones generales, así como de otras particulares. Las generales, como su nombre indica, son comunes para cada una de las modalidades de seguro existentes en el mercado asegurador, con el objetivo de establecer una uniformidad a los contratos. En la fijación de las condiciones generales hay una serie de premisas que se tienen que verificar siempre, tales como que no puede existir un carácter lesivo de las condiciones para el asegurado, que se han de redactar de un modo claro y directo, que han de aprobarse específicamente por escrito y que han de someterse a la vigilancia por parte del Estado. En lo referente a las condiciones particulares, estas han de contener unas mínimas indicaciones, tales como la identificación del asegurado, ya sea persona física o jurídica, el concepto que se asegura, el riesgo cubierto, el importe de la suma asegurada y el alcance de la cobertura, el importe de la prima y los recargos a pagar por el asegurado para tener derecho a la indemnización en caso de que acaezca el siniestro cubierto en la póliza, la fecha del vencimiento del pago de las primas, la duración del contrato, así como el nombre de los intermediarios, en el caso de que el contrato se haya celebrado a través de agentes de la red comercial aseguradora.

5.1.2. Elementos del contrato del seguro

El contrato de seguro, desde la perspectiva individual de la persona física o jurídica que asegura, tiene por objetivo compensar de un daño o una pérdida económica sufrida por el asegurado en su propia persona (seguro de vida) o en su patrimonio (seguro no vida), por parte de la entidad aseguradora, la cual ha asumido una serie de riesgos pactados en la póliza mediante un contrato vinculante entre ambas partes. Por tanto, se debe hablar de tres elementos:

- El riesgo concreto que es asumido por la entidad aseguradora.
- El propio interés que existe de asegurarse por parte del asegurado particular o entidad frente a un posible daño o pérdida económica, tanto en su persona como en su patrimonio.
- El bien o cosa asegurada del particular o la empresa, o incluso la propia persona física para los seguros del ramo de vida.

Desde el punto de vista de la entidad aseguradora, se habla de los elementos formales, personales y reales.

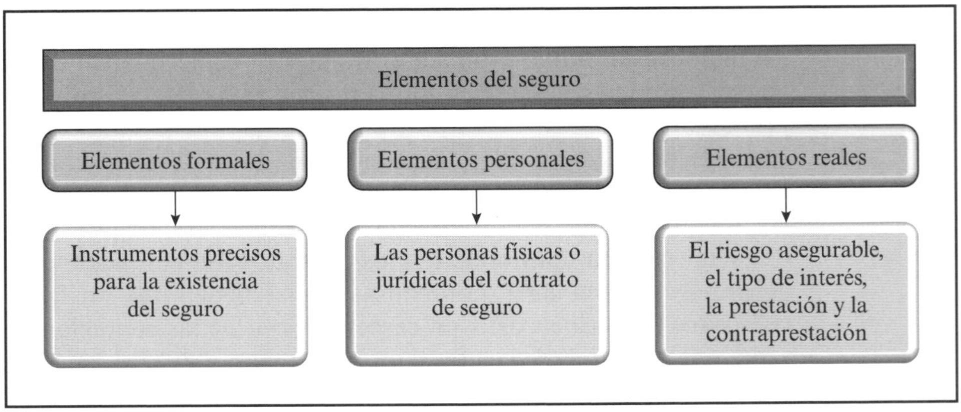

FUENTE: elaboración propia.

Figura 5.1. Elementos del seguro.

— **Elementos formales.** Son todos los instrumentos jurídicos contractuales precisos para que exista la operación de seguro.

- La solicitud del seguro: comprende un cuestionario que sirve para establecer una correcta descripción del riesgo asegurado, así como su cuantificación.
- La carta de garantía: es un documento contractual que sustituye de modo provisional a la póliza del seguro hasta que esta se encuentra suscrita para poder ser firmada por ambas partes.
- La póliza del seguro, con sus condiciones generales y particulares claramente especificadas.
- La declaración de daños, accidentes o bien la reclamación de las prestaciones.

— **Elementos personales.** Comprenden las personas físicas o jurídicas que forman parte de la operación de seguro.

- El asegurador: es la persona jurídica debidamente autorizada que se obliga al pago de una prestación pactada, a cambio de una contraprestación denominada prima. El asegurador intenta agrupar un gran número de riesgos de similar naturaleza, para de este modo poder compensar, en la medida de lo posible, las posibles desviaciones de la siniestralidad respecto de la media y las consecuencias económicas que se derivan de ello. El asegurador puede adoptar la forma jurídica de sociedad anónima de carácter mercantil, sociedad mutua a prima fija, sociedad mutua a prima variable, mutualidad de previsión social, sociedad cooperativa, o bien las delegaciones de entidades aseguradoras extranjeras que estén debidamente autorizadas (Ley 33/1984, de Ordenación del Seguro Privado).
- El tomador del seguro: es la persona que suscribe el contrato con el asegurador y se compromete al pago de la prima, pudiendo contratar por cuenta propia o ajena.
- El asegurado: es el titular del interés, sobre cuyo patrimonio o persona física recae el seguro. En el caso de seguros de vida en los que la figura del tomador y el asegurado es diferente, es preciso el consentimiento del asegurado por escrito para que el contrato tenga validez. No se puede contratar seguros para el caso de fallecimiento para los menores de 14 años o personas incapacitadas.
- El beneficiario: es la persona que tiene derecho a percibir la prestación garantizada en la póliza en el caso de que se produzca el siniestro. El beneficiario coincide con el asegurado en los seguros de supervivencia o de invalidez. Para el resto de las modalidades, el beneficiario es la persona que libremente se designe.

El caso más común es que las tres figuras contractuales coincidan en una misma persona, aunque en las modalidades del seguro de vida lo más normal es que beneficiario y asegurado sean la misma persona, pudiendo ser diferente el tomador. Pudiera darse el caso, menos probable, que sean diferentes las tres figuras, situación que se da en el caso de que el tomador contrate un seguro de fallecimiento de su cónyuge, siendo los beneficiarios los herederos legales, que son los que van a percibir el capital asegurado o renta garantizada.

— **Elementos reales.** Comprenden el riesgo asegurable, el interés asegurable, la prima o precio del seguro, así como la prestación.

- El riesgo asegurable, que ha de ser incierto en lo referente a su aparición, no dependiendo de la voluntad de las partes, y debe poderse cuantificar económicamente. Es importante que se defina la suma asegurada, la duración del seguro, así como la probabilidad de acaecimiento del siniestro.
- El interés asegurable: es preciso que el asegurado no tenga intención en la realización del riesgo. El riesgo es el objeto del contrato del seguro. Se han de tener en cuenta una serie de elementos en referencia al interés asegurable, tales como el sujeto de interés, que es la persona que está en relación con el bien, el objeto de interés, que puede ser material o inmaterial, así como tener en cuenta la relación entre el sujeto y el bien en cuestión, siendo una naturaleza económica y que se puede cuantificar. No se debe confundir el valor del interés con la suma asegurada, dado que esta última la establece de manera voluntaria el asegurado. Si ambas cuantías no coinciden, existe el caso de infraseguro o sobreseguro. En el caso de infraseguro la suma asegurada es inferior al valor del bien, indemnizándose en este caso únicamente la parte proporcional cubierta por el seguro. En el caso de sobreseguro la suma asegurada es superior al valor del bien, en cuyo caso el asegurador solo tiene la obligación legal de indemnizar por el valor real del daño producido (no se debe producir un enriquecimiento injusto del asegurado).
- La prima o precio del seguro: es la cuantía económica que ha de pagar el asegurado a la entidad aseguradora para tener derecho a la prestación cubierta en la póliza ante el acaecimiento del siniestro definido en el contrato del seguro, definiéndose el siniestro como el acontecimiento cuyas consecuencias económicas se encuentran garantizadas.
- La prestación a abonar por la entidad aseguradora, bien en forma de capital o en forma de renta periódica.

5.2. LAS FUNCIONES DEL SEGURO

Como los individuos, considerados como decisores racionales, tienen un sentimiento de aversión al riesgo, más o menos acuciado, la existencia de las entidades aseguradoras es fundamental en la sociedad desde hace más de un siglo. Los individuos, considerados de manera individual, así como las familias o los empresarios, todos ellos están expuestos al riesgo. Las personas o familias tienen unos ingresos, los cuales son los que condicionan el tipo de vida que se lleva. Con estos ingresos se cubren en parte las necesidades de previsión futuras, a través de los seguros. Los empresarios, para poder llevar a cabo el desarrollo de su actividad profesional, se enfrentan a todo tipo de riesgos. La contratación de un seguro supone un incremento en los costes de la empresa, el cual muchas veces no puede asumir, pero que a la larga se traduce en una mayor estabilidad para la empresa. El seguro, como operación económica que es (Donati, 1960), permite una acumulación de riqueza por la contribución llevada a cabo por muchos individuos, los tomadores, expuestos a situaciones económicamente desfavorables para ellos. Dicha riqueza queda en función de los que la puedan necesitar, por el acaecimiento de las situaciones desfavorables cubiertas en la póliza. Por tanto, la principal función del seguro es la de acumulación de riqueza para los que sufran un evento desfavorable.

El seguro estimula y fomenta el ahorro, concretamente en las modalidades del seguro del ramo de vida, ya que hace posible la realización de inversiones familiares, no solo en lo referente al emprendimiento de una empresa pequeña o familiar, sino también a la realización de proyectos personales u operaciones medicoquirúrgicas. Por tanto, fomenta también la inversión.

El seguro ayuda a tener un mayor sentido de la responsabilidad, no solo con uno mismo sino también frente a terceros, lo cual es importante para temas de emprendimiento o nuevas inversiones (Albarrán, 2008). El seguro permite un desarrollo económico positivo en el ámbito de la sociedad, dado que elimina los riesgos que son soportados por los asegurados, que son las unidades económicas de ingreso y gasto.

El seguro se articula a través de una red de agencias, trabajadores del sector asegurador, peritos, actuarios y demás profesionales vinculados al ramo. Esto permite la generación de puestos de trabajos creados *ad hoc* para el sector.

Por tanto, el seguro es una pieza clave para la resolución de varios problemas graves existentes en España, pero que debido a la crisis económica mundial iniciada en el 2008, coincidiendo con la caída de Lehman Brothers, se han convertido en problemas mundiales, tales como la elevada tasa de desempleo, así como el envejecimiento de la población por un aumento considerable en las tasas de longevidad. Esto ha llevado a que las personas tengan una especial preocupación por tener una vejez digna, contratando para ello productos financiero-aseguradores complementarios de la pensión contributiva.

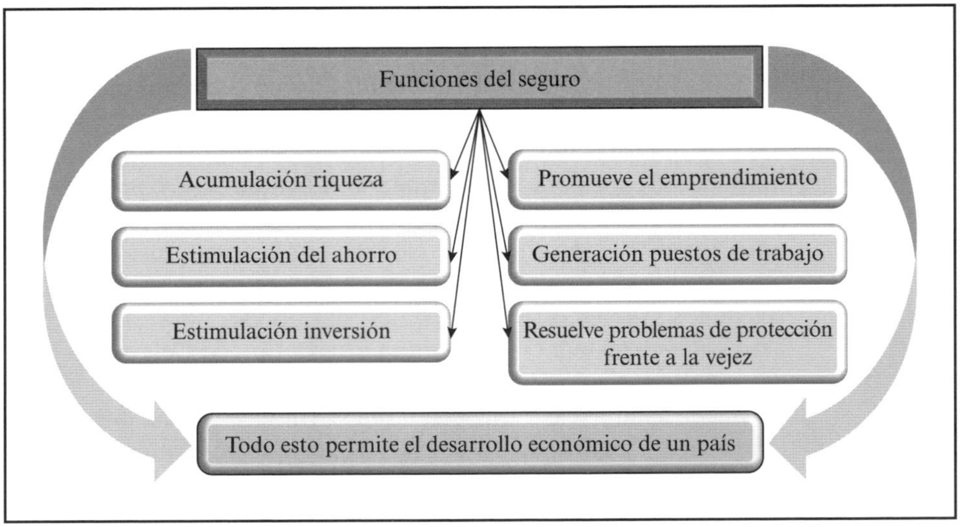

FUENTE: elaboración propia.

Figura 5.2. Funciones del seguro.

5.3. CLASES DE SEGUROS

Son muy diversos los criterios de clasificación de los seguros, pero la siguiente es la clasificación más generalmente aceptada.

— **Por su objetivo.** Se distingue entre seguros sociales, seguros privados y Seguridad Social.

  - Seguros sociales: tienen como objetivo proporcionar una cobertura asistencial y social a las personas, siendo el Estado el encargado de su gestión, bien de manera directa o a través de empresas públicas. En España se incluyen las prestaciones de la Seguridad Social, tales como accidentes, enfermedad profesional, desempleo, etc. Estos seguros proporcionan una cobertura asistencial de las prestaciones básicas, y el sistema de aportaciones puede ser contributivo o no contributivo (en el caso de las prestaciones asistenciales). Se basan en un sistema de reparto.
  - Seguros privados: tienen como objetivo cubrir y proteger solo a la persona o entidad jurídica que los contrata, bien por suscripción obligatoria o voluntaria. Un ejemplo es la contratación obligatoria del seguro del automóvil, el seguro de vida para la concesión de un préstamo hipotecario con aval del inmueble o el seguro de incendio. Son seguros en los que el sistema de aportaciones es contributivo siempre por la perso-

na que los contrata. Estos seguros se gestionan a través de empresas aseguradoras privadas, las cuales asumen el riesgo a cambio de una prima, y su alcance es particular, pero a nivel nacional y supranacional. Se basan en un sistema actuarial de capitalización, de equilibrio dinámico durante toda la vigencia de la operación de seguro.
- Seguridad Social: alcanza a todos los ciudadanos de derecho, cubriendo cualquier situación de necesidad, garantizándose así los medios de sobrevivir. Este organismo realiza una consideración global de todos los riesgos protegidos. De ahí su carácter universal, ofreciendo prestaciones no solo económicas sino también sanitarias.

— **Por el modo de pago de las prestaciones.** Se distingue entre los seguros de indemnización y los seguros de prestación de servicios.

- Seguros de indemnización: se caracterizan porque la prestación se basa en el pago de un capital o suma asegurada estipulada en la póliza, o bien en la reposición del bien que ha sido dañado.
- Seguros de prestación de servicios, en los que la prestación se basa en la realización del servicio establecido en la póliza.

— **Por el riesgo que asumen.**

- Seguros personales, que incluyen el seguro sobre la vida (muerte, supervivencia o ambos). En el caso de vida, el riesgo consiste en que el asegurado sobreviva a una determinada fecha a cambio de percibir una renta periódica vitalicia o temporal. En el caso de muerte, el riesgo consiste en que se produzca el fallecimiento del asegurado. En este caso el beneficiario percibe el capital asegurado o una renta, pudiendo ser un seguro de vida entera, temporal o diferido. Las modalidades básicas del seguro de vida son las siguientes:

  - El seguro temporal: se trata de un seguro de capital en caso de que se produzca el óbito del asegurado, con una duración determinada.
  - El seguro vida entera: se trata de un seguro de capital en caso de fallecimiento del asegurado, pero su vigencia coincide con la duración de la vida del asegurado.
  - El seguro de capital diferido: se trata de un seguro de duración determinada, en el que se paga el capital asegurado en la póliza al asegurado si este llega vivo a la edad pactada.
  - El seguro de rentas: se caracteriza porque consiste en el pago de una renta en sus vencimientos correspondientes, de manera inmediata o bien a partir de una edad determinada (fecha de la jubilación), mientras se encuentre con vida el asegurado. En el caso de que estas ren-

tas se paguen al cónyuge superviviente, estamos hablando de una pensión de viudedad, mientras que si las rentas se pagan al hijo huérfano se trata de una pensión de orfandad, pagada normalmente hasta los 21 años.

- El seguro de accidentes (muerte o invalidez) es un seguro personal cuyo riesgo a cubrir son los posibles accidentes que afectan a la integridad física de la persona asegurada, pudiéndole ocasionar la muerte o una invalidez. Por accidente se entiende la lesión corporal que se produce como consecuencia de una causa violenta y ajena a la voluntad del asegurado. Las garantías de este seguro comprenden el pago en forma de capital asegurado si se produce la muerte, la invalidez permanente total o parcial, así como la incapacidad temporal.
- El seguro de enfermedad es el último de los seguros personales, y cubre el riesgo de contraer alguna enfermedad que imposibilite al asegurado para su trabajo o vida diaria. Las garantías más comunes que presenta esta modalidad de seguro son el reembolso de todos los gastos médicos derivados de la asistencia hospitalaria, así como la prestada fuera del hospital, centrándose en consultas, pruebas y traslados en ambulancia al hospital. También se contempla el pago de una indemnización diaria en el caso de hospitalización, hasta un máximo temporal de un año.
- Seguro de prestación de servicios, que incluye el seguro de asistencia en viaje, el seguro de defensa jurídica, el seguro de asistencia sanitaria y el seguro de decesos.

  - Por el seguro de asistencia sanitaria la entidad aseguradora se compromete a prestar la asistencia sanitaria que necesita el asegurado en caso de enfermedad o accidente, garantizándose, según lo convenido en póliza, la medicina general o especializada, la hospitalización e intervención quirúrgica, servicio de ambulancias, etc.
  - Con el seguro de defensa jurídica el asegurador se hace cargo de todos los gastos que se derivan de la defensa jurídica del asegurado, hasta el límite fijado. Estos gastos comprenden las tasas y costas judiciales que se derivan de los procedimientos judiciales, los honorarios y gastos profesionales del abogado y procurador, los gastos notariales y de otorgamiento de poderes para los pleitos, los honorarios y gastos de los peritos designados por la entidad aseguradora, así como la constitución de las fianzas exigidas por un juez para conseguir la libertad del asegurado en los procesos de vía penal.
  - Mediante el seguro de decesos el asegurador se compromete a realizar el servicio de enterramiento del asegurado, así como el resto de las prestaciones que se hayan contratado con el seguro, tales como el

nicho o el traslado del cuerpo. La entidad aseguradora asume los gastos del sepelio hasta la cuantía cubierta en la póliza.
- Con el seguro de asistencia en viajes la entidad aseguradora se compromete a realizar todas las operaciones asistenciales de ayuda al asegurado, en forma de prestación económica o servicios pactados, cuando el asegurado se encuentre en dificultades para finalizar el viaje contratado, debido a un evento fortuito no achacable al asegurado. Las prestaciones más usuales que se cubren son el servicio de fin del viaje o de retorno, el servicio de sustitución del conductor, el servicio de asistencia personal en viaje, el servicio de asistencia sanitaria en el extranjero, así como el de repuestos.

• Seguros de daños a bienes, donde se indemniza al asegurado por las pérdidas materiales producidas en su patrimonio. En estos seguros la prestación se ajusta de manera exacta a la pérdida económica sufrida por el asegurado. Por tanto, se puede decir que existe una cobertura totalmente adaptada a la necesidad del asegurado. Existen varios tipos de seguros de daños:

- El seguro de incendios, que cubre los daños y las pérdidas producidos en los bienes y objetos del asegurado como consecuencia de un incendio o la caída de un rayo, gastos de desescombro, así como de salvamento de los bienes.
- El seguro de robo, con el que se cubren las pérdidas producidas por la desaparición o deterioro de los objetos asegurados, como consecuencia del robo o intento de robo, realizado con violencia por personas ajenas al asegurado.
- El seguro de mercancías transportadas, que cubre las pérdidas producidas en las mercancías aseguradas como consecuencia de su desaparición, destrucción o deterioro durante su transporte, ya sea por mar, tierra o aire.
- El seguro de transporte, que cubre los daños sufridos por el medio de transporte empleado (coche, barco o avión) como consecuencia de un accidente vinculado al propio transporte.
- El seguro de cristales, que cubre la rotura de las lunas y cristales. Su cobertura se centra en la reposición del bien dañado, en el caso de que la rotura se haya debido a un accidente.
- El seguro de maquinaria, el cual cubre las pérdidas o daños producidos en la maquinaria como consecuencia de un accidente, negligencia o sabotaje de la misma.

• Seguros de responsabilidad, cuyo objeto es cubrir el riesgo de indemnizar a un tercero por los daños causados como consecuencia de un riesgo cubierto en el contrato y siendo el asegurado civilmente responsable. Es un seguro que tienen obligación legal de contratarlo las personas que ejercen determinadas actividades profesionales. Por tanto, la obligación del asegurado puede ser debida a una responsabilidad contractual o bien derivada de la ley (extracontractual). Este seguro comprende la defensa jurídica y el pago de la minuta de los abogados y los gastos y fianzas no penales. Las modalidades de seguros de responsabilidad civil son:

- Responsabilidad civil profesional, por el ejercicio profesional o de una actividad comercial.
- Responsabilidad civil por el uso y circulación de un vehículo a motor.
- Responsabilidad civil del particular, del dueño de un piso, del dueño de un animal, etc.

• Seguros de crédito y caución: los primeros se caracterizan porque su objetivo es proteger un determinado activo del asegurado. Garantizan el pago de una cantidad de dinero por las pérdidas que sufra el asegurado como consecuencia de la insolvencia de uno o varios deudores, por créditos otorgados a estos, por préstamos otorgados al prestatario o por créditos por adquirir bienes con pago aplazado. Los seguros de caución sirven de garantía para la ejecución de una obligación contractual. La entidad se obliga, en caso de incumplimiento del tomador de sus obligaciones contractuales, a indemnizar al asegurado de los daños sufridos, dentro de los límites establecidos. Las modalidades más usuales son el seguro de fianza personal o seguro para la licitación de obras públicas.

— **Por la gestión que conllevan.**

• Seguros del ramo de vida.
• Seguros del ramo de no vida.

— **Por el número de riesgos que se cubran.**

• Seguro de cobertura individual, que se caracteriza por cubrir un único riesgo.
• Seguro combinado, que se caracteriza porque se entiende de manera conjunta, en una misma póliza, la cobertura de varios riesgos vinculados al mismo bien. Un ejemplo puede ser el seguro del hogar combinado con el seguro del automóvil.

5.4. EL RIESGO

Es necesario hablar del riesgo, puesto que va implícito en cualquier contrato de seguro. Existe porque va inherente en la vida de las personas. Dado que el miedo es universal, el temor a que ocurra algún siniestro que afecte a las personas es algo natural en la naturaleza humana. Dependiendo del grado de aversión al riesgo y los niveles de miedo de una persona ante el mismo, surgirá o no la necesidad de asegurabilidad. El riesgo es un concepto amplio, tal como indica Donati (1960). Según este autor, es diferente según la clase de persona y su profesión, es decir, no existe el mismo riesgo para un letrado, un economista, un bombero o un minero. Por tanto, Donati lo define como la posibilidad de que ocurra un evento dañoso y gravoso.

El riesgo como tal es lo que se está asegurando, pudiendo ser el riesgo de fallecimiento o de supervivencia como riesgos principales en el caso de un seguro para el ramo de vida, o bien el riesgo de que ocurra un siniestro que afecte al patrimonio de las personas (ramo no vida). El riesgo ha de ser aleatorio, pero esta característica va implícita en su propia casuística. En ocasiones no se sabe si el siniestro se producirá o no, pero en otras se sabe que se va a producir, como el fallecimiento de una persona, aunque no se conoce exactamente el momento en el que se producirá el óbito. El riesgo ha de ser también real, es decir, ha de existir dicho riesgo. Un riesgo determinado es aquel que va a ser analizado por las entidades de seguro para su posible cobertura, en base al cobro de una prima adecuada. Por tanto, ha de ser un riesgo concreto, que no se puede describir con total exactitud. También debe ser un riesgo legal, que no vaya en perjuicio de terceras personas (por ejemplo, no se puede conducir bajo los efectos del alcohol puesto que está prohibido conducir de este modo, o no se puede contratar un seguro de transporte de mercancías si la mercancía a transportar es robada). Por último, el riesgo cubierto por la entidad ha de ser debido al azar, fortuito, no imputable a la acción del asegurado, aunque puede ser imputable a la realización por parte de un tercero, en principio ajeno a la relación contractual existente entre las partes que han firmado el contrato del seguro.

5.4.1. Clases de riesgos

La mayoría de las empresas, incluyendo las entidades aseguradoras, intentan llevar a cabo una gestión eficiente de sus operaciones, evitando el riesgo en la medida de lo posible. En este contexto el riesgo se puede considerar como la probabilidad que tiene la entidad de sufrir una pérdida económica inesperada. Según la clasificación hecha por Hernández (2015), los riesgos que afectan al ámbito asegurador son los que se muestran en la figura 5.3, que son explicados en detalle a continuación.

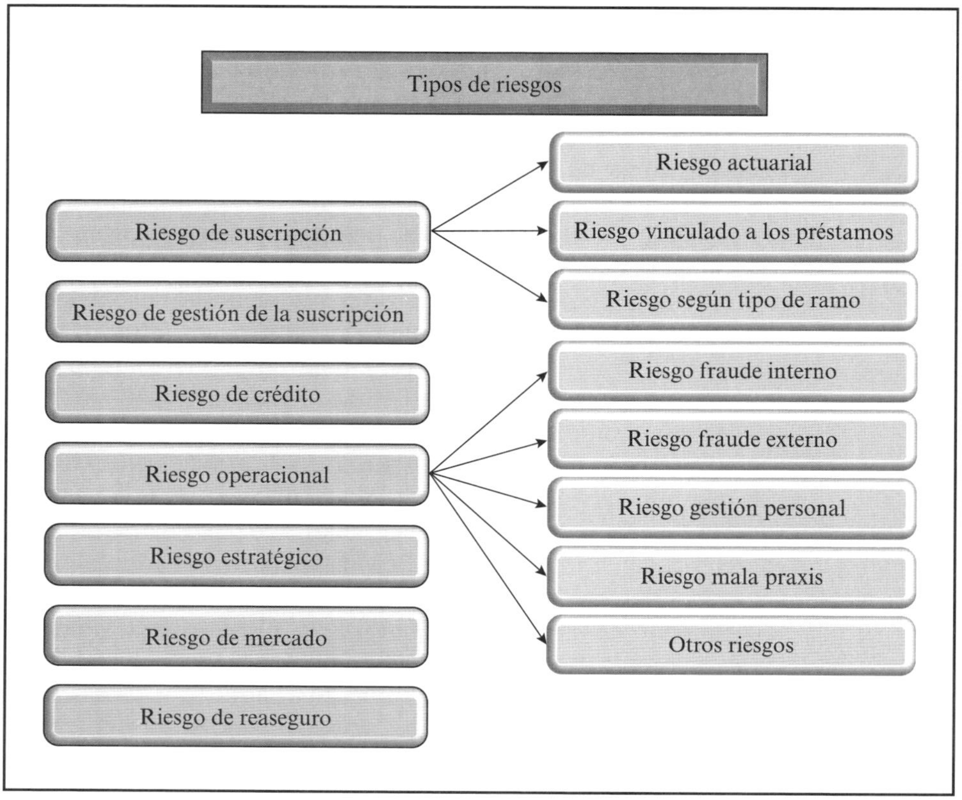

FUENTE: elaboración propia.

Figura 5.3. Modalidades de riesgos.

— **Riesgo de suscripción.** Es el principal riesgo del negocio asegurador, debido a que el coste real de la cuantía de las prestaciones derivadas de los siniestros acaecidos no coincide con la estimación monetaria inicialmente hecha de los mismos. Para evitarlo, las primas que se recaudan o la contraprestación deben ser suficientes para cubrir los costes totales de la entidad, teniendo en cuenta la cuantía de los siniestros y todos los gastos comerciales y de administración que se deriven, y sabiendo que la entidad cuenta con los siguientes ingresos:

- La prima pura o esperanza matemática de la ley de distribución de la siniestralidad anual, una vez que se conocen las distribuciones del número de siniestros y del importe de cada uno de ellos.
- El recargo de seguridad se destina a cubrir las desviaciones negativas de la siniestralidad esperada. Se ha de calcular sobre la prima pura.

- Los componentes comerciales de la prima, que son los gastos de administración y el margen.

  Este riesgo se materializa porque el asegurador haya recibido una cuantía inferior de la prima para poder hacer frente a los riesgos que se había comprometido a cubrir, o bien porque la siniestralidad ha sido superior a la estimada por la compañía. Existen diferentes modalidades de riesgo de suscripción, indicándose las más significativas.
- Riesgo actuarial. Los actuarios son los profesionales del ámbito asegurador responsables de calcular la prima pura de cada uno de los ramos de las entidades, mediante el empleo de las denominadas tablas de mortalidad y de las herramientas estadísticas variadas. El riesgo va vinculado al exceso de confianza en la información, ya que una información o datos erróneos pueden hacer que la prima sea insuficiente para hacer frente al pago de las prestaciones cubiertas en cada una de las pólizas que componen la cartera. Es necesario, pues, establecer una serie de mecanismos de control que garanticen una fiabilidad de la fuente de información que se está empleando.
- Riesgo vinculado a las prestaciones a pagar por la entidad. Es muy importante que el pago de las prestaciones, en concepto de indemnizaciones a los asegurados, estén correctamente calculadas y que la entidad disponga de suficientes recursos para hacer frente a estas, dado que si no se pueden producir situaciones de inestabilidad financiera de la compañía.
- Riesgo según el tipo de ramo. La gestión del ramo de vida y no vida difiere considerablemente, dado que en el de no vida se evalúa el negocio de manera anual y se tiende a establecer las medidas precisas si la rentabilidad del ramo es inferior a la prevista. El ramo de vida tiene una gestión más compleja, puesto que se negocian productos a muy largo plazo, existiendo grandes diferencias entre los tipos de interés pactados en la póliza y los tipos de interés reales del mercado. En este caso las entidades apenas tienen un margen de rentabilidad, y es por este motivo por el que las compañías del ramo de vida llevan implícitas un nivel de riesgo mayor, que es inherente a ellas por la actividad que realizan.

— **Riesgo de gestión de la suscripción.** Este riesgo va vinculado a los protocolos de actuación que tenga la compañía en lo referente al control de la calidad de los riesgos aceptados, la buena estimación de las primas a cobrar al asegurado, así como los niveles de riesgo a los que se expone la aseguradora. Una decisión incorrecta de suscripción implica problemas en la rentabilidad de la compañía, tanto en lo referente a la cuantificación incorrecta de las primas a cobrar como por una fluctuación elevada de la siniestralidad prevista por la entidad, y problemas de solvencia por tener que obtener el dinero necesario para llevar a cabo la liquidación de los siniestros.

— **Riesgo de crédito.** Es el riesgo de no recuperar el dinero por no poder hacer efectivo el cobro de deudas pendientes por parte de terceras partes (un ejemplo es el reaseguro). Las entidades aseguradoras que más probabilidad tienen de sufrir el riesgo de crédito son las que comercializan productos de no vida, dado que el reaseguro se utiliza fundamentalmente en esta área. Pero también puede surgir este riesgo debido a la intervención de los intermediarios, dado que se puede llevar a cabo una retención de primas. Es preciso, pues, que se establezca un conjunto de políticas claras y ajustadas a las necesidades de la compañía, supervisadas por los órganos rectores de la entidad.

— **Riesgo operacional.** El riesgo operacional se define como la probabilidad existente de que se produzcan pérdidas directas o no vinculadas a fallos humanos, fallos en los sistemas informáticos, fallos por una mala gestión política o por procesos de control inadecuados. Es importante reseñar que no existen medidas de control que permitan reducir el riesgo operacional por ellos mismos, siendo uno de los riesgos más novedosos considerados en el ámbito normativo de Basilea II (acuerdo pionero en el campo de establecer medidas de control y de cálculo en lo referente a los requerimientos mínimos de capital que se les exigen a las entidades aseguradoras para llevar a cabo una adecuación real y óptima de su valoración de los riesgos a los riesgos reales existentes soportados por las compañías). El riesgo operacional ha surgido desde hace unos años debido a una serie de factores, tales como:

  • Un incremento en el empleo de una tecnología muy cualificada, así como el uso de robots para la automatización de los procesos.
  • Un crecimiento notable en la adquisición y contratación de productos a través del comercio electrónico.
  • El elevado número de fusiones y adquisiciones de empresas, que hacen que la integración de sistemas suponga un trabajo laborioso y que requiera un gran esfuerzo personal.
  • Las entidades financieras hacen uso de tácticas para reducir sus niveles de riesgo, en concreto del riesgo de mercado y riesgo de crédito, pero esto puede hacer que surjan nuevos riesgos.
  • El incremento en el empleo del *outsourcing,* que puede poner en peligro los sistemas de liquidación de las empresas.

Según la clasificación llevada a cabo por Basilea II, los riesgos operacionales se clasifican, en un primer nivel, en los siguientes:

• Riesgo de fraude interno, haciéndose referencia a todos los actos llevados a cabo con ánimo de lucro por parte de los empleados de la entidad, así como la realización de actividades o acciones no autorizadas por la compañía.

- Riesgo de fraude externo, que comprende la realización de hechos con origen delictivo por parte de personas que no forman parte de la entidad (clientes, deudores, proveedores, etc.).
- Riesgo en la gestión del personal del departamento de recursos humanos de la entidad, en lo referente al incumplimiento de la normativa laboral.
- Riesgo por una mala *praxis* en la relación con clientes o por malas prácticas comerciales.
- Riesgo de que se produzcan situaciones, provocadas o no, que supongan un daño en los activos físicos de la entidad.
- Riesgo de que se produzcan deficiencias en el diseño, implantación y gestión de los sistemas de información o comunicación de la empresa.
- Riesgo debido a procesos deficientes en la entidad, tanto en lo referente a la gestión de los mismos como a su mantenimiento.

— **Riesgo estratégico.** Por definición del diccionario de seguros Mapfre, se trata de un riesgo que se centra en las directrices de una entidad, en un plazo temporal medio o largo. Es el riesgo que produce efectos devastadores como consecuencia de los cambios que suceden en el país, ya sean políticos, económicos o sociales.

— **Riesgo de mercado,** que se define como la posibilidad de que la entidad incurra en pérdidas debido a operaciones financieras, teniendo una relación muy estrecha con el control de las inversiones en las entidades de seguro. Esto se debe a que estas entidades, en la realización de su actividad, cobran las primas de sus asegurados, constituyendo estas una fuente de ingresos. Estas primas se destinan, en parte, a la constitución de las provisiones técnicas necesarias, y por otro lado al pago de las prestaciones cubiertas en los contratos suscritos con los tomadores de las pólizas y al pago de los gastos de gestión de la entidad. Por tanto, se puede decir que el negocio asegurador en concreto depende de los rendimientos financieros (Fasecolda, 2003). Existen diferentes modalidades de riesgos de mercado, según la modalidad de provisión constituida.

- Riesgo de reservas técnicas constituidas de cuantía insuficiente. Se basa en la probabilidad de que se produzca una pérdida debida a una mala estimación de las reservas técnicas constituidas por la entidad, máxime considerando que las reservas son la base de la solvencia en una entidad aseguradora. Las reservas de riesgos en curso, que constituyen una cuantía que se retiene de la prima neta para proteger del riesgo la parte de la prima no devengada; las reservas matemáticas, que se calculan en base al principio de equivalencia financiera, que establece que el valor actual actuarial de las prestaciones (esperanza matemática de los pagos realizados por el asegurador) ha de ser igual al valor actual actuarial de las contraprestaciones (esperanza matemática de los pagos realizados por el tomador de la póliza); o la reserva de la desviación de la siniestralidad, que tiene un carácter excepcional y solo debe de ser constituida en aquellos ramos que cuentan con una siniestralidad calificada como catastrófica.

— **Riesgo de reaseguro.** Una cobertura insuficiente puede originar graves problemas financieros en el caso de que acaezca el siniestro cubierto en la póliza. El reaseguro asume todos los riesgos asegurados por encima de un límite. Además, si se produce un exceso en las pérdidas se hace cargo de las mismas, tanto respecto a la cuantía económica como al número de siniestros. El reaseguro se contrata *ad hoc* para cada compañía aseguradora, adaptándose a las circunstancias específicas de cada una de ellas, para que así cuenten con una protección frente a determinados riesgos gravosos o un exceso de pérdidas.

5.4.2. La prima del contrato de seguro

La prima es uno de los elementos clave del contrato de seguro. Es la contraprestación que ha de pagar el tomador del contrato de seguro para tener derecho a la prestación garantizada en dicho contrato. El pago de la prima representa la obligación básica y fundamental del tomador, que es el cliente de la entidad aseguradora. El pago de la prima se puede llevar a cabo de una única vez, al principio del contrato del seguro, la denominada prima única, o bien se pueden realizar pagos periódicos de la prima, normalmente prepagables, en cuyo caso se habla de primas periódicas. El artículo 14 de la Ley del Contrato del Seguro se refiere al pago de la prima.

El importe de la prima, ya sea única o periódica, depende del tipo de riesgo que se esté asegurando, de la edad del asegurado, del ramo de que se trate, de la duración del contrato, del importe de la indemnización, así como de otros factores a tener en cuenta que hacen que la prima sea diferente según el caso. Este importe ha de ser de una cuantía tal que sea suficiente para que la entidad aseguradora pueda hacer frente a los siniestros cubiertos en la póliza.

TABLA 5.1

Clases de primas

Prima pura	Valor actual actuarial del riesgo.
Prima de inventario	Prima pura + Gastos de gestión interna.
Prima comercial o de tarifa	Prima pura + Gastos de gestión interna + Gastos de gestión externa.

FUENTE: elaboración propia a partir de Nieto (1993).

La prima a abonar por el tomador es la denominada «prima comercial» o «de tarifa», pero para llegar a ella es preciso calcular, previamente, dos primas, la prima pura y la prima de inventario.

La prima pura representa el valor actual actuarial del riesgo asegurado. Se calcula a partir del establecimiento de la ecuación de equivalencia financiero actuarial entre el valor actual actuarial de las prestaciones de la entidad aseguradora con el valor actual actuarial de las contraprestaciones de la entidad aseguradora, contraprestaciones que son justamente las primas puras. La prima de inventario se calcula como la suma de la prima pura más los gastos de administración. Los gastos de administración son los gastos de gestión interna de una entidad aseguradora, a partir de ahora denotados por G_i. La prima comercial o de tarifa se calcula como la suma de la prima de inventario y los gastos de gestión externa o de producción, en adelante G_e. Por tanto, la prima a abonar por el asegurado es la prima comercial o de tarifa, añadiendo los impuestos, tales como el importe que grava el Consorcio de compensación de seguros y la CLEA (comisión liquidadora de entidades aseguradoras, obligatoria en todas las modalidades de seguro, excepto en el seguro de vida).

La prima a abonar por el tomador puede ser, como se ha dicho antes, única, consistiendo esta en un único pago realizado al inicio del contrato del seguro, representando la modalidad menos frecuente o periódica. La prima periódica se caracteriza porque se abona con intervalos regulares, normalmente pagaderos al inicio de cada período, siendo lo más común los intervalos anuales. Pero también hay que distinguir entre prima fraccionada y prima fraccionaria, que se suelen confundir, a pesar de que son dos primas diferentes en lo que respecta a su pago. La prima fraccionada se caracteriza porque es una prima anual que se paga a través de pagos periódicos de frecuencia e-mésima inferior a la anual. En este caso, si ocurre el siniestro cubierto en la póliza, la entidad aseguradora puede reclamar al asegurado el resto de las fracciones de la prima aún no vendidas y no pagadas. La prima fraccionaria, en cambio, se caracteriza porque es una prima que se calcula para períodos e-mésimos, inferiores al año, y aquí ya radica la primera diferencia con la prima fraccionada. En el caso de que acaezca el siniestro, la entidad aseguradora hace frente al pago de la indemnización pactada en la póliza sin reclamar al asegurado el pago de las fracciones de primas pendientes hasta completar el importe anual, siendo esta la segunda diferencia con las primas fraccionadas.

5.4.3. Principios aseguradores

Una empresa de seguros ha de verificar una serie de principios aseguradores para poder así lograr su equilibrio financiero y la solvencia que necesita para hacer frente a los riesgos.

1. **Principio de compensación de riesgos.** Por este principio la entidad se compromete a poder hacer frente al pago de las prestaciones económicas de sus asegurados (solo los que lo necesiten), cuya consecuencia son las pérdidas económicas de los mismos por el acaecimiento de los siniestros cubiertos en la póliza, mediante el reparto entre todos los asegurados de las primas recaudadas a todos y cada uno de los asegurados, y exigidas de manera individual. La ecuación de equivalencia financiera, para un período normalmente de un año, es que la prima, individualmente considerada, es igual al montante del pago de las prestaciones entre el número de asegurados, es decir, $P = M / N$.

   Una aplicación estricta de este principio implica que todos los asegurados deberían abonar la misma prima, y esta debería ser pagada por estos a posteriori, es decir, una vez acaecido el siniestro cubierto y sabiendo el importe de las pérdidas y daños sufridos por todo el grupo de asegurados. Pero, en la práctica, lo que se lleva a cabo es una determinación global de la prima a priori y de forma solidaria para todos los asegurados, de modo que las indemnizaciones se van abonando en función de cuándo vayan acaeciendo los riesgos cubiertos en la póliza y se vayan reclamando dichas indemnizaciones. Por tanto, existe una relación directa e inmediata entre la compensación por el acaecimiento del siniestro por parte de la entidad y el momento en que dicho siniestro se produce.
2. **Principio de equidad.** Por este principio, cada persona asegurada debe pagar la prima más justa o equitativa, calculada y ajustada *ad hoc* a su riesgo específico, de modo que así también se verifique el principio de compensación.

   Es preciso, pues, que exista una homogeneidad en la cuantificación de la prima a pagar por el tomador/asegurado, distinguiendo por distintos ramos de seguro, y dentro de estos por diferentes modalidades de seguro. A su vez, también es preciso distinguir por factores de riesgo, que pueden hacer que el importe de la prima sea diferente de un asegurado a otro dentro de la misma modalidad de seguro. En definitiva, por este principio se pretende que cada asegurado pague la prima según el riesgo que transfiera a la entidad aseguradora. Si no existe siniestralidad, lógicamente la compañía de seguros debería devolver parte de la prima, en la forma que se haya establecido. En este caso, la prima se calcula como el producto de los valores medios de la variable por el número de veces que sucede el siniestro, por un lado, y la variable cuantía probable del daño. $P = E(X)$, donde X es la variable que representa la indemnización total a pagar por la aseguradora.

   No obstante, este principio de equidad no soluciona el problema de solvencia de las compañías de seguro.
3. **Principio de suficiencia.** Por este principio, la prima a abonar por el tomador/asegurado no solo ha de ser de cuantía suficiente para que la empre-

sa de seguros pueda afrontar el pago del total de las indemnizaciones por los daños y pérdidas materiales sufridas por el asegurado, sino que también ha de ser suficiente para poder hacer frente a todos los gastos de gestión administrativos que surjan o por comercialización del producto, para poder pagar los dividendos a los accionistas, así como para proporcionar una mayor estabilidad financiera y solvencia a la empresa. Según este principio, la prima se calcula de la siguiente manera, ya explicada en el apartado anterior:

TABLA 5.2

Primas comerciales por ramo

	Primas comerciales por ramo
Seguro ramo no vida	$P'' = P \cdot (1 + \alpha) + G_i \cdot P'' + G_e \cdot P''$
Seguro ramo vida	$P'' = P + G_i \cdot P \cdot \ddot{a}_{x;\,n} + G_e \cdot P'' \cdot \ddot{a}_{x;\,m}$

P es la prima pura o de riesgo, el coeficiente α es el margen de seguridad, que es siempre positivo, de los gastos de gestión interna así como de los gastos de gestión externa, ambos calculados como un porcentaje sobre la prima comercial.

FUENTE: elaboración propia.

Esta estructura de la prima es no es la misma en todas las modalidades de seguro. De hecho, el margen de seguridad explícito se aplica cuando la información estadística de la que dispone la aseguradora es escasa, lo cual sucede en los riesgos novedosos, riesgos cíclicos o en los grandes riesgos (catástrofes nucleares, por ejemplo). En cambio, el margen de seguridad está implícito cuando se trata de modalidades de seguros de vida, en el caso de que la tabla de mortalidad no se corresponda con la población sobre la que se aplica el seguro, o bien la experiencia de la mortalidad es inferior a la que realmente existe. La estructura de la prima, en el ramo de vida, es la indicada en la tabla, donde n es la duración de la operación del seguro, m es la duración del pago de las primas y C es el capital asegurado en la entidad.

5.4.4. El importe de la prestación

El importe de la prestación representa la obligación de pago por parte de la entidad aseguradora, su gasto típico, en base a su actividad económica. Dicho pago se encuentra vinculado al acaecimiento del siniestro cubierto en la póliza. Desde el punto de vista del asegurado, a este le interesa que la compañía abone de manera rápida el importe de la prestación, para de este modo llevar a cabo a la mayor diligencia la reparación del bien dañado. En cambio, para la empresa aseguradora, lo que le interesa es que el tomador o asegurado de la prestación notifique lo antes posible el acaecimiento del siniestro, para, de este modo, intentar reducir al mínimo las consecuencias que se puedan derivar de este.

La comunicación del siniestro se puede llevar a cabo de manera telefónica o por correo electrónico, pero siempre supeditada a que el asegurado rellene el denominado parte de siniestro, en el cual se deben incluir los datos del asegurado, su firma, así como una descripción de los hechos que han desencadenado el siniestro cubierto en la póliza. En el caso de que la entidad aseguradora acepte el parte, se procede a llevar a cabo la tasación o peritación por parte de los trabajadores de la propia entidad aseguradora, procedimiento que tiene como objetivo poder cuantificar el valor real del bien dañado, para así poder determinar el importe de la indemnización a abonar al beneficiario. Pero hasta el momento que no se determine con total exactitud el monto de la prestación el siniestro se considera que está pendiente o en trámite de liquidación, y desde el momento que se determina el importe exacto de la prestación hasta que se formaliza fehacientemente el pago, el siniestro se encuentra en un estado de pendiente de pago.

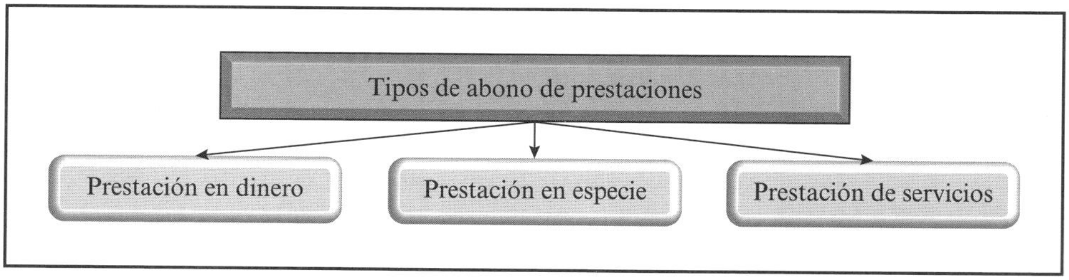

FUENTE: elaboración propia.

Figura 5.4. Tipos de abonos de prestaciones.

La primera de las formas, la prestación en dinero, es la manera usual que aplican las entidades aseguradoras para llevar a cabo el abono de las prestaciones aseguradas. Aunque a simple vista podría parecer la manera más sencilla de hacer el pago, no lo es, dado que entran en juego los conceptos de suma asegurada y valor asegurable. La suma asegurada es el valor del seguro. Pero mientras que en los seguros de vida la suma asegurada coincide con la indemnización a abonar por la entidad aseguradora, en los seguros de daños a los bienes la indemnización suele ser inferior o igual a la suma asegurada, por lo que se puede decir que el límite máximo de la indemnización se encuentra fijado en la suma asegurada. Por contra, el valor asegurable es el valor real del bien, y no tiene por qué ser coincidente con la suma asegurada. De hecho, en determinados bienes, como los artísticos o turísticos, este valor asegurable es muy difícil de cuantificar, dado que su valor real vendrá determinado por su valor de mercado.

La indemnización, a nivel general, a abonar por la entidad ha de ser de cuantía equivalente al valor del bien en el momento del acaecimiento del siniestro, debiéndose llevar a cabo una comparación entre la suma asegurada y el valor del seguro. En el caso de un seguro pleno, la suma asegurada coincide siempre con el valor del seguro. En el caso de una situación de infraseguro, la suma asegurada es inferior al valor asegurable, mientras que en el caso de sobreseguro la suma asegurada es superior al valor asegurable. La situación ideal es la del seguro pleno, aunque raras veces se da. Por tanto, ante situaciones de sobreseguro el asegurado habrá tenido un exceso de pago de prima que no va a recuperar, y en el caso de infraseguro la entidad aseguradora solo va a abonar, como máximo, el importe de la suma asegurada por indemnización, de modo que si se producen daños parciales se aplicará la denominada «regla proporcional». Esta se aplica, por tanto, para calcular la indemnización proporcional al valor real de un bien en caso de infraseguro y con pérdidas parciales, es decir, para calcular el importe justo de indemnización, que corresponde ser abonado por la entidad aseguradora ante una pérdida parcial sufrida por el asegurado y no abonada mediante la póliza del seguro.

$$\text{Indemnización} = \frac{(\text{Pérdida parcial del siniestro acaecido} \cdot \text{Suma asegurada})}{\text{Valor real del bien}}$$

El fundamento actuarial de esta regla proporcional se encuentra en la ecuación de equivalencia financiero-actuarial entre el valor actual actuarial de las prestaciones a abonar por la aseguradora y el valor actual actuarial de las primas a abonar por el tomador del contrato del seguro.

5.5. MEDIDAS PARA DISMINUIR EL RIESGO

Una de las decisiones económicas empresariales a tener en cuenta por los empresarios es la toma de medidas para lograr una disminución del riesgo. Entre estas medidas se citan las siguientes:

— **Establecimiento de un recargo sobre el precio.** En este caso se produce un incremento de la prima de riesgo en una cuantía que coincide con el margen de seguridad, de modo que si las desviaciones entre las primas y el pago de las prestaciones son positivas, el dinero que sobra se destina a la formación de los fondos de reserva, para el establecimiento de las reservas de solvencia. El inconveniente que esto plantea es la dificultad de estimar la cuantía precisa de margen de solvencia que hay que destinar, así como la cuantía que hay que establecer en concepto de reserva. Este recargo de seguridad se ha de determinar de manera individual para cada clase homogénea de riesgo, en función de las prestaciones pagadas por el asegurador y las primas recaudadas por el mismo.

— **Selección de riesgos.** La entidad aseguradora puede llevar a cabo una política de selección de riesgos, de modo que puede rechazar aquellos que presentan un factor potencial de ocurrencia mayor. En la práctica esta política se suele aplicar al ramo de no vida, en concreto al ramo del automóvil y responsabilidad civil. El inconveniente que plantea es que para su aplicación se requiere de personal especializado en la materia y estructura informática adecuada lo cual redunda en un incremento de costes para la entidad aseguradora.

— **Realización de un seguimiento de control** sobre las reclamaciones llevadas a cabo por los asegurados.

REFERENCIAS BIBLIOGRÁFICAS

Albarrán Lozano, I. (2000). *La actividad aseguradora: importancia, revisión e integración de conceptos fundamentales.* Documentos de trabajo de la Facultad de Ciencias Económicas y Empresariales, núm. 22.

Basel Committee on Baking Supervision (2002). The 2002 loss data collection exercise for operational risk: Summary of the data collected.

Donati, A. (1960). *Los seguros privados.* Barcelona: Bosch.

Fasecolda (2003). Lecciones para balancear los riesgos de inversión. *Revista Fasecolda, 106,* 18-20.

Hernández, R. (2015). Los riesgos de las entidades aseguradoras en el marco del enterprise risk management y el control interno. *Innovar, V.1,* 61-70.

Nieto de Alba, U. (1993). *Matemática actuarial.* Mapfre.

Ley 50/1980, de 8 de octubre. Ley contrato de seguro, artículo 1.

Ley 33/1984, de 2 de agosto. Ley Ordenación del Seguro Privado, artículo 7.

Páginas web recomendadas

Banco Central Europeo (BCE): www.ecb.int.

6 Coberturas personales, de daños y patrimoniales

Montserrat Hernández Solís

Resumen del capítulo

En este capítulo se van a tratar las diversas coberturas personales de diferentes modalidades de seguro, tales como los seguros personales, los seguros de daños y patrimoniales, así como el seguro de prestación de servicios. A pesar de toda esta oferta aseguradora, no existe demasiada política de aseguramiento, máxime si nos centramos en el seguro de vida. Los datos publicados por el Libro Blanco sobre *La protección familiar en España* informan que solamente el 42% de los españoles tiene contratado un seguro de vida. Dicho informe ha sido elaborado por el Instituto de Estudios Sociológicos Análisis e Investigación (Universidad Rey Juan Carlos) en colaboración con el Banco Santander. También se desprende que España está en los últimos puestos en lo referente a la contratación de seguros de vida como medida de protección familiar.

Objetivos de aprendizaje

Después de estudiar el capítulo, el lector ha de ser capaz de entender:

1. Las diferentes coberturas personales que existen en España, ofertadas por las entidades aseguradoras.
2. Las situaciones cubiertas por las diferentes modalidades de seguro, las cuales son las que afectan directamente a la persona física, representadas mediante los seguros personales, los seguros que cubren los daños al patrimonio de una persona, así como los de prestación de servicios.
3. La clasificación de los seguros por ramos, diferenciando entre el ramo de vida y el de no vida.

6.1. LOS SEGUROS PERSONALES

Cada persona individualmente considerada presenta unas coberturas específicas en su modalidad de seguro contratado, en base a su actividad profesional, personal o forma de vida. Por este motivo, el seguro que se contrate se ha de amoldar a dichas necesidades para, de este modo, proporcionar una cobertura óptima y la tranquilidad deseada por el asegurado. En los seguros personales lo que se asegura es a la propia persona física. Se le asegura ante el hecho que le suceda algún siniestro que le afecte de manera directa y le impida o bien seguir llevando su vida o simplemente le impida continuar viviendo (cobertura de fallecimiento, de supervivencia, de enfermedad).

En la figura 6.1 se reflejan las diferentes modalidades de seguros personales que se pueden comercializar.

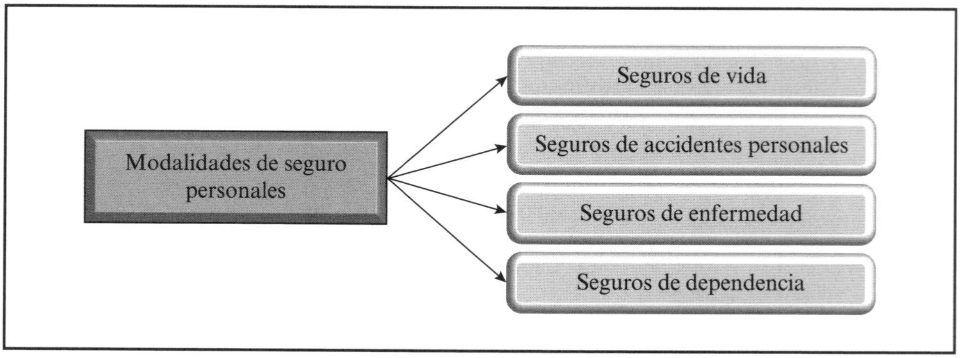

FUENTE: elaboración propia.

Figura 6.1. Clases de seguros personales.

6.1.1. Los seguros de vida

Se trata de seguros donde se asegura la supervivencia de la persona asegurada, el fallecimiento de la misma o bien una situación de invalidez, pudiendo ser total o parcial. En esta modalidad de seguros no suele coincidir el asegurado con el tomador, en concreto en los seguros con cobertura de fallecimiento. El asegurado es la persona sobre cuya vida recae el pago del capital asegurado o renta asegurada, mientras que el tomador es la persona que contrata el seguro y lleva a cabo el abono periódico de las primas o contraprestaciones, pudiendo ser coincidente con el asegurado, mientras que el beneficiario es la persona que recibe el importe de la prestación garantizada por la entidad aseguradora.

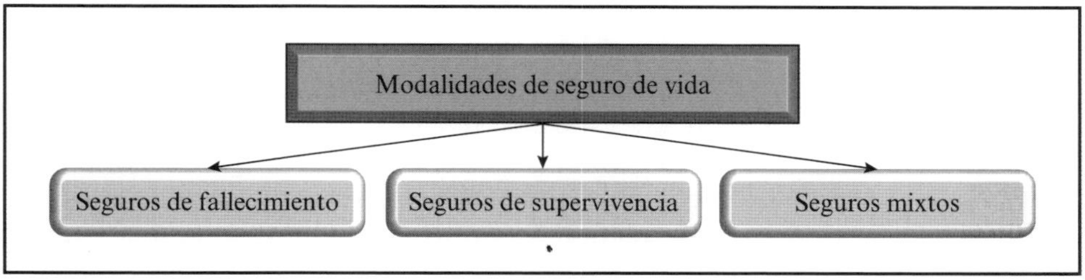

FUENTE: elaboración propia.

Figura 6.2. Clases de seguros de vida.

6.1.1.1. *Los seguros con cobertura de fallecimiento, también denominados «de vida riesgo»*

Son aquellos en los que la cobertura que se garantiza es el fallecimiento del asegurado durante la vigencia del contrato, recibiendo el capital garantizado o renta garantizada en la póliza en sus vencimientos correspondientes la persona designada como beneficiario. Si a la finalización del contrato la persona asegurada no ha fallecido, en este caso la entidad aseguradora no ha de abonar ningún capital ni renta al asegurado. Sus modalidades básicas son:

— **Seguro temporal.** La entidad aseguradora se compromete a abonar la prestación garantizada si el asegurado fallece durante la vigencia del contrato del seguro. Se trata de un seguro de capital de duración limitada. El pago de las primas puede ser único a bien periódico.
— **Seguro vida entera.** La entidad aseguradora se compromete a abonar la prestación garantizada, cualquiera que sea el momento del fallecimiento del asegurado. Se trata de un seguro de capital con vigencia coincidente con la duración de la vida del asegurado. El pago de las primas puede ser único o bien periódico.

6.1.1.2. *Los seguros con cobertura de supervivencia, también denominados «seguros de ahorro»*

Son aquellos en los que la cobertura que se garantiza es la supervivencia del asegurado, de modo que a la finalización del contrato, si dicho asegurado sigue vivo, la entidad aseguradora abona la prestación garantizada al beneficiario, en forma de capital o renta. Dicho beneficiario suele coincidir con el asegurado. En esta modalidad de seguros tiene una importancia especial el atractivo tratamiento fiscal aplicable, lo cual motiva su contratación. Las modalidades básicas son las siguientes:

- **Seguro de capital diferido.** La entidad aseguradora se compromete a abonar la prestación garantizada si el asegurado vive en la fecha o edad pactada en el contrato. Se trata de un seguro de capital de duración limitada. Está vinculado a la pensión de jubilación si el capital garantizado representa el valor real de la renta. Si el asegurado no fallece en el intervalo temporal considerado, la entidad aseguradora no tiene ninguna obligación contractual de abonar el capital garantizado en la póliza.
- **Seguro de rentas.** La entidad aseguradora se compromete a abonar el pago de una pensión o renta en sus respectivos vencimientos, bien de manera inmediata (renta inmediata) o bien a partir de una edad determinada (pensión de jubilación), mientras el asegurado se encuentre con vida. Si la renta es abonada al cónyuge que sobrevive al asegurado fallecido se denomina pensión de viudedad, mientras que si la renta es abonada al hijo del asegurado fallecido es una pensión de orfandad, abonada hasta la mayoría de edad del menor o hasta la edad estipulada por el Estado.
- **Planes de previsión asegurados.** Son modalidades de seguros de vida cuyo objetivo es la formación de un capital, que es percibido por el beneficiario cuando se produzca la cobertura garantizada en la póliza. Dicha cobertura puede ser el momento de la jubilación, la incapacidad laboral permanente, la dependencia e incluso el fallecimiento. Se caracterizan porque ofrecen un tipo de interés garantizado, de modo que no existe la posibilidad de que se pierda el capital garantizado. Son planes muy orientados a personas que están cercanas a su edad de extinción de su relación laboral.
- ***Unit link.*** Es un término inglés por el que se define a una modalidad de seguro de vida en la que el tomador del seguro asume el riesgo de la inversión, es decir, asume dónde y cuándo se llevan a cabo sus inversiones, de modo que la cuantificación de la indemnización a percibir va a depender de la rentabilidad de los productos financieros en los que el asegurado ha decidido vincular el seguro. Los fondos en los que se materializan las provisiones técnicas se invierten en nombre y por cuenta de la entidad

de seguros en participaciones de institutos de inversión colectiva y otros productos financieros, los cuales han sido, como ya se ha dicho, seleccionados por el tomador del seguro a su libre decisión. Las inversiones han de tener una serie de características, tales como que las inversiones de las provisiones matemáticas se han de invertir en acciones o bien participaciones en instituciones de inversión colectiva, así como que las provisiones matemáticas se han de invertir en activos que estén determinados en el contrato del seguro.

— **Planes individuales de ahorro a largo plazo.** Son seguros de ahorro a largo plazo que tienen como objetivo la constitución de una renta vitalicia a abonar al beneficiario, a partir de la edad fijada en el contrato de seguro, a cambio del pago de una serie de primas periódicas por parte del asegurado. Esta renta, a diferencia de otros productos de ahorro, no se encuentra vinculada al momento de la jubilación o a incapacidades temporales o permanentes. Se puede comenzar a cobrar sin esperar al momento de la jubilación, siempre y cuando haya transcurrido un período de tiempo mínimo estipulado desde el pago de la primera prima.

6.1.1.3. *Los seguros mixtos*

Son seguros que se caracterizan porque entre sus garantías incluyen tanto la cobertura de fallecimiento como la de supervivencia. Es decir, si se produce el óbito del asegurado en el período de duración del seguro la entidad aseguradora deberá abonar a los beneficiarios el capital asegurado, y, del mismo modo, si el asegurado sobrevive a la vigencia del seguro se abonará al beneficiario el capital o renta garantizada.

6.1.2. Los seguros de accidentes personales

Se trata de seguros en los que la entidad aseguradora se compromete al abono del capital garantizado en la póliza a modo de indemnización, en el supuesto de que el asegurado sufra un accidente que le incapacite para el desempeño de su actividad profesional o incluso le cause la muerte. Por accidente se entiende cualquier lesión corporal que deriva de una casusa violenta, no premeditada, externa y ajena a la voluntad del asegurado, produciendo la muerte o la invalidez de este. Un ejemplo de accidentes puede ser las infecciones contraídas en un quirófano como consecuencia de una operación derivada de un accidente cubierto en la póliza, o bien las lesiones producidas como consecuencia de un acto de legítima defensa. Las coberturas que se pactan en esta modalidad de seguro son las siguientes:

— **Fallecimiento del asegurado de manera accidental.** En este caso, la entidad aseguradora abona al beneficiario designado el capital estipulado en la póliza si el fallecimiento del asegurado se ha producido a consecuencia de situaciones designadas en la póliza de seguros.
— **Invalidez parcial permanente.** En este caso, la entidad aseguradora abona un porcentaje del capital asegurado, según la gravedad de la lesión, en base a un baremo estipulado en el contrato de seguro.
— **Invalidez total permanente.** En este caso, la entidad aseguradora abona el capital garantizado en la póliza del seguro, cuando el accidente que ha provocado la invalidez total permanente provoque lesiones irreparables, tales como una ceguera total, sordera total, locura o enajenación, parálisis completa, etc.
— **Asistencia sanitaria.** En este caso, la entidad aseguradora puede cubrir los gastos que se deriven de la prestación de la asistencia sanitaria, así como hospitalaria, debido a un accidente cubierto en la póliza.

6.1.3. Los seguros de enfermedad

Se trata de seguros en los que la compañía aseguradora proporciona, tanto al asegurado como a su familia, una cobertura sanitaria y de asistencia en caso de sufrir algún mal o enfermedad. Las entidades aseguradoras se comprometen a abonar un porcentaje, que no es inferior al 80% de todos los gastos médicos y sanitarios en que haya incurrido el asegurado, debido a la enfermedad o accidente cubierto en la póliza. Las garantías más comunes son:

— El reembolso de todos los gastos médicos que se hayan derivado como consecuencia de la asistencia hospitalaria, debido a una operación o tratamiento médico, así como la asistencia extrahospitalaria, como consultas y pruebas médicas, el traslado en ambulancia hasta el centro hospitalario.
— El reembolso de todos los gastos médicos por asistencia hospitalaria exclusivamente.
— El pago de una indemnización diaria en el caso de que sea precisa la hospitalización del asegurado como consecuencia de un tratamiento médico-quirúrgico, y mientras se encuentre en el hospital hasta un tope de un año. Existe también una indemnización diaria en el caso de hospitalización para tratamiento quirúrgico, siempre y cuando permanezca interno con un máximo de 120 días.

Las diferentes modalidades de seguros de enfermedad son las siguientes.

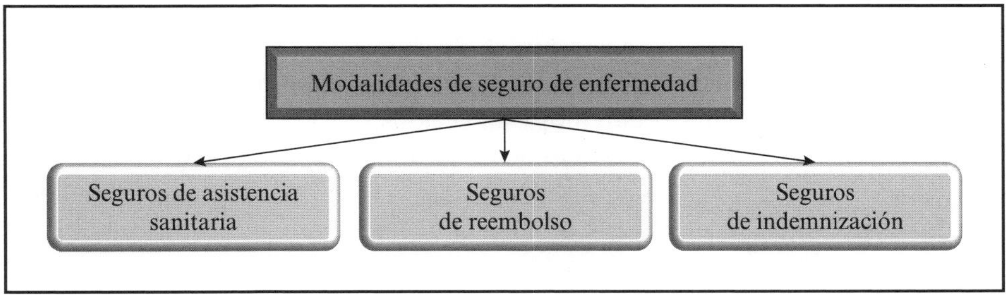

FUENTE: elaboración propia.

Figura 6.3. Clases de seguros de enfermedad.

6.1.3.1. *Los seguros de asistencia sanitaria*

Son seguros en los que el asegurado recibe una asistencia médico-quirúrgica a través de un cuadro de médicos y centros concertados por la entidad aseguradora. La cobertura que lleva a cabo la entidad es la prestación de servicios, no el pago de indemnizaciones en dinero como alternativa a la prestación de la asistencia sanitaria. La entidad proporciona un servicio asistencial básico. que puede ser complementado por el asegurado con prestaciones de naturaleza económica, o bien con otras coberturas adicionales, previo pago de unas primas periódicas mayores.

6.1.3.2. *Los seguros de reembolso*

Son seguros en los que el asegurado tiene la posibilidad de reservar una cita en su agenda con cualquier profesional médico y en cualquiera de los centros médicos que el asegurado desee, sin que dichos profesionales formen parte del cuadro médico de la entidad aseguradora. El asegurado, si hace uso de estos servicios, ha de abonar la factura correspondiente, la cual, posteriormente, será reembolsada, en una parte o en su totalidad, por la entidad aseguradora.

6.1.3.3. *Los seguros de indemnización*

Son seguros en los que la entidad aseguradora ofrece una indemnización económica para realizar, de este modo, una compensación de determinados males y enfermedades (baja laboral de larga duración por enfermedad, por hospitalización del asegurado durante un largo período de tiempo, etc.). Las coberturas que proporciona esta modalidad de seguro son indemnizaciones por incapacidad temporal del asegurado para desempeñar su actividad laboral, indemnizaciones por hospitalización, cualquiera que sea su causa, indemnizaciones por una intervención quirúrgica, así como indemnizaciones por enfermedades graves, tales como infartos de cualquier tipo, procesos tumorales, problemas renales crónicos, etc. En todos estos casos la cuantificación de la indemnización se fija en base a unas tablas o baremos establecidos por la entidad aseguradora, existiendo, normalmente, un período de carencia de seis meses para su aplicación.

6.1.4. Los seguros de dependencia

Se trata de seguros en los que la entidad aseguradora garantiza el pago de un capital, o de renta, o el abono de los gastos de desplazamiento de un familiar que tiene que vivir en el domicilio del asegurado si este está en una situación de dependencia después de un proceso de hospitalización, o bien la prestación de un servicio en concepto de indemnización, en el caso de que el asegurado sufra un accidente o una enfermedad que le imposibilite para poder desarrollar su vida diaria y valerse por sí mismo. Debido a la baja tasa de natalidad en España y a la mejora de la calidad de vida, las personas cada vez viven más años, por lo que existe una correlación directa positiva entre el aumento de la esperanza de vida de las personas y el aumento del número de personas dependientes. El gobierno español incluye, entre sus medidas, un sistema de prestaciones asistenciales destinadas a las personas que están en una situación de dependencia, muchas veces coincidente con una situación de desamparo. Se considera que una persona es dependiente cuando presenta algún tipo de limitación, mantenida en el tiempo. Esta limitación puede ser física o psíquica, puede manifestarse a través de algún tipo de incapacidad para llevar a cabo actividades cotidianas de la vida o bien a través de la necesidad de tener que contar con la ayuda de otra persona para poder llevar a cabo su día a día.

Esta modalidad de seguro puede contar con garantías adicionales a la cobertura principal del seguro, tales como el abono de las estancias temporales en el extranjero cuando dicha estancia no supere un determinado plazo de tiempo (entre tres y seis meses), o la formación a cuidadores para que se ocupen de las personas dependientes. Esta modalidad de seguro considera coberturas no cubiertas, tales como el intento de suicidio, engaños por parte del asegurado a la entidad aseguradora o siniestros catalogados por el Estado español como catástrofe nacional (un ejemplo son las inundaciones producidas en un pueblo de Mallorca en octubre de 2018 por el desbordamiento de un río).

6.2. LOS SEGUROS DE DAÑOS Y PATRIMONIALES

Estos seguros son los que ofrecen como cobertura la rotura que se puede producir en los bienes del asegurado ante el acaecimiento de un siniestro contemplado en la póliza. Son seguros, pues, que se convierten en protectores del patrimonio de la persona asegurada. Por tanto, el objeto asegurado es un bien tangible, material, no es una persona, como sucede en los seguros explicados en el apartado 6.1. En los seguros patrimoniales el objetivo del seguro es proporcionar una garantía frente a la responsabilidad civil en que puede incurrir el asegurado ante terceras personas, por actos en los que es responsable el propio asegurado.

Como todos los seguros, pero estos más si cabe, han de orientar su cobertura en base a las características específicas del asegurado, para de este modo garantizar una protección total y plena. En la figura 6.4 se reflejan las modalidades de seguros de daños más importantes existentes en el mercado asegurador.

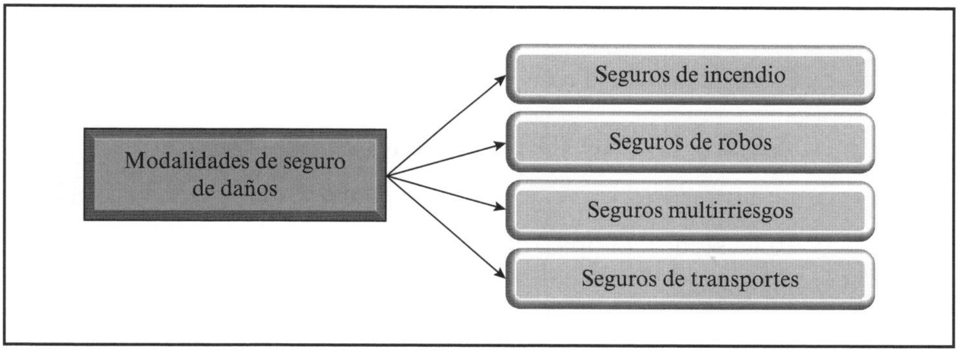

FUENTE: elaboración propia.

Figura 6.4. Clases de seguros de daños.

6.2.1. Los seguros de incendios

Se trata de un seguro de daños por el cual la entidad aseguradora se obliga, dentro de los límites establecidos en la póliza, a indemnizar por todos los daños causados por un incendio en el objeto asegurado o incluso a reponer las piezas dañadas, incluyéndose también todos los daños que se puedan originar por la extinción del fuego. Se considera incendio la combustión y el acto de abrasar con llama, con posibilidad de propagación, de un objeto u objetos que no tenían por fin último quemarse en el lugar y momento en que se produce. La cobertura de esta modalidad de seguro no incluye, salvo pacto en contrario, los daños causados por el fuego a valores mobiliarios públicos o privados, letras comerciales, billetes de banco, piedras preciosas o cualquier otro objeto de valor que se encontrase en el lugar del siniestro. Es importante señalar que la entidad aseguradora no tendrá obligación ninguna de indemnizar de los daños producidos por el incendio cuando este haya sido provocado o por negligencia grave del asegurado.

6.2.2. Los seguros de robos

Se trata de un seguro de daños por el cual la entidad aseguradora se obliga, dentro de los límites establecidos en la póliza, a indemnizar de todos los daños producidos como consecuencia de la sustracción ilegal o tentativa, deterioro o destrucción, por parte de terceros, de las cosas aseguradas del asegurado. La compañía se compromete a indemnizar el valor del interés asegurado cuando el objeto sea robado y no encontrado, así como el daño producido sobre los objetos asegurados. No obstante, la entidad aseguradora, salvo que se indique lo contrario, no tiene obligación ninguna de indemnizar de ningún modo cuando el robo sea debido a una negligencia del asegurado o tomador de la póliza, cuando el objeto asegurado no se encontrase en el lugar definido en la póliza o bien porque el robo se haya producido debido a siniestros que se derivan de riesgos extraordinarios.

6.2.3. Los seguros multirriesgo

Se trata de un seguro con múltiples coberturas, recogido en un único contrato de seguro. El típico ejemplo de seguro multirriesgo es el aplicable al hogar, que comprende desde coberturas básicas hasta coberturas más completas, incluyendo asistencia en el hogar. Es un seguro que cubre al asegurado de todos los daños y pérdidas que se produzcan en el domicilio asegurado, como consecuencia de un accidente. Las modalidades de cobertura más usuales son las de responsabilidad civil, la asistencia en el hogar, los daños materiales, así como otras coberturas adicionales tales como reparación de *software* informático u otros dispositivos electrónicos. En esta modalidad de multirriesgo hay que definir, vinculado al inmueble asegurado, dos conceptos, que son el contenido y el continente. El contenido es el conjunto de bienes ubicados dentro de la vivienda a asegurar, que son independientes de la estructura del edificio, tales como los muebles, los electrodomésticos, la ropa, las alfombras y demás bienes propiedad del asegurado. En cambio, el continente es la parte del edificio que comprende la vivienda, es decir, las cimentaciones del inmueble, paredes, techos, pintura, puerta y rodapiés, persianas, ventanas y muros. Las garantías más comunes que presentan los seguros multirriesgo son las siguientes:

- **Robo.** La entidad aseguradora indemnizará al asegurado en el caso de que acaezca un robo en el domicilio asegurado, por todos los daños ocasionados en los enseres. Dicho robo ha de ser realizado por personas ajenas al asegurado.
- **Incencio.** En el caso de que acaezca el siniestro de incendio, la entidad aseguradora indemnizará al asegurado para la reposición de los enseres dañados, citándose, entre otros, los gastos de salvamento y desescombro,

daños por la caída de un rayo durante una tormenta eléctrica o daños por humo.

— **Daños por agua.** La entidad aseguradora indemnizará al asegurado por los derrames accidentales de agua producidos por la propia instalación de la vivienda o de terceros, por los electrodomésticos o bien por filtraciones internas de la vivienda.
— **Indemnización por rotura de cristales.** La entidad aseguradora garantiza al asegurado el abono de una cantidad de dinero en caso de rotura accidental de los cristales de la vivienda, así como de placas vitrocerámicas.
— **Responsabilidad civil.** En este caso la compañía de seguros indemnizará al asegurado por los daños sufridos en su patrimonio como consecuencia de la actuación llevada a cabo por una tercera persona, ajena al asegurado.

6.2.4. Los seguros de transporte

Se trata de un seguro realizado sobre las cosas transportadas. La entidad aseguradora indemnizará en caso de que se produzcan daños a las mercancías durante su transporte, ya sea por vía fluvial, férrea, aérea o marítima. Se trata de un seguro que no es obligatorio contratarlo por parte del transportista, pero sí muy recomendable. Es una modalidad de seguro que se basa en el principio indemnizatorio, por el cual ningún transportista puede recibir indemnizaciones que superen al daño sufrido, el seguro no puede constituirse con ánimo de lucro, así como que la indemnización no debe proporcionar una situación más favorable que en el caso de que el siniestro no hubiese acaecido. A la hora de la contratación de esta modalidad de seguro hay que tener en cuenta aspectos tales como la naturaleza de la mercancía, el medio de transporte que se ha empleado, el trayecto que se ha seleccionado, los transbordos que se han llevado a cabo durante toda la ruta, las fechas en las que se han producido los embarques y desembarques, de haber existido, así como el número de siniestros del asegurado.

6.2.5. Los seguros patrimoniales

Se trata de unas modalidades de seguros que tienen por objetivo garantizar al asegurado frente a la responsabilidad civil en que pueda incurrir ante una tercera persona por actos de los que sea responsable. Este aseguramiento consiste en el pago al asegurado de una indemnización por el daño que puede tener en su patrimonio o bien debido a la reclamación que le interponga una tercera persona.

La cobertura básica de este seguro es el pago de las indemnizaciones debido a daños corporales o patrimoniales originados a terceras personas y siendo responsable el asegurado, comprendiendo los hechos acaecidos tanto en el ámbito de su vida personal como profesional.

Esta modalidad de seguro incluye coberturas tales como los hechos llevados a cabo por el asegurado como cabeza de familia y responsable de personas a su cargo, como propietario o arrentatario de viviendas, por los daños causados a terceros por agua o incendio, por actos llevados a cabo por personal doméstico contratado a cargo del asegurado, así como los daños causados por un animal doméstico, siendo el asegurado el dueño del mismo.

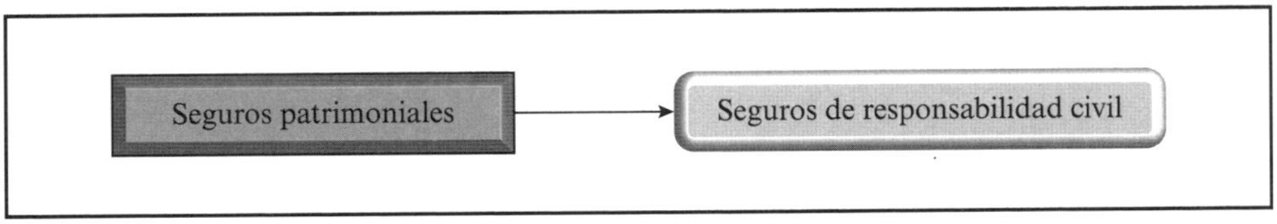

FUENTE: elaboración propia.

Figura 6.5. Clases de seguros patrimoniales.

El seguro de responsabilidad civil es una modalidad de seguro que cubre un incremento del pasivo del asegurado, es decir, cubre las posibles pérdidas económicas que se puedan producir en el patrimonio del asegurado. Por tanto, garantizan la indemnización como consecuencia de un daño que se ha producido de manera indirecta, ya que el daño recae sobre una tercera persona, ya sea en sus bienes o en su persona, y de manera indirecta recae sobre el patrimonio del asegurado, debido a que este tiene la obligación legal de reparar el daño.

Esta modalidad de seguro comprende la defensa jurídica, el abono de los honorarios a los abogados, así como los gastos y fianzas judiciales no penales. Las modalidades más importantes de seguros de responsabilidad civil son estas:

- Responsabilidad civil profesional que se produce como consecuencia del desempeño de una actividad profesional o económica.
- Responsabilidad civil por el uso y la circulación de los vehículos a motor, incluyéndose los coches, ferrocarriles, barcos y aviones.
- Responsabilidad civil del particular, como cabeza económica de la familia, como dueño de un inmueble, como dueño de un barco o de una mascota, etc.

Se puede citar dentro de este apartado el «seguro de crédito y caución». Se trata de una modalidad de seguro que tiene por objeto proteger un activo en concreto, una posible insolvencia del deudor que está asegurado. Se trata de una modalidad de seguro que garantiza el pago de una indemnización por las pérdidas netas sufridas por el asegurado debido a la insolvencia de sus deudores, por créditos concedidos a estos, por el préstmo entregado al prestatario o por créditos otorgados para adquirir bienes a pago aplazado.

La entidad se obliga, en caso de incumplimiento del tomador de sus obligaciones legales o contractuales, a indemnizar al asegurado de los daños sufridos, dentro de los límites establecidos en la póliza.

Las modalidades de seguro de crédito y caución más importantes son, entre otras, el seguro de fianza personal privada, el seguro de fianza personal a favor de las administraciones públicas o el seguro para ejecución de obras públicas.

6.3. LOS SEGUROS DE PRESTACIÓN DE SERVICIOS

Estos seguros son ofrecidos por las compañías aseguradoras para cubrir una variedad de riesgos distintos de los puramente personales y de daños o patrimoniales. Como cada persona asegurada tiene unas necesidades de aseguramiento específicas, el seguro se ha de adaptar a estas necesidades, es decir, se tiene que elaborar un contrato *ad hoc* para el asegurado, para poder así proporcionarle una adecuada protección. Son seguros que se destinan a los ramos de actividad en los que la obligación de la entidad aseguradora consiste en llevar a cabo la prestación de un servicio contratado por el asegurado.

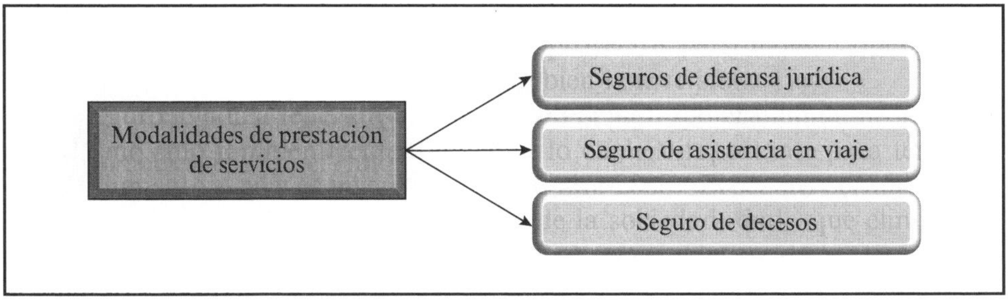

FUENTE: elaboración propia.

Figura 6.6. Clases de seguros de prestación de servicios.

6.3.1. El seguro de defensa jurídica

Se trata de una modalidad de seguro por la que se protege a la persona asegurada frente a litigios que este pueda sufrir. Se incluyen en la cobertura todos los gastos derivados como consecuencia de la intervención del asegurado en el proceso judicial, no estando incluidos el pago de las multas sufridas por el asegurado, así como cualquier otro gasto que se pueda producir debido a las sanciones impuestas por un fedatario público. Esta modalidad de seguro puede ser contratada tanto a nivel particular como a nivel de empresas. Si se trata de un particular, se puede contratar desde el servicio de reclamación de daños personales hasta una prestación económica en casos de separación y divorcio.

Las coberturas de este seguro pueden ser amplias y variadas, pero hay algunas que siempre se han de ofrecer. Son las siguientes:

- Libre elección del abogado y procurador por parte del asegurado, cuando tenga necesidad de contratar los servicios de estos profesionales.
- Realización de una defensa, por parte del abogado y procurador, de manera independiente de la entidad aseguradora.
- Pago de los honorarios, por parte de la entidad aseguradora, de los profesionales contratados en un proceso litigioso. La compañía puede fijar un tope máximo.
- Pago de gastos urgentes que puedan surgir por parte de los profesionales contratados en el proceso litigioso, siendo una cuantía a la que se pueden establecer topes máximos.
- La entidad aseguradora establece en la póliza cuándo es posible llevar a cabo una apelación, un recurso o bien una transacción.

Las garantías de una póliza de defensa jurídica son variadas, ya que dependen de la compañia de seguros contratada, así como del producto contratado. Se puede considerar el asesoramiento jurídico telefónico, de modo que el asegurado puede realizar consultas de un modo inmediato con solo realizar una llamada de teléfono. Las cuestiones que se preguntan pueden ser de diferente índole, tales como temas de separación, divorcios, alquileres, herencias o bien cualquier otro tema referente a los impuestos de la renta o temas penales. La asistencia presencial es otra de las garantías de la póliza, que comprende el consejo y asesoramiento en persona del asegurado con un abogado. La redacción y revisión de contratos, así como de otros documentos legales, es la tercera garantía adicional, así como todo el tema de reclamación de herencias.

Existen otras coberturas complementarias a las anteriores y que son de libre contratación por parte del asegurado, tales como el asesoramiento jurídico telefónico, la asistencia presencial para buscar consejo y ayuda con un abogado físico, seguimiento de los boletines oficiales en los que se reflejan las comunicaciones realizadas al asegurado, redacción de documentos legales que son de necesidad para el asegurado en un proceso judicial, ayuda legal en procesos de herencia, garantía por parte de la entidad aseguradora de las fianzas que son exigidas al asegurado en un proceso penal para la obtención de la libertad, defensa en los procesos litigiosos de suplantación de la personalidad del asegurado, realización y seguimiento de las reclamaciones realizadas por el asegurado en las reclamaciones llevadas a cabo por incumplimiento de los contratos de suministros o de cualquier otro servicio, así como gastos judiciales extras en temas de defensa laboral, penal, procesos de separación, accidentes de tráfico, agencia tributaria o por temas vinculados con la adquisición de una vivienda, como por ejemplo retraso en la entrega de la misma.

6.3.2. El seguro de asistencia en viaje

Se trata de un seguro por el que se presta al asegurado un conjunto de servicios con el objetivo de ayudarle a resolver pequeños contratiempos o incidencias de diferente índole que pueden surgir, a él mismo o a sus acompañantes, en la realización de un viaje. Esta asistencia se da tanto al vehículo asegurado en el que se lleva a cabo el viaje como a las personas que viajan en él. La entidad aseguradora se compromete a prestar la ayuda necesaria, ya sea material o en forma de prestación económica, cuando se produzca alguno de los hechos cubiertos en la póliza. Este seguro presenta múltiples variantes, siempre garantizándose el vehículo asegurado o moto, pero nunca camiones ni vehículos que prestan un servicio público. La aplicación del seguro se puede llevar a cabo desde el mismo domicilio del asegurado (desde el kilómetro cero) o bien desde otro punto que se acuerde en la póliza, tal como fuera de un radio de 20 km del domicilio del asegurado.

En el caso de que la asistencia la necesite el vehículo asegurado, dicha cobertura puede manifestarse de dos maneras. La primera es que el vehículo averiado se pueda reparar en el mismo lugar de la avería, en cuyo caso la compañía de seguros enviará todos los medios de los que dispone para lograr la puesta en marcha del vehículo accidentado. Si no consiguiese que circulase, enviará a un servicio de grúa para que traslade el coche hasta el taller más cercano o en función de lo establecido en la póliza. En el caso de que lo que se necesiten sean piezas de recambio, la entidad puede enviar dichas piezas para poder llevar a cabo la reparación del vehículo en los supuestos de robo o accidente.

Las prestaciones más comunes que se garantizan en una póliza de esta modalidad son:

- El servicio de retorno del viaje a los ocupantes del vehículo accidentado.
- El servicio de asistencia personal en el viaje, tales como gastos de transporte, robo de equipaje, gastos de repatriación, pago de estancia en hotel, manutención, etc.
- La posibilidad de llevar a cabo la sustitución del conductor.
- Prestación de asistencia sanitaria fuera del país del tomador.
- El servicio de repuestos de piezas anteriormente nombrado.

No obstante, esta modalidad de seguro también presenta restricciones, tales como:

- Realización de viajes que superen un determinado período de tiempo.

— Todos los gastos que se originen como consecuencia del embarazo, parto y demás gastos médicos vinculados con enfermedades mentales.
— Muertes que tengan su origen en trastornos mentales, derivando en suicidios o intento de suicidios.
— Enfermedades que ya existan antes del inicio del viaje, así como todas aquellas que sean consideradas como crónicas.
— Incumplimiento de las normas de circulación, así como el no cumplimiento de las medidas para el mantenimiento de los vehículos.

6.3.3. El seguro de enterramiento o de decesos

Por esta modalidad de seguro, la compañía aseguradora se compromete a realizar todos los servicios vinculados al enterramiento de una persona (ataúd, iglesia, esquela, capilla ardiente, flores, etc.), así como otras prestaciones contratadas, asumiendo todos los gastos del sepelio hasta el tope máximo fijado en la póliza.

Se trata de modalidades de seguro que se suelen contratar a través de pólizas de carácter familiar, por lo que en la misma póliza están asegurados todos los miembros de una misma familia. Como servicio fúnebre se entiende el conjunto de servicios que son precisos para llevar a cabo el enterramiento de una persona, así como todas las demás garantías cubiertas en la póliza.

Existen garantías adicionales que se pueden contratar en esta modalidad de seguro, tales como el traslado del fallecido dentro del territorio nacional o incluso traslado internacional, etc.

6.4. LOS PLANES DE SEGUROS DE EMPRESA

Las personas se aseguran, dado que la naturaleza humana es adversa al riesgo. Es por esto por lo que existen seguros para cubrir todas las contingencias posibles que pueden afectar a una persona, tanto en su integridad física como en su patrimonio, tal como ha quedado reflejado a lo largo del capítulo. Pero las empresas como personas jurídicas también son objeto de seguro, tanto o más que las personas físicas. Sin embargo, los seguros contratados por las empresas suelen tener una casuística diferente, creada *ad hoc* para ellas. Y esto es así porque las empresas están formadas por personas, las cuales también cometen errores en el ejercicio de su actividad profesional. Estos fallos pueden acarrear consecuencias económicas importantes, las cuales habrá que minorar una vez que se produzcan.

Los diferentes tipos de seguros que suelen contratar más comúnmente las empresas son los reflejados en la siguiente figura 6.7.

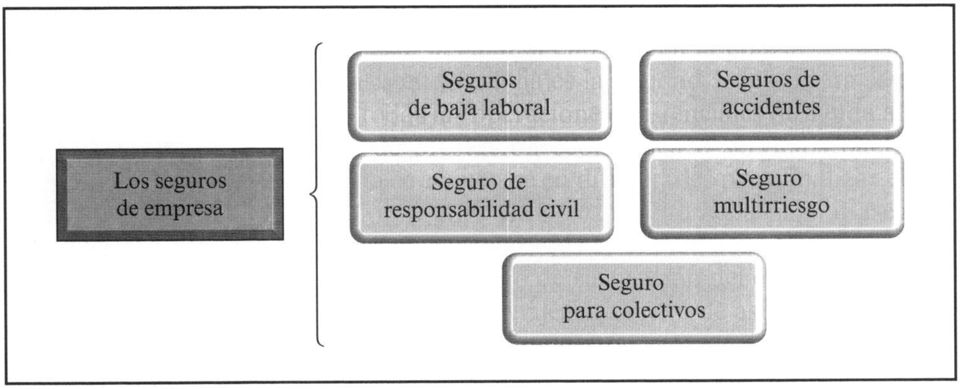

FUENTE: elaboración propia.

Figura 6.7. Clases de seguros de empresa.

Con respecto a los seguros de baja laboral, son productos especialmente diseñados para empresas de cualquier tamaño que se encuentran preocupadas por el impacto económico que puede tener en sus cuentas las bajas de sus trabajadores, con lo que implica en tema de sustituciones o carga extra de trabajo a los trabajadores actuales si no se contratan suplentes, afectando todo ello a la productividad de los mismos, lo cual al final afecta al rendimiento económico en general de la empresa. Desde el cuarto día de baja de un trabajador, hasta el día 20, la empresa asume el coste de abonar un porcentaje del salario de su empleado, así como el pago de sus seguros sociales durante todo el período que dure la baja. Mediante este seguro, la entidad aseguradora se hace cargo del abono a la empresa de una cuantía diaria indemnizatoria por cada trabajador dado de baja, para que, de este modo, la empresa esté cubierta en todo o en parte de los gastos que supone tener un trabajador dado de baja.

El seguro de accidente por convenio se contrata para los trabajadores de la empresa, pudiendo estar vinculado a un seguro de vida. Se trata de una póliza que es de obligada contratación por la empresa si así se indica en el convenio colectivo, en el cual se establecen las garantías cubiertas y los capitales asegurados.

6.5. LOS RAMOS DE SEGURO Y LA PLANIFICACIÓN DE LAS COBERTURAS PERSONALES

Los riesgos que son asegurables por las entidades aseguradoras se clasifican por ramos de seguro, distinguiéndose entre el ramo del seguro de vida y el ramo del seguro de no vida o diferente del de vida. En lo que se refiere al seguro de vida, este se incluye en un solo ramo, el denominado ramo de vida.

A modo de resumen de todo el capítulo, en la figura 6.8 se reflejan todas las modalidades de seguro, clasificadas por ramos.

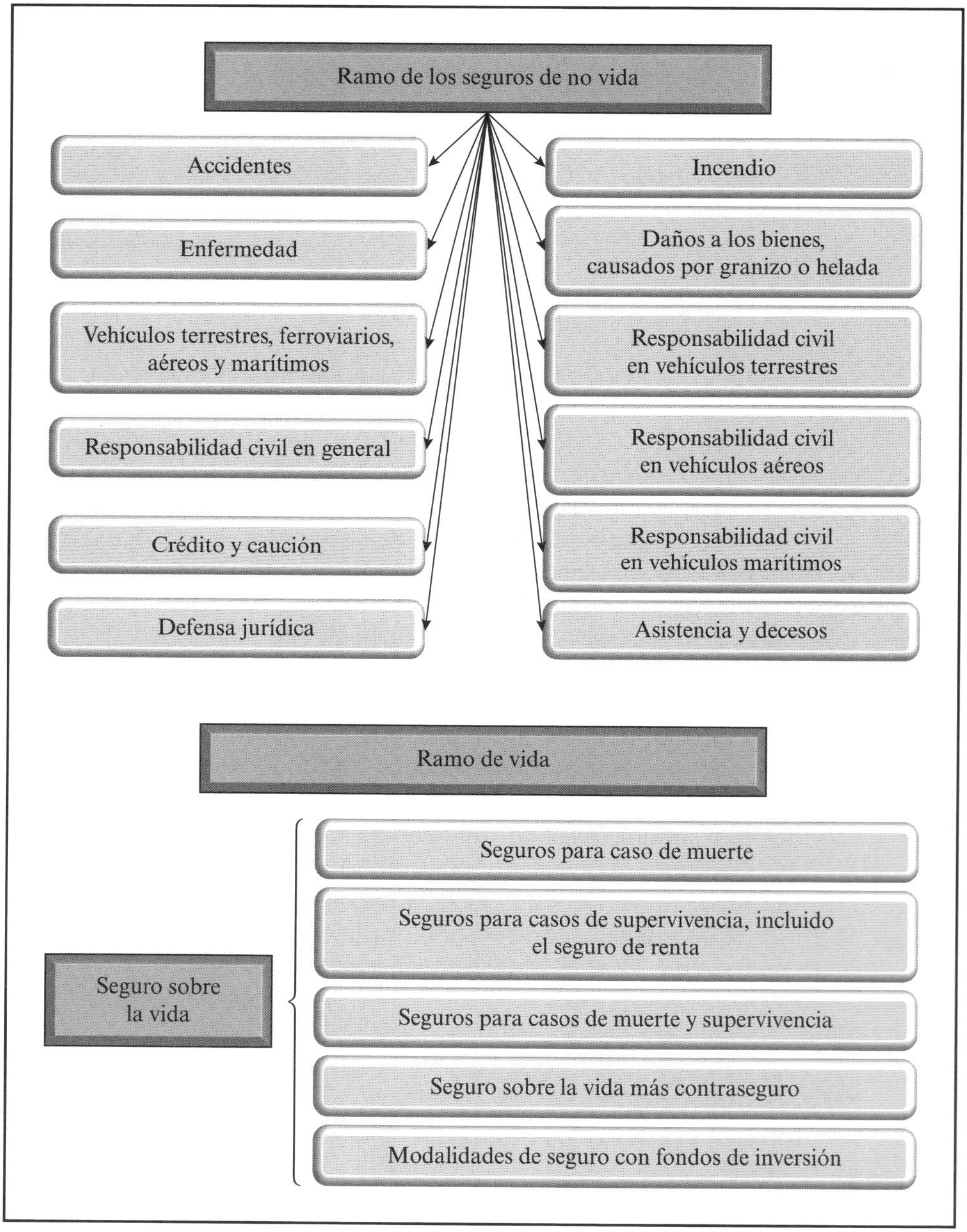

FUENTE: elaboración propia.

Figura 6.8. Los diferentes ramos de seguros.

En base a todas estas coberturas, un individuo racional ha de llevar a cabo una planificación de sus necesidades, para, en base a estas, llevar a cabo el proceso de aseguramiento de las mismas. Como coberturas, y tal como se ha indicado en las figuras anteriores, están las que afectan directamente a la integridad física de la persona, cubiertas mediante las modalidades de los seguros sobre la vida, así como las que afectan al patrimonio de las personas, cubiertas mediante las modalidades de los seguros no vida. Una correcta planificación de estas necesidades, específicas y únicas para cada asegurado, le permitirá una óptima gestión de su economía. Para poder llevar a cabo esta planificación es importante que el asegurado tenga claro el objetivo que quiere cubrir, estimar el horizonte temporal en el que quiere tener la cobertura, así como lo afín o adverso que se sienta respecto al riesgo en cuestión.

Durante el último siglo la esperanza de vida de las personas ha experimentado un notable crecimiento, especialmente en los países occidentales provocando una notable disminución la probabilidad de morir debido a una serie de factores, tales como:

- — Los avances médicos y tecnológicos.
- — Reducción en las tasas de mortalidad infantil.
- — Cambios en los hábitos nutricionales y estilos de vida.
- — Mejora en los niveles de condiciones materiales de vida y en la educación.
- — Mayor acceso de la población a los servicios sanitarios.

La diferencia entre hombres y mujeres en años de esperanza de vida al nacer y a los 65 años ha disminuido en los últimos años. El aspecto clave en la evolución de las últimas décadas ha sido la mejora sustancial de las expectativas de vida en las personas de edad madura y avanzada. La reducción, sostenida en el tiempo, de la tasa de mortalidad en estas edades ha permitido que aumente el número de estas personas en el conjunto de la población, siendo bastante superior el número de mujeres que alcanzan una edad avanzada.

Según se observa en la figura 6.9, la esperanza de vida, en menos de 20 años, ha pasado en los hombres de los 73 años a los 81,4, mientras que para las mujeres, con longevidad superior, las cifras reflejan un incremento de la edad desde los 81,4 años hasta los 85,7 años.

Con esta situación, existe el riesgo latente de que los ahorros de las personas no sean suficientes para mantener el nivel de vida deseada, o ni siquiera el deseado, sin ser capaces de ser suficientes para poder llevar una vida digna ni alcanzar el estado del bienestar. A esto se une que la cobertura proporcionada por el sistema público de pensiones es insuficiente, como se verá en los próximos capítulos, unido a un incremento en los gastos originados por la dependencia. Por ello es preciso llevar a cabo una adecuada planificación financiera de los ahorros frente a las coberturas que cada persona considere más importantes.

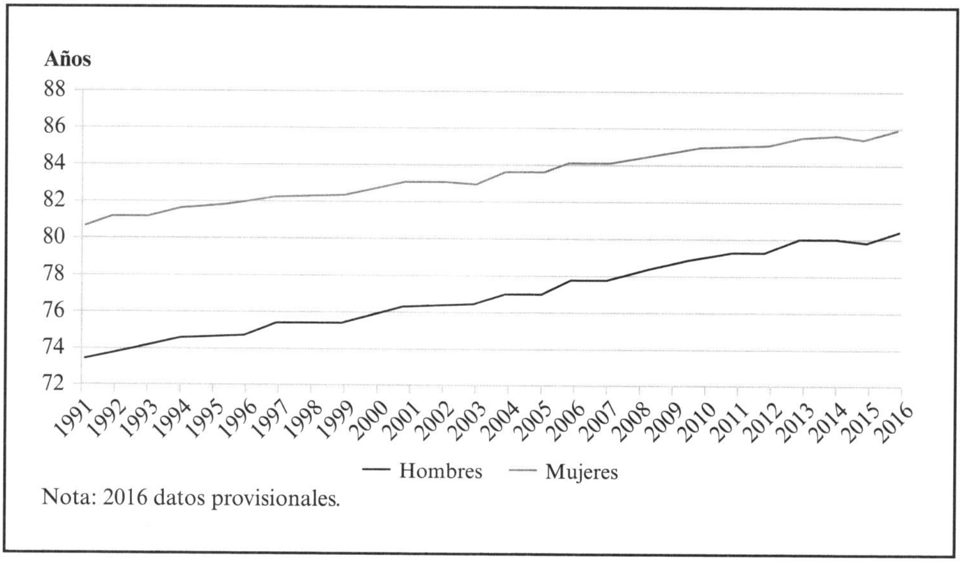

FUENTE: elaboración propia a partir datos del INE.

Figura 6.9. Evolución de la esperanza de vida según datos del INE.

Es importante que cada asegurado establezca una prioridad a la hora de elegir los seguros que ha de contratar. Además, el asegurado ha de poder cuantificar la cantidad de dinero que quiere destinar al pago de la prima, así como la cantidad de dinero con la que quiere vivir al mes en el momento de la jubilación, en el caso de coberturas del seguro de vida. En base a esto podrá llevar a cabo una correcta planificación financiera. Las personas suelen comenzar a preocuparse por las coberturas de riesgo del ramo de vida en torno a los 35 años, y es además cuando comienzan a constituir un plan de ahorro complementario del sistema público de pensiones (datos de Icea, 2017). Tal como se observa en la figura 6.10, es en esta franja de edad cuando la preocupación por las coberturas del riesgo, en concreto del riesgo de vida, es mayor.

Es importante también, vinculado a esto, que el asegurado sea consciente de la rentabilidad que proporcionan los productos financieros elegidos para el ahorro, si es el ahorro en la jubilación uno de los objetivos prioritarios del asegurado.

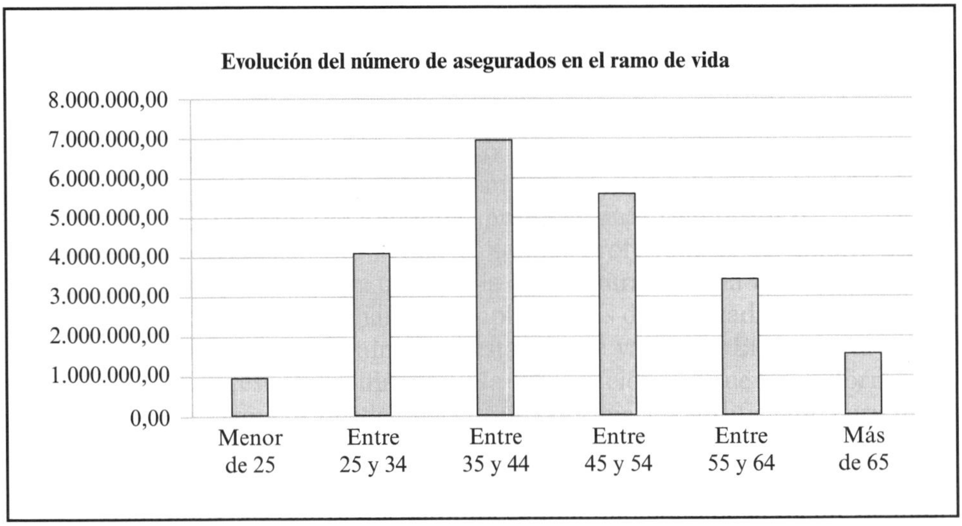

FUENTE: elaboración propia a partir de datos de ICEA, año 2017.

Figura 6.10. Evolución del número de asegurados en el ramo de vida.

REFERENCIAS BIBLIOGRÁFICAS

Banco de España (2017). Encuesta financiera de las familias (EFF) 2014: métodos, resultados y cambios desde 2011. *Boletín Económico,* marzo.
De Alba, U. N. y Asensio, J. V. (1993). *Matemática actuarial.* Mapfre.
Donati, A. (1960). *Los seguros privados.* Barcelona: Bosch.
Mantecón, M. L. L. (2013). *Formación del contrato de seguro y cobertura del riesgo.* Reus.
Sandoya, F. y Como, C. E. T. (2007). *Matemáticas actuariales y operaciones de seguros.*

Páginas web recomendadas

Banco Central Europeo (BCE): www.ecb.int.
Instituto Nacional de Estadística: www.ine.es.
Servicio de estadísticas y estudios del sector de seguros en España: www.icea.es.

7 Planes y fondos de pensiones

Montserrat Hernández Solís

Resumen del capítulo

En este capítulo se hace un estudio de los planes y fondos pensiones, su definición, principios rectores y elementos personales que los forman. Se establecen las modalidades existentes, sus características de riesgo y rentabilidad por las que las personas se decantan por su contratación, así como un análisis de las coberturas que cubren y prestaciones. Por último se analizan los supuestos de disposición anticipada de liquidez existentes.

Objetivos de aprendizaje

Después de estudiar el capítulo, el lector ha de ser capaz de entender:

1. Los elementos que forman los planes y fondos de pensiones, sus características así como los principios rectores que los forman.
2. Las características de estos productos financieros de ahorro, considerando su rentabilidad y riesgo y su fiscalidad.
3. Las modalidades existentes de planes de pensiones, tanto en función de los sujetos integrantes como en función de sus obligaciones.
4. Las coberturas proporcionadas por los planes de pensiones, así como las prestaciones a las que tienen derecho los partícipes o, en su caso, los beneficiarios, en el supuesto de que acaezcan las contingencias cubiertas en el plan.
5. Los supuestos contemplados de disposición anticipada de liquidez, considerando la novedad introducida en lo referente a las aportaciones que se han llevado a cabo con al menos diez años de antigüedad.

7.1. INTRODUCCIÓN: DEFINICIÓN, ELEMENTOS PERSONALES Y PRINCIPIOS RECTORES

Según el artículo 1 del Real Decreto 1/2002, de 29 noviembre, por el cual se aprueba el texto refundido de la Ley de regulación de los planes y fondos de pensiones, se puede definir al plan como una institución de previsión social constituida de manera voluntaria, de carácter privado y que puede complementar a las coberturas contributivas del régimen de la Seguridad Social. Por tanto, el plan de pensiones puede servir como el instrumento para establecer la constitución del programa de protección social, así como para fijar las obligaciones y derechos de los sujetos económicos que van a formar parte del mismo. Como representa una estructura compleja en cuanto a las personas que lo forman, sus derechos y sus obligaciones, está basado en un complejo soporte jurídico-legislativo que se inicia en el momento de constitución del plan. Se trata de un producto de ahorro ilíquido que se encuadra dentro de los seguros de vida para casos de supervivencia.

7.1.1. Marco teórico

El plan de pensiones no se considera un seguro como tal, según se refleja en el artículo 19.4 del RPFP, donde se indica que «los planes de pensiones pueden prever la contratación de seguros para la cobertura de riesgos determinados o garantia de las prestaciones». En un contrato de seguro, desde el momento que el tomador de la póliza lleva a cabo el correspondiente abono de las primas, la entidad aseguradora se compromete a la cobertura de las prestaciones garantizadas. Luego no se concibe el plan de pensiones como un instrumento que adopte la casuistica propia de una modalidad de seguro, porque además no existe la figura de un asegurador.

Las coberturas cubiertas por los planes de pensiones se reflejan a continuación. Todas las coberturas están también cubiertas por el régimen público del sistema de Seguridad Social, algunas de ellas en su modalidad de prestaciones contributivas y otras en su modalidad de no contributivas, por lo que de cualquier modo se desprende el carácter voluntario y posiblemente complementario de las mismas a la hora de su contratación.

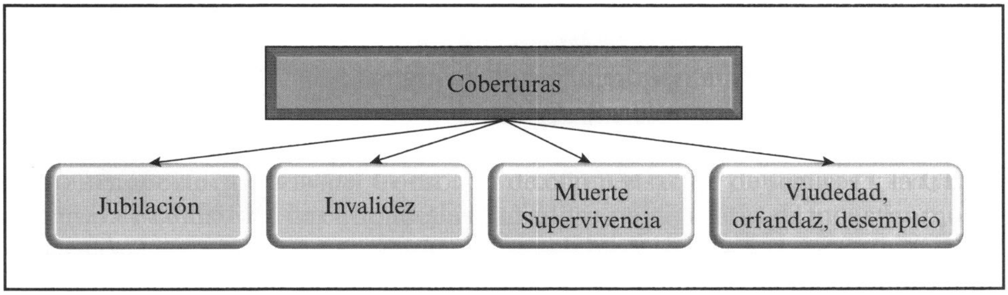

FUENTE: elaboración propia a partir del TFLPFP.

Figura 7.1. Coberturas de los planes de pensiones.

El plan de pensiones engloba a un grupo de personas que tienen un objetivo común, que es el de tener una cobertura complementaria ante determinadas contingencias ya fijadas. Estas personas se van a comprometer, mediante una serie de aportaciones económicas, a la constitución de la organización. Luego el plan de pensiones es un acuerdo contractual, en el que quedan fijados los derechos y obligaciones de las personas que los integran, para así poderles garantizar la percepción de unas cuantías económicas en un horizonte temporal de largo plazo. Vinculado a la prestación, el artículo 1.2 del TRLPFP indica que «las operaciones de los planes de pensiones constituidos de manera voluntaria no serán, en ningún caso, sustitutivas de las preceptivas en el régimen correspondiente de la Seguridad Social, teniendo en consecuencia carácter privado y complementario o no de aquellas». Según esto, se trata de fórmulas de ahorro privadas, constituidas de manera voluntaria y libre, complementarias o no a las entregadas por el régimen de la Seguridad Social, pero nunca sustitutivas de estas.

Estos productos de ahorro cuentan con una serie de elementos específicos, los cuales se reflejan en la figura 7.2 y son explicados a continuación.

— **Productos de previsión social.** Se considera al plan de pensiones como una institución de cobertura o previsión social. Para su actuación es precisa la intervención de una tercera persona, que no sea el beneficiario del plan, el cual va a tener cobertura frente a las contingencias que se han establecido previamente, contingencias que también se encuentran cubiertas por el sistema público de la Seguridad Social, tanto en modalidad de pensiones contributivas como no contributivas. Por tanto, los planes de pensiones no tienen por qué crearse para atender unas necesidades sociales específicas.

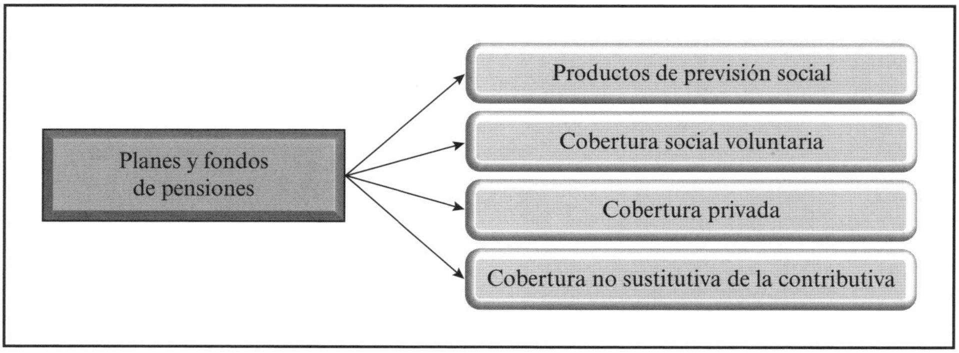

FUENTE: elaboración propia a partir del TFLPFP.

Figura 7.2. Características de los planes y fondos de pensiones.

— **Productos de previsión social voluntaria.** La contratación de los planes se lleva a cabo de manera libre y voluntariamente aceptada por la persona física o jurídica, porque desee tener una cobertura complementaria en las contingencias establecidas a las otorgadas por el sistema público de la Seguridad Social. Por tanto, los planes de pensiones son instituciones que solamente surgen por la voluntad de las partes, sin estar sometidas a la obligatoriedad en su creación.
— **Productos de cobertura privada.** Las prestaciones otorgadas por los planes de pensiones tienen un carácter privado, y pueden ser complementarias o no de las entregadas por el régimen de la Seguridad Social. Así está indicado en el artículo 1.2 del TRLPFP. Es más, en este artículo se establece que el objetivo de los planes es poder ofrecer a las personas que los contratan una fórmula de protección para garantizarles una serie de prestaciones económicas que no van a formar parte de las proporcionadas por el régimen de la Seguridad Social.
— **Productos no sustitutivos.** El mismo artículo anteriormente nombrado establece que «las prestaciones proporcionadas no serán, en ningún caso, sustitutivas de las preceptivas en el régimen correspondiente de la Seguridad Social, teniendo carácter privado y complementario o no de aquellas». Esto se debe a que se contratarán los planes de pensiones por las personas que deseen hacerlo, porque lo consideren una fórmula de ahorro alternativa, porque dispongan de capacidad de ahorro por haber tenido una co-

rrecta planificación financiera, sin perjuicio para todas aquellas otras personas que, por su situación económica, vinculada a la situación laboral y personal, no puedan contratar esta modalidad de previsión social no sustitutiva de la pública establecida en España.

7.1.2. Elementos personales

El artículo 3 del TRLPFP establece dos figuras como elementos personales, los sujetos constituyentes y los sujetos beneficiarios.

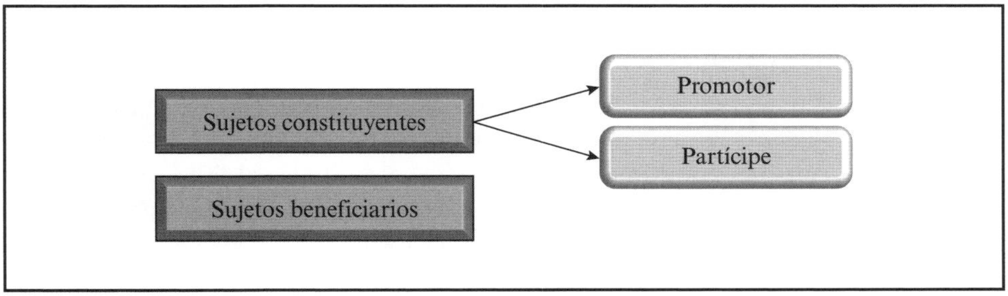

FUENTE: elaboración propia a partir del TFLPFP.

Figura 7.3. Elementos personales en los planes de pensiones.

El promotor puede ser cualquier persona física, empresa, entidad, sociedad, corporación, asociación, sindicato o colectivo de cualquier clase que lleve a cabo su creación o participe en su desenvolmiento (art. 3.1 del TFLPFP). Se trata de una figura muy amplia, en el sentido que casi cualquiera que pueda asumir compromisos por pensiones se puede erigir como promotor de un plan de pensiones. Existen diferentes clases de planes, pero, dependiendo de cuáles sean, no podrá ser promotor cualquier entidad. Por ejemplo, en los planes de sistema de empleo el promotor ha de ser un empleador, en los planes del sistema asociado el promotor ha de ser un sindicato, o en los planes del sistema individual el promotor puede ser una entidad financiera o un conjunto de ellas.

El partícipe, según el mismo artículo, será cualquier persona física en cuyo interés se crea el plan de pensiones, con total independencia de que lleve a cabo aportaciones o no.

El beneficiario, definido en el mismo artículo del TRPFP, es la persona física que tiene derecho a la percepción de las prestaciones económicas en el caso de que se haga efectiva la situación vinculada a la cobertura cubierta, con total independencia de que haya sido o no partícipe.

Tanto el partícipe como el beneficiario son personas físicas, lo cual hace que exista una estrecha vinculación entre ellas y el objetivo con el que se crea el plan, que es el de dar una cobertura extra en forma de prestación económica para una serie de contingencias sociales anterioremente dichas (véase figura 7.1). El partícipe puede llevar a cabo aportaciones al plan o bien no llevarlas a cabo, sin que esta situación le prive de su derecho para ser considerado como un elemento personal del plan de pensiones. Pero dependiendo de la modalidad del plan, el partícipe tiene que aportar. Así, en los planes de pensiones individuales el partícipe ha de hacer las aportaciones, pero no ocurre lo mismo en los planes de empleo, que son los que promueven las empresas en favor de sus trabajadores. En este caso la aportación la puede realizar o bien la empresa como entidad promotora o bien el trabajador. Existe, además, la figura del partícipe en suspenso, vinculada a los planes de empleo. Se considera que un partícipe está en suspenso cuando se produce un cese en las aportaciones económicas por una serie de circunstancias que están previstas en el plan, siendo la más usual el cese de la relación laboral del trabajador con la empresa que le suscribió en el plan de pensiones. No obstante, el trabajador, en ese caso, sigue manteniendo el dinero aportado, así como los derechos políticos que tiene por su condición de beneficiario. Todos los partícipes son beneficiarios, excepto en el caso de que se produzca el fallecimiento del mismo. En este caso el beneficiario será la persona que haya sido designada de manera libre y voluntaria, no teniendo por qué ser los herederos legales.

7.1.3. Principios rectores

Todo plan de pensiones ha de cumplir una serie de principios rectores que ha de seguir y que se encuentran regulados bajo la normativa de los planes. Son los siguientes:

— Principio de no discriminación.
— Principio de capitalización individual.
— Principio de irrevocabilidad de las aportaciones.
— Principio de atribución de los derechos.
— Principio de integración obligatoria.

Principio de no discriminación

Es un principio por el cual se garantiza el derecho a ser partícipe a cualquier persona física que posea la capacidad de contratación con el promotor que caracteriza cada tipo de contrato (art. 5.1 del TRLPFP). En este artículo también se hace referencia a la necesidad de que se verifiquen determinadas exigencias, denominadas condiciones de vinculación o capacidad de contratación, que son diferentes según sea el modelo de plan de pensiones, esto es, si es de empleo o asociado, o si por el contrario es un sistema de empleo individual.

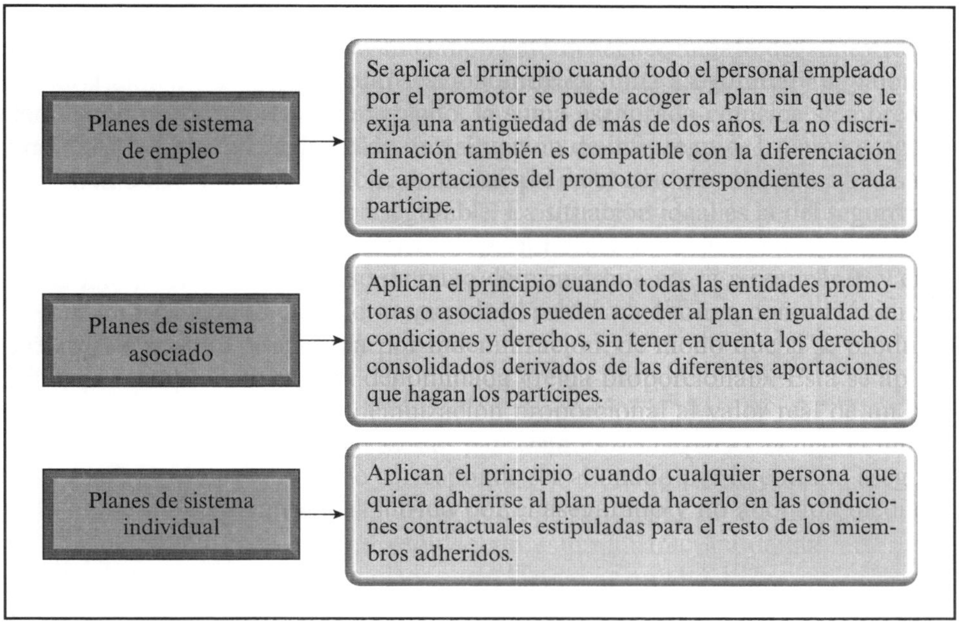

FUENTE: elaboración propia a partir del TFLPFP.

Figura 7.4. Aplicación del principio de no discriminación.

El principio de no discriminación permite la no creación de sistemas de previsión social que estuvieran orientados exclusivamente a determinados grupos de colectivos de las empresas donde se implantasen.

Principio de capitalización

El TRLPFP, en su artículo 5.1, establece que los planes se instrumenten mediante sistemas financieros actuariales de capitalización, de modo que las prestaciones reconocidas en el plan se deben calcular de manera estricta, siguiendo las pautas de estos sistemas financieros. La pregunta que surge es si las prestaciones del plan de pensiones se han de financiar a través de un sistema de reparto o uno de capitalización.

El sistema de reparto, como se verá en el siguiente capítulo, se basa en el principio de solidaridad, de modo que las prestaciones del sistema se financian a partir de las cotizaciones de los aportantes al mismo, proporcionando una redistribución justa que favorece a aquellos que menos tienen. Esto se consigue mediante la aplicación de reglas de cálculo del importe de la prestación inicial, así como de la evolución que esta tenga en el tiempo. Normalmente se aplica a los planes de prestación definida.

En cambio, el sistema de capitalización se caracteriza porque no tiene el carácter de solidario, las prestaciones se abonan a partir de un fondo que se ha creado con las aportaciones realizadas por los partícipes y los intereses generados por dichas aportaciones, durante un período largo de tiempo. En el momento en que se produce la contingencia cubierta en el plan, el fondo capitalizado puede ser cobrado por el beneficiario de una sola vez o bien en forma de renta vitalicia, a cambio del pago de una prima (en este caso el fondo se convierte en una renta vitalicia). Las aportaciones que en este caso realiza el partícipe son exclusivas de él, entendiendo por esto que, según lo que aporte el partícipe, así será la cuantía final del fondo constituido. Se suele aplicar a los planes de aportación definida, de modo que el partícipe aportará siempre la misma cuantía, la que se establezca, durante toda su vida laboral, de modo que cuando llegue el momento de cobrar el importe global de la pensión complementaria dicho importe dependerá de los rendimientos de los activos en que haya invertido el fondo.

Principio de irrevocabilidad de las aportaciones

El TRLPFP, en su artículo 5.1, establece que las contribuciones de los promotores a los planes de pensiones se consideran irrevocables. Pero esta irrevocabilidad se especifica para los planes del sistema de empleo, puesto que es la única modalidad que admite la figura del promotor en la financiación del mismo. Pero este principio no se aplica a los partícipes, quienes no podrán disponer de las aportaciones realizadas por ellos mientras el plan esté en vigor y no se produzcan las condiciones para que puedan ser efectivas.

Principio de atribución de derechos

Este principio se encuentra regulado en el mismo artículo que los anteriores, y lo que indica es que todas las contribuciones y aportaciones al plan de pensiones, junto con el sistema de capitalización empleado. otorgan a los partícipes unos derechos de contenido económico, los llamados derechos consolidados, que tienen como objetivo conseguir las prestaciones cubiertas en el plan. El artículo 8.4 del TRLPFP habla de la titularidad de los recursos patrimoniales reconocida a favor del partícipe y beneficiario (los derechos consolidados se componen de las aportaciones al plan de pensiones, más los rendimientos obtenidos por las inversiones patrimoniales del fondo de pensiones y minorados los gastos). Tanto los partícipes como los beneficiarios ostentan el derecho de propiedad sobre los recursos vinculados a la provisión de las prestaciones, que son complementarias de las de la Seguridad Social. Y en lo referente a los derechos consolidados, cabe distinguir entre los derechos consolidados de los partícipes y los de los beneficiarios. Los de los partícipes son los derechos que estos tienen en un momento en concreto por las aportaciones que ellos mismos hayan efectuado y calculado según el régimen financiero-actuarial correspondiente. Los derechos de los beneficiarios se hacen efectivos cuando se materializa la cobertura que da lugar al pago de la prestación cubierta. En este momento, y según indica el artículo 8.8 del TRLPFP, se produce la transformación de los derechos consolidados de los partícipes en derechos económicos. Así, a pesar de que los partícipes y los beneficiarios son los únicos titulares de los recursos patrimoniales vinculados al plan de pensiones, estos presentan diferentes derechos.

Principio de integración obligatoria

Este principio se encuentra regulado en el artículo 5.1 del TRLPFP, y lo que indica es que se establece la obligación de integrar en un fondo de pensiones todas las contribuciones económicas a las que están obligados los promotores y los partícipes, así como de cualquier otro que se encuentre adscrito al plan. También quedan recogidos en esta cuenta todos los rendimientos que son fruto de las inversiones del fondo de pensiones asignados a ese plan. El artículo 10 del Real Decreto 1/2002 establece una limitación en lo referente a los planes de pensiones del sistema de empleo y dicho principio. En dicho artículo se indica que las aportaciones llevadas a cabo a un plan de pensiones del sistema de empleo se han de integrar de manera obligatoria a un fondo de pensiones, cuyo ámbito de actuación se centre en el análisis de los planes de pensiones de dicho sistema.

7.2. MODALIDADES DE LOS PLANES DE PENSIONES

Los planes de pensiones se clasifican según tres tipos de criterios (Inverco): en función de sus sujetos constituyentes y fondos de pensiones en que se integran, en función de las obligaciones que tenga el propio plan y en función del fondo de pensiones en el que se invierta el plan.

En base a la primera de las clasificaciones indicadas, estos planes se clasifican dependiendo de quiénes sean sus promotores y partícipes. Cabe distinguir entre planes de empleo, planes asociados y planes individuales. En la tabla 7.1 se reflejan los promotores y los partícipes que van asociados a cada uno de estos planes.

Los planes de pensiones de empleo están diseñados para que sean adoptados en el entorno empresarial, pero los promotores podrán pertenecer a empresas privadas, empresas públicas, pymes o a un *holding* de empresas. Los planes de pensiones asociados presentan como característica que el promotor es un sindicato, por lo que los partícipes han de ser los afiliados a dicho sindicato. Son planes que tienen semejanzas con los anteriores, dado que solo puede ser contratado por las personas que pertenecen a un determinado colectivo En ambas modalidades de planes puede existir un único promotor o varios, que se encargan de la promoción de manera conjunta.

TABLA 7.1

Modalidades de planes de pensiones en función de los sujetos integrantes

Tipo de plan	Promotor	Partícipe
De empleo	Empresa, entidad, corporación o sociedad.	Empleados del promotor.
Asociados	Cualquier asociación o sindicato legal.	Asociados o afiliados.
Individuales	Entidades financieras.	Personas físicas.

FUENTE: elaboración propia a partir de Inverco.

En el caso de los planes de pensiones individuales, estos solo pueden tener un promotor, a diferencia de los anteriores. Se trata de planes más individualizados, puesto que el partícipe es una persona física, que consisten en que el partícipe lleva a cabo una serie de aportaciones previamente definidas sin que se le garantice un tipo de interés mínimo. Según esto, esta modalidad de plan representa una operación de capitalización financiera y no actuarial, dado que no se tienen en cuenta procesos estocásticos ni los símbolos de conmutación precisos para el cálculo de rentas actuariales.

La segunda de las clasificaciones, los planes de pensiones en función de sus obligaciones, queda reflejada en la tabla 7.2.

TABLA 7.2

Modalidades de planes de pensiones en función de sus obligaciones

Tipo de plan	Características
Aportación definida	Se fija de antemano la cuantía de las aportaciones de los partícipes o las contribuciones que hacen los promotores de planes de empleo.
Prestación definida	Se fija de antemano la cuantía de todas las prestaciones que van a percibir los beneficiarios.
Mixtos	Comprende los planes en los que, estando fijada la cuantía de las aportaciones, se garantiza una rentabilidad mínima en la operación de capitalización de las cuantías o bien se garantiza una prestación mínima. Comprende los planes que combinan la aportación definida para alguna contingencia con la modalidad de prestación definida para otra u otras contingencias.

FUENTE: elaboración propia a partir de Inverco.

En las figuras que se muestran a continuación se observa la evolución del número de planes clasificados por modalidades, considerando un horizonte temporal de casi diez años.

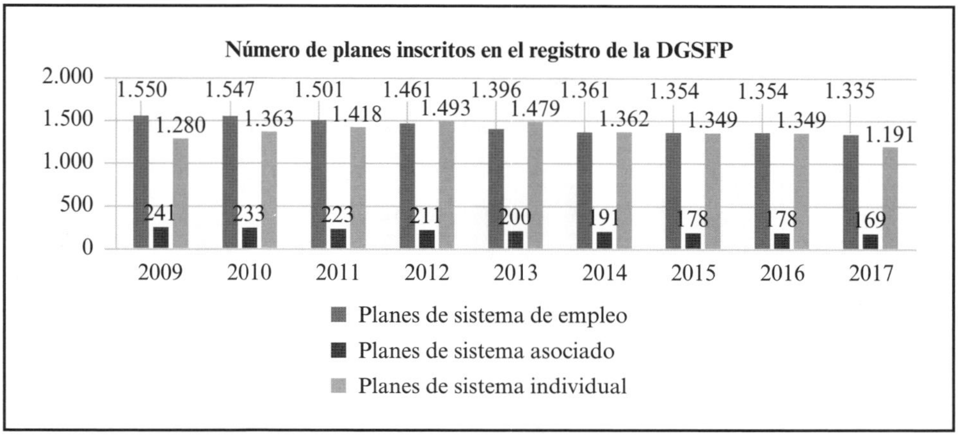

FUENTE: elaboración propia a partir del *Informe Estadístico de Instrumento de Previsión social complementaria 2017.* Dirección General de Seguros y Fondos de Pensiones.

Figura 7.5. Evolución del número de planes clasificados en función de sus sujetos integrantes.

En términos porcentuales, los planes del sistema de empleo representan el 49,54% del total, los planes del sistema asociado representan el 6,27% y los planes del sistema individual representan el 44,19%.

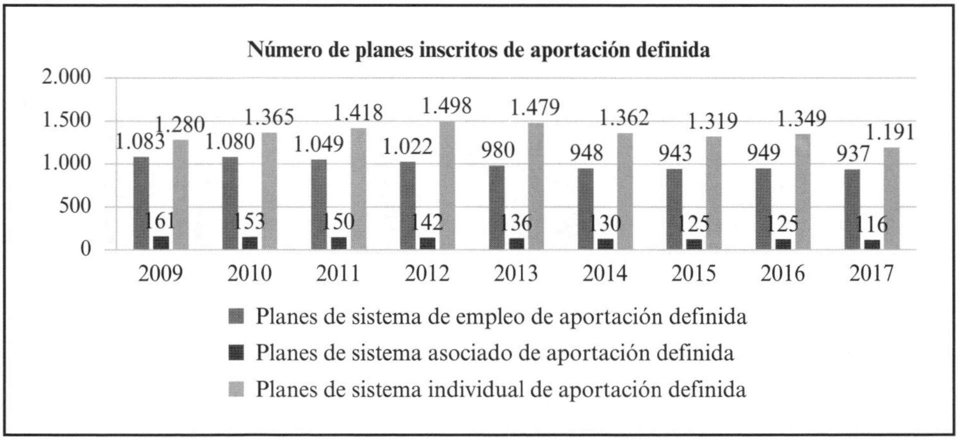

FUENTE: elaboración propia a partir del *Informe Estadístico de Instrumento de Previsión social complementaria 2017.* Dirección General de Seguros y Fondos de Pensiones.

Figura 7.6. Evolución del número de planes de aportación definida.

De la totalidad de los planes inscritos en el Registro de la DGSFP, son los planes de aportación definida los que representan, con diferencia, el porcentaje mayor, frente a los planes mixtos o los planes de prestación definida. Esta clasificación se observa en la figura 7.9.

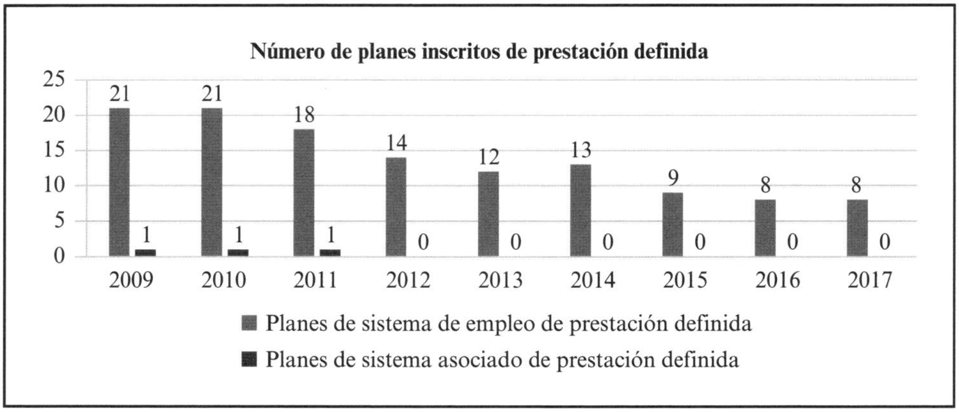

FUENTE: elaboración propia a partir del *Informe Estadístico de Instrumento de Previsión social complementaria 2017.* Dirección General de Seguros y Fondos de Pensiones.

Figura 7.7. Evolución del número de planes de prestación definida.

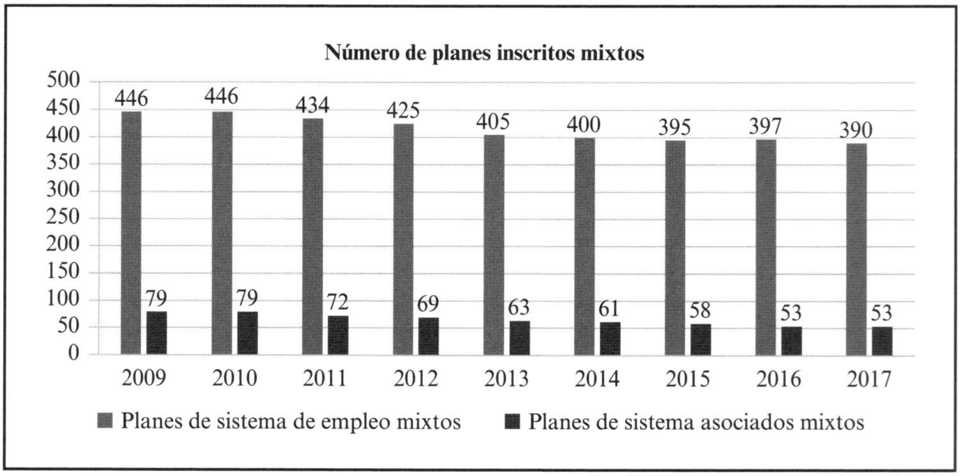

FUENTE: elaboración propia a partir del *Informe Estadístico de Instrumento de Previsión social complementaria 2017.* Dirección General de Seguros y Fondos de Pensiones.

Figura 7.8. Evolución del número de planes mixtos.

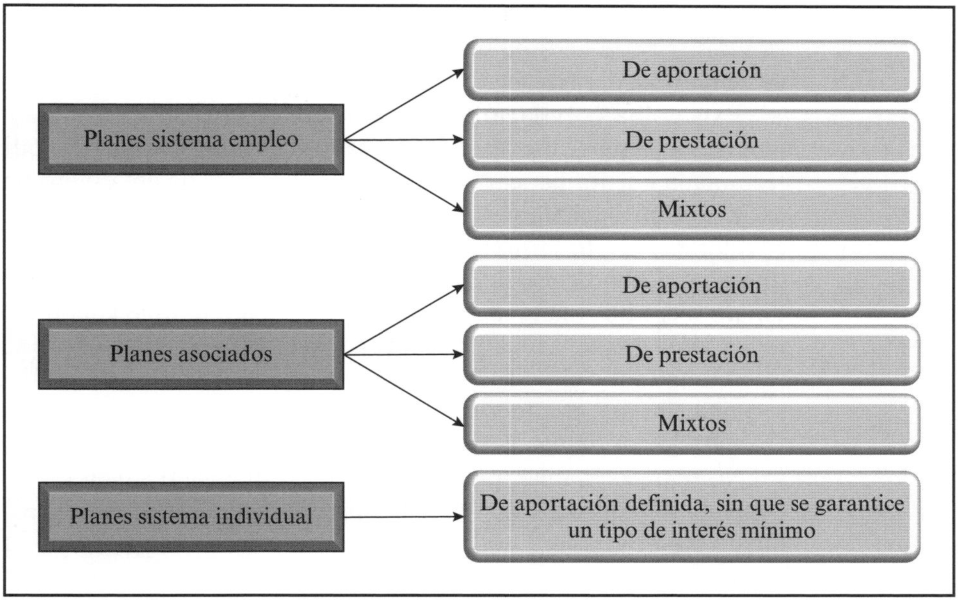

FUENTE: elaboración propia.

Figura 7.9. Clasificación de los planes de pensiones según el doble criterio.

Por último se cita la clasificación de los planes en función del fondo de pensiones en el que se invierta el plan, hablándose de dos tipos de fondos, los fondos abiertos y los fondos cerrados. Los cerrados se limitan a la gestión de la inversión de los planes de pensiones que están adscritos, mientras que los fondos abiertos también gestionan la inversión de los recursos de otros fondos catalogados dentro de la misma categoría. Es importante señalar que la gestión de las inversiones en los fondos de pensiones será realizada por todas aquellas personas con la cualificación precisa y una experiencia profesional demostrable.

7.3. RENTABILIDAD Y RIESGO DE LOS PLANES DE PENSIONES

Cualquier plan de pensiones se caracteriza por ser un instrumento financiero destinado a canalizar el dinero hacia el ahorro, pensando en la contingencia futura de la jubilación. El partícipe es el que suele realizar las aportaciones periódicas (ya se ha visto en el apartado anterior que la modalidad de plan de pensiones de aportación definida es la más usual, según datos del registro de la DGSFP). Estas aportaciones se acumulan en un depósito, para, llegado el momento de la jubilación, una incapacidad temporal o permanente o incluso el fallecimiento, poder hacer uso de él o bien el propio partícipe o bien los beneficiarios designados. Se trata pues de un producto financiero de inversión, con niveles de rentabilidad y riesgo.

Existe una correlación directa positiva entre la rentabilidad y el beneficio que recibe el partícipe por llevar a cabo esas aportaciones periódicas en una determinada cuenta bancaria, y no poder disponer de ese dinero hasta que acaezca la contingencia cubierta en la póliza del plan de pensiones. La rentabilidad es diferente según la modalidad de plan de pensiones seleccionada, es decir, es diferente dependiendo del producto financiero que se seleccione para ahorrar el dinero. Pero no solamente depende de este, sino también del perfil de riesgo que tenga el partícipe, así como de las comisiones que tenga el producto financiero seleccionado. Es el perfil de aversión al riesgo de cada individuo el que va a determinar en qué producto financiero se va a invertir para llevar a cabo el ahorro para la contingencia de la jubilación, situaciones de invalidez o fallecimiento. No se puede hablar, pues, de productos financieros mejores o peores, porque dependiendo de la edad y de la casuística particular de cada partícipe, lo que es bueno para uno quizá no lo sea tanto para otro. Normalmente, cuando una persona joven contrata un plan de pensiones porque tiene una mentalidad de ahorro y de previsión a largo plazo, como el horizonte temporal en el que invierte es alto se suele decantar por productos financieros de alto riesgo, como puede ser la renta variable. El hecho de que se puedan producir pérdidas se compensa con el hecho de que se dispone de un horizonte temporal elevado para que el partícipe se recupere de las mismas. En cambio, si el contratante del plan de pensiones ya no es tan joven, se suele decantar por productos con un riesgo menor, como pueden ser los que pertenecen a la renta fija o a la renta garantizada, es decir, los productos más conservadores. Esto es así porque no se pueden permitir tener pérdidas, debido a que por la edad quizá no dé tiempo a recuperarse de las mismas.

Uno de los puntos más importantes vinculados a la rentabilidad de un plan de pensiones es fijar un plan de ahorro periódico, es decir, fijar la cuantía que se va a ahorrar para la periodicidad *e*-mésima seleccionada. A modo de ejemplo ilustrativo, consideremos un partícipe de edad 30 años que contrata un plan de ahorro complementario con aportaciones periódicas mensuales hasta la edad de los 65 años. Contemplemos dos casos para diferentes valores de tipos de interés.

CASO A. Aportaciones periódicas prepagables mensuales de 100 euros, con un tipo de interés nominal anual del 3%.

Hay que calcular el tipo de interés equivalente mensual que se ha de aplicar para calcular el montante final obtenido a modo de ahorro, después del intervalo de 35 años, que equivale a 420 meses.

$$j_{12} = i_{12} \cdot 12$$

$$i_{12} = \frac{0{,}03}{12} = 0{,}0025$$

$$VF = 100 \cdot \ddot{S}_{420,i_{12}} = 100 \cdot S_{420,i_{12}} \cdot (1 + i_{12}) = 100 \cdot a_{420,i_{12}} \cdot (1 + i_{12})^{421} =$$
$$= 74.341{,}75 \text{ euros}$$

CASO B. Aportaciones periódicas prepagables mensuales de 50 euros, con un tipo de interés nominal anual del 6%.

$$j_{12} = i_{12} \cdot 12$$

$$i_{12} = \frac{0{,}06}{12} = 0{,}005$$

$$VF = 50 \cdot \ddot{S}_{420,i_{12}} = 50 \cdot S_{420,i_{12}} \cdot (1 + i_{12}) = 50 \cdot a_{420,i_{12}} \cdot (1 + i_{12})^{421} =$$
$$= 71.235{,}51 \text{ euros}$$

A pesar de que en el caso B la rentabilidad mensual es mayor, el montante formado al final es inferior. El resultado final, por tanto, y tal como se puede comprobar de manera numérica, es una combinación del tipo de interés aplicado y de la aportación fija establecida.

Los planes de pensiones están integrados en los fondos de pensiones. Estos fondos son productos financieros de inversión contratados a nivel particular que se encuentran regulados por ley (Ley de regulación de planes y fondos de pensiones), y que cuentan con unas características que los hacen diferentes del resto de los fondos de ahorro. Por tanto, la rentabilidad del plan de pensiones depende, de un modo directo, de los beneficios que consiga el fondo de pensiones, así como de la gestión que se haga para llevar a cabo la elaboración de la cartera de inversión.

A la hora de cuantificar la rentabilidad de un plan de pensiones hay que tener en cuenta una serie de factores, tales como las comisiones que se han de pagar como partícipe titular (1,5% por comisión de gestión, así como 0,25% por comisión de depósito, siendo estos porcentajes los máximos posibles aplicables), el rendimiento medio del plan, así como la selección de una modalidad u otra y el tiempo que quede hasta la jubilación.

Las rentabilidades son muy dispares según la modalidad de plan de pensiones seleccionado.

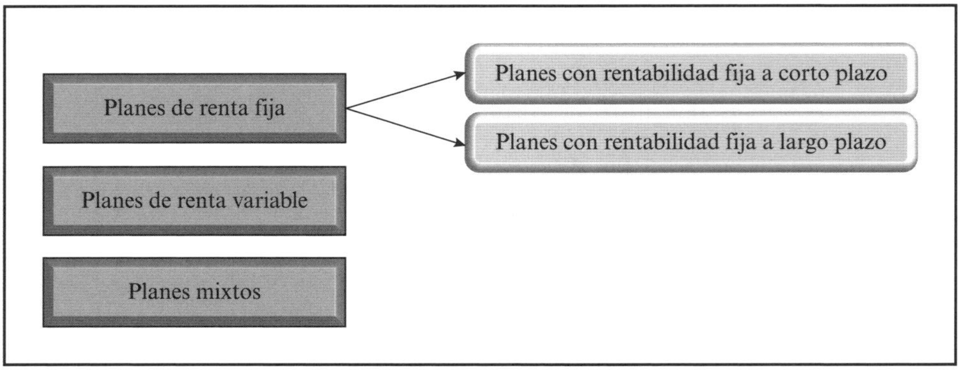

FUENTE: elaboración propia.

Figura 7.10. Modalidades de planes de pensiones.

- Los planes de renta fija a corto plazo se caracterizan porque el dinero se suele invertir en el producto financiero de las letras del Tesoro, producto que representa una operación financiera de corto plazo y cuyos títulos se emiten al descuento por parte del Estado español. La rentabilidad no es demasiado elevada, pero tampoco lo es el riesgo, oscilando en torno al 1,6% anual.
- Los planes de renta fija a largo plazo se caracterizan porque el dinero se suele invertir en el producto financiero de los bonos y las obligaciones, producto que representa una operación financiera de largo plazo. La rentabilidad tampoco es demasiado elevada, pero tampoco lo es el riesgo, oscilando en torno al 1,7% anual.
- Los planes de pensiones de renta variable se caracterizan porque el dinero se invierte en títulos de renta variable, es decir, acciones de empresas cotizadas en el Ibex-35 y que tienen una rentabilidad volátil, puesto que dependen de la situación de los mercados financieros. Presentan una rentabilidad superior a los anteriores, pero en contra el nivel de riesgo es también mayor. Es decir, existe una correlación directa positiva entre la rentabilidad y el riesgo. Como se ha dicho anteriormente, se trata de una modalidad más orientada a las personas a las que le quede un horizonte temporal grande hasta llegar a la edad de jubilación.
- Los planes de pensiones mixtos se caracterizan porque la seguridad y solvencia del plan depende de una serie de porcentajes, los dedicados a la parte de renta fija y los dedicados a la parte de renta variable. Existen planes mixtos muy conservadores, orientados a personas con cierta edad pero con poca aversión al riesgo, en los que se invierte menos del 30% del total del plan en la renta variable. En cambio hay otros más equitativos, para personas que no son ni muy adversas ni poco adversas al riesgo, y

que invierten el dinero a porcentajes iguales entre la renta fija y la renta variable.

En términos generales, cuanto más elevado sea el riesgo que lleva parejo un producto financiero, mayor suele ser el beneficio que se espera del mismo, pero también lleva incorporado un nivel alto de pérdidas. Cada inversor, en función de su perfil, selecciona los productos financieros que mejor se adaptan a su perfil de adverso al riesgo. Para los inversores jóvenes, aquellos que les queda un horizonte temporal largo hasta alcanzar la edad de jubilación, se les recomienda invertir en planes de pensiones de renta variable, puesto que el intervalo de tiempo para recuperarse de pérdidas, en el caso de que acaezcan, es mayor. En cambio, para los inversores maduros, aquellos que les queda un horizonte temporal corto hasta alcanzar la edad de jubilación, es aconsejable la inversión en planes de pensiones de renta fija, puesto que así se minimizan las pérdidas y se evitan los movimientos cíclicos de crisis de la economía, los cuales pueden afectar a la rentabilidad de los productos financieros seleccionados para la inversión.

7.4. CONTINGENCIAS CUBIERTAS Y PRESTACIONES

Un plan de pensiones, tal como se ha adelantado en la figura 7.1 anteriormente definida, proporciona una serie de contingencias cubiertas al partícipe del plan, tales como la situación de jubilación, el óbito del partícipe o beneficiario, la incapacidad laboral total y permanente, la incapacidad absoluta y gran invalidez, así como supuestos adicionales a los anteriormente nombrados. Como supuesto adicional se contempla la posibilidad de rescatar el plan de pensiones en el caso de enfermedad grave (como puede ser un cáncer) o una situación de desempleo de larga duración.

A partir del día 1 de enero de 2025 existe la posibilidad de poder disponer de manera anticipada del importe de los derechos consolidados con una antigüedad de al menos diez años, sin que tenga que ocurrir ninguna de las contingencias anteriormente descritas. Esto significa que todas las aportaciones monetarias llevadas a cabo por el participe en una fecha anterior al año 2015 (para el cómputo de al menos diez años de antigüedad) se podrán recuperar en forma de *cash* a partir del inicio del año 2025. Todas las aportaciones que se lleven a cabo con posterioridad al año 2015 habrán de esperar otros diez años para poder hacerse líquidas. Esta medida se encuentra aprobada desde el 10 de febrero de 2018, fecha de publicación en el *BOE,* por el Real Decreto 62/2018, de 9 de febrero, por el cual se modifica el Reglamento sobre la instrumentación de los compromisos por pensiones de las empresas con los trabajadores y beneficiarios, aprobado por el Real Decreto 1588/1999, de 15 de octubre, y el Reglamento de planes y fondos de pensiones, aprobado por el Real Decreto 304/2004, de 20 de febrero. Esta regulación ya había sido introducida en el año 2014, en el texto refundido de la Ley de Regulación de los planes y fondos de pensiones, aprobado por el Real Decreto 1/2002, de 29 de noviembre. El régimen general indica que el tope máximo de las aportaciones a realizar por el partícipe y las que realiza el promotor a favor del partícipe es de 8.000 € anuales, aunque en casos excepcionales el promotor del plan puede superar este umbral, en caso de que sea necesario garantizar el abono de las prestaciones cubiertas o los derechos de consolidación de los partícipes.

A continuación se explican cada una de estas contingencias, así como las prestaciones asociadas a cada una de ellas.

1. **Contingencia de jubilación,** la cual se determina conforme al régimen de la Seguridad Social. Se produce cuando se alcance la edad establecida según el régimen estipulado de la Seguridad Social. En este caso, el partícipe del plan, cuando tenga la edad estipulada, recibirá el monto de los derechos consolidados que tiene acreditados en ese momento. En el caso de que el partícipe no pueda acceder a la jubilación, esta contingencia se entiende que se produce en las dos situaciones que se explican a continuación. La primera se da en el momento en el que este alcance la edad de los 65 años, y la segunda en el momento en que este haya dejado de ejercer su actividad profesional y no esté cotizando en ningún régimen de la Seguridad Social para esta contingencia. El abono de la prestación por esta contingencia se puede llevar a cabo, cualquiera que sea la edad del partícipe, si se producen las dos situaciones anteriormente descritas. En el caso de que el partícipe extinga su relación laboral como consecuencia de un expediente de regulación de empleo y se encuentre en una situación de desempleo de larga duración, a pesar de no haber alcanzado la edad de los 65 años, este tendrá derecho al cobro de la prestación.
2. **Contingencia de fallecimiento del partícipe** del plan o beneficiario del mismo. Cuando se produzca el fallecimiento del partícipe, el beneficiario asignado del plan percibe los derechos consolidados acreditados en la fecha del óbito. Esta situación puede generar el derecho a pensiones no contributivas de viudedad u orfandad, a favor de otras personas designadas como beneficiarios.
3. **Contingencia de incapacidad total para el ejercicio de la profesión habitual, incapacidad absoluta y gran invalidez.** Esta contingencia se determina, lo mismo que la primera, en base al régimen general de la Seguridad Social. En los casos en los que se produzcan estas situaciones cubiertas en el plan, el partícipe percibirá los derechos consolidados acreditados hasta la fecha en la que se ha producido dicha contingencia.
4. **Contingencia de dependencia severa o gran dependencia del partícipe.** Desde el 1 enero de 2007 esta contingencia se encuentra contemplada en la Ley de promoción de la autonomía personal y atención a las personas en situación de dependencia.

Las prestaciones, que representan el derecho económico que tienen los partícipes cuando acaecen las contingencias cubiertas en el plan de pensiones, han de ser abonadas directamente a ellos o bien a los beneficiarios designados al efecto, teniendo un carácter dinerario.

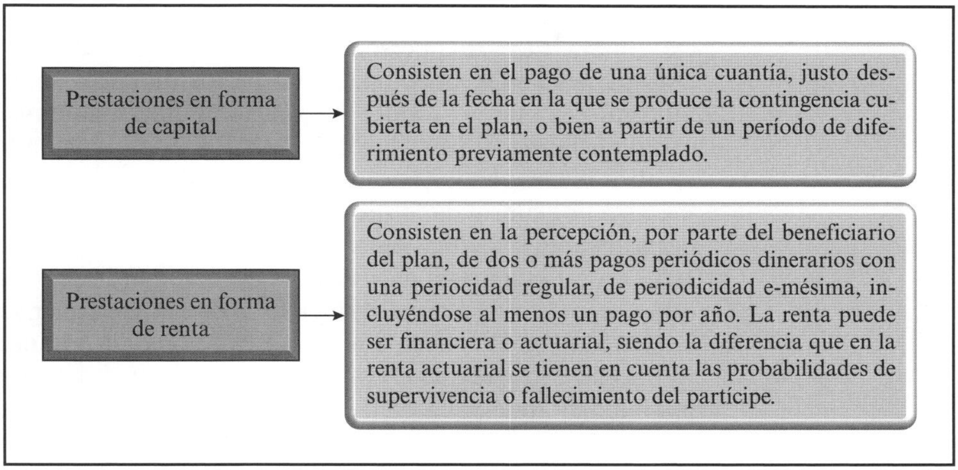

FUENTE: elaboración propia.

Figura 7.11. Clases de prestaciones dinerarias de los planes de pensiones.

7.5. SUPUESTOS DE DISPOSICIÓN ANTICIPADA

Los planes de pensiones son productos de ahorro ilíquidos, es decir, solo se pueden convertir en dinero en el caso de que se produzcan algunas de las cuatro situaciones generales explicadas en el epígrafe anterior. Y esto es así porque se trata de productos que tienen como finalidad ahorrar una cantidad de dinero que complemente a la pensión contributiva recibida del régimen general. No obstante, existen una serie de situaciones, consideradas como excepciones de liquidez, en las cuales los partícipes pueden recuperar sus derechos consolidados en el plan de pensiones.

1. Primer caso excepcional de liquidez: enfermedad grave, ya sea física o psíquica, que imposibilite el desempeño de la actividad profesional por un mínimo de tres meses con necesidad de cirugía mayor. En este caso el partícipe no cobra la prestación por la situación de incapacidad permanente en cualquiera de sus grados conforme al régimen de Seguridad Social aplicable, experimentando una disminución en su renta debido a la enfermedad. La regulación se encuentra en el Real Decreto 304/2004.

2. Segundo caso excepcional de liquidez: el desempleo de larga duración, entendiéndose como tal aquel que dure 12 meses, siempre que el parado esté inscrito en el Instituto Nacional de Empleo y no perciba ningún tipo de prestación contributiva por ello. La modificación más reciente a esta situación excepcional se encuentra en el Real Decreto 1299/2009.
3. Tercer caso excepcional de liquidez: desamparo producido por un desahucio. En este caso, si la persona que sufre un desahucio es partícipe de un plan de pensiones, puede disponer de los derechos consolidados en el momento en que se produce la ejecución judicial, administrativa o venta extrajudicial sobre la vivienda habitual, siempre y cuando no disponga de otros bienes con los que afrontar la deuda y que además el importe de los derechos consolidados del plan sea de una cuantía suficiente para poder satisfacer la deuda. Esta situación se encuentra regulada en la Ley 1/2013, de 14 de mayo, de medidas para reforzar la protección a los deudores hipotecarios, reestructuración de deuda y alquiler social.
4. La novedad en lo referente al caso excepcional de liquidez del año 2015 ya ha sido explicada en el epígrafe 7.4 de este capítulo, referente a la disponibilidad anticipada de los derechos consolidados correspondientes a las aportaciones que se han llevado a cabo al menos con diez años de antigüedad.

REFERENCIAS BIBLIOGRÁFICAS

Informe Estadístico de Instrumento de Previsión social complementaria 2017. Dirección General de Seguros y Fondos de Pensiones.

Ley 39/2006, de 14 de diciembre, de Promoción de la Autonomía Personal y Atención a las personas en situación de dependencia.

Ley 1/2013, de 14 de mayo, de medidas para reforzar la protección a los deudores hipotecarios, reestructuración de deuda y alquiler social.

Real Decreto Legislativo 1/2002, de 29 de noviembre, por el que se aprueba el texto refundido de la Ley de Regulación de los Planes y Fondos de Pensiones.

Real Decreto 304/2004, de 20 de febrero, por el que se aprueba el Reglamento de planes y fondos de pensiones.

Real Decreto 1299/2009, de 31 de julio, por el que se modifica el Reglamento de planes y fondos de pensiones, aprobado por el Real Decreto 304/2004, de 20 de febrero.

Real Decreto 62/2018, de fecha 9 de febrero, por el cual se modifica el Reglamento sobre la instrumentación de los compromisos por pensiones de las empresas con los trabajadores y beneficiarios.

Tapia Hermida, A. J. (2006). *Manual de derecho de seguros y fondos de pensiones* (1.ª ed.). Cizur Menor: Aranzadi.

Páginas web recomendadas

BOE: https://www.boe.es/eli/es/rdlg/2002/11/29/1/com.

Servicio de estadísticas y estudios del sector de seguros en España: www.icea.es.

INVERCO. Asociación de Instituciones de Inversión Colectiva y Fondos de Pensiones. www.inverco.es.

8 Planificación financiera de la jubilación

Montserrat Hernández Solís

Resumen del capítulo

En este capítulo se hace un estudio de la planificación financiera de la jubilación, analizándose las coberturas complementarias existentes a la proporcionada por el sistema público de la Seguridad Social, mostrándose, previamente la situación actual en la que se encuentra el sistema público de pensiones. Se analizan no solo los datos demográficos, sino también los económicos, que inciden de manera negativa en la solvencia de dicho sistema. Y es precisamente esa insolvencia y situación de precariedad a la que está evolucionando el sistema público de prestaciones sociales lo que hace, casi de obligado cumplimiento, la contratación de planes alternativos de cobertura de la prestación social pública por parte de los ciudadanos.

Objetivos de aprendizaje

Después de estudiar el capítulo el lector ha de ser capaz de entender:

1. De manera global, la situación actual en la que se encuentra el sistema público de pensiones, basado en un sistema de reparto.
2. Los diferentes productos de ahorro existentes para complementar la prestación contributiva recibida a la edad de jubilación, y de este modo tener una prestación social complementaria.
3. Las características de los diferentes productos financieros, es decir, considerando su rentabilidad y riesgo, su fiscalidad, las comisiones que lleva parejo su contratación, así como su facilidad para convertirse en dinero en el caso de que el contratante necesite liquidez antes de lo previsto.

8.1. ASPECTOS A CONSIDERAR EN LA PLANIFICACIÓN

El Estado de bienestar estableció sus primeras bases en España en el año 1883, pero no fue hasta 1963 cuando la Seguridad Social moderna comienza a tomar forma, con la Ley de bases de la Seguridad Social, que se hizo efectiva en 1967 y supone la base del sistema actual (BBVA Pensiones, 2015). En el período 1964 a 1975 constituye la institución de la Seguridad Social, y es durante el período de 1975 a 1988 en el que se produce el proceso de universalización del Estado de bienestar.

En España, las personas que dejan de ser un activo para la Seguridad Social suelen cobrar una prestación que equivale aproximadamente al 80% del sueldo que se tenía antes de la jubilación (Jubilación Mapfre, 2016). En principio esta cifra podría ser más que suficiente para poder alcanzar el estado del bienestar, pero debido a la crisis económica mundial surgida en torno al año 2008, coincidiendo con la caída de Lehman Brothers, que supuso una desregulación bancaria, elevadísimos riesgos del sistema financiero así como la crisis inmobiliaria, el futuro económico de los países estuvo a punto de quebrarse. Esta situación no ha ayudado al sistema público de pensiones en España, dado que esto ha venido acompañado de caídas bruscas en las tasas de empleo, caídas en los niveles de ahorro así como disminución del número de cotizantes al sistema. Todos estos son aspectos a tener muy en cuenta para llevar a cabo una correcta planificación financiera de la jubilación. A estos factores se une que el trabajo en estos años ha sido escaso, y el que había era considerado trabajo precario, por lo que las cotizaciones realizadas por los trabajadores tampoco eran de cuantía elevada. Por tanto, las previsiones económicas tan poco halagüeñas en lo referente al futuro del sistema público de pensiones y el fondo de reserva en España hace casi de obligado cumplimiento el tener en cuenta la contratación de una cobertura social complementaria.

8.1.1. Situación actual del sistema público de prestaciones contributivas en España

El sistema público de pensiones en España se fundamenta en los tres pilares del sistema de previsión social que se reflejan en la figura 8.1.

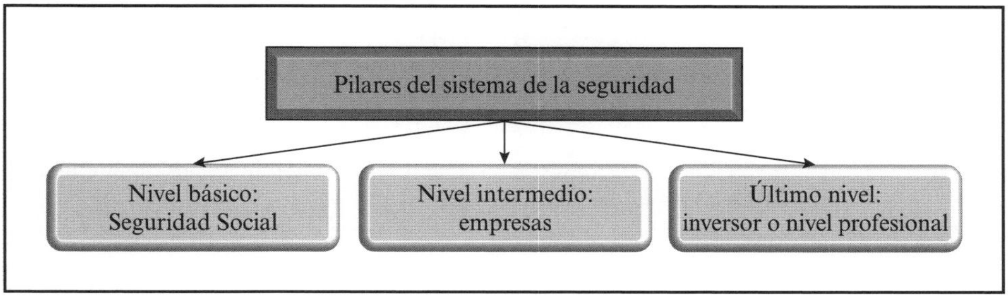

FUENTE: elaboración propia a partir de BBVA Pensiones.

Figura 8.1. Pilares del sistema público de pensiones.

1. **Seguridad Social (Estado).** Es el nivel básico. El sistema de pensiones está pensado para que toda la sociedad disfrute de cobertura, aunque sea básica, independientemente de que la persona haya cotizado o no. Consiste en que los trabajadores destinan una parte de su sueldo a la cobertura de los gastos de la Seguridad Social, que es quien paga las pensiones. Es un sistema de reparto: con el dinero que aportan los trabajadores se paga a los jubilados. Este pilar ofrece las pensiones contributivas y las no contributivas. Las primeras se caracterizan por ser precisas diversas aportaciones previas para cobrarlas, mientras que las segundas no precisan de ningún tipo de aportación y cubren necesidades básicas. Se rige por los principios de solidaridad, proporcionalidad y contribución. Estos principios son los explicados en la figura 8.2.
2. **Empresas.** El segundo nivel es el profesional, e incluye el ahorro que la empresa aporta a favor del trabajador a través de los planes de empleo, los seguros colectivos, etc. Se basa en un sistema de capitalización, es decir, las aportaciones actuales a favor del trabajador se destinan a las rentas futuras de esa persona.
3. **Inversor o nivel profesional.** El tercer pilar agrupa el ahorro que acumulen voluntariamente los individuos a través de diferentes productos financieros, que pueden ser, entre otros, los planes de pensiones, los planes de previsión asegurada (PPA), los planes individuales de ahorro sistemático (PIAS) o el plan de ahorro cinco. Al igual que el segundo pilar, se trata de un sistema de capitalización.

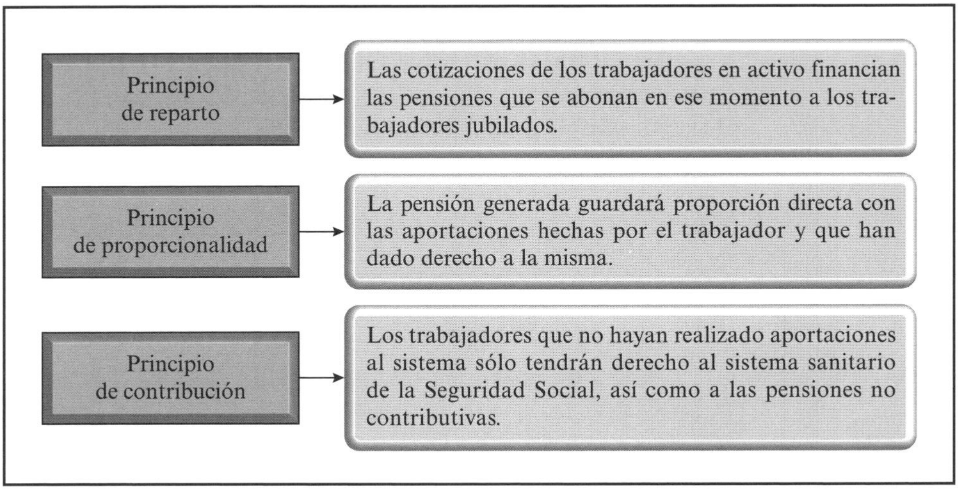

FUENTE: elaboración propia a partir de Canal Jubilación Mapfre.

Figura 8.2. Principios del sistema público de pensiones.

Para jubilarse formalmente en España y cobrar una pensión pública contributiva (es decir, derivada de las propias cotizaciones a la Seguridad Social y no de un régimen asistencial), los ciudadanos han de cumplir cuatro condiciones fundamentales que se muestran en la figura 8.3.

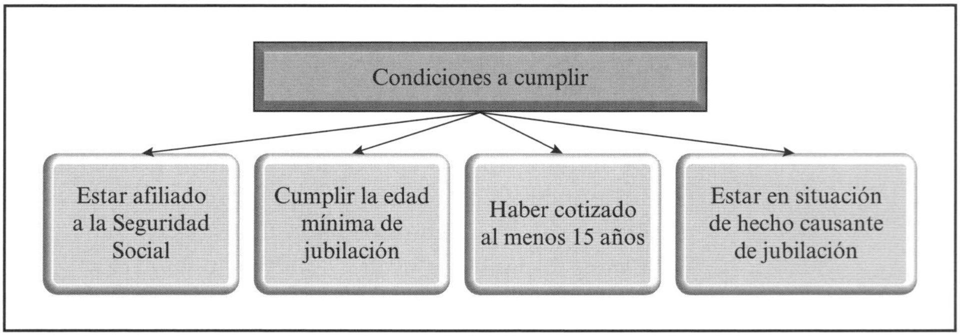

FUENTE: elaboración propia a partir de www.seguridadsocial.es.

Figura 8.3. Condiciones a verificar para poder cobrar una prestación contributiva.

1. Es necesario **estar afiliado en la Seguridad Social** en alguno de los regímenes que se contemplan, ya sea el general, el especial del mar y la minería o el de trabajadores autónomos, por ejemplo. Según la Seguridad Social, serán beneficiarias las «personas incluidas en el régimen general,

afiliadas y en alta o en situación asimilada a la de alta». La Ley de la Seguridad Social dice que también serán beneficiarios los trabajadores afiliados que, en la fecha del hecho causante, no estén en alta o en situación asimilada al alta, siempre que reúnan los requisitos de edad y cotización establecidos». Es decir, basta con estar afiliados al sistema.

2. **Edad mínima.** Esta será de **67 años** en 2027, pero hasta entonces se ha establecido un régimen transitorio desde el 1 de enero de 2013. Ese régimen parte de los 65 años de edad y va retrasando la jubilación a razón de un mes cada año desde 2013 hasta 2018, y de dos meses por año desde 2018 a 2027. Así hasta que se alcancen los 67. También se permitirá la jubilación a los 65 siempre que el trabajador haya cotizado un mínimo de años que va aumentando desde 35 a 38 años y medio en 2027 —a razón de un trimestre por año—. Esas son las edades contempladas para la jubilación ordinaria, excluyéndose los casos de jubilación anticipada.
3. El **período cotizado mínimo** es **de 15 años** para tener derecho a una pensión contributiva del sistema nacional de Seguridad Social. Tanto para los trabajadores que estén dados de alta en la Seguridad Social o en situación asimilada, como para aquellos que no estén en esas situaciones, el período genérico mínimo es de 15 años o 5.475 días cotizados. Además, al menos debe haber dos años de cotización comprendidos dentro de los 15 años anteriores al momento de generarse el derecho —o anteriores a la fecha en la que cesó la obligación de cotizar, para trabajadores en alta o situación asimilada—, que es lo que se conoce como carencia cualificada o específica.
4. Para acceder a la jubilación tiene que haberse producido lo que la ley llama **«el hecho causante».** Este hecho causante puede ser, o bien el día del cese en la actividad laboral, cuando el trabajador está en alta en la Seguridad Social, o bien el día de presentación de la solicitud, en las situaciones asimiladas a la de alta (con dos excepciones: en caso de excedencia forzosa el día del cese en el cargo que dio origen a la asimilación, y en caso de traslado fuera del territorio nacional el día del cese en el trabajo por cuenta ajena), o, por último, el día de la presentación de la solicitud, en las situaciones de no alta.

8.1.2. Situación demográfica en España

La Seguridad Social es el pilar de nuestro sistema de protección de prestaciones de asistencia sanitaria y pensiones. Sin embargo, ya son muchos los economistas especializados en sistemas de financiación que anticipan una posible quiebra de la Seguridad Social en los países más desarrollados (Belmonte et al., 2015; Crespo, 2015; Bueno et al., 2015). España tampoco es ajena a este problema, debido a que la población está envejeciendo, al aumentar la esperanza de vida y disminuir la tasa de natalidad, lo que impide que el dinero que se recaude de los trabajadores en activo, en el futuro, sea suficiente para cubrir el monto necesario para sufragar las pensiones de los mayores. Las cifras obtenidas del Instituto Nacional de Estadística así lo corroboran.

La esperanza de vida es el número medio de años que esperaría seguir viviendo una persona de una determinada edad en caso de mantenerse el patrón de mortalidad por edad (tasas de mortalidad a cada edad) (Nieto y Vegas, 1993). Es el indicador más ampliamente utilizado para realizar comparaciones sobre la incidencia de la mortalidad en distintas poblaciones y, en base a ello, sobre las condiciones de salud y nivel de desarrollo de una población. En los países occidentales, la esperanza de vida ha experimentado notables avances en el último siglo, y se ha conseguido con disminuciones en la probabilidad de morir debido a factores reflejados en la tabla 8.1.

TABLA 8.1

Factores de disminución de la probabilidad de fallecimiento

- Avances médico-tecnológicos.
- Mejor acceso a los servicios sanitarios.
- Reducción de las tasas de mortalidad infantil.
- Mejora en los niveles de educación.
- Mejora de los hábitos nutricionales y estilo vida.
- Incremento de la esperanza de vida.

FUENTE: elaboración propia.

La diferencia entre hombres y mujeres en años de esperanza de vida al nacer y a los 65 años ha disminuido en los últimos años. El aspecto clave en la evolución de las últimas décadas ha sido la mejora de las expectativas de vida en las personas de edad madura y avanzada. La reducción sostenida de la tasa de mortalidad en estas edades ha permitido que aumente el número de estas personas en el conjunto de la población, siendo bastante superior el número de mujeres que alcanzan una edad avanzada. En la figura 8.4 se refleja la evolución de la esperanza de vida por sexos, a partir de www.ine.es.

España mantiene el puesto 6 en el *ranking* de los 192 países respecto a la esperanza de vida (datos INE). Esto quiere decir que sus habitantes tienen una esperanza de vida muy alta en relación a la del resto de los ciudadanos del mundo.

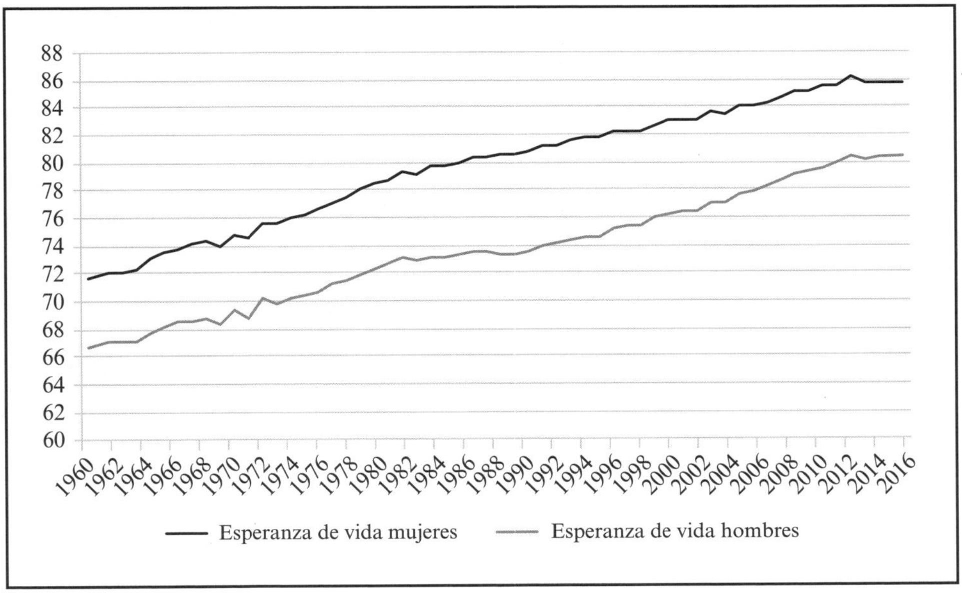

FUENTE: elaboración propia a partir de las tablas de mortalidad del INE.

Figura 8.4. Evolución de la esperanza de vida en España en los últimos 50 años.

8.1.3. La Seguridad Social y su sistema financiero

La Seguridad Social se define como un sistema público de prestaciones y protección frente a situaciones o riesgos que impiden la actividad laboral, limitando o anulando la capacidad de trabajo. La ley general de la Seguridad Social (art. 87) establece que «el sistema financiero es de reparto, primando el principio de solidaridad financiera». Es un sistema que beneficia a los ancianos, los enfermos, los desempleados, los familiares de los fallecidos así como los que tienen cargas familiares. En España, este sistema público de pensiones es un sistema contributivo, obligatorio y de reparto. Esto implica que la principal fuente de financiación del sistema son las cotizaciones obligatorias a la Seguridad Social que pagan anualmente las empresas y los trabajadores en activo.

Este sistema de reparto está basado, entre otros, en el principio de solidaridad entre generaciones, lo que supone que los trabajadores en activo financian las prestaciones de las personas que están cobrando una pensión en ese mismo momento. La generación actual paga las pensiones contributivas de la anterior generación, con la esperanza de que la generación siguiente pague la suya. Pero aquí es donde radica el problema. Por tanto, podemos decir que la sostenibilidad del sistema depende directamente de un concepto: la ratio trabajador/pensionista.

Esta ratio mide el número de trabajadores activos por cada persona que recibe una pensión. En España hemos pasado de tener una ratio de cuatro trabajadores por pensionista a finales de los años setenta a otra en torno a dos en la actualidad (año 2017), lo que está determinado en buena medida por **razones demográficas** (datos del Ministerio de Empleo y Seguridad Social). España se va acercando a la crítica cifra de 1,5 cotizantes por cada beneficiario de prestación social contributiva, lo cual indica la fragilidad del sistema (véase figura 8.5).

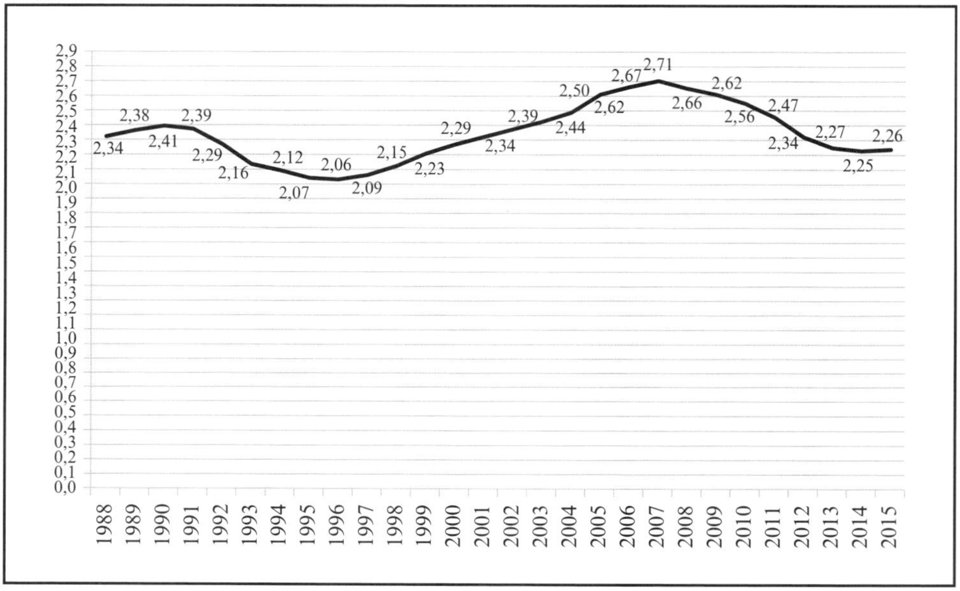

FUENTE: elaboración propia a partir de los datos del Ministerio de Empleo y Seguridad Social.

Figura 8.5. Evolución de la ratio afiliados/pensionista en España.

El nivel de déficit actual, la precariedad en el empleo, el descenso en las tasas de natalidad, así como el descenso en el número de cotizantes, son factores que hacen muy difícil volver a establecer el equilibrio del sistema de prestaciones contributivas. Entre las causas económicas se pueden citar el alto porcentaje de desempleo juvenil (en torno al 36% a fecha de enero de 2018, según datos de www.statistica.com), el retraso en el acceso al mercado de trabajo, así como alto porcentaje de personas con edad superior a 50 años y que se han encontrado fuera del mercado laboral debido a la crisis económica (en torno al 20% según www.datosmacro.expansion.com). Todo ello supone una disminución de los activos que nutren la hucha de la Seguridad Social. Esta situación es especialmente grave en España, pero también es común en los países de la Unión Europea, lo que implica que es preciso llevar a cabo una reforma del sistema de pensiones, así como la introducción de mecanismos que ayuden a que dicha reforma sobreviva, como el factor de sostenibilidad.

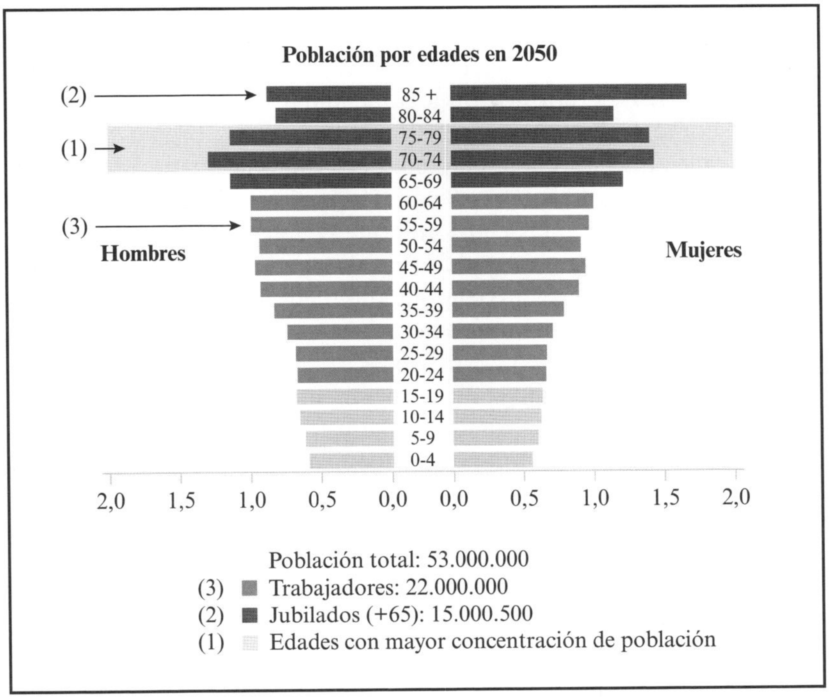

FUENTE: elaboración propia a partir de datos del INE.

Figura 8.6. Pirámide poblacional invertida.

La pirámide de población asusta, y la caída de las cotizaciones agrava el problema, que «se come la hucha de las pensiones a pasos agigantados». Asimismo, la situación empeora por el aumento del número de cotizantes autónomos, según datos del INE (www.ine.es), que optan por cotizaciones lo más bajas posibles, y porque «la entrada en el mercado laboral se realiza a edades cada vez más elevadas». El aumento de pensionistas y la disminución de personas activas originan que la recaudación sea insuficiente para que subsista un sistema de pensiones de reparto, que es en el que se basa el sistema público de pensiones, lo que conlleva un déficit creciente, solucionado, de momento, por un aumento de impuestos y edad de jubilación, así como una reducción de la cuantía de las prestaciones.

Pero no solo es el aspecto demográfico el problema de fondo. Existen otros factores, como el nivel de revalorización, el empleo o la productividad, que se han de tener en cuenta, dado que son un factor clave para que la situación mejore o empeore.

8.2. ANÁLISIS DE INGRESOS Y GASTOS EN EL MOMENTO DE LA JUBILACIÓN

Tal como indica A. Fuente (director de Fedea), el incremento de la productividad en España en los últimos veinte años ha sido nulo. La productividad es el cociente entre producción/salarios y va ligada a los niveles educativos, así como a una correcta gestión, regulación y organización empresarial. Es preciso pues que se genere empleo, pero que este sea productivo, estable y con un nivel salarial suficiente para garantizar el estado del bienestar. Si los salarios son salarios basura, las pensiones que se generarán serán pensiones basura. No es buena fórmula incrementar la productividad a costa del descenso en los salarios, que es lo que está ocurriendo actualmente.

Otro problema que tiene la sociedad, referente a la gestión de sus pensiones, tanto públicas como privadas, es la falta de educación financiera en este tema. Existe un bajo nivel de conocimiento de los ciudadanos sobre las pensiones, y en general sobre las finanzas. Por este motivo se considera fundamental el impulso de la educación financiera que hacen los expertos a los políticos.

Las personas que llegan a la edad de jubilación tienen una pensión contributiva, entregada por el sistema público de pensiones, que puede ser suficiente o no para cubrir sus necesidades. Pero como el sistema público de pensiones se encuentra en una situación de déficit, por todos los motivos expuestos con anterioridad, esto hace que sea difícil recuperar el equilibrio que ha de tener el sistema de pensiones en un plazo de tiempo razonable.

Se pueden plantear diferentes soluciones. Determinados grupos políticos optan por llevar a cabo un incremento de las bases máximas y mínimas de cotización, una reforma de la contribución de los autónomos y liberalizar recursos de la Seguridad Social que antes sufragaban los presupuestos, tales como pensiones de viudedad y orfandad, gastos de gestión, etc. Esta idea de reforma, de que las pensiones de viudedad y orfandad pasen a depender de los Presupuestos Generales del Estado, ya ha sido dada por el FMI y el Banco de España. Esto, a corto plazo, supone un alivio muy importante para la Seguridad Social, pero al mismo tiempo «va a aumentar el déficit del Estado» y, probablemente, puede obligar a la creación de un nuevo impuesto. El fondo también contempla una serie de soluciones, reflejadas en la tabla 8.2.

De todas las opciones, la marcada en negrita es la que el FMI considera como «lógica» para contrarrestar la caída de las pensiones públicas por la falta de ingresos.

Otros partidos políticos establecen una reforma fiscal para las rentas altas y grandes cuentas que ayuden a la sostenibilidad del sistema, así como llevar a cabo una mejora del empleo.

TABLA 8.2

Soluciones dadas por el FMI para reestablecer el equilibrio financiero del sistema

• Elevar las restricciones a la jubilación anticipada. • Limitar las razones por las que se pueden obtener más de una pensión. • Extender el período de cálculos de las pensiones a toda la carrera profesional del contribuidor. • Suprimir la base máxima de cotización. • **Los ciudadanos contraten planes de pensiones privados.**

FUENTE: elaboración propia.

8.2.1. El fondo de reserva

El fondo de reserva de la Seguridad Social se creó en los años noventa para atender las necesidades de pago de las pensiones contributivas que pudieran originarse en momentos de crisis económica y para garantizar el equilibrio de sistema de pensiones.

Los excedentes de ingresos que financian las prestaciones de la Seguridad Social (contributivas) y los gastos necesarios para su gestión se destinan, siempre que las posibilidades económicas y la situación financiera del sistema lo permitan, al fondo de reserva. También se nutre con los excedentes derivados de la gestión, por parte de las mutuas de accidentes de trabajo y enfermedades profesionales de la Seguridad Social, de la prestación de incapacidad temporal por contingencias comunes.

Las dotaciones al fondo las acuerda el Consejo de Ministros y, según los datos presentados en el informe a las Cortes Generales, a 31 de diciembre de 2016, tras haber utilizado más de 20.000 millones en el ejercicio (en acumulado del fondo se han sacado más de 50.000 millones desde que se comenzó a hacer disposiciones), el fondo tenía un total de 15.020 millones. Las cifras de 2017, a falta de los datos definitivos del cierre de ejercicio, revelan que quedan poco más de 11.600 millones en la «hucha de las pensiones».

Este fondo, que se nutre básicamente del superávit de la Seguridad Social, acumula en el año 2016 un déficit superior a los 2.500 millones. El problema de este déficit se debe a varios factores, tales como la mala calidad del empleo, la caída de las cotizaciones, las bonificaciones fiscales y la imputación a la Seguridad Social de gastos que antes cubrían los presupuestos generales del estado (pensiones de orfandad y viudedad).

El problema radica en que, por la situación actual que tenemos, por los motivos expuestos, los jubilados van a perder un 30% de poder adquisitivo a lo largo de su retiro, tal como indica el periódico *El Mundo Economía* con fecha de

25 octubre de 2018. El FMI solicita limitar la subida de las pensiones al 0,25% y que estas se complementen con planes privados, mientras que la autoridad fiscal estima que la pensión media va a subir menos de 3 euros por año hasta 2022.

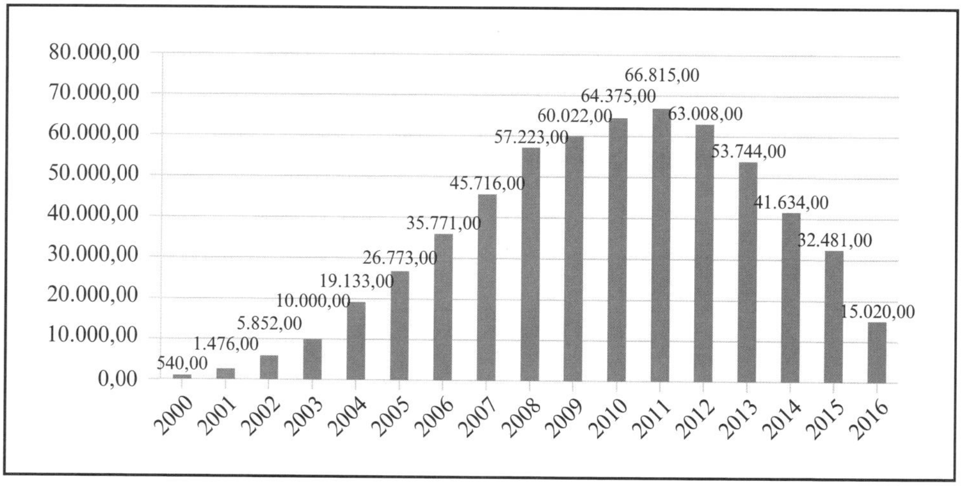

Valores en millones de euros.
FUENTE: elaboración propia a partir de los datos Ministerio de Empleo (www.porcentual.es).

Figura 8.7. Evolución del fondo de reserva de la Seguridad Social.

Los jubilados que se retiren en el año 2018 pierden **el 30% de su poder adquisitivo a lo largo del período que dure la prestación.** Así lo asegura el Fondo Monetario Internacional (FMI), que incluye esta advertencia en la última revisión que llevó a cabo sobre la economía de España y en la que da por hecho que, **al menos hasta 2050,** las pensiones solo se podrán revalorizar el mínimo del 0,25% que marca la ley en situaciones de déficit. En cambio, el organismo considera que la inflación se mantendrá cerca del 2%, que es la cifra que el Banco Central Europeo (BCE) considera óptima. Por tanto, el fondo calcula que las pensiones de los nuevos jubilados perderán casi un tercio de su capacidad de compra.

Un ejemplo con cifras es evidente.

Si el índice de revalorización en un año es del 0,25%,
y la inflación en ese año es del 2%, la pensión perderá
poder adquisitivo en 2% − 0,25% = 1,75%

Siempre que la revalorización de la pensión sea inferior a la inflación se perderá poder adquisitivo, y esto se debe a que la inflación es el aumento anual del precio de los bienes y servicios que se consumen normalmente.

Un aumento de la inflación supone una pérdida de valor de los ahorros, por lo que para que no pierdan capacidad de compra hay que protegerlos de los incrementos de los precios. Por tanto, el objetivo de cualquier inversión debe ser lograr una rentabilidad al menos igual a la inflación, aunque es deseable obtener una rentabilidad superior.

Las alarmantes estimaciones del fondo señalan que, además de a esta pérdida, **que se va a perpetuar en las próximas décadas,** los trabajadores que se jubilen en el medio y largo plazo también tendrán que hacer frente al factor de sostenibilidad.

8.2.2. El factor de sostenibilidad

Es una herramienta que se ha creado para repartir de una forma más eficiente los recursos disponibles en la Seguridad Social ante los incrementos de la esperanza de vida de la población, teniendo su entrada en vigor de manera inicial el día 1 de enero de 2019. No obstante, se ha producido un retraso en su incorporación para el cálculo de las pensiones, según lo dispuesto en la Ley 6/2018, de 3 de julio, de Presupuestos Generales del Estado para el año 2018, que dispone lo siguiente: «la aplicación del factor de sostenibilidad regulado en el artículo 211 del Texto refundido se llevará a cabo una vez que, en el seno de la Comisión de Seguimiento y Evaluación de los Acuerdos del Pacto de Toledo, se alcance un acuerdo acerca de la aplicación de las medidas necesarias para garantizar la sostenibilidad del sistema. No obstante, y en todo caso, su entrada en vigor se producirá en una fecha no posterior al 1 de enero de 2023».

Consiste en una serie de índices o coeficientes correctores con los que se pretende ligar la evolución de la cuantía de las pensiones no al IPC, sino a la esperanza de vida, a los ingresos y gastos del sistema, así como a la tasa de sustitución y el déficit o superávit de la Seguridad Social durante una media de 11 años, los seis anteriores al momento en el que se fijan y las previsiones de los cinco siguientes. Para el cálculo del factor de sostenibilidad se tendrán en cuenta las tablas de mortalidad de la población pensionista que elabora la Seguridad Social, tomándose como referencia los 67 años. Este índice se revisa cada cinco años.

La introducción del factor de sostenibilidad en el cálculo de nuestra pensión implica ligar la esperanza de vida con la cuantía de la pensión en el momento de acceder a la jubilación. Esto supone que, a medida que aumente la esperanza de vida de la población, la cuantía mensual de la pensión irá disminuyendo poco a poco de forma proporcional. Esto no significa necesariamente que la cantidad total de la prestación contributiva disminuya, sino que el mismo importe global se va a disfrutar durante más tiempo, debido a la longevidad anteriormente explicada, por lo que la pensión mensual se reduce. Así hasta que se produzca el óbito del beneficiario de la pensión contributiva.

Esta es una de las medidas con las que se pretende hacer frente al aumento de la esperanza de vida, y para ello contempla una reducción gradual de la cuantía de las pensiones a partir de 2023. Como consecuencia, el FMI advierte de que «un trabajador que en el 2023 tenga 47 años, y se retire en 2041 a la edad de 67 años, sufrirá también una reducción en su capacidad adquisitiva. Sin embargo, a esta caída habrá que sumarle una reducción en la pensión inicial de alrededor del 10% como consecuencia del factor de sostenibilidad, por lo que la pérdida total será del 40%».

Por los motivos expuestos, somos muchos los que consideramos la conveniencia de ir pasando progresivamente desde el actual sistema de reparto hacia un sistema de capitalización. Este último sistema consiste en que los trabajadores actuales ahorren hasta generar un fondo propio, para que el día que llegue su jubilación dicho fondo sufrague la carencia de una prestación otorgada por el sistema de reparto.

8.3. CÁLCULO DE LA PRESTACIÓN POR JUBILACIÓN DEL SISTEMA DE SEGURIDAD SOCIAL

La cuantía de la prestación por jubilación del sistema de la Seguridad Social está formada por una cantidad que se calcula en función de la base reguladora, así como de una serie de porcentajes que se aplican a dicha base reguladora. Estos porcentajes se realizan en función del número de años cotizados del trabajador, así como el que se establece de manera adicional por prolongar la vida laboral, o por acceder a la situación de jubilación con una edad superior a la establecida y vigente en cada momento, así como el coeficiente reductor que sea el aplicable.

Cálculo de la base reguladora

A partir del año 2022 se calculará como resultado de dividir por 350 las bases de cotización del interesado durante los 300 meses inmediatamente anteriores al del mes previo al del hecho causante de la jubilación. En el caso de los pensionistas que accedan a la pensión desde una situación de alta o asimilada a esta sin tener obligación de cotizar, el período para calcular la base reguladora no puede considerarse de manera retroactiva al momento en que cesó la obligación de cotizar.

Para aquellas personas que accedan a una pensión y que les sea aplicable la legislación anterior al 1 de enero de 2013, mediante la aplicación de la disposición transitoria cuarta de la LGSS, la base reguladora será el resultado de dividir por 210 las bases de cotización del sujeto beneficiario de la prestación durante los 180 meses inmediatamente anteriores al del mes previo al del hecho causante de la jubilación.

Desde el 1 de enero de 2013 el número de meses se elevará progresivamente, a razón de 12 meses por año. En la siguiente tabla se indica el número los meses computables en cada ejercicio, hasta llegar a los 300 en 2022, y el divisor correspondiente.

TABLA 8.3

Evolución de los meses para el cálculo de la base reguladora

Año	Número de meses computables/Divisor	Años computables
2013	192/224	16
2014	204/238	17
2015	216/252	18
2016	228/266	19
2017	240/280	20
2018	252/294	21
2019	264/308	22
2020	276/322	23
2021	288/336	24
2022	300/350	25

FUENTE: elaboración propia a partir de www.seg-social.es.

Porcentajes aplicables

El porcentaje que se aplica a partir del 1 de enero de 2013 no es fijo, sino que está en función de los años de cotización a la Seguridad Social, aplicándose una escala que comienza con el 50% a los 15 años, aumentando a partir del decimosexto año un 0,19% por cada mes adicional de cotización, entre los meses 1 y 248, y un 0,18% los que rebasen el mes 248, sin que el porcentaje aplicable a la base reguladora supere el 100%, salvo en los casos en que se acceda a la pensión de jubilación con una edad superior a la que resulte de aplicación. Una vez que se determine la cuantía, se aplicará el factor de sostenibilidad que corresponda en cada momento. La aplicación de dicho factor de sostenibilidad ha sido aplazada por la Ley 6/2018, de 3 de julio, de Presupuestos Generales del Estado para el año 2018, siendo su entrada en vigor en una fecha no posterior al 1 de enero de 2023.

Los porcentajes adicionales que se aplican en los casos anteriormente indicados son:

— **Porcentaje por aplicación del complemento por maternidad.** A todas aquellas mujeres que hayan tenido dos o más hijos, ya sean biológicos o adoptados, se les aplicará un complemento por maternidad consistente en un porcentaje aplicable al importe de la pensión que se causen a partir del

1 de enero de 2016. Dicho porcentaje será del 5% en el caso de dos hijos, del 10% con tres hijos y del 15% en el caso de cuatro o más hijos. Para el ejercicio de este derecho no importa que los hijos hayan nacido en España o fuera de España. Este porcentaje adicional no es de aplicación en los casos en los que se produzca la jubilación anticipada de la mujer interesada de manera voluntaria ni en los casos de jubilación parcial.

— **Porcentaje por acceder a la jubilación en una edad superior a la establecida legalmente.** En el momento en el que se acceda a la pensión de jubilación a una edad superior a la edad ordinaria de jubilación vigente en cada momento (67 años), y siempre que al cumplir esta edad se cumpliera con el requisito del período mínimo de cotización, se reconocerá al interesado un porcentaje adicional por cada año completo cotizado, o que se considere legalmente cotizado, entre la fecha en que cumplió dicha edad y la del hecho causante de la pensión de jubilación, en función del número de años cotizados que se acrediten en la primera de las fechas indicadas. El porcentaje adicional obtenido se sumará al que, con carácter general, corresponda al beneficiario de la pensión de jubilación de acuerdo con los años cotizados. El porcentaje resultante se aplicará a la base reguladora a efectos de determinar la cuantía final de la pensión, que no podrá ser superior, en ningún caso, a 2.659,41 euros/mes, sin perjuicio de las pagas extras, cuya cuantía también se verá afectada por este límite, o bien 37.231,74 euros/año.

Si la cuantía de la pensión a la que tiene derecho el sujeto causante alcanza el límite máximo sin que se aplique el porcentaje adicional, entonces el beneficiario puede percibir la pensión por el importe máximo, y además tendrá derecho a percibir anualmente una cantidad que se obtendrá aplicando al importe máximo vigente en cada momento el porcentaje adicional no utilizado para determinar la cuantía de la pensión, redondeado a la unidad más próxima por exceso. Esta cantidad se irá devengando por meses vencidos y se abonará al beneficiario en catorce pagas.

Trabajadores a tiempo parcial

En este caso, la base reguladora de las prestaciones de jubilación e incapacidad permanente se calculará conforme a la regla general. Para la determinación del cálculo de la cuantía de las pensiones de jubilación, así como de incapacidad permanente por enfermedad común, el número de días cotizados que resulten de la aplicación del coeficiente de parcialidad [segundo párrafo de la letra *a*) del art. 247 de la LGSS] se incrementará con la aplicación del coeficiente del 1,5, sin que el número de días resultante pueda ser superior al período de alta a tiempo parcial.

8.4. RECURSOS DISPONIBLES PARA LA JUBILACIÓN

Planificar la jubilación es un proceso importante y que puede acarrear consecuencias negativas para el beneficiario si no se lleva a cabo correctamente. Una correcta planificación financiera augura el éxito en nuestra vida. Varios son los pasos básicos a seguir para una correcta planificación, que se muestran en la figura 8.8.

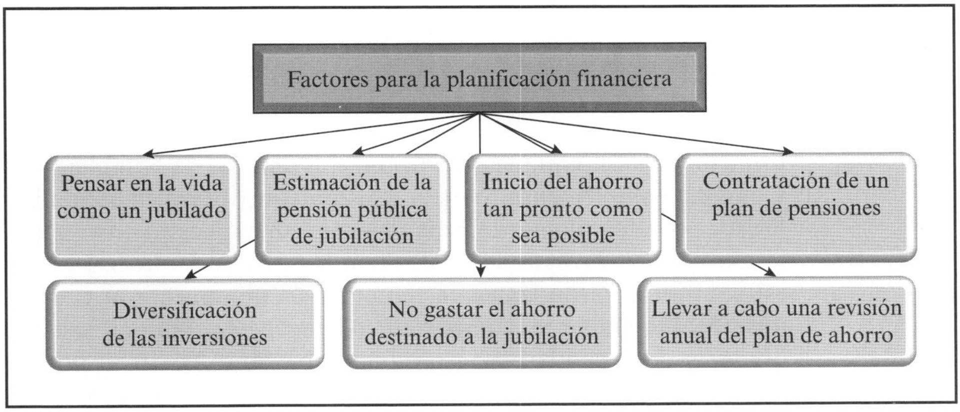

FUENTE: elaboración propia.

Figura 8.8. Factores para una correcta planificación financiera.

De unos años hasta la actualidad, según la V Encuesta sobre pensiones y hábitos de ahorro en España (BBVA Pensiones), entre los españoles existe una alta preocupación sobre el futuro financiero que les depara. En concreto, en torno al 80% de las personas considera deseable y aconsejable tener algún plan de ahorro alternativo para poder hacer frente a la jubilación. El problema es que casi un 43% de la población no ahorra porque no tiene mentalidad previsora, y otro tanto no se ve con capacidad de ahorrar por el nivel salarial que tiene, que le hace imposible la opción del ahorro.

Es vital que las personas tengan en cuenta su situación financiera para poder llevar a cabo una correcta planificación de la misma, esto es, tener en cuenta sus activos (inversiones en bienes inmuebles o inversiones financieras) y sus pasivos (préstamos hipotecarios o personales). Esto ha de ir vinculado a la situación de ingresos y gastos que tenga la persona, para así poder calcular qué parte de este diferencial destina al ahorro.

El principal objetivo de una correcta planificación financiera es poder tener cubierto el déficit existente entre los recursos de los que dispone una persona, así como el objetivo de los ingresos que se desean tener en el momento de la jubilación. Esto se ha de hacer teniendo en cuenta lo adverso o no que sea la persona al riesgo, para, de este modo, definir y planificar las inversiones que mejor se adaptan a uno.

Para poder lograr ese ahorro, y por tanto tener un nivel de ingresos deseable cuando se termine la vida laboral, se ponen a disposición de las personas diferentes productos de ahorro. En todos y cada uno de ellos hay que analizar el tándem rentabilidad-riesgo, las comisiones que llevan parejas, la liquidez que ofertan, así como las ventajas fiscales.

Las fórmulas de ahorro privadas existentes, y que complementan a la pensión contributiva otorgada por el Estado, se reflejan a continuación.

Planes de pensiones

Se trata de productos de ahorro a largo plazo que tienen por objetivo constituir un capital para, cuando llegue el momento de la jubilación, disponer de él y que sea complementario de la pensión contributiva. Las modalidades y características de los planes de pensiones se han explicado en el capítulo 7. La diferencia de esta fórmula de ahorro con los planes de previsión asegurados es que estos últimos garantizan una rentabilidad mínima hasta el vencimiento de los mismos. Sin embargo, comparten contingencias comunes, así como casos de liquidez y de fiscalidad. Son productos bastante flexibles, porque se permite el traspaso de un plan a otros sin comisiones, es posible realizar aportaciones con diferente periodicidad a la inicialmente establecida, así como las modalidades de cobro pueden ser en forma de capital o en forma de renta. En lo referente a la fiscalidad, estos productos reducen la base imponible del impuesto IRPF, teniendo un límite conjunto de 8.000 euros o del importe del 30% de las rentas del trabajo y actividades económicas. El dinero que resulta rescatado en forma de capital tributa como una renta del trabajo, con una reducción del 40%, mientras que el que se rescata en forma de renta tributa como una renta del trabajo normal sometida a la retención vigente.

Seguros de ahorro

Se trata de seguros que tienen como principal cobertura la supervivencia del asegurado, aunque también pueden cubrir el riesgo de fallecimiento e invalidez. Presentan una rentabilidad garantizada, rescate anticipado, así como experimentan el riesgo de insolvencia del asegurador. Cabe citar los planes de ahorro sistemático, que se caracterizan porque son seguros de vida con componente de ahorro de rentas vitalicias diferidas y abono de primas periódicas.

Seguros de ahorro PIAS

Se trata de seguros que tienen por finalidad la constitución de una renta vitalicia, pagadera al asegurado hasta que acaezca el óbito de este. En este caso el tomador y el beneficiario han de coincidir en una única persona. No tienen ningún tipo de beneficio fiscal.

Venta de la nuda propiedad

Se trata de una fórmula de ahorro alternativa y relativamente reciente. Consiste en que un inversor adquiere un inmueble por debajo de su precio de mercado (en torno al 50%-90% de su valor) a una persona mayor, la cual se convierte en el usufructuario de esta vivienda hasta el momento de su fallecimiento. Cuanto mayor es la edad del usufructuario, mayor es el descuento con el que consigue adquirir el inmueble el inversor. El inversor se convierte en el dueño del inmueble, pero el usufructuario permanece como inquilino en el inmueble hasta el fin de sus días sin pagar nada.

Venta con alquiler garantizado

Se trata de otra fórmula de ahorro relativamente novedosa, sobre todo a razón de la situación de crisis económica vivida desde el año 2007 y el aumento de la esperanza de vida. Consiste en que un inversor compra un inmueble a precio de mercado, con un descuento que ronda entre el 5% y el 20%, a una persona mayor de 70 años, convirtiéndose dicho inversor en el dueño de la propiedad. Esta persona mayor adquiere el derecho, si lo desea, de permanecer como arrendatario vitalicio o por un plazo concreto en el inmueble pagando un alquiler.

REFERENCIAS BIBLIOGRÁFICAS

BBVA Pensiones (2015). *Los tres pilares de la previsión social.* Recuperado el 12 de diciembre de 2018 de: http://www.jubilaciondefuturo.es/.

Belmonte, L. J., Corrales, A. J. y Ruiz, J. (2015). La sostenibilidad del sistema de pensiones en España. *European Journal of Education and Psychology, 2*(2).

Bueno, M. C., Calderón, G. F. A. y Centeno, M. C. G. (2015). ¿Se está adentrando el sistema español de pensiones en zona sísmica? *Estudios de Economía Aplicada, 33*(3), 735.

Crespo, I. (2015). *Análisis de la seguridad social en España: búsqueda de un método alternativo.*

Ley 6/2018, de 3 de julio, de Presupuestos Generales del Estado para el año 2018.

Mapfre Canal Jubilación (2016). *Los pilares de la previsión social complementaria.* Recuperado el 20 de noviembre de 2018 de: https://www.jubilacionypension.com/planes-fondos/.

Ministerio de Empleo y Seguridad Social.

Nieto, U. y Vegas Asensio, J. (1993). *Matemática actuarial.* Fundación Mapfre Estudios. Instituto de Ciencias del Seguro.

V Encuesta sobre pensiones y hábitos de ahorro en España (BBVA Pensiones) (2017). Instituto BBVA de Pensiones.

Páginas web recomendadas

Instituto Nacional de Estadística (INE): www.ine.es.
Datos Macro: www.datosmacro.expansion.com, www.statistica.com.

9 El mercado inmobiliario y el préstamo hipotecario

Damián de la Fuente Sánchez

Resumen del capítulo

En este capítulo, el lector se familiarizará con los aspectos más importantes de la inversión inmobiliaria a través de las principales características de este mercado y podrá estudiar los rasgos diferenciadores de sus productos más habituales para incluir en las carteras de inversión de sus clientes. Además, se estudiará el préstamo que tiene por objetivo adquirir un inmueble.

Objetivos de aprendizaje

Después de estudiar el capítulo, el lector ha de ser capaz de entender:

1. Qué se entiende por inversión en activos inmobiliarios.
2. Cómo se clasifican las inversiones inmobiliarias en función del activo real en que se concretan.
3. Las fuentes de rentabilidad en las inversiones inmobiliarias y los diferentes riesgos asociados.
4. Las características diferenciadoras de los productos de inversión inmobiliarios más importantes.
5. Qué se entiende por préstamo hipotecario.
6. Las variables más importantes relacionadas con estos productos.
7. Los tipos de interés aplicables en este tipo de préstamos.
8. La documentación necesaria para suscribir estos productos.
9. El cálculo de las variables más importantes.
10. Cómo se obtiene el coste real de un préstamo.

9.1. INTRODUCCIÓN

Al tratar el concepto de inversión hay dos grandes conjuntos de bienes económicos que son su objeto: los reales y los financieros. En el caso de los primeros, los productos inmobiliarios ocupan una buena parte de las carteras inversoras de particulares, empresas e instituciones.

En las próximas páginas detallaremos sus características más importantes, clasificaremos la inversión inmobiliaria en función de la naturaleza del bien y especificaremos los vehículos de inversión más frecuentes y habituales a la hora de acometer este tipo de inversiones. Asimismo, dedicaremos el último epígrafe a estudiar la naturaleza del préstamo hipotecario desde un punto de vista legal y matemático-financiero.

9.2. DEFINICIÓN Y PRINCIPALES CARACTERÍSTICAS DE LA INVERSIÓN INMOBILIARIA

La primera idea de lo que se entiende por inversión inmobiliaria hace referencia a la adquisición con recursos propios o ajenos de bienes inmuebles que no se utilizan en la producción de bienes y servicios y que se alquilarán o venderán. Habría además otra acepción de la inversión inmobiliaria, que incluiría la compra de títulos-valores representativos del capital social de las empresas inmobiliarias, participaciones en fondos de inversión inmobiliarios y títulos hipotecarios, con el ánimo de obtener ingresos periódicos en forma de intereses o dividendos y una plusvalía cuando se vendan o liquiden.

Las características más relevantes de la inversión inmobiliaria se pueden establecer en función de las dos acepciones que acabamos de ver en su definición. Respecto a la compraventa de bienes inmuebles, podríamos establecer como rasgos más característicos los siguientes:

— Importantes desembolsos de capital. Por lo general, para poder adquirir los activos físicos inmobiliarios se exigen grandes sumas de dinero, que muchas veces no están al alcance de la mayoría de los potenciales inversores, a no ser que opten por recursos ajenos para su financiación.
— El mercado inmobiliario no es muy transparente, puesto que una información veraz y completa casi nunca existe o no es accesible. Además, en el mercado español existen distintas regulaciones en función de la comunidad autónoma, lo cual genera más incertidumbre.
— La formación de precios tampoco es clara y se basa casi siempre en valoraciones privadas entre las partes, sin mayor intervención externa que la del Notario y el Registrador de la Propiedad.
— La competencia del mercado inmobiliario es imperfecta. Es decir, los precios no se forman libremente por la concurrencia de la oferta y la demanda, ya que hay una clara intervención administrativa (sobre todo en el precio del suelo) y la demanda casi siempre está en desventaja frente a la oferta.
— Suele ser una inversión bastante rentable, aunque también es muy proclive a la formación de burbujas especulativas, lo que puede provocar pérdidas no previstas.
— Los bienes inmobiliarios no presentan un alto grado de liquidez, sobre todo en épocas posteriores a recesiones originadas por burbujas especulativas.
— Los costes de transacción suelen ser bastante numerosos y altos: agencia intermediaria, notaría, registro de la propiedad, comunidad de propietarios, mantenimiento y conservación del inmueble e impuestos diversos (estatales, autonómicos y municipales).

En cuanto a la inversión en títulos valores, podríamos hablar de los siguientes rasgos:

— No son necesarios desembolsos tan importantes como ocurría con la compraventa de bienes inmuebles, sobre todo en los casos de compra de acciones o participaciones de sociedades de cotización oficial o de instituciones de inversión colectiva.
— Los precios de los activos los suministra el mercado gratuitamente, en forma de cotización oficial.
— Los títulos valores son bastante líquidos.
— Los costes de transacción no suelen ser altos, y en cualquier caso están en consonancia con los de otros activos financieros.

9.3. CLASIFICACIÓN DE LA INVERSIÓN INMOBILIARIA

Podemos distinguir entre inversiones primarias o secundarias. Las primeras son aquellas que se caracterizan porque el inversor adquiere un bien inmueble con el objetivo de explotarlo para obtener un rendimiento a través de rentas, ganancias de capital o una mezcla de ambas. En cuanto a las segundas, son aquellas en las que el inversor adquiere acciones, bonos, obligaciones, participaciones en fondos de inversión o títulos hipotecarios, con el ánimo de obtener rendimientos a través de dividendos, intereses o incrementos patrimoniales.

9.3.1. Inversiones primarias

a) **Inversión en suelo.** Actualmente en nuestro país la normativa que regula el uso del suelo se encuentra recogida en el Real Decreto 7/2015, por el que se aprueba el texto refundido de la Ley del Suelo y Rehabilitación Urbana. De acuerdo con ella, todo el suelo en España se encuentra en la situación básica de suelo rural o de suelo urbanizado.

1. El **suelo rural** es el que no se puede transformar mediante la urbanización. Incluye:

   — Los terrenos que se excluyen por la legislación de protección o policía del dominio público, de la naturaleza o del patrimonio cultural.
   — Los que deben ajustarse a tal categoría por su naturaleza ecológica, agrícola, ganadera, forestal o paisajística.
   — Aquellos que presentan riesgos naturales o tecnológicos.
   — Por último, los que permitan su paso a la situación de suelo urbanizado hasta que termine la correspondiente actuación de urbanización, y aquellos que no reúnan los requisitos para el suelo urbano.

2. El **suelo urbano** es el que está legalmente integrado en una malla urbana formada por viales, dotaciones y parcelas propias del núcleo de población y cumple las siguientes condiciones:

   — Ha sido urbanizado en ejecución de un instrumento de ordenación.
   — Dispone de las infraestructuras y los servicios necesarios para satisfacer la demanda de los usos y edificios existentes o previstos.
   — No basta con que sea colindante con carreteras de circunvalación o vías de comunicación interurbanas.
   — Está ocupado por la edificación.

— El incluido en los núcleos rurales tradicionales legalmente asentados en el medio rural, siempre que la legislación que le sea de aplicación le atribuya la condición de suelo urbano, y cuando cuente con las dotaciones, infraestructuras y servicios necesarios.

b) **Inversión en vivienda.** Normalmente la adquisición de una vivienda constituye el desembolso más importante que realiza una persona a lo largo de su vida y suele llevarse gran parte del ahorro familiar. En nuestro país, según datos recientes del INE, la distribución del régimen de tenencia de viviendas principales es la siguiente: el 76,7% la disfrutan en propiedad, el 16,9% en alquiler y el 6,4% en cesión gratuita.

c) **Inversión en otros activos inmobiliarios.** Son inmuebles de uso terciario, tales como edificios de oficinas, naves industriales, centros logísticos, centros comerciales, hoteles... Dada su naturaleza, la inversión en este tipo de activos se reserva a inversores profesionales, sobre todo por la complejidad que entraña su gestión y por el elevado importe que se exige.

9.3.2. Inversiones secundarias

La inversión primaria exige, normalmente, un desembolso importante de dinero y un profundo conocimiento del mercado para poder gestionar esos activos. Ambas características limitan el número de inversores que pueden acceder al mercado inmobiliario de forma directa. No obstante, para poder obtener rentabilidades de tipo inmobiliario sin participar en la gestión directa de las empresas afectadas hay un amplio catálogo de productos que permiten canalizar el ahorro. Las más conocidas son las sociedades inmobiliarias con cotización oficial, sociedades patrimoniales inmobiliarias, sociedades de arrendamiento de viviendas, fondos de inversión inmobiliaria y SOCIMIS, que veremos en las próximas páginas.

9.4. RENTABILIDAD Y RIESGO DE LA INVERSIÓN INMOBILIARIA

En el proceso de inversión inmobiliario se podrían establecer varias fases: se inicia con la adquisición del activo (o títulos valores), se prolonga con la tenencia de los mismos durante un período de tiempo en el que se obtienen rentas o dividendos, y concluye con la venta de los bienes o amortización de los títulos, pudiéndose generar en este proceso de compraventa una plusvalía o una minusvalía.

Las ganancias en términos relativos que se pueden obtener por la inversión inmobiliaria pueden provenir de dos fuentes principales: a través del alquiler del bien objeto de la inversión (por viviendas o locales comerciales) o, alternativamente y complementariamente, por la revalorización de su valor a través de un aumento en el precio en la venta. No obstante, las innovaciones tecnológicas y los cambios sociales y demográficos están perfilando un nuevo mercado más orientado al alquiler que a la propiedad.

En nuestro país, el mercado inmobiliario ha sido tradicionalmente muy atractivo tanto para los inversores domésticos como para los extranjeros (sobre todo en la costa). Para los primeros, porque de forma sistemática se aseguraban buenas cifras de rentabilidad frente a otras alternativas de tipo financiero, y para los segundos porque se posicionan en un mercado pujante y muy activo por la vía de los alquileres en los últimos años.

Este mercado tradicionalmente ha sido muy interesante[1] en términos de rentabilidad y se convierte en una alternativa muy sólida e interesante para las carteras de los inversores privados e institucionales, especialmente en períodos de tipos de interés bajos.

En cuanto a los riesgos incurridos, habría que señalar los tradicionales de cualquier inversión más los inherentes a la naturaleza propia del bien objeto. Entre los más significativos podríamos señalar los siguientes:

- La posibilidad de que el planeamiento urbanístico realizado y sobre el que se va a realizar la inversión no supere los procedimientos legales y burocráticos o que modifique el proyecto sustancialmente.
- Cargas y gravámenes latentes no aparentes o derechos preexistentes a favor de algún tercero (usufructos, opciones de compra, servidumbres, etc.).
- Impacto medioambiental no contemplado inicialmente y que puede afectar sustancialmente al valor del activo.

9.5. VEHÍCULOS PARA LA INVERSIÓN Y LA PLANIFICACIÓN INMOBILIARIA

9.5.1. Fondos de inversión inmobiliaria (FII)

Son instituciones de inversión colectiva que tienen por objetivo invertir en el mercado inmobiliario. Tanto los fondos como las sociedades de inversión inmobiliaria pertenecen a las instituciones de inversión colectiva no financiera, ya que invierten en activos de naturaleza no financiera. La diferencia entre los fondos de inversión y las sociedades de inversión inmobiliaria es que estas últimas adoptan una forma societaria.

[1] Desde 2013 la subida de la rentabilidad es sostenida, aunque todavía un poco lejos de las cifras que se alcanzaron en el boom de principios de siglo.

En concreto, los fondos de inversión inmobiliaria (FII) invierten en cualquier tipo de inmueble de naturaleza urbana (edificios de viviendas, urbanizaciones, inmuebles en fase de construcción, residencias de la tercera edad o de estudiantes...) para su arrendamiento. Sus ingresos provienen, por tanto, del alquiler de los inmuebles y de la evolución de sus precios y estarán gestionados y representados por una sociedad gestora y un depositario.

La liquidez de estos fondos no es tan alta como en el caso de los mobiliarios, ya que solo están obligados a permitir las suscripciones y reembolsos una vez al año, aunque en la mayoría de ellos se abren más ventanas de liquidez. El valor liquidativo deberá ser fijado por la sociedad gestora como mínimo una vez al mes, y el patrimonio inmobiliario deberá tasarse, como regla general, una vez al año. Ese valor liquidativo será el resultado de dividir el patrimonio del fondo (medido como la diferencia entre el valor del activo y las cuentas acreedoras) entre el número de participaciones. Para obtener el valor de los bienes inmuebles se tomará como referencia el de la última tasación, imputándose los incrementos y disminuciones del valor de los inmuebles al mes en que se realice la tasación.

Este tipo de fondos debe tener un patrimonio mínimo inicial de nueve millones de euros, totalmente desembolsado y formado por las aportaciones de los partícipes (como mínimo serán 100 personas) y sus rendimientos. A la hora de realizar sus inversiones tienen que tener en cuenta las siguientes normas:

— Como mínimo el 70% del promedio anual de saldos mensuales deberá estar invertido en bienes inmuebles.
— Deberá mantenerse un coeficiente de liquidez mínimo del 10% del activo total del mes anterior.
— Ningún activo puede representar por sí mismo más del 35% del patrimonio total del fondo en el momento de su adquisición.

Se caracterizan por sus altas comisiones: en las de gestión pueden ser como máximo del 4% del patrimonio del fondo; en las de suscripción y reembolso el máximo se sitúa en el 5% del valor liquidativo de la participación, y en la del depositario puede ascender como tope al 0,4% del patrimonio del fondo.

Por sus características, están indicados para inversiones a medio y largo plazo.

9.5.2. Sociedades patrimoniales inmobiliarias

Este tipo de sociedades no tienen relevancia a efectos mercantiles, por lo que se tratará de sociedades anónimas o limitadas a las que se aplica un determinado régimen fiscal al cumplir con unos determinados requisitos.

Una sociedad patrimonial, de acuerdo con el artículo 5.2 de la ley 27/2014 del Impuesto sobre Sociedades, es aquella en la que la mitad de su activo está constituido por valores o no está afecto a una actividad económica. Es decir, en nuestro caso una sociedad patrimonial inmobiliaria no realiza ninguna actividad empresarial y solo se encarga de la gestión de un patrimonio inmobiliario, siempre y cuando no tenga ninguna persona contratada a tiempo completo dedicada a ello.

De acuerdo con esto, las sociedades patrimoniales inmobiliarias suelen ser de dos tipos: las que poseen exclusivamente inmuebles para su uso y disfrute de sus propietarios (sociedades patrimoniales de tenencia de inmuebles) y las que se dedican al alquiler de sus inmuebles (sociedades patrimoniales de alquiler de inmuebles).

Tal como hemos comentado anteriormente a la hora de constituir una sociedad patrimonial inmobiliaria, habrá que constituir una sociedad mercantil normal y acogerse a la tributación como patrimonial cumpliendo los siguientes requisitos:

- Más del 50% del activo estará constituido por valores.
- No debe estar afecto a ninguna actividad económica (se entiende por actividad económica la ordenación por cuenta propia de los medios de producción y de recursos humanos, o de uno de ambos con la finalidad de intervenir en la producción o distribución de bienes o servicios).

Este tipo de sociedades, desde un punto de vista fiscal, pueden ser interesantes para inversores con un alto patrimonio, puesto que los ingresos generados por la sociedad (vía alquileres) tributarán en el impuesto de sociedades al 25%, mucho más bajo que el que, probablemente, le correspondería en el IRPF por su tramo de renta.

No obstante lo anterior, hay que tener en cuenta que a partir de 2015 este tipo de sociedades están sujetas fiscalmente a las siguientes limitaciones:

- No se pueden compensar las bases imponibles negativas.
- No pueden aplicarse los incentivos fiscales correspondientes a las entidades de reducida dimensión.
- No pueden acogerse al régimen especial de entidades de tenencia de valores extranjeros.

9.5.3. Sociedades de arrendamiento de vivienda

Se trata de sociedades mercantiles cuya actividad económica principal es el arrendamiento[2] de viviendas construidas, promovidas o adquiridas en el territorio nacional. Esta actividad es compatible con otras que pudieran ser complementa-

[2] Se considera arrendamiento de vivienda el que recae sobre una edificación habitable cuyo destino primordial sea satisfacer la necesidad permanente de vivienda del arrendatario. Las normas reguladoras del arrendamiento de vivienda se aplicarán también al mobiliario, los trasteros, las plazas de garaje y cualesquiera otras dependencias, espacios arrendados o servicios cedidos como accesorios de la finca por el mismo arrendador.

rias, así como con la transmisión de los inmuebles alquilados una vez que hayan transcurridos, al menos, tres años desde que se pusieron en arrendamiento. La compatibilidad incluye la compraventa de inmuebles que no se destinen al arrendamiento, siempre que las rentas sobre el total no sean superiores al 45% del total.

Para acogerse al régimen especial fiscal en el impuesto de sociedades deben cumplir una serie de requisitos:

- — El número de viviendas arrendadas u ofrecidas en arrendamiento debe ser en todo momento igual o superior a ocho.
- — Las viviendas deben estar arrendadas u ofrecidas en arrendamiento durante al menos tres años.
- — Las actividades de promoción inmobiliaria y de arrendamiento serán contabilizadas de forma separada para cada inmueble adquirido o promovido.
- — Cuando la sociedad desarrolle actividades complementarias al arrendamiento de viviendas, el 55% de las rentas del período impositivo, excluidas las derivadas de la transmisión de los inmuebles arrendados o alternativamente del valor del activo de la entidad, sea susceptible de generar rentas que tengan derecho a la bonificación.

El régimen fiscal que se aplica a estas entidades presenta las siguientes características:

a) En cuanto a las bonificaciones:

- — El 85% con carácter general y el 90% si el arrendatario es discapacitado, y en la vivienda se han realizado obras e instalaciones de adecuación a esa circunstancia.
- — La base de bonificación es la parte de la cuota íntegra que corresponda a las rentas derivadas del arrendamiento de viviendas que cumplan los requisitos.
- — La renta bonificada es el ingreso obtenido, minorado en los gastos directamente relacionados con la obtención de dicho ingreso y la parte de los gastos generales que correspondan proporcionalmente al citado ingreso.

b) En cuanto a la deducción para evitar la doble imposición interna aplicable a plusvalías de fuente interna, reducción del 50% de la deducción del artículo 30.5 del Impuesto de Sociedades en el caso de:

- — Rentas derivadas de la transmisión de participaciones en el capital de entidades que hayan aplicado este régimen fiscal.
- — Rentas que se correspondan con reservas procedentes de beneficios no distribuidos bonificados.

En cuanto a la distribución de dividendos se aplica la deducción para evitar la doble imposición regulada en el artículo 30.1 del Impuesto de Sociedades a los dividendos o participaciones en beneficios distribuidos con cargo a las rentas a las que haya resultado de aplicación la bonificación prevista para este régimen.

9.5.4. SOCIMI

Es un vehículo para la inversión indirecta de tipo inmobiliario ideado en los Estados Unidos en la década de los sesenta del pasado siglo[3]. En nuestro país empiezan a ser visibles a partir de 2013, coincidiendo con el inicio de un ciclo económico más expansivo en materia inmobiliaria que augura buenas expectativas para el sector.

Se trata de sociedades de inversión inmobiliaria reguladas por la ley 16/2012 que se definen como sociedades con un capital social mínimo de cinco millones de euros, cuya actividad principal es la inversión, directa o indirecta (a través de participaciones en otras SOCIMIS), en activos inmobiliarios de naturaleza urbana para su alquiler, incluyendo tanto viviendas como locales comerciales, residencias, hoteles, garajes u oficinas. Más concretamente, han de invertir, como mínimo, el 80% de su activo en bienes inmuebles urbanos destinados al alquiler, en terrenos para la promoción de bienes inmuebles destinados a tal finalidad o en participaciones en el capital o patrimonio de otras entidades.

Únicamente pueden ser consideradas como SOCIMI aquellas que ostenten la personalidad jurídica de sociedades anónimas cuyas acciones se encuentren admitidas a negociación en un mercado oficial de valores[4] o en un sistema multilateral de negociación (como puede ser el mercado alternativo bursátil). Su creación obedece, sobre todo, a que los pequeños y medianos accionistas puedan diversificar sus inversiones accediendo a activos inmobiliarios diversificados y disfrutando de una rentabilidad mínima, ya que se exige que la sociedad distribuya dividendos de una forma significativa. Además, el hecho de que coticen en mercados regulados garantiza la liquidez de la inversión.

Este tipo de sociedades tienen la obligación de distribuir a sus accionistas el beneficio obtenido en el ejercicio una vez cumplidas, lógicamente, las obligaciones mercantiles que les correspondan. Este reparto oscila entre el 50% y el 100% de los beneficios obtenidos, en función de cuál sea la fuente que los genera (transmisión de inmuebles, dividendos o participaciones u otras fuentes).

En cuanto al régimen fiscal que se aplica, hay que decir que las SOCIMIS tributan a un tipo nulo en el Impuesto de Sociedades, siempre y cuando cumplan

---

[3] Sería la adaptación española de los REIT (Real Estate Investment Trust) o fideicomisos de inversión inmobiliaria.

[4] En 2019 cotizan cuatro SOCIMIS en el mercado continuo (Merlin, Colonial, Lar España y Árima) y sesenta y ocho en el mercado alternativo bursátil (MaB).

con el requisito de actividad que exige la ley, especialmente el de la permanencia mínima de activos (tres años).

9.6. PRODUCTOS HIPOTECARIOS Y MÉTODOS DE AMORTIZACIÓN

9.6.1. El préstamo hipotecario

a) Definición

Es un producto financiero a través del cual el prestamista (normalmente una entidad bancaria) entrega un capital al prestatario, que tiene que devolver su equivalente habitualmente en varios pagos escalonados a lo largo de la duración que se pacte. La característica diferenciadora respecto a otro tipo de préstamos es que, además de la garantía personal, el inmueble objeto de financiación queda afectado como garantía del pago.

Además de este rasgo característico de los préstamos hipotecarios, podríamos señalar otros elementos típicos de este producto financiero:

- Los tipos de interés suelen ser más bajos que en otras modalidades de préstamos, como consecuencia de la garantía real. Pueden ser a tipo de interés variable (la mayoría) o a tipo de interés fijo. En el primer caso hay que tener en cuenta que, de acuerdo con la nueva ley hipotecaria[5], no se puede establecer un límite por debajo del cual un tipo de interés variable no puede caer (la llamada cláusula suelo), aunque el interés remuneratorio no puede ser inferior a cero.
- La duración suele ser bastante amplia y oscila entre los diez años y los treinta años.
- La oferta es muy amplia en términos de cantidad, plazo y tipos de interés.
- El importe suele ser muy elevado.

b) Importe del préstamo

Esta variable, junto con la duración y el tipo de interés, determinan el término amortizativo que permitirá amortizar la cantidad prestada. Ese importe debe tener en cuenta tres factores:

[5] Se trata de la ley 5/2019, de 15 de marzo, reguladora de los contratos de crédito inmobiliario. En vigor a partir de mediados de 2019, no tiene efectos retroactivos, excepto en caso de novación o subrogación de la hipoteca o en lo que se refiere a las cláusulas de ejecución de la hipoteca.

- El porcentaje de financiación se calcula como el cociente entre el importe del préstamo y el valor de tasación. Por lo general, para la adquisición de una vivienda habitual el porcentaje suele ser hasta un máximo del 80%.
- La tasación o valor del inmueble la realiza una entidad habilitada para tal fin.
- El nivel de ingresos del prestatario sirve para comprobar que el término amortizativo no supere el 30-35% de los ingresos mensuales netos. De esa forma no supondrá una carga excesiva a las finanzas del prestatario que ponga en peligro su bienestar, y en teoría la probabilidad de impago disminuirá[6].

c) Gastos y comisiones asociadas

En un préstamo hipotecario existe una amplia variedad de gastos y comisiones, siendo conveniente aclarar quién se hace cargo de ellos, sobre todo a partir de la nueva ley hipotecaria.

- Tasación de la vivienda sobre la que se constituye la hipoteca. El importe de este gasto correrá a cargo del prestatario. Las entidades no pueden imponer la tasadora y se prohíbe que tenga vinculación con los bancos.
- Los gastos de gestoría, si se utilizan, son a cargo del prestamista.
- Los gastos de inscripción en el Registro de la Propiedad y los aranceles notariales correrán a cargo del prestamista, aunque si se piden más copias de los documentos el coste será a cargo de quien las solicite.
- El impuesto de actos jurídicos documentados (entre un 0,75% y el 1,5% del valor de la garantía hipotecaria) y el de transmisiones será abonado por el prestamista.
- Seguro de crédito, de daños u otros productos que sirvan de soporte o garantía para el crédito. El importe de estos productos vinculados será a cargo del prestatario, siempre y cuando quede demostrado que le benefician.
- Comisión de apertura. La puede decidir libremente el prestamista y correrá a cargo del prestatario, pero solo para servicios efectivamente prestados o gastos que se puedan acreditar, y únicamente si han sido solicitados o aceptados por el cliente.
- La comisión por amortización anticipada se establecerá entre las partes, y solo se puede cobrar si el banco sufre una pérdida en términos finan-

[6] De acuerdo con la nueva ley hipotecaria, aumentan las cantidades impagadas necesarias para que se pueda iniciar el procedimiento de ejecución de la hipoteca. Será necesario que se haya dejado de pagar el 3% del capital concedido o 12 cuotas mensuales, en la primera mitad de duración de la hipoteca, y el 7% o 15 mensualidades en la segunda mitad.

cieros[7]. Si el préstamo es a tipo de interés variable, la comisión, durante los cinco primeros años, no podrá ser mayor que el 0,15% del capital reembolsado anticipadamente. Y si es durante los tres primeros años el tope es el 0,25%. En el caso de que la hipoteca sea a tipo de interés fijo el coste máximo se situará, durante los diez primeros años, en el 2% del capital reembolsado anticipadamente, y del 1,5% desde esos diez años hasta el final de la duración.

— Los intereses de demora se establecen en un tope máximo de un recargo del 3% sobre el tipo de interés contratado y solo se puede devengar sobre el capital pendiente de pago.
— Costes de conversión de una hipoteca a tipo de interés variable a fijo (novación del tipo de interés). La comisión la abonará el prestatario si hay pérdida financiera para el prestamista, y tendrá un coste máximo del 0,15% los tres primeros años; a partir de ese momento será gratuita la transformación.

9.6.2. Tipos de interés fijos y variables en los préstamos hipotecarios

Lo habitual en la práctica bancaria es que los tipos de interés aplicables en los préstamos hipotecarios sean de dos tipos:

a) *Fijos.* No varía a lo largo de toda la duración de la operación[8]. Esta característica permite conocer con absoluta certeza los términos amortizativos que se van a abonar durante toda la vida del préstamo, y permite, por tanto, una planificación financiera sin incertidumbre para las partes intervinientes.
b) *Variables.* En este caso el tipo de interés aplicable al préstamo depende de la variación del tipo de interés o índice que se toma como referencia, al que se le suele añadir un margen o diferencial *(spread).* A diferencia del anterior, no se puede conocer con total certeza los términos amortizativos de la vida del préstamo, puesto que dependen de la variación que experimente el tipo o índice que se haya tomado como referencia. Eso supone que habrá que recalcular, para cada revisión del tipo de interés, los términos amortizativos que amortizan el préstamo vivo, suponiendo

[7] Es la diferencia negativa entre el capital vivo en el momento del reembolso y el valor de mercado del préstamo.
[8] En algunos países europeos se denominan tipos de interés fijo cuando se mantiene constante durante los dos o tres primeros años del préstamo, aunque posteriormente sea variable.

que se mantenga constante dicho tipo de interés hasta el fin de la operación. Para que un tipo de interés o índice de referencia pueda ser utilizado como base de cálculo por las entidades de crédito es necesario que cumpla unos requisitos[9]:

- Que se hayan calculado a coste de mercado y no sean susceptibles de influencia por la propia entidad en virtud de acuerdos o prácticas conscientemente paralelas con otras entidades.
- Que los datos que sirvan de base al índice o tipo sean agregados de acuerdo con un procedimiento matemático objetivo.

Por lo general, en los préstamos a tipos de interés variable se utilizan los siguientes tipos de interés de referencia oficiales[10]:

- **Euribor** *(Euro Interbank Offered Rate)* a un año. Es el índice más utilizado como referencia en los préstamos hipotecarios. Es el tipo de interés medio al que se prestan fondos en el mercado interbancario a un año en los principales bancos europeos, y se define como la media aritmética simple de los valores diarios de los días con mercado de cada mes, del tipo de contado publicado por la Federación Bancaria Europea para las operaciones de depósito en euros a plazo de un año, calculado a partir del ofertado por un panel de 57 bancos de los más activos y mayor calificación de *rating* en la zona euro.
- Tipo medio de los **préstamos hipotecarios a más de tres años,** para adquisición de vivienda libre, concedidos por las **entidades de crédito en España**[11].
- Tipo medio de los **préstamos hipotecarios entre uno y cinco años,** para adquisición de vivienda libre, concedidos por las **entidades de crédito en la zona euro**[12].
- Tipo de rendimiento interno en el mercado secundario de la **deuda pública** de plazo **entre dos y seis años.**

---

[9] Orden EHA/2899/2011 de 28 de octubre.

[10] La Orden EHA/2899/2011 establece los tipos de referencia oficiales, que se definen en la Circular 5/2012 del Banco de España.

[11] A este índice se le suele denominar IRPH de entidades. La Orden EHA/2899/2011 suprimió el tipo medio de los préstamos hipotecarios a más de tres años para adquisición de vivienda libre concedidos por los bancos (IRPH de bancos) y el tipo medio de los préstamos hipotecarios a más de tres años para adquisición de vivienda libre concedidos por las cajas de ahorros (IRPH de cajas de ahorros). Ambos quedaron refundidos en el índice IRPH de entidades.

[12] Tanto este índice como la permuta de intereses/Interest Rate Swap (IRS) a plazo de cinco años fueron introducidos por la Orden EHA/2899/2011.

— Permuta de intereses/*Interest Rate Swap* (IRS) a plazo de cinco años.
— **MIBOR** *(Madrid Interbank Offered Rate)* a un año[13].

9.6.3. Requisitos y documentación necesaria para la concesión del préstamo hipotecario

Un préstamo hipotecario es un producto financiero bancario a través del cual una entidad financiera (el prestamista) entrega una cantidad de dinero a la otra parte (el prestatario), que devolverá junto con los intereses correspondientes en un plazo determinado libremente pactado. El hecho de que sea hipotecario quiere decir que, además de la garantía personal del prestatario, el inmueble constituye también una garantía del pago del préstamo. Es decir, el bien hipotecado supone una garantía complementaria a la responsabilidad universal del prestatario.

Normalmente, el cliente acudirá a una entidad financiera que le ofrecerá la información personalizada que necesite para comparar los préstamos disponibles en el mercado, para evaluar sus implicaciones y para tomar una decisión fundada sobre celebrar o no el préstamo a partir de la información suministrada sobre sus necesidades, situación financiera y preferencias.

La entidad prestamista debe evaluar en profundidad la solvencia del prestatario antes de conceder el préstamo. Esa evaluación debe tener en cuenta una serie de factores que permitan verificar la capacidad del cliente para cumplir con las obligaciones derivadas del préstamo. Esas variables, entre otras, serán las siguientes:

— Situación de empleo.
— Ingresos actuales y previsibles durante la vida del préstamo. Se incluirán en este último caso los que se perciban tras la jubilación en el caso de que una parte sustancial del préstamo se continué reembolsando una vez finalizada la vida laboral. Sin embargo, no se tendrá en cuenta el valor del bien hipotecado que exceda del importe del préstamo, es decir, la aportación inicial a la compra de la casa por parte del deudor.
— Activos en propiedad.
— Ahorro.
— Gastos fijos y compromisos ya asumidos.
— Se consultará el historial crediticio del cliente a través de la Central de Información de Riesgos del Banco de España.

La información que el prestamista debe suministrar al cliente se hará con suficiente antelación, que nunca será inferior a diez días naturales respecto del mo-

[13] El MIBOR solo es oficial para para los préstamos hipotecarios formalizados con anterioridad al 1 de enero de 2000, conforme a lo previsto en el artículo 32 de la Ley 46/1998, de 17 de diciembre, sobre introducción del euro.

mento en que el prestatario quede vinculado por la oferta de préstamo. Será la siguiente:

a) La Ficha Europea de Información Normalizada (FEIN), que recogerá en un documento estandarizado toda la información necesaria y que tendrá la consideración de oferta vinculante para la entidad prestamista durante el plazo pactado hasta la firma del contrato que, como mínimo, deberá de ser de diez días naturales.
b) La Ficha de Advertencias Estandarizadas (FiAE), que recogerá las cláusulas o elementos relevantes:

— Índices oficiales de referencia que se utilizan para fijar el tipo de interés aplicable.
— Límites mínimos en el tipo de interés aplicable como consecuencia de la variación a la baja de los índices a los que esté referenciado.
— Posibilidad de que se produzca el vencimiento anticipado del préstamo como consecuencia del impago y los gastos derivados de ellos
— Distribución de los gastos asociados a la concesión del préstamo.

c) Si el préstamo es a tipo de interés variable, tiene que entregar un documento separado que recoja las cuotas periódicas a satisfacer por el prestatario en diferentes escenarios de evolución de tipos de interés.
d) Una copia del contrato.
e) Información clara y veraz de los gastos que corresponden al prestamista y al prestatario.

Documentos necesarios:

— **Personales:** DNI, régimen económico matrimonial (gananciales o en separación de bienes) y libro de familia.
— **Económicos:** nóminas de los últimos meses, declaraciones de IRPF y de patrimonio (si es el caso), certificado de la antigüedad en la empresa, tipo de contrato laboral, extractos bancarios y experiencia con tarjetas de crédito.

9.6.4. Métodos de amortización: francés y lineal

La operación de préstamo se caracteriza porque una de las partes intervinientes (el prestamista) entrega un capital de una sola vez a la otra parte (el prestatario), que tiene que devolver su equivalente en uno (préstamo simple) o en varios pagos escalonados a lo largo del tiempo. El esquema gráfico de una operación de préstamo con pagos escalonados en el tiempo (lo más habitual) es el de la figura 9.1.

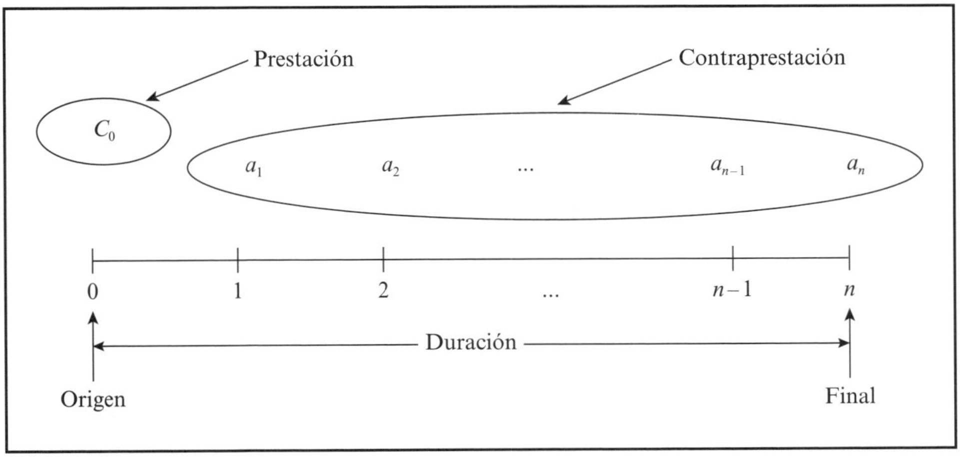

Figura 9.1.

Aunque en una operación de préstamo existen distintas variables (que configuran el cuadro de amortización), la más importante de todas ellas es el término amortizativo (o anualidad si se paga con carácter anual). Para obtenerlo partiremos de la ecuación de equivalencia financiera que tiene que verificarse entre los capitales de la prestación y de la contraprestación en cualquier momento del tiempo. Si consideramos que ese momento es el origen del préstamo y que el tipo de interés es constante a lo largo de toda la duración, la ecuación de equivalencia financiera es la siguiente:

$$C_0 = a_1 \cdot (1 + i)^{-1} + a_2 \cdot (1 + i)^{-2} + \ldots + a_n \cdot (1 + i)^{-n}$$

En función de las hipótesis que se hagan sobre la naturaleza del término amortizativo tendremos un método de amortización u otro.

Es muy importante distinguir las componentes del término amortizativo: cuota de interés (I_s) y cuota de amortización (A_s), porque sea cual sea el método elegido siempre se verifica que el término amortizativo es la suma de ambas componentes.

$$a_s = I_s + A_s$$

Más concretamente, la cuota de interés de un período es siempre el producto del capital vivo al final del período anterior por el tipo de interés, y la cuota de amortización de un período es la diferencia entre el capital vivo al principio de ese período y el capital vivo al final del mismo período.

$$a_s = I_s + A_s = C_{s-1} \cdot i + (C_{s-1} - C_s)$$

a) Método francés de amortización

En este caso el término amortizativo y el tipo de interés son constantes durante toda la duración de la operación. Por tanto, la ecuación de equivalencia financiera quedaría de la siguiente forma:

$$C_0 = a \cdot (1+i)^{-1} + a \cdot (1+i)^{-2} + \cdots + a \cdot (1+i)^{-n} = a \cdot \frac{1-(1+i)^{-n}}{i} = a \cdot a_{\overline{n}|i}$$

Por tanto, el término amortizativo constante (o anualidad si se paga con esa periodicidad) sería el siguiente:

$$a = \frac{C_0}{a_{\overline{n}|i}} = \frac{C_0}{\dfrac{1-(1+i)^{-n}}{i}} = \frac{C_0 \cdot i}{1-(1+i)^{-n}}$$

En el supuesto de que los tipos de interés fueran variables se obtendría el término amortizativo en cada cambio de tipo de interés, suponiendo que ese tipo fuera constante hasta que llegase el final de la duración del préstamo. Para poder hacer eso es necesario obtener, en cada momento en que se cambie el tipo de interés, el capital vivo o saldo financiero de la operación, a través de la expresión:

$$C_s = a \cdot (1+i)^{-1} + \cdots + a \cdot (1+i)^{-(n-s)} = a \cdot \frac{1-(1+i)^{-(n-s)}}{i} = a \cdot a_{\overline{n-s}|i}$$

Ejemplo 1

Calcular el término amortizativo anual o anualidad de un préstamo de 35.000 euros, a amortizar en 10 años por el método francés y a un tipo de interés fijo del 3,5%. ¿Cuál sería la deuda pendiente de amortizar una vez transcurridos tres años desde la concesión?

Solución

El cálculo de la anualidad se obtendrá a partir de la expresión que resulta de plantear la ecuación de equivalencia financiera.

$$35.000 = a \cdot a_{\overline{10}|0{,}035} \rightarrow a = \frac{35.000 \cdot 0{,}035}{1-(1+0{,}035)^{-10}} = 4.208{,}45$$

Una vez calculada la anualidad, podemos obtener el capital vivo o deuda pendiente cuando han transcurrido tres años desde el inicio de la operación.

$$C_3 = 4.208{,}45 \cdot a_{\overline{10-3}|0{,}035} = 4.208{,}35 \cdot \frac{1-(1+0{,}035)^{-(10-3)}}{0{,}035} = 25.732{,}14$$

b) Método lineal de amortización

También es conocido como método de cuotas de amortización constantes. Consiste en amortizar todos los períodos la misma cantidad, es decir, las cuotas de amortización (A_s) son constantes. Eso supone que los términos amortizativos (a_s) serán variables y, además, cada vez serán menores, porque de sus dos componenentes la cuota de amortización es siempre la misma y la cuota de interés cada vez es menor, al disminuir el capital vivo (suponemos que los tipos de interés son constantes). El importe de la cuota de amortización constante será el siguiente:

$$C_0 = \sum_{r=1}^{n} A_r = A + A + \cdots + A = n \cdot A \quad \rightarrow \quad A = \frac{C_0}{n}$$

El término amortizativo es la suma de la cuota de amortización y la cuota de interés. Por tanto, tendremos lo siguiente:

$$a_s = I_s + A = C_{s-1} \cdot i + A$$

Por último, el capital vivo se calcula realizando una sencilla operación aritmética:

$$C_s = \sum_{r=s+1}^{n} A_r = (n-s) \cdot A$$

EJEMPLO 2

Calcular la cuota de amortización anual de un préstamo de 35.000 euros, a amortizar en 10 años por el método lineal y a un tipo de interés fijo del 3,5%.

¿Cuál sería la deuda pendiente de amortizar una vez transcurridos cuatro años desde la concesión?

Solución

El cálculo de la cuota de amortización anual se obtiene fácilmente aplicando la expresión arriba señalada:

$$A = \frac{35.000}{10} = 3.500 \text{ euros/año}$$

Una vez calculada la cuota de amortización anual, podemos obtener el capital vivo o deuda pendiente al final del cuarto año.

$$C_4 = \sum_{r=5}^{10} A_r = (10 - 4) \cdot 3.500 = 21.000 \text{ euros}$$

9.6.5. Coste real de un préstamo

La medida del coste real de un préstamo se obtendrá a partir de la ecuación de equivalencia financiera que relaciona en un momento determinado el capital que se presta con todas las cantidades, periódicas o no, que el prestatario abona para amortizar el préstamo, más todos los gastos y comisiones adicionales que paga al prestamista o a terceros.

En el caso de préstamos concertados a tipo de interés fijo, el coste real se puede obtener a priori, mientras que si el tipo de interés es variable solo se puede obtener a posteriori, una vez que se conozcan las cantidades abonadas durante toda la vida del préstamo. No obstante, se podría calcular una aproximación al coste real a partir de una simulación de los tipos de interés variables que se podrían aplicar durante la vida del préstamo.

Una vez establecida la ecuación de equivalencia financiera, la incógnita será el parámetro correspondiente al tipo de interés, que se obtendrá utilizando una calculadora financiera, una programable o bien una hoja de cálculo (a través de la función *solver*).

EJEMPLO 3

Calcular el coste real del préstamo del ejemplo del epígrafe anterior (método francés), teniendo en cuenta que hubo una comisión de apertura del 0,5%, que se abonaron 500 euros en concepto de aranceles notariales e inscripción en el registro de la propiedad, y que los gastos de tasación ascendieron a 150 euros y el seguro contratado costó 125 euros.

Solución

Sabemos que la anualidad que tiene que pagar periódicamente el prestatario asciende a la cantidad de 4.208,45 euros por año. Además de esa cantidad periódica, tiene que abonar al inicio de la operación la comisión de apertura (0,005 · 35.000 = 175 euros), los gastos de tasación (150 euros) y la póliza del seguro (125 euros). No hay que incluir los 500 euros correspondientes a los aranceles notariales e inscripción en el registro, porque son por cuenta del prestamista. Por tanto, la ecuación de equivalencia financiera que permite calcular el coste real del préstamo será la siguiente:

$$35.000 = 175 + 150 + 125 + 4.208{,}45 \cdot a_{\overline{10}|i_c} \quad \rightarrow \quad i_c = 0{,}06493$$

Es decir, el coste real del préstamo para el prestatario asciende al 6,493% anual, bastante más del 3,5% anual ofertado.

REFERENCIAS BIBLIOGRÁFICAS

Amargamat, R. (2008). *La inversión en productos inmobiliarios.* Profit.

Calvo Vérgez, J. (2010). *Fiscalidad de la inversión inmobiliaria en el impuesto sobre sociedades: regímenes especiales.* Bosch.

De la Fuente Sánchez, D. (2008). *Operaciones bancarias.* Ramón Areces.

De la Fuente Sánchez, D. y Hernández Solís, M. (2015). *Ejercicios de matemática financiera.* Ramón Areces.

De la Fuente Sánchez, D. y Pra Martos, I. (2015). *Matemática financiera.* Ramón Areces.

García Olalla, M. y Martínez García, F. J. (2018). *Manual del asesor financiero.* Paraninfo.

10 Gestión del riesgo en carteras minoristas (I)

Inmaculada Pra Martos

Resumen del capítulo

En este capítulo se abordan diversos aspectos relacionados con la gestión de riesgos en la cartera minorista de una entidad financiera. El análisis comienza con una presentación de los diferentes tipos de riesgos que se pueden presentar, para a continuación centrarse en el riesgo de crédito, por ser el más relevante en este tipo de carteras. En particular, se analizan los factores determinantes del riesgo de crédito y diversos conceptos relacionados con la gestión bancaria, como el de pérdida esperada, pérdida inesperada, capital económico y rentabilidad ajustada al riesgo. A continuación se hace una exposición detallada de las fases en la gestión del riesgo en carteras minoristas y se presentan los aspectos que suelen ser comunes a todas las entidades financieras, prestando especial atención a las herramientas de *credit scoring.* Por último, se revisan los aspectos organizativos del riesgo de crédito.

Objetivos de aprendizaje

Después de estudiar el capítulo, el lector ha de ser capaz de entender:

1. Las características de la cartera minorista y los productos que en ella se incluyen.
2. Los principales riesgos que afectan a la cartera minorista.
3. Los factores que se consideran en los modelos de riesgo de crédito.
4. Los conceptos de pérdida esperada y pérdida inesperada y su relación con el capital económico.
5. El concepto de rentabilidad ajustada al riesgo (RAR).
6. Las fases en la gestión del riesgo de crédito en carteras minoristas.
7. La utilidad de los modelos de *credit scoring* en la gestión del riesgo de crédito en carteras minoristas.
8. Cuáles son los órganos encargados de la gestión del riesgo de crédito en una entidad y sus principales funciones.

10.1. INTRODUCCIÓN

La necesidad de llevar a cabo una adecuada gestión del riesgo en el ámbito de las entidades financieras cobró especial relevancia tras la crisis económica de 2008, crisis que estuvo en sus orígenes vinculada al riesgo crediticio. La evidencia de que importantes entidades bancarias tenían comprometidos sus activos en hipotecas de alto riesgo provocó una espiral de desconfianza y una crisis de liquidez, que desembocó en una contracción del crédito, trasladándose la crisis del sector financiero a la economía real.

El objetivo del presente capítulo es exponer los fundamentos de la gestión del riesgo en la cartera de particulares, o cartera minorista, de una entidad financiera, prestando especial atención a determinadas actividades incluidas en este proceso: la fijación de criterios de aceptación de operaciones, y el seguimiento y control de las ya existentes.

La primera parte del capítulo (epígrafe 10.2) proporciona una perspectiva general de los productos o segmentos de riesgo que comprende la cartera minorista y los principales tipos de riesgo a los que está sometida. A continuación se analiza el riesgo de crédito y sus factores determinantes, revisándose diversos conceptos relacionados con los modelos de riesgo de crédito, como el de pérdida esperada y pérdida inesperada. Esta primera parte finaliza exponiendo, de forma simplificada, el concepto de rentabilidad ajustada al riesgo y sus aplicaciones en la gestión de la cartera minorista.

La segunda parte del capítulo (epígrafe 10.3) se centra en las fases de la gestión del riesgo de crédito en carteras minoristas, en particular, en los sistemas de *credit scoring,* como herramientas necesarias para la toma de decisiones en diversas fases del proceso.

Por último, en el epígrafe 10.4 se explican los órganos encargados de la gestión del riesgo de crédito y sus principales funciones.

10.2. ANÁLISIS DEL RIESGO EN CARTERAS MINORISTAS

En los epígrafes que aparecen a continuación nos detendremos en el análisis del riesgo que asume una entidad financiera con particulares. A este tipo de riesgos, cuyos titulares son personas físicas, así como personas jurídicas con una dimensión muy reducida, se les denomina «carteras minoristas». El propio Acuerdo de Capital de Basilea establece una definición del segmento minorista que se sostiene en dos elementos fundamentales:

— **Naturaleza del prestatario,** fundamentalmente personas físicas y pequeños negocios.
— **Elevado número de exposiciones.** Los riesgos no se gestionan individualmente, sino que se agrupan en segmentos homogéneos.

Esta distribución en segmentos homogéneos suele traducirse en una primera clasificación de los riesgos de la cartera minorista en función del tipo de producto, tal y como se resume en la tabla 10.1.

TABLA 10.1
Productos de la cartera minorista

Hipoteca residencial
— Es la cartera de operaciones garantizadas por inmuebles de uso residencial. La forma fundamental de financiación es el préstamo hipotecario. — Dentro de esta cartera cabe introducir la siguiente clasificación: • **Vivienda protegida.** Sujeta a diferentes legislaciones autonómicas que, en mayor o menor medida, dificultan su venta a precios de mercado. • **Primera vivienda libre.** La garantía se constituye mediante hipoteca sobre la residencia habitual de los solicitantes[1]. • **Segunda vivienda.** Ligada tradicionalmente a zonas de costa[2].
Financiación al consumo
— Instrumentada fundamentalmente a través de préstamos con garantía personal.
Tarjetas de crédito
— Tienen un doble uso, como medio de pago y medio de financiación, por lo que se pueden distinguir segmentos de riesgo muy distintos: • **Contado.** Tarjetas con liquidación mensual. Se utilizan únicamente como medio de pago (si bien pueden ser también utilizadas como medio de financiación a muy corto plazo, como un adelanto de la nómina).

TABLA 10.1 *(continuación)*

Tarjetas de crédito *(continuación)*
— • ***Revolving.*** Implica el pago aplazado de los gastos de forma equivalente a un préstamo, con la posibilidad de poder reutilizar los importes liquidados hasta el límite de la tarjeta. Una tarjeta revolving es un medio de financiación, estando más próxima a un préstamo al consumo que a una tarjeta al contado.
Financiación a la inversión
— Conjunto de operaciones dentro de la cartera minorista destinadas a la financiación de actividades productivas, que se instrumenta a través de los productos habituales de empresa: • **Préstamos.** Destinados a la financiación a medio-largo plazo. • **Cuentas de crédito.** Financiación a corto plazo para cubrir desfases de liquidez • **Otros** (descuento comercial, avales, etc.). — Esta cartera también puede ser clasificada en función de la naturaleza del prestatario: • **Autónomos.** La cartera de autónomos se refiere únicamente a la financiación relacionada con la actividad que desarrollan (los trabajadores autónomos son personas físicas, por lo que tienen sus necesidades de financiación de consumo y vivienda). • **Microempresas.** Las microempresas o pequeños negocios se caracterizan por una dimensión reducida (facturación por debajo del millón de euros), y en ellas resulta fundamental la figura del socio o autónomo que hay detrás de la misma.
Otros productos
— Segmento residual que recoge el resto de riesgos: • Descubiertos. • Avales no ligados a actividades productivas. • Otros (préstamos puente, derivados, cuentas de crédito de consumo, etc.).

[1] Aunque tradicionalmente se ha considerado la cartera de menor riesgo, en los años previos a la crisis de 2008 se concedieron operaciones que representaban el 100% de la inversión. Por ello, en las carteras actuales pueden convivir segmentos de riesgo muy diferentes.

[2] Dado que la segunda vivienda no es un bien de primera necesidad como la primera, este segmento se considera de mayor riesgo que el anterior, por lo que se aplican políticas más restrictivas.

10.2.1. Riesgo de crédito, riesgo operativo y riesgo legal

Una vez detalladas las operaciones que se incluyen en la cartera minorista, analizaremos los distintos riesgos que pueden presentarse en este tipo de operaciones.

En primer lugar cabe mencionar el **riesgo de crédito,** o posibilidad de obtener pérdidas derivadas del incumplimiento de las obligaciones contractuales contraídas por las contrapartes de una operación. Es el riesgo que tradicionalmente ha supuesto una mayor fuente de pérdidas para las entidades financieras, por lo que es importante llevar a cabo una buena gestión del mismo en sus diferentes fases: identificación, medición, seguimiento y control[1].

En segundo lugar las entidades pueden sufrir pérdidas por el **riesgo operacional o riesgo operativo,** referido a sucesos inesperados derivados de ineficiencias en los controles internos y de una inadecuada infraestructura operativa y tecnológica, interna y externa. Pueden distinguirse diferentes modalidades de riesgo operacional:

— *Riesgo de deficiencias de control interno,* normalmente derivadas de la ausencia de una adecuada segregación de funciones en la estructura organizativa.
— *Riesgo de procedimientos inadecuados:*

  • Riesgo de que las operaciones no estén debidamente autorizadas y/o documentadas.
  • Errores o fallos de control en las diferentes etapas del procesamiento de las operaciones: registro, confirmación, liquidación, valoración y contabilización.

— *Riesgo de errores humanos y fraudes:*

  • Incumplimiento de las políticas, procedimientos y controles establecidos por parte del personal de la entidad, incluyendo posible fraude y conflicto de intereses.
  • Ausencia de recursos humanos suficientemente cualificados.

— *Riesgo de fallos en los sistemas informáticos* que demoren o interrumpan el procesamiento de las operaciones contratadas.
— *Riesgo de modelo.* Está referido a los errores derivados de operaciones mal valoradas, como consecuencia de la utilización de modelos de valoración incorrectos o de datos de mercado erróneos.

[1] En el epígrafe 10.2.2 se analiza el riesgo de crédito con mayor detalle.

Por último, pero no por ello menos importante[2], hemos de referirnos al **riesgo legal,** que está asociado al quebranto que puede experimentar la entidad cuando una operación o un contrato no pueden ser ejecutados en los términos previstos o carecen de validez por no haber sido adecuadamente formalizados o por no ajustarse al marco legal establecido.

10.2.2. Riesgo de crédito

La gestión del riesgo de crédito ha experimentado grandes cambios en las últimas décadas, pasando de un enfoque fundamentalmente basado en la opinión subjetiva del analista a un enfoque más cuantitativo basado en modelos de riesgo.

Un **modelo de riesgo** se puede definir como el conjunto de procedimientos que utiliza una entidad financiera para cuantificar sus riesgos económicos, asociados a un cliente, transacción o producto o a un grupo de clientes, transacciones o productos. El objetivo final de un modelo de riesgo es obtener una medida de la dispersión de los rendimientos futuros de la cartera, y, en particular, conocer la probabilidad de obtener pérdidas derivadas de dicho riesgo.

En el caso concreto del riesgo de crédito, los modelos son las técnicas utilizadas por la entidad financiera para estimar la función de distribución de pérdidas crediticias de la cartera en el horizonte temporal considerado. Los **modelos de riesgo de crédito** facilitan la medición y control del riesgo asumido por las entidades financieras, y por tanto son útiles para la realización de funciones muy diversas, entre las que cabe citar las siguientes:

— En primer lugar, los modelos permiten analizar las exposiciones de forma globalizada para toda la entidad financiera y examinar la contribución marginal al riesgo de cada operación. Además, los modelos facilitan la toma de decisiones referida a operaciones individuales (por ejemplo, la concesión de un préstamo).
— En segundo lugar, los modelos de riesgo de crédito facilitan el análisis del grado de concentración que existe en la cartera de la entidad, así como el establecimiento de límites a dicha concentración.
— La utilización de estos modelos permite valorar el efecto de cambios en variables relacionadas con el entorno económico sobre el riesgo de crédito total asumido por la entidad.
— El modelo de riesgo de crédito facilita la estimación del riesgo de los préstamos de cara a su valoración. En este sentido, no hay que olvidar que la fijación de precios (tipos de interés) de cada uno de los préstamos

[2] Como ha puesto de manifiesto el creciente número de demandas interpuestas por particulares contra entidades financieras en los últimos años.

que concede la entidad financiera ha de estar en relación directa con el riesgo asumido en la operación.

— Las estimaciones de riesgo que proporcionan los modelos permiten calcular medidas de rentabilidad ajustada al riesgo (RAR)[3] de las operaciones y principales líneas de negocio de la entidad (por ejemplo, la actividad crediticia en el segmento minorista).
— Por último, el modelo de riesgo de crédito interno es la base para la asignación del capital económico a operaciones o líneas de negocio, en función de cuál sea la contribución de cada una de ellas al riesgo total asumido por la entidad financiera.

La definición de pérdida crediticia es un concepto fundamental en un modelo de riesgo de crédito, distinguiéndose distintos enfoques según la fuente del riesgo que se considere[4]. Lo habitual es que los modelos de riesgo de crédito definan el riesgo de crédito como pérdida asociada al incumplimiento.

En cuanto a su estructura, los modelos de riesgo de crédito que se suelen aplicar siguen un proceso de «abajo a arriba» *(bottom-up),* en el cual se cuantifica primero el riesgo de crédito de una posición individual o de una cartera, y posteriormente se procede a agregar dichas pérdidas para obtener el capital global de la entidad financiera en su conjunto.

10.2.3. Factores de riesgo de crédito

A la hora de calcular la pérdida por riesgo de crédito que puede experimentar una posición individual, los modelos suelen considerar tres factores de riesgo, cada uno de los cuales se analiza por separado:

— La **probabilidad de incumplimiento** (*Probability of Default:* PD), variable que refleja el riesgo de que el cliente incumpla los compromisos adquiridos con la entidad financiera en el horizonte temporal considerado.
— La **exposición** (*Exposure at Default:* EAD) o valor que tiene la operación en el momento de producirse el incumplimiento.
— La **severidad** (*Loss Given Default:* LGD) o pérdida que finalmente experimenta la entidad financiera en caso de producirse el incumplimiento, calculada como porcentaje sobre la cantidad expuesta. La severidad también puede ser expresada en términos de tasa de recuperación, o fracción

---

[3] Este concepto se analizará en el epígrafe 10.2.5.

[4] En los *default models,* según la terminología anglosajona, la pérdida crediticia tiene lugar solamente si se produce el incumplimiento del deudor en el horizonte de tiempo considerado. En los modelos *mark to market* o modelos tipo VaR la pérdida crediticia se puede producir también por un deterioro en el valor del instrumento por disminución de su calidad crediticia.

de la cantidad expuesta que se podría recuperar en caso de producirse el incumplimiento (Severidad = 1 − Tasa de recuperación).

La pérdida por riesgo de crédito de una posición individual se puede obtener como el producto de las tres variables mencionadas[5]:

$$P = PD \cdot EAD \cdot LGD$$

EJEMPLO 1

Calcule la pérdida esperada de un préstamo de 120.000 euros concedido por una entidad financiera a un cliente que tiene una probabilidad de incumplimiento a un año del 15%. La severidad (pérdida final en caso de producirse el incumplimiento) se estima en un 40%.

Solución

La pérdida esperada para la entidad financiera por dicho préstamo en el horizonte temporal considerado (un año) se obtiene calculando el producto de la probabilidad de incumplimiento, la exposición y la severidad:

$$PE = 0{,}15 \cdot 120.000 \cdot 0{,}40 = 7.200\ €$$

EJEMPLO 2

Calcule la pérdida esperada de un préstamo de 90.000 euros concedido por una entidad financiera a un cliente que tiene una probabilidad de incumplimiento a un año del 10%. La tasa de recuperación del préstamo en caso de producirse el incumplimiento se estima en un 70%.

Solución

La pérdida esperada para la entidad financiera por dicho préstamo en el horizonte temporal considerado (un año) se obtiene calculando el producto de la

[5] Se distinguen distintos tipos de modelos en función de los factores de riesgo que se consideren. Otros criterios de clasificación atienden a la forma en que se tratan las probabilidades de incumplimiento/migración de *rating*, la severidad (aleatoria o constante) y las correlaciones de incumplimiento. Es habitual que los modelos de riesgo de crédito concentren en la probabilidad de incumplimiento toda la fuente de aleatoriedad.

probabilidad de incumplimiento, la exposición y la severidad. En este caso, el enunciado facilita la tasa de recuperación:

$$PE = 0{,}10 \cdot 90.000 \cdot (1 - 0{,}30) = 6.300 \text{ €}$$

Veamos con algo más de detalle los tres factores de riesgo mencionados.

a) Probabilidad de incumplimiento

Como se ha señalado anteriormente, es habitual que los modelos de riesgo de crédito consideren el incumplimiento como único evento de pérdida. Por ello, es necesario establecer con precisión los criterios que determinan la realización de un incumplimiento. Existe un consenso más o menos generalizado en aceptar la definición de incumplimiento contemplada en la normativa de Basilea, con tres posibles situaciones:

- Cuando, habiendo transcurrido más de 90 días desde el vencimiento de la deuda, esta no ha sido satisfecha.
- En general, cuando el prestatario incurre en situaciones que supongan un deterioro grave de su solvencia. Se considera, en particular, la situación de concurso de acreedores o cualquier otra que requiera proteger los intereses de los prestamistas.
- Cuando queda determinado, por circunstancias lo más ciertas posibles, que el deudor es incapaz de satisfacer en su totalidad sus obligaciones crediticias, tanto el principal como los intereses.

Por razones de tipo práctico relacionadas con la disponibilidad de datos contables, en los modelos de *rating/scoring* internos utilizados por las entidades financieras es frecuente identificar el incumplimiento con la definición de morosidad desde el punto de vista contable, que suele definirse como un retraso en el pago de más de noventa días[6] desde el vencimiento de la obligación de pago.

Debe observarse que el incumplimiento también puede estar asociado a otros eventos crediticios como situaciones concursales, reestructuraciones de deuda, moratorias, reducciones de calificación crediticia o, en general, un deterioro de las variables que representan la salud económica y financiera del acreditado.

[6] El plazo más habitual es noventa días, si bien este plazo puede variar dependiendo del instrumento crediticio y de las características de los clientes.

b) Exposición

La exposición se define como la pérdida máxima que la entidad financiera puede llegar a tener con el deudor en el momento en que se produce el impago, pérdida que se calcula como diferencia entre el valor del préstamo al principio y al final del horizonte temporal considerado.

En algunos instrumentos de crédito, como los préstamos con amortizaciones periódicas, el cálculo de la exposición en el momento del incumplimiento se obtiene de forma relativamente sencilla, a partir de los datos que figuran en el contrato inicial de la operación. Sin embargo, en otro tipo de instrumentos la exposición del banco no se conoce en términos ciertos, sino que depende de la ocurrencia de algún suceso aleatorio.

Esto es lo que sucede con las líneas de crédito, donde el cliente tiene la opción de disponer de fondos en la medida en que lo vaya necesitando, siempre que no exceda del límite fijado en el contrato de préstamo. Aparecen por tanto dos componentes en esta operación: el primero es un préstamo (por la parte dispuesta) y el segundo es una opción para aumentar el préstamo hasta el valor nominal de la línea de crédito (disponible en cuenta de crédito).

Se presentan varias alternativas para obtener la cantidad expuesta en una línea de crédito. La más sencilla y conservadora es considerarla como si fuese un préstamo, y por tanto como si se hubiese dispuesto de la línea de crédito en su totalidad en el momento de producirse el impago. Sin embargo, y teniendo en cuenta que no siempre se da esta circunstancia, es más correcto hacer una estimación del importe dispuesto en caso de impago o de cambio de *rating*. Para ello, la entidad financiera ha de considerar, entre otros, los siguientes factores:

- La capacidad de la entidad financiera para restringir la utilización al detectar un empeoramiento en la calidad crediticia del prestatario. En este punto tienen un papel fundamental los sistemas de alerta de que disponga la entidad financiera.
- La tasa de disposición media de cada cliente. Cuanto mayor sea dicha tasa, mayor será la cantidad expuesta en su línea de crédito[7].

El tratamiento habitual de la opcionalidad de las líneas de crédito es relativamente simple. La cantidad expuesta en el momento de entrada en mora (V_T) será igual a:

$$V_T = V_D + \alpha \cdot V_{ND}$$

[7] La tasa de disposición de una línea de crédito suele aumentar rápidamente al deteriorarse la calidad crediticia del cliente. La razón de este hecho puede ser que el deudor no encuentra fuentes de financiación alternativas y de menor coste, por lo que utiliza al máximo la línea de crédito.

donde V_D y V_{ND} representan la parte dispuesta y no dispuesta, respectivamente, de la línea de crédito al principio del horizonte temporal considerado, y α es la fracción de la parte no dispuesta que probablemente será utilizada por el cliente, denominada habitualmente *credit conversion factor* o CCF. Esta fracción puede ser estimada a partir de los datos de que disponga la entidad financiera sobre clientes de la entidad que han entrado en mora en los últimos años.

Por último, otras fuentes de opcionalidad que es necesario considerar a la hora de estimar la exposición son:

— Las cláusulas que autorizan a la entidad financiera a cambiar las condiciones del préstamo si se produce un deterioro en la situación financiera del cliente, deterioro que se puede poner de manifiesto por un cambio de *rating/scoring* o por cualquier otro indicador.
— Las cláusulas que otorgan al cliente la opción de cancelar el préstamo de forma anticipada. Dicha opción suele ser ejercitada por los clientes que experimentan un aumento de *rating/scoring,* con el objetivo de aprovechar la mejora en la calificación para financiarse con un menor coste.

c) Severidad

Para conocer el impacto económico que podría suponer el incumplimiento de una operación para la entidad financiera no basta con conocer la cantidad expuesta, también es preciso estimar la severidad o pérdida en caso de incumplimiento (*Loss Given Default* o LGD), definida como porcentaje de pérdida, calculado sobre la cantidad expuesta, que finalmente se produce como consecuencia del incumplimiento.

Como ya se ha comentado, este concepto se puede expresar también en términos de la Tasa de Recuperación (TR), siendo la relación entre ambas variables la siguiente:

$$TR = 1 - LGD$$

De acuerdo con la anterior definición, y suponiendo que tras el impago se abre un período de tiempo t durante el cual la entidad financiera llevará a cabo un proceso recuperatorio, la severidad se suele definir como la ratio:

$$LGD = \frac{V_D + C - \dfrac{R}{(1+r)^t}}{V_D}$$

donde:

V_D = valor del activo en el momento de producirse el impago, donde se incluye tanto el principal del préstamo como los intereses acumulados hasta el incumplimiento.
R = importe que finalmente se recupera del activo[8].
C = costes que conlleva el proceso recuperatorio para la entidad financiera, valorados en el momento de producirse el impago[9].
r = tipo de interés que consideramos para la actualización.
t = tiempo que transcurre entre el momento del impago y las recuperaciones.

La aplicación de la ecuación anterior para estimar la severidad de un préstamo que ha resultado impagado plantea varias dificultades. Una de las principales concierne a la determinación de la tasa de descuento r que se va a introducir en dicha ecuación. En este sentido, hay que señalar que para valorar correctamente un préstamo que ha resultado impagado es necesario utilizar la tasa de descuento que corresponde a activos de similar riesgo. Por tanto, no resulta adecuado aplicar con este fin el tipo de interés que sirvió para calcular los intereses al concederse el préstamo, ni la tasa de rendimiento que la entidad financiera se haya fijado como objetivo, ya que ambas son demasiado bajas, considerando el elevado riesgo que conlleva el préstamo.

Los modelos más sencillos tratan de superar las dificultades para modelizar la severidad, fundamentalmente la falta de datos, haciendo hipótesis simplificadoras, por ejemplo que la severidad no es una variable aleatoria sino una constante que se conoce de antemano[10].

Si, por el contrario, se considera que la severidad tiene carácter aleatorio, es habitual suponer que sigue una distribución de probabilidad específica, como es la distribución beta. Esta distribución de probabilidad suele ser común para todos los clientes de un mismo segmento. Además, y con el objetivo de simplifi-

---

[8] En este concepto general de recuperaciones quedan incluidas todas las cantidades obtenidas, tanto las procedentes de garantías reales y de firma como las que corresponden a importes no garantizados. El valor recuperable del bien aportado como garantía real dependerá del precio al que la entidad financiera pueda liquidarlo en el mercado, que a su vez depende de diversas características como su naturaleza (más o menos líquida), su valor original y la posible variación que haya podido experimentar desde que se ofreció como garantía, y la rapidez con que la entidad financiera desee recuperarlo. Si existe más de una garantía asociada a una misma operación, la recuperación será el total de los importes recuperados por todas las garantías existentes.

[9] Dentro de estos costes de recuperación se han de incluir tanto los costes financieros como los gastos administrativos y legales asociados al proceso de cobro.

[10] En este caso, es habitual que se considere una severidad constante para un mismo producto, garantía, etc. Para compensar la infravaloración del riesgo que supone no tratar la severidad como una variable aleatoria se utiliza un valor estresado de la misma.

car, se supone que las tasas de severidad de los prestatarios son independientes entre sí[11].

Por último, la experiencia de las entidades financieras demuestra que en épocas de crisis económica se produce una fuerte elevación de las probabilidades de incumplimiento y de las severidades. Esto es así porque los factores que conducen a un mayor incumplimiento sistémico también contribuyen a una mayor dificultad para que la situación del deudor pueda regularizarse. Una alternativa para solucionar este consiste en estimar la severidad utilizando un modelo econométrico, a partir de un conjunto de variables, por ejemplo macroeconómicas[12]. Para aplicar este enfoque es necesario disponer de series históricas de severidades que cubran un período de recesión.

Precisamente para evitar que las probabilidades de incumplimiento estimadas (a un año) se vean afectadas por el momento del ciclo, se calculan las denominadas probabilidades *through the cycle.* Es decir, partiendo de las probabilidades empíricas medias por grupos homogéneos de riesgo, se hace un ajuste al ciclo económico para obtener las probabilidades a largo plazo que corresponderían a un ciclo económico completo.

En cuanto a la severidad, se distingue también entre severidad a largo plazo (*Long Run* LGD) y severidad en el peor momento del ciclo (*Downturn* LGD).

10.2.4. Pérdida esperada y pérdida inesperada

De acuerdo con lo señalado anteriormente, los modelos de riesgo de crédito permiten obtener la distribución de pérdidas crediticias de la entidad en el horizonte temporal considerado. Esta distribución queda definida con dos conceptos: pérdida esperada y pérdida inesperada de la cartera.

- La **pérdida esperada** de una cartera se define como el importe medio de pérdidas que la entidad financiera considera que va a experimentar en el horizonte temporal considerado, a consecuencia del riesgo de crédito. Desde el punto de vista estadístico, la pérdida esperada se expresa a través de la media de la distribución de pérdidas.
- La **pérdida inesperada,** como su propio nombre indica, mide la diferencia entre la pérdida que realmente se ha producido y la esperada. Este concepto se refiere a pérdidas extremas, por un importe muy superior al es-

[11] Esta hipótesis de independencia entre las tasas de severidad de los clientes puede infravalorar las pérdidas de forma significativa cuando la entidad financiera tiene una concentración sectorial importante en sus préstamos.

[12] Como se verá en el capítulo 11, la NIIF 9 sigue esta línea al señalar que, para calcular la pérdida esperada de un instrumento financiero, se debe considerar no solo información sobre el pasado, sino cualquier otra información de crédito que sea relevante, incluyendo la información sobre las perspectivas macroeconómicas.

perado, a consecuencia de situaciones o escenarios desfavorables en las condiciones de mercado, que dan lugar a una fuerte elevación de las probabilidades de incumplimiento y de las severidades.

La pérdida esperada es un coste recurrente para la entidad financiera en el horizonte temporal considerado (un año), por lo que su valor se debe incorporar en la formación de precios como un *input* más, de forma que queden cubiertas por el margen de explotación.

Para cubrir la pérdida inesperada es necesario que la entidad disponga de un «colchón de capital» que actúe como mecanismo amortiguador de las fluctuaciones del negocio. Cuanto mayor es el nivel de capitalización de una entidad, menos probable resulta que dicha entidad sea incapaz de soportar pérdidas inesperadas y, en consecuencia, pueda llegar a la quiebra[13]. Por tanto, se puede afirmar que la solvencia de una entidad está ligada a su capacidad de afrontar pérdidas inesperadas.

Muy relacionado con los conceptos de pérdida anteriores aparece el de **capital económico,** que se define como el volumen de recursos propios requeridos para soportar los riesgos a los que está sometida una entidad financiera, de forma que las pérdidas potenciales queden cubiertas con una determinada probabilidad. Por tanto, el capital económico tendría que cubrir únicamente las pérdidas inesperadas (extremas), es decir, el exceso por encima de su valor esperado y, por tanto, no cubierto por el margen[14].

Por otro lado, y con el objetivo de preservar la fortaleza del sistema en su conjunto, la regulación financiera internacional exige a las entidades financieras el mantenimiento de un nivel de capital mínimo. Esta cota mínima fijada al capital que una entidad debe tener para hacer frente a las pérdidas inesperadas recibe la denominación de **capital regulatorio,** y su cuantía depende de la composición y naturaleza de la cartera de riesgos de la entidad financiera[15].

La entrada en vigor del Acuerdo de Capital Basilea II supuso un acercamiento entre los conceptos de capital económico y capital regulatorio, ya que en el enfoque IRB[16] el capital regulatorio se determina a partir de las mediciones internas de los factores de riesgo. Sin embargo, no hay que confundir ambos conceptos, por varias razones:

---

[13] El nivel de capitalización se liga frecuentemente al *rating*. Así, por ejemplo, si una entidad tiene una calificación de AA, su nivel de capitalización debería ser el correspondiente al de la probabilidad de incumplimiento de un instrumento que tenga ese mismo *rating*.

[14] La normativa de solvencia bancaria señala que las pérdidas inesperadas han de estar cubiertas con capital regulatorio, mientras que las pérdidas esperadas han de estar cubiertas con los resultados obtenidos por la entidad financiera.

[15] El capital regulatorio no coincide con el patrimonio contable. Para obtenerlo es necesario realizar una serie de ajustes positivos y negativos, a partir de este último.

[16] *Internal Rating Based*.

— En primer lugar, capital económico y capital regulatorio responden a objetivos distintos: el nivel capital económico trata conceptualmente de responder a una elección de los accionistas en función del nivel de solvencia deseado, mientras que el nivel de capital regulatorio es una restricción que impone la normativa de solvencia.
— En segundo lugar, el capital económico se calcula a partir de la distribución de pérdidas real de la entidad financiera, o al menos a partir de la estimación interna de dicha distribución. El capital regulatorio se calcula de acuerdo con un modelo teórico de capital económico fijado por la normativa.

A modo de conclusión, se puede señalar que el capital económico es una elección de los accionistas, pero las entidades financieras deben considerar la restricción que supone el capital regulatorio a la hora de establecer su nivel de capital objetivo.

10.2.5. Rentabilidad ajustada al riesgo

En las últimas décadas, la gestión de riesgos por parte de las entidades financieras ha experimentado cambios de gran trascendencia, siendo uno de los principales la medición de la rentabilidad en función del riesgo. Estos nuevos enfoques parten del análisis del binomio rentabilidad-riesgo, con el objetivo de maximizar el resultado obtenido por unidad de riesgo o de negocio.

Surge de este modo el concepto de **Rentabilidad Ajustada al Riesgo (RAR)**[17], que tiene como objetivo estimar la rentabilidad obtenida por cada unidad de capital económico consumido y que, con carácter general, adopta la siguiente expresión:

$$RAR = \frac{\text{Resultado ajustado al riesgo}}{\text{Capital ajustado al riesgo}}$$

Pérdidas esperadas

Pérdidas inesperadas

En la expresión anterior se incorporan los conceptos analizados de pérdida esperada (el rendimiento ajustado al riesgo se obtiene como diferencia entre el rendimiento esperado y la pérdida esperada) y de capital económico, entendido

[17] Con ciertos matices, estas medidas son habitualmente conocidas por los acrónimos: RAROC *(Risk Adjusted Return on Capital)*, RORAC *(Return on Risk Adjusted Capital)*, RARORAC *(Risk Adjusted Return on Risk Adjusted Capital)* o, más globalmente, por RAPM *(Risk Adjusted Performance Measurement)*.

como amortiguador de las pérdidas inesperadas. En efecto, cada actividad, operación, etc., consume un determinado volumen de recursos propios (que son escasos y costosos) en función del nivel de riesgo, de modo que ha de buscarse una asignación eficiente de los mismos, y una selección adecuada de las actividades u operaciones. En este sentido, una vez asignado el capital económico, la cuestión relevante no es solo cuánto capital consume una unidad, sino especialmente si lo está rentabilizando adecuadamente.

Un sistema de asignación de capital fijará mayores necesidades de recursos propios para aquellas actividades/negocios que comporten mayor riesgo. El planteamiento básico de RAR es que la rentabilidad exigida a dicha actividad/negocio ha de ser más elevada cuanto mayor sea el riesgo asumido, con el objetivo de poder alcanzar la rentabilidad-objetivo fijada al capital utilizado.

A partir del rendimiento esperado por unidad invertida llegaríamos al concepto de Rentabilidad Ajustada al Riesgo (RAR) que, de forma resumida, viene dado por la siguiente expresión[18]:

$$RAR = \frac{RE}{C} = \frac{\text{Margen} - PE}{C}$$

donde:

RE = Rendimiento esperado de la operación, definido como el margen nominal menos la pérdida esperada. Esto quiere decir que la pérdida esperada puede contemplarse como un coste, que minora el margen nominal de la operación. Adicionalmente, deben incorporarse otros costes e ingresos en los que se incurre.

C = Capital asignado a la operación[19].

Como muestra la figura 10.1, los objetivos o utilidades de los modelos RAR son muy diversos.

— En primer lugar, los modelos RAR permiten realizar un análisis orientado a identificar las operaciones, clientes o segmentos de negocio[20] que

[18] Esta expresión refleja una visión simplificada del RAR: es un RAR bruto, que incluye la remuneración del capital y no tiene en cuenta el coste fiscal. Puede verse un desarrollo más amplio en Pra, Arguedas, Ríos y Casals (2010).

[19] En el denominador del RAR pueden utilizarse distintos conceptos de capital (económico, regulatorio), dependiendo de cuál sea la finalidad del análisis.

[20] Si bien el RAR individual es un dato relevante para fijar precios o para analizar la rentabilidad que proporciona un cliente, a efectos de gestión de carteras crediticias resulta conveniente calcular el RAR para cada una de las carteras.

FUENTE: Pra, Arguedas, Ríos y Casals (2010).

Figura 10.1. Objetivos de las medidas RAR.

crean mayor valor para la entidad financiera y facilitan la comparación de rentabilidades entre distintas unidades operativas.

— En segundo lugar, el concepto de RAR está estrechamente vinculado a la fijación de precios. En efecto, si se establece el RAR mínimo que la entidad financiera desea alcanzar, esta metodología permite obtener el precio mínimo para cada nivel de riesgo que satisface dicho RAR mínimo. Se trata de un precio por debajo del cual una operación no se considera admisible. Con este tipo de análisis se evita la aplicación de precios indiscriminados, al fijarse un precio a las operaciones, que depende de la calidad crediticia del cliente y, por tanto, del nivel de riesgo que dicha operación representa para la entidad.

EJEMPLO 3

Calcule la rentabilidad ajustada al riesgo (*RAR*) que obtendrá una entidad financiera con un préstamo sabiendo que el margen que genera dicho préstamo es del 8%, la pérdida esperada es del 5% y el capital asignado a la operación es del 30%.

Solución

El RAR se obtiene como cociente entre el rendimiento esperado (RE) y el capital asignado a la operación (C). A su vez, el rendimiento esperado se calcula como diferencia entre el margen y la pérdida esperada.

$$RAR = \frac{0{,}08 - 0{,}05}{0{,}30} = 0{,}10 \;\rightarrow\; 10\%$$

En este ejercicio, los datos se han expresado en tanto por uno, por lo que el resultado se obtiene de la misma forma.

EJEMPLO 4

Una entidad financiera desea obtener una rentabilidad ajustada al riesgo (RAR) en sus operaciones del 16%. Calcule el margen que debe obtener con un préstamo sabiendo que su pérdida esperada es del 8% y que el capital asignado a la operación es del 25%.

Solución

Para calcular el margen que se debe obtener en la operación partimos de la expresión que define el RAR y sustituimos los datos que se facilitan (en tanto por uno):

$$0{,}16 = \frac{\text{Margen} - 0{,}08}{0{,}25} \;\Rightarrow\; \text{Margen} = 0{,}12 \;\rightarrow\; 12\%$$

Es decir, para lograr un RAR del 16% la entidad debe obtener un margen del 12% en la operación de préstamo.

En función del objetivo del análisis se distinguen dos tipos de RAR:

— El **RAR retrospectivo,** que se calcula utilizando datos de rentabilidad y capital correspondientes a un período ya finalizado y, por tanto, con magnitudes ciertas. Este RAR permite valorar la rentabilidad media de cada cartera y pone de manifiesto cuáles son los segmentos en los que hay oportunidades de crecimiento (aquellos que han logrado rentabilidades elevadas) y cuáles los segmentos en los que no se consigue suficiente rentabilidad.

— El **RAR prospectivo,** en el que las magnitudes de rentabilidad y capital son proyectadas a futuro. Se utiliza a efectos de fijación de precios y para estimar el impacto de cada operación en el RAR del cliente o de la cartera.

La entidad financiera debe fijar un RAR objetivo que sea coherente con su estrategia, teniendo además en cuenta las restricciones impuestas por el mercado: si es muy elevado, la política de precios que resulta de dicho RAR objetivo puede suponer que la entidad financiera se quede «fuera de mercado», mientras que si, por el contrario, es muy bajo, la política de precios resultante puede suponer un deterioro de la cuenta de resultados a corto y medio plazo.

10.3. FASES EN LA GESTIÓN DEL RIESGO EN CARTERAS MINORISTAS

Cada entidad financiera dispone de sus propias políticas para la gestión del riesgo de crédito, políticas que han de ser coherentes con su apetito del riesgo[21] y revisadas con carácter periódico. En ellas se incluyen metodologías, procedimientos y prácticas para[22]:

— La concesión de operaciones.
— La modificación de sus condiciones.
— La evaluación, seguimiento y control del riesgo de crédito.
— La definición y valoración de las garantías eficaces.

La normativa del Banco de España señala que las políticas deben estar adecuadamente documentadas y han de detallar[23]:

— Las responsabilidades y facultades de los órganos y personas encargados de la concesión, modificación, evaluación, seguimiento y control de las operaciones.
— Los requisitos que deben reunir los análisis y las evaluaciones de las operaciones antes de su concesión y durante su vigencia.
— La documentación mínima de cada tipo de operación, para su concesión y durante su vigencia.
— Las actuaciones que deberá llevar a cabo la entidad cuando no se atiendan los pagos en los términos fijados contractualmente.

[21] El apetito de riesgo de una entidad define sus umbrales de tolerancia al riesgo. Sus componentes se analizan en detalle en Yagüe, Pra y Arguedas (2016).
[22] Anejo 9 de la Circular 4/2017 del Banco de España.
[23] Anejo 9 de la Circular 4/2017 del Banco de España.

Centrándonos ya en las carteras minoristas, lo primero que hay que señalar es que, en este tipo de operaciones, el riesgo se suele valorar teniendo en cuenta el **binomio cliente-operación,** de forma que no es frecuente encontrarse modelos que valoran al cliente minorista con independencia del producto que solicita o consume, sino que, por el contrario, existen modelos para tarjetas, hipotecas, etc.

Por tanto, desde un punto de vista de la gestión del riesgo, la cartera minorista tiene una serie de particularidades:

— **Orientación producto.** El riesgo se valora como una relación entre un cliente y un tipo de producto.
— **Granularidad.** Las carteras y subcarteras están compuestas por un elevado número de exposiciones y con índices de concentración individual casi despreciables. Por tanto, no existen problemas de concentración en términos individuales, pero sí de tipo geográfico o sectorial.

Teniendo en cuenta las consideraciones anteriores, el riesgo en las carteras minoristas recibe un tratamiento estandarizado basado en una serie de instrumentos, entre los que destacamos los siguientes:

— Definición de productos.
— Políticas de admisión.
— Normas de acreditación.
— *Credit scoring.*
— Facultades y delegaciones.
— Seguimiento y control.

10.3.1. Definición de productos

Las operaciones deben cumplir con los criterios básicos de definición del producto, es decir, deben verificarse una serie de restricciones relacionadas con el producto que tienen por objetivo minorar el riesgo o adecuarlo al precio. Entre ellas cabe mencionar las siguientes[24]:

— **Finalidad:** restricción del crédito a finalidades específicas.
— **Plazos máximos:** se pueden fijar por tipo de producto o según la finalidad, la garantía, etc.

[24] El Anejo 9 de la Circular 4/2017 del Banco de España señala que las políticas de cada entidad para la concesión de operaciones deben incluir, entre otros aspectos, los requisitos que deben cumplir los titulares, las garantías y los límites globales a los riesgos. También señala que la política de precios debe estar orientada a cubrir, al menos, los costes de financiación, de estructura y de riesgo de crédito inherentes a cada clase de operación.

— **Límites de financiación:** pueden establecerse en términos absolutos o como un porcentaje de la inversión a realizar, del valor de tasación de la garantía o según el tipo de inmueble a financiar.
— **Asociación con otros productos o servicios:** coberturas, seguros, domiciliación de nómina, etc.
— **Precios:** definición de bandas de precios en función del producto, de las garantías, etc.

10.3.2. Políticas de admisión

Las políticas de admisión son el conjunto de reglas que deben ser satisfechas para la autorización de una propuesta de riesgos. Se diferencian de las restricciones asociadas al producto en que las políticas hacen referencia al solicitante, es decir, a los requisitos que deben satisfacer los acreditados para poder acceder a una determinada forma de financiación.

Los ejes fundamentales de la política de admisión son:

— **Prestatarios:** situación y antigüedad laboral, edad, tiempo mínimo de residencia, tratamiento específico de sociedades patrimoniales, euroresidentes, etc.
— **Plazo:** suele depender de la edad de los solicitantes.
— **Límites de esfuerzo:** límites máximos al esfuerzo que representa el pago de la nueva operación (o del conjunto de operaciones contratadas) en relación con los ingresos de los solicitantes.
— **Límites de riesgo:** tanto internos como con el sistema (por ejemplo, cuotas máximas CIRBE[25] en el caso de microempresas).
— **Garantías:** condiciones de admisibilidad de acuerdo con su naturaleza, liquidez o, en el caso de afianzamientos, relaciones entre titulares y avalistas, posición económico-patrimonial de los mismos, etc.
— **Incidencias:** determinación de incidencias críticas para su exclusión, de acuerdo con la información disponible en las fuentes internas y externas:

- Incidencias de impago (internas, *bureau,* CIRBE, RAI[26]).
- Incidencias judiciales.
- Situación de baja solvencia: fondos propios negativos, fuertes pérdidas.

Las políticas son, en definitiva, restricciones cuyo objetivo es establecer las condiciones básicas para poder acceder al crédito (o acceder en determinadas condiciones de precio).

[25] Central de Información de Riesgos del Banco de España.
[26] Registro de Aceptaciones Impagadas.

En todo sistema de admisión, y especialmente en el ámbito minorista, las políticas son un complemento fundamental de las herramientas de *scoring,* ya que permiten cubrir sus limitaciones. A modo de ejemplo:

- Facilitan dar una respuesta adecuada a cualquier situación que se pueda plantear, especialmente si es atípica.
- Permiten instrumentar mecanismos de prevención de riesgos sistémicos, no capturados adecuadamente por el *scoring.*
- Permiten considerar cambios estructurales ocasionados por situaciones nuevas, que no son tratados adecuadamente por las herramientas de *scoring.*

10.3.3. Normas de acreditación

La cartera minorista se asocia, como ya se ha comentado, a personas físicas y pequeños negocios. Se trata, por tanto, de un colectivo para los que prácticamente no se dispone de información pública e, incluso, la información privada está protegida por ley[27]. Por tanto, el conocimiento del cliente viene, en buena medida, dado por la información que este proporciona a la entidad financiera.

Las operaciones deben estar adecuadamente documentadas, con información financiera actualizada. En cada expediente debe figurar, como mínimo:

- Los contratos firmados por los titulares[28].
- La información económica y financiera que permita analizar la solvencia y capacidad de pago de los titulares y garantes.
- La información necesaria para poder determinar el valor de las garantías recibidas.
- Los análisis y evaluaciones realizados por la entidad o por terceros.

Resulta evidente que toda distorsión en los datos puede condicionar las decisiones que con estos se toman. Los elementos que pueden condicionar la calidad de los datos son los siguientes:

- **Normativa** explícita que obligue a cumplir una serie de requisitos, con el objetivo de que la información recogida sea un reflejo fiel de la situación de los clientes.
- **Auditoría:** se debe hacer un muestreo sistemático de la información con el fin de identificar posibles sesgos derivados de problemas de interpreta-

[27] Ley Orgánica 3/2018 de Protección de Datos Personales y Garantía de los Derechos Digitales.

[28] Se debe verificar que estos contratos no presentan defectos jurídicos que puedan perjudicar el pago o la recuperación de la operación.

ción y disuadir del incumplimiento de la norma (para lo cual debe existir un régimen sancionador).

— **Criterios de acreditación** que garanticen la veracidad de la información. Todo dato aportado por el cliente ha de estar acreditado mediante una serie de documentos que se consideren válidos. Cuanto mayor sea la estandarización del proceso de captura de datos, mejor será la calidad de los mismos.
— **Traducción:** la situación del cliente debe traducirse en un conjunto de datos bien estructurados.
— **Sistema informático** que debe facilitar el proceso de tramitación y la auditoría de los datos. Para ello es necesario que el expediente sea electrónico.

10.3.4. Sistema de *credit scoring*

El término *credit scoring*[29] hace referencia al sistema de valoración, cuyos objetivos son ordenar y cuantificar el riesgo para facilitar la toma de decisiones en función del riesgo. De acuerdo con lo anterior, se distinguen tres componentes en el sistema de *scoring*[30]:

1. El **modelo de valoración,** que otorga una calificación de riesgos a una solicitud, operación o cliente. Esta calificación introduce una relación de orden, de forma que, a mejor calificación, menor riesgo.
2. El **modelo de calibración,** que traduce las calificaciones en medidas cuantitativas de riesgo (permite valorarlo en términos económicos).
3. El **sistema de decisión,** que establece decisiones (sanción, precios, garantías, límites, etc.) de acuerdo con la calificación y/o su valoración cuantitativa dada por el calibrado.

Dependiendo de cuál sea la finalidad del sistema, cabe distinguir entre tres tipos de *scoring:* de admisión, de comportamiento y de valoración de cartera (tabla 10.2):

---

[29] Las herramientas de puntuación o *scoring* se utilizan en carteras minoristas. En el ámbito de empresas se utilizan las herramientas de calificación o *rating.* Tanto las herramientas de *rating* como las de *scoring* permiten clasificar a los clientes/operaciones en segmentos homogéneos de riesgo, de forma que dentro de cada segmento todos los clientes tienen la misma probabilidad de impago. Los datos que se utilizan en uno y otro caso son diferentes: en las herramientas de *rating* se consideran fundamentalmente ratios económicos y financieros, mientras que las herramientas de *scoring* utilizan datos de naturaleza cuantitativa y cualitativa relacionados con el cliente o la operación.

[30] No siempre se utilizan estos tres componentes en un sistema de *scoring:* depende de la finalidad del sistema y de la evidencia empírica disponible para desarrollar el modelo.

TABLA 10.2
Tipos de scoring

***Scoring* de admisión**
— Son sistemas cuya aplicación suele ser reactiva, en respuesta a la demanda de financiación de los clientes. — Deben ofrecer una valoración y una decisión que tiene que considerar la operación en su conjunto, de acuerdo con su horizonte de vida. — El modelo de valoración puede incorporar todas aquellas variables que tengan una capacidad explicativa del incumplimiento. Cabe destacar dos colectivos bien diferenciados: • **No clientes.** Son aquellos cuya relación con la entidad es inexistente, reciente o muy limitada. En estos casos, la valoración se fundamenta en datos socioeconómicos de los clientes, así como en fuentes de información externas. • **Clientes.** En este colectivo existe un conjunto de información adicional a la disponible en «no clientes», muy potente tanto por su capacidad descriptiva de la situación financiera del cliente como por su carácter veraz: – *Experiencia previa:* información positiva/negativa en otras operaciones de riesgo. – *Vinculación:* productos y servicios contratados, utilización, etc. – *Posición financiera del cliente:* saldos de pasivo, volatilidad, etc. — Desde el punto de vista operativo, estos sistemas forman parte de la tramitación de operaciones de activo, mediante una aplicación *on-line*.
***Scoring* de comportamiento**
— Son sistemas de naturaleza proactiva que descansan en el conocimiento que la entidad tiene de sus clientes y, especialmente, en lo que se denomina su comportamiento, es decir, el conjunto de información adicional mencionado en el punto anterior que caracteriza al colectivo de clientes. Cabe diferenciar entre: • **Sistemas producto:** orientados a tomar decisiones en un determinado producto, por ejemplo: – Autorización y renovación. – Filtrado de campañas comerciales. Su uso es muy habitual, por ejemplo, en la renovación de líneas tarjetas de crédito y revisión de los límites autorizados. Cabe destacar que no solo se investiga el comportamiento con el fin de explicar el riesgo, sino también con el objetivo de valorar su rentabilidad potencial de acuerdo con el uso que ha hecho del producto.

TABLA 10.2 *(continuación)*

Scoring de comportamiento
• **Sistemas cliente:** el objetivo de estos sistemas es calificar a un cliente sin asociar esta valoración a un producto concreto. Sus principales aplicaciones son: – Asignación de *líneas de riesgo global por cliente*[1]. – *Sistemas de alerta temprana:* el objetivo es identificar un deterioro de la situación financiera del cliente de activo antes de que se produzca el impago. La utilidad de estos modelos siempre está en función de la capacidad de la entidad financiera de aplicar medidas preventivas como, por ejemplo, reducir límites unilateralmente.
***Scoring* de valoración de carteras**
— Estos sistemas se aplican en la calificación recurrente de las carteras con el fin de determinar los factores de riesgo para el cálculo de pérdida esperada, capital regulatorio, capital económico, rentabilidad esperada, RAR, etc. — La diferencia fundamental con los sistemas de comportamiento es que, en los sistemas de valoración de cartera, no existe sistema de decisión, porque el único objetivo es determinar el riesgo de una cartera en un horizonte determinado.

[1] Esta aplicación tiene ciertas limitaciones. Por un lado, no se deben tratar de igual forma los riesgos con garantía personal que las hipotecas residenciales, puesto que en estas últimas es fundamental la cobertura de la garantía. Por otro, es necesario tener en cuenta que las hipotecas suelen soportarse en los ingresos de más de un titular, por lo que las líneas de riesgo global unipersonales ofrecerían límites inadecuados.

FUENTE: Pra, Arguedas, Ríos y Casals (2010).

Las **variables que se consideran** en un sistema de *scoring* para carteras minoristas son de muy diversa índole, si bien es posible agruparlas de acuerdo con su naturaleza, tal y como se detalla en la tabla 10.3.

Por último, insistir en que los modelos suelen ir acompañados de políticas o reglas adicionales que complementan la decisión del modelo de admisión, incorporando características que no pueden ser tratadas por el modelo, o sencillamente la visión del riesgo que tiene la entidad financiera.

TABLA 10.3
Variables consideradas en un scoring *de carteras minoristas*

Tipo de datos	Variables
Socioeconómicos	• Estado civil y régimen de bienes. • Número de familiares a su cargo. • Edad. • Lugar de residencia. • Situación laboral. • Ingresos netos anuales y compromisos anuales de pago. • Patrimonio.
Riesgos e incidencias internas y externas	• Incidencias previas internas. • Incidencias en *bureaux* de crédito. • Incidencias en CIRBE. • Riesgos por garantías. • Alertas de excedidos y negativos. • Comportamiento en operaciones anteriores.
Vinculación y posición de pasivo	• Antigüedad del cliente. • Recibos domiciliados. • Productos activos. • Domiciliación de nómina. • Saldo medio en cuentas a la vista. • Saldo medio en productos de ahorro.
Características de la operación	• Finalidad. • Plazo. • Garantía. • Número de titulares. • Número de fiadores. • Relación titulares-fiadores. • Esfuerzo económico (cuotas/ingresos). • Apalancamiento (importe operación/valor inversión). • *Loan to value* o LTV (importe operación/valor tasación garantía).
Comportamiento del cliente	• Uso de tarjetas. • Composición del gasto. • Amortizaciones anticipadas en préstamos. • Retrasos en el pago.

FUENTE: elaboración propia a partir de Pra, Arguedas, Ríos y Casals (2010).

10.3.5. Facultades y delegaciones

Un sistema de admisión como el descrito, fundamentado en un procedimiento estandarizado de aplicación de políticas y *credit scoring,* tiene dos grandes ventajas:

— Eficacia en la tramitación: las decisiones pueden tomarse muy rápidamente y con criterios homogéneos.
— Control del riesgo: no solo por la propia capacidad predictiva que pueda atribuirse a los modelos de valoración, sino también por la capacidad que ofrece el sistema de controlar el perfil de las operaciones nuevas.

Sin embargo, estas ventajas solo son reales cuando el sistema es vinculante, lo que significa que:

— Las decisiones tomadas en contra de las políticas o del *credit scoring* deben ser excepciones.
— Este tipo de decisiones deben ser monitorizadas, justificadas y, en todo caso, acotadas o desincentivadas.
— Deben ser tomadas por un centro superior e independiente del que propone la operación[31].

10.3.6. Seguimiento y control

La experiencia del sector financiero indica que una gran cantidad de las pérdidas por incumplimiento podrían haber sido reducidas, si no evitadas, si se hubieran anticipado las entidades a las señales de deterioro. Por este motivo, es relevante que las entidades cuenten con alertas definidas que permitan anticipar dichos deterioros, así como que revisen las calificaciones periódicamente.

Las políticas para la evaluación, seguimiento y control del riesgo de crédito que se implanten en cada entidad deben reunir una serie de características, que se resumen a continuación[32]:

— Deben exigir una evaluación rigurosa del riesgo de crédito durante toda la vida de la operación.
— Se debe disponer de bases de datos[33] sobre las operaciones que permitan realizar dicho seguimiento.

---

[31] Tal y como se ha comentado anteriormente, la atribución de las responsabilidades y facultades en la concesión de las operaciones ha de estar claramente definida en los procedimientos de gestión del riesgo de crédito de cada entidad.

[32] Anejo 9 de la Circular 4/2017 del Banco de España.

[33] Entre otros requisitos, se exige que las bases de datos incorporen todos los factores significativos de riesgo, es decir, que las exposiciones se agrupen en factores comunes para su análisis agregado, de forma que sea posible identificar la exposición de la entidad a dichos factores.

— Deben exigir la reclasificación y correspondiente cobertura de las operaciones tan pronto se aprecie la existencia de una situación anormal o de deterioro del riesgo de crédito[34].
— Deben establecer una adecuada línea de comunicación con el Consejo de Administración.

10.4. RIESGO DE CRÉDITO: ASPECTOS ORGANIZATIVOS

En este epígrafe veremos cómo se suele estructurar la función de gestión y control del riesgo de crédito en una entidad financiera, teniendo en cuenta que pueden existir diferencias según el tamaño de la entidad, las actividades que desarrolla o su visión del riesgo.

Una característica común en la mayoría de las estructuras es la independencia entre las unidades que asumen y gestionan los riesgos y las que realizan su seguimiento y control, siguiendo el denominado «modelo de tres líneas de defensa». Un ejemplo de este tipo de estructuras puede verse en Bankinter (2018).

En la **primera línea de defensa** se sitúan las unidades donde se originan los riesgos y las unidades que les prestan apoyo. En riesgo de crédito, es habitual que se distingan dos estructuras bien diferenciadas:

— Una estructura centralizada[35], de ámbito global y para toda la entidad financiera, y que presta apoyo a los órganos de gobierno. Entre sus responsabilidades está el desarrollo de metodologías y procedimientos de gestión del riesgo y la realización de controles para asegurar que los riesgos se mantienen dentro de los límites aprobados por la organización.
— Una estructura descentralizada, que facilita la proximidad y el conocimiento del cliente, en dependencia funcional del director general de riesgos[36] de la entidad financiera y que está compuesta por equipos que tienen delegadas las funciones de sanción, seguimiento, incidencias y recuperaciones en cada una de las organizaciones regionales.

Las actividades de la primera línea de defensa son supervisadas de forma independiente por la **segunda línea de defensa,** constituida por unidades especializadas de control de riesgos que vigilan que estos se gestionen de acuerdo con el apetito de riesgo de la entidad financiera y que, además, facilitan orientación en materias relevantes relacionadas con los riesgos.

---

[34] Como se verá en el capítulo 11, las operaciones se clasificarán en función de su riesgo de crédito, distinguiéndose entre riesgo normal, normal en vigilancia especial, dudoso y fallido.

[35] Esta función de riesgos comprende también otros riesgos, además del riesgo de crédito: el de mercado, liquidez, estructural, operacional, etc.

[36] *Chief Risk Officer* (CRO, por sus siglas en inglés).

Por último, la **tercera línea de defensa** está integrada por la unidad de Auditoría Interna, que realiza una revisión independiente del modelo de control y gestión de riesgos, evaluando que las políticas y procedimientos son adecuados y están implantados de forma efectiva en la organización.

En cuanto a los actores que desarrollan la función de gestión y control de riesgos, es necesario resaltar que la responsabilidad última recae en el **Consejo de Administración** de la entidad, que debe aprobar el marco de control y gestión de los riesgos y el modelo de apetito de riesgo de la entidad. Es también su responsabilidad efectuar el seguimiento de los sistemas de información y control de riesgos para asegurar que se cumplen los objetivos fijados.

Para llevar a cabo estas funciones, es habitual que el Consejo de Administración se apoye en determinadas comisiones delegadas o comités.

En materia de riesgo de crédito cabe destacar la función desempeñada por el **comité de riesgos,** con facultades delegadas en materia de autorización, formalización, valoración, sanción o ratificación de operaciones hasta un límite determinado, a partir del cual las competencias corresponden al consejo de administración.

Este comité también cumple la función de recomendar a los órganos superiores las actuaciones a tomar cuando la materia en cuestión excede a las facultades que tiene otorgadas.

El comité de riesgos, de forma regular y periódica, discute y revisa diversos aspectos relativos al riesgo de crédito, tales como:

- Tiempos de respuesta en la admisión de operaciones.
- Revisiones sectoriales o de clientes o grupos.
- Excesos sobre posiciones autorizadas.
- Descubiertos en cuenta.
- Situación de expedientes y documentación.
- Revisión de clientes y carteras en seguimiento y en vigilancia.
- Límites vigentes para operativas específicas o grupos de clientes.

Por último, el comité de riesgos dicta normas que actualizan las existentes en aquellos aspectos o facetas novedosas o urgentes, relacionados con el riesgo de crédito.

REFERENCIAS BIBLIOGRÁFICAS

Bankinter (2018). *Informe con relevancia prudencial 2018.*

Pra, I., Arguedas, R., Ríos, A. y Casals, J. M. (2010). *Gestión y control del riesgo de crédito con modelos avanzados.* Madrid: Ediciones Académicas.

Yagüe, M., Pra, I. y Arguedas, R. (2016). Gestión de riesgos: un enfoque desde las entidades financieras. En *Dirección financiera de la empresa. Un enfoque internacional.* Madrid: McGraw-Hill.

Páginas web recomendadas

Banco Central Europeo (BCE): www.ecb.int.
Banco de España: http://www.bde.es.
Bank for International Settlements (BIS): http://www.bis.org.
Credit risk modeling resource: www.defaultrisk.com.
European Banking Authority (EBA): https://eba.europa.eu/.

11 Gestión del riesgo en carteras minoristas (II)

Inmaculada Pra Martos

Resumen del capítulo

En este capítulo se continúa el análisis del riesgo de crédito en carteras minoristas, con una primera parte centrada en la mitigación del riesgo a través de las garantías, y una segunda parte que tiene como objetivo de estudio la gestión de la insolvencia. Es en esta segunda parte en la que, tras revisar algunos conceptos básicos relacionados con el riesgo de las operaciones de crédito, se hace una revisión más detallada de las diversas fases de la gestión recuperatoria, dada la gran trascendencia que ha adquirido esta área tras la crisis de 2008.

Objetivos de aprendizaje

Después de leer el capítulo, el lector ha de ser capaz de conocer y entender:

1. Los tipos de garantías en una operación crediticia.
2. Los criterios para considerar que una garantía es eficaz y los criterios de valoración de garantías.
3. Las bases conceptuales de la estimación del deterioro de los instrumentos de crédito.
4. Cómo se clasifican las operaciones según su riesgo de crédito.
5. Las vías de actuación de una entidad en caso de incumplimiento del acreditado.
6. Los tipos de operaciones que pueden surgir tras una negociación entidad-cliente.
7. Los principales tipos de procedimientos judiciales utilizados en la gestión recuperatoria.

11.1. INTRODUCCIÓN

Este capítulo, dedicado, al igual que el anterior, al análisis de la cartera minorista, se divide en dos partes bien diferenciadas.

En la primera parte del capítulo (epígrafe 11.2) se estudian las garantías como forma de mitigar el riesgo en las operaciones de crédito por parte de las entidades financieras. Tras una breve exposición de los tipos de garantías que se pueden presentar, se comentan los requisitos que establece la normativa contable para considerar que las garantías son eficaces, así como sus criterios de valoración.

La segunda parte del capítulo (epígrafe 11.3) está dedicada a la gestión de la insolvencia por parte de las entidades financieras. Comienza presentando la nueva metodología de estimación del deterioro de los instrumentos de crédito basada en la pérdida esperada, frente al modelo de pérdida incurrida. A continuación se explica la forma de clasificar los activos financieros según su riesgo de crédito. Por último, se considera ya una situación de incumplimiento del acreditado y las posibles vías de actuación: la negociación entidad-cliente y los procedimientos judiciales.

A lo largo del capítulo se hará referencia en numerosas ocasiones a la Circular del Banco de España 4/2017, de 27 de noviembre, para entidades de crédito, sobre normas de información financiera pública y reservada y modelos de estados financieros[1], cuyo objeto fundamental es adaptar el régimen contable de las entidades de crédito españolas a los cambios del ordenamiento contable europeo derivados de la adopción de las NIIF 9 y NIIF 15[2].

---

[1] Es precisamente la Circular 4/2017, también conocida como Circular contable del Banco de España, la que introduce el modelo de pérdida esperada para la estimación del deterioro de los activos financieros, así como los cambios en la valoración de los activos financieros y su forma de clasificarlos.

[2] NIIF es el acrónimo de Normas Internacionales de Información Financiera, en inglés IFRS *(International Financial Reporting Standards)*.

11.2. ANÁLISIS DE LAS GARANTÍAS

La aportación de garantías es una de las principales formas de mitigar el riesgo asumido por la entidad financiera en una operación crediticia.

En general, una garantía es una medida de refuerzo que se añade a un crédito para asegurar su satisfacción. Procede de un acuerdo voluntario con el deudor o con un tercero para añadir bienes o patrimonios contra los cuales se puede dirigir el acreedor en caso de incumplimiento.

El objetivo que persigue la entidad financiera al exigir garantías es disminuir la severidad en caso de incumplimiento del deudor, ya que permite cobrar la deuda mediante la adjudicación y venta del bien o derecho. No obstante, a la hora de considerar la admisión o la refinanciación de una operación es importante recordar los siguientes puntos:

— El foco del análisis debe estar en la viabilidad de la operación, es decir, en su capacidad para generar flujos de caja para reembolsar la deuda. El análisis de las garantías es complementario del anterior, pero nunca debe sustituirlo[3].
— La valoración de las garantías debe ser revisada periódicamente.

Antes de abordar el análisis de las garantías más habituales en una operación crediticia explicaremos la caracterización de las garantías desde un punto de vista legal. Para ello comenzaremos distinguiendo entre garantías personales y garantías reales.

En las **garantías personales** existe otra persona que responde de la deuda con su patrimonio, además del deudor. La figura típica dentro de las garantías personales es la fianza, en la que una persona se obliga a pagar o cumplir por un tercero, en caso de no hacerlo este. La obligación del fiador es subsidiaria, pues solo tendrá que pagar cuando se acredite la insolvencia del deudor. Sin embargo, es habitual también la llamada fianza solidaria, en la cual el acreedor puede requerir el pago indistintamente al deudor y al fiador.

Las **garantías reales** suponen la sujeción expresa de uno o varios bienes concretos, muebles o inmuebles, a la satisfacción del interés del acreedor para el caso de incumplimiento de una obligación determinada, cualquiera que sea el poseedor del bien gravado. Por tanto, las garantías reales atribuyen al acreedor la fa-

[3] El Anejo 9 de la Circular 4/2017 del Banco de España señala que «los criterios de concesión deben estar vinculados con la capacidad de pago del prestatario para cumplir, en tiempo y forma, con el total de obligaciones financieras asumidas. Dicha capacidad de pago se evaluará partiendo de los fondos o flujos netos de efectivo procedentes de sus negocios o fuentes de renta habituales, sin depender de avalistas, fiadores o activos entregados como garantía. Estos deberán ser siempre considerados al evaluar la concesión de la operación como una segunda y excepcional vía de recobro para cuando haya fallado la primera».

cultad de realizar el valor del bien, y con lo obtenido cobrar el importe de la deuda, devolviendo el sobrante a su propietario.

Las garantías reales típicas son las siguientes:

- *Hipoteca inmobiliaria.* Es un derecho real de garantía que recae sobre bienes inmuebles. El bien hipotecado queda en posesión del deudor. Para que su constitución sea válida es indispensable su inscripción en el Registro de la Propiedad.
- *Prenda.* Tiene como objeto las cosas muebles, siempre que se hallen en el comercio de los hombres y sean susceptibles de posesión. Su constitución no exige inscripción alguna, pero sí desplazamiento posesorio.
- *Anticresis.* El acreedor tiene derecho a recibir los frutos producidos por bienes inmuebles del deudor para cobrar el importe de la deuda no satisfecha. El acreedor puede también pedir la realización del inmueble.
- *Hipoteca mobiliaria y prenda sin desplazamiento.* Son derechos reales de realización de valor con función de garantía que recaen sobre bienes muebles, y en los que el desplazamiento posesorio propio de las garantías mobiliarias se sustituye por la inscripción registral.

  Solo los bienes muebles enajenables que de manera exhaustiva enumera la ley pueden ser objeto de hipoteca mobiliaria (máquinas, materias primas, colecciones, etc.) o prenda sin desplazamiento (vehículos, etc.).

  Tanto el requisito de forma como la inscripción registral de ambas garantías mobiliarias tienen carácter constitutivo: la hipoteca mobiliaria y la prenda sin desplazamiento deben constituirse en escritura pública e inscribirse en el registro correspondiente[4].

11.2.1. Garantías eficaces en una operación crediticia

Las garantías deben representar un derecho de crédito directo frente al proveedor de protección y deben hacer referencia de forma explícita a posiciones determinadas, de modo que el alcance de la cobertura esté definido con claridad y sea incuestionable. En definitiva, las garantías deben de ser directas, explícitas, irrevocables e incondicionales.

Se consideran **garantías eficaces** aquellas garantías reales y personales para las que la entidad demuestre su validez como mitigante del riesgo de crédito y en cuya valoración se hayan seguido las políticas y procedimientos que señala la normativa del Banco de España[5].

---

[4] Registro de Hipoteca Mobiliaria y Prenda sin desplazamiento, integrado en el Registro de Bienes Muebles.

[5] Los requisitos que deben cumplir las políticas y procedimientos generales de valoración de garantías reales están contenidos en el Anejo 9 de la Circular 4/2017 del Banco de España.

El análisis de la eficacia de las garantías debe tener en cuenta, entre otros aspectos, el tiempo necesario para su ejecución, y la capacidad y experiencia de realización de estas por parte de la entidad. No se consideran garantías eficaces aquellas cuya eficacia dependa sustancialmente de la calidad crediticia del deudor[6].

Las garantías que la normativa del Banco de España considera eficaces se pueden clasificar de la siguiente forma:

a) Garantías hipotecarias sobre inmuebles

Como se ha comentado anteriormente, la hipoteca constituye un **derecho real** por el que, mediante la inscripción en el Registro de la Propiedad, se sujetan directa e inmediatamente determinados bienes inmuebles al pago de un crédito, cualquiera que sea el titular de los bienes hipotecados. Por tanto, en caso de que el crédito garantizado no sea satisfecho por el deudor a su vencimiento, la entidad financiera (titular de la garantía) podrá solicitar y promover la ejecución forzosa y venta de los bienes, y satisfacer con su importe el crédito garantizado. A diferencia de la prenda, la hipoteca **no requiere el desplazamiento de la posesión del bien** (los bienes permanecen en posesión de su propietario).

La hipoteca es un derecho de constitución registral, es decir, para que sea válido y tenga eficacia entre partes y con terceros es necesario que se inscriba en el **Registro de la Propiedad**[7]. En la inscripción deben quedar claramente determinados el bien hipotecado, la obligación garantizada y el importe (al menos la cuantía máxima) del que responderá el bien gravado.

Por otro lado, la hipoteca es un derecho indivisible, por lo que subsistirá íntegra, mientras no se cancele, sobre la totalidad de los bienes hipotecados, aunque se reduzca la obligación garantizada.

Los **bienes inmuebles** que se incluyen en este apartado, de acuerdo con la normativa del Banco de España[8], son los siguientes (siempre y cuando sean primera carga):

- Edificios y elementos de edificios terminados (viviendas, oficinas y locales comerciales, naves y otros edificios).
- Suelo urbano y urbanizable ordenado.
- Resto de bienes inmuebles, por ejemplo:
  - Edificios y elementos en construcción (promociones en curso y paradas).
  - Fincas rústicas.

---

[6] Anejo 9 de la Circular 4/2017 del Banco de España.

[7] Al inscribir la hipoteca en el Registro de la Propiedad se adquiere el denominado rango hipotecario o registral, es decir, la posición que determina su relación con otras hipotecas sobre el mismo bien (en garantía de créditos distintos). El rango registral depende de la fecha de inscripción de la hipoteca y determina el orden jerárquico de prioridad en el cobro.

[8] Anejo 9 de la Circular 4/2017 del Banco de España.

Las hipotecas inmobiliarias deben estar debidamente constituidas y registradas a favor de la entidad, para lo cual es necesario:

- Que haya sido constituida en documento público. En la escritura se debe recoger la identificación del objeto, titularidad y cargas, en su caso.
- Que esté inscrita en el Registro de la Propiedad.

Por último, es importante revisar periódicamente el valor de mercado del bien hipotecado[9].

b) Garantías pignoraticias sobre instrumentos financieros

En este apartado se incluyen los depósitos dinerarios y los valores representativos de deuda o instrumentos de patrimonio neto, de emisores de reconocida solvencia.

c) Otras garantías reales

Quedan incluidas en este apartado las siguientes garantías:

- Bienes muebles.
- Segundas y sucesivas hipotecas sobre inmuebles[10].

d) Garantías personales

Se incluyen en este apartado las siguientes garantías:

- Avales.
- Seguros de crédito o caución.

Estas garantías deben implicar la responsabilidad directa y solidaria ante la entidad financiera de las personas o entidades que la prestan, cuya solvencia patrimonial debe estar suficientemente contrastada.

---

[9] Para ello no es necesario efectuar una nueva tasación: en el caso de la vivienda, se puede actualizar su valor a través del indicador del incremento del precio de la vivienda por comunidades autónomas.

[10] Para evaluar la eficacia de las segundas y sucesivas hipotecas sobre inmuebles, la entidad tendrá en cuenta, entre otros aspectos, si las cargas anteriores están o no a favor de la propia entidad, y la relación entre el riesgo garantizado por estas y el valor del inmueble.

11.2.2. Políticas y procedimientos de valoración de las garantías reales

En el momento de la concesión, las entidades deberán determinar el **valor de referencia** de las garantías reales recibidas, y con posterioridad deberán actualizar dicho valor con la periodicidad que determine la propia entidad.

Los **requisitos** que deben reunir las políticas y procedimientos de valoración se resumen en los siguientes puntos:

— Las entidades deberán contar con **políticas** y **procedimientos escritos** en los que se indique cómo actualizar el valor de las garantías reales, así como los criterios para considerar que se han producido caídas significativas en las valoraciones. Para ello tendrá en cuenta el tipo de garantía real y factores relevantes, como la tendencia de los precios de mercado o la opinión de valoradores independientes.
— Las entidades deben disponer de **bases de datos** con toda la información relevante sobre los inmuebles y otras garantías reales, así como la vinculación de las garantías a las operaciones concretas.
— Las entidades deben disponer de **criterios de selección y contratación** de proveedores de valoración para garantizar la independencia y calidad de las valoraciones.
— La **auditoría interna** de cada entidad comprobará periódicamente la aplicación de estas políticas y procedimientos en la valoración de las garantías.

11.2.3. Criterios de valoración de garantías reales

Los criterios de valoración son diferentes según el tipo de garantía real que se considere.

a) Garantías inmobiliarias

En general, la valoración de bienes inmuebles radicados en España que constituyan garantía de operaciones inmobiliarias se podrá hacer:

— Con tasaciones individuales completas, realizadas por una sociedad de tasación homologada[11] e independiente.
— Con métodos automatizados de valoración[12], desarrollados por sociedades o servicios de tasación homologados independientes. Este procedimiento solamente se puede utilizar para determinado tipo de inmuebles.

---

[11] Inscritas en el Registro Oficial de Sociedades de Tasación del Banco de España.

[12] Las metodologías para obtener estas valoraciones se conocen habitualmente como AVM (*Automated Valuation Model*). Son modelos matemáticos de valoración de inmuebles aplicados mediante programas informáticos y desarrollados a partir de una amplia base de datos.

Los criterios de valoración de las garantías inmobiliarias difieren según cual sea la clasificación contable de la operación, en función de su riesgo de crédito:

- — En el caso de las operaciones clasificadas como **riesgo normal,** es necesario contar con tasaciones individuales completas en el momento de la concesión[13], y se debe verificar la existencia de indicios de caídas significativas en sus valoraciones de referencia con una frecuencia mínima de un año.
- — Las garantías inmobiliarias de las operaciones clasificadas como **riesgo dudoso** se deben actualizar en el momento de hacer la mencionada clasificación, y posteriormente con una frecuencia mínima anual.

b) Garantías pignoraticias

Las garantías pignoraticias sobre instrumentos financieros se valorarán al menos trimestralmente, tomando como valor de referencia su valor razonable.

La normativa de solvencia de Basilea permite reducir el capital regulatorio exigido para una operación de crédito cuando las garantías financieras (o colaterales) cumplen una serie de requisitos. El procedimiento para valorar dichas garantías financieras, a efectos de reducción del riesgo, se basa en la aplicación de recortes que tienen en consideración la volatilidad del valor de dichas garantías. Así, los valores muy volátiles serán penalizados con recortes mayores (de tal forma que se necesitará mayores importes para reducir el riesgo), mientras que sobre los valores con poca volatilidad se harán recortes menores. En el caso del efectivo, el riesgo se reduce por el valor del importe aportado como garantía, en su totalidad.

c) Otras garantías reales

La valoración de referencia del resto de garantías reales deberá realizarla un valorador independiente y se actualizará al menos anualmente.

11.3. GESTIÓN DE LA INSOLVENCIA

Antes de comenzar el estudio sobre la insolvencia hemos de recordar los cambios producidos en la valoración y clasificación de los activos financieros, desde el punto de vista contable, tras la entrada en vigor de la Circular 4/2017 del Banco de España.

---

[13] A estos efectos, se consideran válidas las tasaciones realizadas dentro de los seis meses anteriores a la fecha de concesión de las operaciones.

La normativa actual contempla tres **formas de valorar y clasificar los activos financieros:** a coste amortizado, a valor razonable con cambios en el patrimonio neto o a valor razonable con cambios en pérdidas y ganancias[14]. La clasificación en un grupo u otro depende del modelo de negocio que utilice la entidad para la gestión de los activos financieros y de las características de los flujos de efectivo contractuales de cada instrumento.

Con carácter general, los instrumentos financieros de la **cartera minorista** se valoran a coste amortizado, dado que reúnen las siguientes características:

- — Los flujos de efectivo que generan son pago de principal e intereses sobre el importe del principal pendiente, no generando otro tipo de pagos.
- — Las entidades los mantienen para percibir sus flujos de efectivo contractuales, no para su venta.

La **metodología de estimación de las pérdidas crediticias** desde el punto de vista contable también ha cambiado, tras la entrada en vigor de la mencionada Circular 4/2017, como se verá en el siguiente epígrafe.

11.3.1. Pérdida incurrida *versus* Pérdida esperada

El modelo tradicional de **pérdida incurrida,** en el que para contabilizar una pérdida por deterioro era necesario que se produjera un evento crediticio, ha sido sustituido por un modelo de **pérdida esperada.** Bajo este nuevo enfoque, para estimar la pérdida crediticia se ha de considerar el impacto de las circunstancias que previsiblemente vayan a tener lugar en el futuro (en un horizonte de un año o a lo largo de toda la vida residual de las operaciones) en los flujos de efectivo esperados de las operaciones, de forma que para contabilizar el deterioro es suficiente con la expectativa de que dicho suceso vaya a tener lugar.

De acuerdo con lo anterior, y teniendo en cuenta el criterio del devengo, las entidades han de evaluar periódicamente las operaciones crediticias, para garantizar que se incluyen en la cuenta de resultados las pérdidas por deterioro de las expectativas de cobro de los flujos de efectivo que se han generado en el período.

Se distinguen dos formas de analizar las operaciones: análisis individual y colectivo.

El **análisis individual** se aplica a operaciones consideradas significativas por su importe o por la actividad económica financiada. Para calcular la pérdida esperada de una operación se han de seguir los siguientes pasos:

[14] En este tema, la Circular 4/2017 del Banco de España sigue lo señalado en la NIIF 9.

1. Definir los escenarios futuros que se considera que pueden afectar, favorable o desfavorablemente, a la capacidad y voluntad de pago del prestatario[15].
2. Obtener el importe de los impagos previstos en cada uno de los escenarios (diferencia entre flujos de caja contractuales y esperados).
3. Calcular la media ponderada del valor actual de los impagos previstos, utilizando como tipo de descuento el tipo de interés efectivo original y como ponderaciones la probabilidad de ocurrencia del escenario correspondiente.

El **análisis colectivo** se utiliza en carteras que comprenden un número elevado de operaciones de pequeño importe que comparten características similares. La estimación de la pérdida esperada en este caso se realiza a partir de datos históricos de incumplimientos de ese tipo de carteras en la entidad financiera, con ajustes que tengan en cuenta los importes recuperados mediante liquidación de garantías y considerando también información sobre factores externos que pueden afectar a la capacidad o voluntad de pago de los acreditados, o bien a la recuperación de los flujos de caja de las operaciones.

Por último, es habitual que las entidades diferencien entre **coberturas específicas,** referidas a operaciones individuales o a grupos de operaciones identificadas, y **genéricas,** que afectan al resto de operaciones del balance sujetas al riesgo de crédito, siendo diferente la forma de estimar las coberturas en uno y otro caso. El deterioro de las operaciones individuales se obtiene descontando los flujos de caja, tal y como se ha detallado anteriormente, mientras que las coberturas específicas que corresponden a grupos de operaciones se basan en un análisis colectivo del deterioro. Por último, la estimación de las coberturas genéricas se realiza también con un análisis colectivo[16].

11.3.2. Deterioro de valor de una operación crediticia

El **deterioro** de valor de un préstamo o, en general, de un instrumento de deuda, se produce cuando cambian las expectativas de los flujos de efectivo de la operación por la aparición de información sobre factores que pueden influir en la capacidad de pago o en los incentivos del obligado.

Hay determinadas situaciones que **evidencian** que el prestatario experimenta dificultades financieras que pueden afectar negativamente a la generación de flujos de efectivo. Cabe distinguir tres tipos de situaciones[17]:

---

[15] La elección de los distintos escenarios debe responder a los factores identificados como principales causantes históricos de los impagos en cada tipo de activos.

[16] Puede verse una explicación más detallada de estos aspectos en Pérez (2018).

[17] Tal y como se indica en IAS 39 e IFRS 9.

- El incumplimiento de alguna de las cláusulas contractuales del instrumento (por ejemplo, el retraso en el pago de una cuota).
- Dificultades financieras significativas del prestatario (por ejemplo: declaración concursal).
- La autorización de concesiones al prestatario, que no se habrían considerado en circunstancias ordinarias (por ejemplo, refinanciaciones o quitas).

Aun no habiéndose puesto de manifiesto dificultades como las anteriormente mencionadas, la actual normativa exige que se considere **cualquier información relevante** susceptible de causar el incumplimiento, por ejemplo: previsible evolución desfavorable de las condiciones económicas generales (aumento de la tasa de desempleo, caída en el valor de las garantías), concentración excesiva de las exposiciones en sectores o zonas geográficas sensibles, cambios en los *rating* externos o internos, cambios previsibles en la política crediticia de la entidad, etc.[18].

A continuación veremos cómo se clasifican las operaciones en función de su riesgo de crédito y qué circunstancias son las que determinan el paso de un grupo a otro de la clasificación.

11.3.3. Clasificación de las operaciones según su riesgo de crédito

Atendiendo al riesgo de crédito, las exposiciones se pueden clasificar en los siguientes grupos: riesgo normal, riesgo normal en vigilancia especial, riesgo dudoso o riesgo fallido.

a) Riesgo normal

Comprende todas las operaciones que no cumplan los requisitos para estar clasificadas en otras categorías.

b) Riesgo normal en vigilancia especial

Un riesgo clasificado previamente como «normal» debe pasar a la categoría «normal en vigilancia especial» cuando, sin haberse producido un evento de incumplimiento, se ha producido un **incremento significativo del riesgo de crédito** desde el momento de la concesión.

[18] Por tanto, la gestión del riesgo de crédito requiere llevar a cabo un análisis sistemático de las operaciones para identificar los indicios que pueden ser causa del deterioro.

Es, por tanto, necesario analizar en qué circunstancias se puede afirmar que se ha producido un incremento significativo del riesgo. La normativa del Banco de España contempla tres tipos de situaciones, detalladas en la tabla 11.1. En primer lugar, existe **presunción refutable**[19] de que se ha producido un incremento significativo del riesgo cuando existen importes vencidos con más de **treinta días** de antigüedad. En segundo lugar, la norma facilita una batería de **indicadores,** que darán lugar a la reclasificación si se cumple, al menos, uno de ellos. Por último, aparecen una serie de casos en los que será **necesaria la reclasificación** a la categoría de riesgo normal en vigilancia especial («factores automáticos»).

TABLA 11.1

Riesgo normal en vigilancia especial

Presunción refutable	• Operaciones en las que existan importes vencidos con más de treinta días de antigüedad.
Indicadores	• Cambios adversos en la situación financiera. • Caídas significativas en la cifra de negocios o en los flujos de efectivo recurrentes. • Estrechamiento significativo de los márgenes de explotación o de la renta recurrente disponible. • Cambios significativos en el coste del riesgo de crédito. • Rebaja real o esperada de la calificación crediticia interna de la operación o del titular. • Aumento significativo de la volatilidad en el entorno económico o de mercado que pudiera afectar negativamente al titular. • Otros.
Factores automáticos	• Operaciones refinanciadas o reestructuradas cuando no proceda su clasificación como riesgo dudoso. • Operaciones incluidas en un acuerdo especial de sostenibilidad de la deuda. • Operaciones de titulares declarados en concurso de acreedores para los que proceda su reclasificación desde riesgo dudoso.

FUENTE: elaboración propia a partir de la Circular 4/2017 del Banco de España.

Por último, un riesgo clasificado previamente como «dudoso» se reclasificará en la categoría de «normal en vigilancia especial» cuando, habiendo desaparecido el evento que propició su clasificación como riesgo dudoso, el riesgo de crédito sea significativamente superior al del momento de la concesión.

[19] Salvo prueba en contrario.

c) Riesgo dudoso

Comprende los instrumentos de deuda, vencidos o no, en los que, sin concurrir las circunstancias para clasificarlos en la categoría de riesgo fallido, se presentan **dudas razonables** sobre su reembolso total (principal e intereses) por el titular en los términos pactados.

La clasificación de las operaciones como riesgo dudoso se hará por el importe del riesgo en su totalidad.

Por otro lado, el análisis de una operación para determinar si corresponde clasificarla como riesgo dudoso se hará sin considerar las garantías asociadas a dichas operaciones.

Cuando la operación tenga algún importe vencido por principal, intereses o gastos pactados contractualmente, con más de noventa días de antigüedad, se clasificará como **«operación dudosa por razón de la morosidad».** Estas operaciones se podrán reclasificar a riesgo normal si, como consecuencia del cobro de parte de los importes vencidos, desaparecen las causas que motivaron su clasificación como riesgo dudoso.

Las operaciones cuya recuperación íntegra sea dudosa, pero que no presenten ningún importe vencido con más de noventa días de antigüedad, se clasificarán como **«operación dudosa por razones distintas de la morosidad».** Para incluir una operación en este grupo se analizan una serie de indicadores que la normativa considera como eventos con impacto negativo sobre los flujos de efectivo futuros estimados de la operación (con que haya ocurrido uno de ellos es suficiente). Adicionalmente, existen unos factores automáticos que implican la necesaria inclusión en esta categoría de riesgo. En la tabla 11.2 se resumen los indicadores y los factores automáticos.

TABLA 11.2

Riesgo dudoso por razones distintas de la morosidad

Indicadores	• Patrimonio neto negativo o disminución del patrimonio neto en al menos un 50% durante el último ejercicio. • Pérdidas continuadas o descenso significativo de la cifra de negocios o, en general, de los flujos de efectivo recurrentes. • Retraso generalizado en los pagos o flujos de efectivo insuficientes para atender las deudas. • Estructura económica o financiera significativamente inadecuada, o imposibilidad de obtener financiaciones adicionales. • Calificación crediticia, interna o externa, que ponga de manifiesto que el titular se encuentra en situación de impago. • Compromisos vencidos de importe significativo frente a organismos públicos o empleados.

TABLA 11.2 *(continuación)*

Factores automáticos	• Operaciones con saldos reclamados o sobre los que se haya decidido reclamar judicialmente su reembolso por la entidad, aunque estén garantizados. • Operaciones en las que se ha iniciado el proceso de ejecución de la garantía real. • Operaciones de titulares declarados en concurso de acreedores. • Garantías concedidas a avalados declarados en concurso de acreedores, en determinadas circunstancias. • Operaciones refinanciadas o reestructuradas que durante el período de prueba sean refinanciadas o reestructuradas o lleguen a tener importes vencidos con una antigüedad superior a los treinta días.

FUENTE: elaboración propia a partir de la Circular 4/2017 del Banco de España.

d) Riesgo fallido

En esta categoría se incluirán los instrumentos de deuda, vencidos o no, sobre los que **se considere remota su recuperación.** La clasificación en este grupo conlleva el reconocimiento de pérdidas por el importe en libros de la operación y su baja total del activo.

Los casos en que procede esta clasificación son:

— Deterioro notorio e irrecuperable de la solvencia de la operación o del deudor.
— Deudores en concurso de acreedores en los que se haya declarado o se vaya a declarar la fase de liquidación, salvo que existan garantías reales eficaces que cubran al menos el 10% del importe en libros bruto de la operación.
— Operaciones morosas por más de cuatro años[20].

11.3.4. Procesos de negociación con la entidad financiera

La existencia de una buena gestión recuperatoria es un aspecto muy relevante para las entidades financieras, por su elevada repercusión sobre la cuenta de re-

[20] Aunque no haya alcanzado esta antigüedad, si el importe no cubierto con garantías eficaces se ha mantenido con una cobertura del 100% durante más de dos años, salvo que cuenten con garantías reales eficaces que cubran al menos el 10% del importe en libros bruto de la operación.

sultados, especialmente en épocas de crisis económica, y por las consecuencias que puede tener sobre el sector financiero y la economía en términos agregados[21].

Una vez producido el incumplimiento, la primera pregunta a la que se debe dar respuesta es si existe o no **voluntad de pago** por parte del acreditado, ya que de ello dependerá qué herramientas recuperatorias se deben utilizar[22].

En efecto, si existe voluntad de pago y la operación es **viable,** se abre un abanico de posibilidades para tratar de adaptar la cuota a la capacidad de pago del cliente, como se verá a continuación. El objetivo es dotarle de estabilidad financiera, de forma que sea posible la devolución de la deuda.

Otro elemento de gran relevancia que tiene que considerar la entidad financiera, además de la voluntad de pago y la viabilidad de la operación, es el tema de las **garantías.** Estas deben ser eficaces y suficientes para cubrir el déficit de la operación.

Se resumen a continuación las actuaciones y tipos de operación que pueden resultar tras una negociación entidad-cliente[23].

Una de las opciones es proceder a una **restructuración de la operación,** que consiste en modificar sus condiciones financieras con el fin de facilitar el pago de la deuda (principal e intereses). Entre los motivos de este cambio cabe citar que al acreditado no le sea posible cumplir con las condiciones originales de la operación, o que se prevea que no va a poder hacerlo.

En todo caso, se consideran reestructuradas según la normativa del Banco de España las operaciones en las que:

— Se realiza una quita[24] o se reciben activos para reducir la deuda[25].
— Se alarga el plazo de vencimiento, modificando el cuadro de amortización para minorar el importe de las cuotas en el corto plazo o para disminuir su frecuencia.
— Se establece un plazo de carencia de principal o intereses (o ambos)[26].

Otro tipo de operaciones que tratan de facilitar el pago de la deuda cuando el acreditado no puede, o se prevé que no va a poder, cumplir con sus obligaciones de pago son las de **refinanciación.** Con este término se hace referencia a la concesión de una operación nueva, y no a la modificación de las condiciones de una

[21] Como se puso de manifiesto tras la crisis económico-financiera de 2008.

[22] Si no hay voluntad de pago, la única alternativa para la entidad financiera es proceder a la reclamación judicial de los riesgos vencidos, como se verá en el siguiente epígrafe.

[23] En el Anejo 9 de la Circular 4/2017 se definen las operaciones que surgen tras una modificación en las condiciones de la operación original.

[24] Condonación de capital o de intereses. Supone el reconocimiento de una pérdida por parte de la entidad.

[25] Dación en pago o entrega de bienes inmuebles con el objetivo de cancelar la deuda.

[26] Salvo cuando se pueda probar que las condiciones se modifican por motivos diferentes de las dificultades financieras de los titulares y sean análogas a las que se apliquen en el mercado a las operaciones concedidas a clientes con similar perfil de riesgo.

operación ya existente, como ocurría en la reestructuración. El objetivo de las operaciones de refinanciación es cancelar una o varias operaciones concedidas al acreditado o poner dichas operaciones al corriente de pago. Es frecuente que las operaciones de refinanciación se concedan a un cliente que está reestructurando su deuda, por lo que ambos tipos de operaciones suelen coincidir en el tiempo.

Por último, hemos de diferenciar las operaciones refinanciadas y reestructuradas de las **operaciones renovadas y renegociadas,** en las que se formaliza una operación nueva o se modifican las condiciones financieras de la operación, respectivamente, por motivos diferentes a la existencia de dificultades financieras del acreditado.

11.3.5. Procedimientos judiciales en la gestión recuperatoria

Dentro de las fases de gestión recuperatoria, la judicial es la finalización natural de un proceso no amistoso. Por tanto, no podemos finalizar el análisis del proceso recuperatorio sin revisar los principales aspectos referidos a **procedimientos de reclamación judicial y extrajudicial de créditos.**

El marco normativo que regula la recuperación por vía judicial está contenido, en su mayor parte, en la Ley de Enjuiciamiento Civil[27] y en la Ley Concursal[28]. En este ámbito se aceptan dos grandes tipos de actuaciones:

1. **Tutela declarativa,** en la que se acude a los órganos judiciales con el fin de lograr una sentencia que declare la existencia del crédito o por la que se condene al deudor a satisfacerlo. Dentro de los procesos declarativos, regulados en la Ley de Enjuiciamiento Civil, existen a su vez dos tipos:

   — Procesos judiciales declarativos **ordinarios.** Dentro de este grupo se distingue entre el juicio ordinario y el juicio verbal.
   — Procesos judiciales **especiales,** que son los previstos para materias especiales, como son el proceso monitorio, el cambiario y el concursal.

2. **Tutela ejecutiva,** que se utiliza cuando no se produce el cumplimiento voluntario de lo dispuesto en una sentencia o de lo que consta en otros documentos con idéntica fuerza ejecutiva. En ella, los tribunales fuerzan coactivamente al deudor al pago de lo debido, mediante procesos de ejecución (mediante la venta del bien de su propiedad en pública subasta y entrega al acreedor de las cantidades obtenidas, hasta la completa satisfacción de su crédito).

[27] Ley 1/2000, de 7 de enero, de Enjuiciamiento Civil.
[28] Ley 22/2003, de 9 de julio, Concursal.

Además de lo anterior, la Ley de la Jurisdicción Voluntaria[29] prevé que se puedan reclamar notarialmente deudas dinerarias de naturaleza civil o mercantil, cualquiera que sea su cuantía y origen, líquidas, determinadas, vencidas y exigibles, que resulten no contradichas por el deudor, con el fin de la obtención por el acreedor de una carta de pago voluntaria o de un título ejecutivo extrajudicial al que el deudor se podrá oponer, en su caso, por vía judicial.

a) Tutela declarativa: juicio ordinario

Las materias más relevantes para una entidad financiera son las referidas a demandas que versen sobre litigios de derecho privado de **cuantía superior a los seis mil euros,** así como aquellas cuyo interés económico resulta imposible de calcular. Se resumen, a continuación, las fases más relevantes y sus principales hitos:

Demanda e inicio del procedimiento

El juicio ordinario se inicia mediante el **escrito de demanda,** que debe ser firmado por **abogado** y presentarse a través de **procurador.** Este documento debe contener los datos de identificación y localización del demandante y del demandado, junto con los hechos y razonamientos jurídicos que sirven de fundamento a la demanda. Se debe, a su vez, incluir la tutela que se solicita, especificada con claridad y precisión. Se han de incorporar todos los documentos en los que se apoye la pretensión del demandante.

Contestación a la demanda y reconvención

Una vez admitida la demanda, se dará traslado de ella al demandado, junto con una copia de los documentos que la acompañan, para que pueda **contestar en un plazo de veinte días.** Dentro de dicho plazo el demandado debe comparecer, defendido por abogado y representado mediante procurador, y presentar su escrito de contestación.

Audiencia previa al juicio

Una vez contestada la demanda y, en su caso, reconvención, se llama a las partes a una **audiencia previa,** en la que tienen que estar presentes las partes o sus representantes procesales. El principal objetivo es ver si se puede llegar a un acuerdo antes del inicio del juicio.

[29] Ley 15/2015, de 2 de julio, de la Jurisdicción Voluntaria.

Acto del juicio y medios de prueba

La finalidad del juicio es que se practiquen las **pruebas** necesarias por las partes y admitidas por el tribunal y, posteriormente, que los abogados expongan oralmente ante el juez sus **conclusiones** sobre los hechos controvertidos (los que son probados y los que no) e informen de forma sucinta y final acerca de los argumentos jurídicos en los que apoyan sus respectivas pretensiones. Las pruebas básicamente son: el interrogatorio de las partes, la documentación presentada, el dictamen de los peritos, el reconocimiento judicial y el interrogatorio de testigos.

En relación con la documentación que se presente, es relevante diferenciar entre documentos públicos y privados. Son **documentos públicos** los expedidos por un fedatario público, esto es, notario, registrador mercantil o de la propiedad. En cambio, los **documentos privados** son los que han sido confeccionados por un sujeto particular. Adicionales a los documentos públicos y privados existen los **documentos oficiales o administrativos,** que son los expedidos por un funcionario que no goza de la facultad de dar fe pública.

Diligencias finales y sentencia

Una vez finalizado el juicio, la sentencia debe dictarse en un plazo de **veinte días.**

Costas procesales

Los gastos pueden repercutirse a la parte contraria, si así lo determina la sentencia (la llamada condena en costas). No obstante, nuestra Constitución ordena que la justicia ha de ser gratuita para quien acredite insuficiencia de recursos para litigar.

b) Tutela declarativa: juicio verbal

Se recurre a este procedimiento cuando la **cuantía reclamada no excede de seis mil euros.** Si se reclama una cantidad de dinero que no supera los dos mil euros, no es preceptivo que la demanda vaya firmada por abogado ni que se presente a través de procurador, y en estos casos puede consistir en un simple formulario.

Presentada la demanda, se examina por el órgano judicial y, si es admitida a trámite, se da traslado al demandado con copia de toda la documentación. La vista habrá de tener lugar dentro del **plazo máximo de un mes** desde la citación.

Llegado el día de celebración de la vista, si el demandante no comparece y el demandado no alega interés legítimo en la continuación del proceso, el Juez da por finalizadas las actuaciones mediante **auto,** y tendrá al actor por desistido, imponiéndole las costas del proceso y una indemnización para el demandado.

Terminada la vista, el tribunal dicta **sentencia en un plazo de diez días,** con la misma forma y requisito que en el juicio ordinario.

c) Proceso monitorio

Se caracteriza por ser una **vía rápida y ágil** para la reclamación de deudas de carácter dinerario, especialmente pensada para profesionales y empresarios.

Para reclamar a través de este proceso se ha de disponer de **documento que acredite la deuda** (tales como facturas, albaranes, burofax, etc.).

El procedimiento comenzará con la remisión al Juzgado competente de la petición correspondiente. Una vez presentada y admitida a trámite, el Juzgado requerirá al deudor para que en el plazo de veinte días pague la deuda o se oponga a la misma.

- Si el deudor **paga,** termina el proceso y se procede a su archivo.
- Si el deudor **se opone a pagar,** el procedimiento monitorio se transformará en juicio verbal u ordinario, dependiendo de la cuantía de lo reclamado.
- Si el deudor **no paga voluntariamente ni se opone** dentro del plazo concedido al efecto, el procedimiento finaliza automáticamente mediante una resolución que permitirá al demandante acudir directamente a la ejecución forzosa, en la que podrán embargarse bienes suficientes del demandado hasta que se abone totalmente la deuda reclamada.

d) Proceso cambiario

Es el procedimiento utilizado para la reclamación judicial de operaciones deudoras, sea cual sea su importe, documentadas en **letra de cambio, cheque o pagaré** que reúnan los requisitos de la Ley Cambiaria y del Cheque[30].

e) Tutela ejecutiva: características generales

Un **título ejecutivo** es un documento o conjunto de ellos, producido con unas formalidades especiales, que recoge el derecho de un sujeto a obtener una prestación, y la correlativa obligación de otro a realizarla, y que tiene, por sí mismo, y precisamente a causa de las formalidades de las que está rodeado su origen, la eficacia de abrir un proceso de ejecución forzosa. Por tanto, no es posible que se sustancie ningún proceso de ejecución si el ejecutante carece de título ejecutivo.

---

[30] Ley 19/1985, de 16 de julio, Cambiaria y del Cheque.

La naturaleza de título ejecutivo es una lista cerrada, distinguiéndose entre títulos judiciales y extrajudiciales:

— **Títulos judiciales.** Son los creados dentro de un proceso, ya sea mediante resolución del tribunal o del secretario. Entre ellos cabe citar los siguientes:

  - Sentencias de condena firme.
  - Laudos o resoluciones arbitrales.
  - Acuerdos de mediación elevados a escritura pública.
  - Resoluciones judiciales.

— **Títulos extrajudiciales.** Son los creados al margen de un proceso. Un título de esta naturaleza evita acudir a un proceso declarativo ordinario, y permite abrir directamente una ejecución forzosa. Los títulos extrajudiciales solo tienen fuerza ejecutiva si documentan obligaciones dinerarias en efectivo, moneda extranjera convertible o en cosa computable en dinero, por cantidad cierta y superior a trescientos euros. Entre ellos cabe mencionar los siguientes:

  - Escritura pública.
  - Pólizas de contratos mercantiles, siempre que estén intervenidas por fedatario.
  - Títulos nominativos y al portador que representen obligaciones vencidas.
  - Certificados de valores representados mediante anotaciones en cuenta.

f) Tutela ejecutiva: la ejecución dineraria

La **ejecución dineraria** es la actividad jurisdiccional de ejecución forzosa que tiene como finalidad obtener del patrimonio del deudor una determinada cantidad de dinero para entregarla al acreedor, en concreto el principal de la deuda y sus intereses, más una estimación que no puede exceder del 30% de ese principal para intereses procesales y de costas.

Se iniciará con la **demanda de ejecución,** para seguir con el embargo de bienes del ejecutado y, después su transformación en dinero, para su entrega al ejecutante.

El **embargo** es el conjunto de actividades dirigidas a seleccionar bienes concretos del deudor para vincularlos a la ejecución que se ha despachado contra él.

g) Tutela ejecutiva: la ejecución de bienes hipotecarios y pignorados

Dentro de los procesos de recuperación de una entidad financiera, es la **ejecución hipotecaria** la que tiene más relevancia. Este procedimiento se caracteriza porque:

— Es más ágil que otros procesos de ejecución, ya que se eliminan algunos trámites.
— Se limitan las opciones de oposición del deudor ejecutado[31].

La ejecución se dirige exclusivamente contra los bienes hipotecados o pignorados en garantía de la deuda por la que se ejecuta, y no contra otros bienes del patrimonio del deudor.

Los requisitos para esta ejecución, que fueron modificados en julio de 2015[32] para proteger a los deudores frente a posibles abusos por parte de las entidades financieras, son:

— Que los interesados hayan fijado en la escritura de constitución de hipoteca el precio en que tasan[33] el bien hipotecado.
— Que el deudor haya señalado en la escritura de constitución de hipoteca un domicilio donde se puedan practicar los requerimientos y/o notificaciones.

La ejecución hipotecaria se iniciará con una **demanda ejecutiva** de la entidad financiera acreedora ante los Juzgados de Primera Instancia del lugar donde se localice el inmueble hipotecado contra el deudor y, en su caso, contra el hipotecante no deudor y tercer poseedor (este deberá haber acreditado al acreedor la adquisición de los bienes hipotecados).

Si el tribunal que recibe la demanda estima todo correcto, se dicta **auto despachando ejecución,** momento en el que se requiere de pago al deudor, si el ejecutante no acredita haberlo hecho extrajudicialmente. Este auto, que no es recurrible pero al que el ejecutado podrá oponerse, tiene los siguientes efectos:

— Señala a las personas frente a las que se despacha la ejecución.
— Fija la cantidad por la que se despacha la ejecución.
— Ordena que se requiera de pago al deudor, si el ejecutante no acredita haberlo hecho extrajudicialmente. Las notificaciones se hacen en el domicilio inscrito en el Registro. Si en este domicilio no se encuentra el deudor ni alguna persona mayor de catorce años a la que se le pueda entregar la comunicación, esta se hará por edictos, en cuyo caso es muy posible que el ejecutado no llegue a tener noticia de la ejecución.

El juzgado ordenará también que el **Registro de la Propiedad** en el que esté inscrito el bien hipotecado expida una certificación de dominio y cargas, es de-

[31] Esta parte ha sido modificada por la ley 1/2013, de 14 de mayo, de medidas para reforzar la protección a los deudores hipotecarios, reestructuración de deuda y alquiler social.

[32] Ley 19/2015, de 13 de julio, de medidas de reforma administrativa en el ámbito de la Administración de Justicia y del Registro Civil.

[33] El importe de la subasta no puede ser inferior al 75% del valor de tasación. para evitar que el acreedor se quede el inmueble por un importe alejado del valor de mercado.

cir, un documento en el que consta la titularidad del bien y los derechos y cargas que hay inscritos sobre él.

Transcurridos 20 días desde que se requirió el pago o se notificaron las resoluciones pertinentes, se procederá, a instancia del actor, del deudor o del tercer poseedor, a la **subasta del bien hipotecado.**

La subasta se convocará por el Letrado de la Administración de Justicia[34], mediante decreto, y se llevará a cabo en todo caso de forma electrónica en el Portal de Subastas.

Antes del día fijado para la celebración de la subasta el deudor podrá paralizar el procedimiento de ejecución hipotecaria, siempre y cuando consigne el importe que por principal e intereses estuviese vencido hasta ese momento.

El precio del remate se destinará, sin dilación, a pagar al actor el principal de su crédito, los intereses devengados y las costas causadas, sin que lo entregado al acreedor por cada uno de estos conceptos exceda del límite de la respectiva cobertura hipotecaria; el exceso, si lo hubiere, se depositará a disposición de los titulares de derechos posteriores inscritos o anotados sobre el bien hipotecado. Satisfechos, en su caso, los acreedores posteriores, se entregará el remanente al propietario del bien hipotecado.

No obstante lo dispuesto en el párrafo anterior, cuando el propietario del bien hipotecado fuera el propio deudor, el precio del remate, en la cuantía que exceda del límite de la cobertura hipotecaria, se destinará al pago de la totalidad de lo que se deba al ejecutante por el crédito que sea objeto de la ejecución, una vez satisfechos, en su caso, los créditos inscritos o anotados posteriores a la hipoteca y siempre que el deudor no se encuentre en situación de suspensión de pagos, concurso o quiebra.

h) Concurso de acreedores

Es un procedimiento judicial mediante el cual una empresa que está, o presume que va a estar, en **problemas de solvencia** para hacer frente a las deudas, realiza un plan para liquidar la empresa o alcanzar un acuerdo con los acreedores.

La declaración de concurso puede solicitarse por el propio deudor, denominado **concurso voluntario,** o por cualquiera de sus acreedores u otras personas legitimadas, denominándose entonces **concurso necesario.**

La solicitud de declaración de concurso deberá presentarse ante el **Juzgado de lo Mercantil** del domicilio social de la sociedad.

Examinada la solicitud, el Juez dictará **auto declarando el concurso,** teniendo amplias competencias para decidir una multitud de materias importantes para el funcionamiento de la empresa, como por ejemplo su política laboral. Además, puede solicitar a la compañía de forma inmediata diversas medidas cautelares o una fianza para cubrir posibles daños y perjuicios.

---

[34] Anteriormente denominado Secretario Judicial.

En el citado auto se nombrará un **administrador,** que tendrá que ser un abogado, un economista, un auditor o un titulado mercantil con amplia experiencia en derecho concursal. El objetivo de la administración concursal es identificar y aclarar tanto las deudas como los activos de la sociedad concursada, ayudando a determinar por tanto su viabilidad.

El procedimiento puede terminar en un **convenio** entre el deudor y los acreedores, lo que implica la supervivencia de la empresa, o bien en la **liquidación** de esta.

En el primer supuesto se pacta una **quita** y una **espera,** es decir, una reducción en el nominal de la deuda y un calendario de pagos. El convenio puede ser propuesto tanto por el deudor como por los acreedores, aunque en la práctica es casi siempre el primero el que lo hace.

En caso de **liquidación** se paga a los acreedores mediante la venta de los activos, de acuerdo con el orden de prelación establecido en la Ley Concursal.

La liquidación únicamente puede ser propuesta por el deudor o, en caso de que no se alcance un convenio, por parte del administrador concursal. Aunque la Ley Concursal considera el convenio como la solución normal del concurso, en la práctica la gran mayoría de las compañías concursadas acaban siendo liquidadas.

Para finalizar, debemos mencionar que numerosos aspectos de la Ley Concursal, especialmente en materia preconcursal, fueron modificados por la conocida como «Ley de Emprendedores»[35], cuyo objetivo era realizar reformas favorables al crecimiento y la actividad económica[36].

---

[35] Ley 14/2013 de 27 de septiembre, de apoyo a los emprendedores y su internacionalización.

[36] Con esta ley se regula por primera vez en España la denominada «segunda oportunidad» o *fresh start,* que se concreta en la posibilidad de que el deudor persona natural pueda, en el marco de su concurso de acreedores, cancelar definitivamente deudas que no han podido ser satisfechas con sus bienes y activos presentes. El alcance de este *fresh start* es, no obstante, limitado, pues solo pueden acceder a él determinado tipo de deudores, no se extiende a los créditos de Derecho Público y exige que el deudor satisfaga íntegramente ciertas clases de créditos (especialmente los créditos privilegiados, entre los que se encuentran los garantizados con hipoteca o prenda).

REFERENCIAS BIBLIOGRÁFICAS

Pérez, P. (2018). Crédito, riesgo de crédito y deterioro de instrumentos financieros. En *Banca y seguros. Capital y contabilidad.* Madrid: Marcial Pons.

Pra, I., Arguedas, R., Ríos, A. y Casals, J. M. (2010). *Gestión y control del riesgo de crédito con modelos avanzados.* Madrid: Ediciones Académicas.

Ríos, A. (2014). Gestión de Recuperaciones. Apuntes del Curso de Experto *Riesgo de crédito y gestión recuperatoria en entidades financieras.* UNED.

Yagüe, M., Pra, I. y Arguedas, R. (2016). Gestión de riesgos: un enfoque desde las entidades financieras. En *Dirección financiera de la empresa. Un enfoque internacional.* Madrid: McGraw-Hill.

Páginas web recomendadas

Banco Central Europeo (BCE): www.ecb.int.
Banco de España: http://www.bde.es.
Bank for International Settlements (BIS): http://www.bis.org.
European Banking Authority (EBA): https://eba.europa.eu/.

12 El Impuesto sobre la Renta de las Personas Físicas

Juan Manuel Moral Calvo

Resumen del capítulo

Estudio del Impuesto sobre la Renta de las Personas Físicas bajo la normativa actualmente vigente (2019), centrado en los conceptos que interesan a un inversor persona física para conocer el tratamiento fiscal de sus inversiones.

Objetivos de aprendizaje

Después de estudiar el capítulo, el lector ha de ser capaz de conocer y entender los siguientes conceptos:

1. La normativa aplicable.
2. Los conceptos esenciales de sujeto pasivo, residencia y domicilio fiscal.
3. La estructura dual del impuesto.
4. La calificación, integración y compensación de rentas.
5. Los criterios de individualización e imputación temporal de las diferentes rentas.
6. Las reducciones y deducciones del impuesto.
7. El concepto de la retención a cuenta.
8. La mecánica de liquidación del impuesto.

12.1. NORMATIVA Y ÁMBITO DE APLICACIÓN

El IRPF se encuentra actualmente regulado por la Ley 35/2006, de 28 de noviembre, y por el Reglamento aprobado mediante el Real Decreto 439/2007, de 30 de marzo. A este marco general hay que añadir un amplio catálogo de disposiciones administrativas de menor rango (órdenes, resoluciones, instrucciones, etc.) que igualmente forman parte de la regulación específica de este tributo.

Aunque no es un impuesto armonizado en Europa, no hay que olvidar los Convenios para evitar la doble imposición suscritos entre España y una diversidad de Estados, que son tratados internacionales que imperan sobre la normativa interna cuando resultan de aplicación.

El ámbito territorial de aplicación de esta normativa es todo el territorio español, sin perjuicio de los regímenes tributarios forales de los Territorios Históricos del País Vasco y la Comunidad Foral de Navarra. Ambas comunidades tienen reconocida una competencia normativa plena, diferente a la del Estado, que les habilita para poder establecer sus propios IRPF en sus ámbitos competenciales, que incluso en el País Vasco distingue entre las tres Diputaciones Forales, cada una con su propia normativa. Lo anterior exige que exista una normativa delimitadora de los casos en los que se aplica normativa foral o normativa estatal, siendo dichas normas de deslinde el Concierto Económico con el País Vasco (Ley 12/2002, de 23 de mayo) y el Convenio con Navarra (Ley 28/1990, de 26 de diciembre).

Sin perjuicio de lo anterior, debe recordarse que el IRPF es un impuesto cedido a las Comunidades Autónomas de Régimen Común, teniendo estas importantes competencias normativas sobre determinadas materias del impuesto, en los términos establecidos en la Ley Orgánica 8/1980, de 22 de septiembre, de Financiación de las Comunidades Autónomas, y en la Ley 22/2009, de 18 de diciembre, por la que se regula el sistema de financiación de las Comunidades Autónomas y Ciudades con Estatuto de Autonomía.

Así, además de cederse a las Comunidades Autónomas no forales el 50% del rendimiento obtenido por el Impuesto, estas tienen competencias normativas que les permiten regular las siguientes materias:

— Establecer incrementos o disminuciones en las cuantías correspondientes al mínimo del contribuyente y a los mínimos por descendientes, ascendientes y discapacidad, con el límite del 10 por 100 para cada una de las cuantías.
— La escala autonómica aplicable a la base autonómica general (por el contrario, la base liquidable del ahorro cuenta con la misma escala estatal para todas las Comunidades Autónomas de Régimen Común). La estructura de esta escala deberá ser en todo caso progresiva, siendo esta la única limitación, ya que ni siquiera es necesario que tenga el mismo número de tramos que la estatal.
  Con la finalidad de que las Comunidades Autónomas hicieran un uso diligente de sus competencias normativas en este punto concreto, el legislador eliminó desde 2011 la aplicación de la normativa estatal con carácter supletorio para el caso de que las Comunidades Autónomas no hubiesen aprobado su propia escala.
— Deducciones en la cuota autonómica por circunstancias personales y familiares, por inversiones no empresariales y por aplicación de renta, así como también por subvenciones y ayudas públicas que se perciban de la propia Comunidad Autónoma.

Por tanto, la conclusión de lo anterior es que, al variar la normativa del IRPF de una comunidad autónoma a otra, puede adquirir especial importancia la residencia del contribuyente en una u otra comunidad autónoma.

Por último, simplemente recordar que existe un impuesto específico que grava las rentas obtenidas en España por no residentes (el IRNR), por lo que puede decirse que las rentas de las personas físicas son gravadas por dos impuestos, excluyentes entre sí: el IRPF, que grava la renta mundial de las personas físicas residentes en España; y el IRNR, que grava las rentas obtenidas en España por personas físicas o jurídicas no residentes en España.

12.2. CONTRIBUYENTE

En el ámbito del IRPF la figura del contribuyente se encuentra regulada en el art. 8 de la LIRPF, en cuya virtud tienen esta consideración:

— Las personas físicas que tengan su residencia habitual en territorio español.

— Las personas físicas que tuviesen su residencia habitual en el extranjero por alguna de las circunstancias previstas en el artículo 10 de la LIRPF (diplomáticos y funcionarios desplazados).

Asimismo, cuando se produce un cambio de residencia de un contribuyente en España a un paraíso fiscal[1], el legislador establece una serie de cautelas y normas que suponen una «*vis* atractiva» del IRPF sobre estos contribuyentes. Así, se establece que no perderán la condición de contribuyentes por IRPF las personas físicas de nacionalidad española que acrediten su nueva residencia fiscal en un país o territorio considerado como paraíso fiscal. Esta regla se aplicará en el período impositivo en que se efectúe el cambio de residencia y durante los cuatro períodos impositivos siguientes. En estos casos, no se abandona la residencia fiscal española ni la condición de contribuyente el año en que no se permanece más de 183 días en el año natural en territorio español, a diferencia del resto de países no calificados como paraíso fiscal, en los que si se prueba que se ha residido en ellos más de 183 días en el año natural, ese mismo año se puede adquirir la condición de no residente, y por tanto perder la de contribuyente del IRPF.

La consideración de una persona como contribuyente a efectos del IRPF determinará la obligación de tributar en España por su renta mundial, es decir, por todas las rentas que obtenga, independientemente de su lugar de origen. Por el contrario, los no residentes únicamente tributan en España por las rentas que tengan una conexión fiscal con España, en los términos que establece el IRNR.

En consecuencia, un contribuyente del IRPF tributa por este impuesto por los dividendos o intereses que perciba, ya sea el pagador una entidad en España o en cualquier país extranjero (por ejemplo un banco en el extranjero), y con independencia de que los valores se encuentren depositados en España o en el extranjero.

Se entiende que el contribuyente tiene su residencia habitual en territorio español, y por tanto, con independencia de su nacionalidad, adquiere la condición de contribuyente del IRPF cuando se dé *cualquiera* de las tres siguientes circunstancias:

a) Que permanezca más de 183 días, durante el año natural, en territorio español.

Para determinar el período de permanencia se deben computar las ausencias esporádicas (vacaciones, viajes de negocio, etc.), entendiendo la Administración tributaria que todas las ausencias son temporales o esporádicas, con independencia de su duración, salvo que se acredite la residencia fiscal en otro país.

[1] Concepto definido en el Real Decreto 1080/1991, de 5 de julio, por el que se determinan los países o territorios considerados paraísos fiscales, que debe adaptarse a lo dispuesto en la disposición adicional primera de la Ley 36/2006, de 29 de noviembre, en la redacción dada por la disposición final segunda de la Ley 26/2014.

En cuanto a la forma de acreditar la residencia fiscal en otro país, es práctica de la Administración tributaria admitir como prueba, únicamente, el certificado de residencia emitido por las autoridades fiscales del país del que se trate. Dicho certificado deberá expedirse en los términos del Convenio suscrito entre ambos países para evitar la doble imposición, cuando sea un país convenido.

b) Que radique en España el núcleo principal o la base de sus actividades o intereses económicos, de forma directa o indirecta.

Por núcleo principal o base de sus actividades o intereses económicos de un contribuyente puede entenderse:

- — El lugar donde radique la mayor parte de sus inversiones o la sede de sus negocios.
- — El lugar donde se gestionen o administren sus bienes.
- — El lugar donde obtenga la mayor parte de sus rentas.
- — El lugar donde se tenga la vivienda habitual.
- — El lugar donde se desarrolle su trabajo.

En definitiva, de acuerdo con la normativa española, se puede ser residente fiscal en territorio español bien por permanencia o bien por tener en España el centro de los intereses económicos. Basta encontrarse en una de estas dos circunstancias para ser residente a estos efectos.

c) Que radique en España el «centro de intereses vitales».

Significa que, aun no cumpliéndose las anteriores circunstancias, tiene la consideración de residente en España la persona cuyo cónyuge no separado legalmente y los hijos menores de edad que dependan de él residan en España.

Lo anterior es una presunción que admite prueba en contrario, y así por ejemplo un trabajador expatriado al extranjero que deja a su familia viviendo en España puede ser considerado no residente desmontando esta presunción y aportando pruebas que permitan excluir su condición de residente.

12.3. DOMICILIO FISCAL

Una vez analizados los criterios de residencia que determinan la calificación de una persona física como contribuyente del IRPF, o lo que es lo mismo, su consideración como residente fiscal en territorio español, el siguiente paso es determinar la Comunidad Autónoma en la que dicho contribuyente es residente.

Como se ha comentado, esta cuestión es muy importante, porque son diferentes las competencias normativas de las Comunidades Autónomas en el IRPF, lo que determina una mayor o menor presión fiscal sobre dicho contribuyente.

A estos efectos, el art. 72 de la LIRPF, en términos prácticamente idénticos a lo dispuesto en el art. 28 de la LFCA, regula esta materia fijando tres criterios jerarquizados: permanencia, centro de intereses y última residencia declarada. En concreto, se señala que los contribuyentes con residencia habitual en territorio español son residentes en el territorio de una determinada Comunidad Autónoma:

— Cuando permanezcan en su territorio un mayor número de días del período impositivo. A estos efectos, deben también computarse las ausencias temporales.
— Asimismo, salvo prueba en contrario, se considera que una persona física permanece en el territorio de una Comunidad Autónoma cuando en dicho territorio radique su vivienda habitual, ya sea en propiedad o en régimen de alquiler.
— Cuando no fuese posible determinar la permanencia por los criterios anteriores, se considerarán residentes en el territorio de la Comunidad Autónoma donde el contribuyente tenga su principal centro de intereses económicos (por ejemplo el centro de trabajo), determinado por el territorio donde obtenga la mayor parte de la base imponible del IRPF.
— Por último, cuando no sea posible determinar la residencia por los criterios anteriores, el contribuyente se considerará residente en el lugar de su última residencia declarada a efectos del IRPF.

Asimismo, se recogen una serie de reglas especiales para supuestos concretos:

— Cuando la persona sea residente en territorio español porque su cónyuge no separado legalmente y los hijos menores de edad dependientes de él residan habitualmente en España, se considerará residente en el territorio en que estos residan habitualmente.
— Cuando los contribuyentes integrados en una unidad familiar tuvieran su residencia habitual en Comunidades Autónomas distintas y optasen por tributar conjuntamente, su Comunidad Autónoma de residencia será aquella en la que haya tenido su residencia habitual el miembro de la unidad familiar con mayor base liquidable, determinada esta con arreglo a las reglas de individualización de rentas del IRPF.

12.4. CALIFICACIÓN DE LAS RENTAS: RENTA GENERAL Y DEL AHORRO

12.4.1. Introducción

El hecho imponible del IRPF viene dado por la obtención de «renta» por parte del contribuyente, componiendo dicha renta los siguientes conceptos:

i) Rendimientos del trabajo.
ii) Rendimientos de capital (mobiliario e inmobiliario).
iii) Rendimientos de actividades económicas.
iv) Ganancias y pérdidas patrimoniales.
v) Las imputaciones de renta que se establezcan por Ley.

Las rentas obtenidas por el contribuyente en el período impositivo calificadas en los conceptos anteriores se clasifican en dos grandes bloques:

i) Renta general.
ii) Renta del ahorro.

Por su parte, las normas de integración y compensación de rentas, diferentes para cada uno de los dos bloques señalados, permiten la cuantificación de la base imponible, que a su vez se dividirá en:

i) Base imponible general.
ii) Base imponible del ahorro.

La cuota íntegra correspondiente a cada una de estas bases se determinará igualmente de forma diferente. Así, sobre la base general se aplicará, tras las oportunas reducciones, la tarifa estatal y autonómica, mientras que sobre la base del ahorro se aplicará otra escala diferente y más reducida.

Lo que se acaba de resumir tiene una importancia capital para entender el IRPF. Se trata de un impuesto de base dual, que distingue dos tipologías de rentas, la general y la del ahorro, las cuales, tras aplicar sus propias reglas de integración y compensación de rentas, producen dos magnitudes, la base liquidable general y la base liquidable del ahorro. La primera es objeto de aplicación de las escalas estatal y autonómica, y la segunda aplica los tipos especiales para las rentas del ahorro, que no alcanzan los elevados tipos marginales máximos de las bases liquidables generales.

A continuación se muestran los tipos de gravamen aplicables en 2019 a ambas categorías de rentas.

Escala de gravamen aplicable al tramo estatal de la base imponible general:

Base liquidable (hasta euros)	Cuota íntegra	Resto base liquidable (hasta euros)	Tipo aplicable
0,00	0,00	12.450,00	9,50
12.450,00	1.182,75	7.750,00	12,00
20.200,00	2.112,75	15.000,00	15,00
35.200,00	4.362,75	24.800,00	18,50
60.000,00	8.950,75	En adelante	22,50

Escala de gravamen aplicable al tramo autonómico de la base imponible general:

Dependerá de la regulación que realice cada comunidad. A título de ejemplo, se reproduce la de la Comunidad Autónoma de Madrid para 2019:

Base liquidable (hasta euros)	Cuota íntegra	Resto base liquidable (hasta euros)	Tipo aplicable
0	0	12.450,00	9,00%
12.450,00	1.120,50	5.257,20	11,20%
17.707,20	1.709,81	15.300,00	13,30%
33.007,20	3.744,21	20.400,00	17,90%
53.407,20	7.395,81	En adelante	21,00%

Escala de gravamen aplicable a la base liquidable del ahorro:

Base liquidable (hasta euros)	Cuota íntegra	Resto base liquidable (hasta euros)	Tipo aplicable
0	0	6.000	19
6.000,00	1.140	44.000	21
50.000,00	10.380	En adelante	23

Ejemplo 1

Un contribuyente de Madrid obtiene una base imponible sometida a gravamen de 100.000 euros, caracterizada como renta general (por ejemplo por rendimientos del trabajo). Otro contribuyente obtiene la misma renta, pero caracterizada como renta del ahorro, por tratarse de dividendos e intereses.

Solución

La tributación es bien diferente, como se expresa a continuación:

Renta general:

— Cuota estatal: 17.950,75 euros [8.950,75 + (100.000 – 60.000) · 22,5%].
— Cuota autonómica: 17.180,30 euros [7.395,81 + (100.000 – 53.407,20) · 21%].
— Cuota total: 35.131,05 euros. Representa un tipo medio del 35,13% y un tipo marginal máximo, al que están sometidas las rentas más altas, del 43,5%.

Renta del ahorro:

Cuota: 21.880 euros (10.380 + 50.000 · 23%). Significa un tipo medio del 21,9% y un tipo marginal máximo, al que están sometidas las rentas más altas, del 23%.

Por tanto, de cara al cálculo del impuesto, vemos que es fundamental la calificación e integración de las diferentes rentas que puede obtener un contribuyente dentro de dos conjuntos diferenciados, la renta del ahorro y la renta general. Veamos, pues, cada una de ellas.

12.4.2. Renta general

Este grupo está compuesto por tres categorías de rentas:

i) Rendimientos.
ii) Una tipología muy particular de ganancias y pérdidas patrimoniales.
iii) Imputaciones de rentas.

Por lo que respecta a las dos primeras, se definen como integrantes de la renta general las que dentro de la misma categoría no tengan la consideración de renta del ahorro.

Rendimientos

— Rendimientos del trabajo. Típicamente los sueldos y salarios, pero también otros como las pensiones o las prestaciones que se derivan de un plan de pensiones, que se integran por tanto en la renta general.
— Rendimientos de actividades económicas (empresariales, profesionales, artísticas, deportistas...).
— Rendimientos del capital inmobiliario (caso de rentas derivadas de alquileres de inmuebles, que se tratan como renta general y no como renta del ahorro).
— Unas categorías residuales de rendimientos del capital mobiliario, los específicamente contemplados en el apartado 4 de del artículo 25 de la LIRPF, que son:

- Los procedentes de la propiedad intelectual cuando el contribuyente no sea autor, así como los procedentes de la propiedad industrial que no se encuentre afecta a actividades económicas realizadas por el contribuyente.
- Los procedentes de la prestación de asistencia técnica, salvo que dicha prestación tenga lugar en el ámbito de una actividad económica.

- Los procedentes del arrendamiento de bienes muebles, negocios o minas, así como los procedentes del subarrendamiento percibidos por el subarrendador, que no constituyan actividades económicas.
- Los procedentes de la cesión de derechos de imagen o del consentimiento o autorización para su utilización, salvo que dicha cesión tenga lugar en el ámbito de una actividad económica.

— De forma muy específica, unos rendimientos de capital mobiliario particulares, que se corresponden con la cesión de capitales propios a terceros (caso de préstamos), con los siguientes límites y condiciones:

- La cesión ha de hacerse a una entidad que se considere fiscalmente vinculada (referencia hecha al art. 18 de la Ley del Impuesto sobre Sociedades), por ejemplo caso de un socio persona física que presta dinero a una sociedad en la que participa en un 50%.
- La cantidad que debe considerarse renta general es el rendimiento que el contribuyente perciba respecto al exceso de los capitales prestados, que se determina por el resultado de multiplicar por tres la participación de este último en los fondos propios de la entidad vinculada. A los efectos de computar los fondos propios, se tendrá en cuenta el balance correspondiente al último ejercicio cerrado, y la participación directa o indirecta del contribuyente a dicha fecha.

EJEMPLO 2

El Sr. A es socio de la mercantil «X, S. A.», en la que tiene una participación del 50 por ciento. En el ejercicio 2016 el Sr. A prestó 500.000 euros a la sociedad, a devolver en el año 2020, aplicando un interés anual del 3%.

Conforme a lo establecido en el contrato de préstamo, la compañía X abonó al Sr. A la cantidad de 15.000 euros correspondientes a los intereses devengados en el ejercicio 2019. El balance de la sociedad indica que los fondos propios de la sociedad ascienden a 100.000 euros.

Solución

Para determinar si existe un exceso en los intereses satisfechos, que deba considerarse rendimiento de capital mobiliario a integrar en la renta general y no del ahorro, debemos cuantificar la participación del Sr. A en los fondos propios de la entidad:

— Fondos propios 100.000 × Participación del Sr. A 50% = 50.000 euros.
— Triple de los fondos propios del contribuyente: 50.000 · 3 = 150.000 euros.

Por tanto, al haber prestado el Sr. A 500.000 euros, los intereses correspondientes a 150.000 euros tendrán la consideración de rendimientos del capital a integrar en la base imponible del ahorro, mientras que los intereses que provengan del exceso (500.000 – 150.000 = 350.000) tendrán la consideración de rendimientos de capital mobiliario a integrar en la base imponible general.

Resultando en el presente supuesto lo siguiente:

— Intereses considerados renta del ahorro: 150.000 euros · 3% = 4.500 euros.
— Intereses considerados renta general: 350.000 euros · 3% · = · 10.500 euros.

Imputaciones de rentas

— Imputación de rentas inmobiliarias.
— Imputación de rentas de entidades en atribución de rentas.
— Imputación de rentas en el régimen de transparencia fiscal internacional.
— Imputación de rentas por cesión de derechos de imagen.
— Imputación de rentas de Instituciones de Inversión Colectiva constituidas en paraísos fiscales.
— Imputación de rentas de agrupaciones de interés económico y de uniones temporales de empresas.

Ganancias patrimoniales

Queda incluida en este apartado una tipología muy reducida de ganancias patrimoniales, que son las que *no deriven* de la transmisión de elementos patrimoniales (concursos o premios televisivos, por ejemplo, o también subvenciones recibidas).

Es importante por tanto remarcar que las ganancias y pérdidas patrimoniales que derivan de la transmisión de elementos patrimoniales, que son la gran mayoría, como por ejemplo la transmisión de acciones o de participaciones en fondos de inversión, se integran en la renta del ahorro.

12.4.3. Renta del ahorro

Por su parte, deberán considerarse como renta del ahorro:

Rendimientos de capital mobiliario

Tienen la consideración de rentas del ahorro los siguientes rendimientos del capital mobiliario:

- Los derivados de la *participación en fondos propios* de cualquier tipo de entidad, ya sean dinerarios o en especie (por ejemplo, dividendos).
- Los derivados de la *cesión a terceros de capitales propios* (por ejemplo intereses de cuentas o depósitos bancarios, intereses de préstamos, cupones derivados de bonos u obligaciones, o rentas positivas o negativas derivadas de la transmisión, amortización o reembolso de valores representativos de deuda pública o privada, como son los bonos u obligaciones).
- Los procedentes de operaciones de capitalización y de *contratos de seguros de vida o invalidez,* así como las rentas derivadas de la imposición de capitales, salvo en los supuestos en que deba considerarse que han de tributar como rendimientos del trabajo (seguros colectivos).

Ganancias y pérdidas patrimoniales

Igualmente, forman parte de la renta del ahorro las ganancias y pérdidas patrimoniales (vulgarmente hablando, plusvalías o minusvalías) que se pongan de manifiesto con ocasión de transmisiones de elementos patrimoniales (por ejemplo la venta de inmuebles, de acciones cotizadas o no cotizadas, o el reembolso de fondos de inversión).

Ejemplo 3

Un contribuyente obtiene rendimientos del trabajo por importe de 40.000 euros, unas rentas por el alquiler de un inmueble de su propiedad de 10.000 euros, percibe intereses de su cuenta bancaria por 1.000 euros, vende unas acciones y gana 5.000 euros, reembolsa fondos de inversión y pierde 3.000 euros, ha percibido dividendos por importe de 4.000 euros, y finalmente por unas obligaciones ha percibido cupones de 6.000 euros y al transmitirlas ha perdido 2.000 euros.

Solución

La renta general del contribuyente es de 50.000 euros (40.000 + 10.000) y la renta del ahorro asciende a 11.000 euros (1.000 + 5.000 – 3.000 + 4.000 + 6.000 – – 2.000). Recordemos que la renta general está sometida a tributación por los tipos de las escalas progresivas estatal y autonómica, mientras que la del ahorro tributa a los tipos más reducidos (19-23%).

12.5. IMPUTACIÓN TEMPORAL DE RENTAS

Es esencial saber a qué período impositivo deben imputarse las rentas que se devengan, y por ello la LIRPF, en su artículo 14, establece una regla general que solo opera si no se aplica alguna de las reglas especiales igualmente recogidas en citado precepto.

12.5.1. Regla general

La regla general es que los ingresos y gastos que determinan la renta a incluir en la base del IRPF se imputarán al período impositivo que corresponda, de acuerdo con los siguientes criterios:

— Los rendimientos del trabajo y del capital se imputarán al período impositivo en que sean exigibles por su perceptor.
— Los rendimientos de actividades económicas se imputarán conforme a lo dispuesto en la normativa reguladora del Impuesto sobre Sociedades, que aplica con carácter general el criterio de devengo contable.
— Las ganancias y pérdidas patrimoniales se imputarán al período impositivo en que tenga lugar la alteración patrimonial, lo cual ocurre cuando jurídicamente se produce la transmisión.

Ejemplos

— Pago de intereses en cuenta bancaria, abonados en cuenta el 2 de enero de 2019 pero con fecha valor 31 de diciembre de 2018: deben imputarse al ejercicio 2018.
— Depósito bancario a tres años, aperturado el 15 de abril de 2017 y que paga todos los intereses a su vencimiento, el 15 de abril de 2020: la imputación fiscal de la totalidad de los intereses será en 2020.
— Dividendo acordado con fecha 1 de octubre de 2018, pero con exigibilidad a partir del 15 de enero de 2019: su imputación fiscal es en 2019.

12.5.2. Reglas especiales

Son varias las reglas especiales de imputación temporal que prevé el legislador en el artículo 14 de la LIRPF. A continuación comentamos las que pueden tener más relevancia desde el punto de vista de las operaciones financieras.

Rentas no cobradas y pendientes de resolución judicial

Cuando no se hubiera satisfecho la totalidad o parte de una renta, por encontrarse pendiente de resolución judicial la determinación del derecho a su percepción o su cuantía, los importes no satisfechos se imputarán al período impositivo en que aquella adquiera firmeza.

Es necesario, por tanto, para no declarar una renta que resulta exigible pero que no se ha satisfecho, haberla reclamado judicialmente.

Operaciones a plazos o con precio aplazado

El contribuyente podrá optar por imputar proporcionalmente las rentas obtenidas, a medida que se hagan exigibles los cobros correspondientes, pudiendo obtener de este modo un beneficio de diferimiento fiscal. Se considerarán operaciones a plazos o con precio aplazado aquellas cuyo precio se perciba, total o parcialmente, mediante pagos sucesivos, siempre que el período transcurrido entre la entrega o la puesta a disposición y el vencimiento del último plazo sea superior al año.

EJEMPLO 4

El Sr. A obtiene una ganancia patrimonial de 120.000 euros por la venta en 2018 de unas acciones no cotizadas por 450.000 euros, pero dicha cantidad la percibe en tres pagos de 150.000 euros que se corresponden con tres ejercicios distintos: 2018, 2019 y 2020.

Solución

Puede optar por imputar toda la ganancia patrimonial (120.000 euros) en 2018 o bien por hacerlo proporcionalmente, de la siguiente forma:

— En 2018 imputar 120.000 · 150.000/450.000 = 40.000.
— En 2019 imputar 120.000 · 150.000/450.000 = 40.000.
— En 2020 imputar 120.000 · 150.000/450.000 = 40.000.

En cualquier caso, cuando el pago de una operación a plazos o con precio aplazado se hubiese instrumentado, en todo o en parte, mediante la emisión de efectos cambiarios, y estos fuesen transmitidos en firme antes de su vencimiento, la renta se imputará al período impositivo de su transmisión.

Cambios de residencia

En el supuesto de que el contribuyente perdiera su condición de tal por cambio de residencia, todos los rendimientos pendientes de imputación deben integrarse en la base imponible correspondiente al último período impositivo que deba declararse por el IRPF.

No obstante, cuando el traslado de residencia se produzca a otro Estado miembro de la Unión Europea, se permite al contribuyente optar por imputar las rentas pendientes conforme a la regla general (esto es, último período que deba declararse por IRPF), o por presentar, a medida en que se vayan obteniendo cada una de las rentas pendientes de imputación, una autoliquidación complementaria sin sanción, ni intereses de demora ni recargo alguno, correspondiente al último período de residencia.

Y en el caso particular de las ganancias patrimoniales precedidas de un cambio de residencia, el artículo 95 bis de la LIRPF contiene la regulación del *exit tax,* que en definitiva obliga a computar en el IRPF del año de salida las plusvalías latentes de las acciones o participaciones sociales del sujeto pasivo, bajo determinadas condiciones, y a su vez con casos excepcionales que permiten bien un aplazamiento en el pago (desplazamientos laborales), bien una excepción temporal (desplazamientos en la Unión Europea).

12.6. INDIVIDUALIZACIÓN DE RENTAS

El IRPF es un impuesto personal, no familiar. Por tanto, aunque opcionalmente se pueda tributar de forma conjunta, cada renta ha de imputarse a quien la propia Ley del Impuesto establezca que la ha obtenido, prescindiendo del régimen económico del matrimonio.

La regla general es atender a la fuente de la renta, o lo que es lo mismo, a su origen. Así, si un matrimonio está casado en régimen de gananciales, aunque el salario que perciba uno de los cónyuges civilmente se entienda obtenido por ambos (según el 1.347 del Código Civil son bienes gananciales los obtenidos por el trabajo de cualquiera de los cónyuges), la LIRPF establece que se impute a quien ha generado el derecho a percibir dicho salario.

De esta forma, se deben extraer las siguientes conclusiones:

— Los rendimientos del trabajo se atribuirán exclusivamente a quien haya generado el derecho a su percepción.
— Los rendimientos del capital se atribuirán a los contribuyentes que, según la Ley del Impuesto sobre el Patrimonio[2], sean titulares de los elementos patrimoniales, bienes o derechos, de donde procedan dichos rendimientos. Si un bien (mueble o inmueble) es privativo, los rendimientos que el mismo genere, aunque civilmente fueran gananciales, fiscalmente deben imputarse a quien es titular de dicho bien.

  En definitiva, para individualizar los rendimientos de capital mobiliario o inmobiliario habrá que determinarse previamente a quién pertenece la titularidad de los bienes o derechos de los que provengan las rentas, aplicando la normativa civil correspondiente.

[2] El art. 7 de la Ley 19/1991, de 6 de junio, del Impuesto sobre el Patrimonio, hace una remisión a las normas civiles, incluidas las que regulan los regímenes económico-matrimoniales, con una cláusula final de cierre que contiene una presunción *iuris tantum* (que admite prueba en contrario) para atribuir la titularidad de los bienes o derechos, en los casos que no se pueda determinar la titularidad con las reglas citadas, a aquellas personas que figuren en un registro fiscal o de carácter público.

Ejemplo 5

En el caso de los depósitos bancarios, pueden darse los siguientes escenarios:

Solución

— En el régimen de separación de bienes: los depósitos bancarios se atribuyen al cónyuge titular de los mismos.
— En el régimen de sociedad de gananciales, habrá que distinguir:

1. Si los depósitos bancarios se consideran bienes gananciales, se atribuyen por mitad a cada cónyuge (y ello aunque nominalmente aparezcan contratados únicamente a nombre de uno de los cónyuges).
2. Si, por el contrario, se consideran bienes privativos, se atribuyen al cónyuge titular.

— En el caso de depósitos bancarios con varios titulares, se atribuyen por partes iguales, salvo que se acredite una cuota de participación diferente.

— En cuanto a los rendimientos de actividades económicas, la ley los considera obtenidos por quien sea el que realice de forma habitual, personal y directa la ordenación por cuenta propia de los medios de producción y los recursos humanos afectos a las actividades. Ahora bien, se presumirá, salvo prueba en contrario, que dichos requisitos concurren en quienes figuren como titulares de las actividades económicas.
— Las ganancias y pérdidas patrimoniales se considerarán obtenidas por los contribuyentes que, también según las normas del IP, sean titulares de los bienes, derechos y demás elementos patrimoniales de que provengan, de forma equivalente a los rendimientos del capital.

12.7. TRATAMIENTO DE LAS DIFERENCIAS DE CAMBIO

Una materia particularmente problemática es el tratamiento fiscal de las diferencias de cambio cuando se trata de inversiones en moneda diferente al euro.

El criterio general es que la renta por diferencia en cambio se califica como ganancia o pérdida patrimonial, y en la generalidad de los casos, excepto cuando se produzcan en el ámbito de una actividad económica, la renta se produce cuando se convierte la moneda a euro, por diferencia entre el valor de adquisición de la divisa y el valor de transmisión.

Ejemplo 6

Se invierte en un depósito en dólares en el ejercicio 1 la cantidad de 100.000 euros, que se convierten en ese momento, siendo equivalentes a 125.000 dólares. En el año 2 vence el depósito, reembolsándose 125.000 dólares (equivalentes en ese momento a 98.000 euros) y abonándose 3.000 dólares de intereses (equivalentes a 2.352 euros). Los 128.000 dólares son convertidos a euros en el ejercicio 3, a un cambio de 1 dólar = 0,79 euros. Por tanto, se obtienen 101.120 euros.

Solución

La tributación de la operación es la siguiente:

— En el ejercicio 2 se produce un rendimiento del capital mobiliario de 2.352 euros.
— En el ejercicio 3 se devengan las rentas derivadas del cambio dólar/euro:

- Por el principal del depósito (125.000 dólares): Pérdida patrimonial de 1.250 euros (98.750 – 100.000).
- Por los intereses del depósito (3.000 dólares): Ganancia patrimonial de 18 euros (2.370 – 2.352)

Ejemplo 7

Se compran 100 acciones de la compañía X, que cotiza en libras esterlinas (GBP), con un precio unitario por acción de 600 GBP, el día 22 de marzo de 2017, convirtiéndose los euros a libras en esa misma fecha (tipo de cambio: 1 euro = 0,80 GBP). Con fecha 11 de junio de 2018 se produce la transmisión de los 100 títulos por un precio unitario de 650 GBP. Asimismo, el precio de venta derivado de la transmisión de las acciones recibido en GBP se ha convertido de manera inmediata a EUR (tipo de cambio: 1 euro = 0,78 GBP).

Solución

Valor de adquisición de los títulos:

Valor de adquisición en GBP 100 títulos × 600 GBP/acción = 60.000 GBP.
Valor de adquisición en EUR: EUR/GBP 22 de marzo de 2017 = 75.000 EUR.

Valor de transmisión de los títulos:

Valor de transmisión en GBP 100 títulos × 650 GBP/acción = 65.000 GBP.
Valor de transmisión en EUR EUR/GBP 11 de junio de 2018 = 83.333,33 EUR.

Ganancia patrimonial = 83.333,33 EUR – 75.000 EUR = 8.333,33 EUR

Esta ganancia patrimonial incluye la variación del valor de la acción, así como la fluctuación de los tipos de cambio de la moneda en la que se denomina el activo.

Ejemplo 8

Imaginemos que en el ejemplo anterior el precio de venta de la transmisión de las acciones recibida en GBP no se ha convertido de manera inmediata a EUR, sino que permanece depositado en una cuenta en GBP hasta el día 3 de julio de 2019, en el que de manera definitiva se convierte a EUR cuando el tipo de cambio es 1 EUR = 0,79 GBP. En ese caso, además de la ganancia/pérdida patrimonial consecuencia de la transmisión de las acciones en 2018, se produciría la ganancia/pérdida derivada de la fluctuación de tipos de cambio en 2019.

Solución

Ganancia por transmisión en 2018 (11 de junio de 2018):
5.000 GBP (65.000 – 60.000).
Valor en EUR a 11 de junio de 2018 = 5.000/0,78 = 6.410,26 EUR.
Renta por la diferencia en cambio a computar en 2019:

- Por la inversión en las acciones = (60.000/0,79) – (60.000/0,80) = 949,37 EUR (ganancia patrimonial).
- Por la divisa obtenida en la venta de las acciones = (5.000/0,79) – 6.410,26 = = –81,15 EUR (pérdida patrimonial).

12.8. AFECTACIÓN DE INVERSIONES FINANCIERAS A ACTIVIDADES ECONÓMICAS

La calificación de las rentas como rendimientos del capital mobiliario, ganancias o pérdidas patrimoniales, o rendimientos de actividades económicas, es importante y despliega efectos a la hora de integrar y compensar entre sí partidas positivas y negativas, y sobre todo en cuanto a la tributación en la base general o del ahorro.

Lo anterior obliga a plantear si un contribuyente del IRPF puede considerar asignadas a sus actividades económicas inversiones financieras, como por ejemplo depósitos bancarios, acciones o fondos de inversión, y tributar por estas rentas en el capítulo de actividades económicas, en vez de los rendimientos de capital mobiliario o ganancias y pérdidas patrimoniales.

La LIRPF mantiene que en ningún caso tendrán la consideración de activos afectos a actividades económicas los activos representativos de la participación en fondos propios de una entidad y de la cesión de capitales a terceros (dividendos e intereses).

De este modo, aquella parte del patrimonio de un empresario o profesional persona física constituida por inversiones financieras no dará lugar a rendimientos de la actividad económica. Por tanto, cuando entre los elementos del activo de la actividad económica de la persona física se encuentren participaciones en los fondos propios de cualquier tipo de entidad o activos representativos de la cesión a terceros de capitales propios, los rendimientos que se deriven de esas inversiones financieras, que estarán incluidos en su resultado contable o entre sus ingresos (contribuyentes en estimación directa), serán rendimientos del capital mobiliario o ganancias y pérdidas patrimoniales. Ello cobra especial importancia al integrarse en la base imponible del ahorro y no en la general.

12.9. INTEGRACIÓN Y COMPENSACIÓN DE RENTAS EN LA BASE IMPONIBLE GENERAL Y DEL AHORRO

Como cuestión previa, debemos indicar que, a efectos de la compensación e integración de rentas, la base imponible del ahorro y la base imponible general son compartimentos estancos, por lo que en ningún caso podrá existir integración y compensación de las rentas que integran cada una de las mencionadas bases imponibles.

Lo anterior resulta de gran relevancia, puesto que impide, por ejemplo, reducir los rendimientos del trabajo positivos de un contribuyente (base imponible general) con las pérdidas patrimoniales obtenidas en el mismo ejercicio derivadas de la venta de acciones en Bolsa, las cuales solo podrán ser compensadas con ganancias patrimoniales u otras rentas integradas en la base del ahorro, como se comentará en líneas posteriores.

A estos efectos, a continuación realizamos una diferenciación entre los procedimientos que deben seguirse para integrar y compensar las rentas generales y las del ahorro. Sirva el siguiente cuadro como esquema para ilustrar el análisis desarrollado a continuación acerca de esta relevante materia:

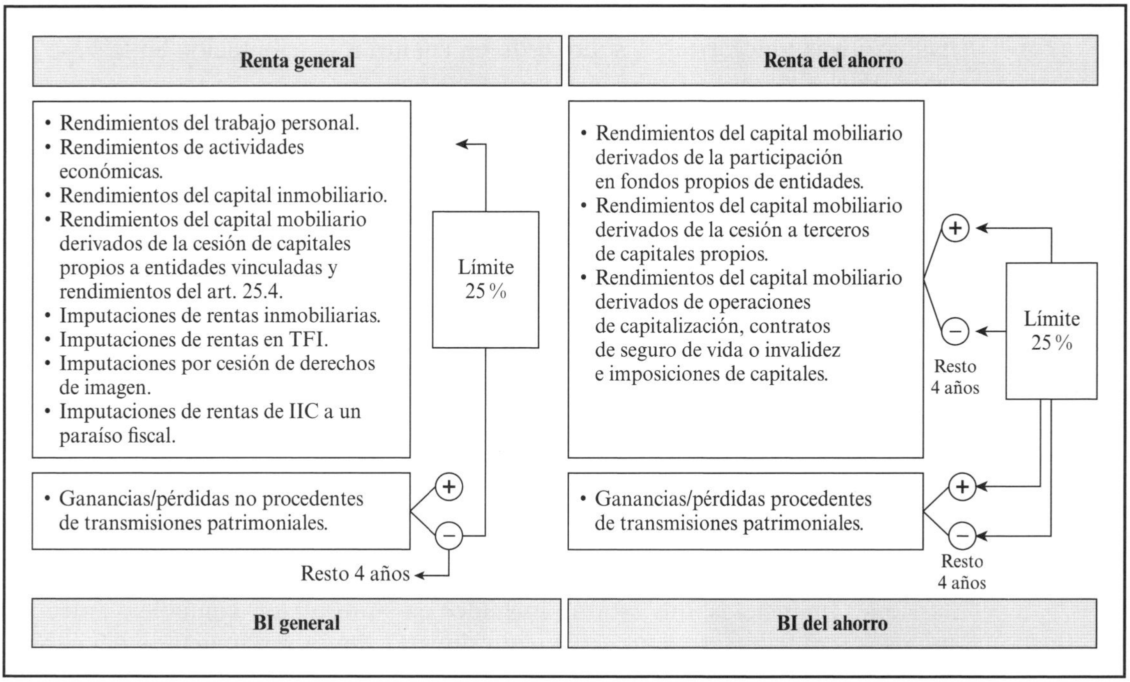

12.9.1. Integración y compensación de rentas en la base imponible general

Se realiza en dos fases, estando destinada la primera a determinar la base imponible general obtenida en el ejercicio y la segunda a compensar las partidas negativas que se pudieran haber obtenido en el propio ejercicio o en ejercicios anteriores que se encuentren pendientes de compensación, en la medida que cumplan con determinados requisitos.

Fase 1.ª. Determinación de la base imponible general del ejercicio

A estos efectos debemos diferenciar dos categorías o grupos de rentas:

i) Los rendimientos e imputaciones de rentas.
ii) Las ganancias o pérdidas patrimoniales que no deriven de las transmisiones de elementos patrimoniales.

Cada grupo podrá integrarse y compensarse entre sí, compensando en su seno partidas positivas y negativas, pudiendo como resultado originar un saldo positivo o negativo cada uno de ellos.

Las rentas correspondientes al primer grupo podrán compensarse e integrarse entre sí sin limitación alguna (por ejemplo, puede minorarse un rendimiento del trabajo positivo con un rendimiento empresarial negativo), y si el resultado es positivo el saldo resultante se integrará en la base imponible general. En cambio, como se verá, si es negativo se compensará como se indica en la siguiente fase, generalmente en ejercicios futuros con rentas de la misma naturaleza.

Por su parte, si el resultado de compensar las ganancias y pérdidas de patrimonio arriba referenciadas (recordemos que son una categoría residual, las que no derivan de la transmisión de elementos patrimoniales) fuera positivo, el saldo se incorpora a la base imponible general, y si fuera negativo este no podrá integrarse en su totalidad en la base imponible general, sino que únicamente podrá compensarse en los términos que expondremos en la siguiente fase.

Fase 2.ª. Compensación de partidas negativas obtenidas en el propio período o en ejercicios anteriores que se encuentren pendientes de compensación

El saldo negativo resultante de la integración en el ejercicio de los rendimientos e imputaciones de renta, anteriormente aludido, podrá compensarse con el saldo positivo de las ganancias patrimoniales que conforman la base imponible general y que se hubiesen obtenido en el mismo ejercicio. Si la magnitud resultante de dicha compensación es positiva, se produce la tributación de la renta final a los tipos aplicables a la base general. Si fuese negativo, queda para su compensación en los cuatro años siguientes.

Por lo que respecta al saldo negativo derivado de la integración en el ejercicio de las ganancias y pérdidas patrimoniales en la base imponible general, únicamente podrá compensarse con el saldo positivo resultante de la integración de rendimientos e imputaciones, con un límite del 25% de dicho saldo. La cantidad que no hubiera podido ser compensada se compensará en los 4 años siguientes, en primer lugar con el saldo positivo de las ganancias y pérdidas patrimoniales del ejercicio, si existieren, y en segundo lugar con el saldo positivo de los rendimientos e imputaciones de rentas (una vez minorado por el saldo negativo, si lo hubiera, de las ganancias y pérdidas del respectivo ejercicio).

Ejemplos:

- Supóngase un inversor cuyos rendimientos netos del trabajo fuesen de 100.000 euros, y tuviese una ganancia patrimonial de 10.000 euros y una pérdida patrimonial de 5.000 euros, ambas integrables en la base imponible general. En ese caso, la base imponible general es de 105.000 euros.
- Supóngase un inversor cuyos rendimientos netos del trabajo fuesen de 100.000 euros, y tuviese una ganancia patrimonial de 10.000 euros y una pérdida patrimonial de 40.000 euros, ambas integrables en la base impo-

nible general. En ese caso, la base imponible general es de 75.000 euros, quedando 5.000 euros de pérdida patrimonial para ser compensados en los cuatro años futuros.

— Supóngase un inversor cuyos rendimientos netos de sus actividades económicas fuesen negativos de –5.000 euros, y tuviese una ganancia patrimonial de 10.000 euros y una pérdida patrimonial de 5.000 euros, ambas integrables en la base imponible general. En ese caso, la base imponible general es de 0 euros.
— Supóngase un inversor cuyos rendimientos netos de sus actividades económicas fuesen negativos de –100.000 euros, y tuviese una ganancia patrimonial de 10.000 euros y una pérdida patrimonial de 5.000 euros, ambas integrables en la base imponible general. En ese caso, la base imponible general es de –95.000 euros, a compensar en los 4 años futuros.

12.9.2. Integración y compensación de rentas en la base imponible del ahorro

En el procedimiento de integración y compensación de las rentas del ahorro debemos diferenciar entre estos dos grupos:

i) Rendimientos de capital mobiliario integrantes de la base imponible del ahorro.
ii) Ganancias y pérdidas patrimoniales derivadas de la transmisión de elementos patrimoniales.

Fase 1.ª Determinación de la base imponible del ahorro correspondiente al ejercicio

Los rendimientos de capital mobiliario de la base imponible del ahorro (positivos y negativos) deben integrase y compensarse exclusivamente entre sí en cada período impositivo. Si el saldo resultante fuera positivo se integrará en la base imponible del ahorro. Por el contrario, cuando resultase negativo solo podrá compensarse, en su caso, con el saldo neto positivo de las ganancias y pérdidas integrables en la base imponible del ahorro, hasta un límite máximo del 25% de las mismas, pudiendo compensarse el exceso de saldo negativo de rendimientos en los cuatro años siguientes.

Por lo que respecta a las ganancias y pérdidas de patrimonio derivadas de la transmisión de elementos patrimoniales, deberán integrarse y compensarse entre sí. Si el resultado de dicha operación fuera positivo deberá integrarse en la base imponible del ahorro del ejercicio correspondiente. Si el resultado fuera negativo solo podrá compensarse, en su caso, con el saldo neto positivo de los rendimientos de capital mobiliario integrables en la base imponible del ahorro, hasta un límite máximo del 25% de los mismos, pudiendo compensarse el exceso de saldo negativo de pérdidas patrimoniales en los cuatro años siguientes.

En consecuencia, no cabe compensar libremente rendimientos del capital mobiliario negativos con ganancias patrimoniales, pese a que ambas tipologías se encuadran en la renta del ahorro. Lo mismo cabe decir para el caso de pérdidas patrimoniales, que no pueden compensarse en su totalidad con rendimientos del capital mobiliario positivos.

Ejemplo 9

Un inversor obtiene en el ejercicio 2019 una pérdida patrimonial de 12.000 euros por la venta de acciones en Bolsa, y cuestiona si puede compensar esa pérdida con sus rendimientos del capital mobiliario derivados de los intereses percibidos por depósitos bancarios o letras del Tesoro, por importe de 20.000 euros.

Solución

La respuesta es negativa. Solo podrá compensar dichas perdidas por un importe de 5.000 euros (25% de 20.000 euros), quedándole los 7.000 euros restantes de pérdidas para su futura compensación en los cuatro años siguientes.

Fase 2.ª Compensación de partidas negativas pendientes de ejercicios anteriores

Como se acaba de indicar, las partidas negativas de ejercicios anteriores en la base del ahorro pueden tener su origen en saldos negativos de rendimientos de capital mobiliario o de pérdidas patrimoniales. Estos saldos deberán compensarse de la siguiente forma:

— Los saldos negativos de rendimientos de capital mobiliario procedentes de los cuatro años anteriores podrán compensarse con el saldo positivo del ejercicio que corresponda de los rendimientos de capital mobiliario hasta el total del importe de dicho saldo positivo, para ser posteriormente minorado si procede en las ganancias netas del ejercicio, con el límite correspondiente (25%).
— Por lo que respecta a las pérdidas de los 4 años anteriores derivadas de la transmisión de elementos patrimoniales, estas podrán compensarse con el

saldo positivo de las ganancias patrimoniales que deban integrarse en la base imponible del ahorro, hasta el límite del importe positivo de las mencionadas ganancias, para ser posteriormente minorado, si procede, por los rendimientos positivos del capital mobiliario del propio ejercicio, con el límite correspondiente (25%).

En ningún caso podrá efectuarse la compensación de los mencionados saldos negativos más allá de los cuatro años anteriores.

EJEMPLO 10

Un inversor obtiene en el ejercicio 2018 una pérdida patrimonial de 13.000 euros por la venta de acciones en Bolsa, que no puede compensar con ganancias patrimoniales ni con rendimientos del capital mobiliario en ese año. En 2019 obtiene ganancias patrimoniales de 2.000 euros y rendimientos del capital mobiliario derivados de los intereses percibidos por depósitos bancarios o letras del Tesoro, por importe de 10.000 euros.

Solución

En 2019 podrá compensar las pérdidas de 2018 con las ganancias de 2019 (2.000 euros), y el saldo restante (11.000 euros) podrá compensarlo con los rendimientos del capital mobiliario del ejercicio, hasta el límite del 25% de estos, es decir, en 2.500 euros, por lo que restarán 8.500 euros de pérdidas de 2018 a compensar entre 2020 y 2022 inclusive.

EJEMPLO 11

El Sr. A ha obtenido en el ejercicio 2019 los siguientes rendimientos:

— Un sueldo de 40.000 euros.
— Unos dividendos de 2.000 euros.
— Unos rendimientos de capital inmobiliario negativos de 3.000 euros, derivados de una serie de obras que ha tenido que realizar en una segunda vivienda que tiene alquilada a unos estudiantes.
— Unas pérdidas patrimoniales de 10.000 euros derivadas de la venta de unas acciones en Bolsa.
— Unas ganancias de 8.000 euros, derivadas del reembolso de un Fondo de Inversión.
— Una ganancia de 3.000 euros por participar en un concurso televisivo.

Solución

La base imponible general estará conformada por el sueldo de 40.000, los rendimientos de capital inmobiliario negativos de –3.000 euros y la ganancia de 3.000 euros derivada de la participación en el concurso televisivo. **Total base imponible general en 2019: 40.000 euros.**

La base imponible del ahorro estará conformada por los dividendos de 2.000 euros (rendimientos del capital mobiliario), las pérdidas por la venta de acciones de 10.000 euros y las ganancias por el reembolso de la participación en el fondo de inversión de 8.000 euros. Los 10.000 euros de pérdidas se compensarán con los 8.000 de ganancias, y la diferencia (–2.000 euros) se podrá compensar de forma limitada con los rendimientos de capital de 2.000 euros, hasta un límite de 500 euros (25%), quedando los 1.500 euros de pérdidas patrimoniales restantes para su futura compensación en los siguientes 4 años. **Total base imponible del ahorro en 2019: 1.500 euros.**

12.10. BASE LIQUIDABLE GENERAL Y BASE LIQUIDABLE DEL AHORRO

La estructura dual del IRPF se mantiene en la base liquidable. Efectivamente, la base liquidable general es el resultado de aplicar sobre la base imponible general determinadas reducciones que obedecen a razones diversas, pero cuya aplicación no puede dar lugar a la obtención de una base liquidable general negativa.

Por otro lado, la base liquidable del ahorro es el resultado de disminuir la base imponible del ahorro en el remanente, si lo hubiera, de las reducciones que no se hubieran practicado, por faltar saldo en la base liquidable general, sin que tampoco en este caso dichas minoraciones puedan arrojar un saldo negativo de la base liquidable del ahorro.

A continuación señalamos las dos reducciones de mayor trascendencia desde el punto de vista de las operaciones financieras, que se aplican sobre las bases imponibles para calcular la base liquidable.

12.10.1. Reducción por tributación conjunta

El art. 84 de la LIRPF prevé una serie de reducciones, dependiendo de la modalidad de unidad familiar de la que se trate. Así, para el primer tipo de unidad familiar, la biparental, esto es, la integrada por los cónyuges no separados legalmente y, si los hubiera, los hijos menores y los hijos mayores de edad incapacitados judicialmente sujetos a patria potestad prorrogada o rehabilitada, prevé una reducción de la base imponible de 3.400 euros. Esta reducción se aplicará con carácter previo al resto de reducciones.

Si, por el contrario, la modalidad de unidad familiar es monoparental, esto es, la formada por el padre o la madre, separados legalmente o sin vínculo matrimonial, junto con todos los hijos anteriormente referidos que convivan con uno u otro, la reducción será de 2.150 euros. No obstante, no se aplicará esta reducción cuando el contribuyente conviva con el padre o la madre de alguno de los hijos que forman la unidad familiar.

La opción por la declaración conjunta, frente a la tributación individual, que es la regla general, es irrevocable una vez realizada la declaración del IRPF.

12.10.2. Reducción por aportaciones o contribuciones a sistemas de previsión social

Finalidad y ámbito de aplicación

Los contribuyentes pueden practicar reducciones por aportaciones y contribuciones a sistemas de previsión social.

El incentivo de estos productos de previsión consiste en que las aportaciones realizadas a los mismos, bien por aportación directa bien por contribuciones de los empresarios a favor de sus trabajadores, se considera un salario diferido y, por tanto, **son objeto de reducción en la base imponible general** del ejercicio en que se aportan, con determinados límites cuantitativos, gravándose fiscalmente en el período en que se reciben las prestaciones, como si de un rendimiento de trabajo se tratara. De esta forma, queda aplazado el pago del IRPF hasta el momento en que se perciban las prestaciones una vez acaecida alguna de las contingencias cubiertas.

Este diferimiento tributario conlleva, indirectamente, otra ventaja fiscal, como es el hecho de que el tipo marginal aplicable en el momento de percibir la prestación posiblemente será inferior al que correspondió en el momento de realizar la aportación o contribución, cuando el contribuyente está en plena actividad laboral.

En este contexto, la reducción abarca a las siguientes aportaciones o contribuciones a sistemas de previsión social:

i) Las aportaciones realizadas por los partícipes individuales de los planes de pensiones, así como las contribuciones realizadas por los promotores de los mismos a favor de sus empleados, que han sido imputadas como rendimientos de trabajo.

ii) Las aportaciones y contribuciones a mutualidades de previsión social.

iii) Las primas satisfechas a planes de previsión asegurados (PPA).

iv) Las aportaciones realizadas por los trabajadores a los planes de previsión social empresarial (PPSE), incluidas las contribuciones del tomador del seguro.

v) Las primas satisfechas a los seguros privados que cubran exclusivamente el riesgo de dependencia severa o de gran dependencia.

Límite de aportaciones y contribuciones a sistemas de previsión social

El importe máximo de aportaciones y contribuciones realizadas a sistemas de previsión social no podrá exceder, en su conjunto, de 8.000 euros anuales, magnitud que se incrementa en otros 5.000 euros anuales para seguros colectivos de dependencia contratados por las empresas para sus trabajadores.

Como límite máximo conjunto para las reducciones por aportaciones o contribuciones a los sistemas de previsión social se aplica un segundo límite, del 30% de la suma de los rendimientos netos del trabajo y de actividades económicas percibidos individualmente en el ejercicio.

Los partícipes, mutualistas o asegurados que hubieran efectuado aportaciones a los referidos sistemas de previsión social por encima de este segundo límite podrán reducir en los cinco ejercicios siguientes las cantidades aportadas en exceso.

Adicionalmente, los contribuyentes cuyo cónyuge no obtenga rendimientos netos del trabajo ni de actividades económicas, o los obtenga en cuantía inferior a 8.000 euros anuales, podrán reducir en la base imponible las aportaciones realizadas a los sistemas de previsión social de los que sea partícipe, mutualista o titular dicho cónyuge, con el límite máximo de 2.500 euros anuales. Estas aportaciones no están sujetas a ISD.

EJEMPLO 12

El Sr. A tiene en 2019 unos rendimientos netos de trabajo de 23.000 euros, así como unos rendimientos netos de actividades económicas de 3.000 euros.

Solución

El Sr. A podrá realizar una aportación a un plan de pensiones por un máximo de 8.000 euros, pero la reducción que podrá practicarse no será superior a:

$$26.000 \times 30\% = \textbf{7.800 euros.}$$

Por consiguiente, la base imponible general quedaría fijada en 18.200 euros.

En caso de que el Sr. A hubiera efectuado aportaciones por encima de 7.800 euros, sin superar el límite de 8.000 euros, el exceso (200 euros) podrá ser objeto de reducción en los siguientes cinco ejercicios (hasta 2024, incluido).

Tratándose de aportaciones a sistemas de previsión social a favor de personas con discapacidad o de deportistas profesionales o de alto nivel, el legislador ha previsto unos límites máximos de reducción más elevados que los generales.

12.11. DEDUCCIONES Y BONIFICACIONES

El cálculo de la cuota tributaria del IRPF permite diferenciar tres fases:

i) Determinación de la **cuota íntegra,** consistente en la suma de la cuota íntegra estatal y autonómica, resultantes, a su vez de la aplicación de las tarifas y tipos impositivos, estatal y autonómico, a la base liquidable tanto general como del ahorro.
ii) Determinación de la **cuota líquida,** cuyo resultado se obtiene practicando sobre la cuota íntegra determinadas deducciones (de regulación tanto estatal como autonómica).
iii) Determinación de la **cuota diferencial,** que se calcula minorando la cuota líquida total en el importe de una serie de deducciones (por ejemplo deducción por doble imposición internacional) y de los pagos a cuenta (principalmente retenciones), pudiendo ser el resultado final tanto positivo (a ingresar) como negativo (a devolver).

En este apartado de deducciones resulta especialmente relevante la deducción por doble imposición internacional, en cuya virtud, cuando entre las rentas del contribuyente figuren rendimientos o ganancias patrimoniales obtenidos y gravados en el extranjero, se deducirá la menor de las dos cantidades siguientes:

— El importe efectivo de lo satisfecho en el extranjero por razón de un impuesto de naturaleza idéntica o análoga al IRPF sobre dichos rendimientos o ganancias patrimoniales. Es decir, el impuesto pagado en el extranjero es un crédito fiscal efectivo que puede utilizarse en España, si se acredita documentalmente su existencia, pudiendo minorarse o incluso eliminarse la doble imposición internacional.
— El resultado de aplicar el tipo medio efectivo de gravamen a la parte de base liquidable gravada en el extranjero. El tipo medio efectivo de gravamen será el resultado de multiplicar por 100 el cociente obtenido de divi-

dir la cuota líquida total por la base liquidable. A tal fin, se deberá diferenciar el tipo de gravamen que corresponda a las rentas generales y del ahorro, según proceda.

Lo anterior, claro está, sin perjuicio de la posibilidad de aplicar los Convenios internacionales para evitar la doble imposición.

12.12. RETENCIONES E INGRESOS A CUENTA

12.12.1. Finalidad y tipos de pagos a cuenta

Una pieza esencial de la gestión del IRPF es el régimen de pagos anticipados o pagos a cuenta (arts. 99 a 101 de la LIRPF y 74 y ss. del RIRPF), basado en las retenciones, ingresos a cuenta y pagos fraccionados. Este sistema sirve a una doble finalidad, recaudatoria y de control. Así, por un lado, proporciona ingresos a la Administración tributaria durante el período impositivo, esto es, antes de que el propio Impuesto se haya devengado y, por tanto, antes de que se abra el plazo voluntario de declaración e ingreso. Por otro, permite controlar los rendimientos y ganancias patrimoniales obtenidos por los contribuyentes a lo largo del año.

Precisamente la importancia que adquieren estos instrumentos en la correcta aplicación del Impuesto ha dado lugar a una regulación prolija, tanto en lo que se refiere a la concreción de las obligaciones tributarias derivadas de los mismos como en cuanto a las reglas para cuantificar el importe de dichos pagos.

12.12.2. Retenciones e ingresos a cuenta

Aparte de los contribuyentes, son obligados tributarios en el IRPF ciertas personas o entidades, por su condición de pagadores de rentas, siendo el objeto de su obligación practicar las correspondientes retenciones y realizar su ingreso en concepto de pago a cuenta del IRPF de los respectivos perceptores. En tal sentido, mientras que los pagadores de las rentas dinerarias resultan obligados a retener una parte de su importe e ingresarlo en la Hacienda Pública, los pagadores de rentas en especie están obligados a realizar el ingreso a cuenta de la deuda tributaria futura del perceptor.

Así pues, la **retención** será el resultado de aplicar a la cuantía total de las retribuciones que se satisfagan o abonen el tipo de retención que corresponda. Por su parte, la obligación de efectuar este pago a cuenta, en el caso de que se trate de rentas en especie, dará lugar a la realización de los correspondientes **ingresos a cuenta.**

Los obligados a retener o a ingresar a cuenta son:

i) Las personas jurídicas.
ii) Los contribuyentes que ejerzan actividades económicas cuando satisfagan rentas en el ejercicio de sus actividades.
iii) Las personas físicas, jurídicas y entidades no residentes que operen en territorio español mediante establecimiento permanente.

La obligación de retener o ingresar a cuenta recae no sobre la satisfacción de cualquier tipo de rentas, sino sobre las siguientes rentas, dinerarias o en especie:

i) Los rendimientos del trabajo.
ii) Los rendimientos de capital mobiliario.
iii) Los rendimientos de actividades profesionales, agrícolas, ganaderas y forestales, y determinadas actividades empresariales en estimación objetiva (albañilería, carpintería, etc.).
iv) Las ganancias patrimoniales obtenidas como consecuencia de la transmisión o reembolso de acciones y participaciones representativas del capital o patrimonio de instituciones de inversión colectiva (SICAV, fondos de inversión).
v) Los rendimientos procedentes del arrendamiento o subarrendamiento de inmuebles urbanos.
vi) Los rendimientos procedentes de la propiedad intelectual e industrial.
vii) Los premios que se obtengan como consecuencia de la participación en juegos, rifas o combinaciones aleatorias.

Esta enumeración se complementa con una delimitación negativa, en la que, por ejemplo, quedan excluidas de retención las rentas exentas, los rendimientos de las Letras del Tesoro, las primas de conversión de obligaciones en acciones, los rendimientos de cuentas en el exterior satisfechos o abonados por establecimientos permanentes en el extranjero de entidades de crédito y establecimientos financieros residentes en España, o los rendimientos derivados de la transmisión o reembolso de activos financieros con rendimiento explícito que cumplan ciertos requisitos.

Con carácter general, la **base de la retención** será la cuantía total que se satisfaga o abone al contribuyente.

El **tipo de retención** será un porcentaje fijo o variable —más bajo para Ceuta y Melilla—, que servirá igualmente para calcular el ingreso a cuenta en el caso de retribuciones en especie. En el caso de los rendimientos de capital mobiliario y de las ganancias patrimoniales derivadas de la transmisión de acciones o participaciones en instituciones de inversión colectiva, dicho porcentaje se sitúa en el 19%.

12.13. DECLARACIÓN Y LIQUIDACIÓN DEL IMPUESTO

12.13.1. Obligados a declarar

El modelo de gestión del IRPF responde al sistema de autoliquidación, por lo que los contribuyentes (o sucesores, en caso de fallecimiento) están obligados a declarar, liquidar e ingresar el Impuesto en el lugar, forma y plazos fijados cada año.

No obstante, no todas las personas se encuentran obligadas a declarar por el IRPF. Así, quedan exonerados de tal obligación los contribuyentes cuyas rentas se mantienen bajo los umbrales de determinados límites.

12.13.2. Obligación de ingresar

La cantidad que resulte de la autoliquidación será ingresada al tiempo de presentar la declaración.

En cuanto a las condiciones de pago, se permite su realización en especie mediante la entrega de bienes integrantes del Patrimonio Histórico Español que estén inscritos en el Inventario General de Muebles o en el Registro General de Bienes de Interés Cultural, posibilidad esta que da lugar a que se declaren exentas las ganancias patrimoniales derivadas de esta forma de transmisión.

Por último, se permite al contribuyente pagar en dos plazos, haciéndolo constar en la declaración presentada, siendo el primer plazo del 60% de la cuota a ingresar y el segundo del 40% restante.

12.13.3. Devolución de la cuota resultante de la declaración

Si la cantidad resultante de la autoliquidación fuera negativa, el contribuyente podrá solicitar su devolución en el propio modelo de declaración. Concluido el plazo para presentar la declaración, la Administración tributaria dispondrá de seis meses para proceder a la devolución solicitada, sin perjuicio del derecho de esta a iniciar un procedimiento de comprobación e inspección, que concluiría con la práctica de una liquidación provisional confirmando o modificando el importe de la devolución solicitada.

Transcurrido este plazo de seis meses sin haberse ordenado el pago de la devolución por causa no imputable al contribuyente, esta se realizará de oficio, con abono de los intereses de demora.

REFERENCIAS BIBLIOGRÁFICAS

CISS Fiscal. Editorial Wolters Kluwer.
Manual Práctico 2018. Agencia Tributaria.
Memento Fiscal 2019. Editorial Lefebvre.
Pérez Lara, M. *Impuesto sobre la Renta de las Personas Físicas, Impuesto sobre Patrimonio e Impuesto sobre la Renta de no residentes.* Tirant lo Blanc.
VV. AA. *Sistema tributario español.* Editorial Dykinson.

Páginas web recomendadas

https://www.agenciatributaria.es/static_files/AEAT/DIT/Contenidos_Publicos/CAT/AYUWEB/Biblioteca_Virtual/Manuales_practicos/Renta/ManualRentaPatrimonio2018_V7_es_es.pdf.
https://www.boe.es/legislacion/codigos/codigo.php?id=064_Impuesto_sobre_la_Renta_de_las_Personas_Fisicas&modo=1.
Guía Fiscal 2019. CEF: https://www.fiscal-impuestos.com/guia-fiscal-capitulo-3-impuesto-renta-personas-fisicas.

13 El Impuesto sobre el Patrimonio. El Impuesto de Sucesiones y Donaciones. El Impuesto sobre la Renta de no residentes

Juan Manuel Moral Calvo

Resumen del capítulo

Estudio de los conceptos esenciales de tres figuras tributarias: el Impuesto sobre el Patrimonio, el Impuesto sobre Sucesiones y Donaciones y el Impuesto sobre la Renta de no Residentes, bajo la normativa actualmente vigente (2019).

Objetivos de aprendizaje

Después de estudiar el capítulo el lector ha de ser capaz de conocer y entender los conceptos estructurales de cada uno de los tres tributos e identificar las claves para encajar la tributación de los productos financieros.

En particular, los siguientes aspectos:

1. Regulación aplicable.
2. Estructura básica de cada impuesto.
3. Sujetos pasivos, residencia y puntos de conexión.
4. Régimen de cesión a las comunidades autónomas.
5. Hecho imponible y base imponible. Reglas de valoración.
6. Exenciones y bonificaciones. Especial mención a los beneficios a la empresa familiar.
7. Cuestiones específicas en la tributación de los productos y operaciones financieras.
8. Tipos impositivos.
9. Mecánica de liquidación.

13.1. EL IMPUESTO SOBRE EL PATRIMONIO

13.1.1. Características

El Impuesto sobre el Patrimonio (IP) es un impuesto directo y personal que grava con progresividad no las rentas, sino el patrimonio neto de las personas físicas.

Su devengo es anual, siendo la fecha de devengo el 31 de diciembre de cada año, lo que significa que debe declararse el conjunto de bienes y derechos de los que el contribuyente es titular a esa fecha.

13.1.2. Normativa estatal y autonómica aplicable

El IP fue suprimido en España por la Ley 4/2008, de 23 de diciembre, norma que eliminó la obligación efectiva de contribuir por el mismo con efectos desde el 1 de enero de 2008 mediante la introducción de una bonificación del cien por cien de la cuota. Pero posteriormente, el Real Decreto-ley 13/2011, de 16 de septiembre, y las posteriores leyes de presupuestos generales del Estado, reactivaron su exigibilidad hasta nuestros días, si bien elevándose considerablemente los importes de la exención parcial de la vivienda habitual y del mínimo exento, lo que supuso situar el impuesto en niveles más altos de patrimonio que con anterioridad.

El IP se encuentra regulado en la Ley 19/1991, de 6 de junio, del Impuesto sobre el Patrimonio. El ámbito territorial de aplicación de esta normativa es todo el territorio español, sin perjuicio de los regímenes tributarios forales de los Territorios Históricos del País Vasco y la Comunidad Foral de Navarra, respectivamente.

Ambas comunidades tienen reconocida una competencia normativa foral, diferente a la del Estado, que les habilita para poder establecer sus propios IP en sus ámbitos competenciales, que incluso en el País Vasco distingue entre las tres Diputaciones Forales, cada una con su propia normativa. Lo anterior exige que exista una normativa delimitadora de los casos en los que se aplica normativa foral o normativa estatal, siendo dicha norma de deslinde el Concierto Económico con el País Vasco (Ley 12/2002) y el Convenio con Navarra (Ley 28/1990).

Sin perjuicio de lo anterior, debe recordarse que el IP es un impuesto cedido a las Comunidades Autónomas de Régimen Común en los términos establecidos en la Ley Orgánica 8/1980, de 22 de septiembre, de Financiación de las Comunidades Autónomas, así como en las normas reguladoras de la cesión de tributos del Estado a las Comunidades Autónomas, abarcando dicha cesión no solo la recaudación del Impuesto, sino también las siguientes competencias normativas:

— Mínimo exento.
— Tipo de gravamen.
— Deducciones y bonificaciones de la cuota.

Por tanto, al variar significativamente la normativa del IP de una comunidad autónoma a otra, adquiere especial importancia la comunidad autónoma de residencia del contribuyente.

Un ejemplo claro de lo anterior lo encontramos en la Comunidad Autónoma de Madrid, la cual tiene aprobada una bonificación general del 100 por 100 de la cuota del Impuesto si esta resultara positiva.

13.1.3. Sujeto pasivo

En el IP (y también en el ISD), a diferencia del IRPF, existe un régimen de obligación personal de contribuir y un régimen de obligación real, tributando según el primero, en principio, los sujetos pasivos *residentes* en territorio español, y quedando sometidos al segundo los sujetos pasivos *no residentes* en dicho territorio.

Sin embargo existe una excepción a esta regla general, consistente en que cuando un sujeto pasivo deja de ser residente en territorio español puede optar por seguir tributando como residente, es decir, puede optar por seguir tributando por obligación personal en el IP.

Asimismo, están sujetos a este Impuesto por obligación real unos sujetos pasivos del IRPF muy concretos, que son quienes siendo residentes en territorio español tributen en dicho Impuesto bajo el régimen fiscal especial de trabajadores desplazados a territorio español (art. 93 LIRPF).

Los sujetos pasivos por obligación personal tributan por el patrimonio de su titularidad a 31 de diciembre de cada año, con independencia del lugar donde este se sitúe.

Mientras que bajo el régimen de obligación real en el IP, el sujeto pasivo no residente tributa en una única declaración anual por todos los bienes que tenga en territorio español, y únicamente por estos.

A la hora de determinar cuándo una persona física se considera o no residente en territorio español, la normativa del IP se remite a la del IRPF, de tal forma que también en el IP se va a considerar residente un sujeto cuando permanezca más de 183 días durante el año natural en territorio español o cuando, no dándose la circunstancia anterior, radique en España el núcleo principal o la base de sus actividades o intereses económicos, de forma directa o indirecta. Para un estudio en mayor profundidad de esta materia nos remitimos a lo dispuesto en el tema dedicado al IRPF.

13.1.4. Puntos de conexión con la normativa autonómica

Tal y como hemos adelantado, la residencia del sujeto pasivo en una u otra comunidad autónoma es un aspecto fundamental desde el punto de vista del IP, al tener aquellas competencias normativas en materias tan relevantes como el mínimo exento, el tipo de gravamen o las deducciones y bonificaciones.

El art. 31 de la LFCA establece que: *«se cede a la Comunidad Autónoma el rendimiento del Impuesto sobre el Patrimonio producido en su territorio»*, añadiendo a continuación que *«se considera producido en el territorio de una Comunidad Autónoma el rendimiento del Impuesto sobre el Patrimonio que corresponda a aquellos sujetos pasivos que tengan su residencia habitual en dicho territorio»*.

Por último, es el art. 28 de la LFCA el que fija los criterios de residencia entre las diferentes comunidades autónomas, señalando para el caso concreto del IP que: *«la residencia de las personas físicas será la misma que corresponda para el Impuesto sobre la Renta de las Personas Físicas a la fecha de devengarse aquel»*.

Esta materia es analizada en el tema dedicado al IRPF, pero podemos resumir diciendo que se considera que las personas físicas residentes en territorio español lo son en el territorio de una comunidad autónoma, cuando permanezcan en su territorio un mayor número de días del período impositivo. Además, en estos casos el legislador ha establecido una presunción *iuris tantum,* desvirtuable mediante prueba en contrario, en cuya virtud se presumirá que una persona física permanece en el territorio de una comunidad autónoma cuando en dicho territorio radique su vivienda habitual.

Y en los supuestos en que una persona física sea residente en territorio español, pero no permanezca en dicho territorio más de 183 días durante el año natural (supuesto que se dará, por ejemplo, cuando se sea residente en territorio español, por estar localizado aquí el centro de los intereses económicos del contribuyente), se considerará residente en el territorio de la comunidad autónoma en donde radique el núcleo principal o la base de sus actividades o de sus intereses económicos.

Los contribuyentes no residentes aplicarán por defecto la normativa estatal del IP, pero tienen derecho a la aplicación de la normativa de la comunidad autónoma donde radique el mayor valor de sus bienes o derechos.

13.1.5. Reglas de determinación de la titularidad del patrimonio

En el ámbito del IP existe un sistema de atribución de bienes o derechos igual al que corresponde en el ordenamiento jurídico general. Así, la regla general es que los bienes y derechos se atribuirán a los sujetos pasivos según las normas sobre titularidad jurídica aplicables en cada caso y en función de las pruebas aportadas por aquellos o de las descubiertas por la Administración.

Serán de aplicación las normas sobre titularidad jurídica de los bienes y derechos contenidas en las disposiciones reguladoras del régimen económico del matrimonio, así como en los preceptos de la legislación civil aplicables en cada caso a las relaciones patrimoniales entre los miembros de la familia.

De este modo, la titularidad de los bienes y derechos que, conforme a las disposiciones o pactos reguladores del correspondiente régimen económico matrimonial, sean comunes a ambos cónyuges (caso del régimen de gananciales), se atribuirá por mitad a cada uno de ellos, salvo que se justifique otra cuota de participación.

Ejemplos:

- Un matrimonio es titular en régimen de gananciales de una cuenta bancaria, titularidad conjunta de los dos frente al banco: el saldo en la cuenta se divide al 50% para declarar el IP cada uno de los cónyuges.
- Un cónyuge es titular exclusivo en régimen de separación de bienes de una cuenta bancaria, titularidad conjunta de los dos frente al banco: el saldo en la cuenta se asigna en su totalidad al cónyuge titular para declarar el IP cada uno de los cónyuges.
- Un matrimonio es titular en régimen de gananciales de una cuenta bancaria, que no obstante aparece con titularidad únicamente de uno de los cónyuges frente al banco: el saldo en la cuenta se divide al 50% para declarar el IP cada uno de los cónyuges.
- Tres hermanos tienen una cuenta bancaria a nombre de los tres: el saldo de la cuenta se asigna por terceras partes a cada uno de ellos para declarar el IP, salvo que acrediten una cotitularidad en porcentajes diferentes.

13.1.6. Valoración de las inversiones financieras

Los bienes y derechos han de computarse en el IP aplicando las siguientes reglas de valoración (únicamente se analizan las relativas a los productos financieros).

13.1.6.1. *Depósitos en cuenta corriente o de ahorro, a la vista o a plazo*

Se computan por el saldo que arrojen en la fecha del devengo del impuesto, esto es, a 31 de diciembre de cada ejercicio, salvo que aquel resultase inferior al saldo medio correspondiente al último trimestre del año, en cuyo caso se aplicará este último.

Para el cálculo de dicho saldo medio no se computarán los fondos retirados para la adquisición de bienes y derechos que figuren en el patrimonio a 31 de diciembre, o para la cancelación o reducción de deudas.

Si la cuenta es en moneda distinta del euro, el valor debe convertirse utilizando el tipo de cambio oficial a 31 de diciembre.

Ejemplo 1

El Sr. A tiene un depósito bancario con los siguientes datos a fecha 31 de diciembre, que nos piden que valoremos de cara al IP de dicho año, advirtiéndonos que los 200.000 euros retirados a 1 de noviembre se destinaron a la adquisición de bienes que figuran en el patrimonio, y los 40.000 euros retirados a 1 de diciembre se destinaron a saldar una deuda que el Sr. A tenía con otro Banco.

— Saldo a 31 de diciembre: 78.000 €.
— Saldo medio del último trimestre: 167.000 €.

Movimientos del último trimestre			
Fecha	**Ingresos**	**Retiradas**	**Saldo**
01-octubre			310.000
01-noviembre		200.000	110.000
15-noviembre	6.000		116.000
01-diciembre		40.000	76.000
15-diciembre	4.000		80.000
20-diciembre		2.000	78.000

Solución

Con esta información, la cuenta ha de computarse en el IP de ese año por el saldo medio del cuarto trimestre, si bien corregido según el siguiente criterio:

$$(70.000 \times 45) + (76.000 \times 30) + (80.000 \times 5) + (78.000 \times 12) = 73.543,46$$

Nótese cómo en el cálculo del saldo medio se han excluido tanto los 200.000 euros destinados a la adquisición de bienes como los 40.000 euros retirados para saldar la deuda (310.000 − 200.000 − 40.000 = 70.000).

13.1.6.2. *Valores representativos de la cesión a terceros de capitales propios*

Los valores representativos de la cesión a terceros de capitales propios (bonos, obligaciones, pagarés, letras del Tesoro u otros instrumentos de deuda), si están negociados en mercados organizados, se computan según su valor de negociación media del cuarto trimestre de cada año. A estos efectos, se publica anualmente la relación de valores que se negocian en Bolsa, con su cotización media correspondiente al cuarto trimestre de cada año.

Los valores representativos de la cesión a terceros de capitales propios, distintos de los que son negociados en mercados organizados en España, se valoran por su nominal, incluidas, en su caso, las primas de amortización o reembolso. Este sencillo criterio se aplica a los denominados productos financieros estructurados, que son productos financieros en los que no existe un compromiso de devolución íntegra e incondicionada del principal, quedando su restitución, y su valoración en cada momento, vinculada a la evolución de uno o más valores cotizados o de un índice (contestación a consulta vinculante de 14 de febrero de 2013, V0440-13). Según este criterio administrativo, no se obliga a valorar a 31 de diciembre de cada año el valor del producto estructurado, y se aplica la simple regla de valorarlo a efectos del IP por su importe nominal.

13.1.6.3. *Valores representativos de la participación en fondos propios de cualquier tipo de entidad, negociados en mercados organizados*

Las acciones y participaciones en el capital social o fondos propios de cualesquiera entidades jurídicas negociadas en mercados organizados, salvo las correspondientes a instituciones de inversión colectiva (fondos de inversión y SI-

CAV), se computan según su valor de negociación media del cuarto trimestre de cada año. A estos efectos, se publica anualmente la relación de los valores que se negocian en mercados organizados, con su cotización media correspondiente al cuarto trimestre del año.

Cuando se trate de suscripción de nuevas acciones no admitidas todavía a cotización oficial, emitidas por entidades jurídicas que coticen en mercados organizados, se tomará como valor de estas acciones el de la última negociación de los títulos antiguos dentro del período de suscripción.

Por último, en los supuestos de ampliaciones de capital pendientes de desembolso, la valoración de las acciones se hará de acuerdo con las normas anteriores, como si estuviesen totalmente desembolsadas, incluyendo la parte pendiente de desembolso como deuda del sujeto pasivo.

13.1.6.4. *Otros valores representativos de la participación en fondos propios de cualquier tipo de entidad*

Tratándose de acciones y participaciones distintas de aquellas a que se refiere el apartado anterior (las no negociadas en mercados organizados), la valoración de las mismas se realiza atendiendo al valor teórico resultante del último balance aprobado, siempre que este, bien de manera obligatoria o voluntaria, haya sido sometido a revisión y verificación y el informe de auditoría resultara favorable.

En aquellos casos en los que el balance no haya sido auditado o el informe de auditoría no resultase favorable, la valoración se realiza por el mayor valor de los tres siguientes: el valor nominal, el valor teórico resultante del último balance aprobado, o el que resulte de capitalizar al tipo del 20% el promedio de los beneficios de los tres ejercicios sociales cerrados con anterioridad a la fecha del devengo del Impuesto. A este último efecto, se computarán como beneficios los dividendos distribuidos y las asignaciones a reservas, excluidas las de regularización o de actualización de balances.

EJEMPLO 2

Se es titular de 1.000 participaciones sociales de una SL no auditada, de valor nominal 10 euros/participación, que representan el 25% del capital. El valor teórico de la sociedad es de 100.000 euros (de la participación del 25%, sería 25.000 euros), y los beneficios de los últimos tres años fueron de 20.000, 25.000 y 30.000 euros.

Solución

La valoración en el IP es la mayor de 10.000 euros, 25.000 euros, o el valor resultante de capitalizar al tipo del 20% el promedio de los beneficios de los tres ejercicios sociales, calculado como sigue:

$$(20.000 + 25.000 + 30.000) \times 5/3 = 125.000$$

Valoración del 25% = 31.250.

13.1.6.5. *Participaciones en Instituciones de Inversión Colectiva (IIC)*

Las acciones y participaciones en el capital social o en el fondo patrimonial de las IIC se computan por el valor liquidativo en la fecha del devengo del Impuesto, esto es, a 31 de diciembre de cada año. El mismo es publicado por cada IIC, valorando su patrimonio de acuerdo con las normas que se recogen en su legislación específica.

13.1.6.6. *Seguros de vida*

Los seguros de vida se computan por su valor de rescate en el momento del devengo del Impuesto, que será facilitado por la entidad aseguradora.

Los seguros que no confieren derecho de rescate a los tomadores (por ejemplo porque así lo determina el contrato durante un período de tiempo en el que coincide el 31 de diciembre), quedan excluidos de tributación en el IP.

Por su parte, según el art. 87 de la Ley 50/1980, del Contrato de Seguro, dicho derecho de rescate se pierde precisamente cuando el tomador del seguro designe un beneficiario con carácter irrevocable. Consecuentemente, en tales supuestos, y para los devengos posteriores del IP, no procederá la tributación del seguro ni para el tomador ni para el beneficiario, en este último caso en tanto se trate de un derecho sujeto a condición suspensiva, cual es la supervivencia del beneficiario en el momento en que se produzca el hecho que determina el derecho a la prestación.

Lo anterior tiene especial importancia, como fórmula de inversión financiera, en los llamados *unit linked,* que son seguros de vida en los que la provisión técnica se invierte en una cartera que, en principio, puede estar constituida por cualquier tipo de activos financieros, y en cuya composición se pueden realizar cambios por el tomador del seguro.

13.1.6.7. *Deudas, cargas y gravámenes*

El hecho imponible del IP lo constituye la titularidad del patrimonio neto en el momento del devengo, entendiendo por patrimonio neto el conjunto de bienes y derechos de contenido económico de los que sea titular el sujeto pasivo, con deducción de las cargas y gravámenes que disminuyan su valor, así como las deudas y obligaciones personales de los que deba responder.

Las deudas se valorarán por su nominal en la fecha del devengo del Impuesto, a 31 de diciembre, y solo serán deducibles siempre que estén debidamente justificadas, si bien no serán deducibles:

— Las cantidades avaladas, hasta que el avalista esté obligado a pagar la deuda, por haberse ejercitado el derecho contra el deudor principal y resultar este fallido.
— La hipoteca que garantice el precio aplazado en la adquisición de un bien, sin perjuicio de que sí lo sea el precio aplazado o deuda garantizada.
— En ningún caso serán objeto de deducción las deudas contraídas para la adquisición de bienes o derechos exentos del IP. Cuando la exención sea parcial, será deducible, en su caso, la parte proporcional de las deudas.

13.1.7. Beneficios asociados a la empresa familiar

13.1.7.1. *Introducción*

Se trata de una exención en el IP que abarca un doble ámbito: de una parte, los bienes y derechos afectos a actividades empresariales, y de otra determinadas participaciones en entidades.

Respecto al primero, como se analizó en el tema dedicado al IRPF, un contribuyente del IRPF no puede considerar afectas a sus actividades económicas inversiones financieras, como por ejemplo depósitos bancarios, acciones o fondos de inversión, y tributar por estas rentas en el capítulo de rendimientos de actividades económicas, en vez de los rendimientos de capital mobiliario o ganancias y pérdidas patrimoniales. La no consideración de dichos activos como elementos patrimoniales afectos a una actividad económica en el IRPF tiene también trascendencia en el ámbito del IP, al privarse de este modo de la exención que de forma general aplica a los bienes y derechos de las personas físicas necesarios para el desarrollo de su actividad empresarial y profesional.

Respecto a la exención aplicable a la participación en determinadas entidades, con o sin cotización oficial, sus requisitos se encuentran desarrollados reglamentariamente en el Real Decreto 1704/1999, de 5 de noviembre, por el que se determinan los requisitos y condiciones de las actividades empresariales y profesionales y de las participaciones en entidades para la aplicación de las exenciones correspondientes en el IP, así como por el Real Decreto 25/2000, de 14 de enero, por el que se concretan los requisitos y condiciones de las participaciones en entidades para la aplicación de las exenciones correspondientes en el IP.

13.1.7.2. *Análisis de la exención por participaciones en determinadas entidades*

Están exentas la plena propiedad, la nuda propiedad y el derecho de usufructo vitalicio sobre las participaciones en entidades, con o sin cotización en mercados organizados, siempre que concurran las condiciones siguientes:

1. Que la entidad, sea o no societaria, realice una actividad económica, no sea una institución de inversión colectiva, y no tenga por actividad principal la gestión de un patrimonio mobiliario o inmobiliario. Este primer requisito es bastante complejo.

   Se entenderá que una entidad gestiona un patrimonio mobiliario o inmobiliario y que, por tanto, no realiza una actividad económica, cuando concurran, durante más de 90 días del ejercicio social, cualquiera de las condiciones siguientes:

   — Que más de la mitad de su activo esté constituido por valores.
   — Que más de la mitad de su activo no esté afecto a actividades económicas.

   A estos efectos, para determinar si existe actividad económica o si un elemento patrimonial se encuentra afecto a ella, se estará a lo dispuesto en el IRPF. Además, tanto el valor del activo como el de los elementos patrimoniales no afectos a actividades económicas será el que se deduzca de la contabilidad, siempre que esta refleje fielmente la verdadera situación patrimonial de la sociedad.

   A efectos de determinar la parte del activo que está constituida por valores o elementos patrimoniales no afectos a actividades económicas, no se computarán los valores siguientes:

   — Los poseídos para dar cumplimiento a obligaciones legales y reglamentarias.
   — Los que incorporen derechos de crédito nacidos de relaciones contractuales establecidas como consecuencia del desarrollo de actividades económicas.

— Los poseídos por sociedades de valores como consecuencia del ejercicio de la actividad constitutiva de su objeto.
— Los que otorguen, al menos, el 5% de los derechos de voto y se posean con la finalidad de dirigir y gestionar la participación, siempre que, a estos efectos, se disponga de la correspondiente organización de medios materiales y personales, y la entidad participada cumpla todos los requisitos que estamos comentando en este apartado.

No se computarán como valores ni como elementos no afectos a actividades económicas aquellos cuyo precio de adquisición no supere el importe de los beneficios no distribuidos obtenidos por la entidad, siempre que dichos beneficios provengan de la realización de actividades económicas, con el límite del importe de los beneficios obtenidos tanto en el propio año como en los 10 años anteriores. A estos efectos, se asimilan a los beneficios procedentes de actividades económicas los dividendos que procedan de los valores a que se refiere el último inciso del párrafo anterior, cuando los ingresos obtenidos por la entidad participada procedan, al menos en el 90%, de la realización de actividades económicas.

2. Que la participación del sujeto pasivo en el capital de la entidad sea al menos del 5% computado de forma individual, o del 20% conjuntamente con su cónyuge, ascendientes, descendientes o colaterales de segundo grado, ya tenga su origen el parentesco en la consanguinidad, en la afinidad o en la adopción.
3. Que el sujeto pasivo ejerza efectivamente funciones de dirección en la entidad, bajo los cargos de Presidente, Director General, Gerente, Administrador, Director de Departamento, Consejero y miembro del Consejo de Administración u órgano de administración equivalente. Además, deberá percibirse por ello una remuneración que represente más del 50% de la totalidad de los rendimientos empresariales, profesionales y de trabajo personal.

   Cuando la participación en la entidad sea conjunta con alguna o algunas personas a las que se refiere el apartado anterior, las funciones de dirección y las remuneraciones derivadas de la misma deberán cumplirse al menos en una de las personas del grupo de parentesco, sin perjuicio de que todas ellas tengan derecho a la exención.

Cumplidos todos estos requisitos, la participación en la empresa queda exenta de tributar en el IP, aunque la exención solo alcanzará al valor de las participaciones, en la parte que corresponda a la proporción existente entre los activos necesarios para el ejercicio de la actividad empresarial o profesional, minorados en el importe de las deudas derivadas de la misma, y el valor del patrimonio neto de la entidad.

EJEMPLO 3

El Sr. A posee el 60% de la sociedad X, S. L. (participación que es valorada a efectos del IP en 1.000.000 euros), sociedad de la que recibe por las funciones de administrador que desarrolla una retribución que representa el 75% de sus rendimientos totales de trabajo y de actividades económicas.

Por su parte, la sociedad tiene un activo cuyo valor neto contable es de 2.500.000 euros, totalmente afecto a sus actividades económicas, excepto una SICAV cuyo valor a 31 de diciembre es de 500.000 euros, que no puede considerarse en modo alguno afecta a la actividad empresarial desarrollada por X. El pasivo exigible de la sociedad, según sus estados financieros, asciende a 300.000 euros, tratándose en su totalidad de deudas afectas a la actividad que desarrolla.

Solución

La participación en la sociedad a efectos del IP estaría exenta en un porcentaje del 77%:

$$[2.500.000 - 500.000 - 300.000]/(2.500.000 - 300.000) \times 100.$$

Por tanto, integraría en la base imponible del IP una participación valorada en 230.000 euros (1.000.000 × 23%), resultando exento el 77% restante.

13.1.8. Otras exenciones

13.1.8.1. *Tratamiento de la vivienda habitual*

Los inmuebles construidos, y los rústicos, se declaran en el IP por el mayor valor entre el valor catastral, el valor comprobado por la Administración a efectos de otros tributos (si existe), y el precio, contraprestación o valor de adquisición.

Esto no es ajeno a la vivienda habitual, que ha de tributar por el IP, si bien se declara exenta la misma hasta un importe máximo de 300.000 euros por sujeto pasivo, o el que fije la comunidad autónoma competente.

13.1.8.2. *Planes de pensiones*

Están exentos los derechos consolidados de los planes de pensiones, planes de previsión asegurados y otros instrumentos de previsión social complementaria.

13.1.9. Escala de gravamen y mínimos exentos

La determinación de la cuota íntegra en el IP se obtiene una vez determinada la base liquidable (calculada por la simple minoración de la base imponible —recordemos que es el patrimonio neto— en el importe del mínimo exento), mediante la aplicación a dicha base liquidable de la correspondiente tarifa del Impuesto que haya aprobado la comunidad autónoma.

El mínimo exento asciende por contribuyente a 700.000 euros (o el que haya fijado la comunidad autónoma competente).

Por lo que respecta al tipo de gravamen, las comunidades autónomas pueden regular la tarifa del IP sin ningún tipo de condicionante. En consecuencia, la base liquidable del Impuesto resultará gravada a los tipos de la escala que haya sido aprobada por la comunidad autónoma competente, y en su defecto se aplicará la siguiente tarifa:

Base liquidable (hasta euros)	Cuota (euros)	Resto base liquidable (hasta euros)	Tipo aplicable (porcentaje)
0	0	167.129,45	0,2
167.129,45	334,26	167.123,43	0,3
334.252,88	835,63	334.246,87	0,5
668.499,75	2.506,86	668.499,76	0,9
1.336.999,51	8.523,36	1.336.999,50	1,3
2.673.999,01	25.904,35	2.673.999,02	1,7
5.347.998.03	71.362,33	5.347.998.03	2,1
10.695.996,06	183.670,29	En adelante	2,5

EJEMPLO 4

Un sujeto pasivo tiene el siguiente patrimonio, valorado de conformidad a las reglas del IP:

- Cuenta bancaria en gananciales con su cónyuge: 400.000 euros.
- Acciones cotizadas: 100.000 euros.
- Fondos de inversión: 400.000 euros.
- Vivienda habitual: 500.000 euros.
- Préstamo para compra de coche: 20.000.
- Coche: 50.000.
- Derechos consolidados en plan de pensiones: 60.000.

Solución

La base imponible será de: 200.000(400.000 × 50%) + 100.000 + 400.000 + 200.000(500.000 − 300.000) − 20.000 + 50.000 = 930.000.

La base liquidable, aplicando la normativa de la LIP, será de 230.000 euros (930.000 − 700.000).

Y la cuota resultante, aplicando la escala estatal, sería de 522,87 euros:

$$334{,}26 + (230.000 - 167.129{,}45) \times 0{,}3\%.$$

13.1.10. Deducciones y bonificaciones

En primer lugar, se permite a los sujetos pasivos por obligación personal la capacidad de deducir, en la cuota del IP, el importe efectivo de lo satisfecho en el extranjero por un impuesto similar, con el límite del tipo medio efectivo de gravamen aplicable sobre la base liquidable gravada en el extranjero.

En segundo lugar, existe una bonificación del 75% de la parte de la cuota que proporcionalmente corresponda a elementos patrimoniales situados o que debieran ejercitarse o cumplirse en Ceuta y Melilla, siempre que el sujeto pasivo sea residente en dichas plazas.

Sin perjuicio de lo anterior, las comunidades autónomas de territorio común pueden establecer sus propias deducciones y bonificaciones, compatibles con las establecidas por el Estado, sin que puedan suponer su modificación, aplicándose con posterioridad a las estatales.

13.1.11. Aplicación de los límites de tributación conjunta con el IRPF

Con la finalidad esencial de satisfacer el mandato constitucional de «no confiscatoriedad» que establece el artículo 31.1 de nuestra Carta Magna, el artículo 31 de la LIP dispone, para los sujetos pasivos por obligación personal de contribuir, un límite conjunto de las cuotas íntegras del IRPF y del IP.

Dicho límite implica que la cuota íntegra del IP de un ejercicio, conjuntamente con la correspondiente al IRPF, no podrá exceder del 60% del total de las bases imponibles agregadas del IRPF. En caso de que exceda se reducirá la cuota del IP, aunque dicha reducción no podrá ser superior al 80% de su importe.

Junto a lo anterior, hay una serie de reglas para calcular el límite conjunto, siendo las fundamentales las dos siguientes:

— En primer lugar, no se tendrá en cuenta la parte de la base imponible del ahorro derivada de ganancias y pérdidas patrimoniales que corresponda al saldo positivo de las obtenidas por las transmisiones de elementos patrimoniales adquiridos o de mejoras realizadas en los mismos con más de un año de antelación a la fecha de transmisión, ni la parte de las cuotas íntegras del IRPF correspondientes a dicha parte de la base imponible del ahorro.

— En segundo lugar, no se tendrá en cuenta la parte del IP que corresponda a elementos patrimoniales que, por su naturaleza o destino, no sean susceptibles de producir los rendimientos gravados por la LIRPF (por ejemplo, obras de arte).

EJEMPLO 5

El inversor A tiene una base imponible del IRPF de 1 millón de euros, derivados de sus rendimientos del trabajo, y tributa en IRPF con una cuota de 400.000 euros. Además su patrimonio es de 10 millones de euros, y tributa por IP con una cuota de 180.000 euros. Conjuntamente pagará IRPF + IP por 580.000 euros, y no opera el límite conjunto del 60%.

Por el contrario, otro inversor B también gana al año 1 millón de euros, pero en este caso, indirectamente a través de sus sociedades, y, por tanto, su base imponible del IRPF es de 100.000 euros, con una cuota de 30.000 euros. Igualmente su patrimonio es de 10 millones de euros, y tributa por IP con una cuota de 180.000 euros.

Solución

En este caso, el pago de IP e IRPF no puede superar la cifra de 60.000 euros (100.000 × 60%), y por tanto la cuota del IP se reduciría en 150.000 euros, resultando un pago de IP de 30.000 euros. No obstante, como esta reducción no puede ser superior al 80% de la cuota del IP, dicha reducción queda fijada en 144.000 euros, pagándose IP por 36.000 euros.

Como se aprecia, la clave para reducir el pago del IP hasta el máximo permitido (80% de la cuota) consiste en «estrangular» la base imponible del IRPF, esto es, expulsar de la base imponible del IRPF cualquier renta.

Pero incluso más complejo, podría mantenerse en la base imponible la generación de rentas que se adscriban a la tipología de ganancias patrimoniales generadas a más de un año, ya que estas no se computan a efectos del cálculo. De ahí que la situación patrimonial de inversores personas físicas con elevado patrimonio sea evitar productos financieros que generen rendimientos del capital mobiliario o ganancias de menos de un año, y proyectar todas sus rentas hacia ganancias de más de un año, por ejemplo las que producen los fondos de inversión en sus reembolsos.

EJEMPLO 6

Si el inversor C tiene una base imponible del IRPF de 500.000 euros por rendimientos del trabajo y tributa en IRPF por ellos con una cuota de 200.000 euros, si adicionalmente computa 1 millón de euros por rendimientos del capital mobiliario y ganancias de menos de un año y tributa en IRPF con una cuota de 220.000 euros, y si su patrimonio es de 20 millones de euros, y tributa por IP con una cuota de 300.000 euros, conjuntamente pagará IRPF + IP por 720.000 euros, sin operar el límite conjunto del 60% (sobre 1.500.000 euros).

En cambio, si el inversor D tiene una base imponible del IRPF de 500.0000 euros por rendimientos del trabajo y tributa en IRPF por ellos con una cuota de 200.000 euros y de 1 millón de euros, compuesta en un 80% por ganancias de más de un año, que tributa en IRPF igualmente con una cuota de 220.000 euros, y su patrimonio es igualmente de 20 millones de euros, y tributa por IP con una cuota de 300.000 euros, ¿cuánto pagará conjuntamente por IRPF-IP?

Solución

El cálculo del límite conjunto IRPF-IP en el segundo caso sería:

— Base imponible del IRPF a computar: 700.000 euros (500.000 + 200.000).
— Límite 60%: 420.000.
— Cuota computable IRPF: 244.000 (200.000 + 220.000 × 20%).
— Suma de la cuota computable IRPF + IP: 548.400.
— Reducción cuota del IP: 128.400 (548.400 − 420.000).
— Conjuntamente pagará IRPF+IP por 591.600 euros.

13.1.12. Declaración y liquidación del Impuesto

Solo están obligados a presentar declaración del IP los sujetos pasivos, tanto por obligación personal como por obligación real, cuya cuota tributaria resulte positiva.

No obstante, los sujetos pasivos están también obligados a declarar cuando el valor de sus bienes y derechos, calculado según la normativa del mismo y sin computar a estos efectos las cargas, gravámenes, deudas u otras obligaciones personales, resulte superior a 2.000.000 de euros, aun cuando la cuota tributaria no resulte a ingresar.

13.2. EL IMPUESTO SOBRE SUCESIONES Y DONACIONES

13.2.1. Características

El Impuesto sobre Sucesiones y Donaciones (en lo sucesivo, «ISyD») es un impuesto personal, directo y subjetivo (las circunstancias personales son determinantes en la graduación de la imposición), que grava los incrementos de patrimonio obtenidos por las *personas físicas* (por tanto, es complementario al IRPF y ajeno para las personas jurídicas, dado que dichos incrementos se gravan en esos casos en el Impuesto sobre Sociedades) a *título lucrativo,* esto es, gratuito o sin contraprestación.

Respecto del hecho imponible que grava el ISyD, se podría decir que se establecen tres tipologías perfectamente diferenciadas:

i) Las adquisiciones *mortis causa* (herencias y legados).
ii) Las adquisiciones gratuitas *inter vivos* (donaciones y otros negocios).
iii) Las prestaciones de seguros de vida en caso de fallecimiento.

13.2.2. Normativa estatal y de las Comunidades Autónomas

13.2.2.1. *Regulación*

El impuesto se regula fundamentalmente en la Ley 29/1987 de 18 de diciembre (en lo sucesivo, «LISyD») y en el Real Decreto 1629/1991 de 8 de noviembre, por el que se aprueba el Reglamento del Impuesto sobre Sucesiones y Donaciones (en adelante, «RISyD»).

Como es un impuesto estatal cedido a las comunidades autónomas, es de aplicación la LFCA. A este respecto, las comunidades autónomas han ejercido sus competencias normativas sobre el impuesto, las cuales afectan a los elementos esenciales del mismo, de tal forma que para la aplicación del tributo deben ponderarse las normas estatales y autonómicas que correspondan en función de la comunidad autónoma competente.

Adicionalmente, por lo que se refiere a los regímenes forales, la regulación del ISyD se realiza conforme a lo dispuesto en el Concierto y Convenio Económico con el País Vasco y con la Comunidad de Navarra.

Esto materializa una palmaria realidad en la que conviven diecisiete versiones del ISyD, tantas como comunidades autónomas, con notables diferencias en cuanto a los elementos esenciales del impuesto entre unas y otras, produciendo un mapa tributario de extraordinaria complejidad, y cambiante en el tiempo por las continuas reformas normativas.

13.2.2.2. *Puntos de conexión con la normativa autonómica*

Se considera producido en el territorio de una comunidad autónoma el rendimiento del impuesto de los sujetos pasivos residentes en España, según los siguientes puntos de conexión:

- En el caso del impuesto que grava las adquisiciones *mortis causa* y las cantidades percibidas por los beneficiarios de seguros sobre la vida, en el territorio donde el causante tenga su residencia habitual a la fecha del devengo.
- En el caso del impuesto que grava las donaciones de bienes inmuebles, en la comunidad autónoma en el que radicara el inmueble.
- En el caso del impuesto que grava las donaciones de los demás bienes y derechos, en el territorio donde el donatario tenga su residencia habitual a la fecha del devengo.

En los supuestos previstos en las letras *a*) y *c*) se aplicará la normativa de la comunidad autónoma en la que el causante o donatario hubiere tenido su residencia habitual. A efectos de determinar cuándo una persona tiene su residencia en una comunidad autónoma, se atenderá a los siguientes criterios:

1. Cuando permanezca en su territorio un mayor número de días del período de los cinco años inmediatos anteriores que finalice el día anterior al de devengo, contados de fecha a fecha.

   En este sentido, para determinar el período de permanencia se computan las ausencias temporales.

   Salvo prueba en contrario, se considera que una persona física permanece en el territorio de una comunidad autónoma cuando en dicho territorio radique su vivienda habitual, definiéndose esta conforme a lo dispuesto en la normativa reguladora del IRPF.
2. Cuando no fuese posible determinar la permanencia según los criterios anteriores, se considera residente en el territorio de la comunidad autónoma donde tenga su principal centro de intereses, considerándose como tal el territorio donde obtenga la mayor parte de la base imponible del IRPF.
3. Cuando no pueda determinarse la residencia conforme a los criterios establecidos en los puntos 1 y 2 anteriores, se considera residente en la comunidad autónoma correspondiente a la última residencia declarada a efectos del IRPF.

EJEMPLO 7

Una persona física residente en la Comunidad de Madrid recibe en herencia por parte de su madre, la cual era residente en la Comunidad Autónoma de Cantabria, un importe en metálico. ¿En qué comunidad se deberá liquidar el Impuesto?

Solución

Se exigirá el Impuesto por obligación personal, debiéndose liquidar el mismo en la Comunidad Autónoma de Cantabria, aplicando la normativa autonómica de esta comunidad (residencia del causante).

EJEMPLO 8

Una persona física residente en la Comunidad de Madrid y otra en Andalucía reciben en donación por parte de su madre, la cual era residente en la Comunidad Autónoma de Cantabria, un importe en metálico. ¿En qué comunidad se deberá liquidar el Impuesto?

Solución

Se exigirá el Impuesto por obligación personal, debiéndose liquidar el mismo en las Comunidades Autónomas de Madrid y de Andalucía (residencia de cada donatario), aplicando las normativas autonómicas de cada comunidad.

EJEMPLO 9

Una persona física residente en la Comunidad de Madrid recibe por donación por parte de su madre, la cual era residente en la Comunidad de Cantabria, un inmueble situado en la Comunidad Valenciana. ¿En qué comunidad se deberá liquidar el Impuesto?

Solución

Se exigirá el Impuesto por obligación personal, debiéndose liquidar en la Comunidad Valenciana (regla especial para las donaciones de inmuebles, donde se encuentre sito el mismo), aplicando la normativa autonómica de esta comunidad.

13.2.3. Sujeto pasivo

Están obligados al pago del Impuesto las siguientes personas físicas, dependiendo del hecho imponible:

a) En las adquisiciones *mortis causa,* tendrán la consideración de sujeto pasivo los causahabientes (por ejemplo, heredero, legatario), es decir, los perceptores de la herencia.

En este sentido, es importante resaltar que no hay un único hecho imponible con varios titulares, sino varios hechos imponibles constituidos por cada una de las adquisiciones lucrativas *mortis causa* de cada uno de los herederos. Como consecuencia de esto, cada uno de los sujetos pasivos estará obligado a presentar la correspondiente autoliquidación o declaración del Impuesto.

Finalmente, cabe señalar que para ser heredero o legatario, y adquirir la condición de sujeto pasivo, se requiere la aceptación por parte de los mismos.

b) En las donaciones y demás transmisiones lucrativas *inter vivos* equiparables, tendrá la consideración de sujeto pasivo el donatario o favorecido por las referidas donaciones.

c) En los seguros sobre la vida, el sujeto pasivo será el beneficiario o persona que recibe la prestación del seguro cuando acontece la contingencia (por ejemplo, fallecimiento del tomador).

Por otra parte, al igual que señalábamos en el IP anteriormente, la sujeción al Impuesto podrá ser *i*) por obligación personal y *ii*) por obligación real, en función de la residencia fiscal del sujeto pasivo, esto es, del donatario, beneficiario o causahabiente.

i) *Obligación personal.* A los contribuyentes que tengan su residencia habitual en España se les exigirá el Impuesto por obligación personal, con independencia de dónde se encuentren situados los bienes o derechos que integren el incremento de patrimonio gravado.

En este sentido, para la determinación de la residencia habitual, la regulación del ISyD se remite a las reglas recogidas en la Ley del IRPF, analizadas en el tema correspondiente.

ii) *Obligación real.* Se exigirá el pago del impuesto por obligación real en el caso de personas físicas no residentes en España por la adquisición de bienes y derechos que estuvieran situados, pudieran ejercitarse o hubieran de cumplirse en el territorio español.

A estos efectos, se consideran situados en territorio español:

— Los bienes inmuebles que radiquen en dicho territorio.
— Los bienes muebles afectados permanentemente a vivienda, fincas, explotaciones o establecimientos industriales situados en territorio español y, en general, los que habitualmente se encuentran en este territorio.

— La percepción de cantidades derivadas de contratos de seguros sobre la vida cuando el contrato haya sido celebrado con entidades aseguradoras españolas o se haya celebrado en España con entidades extranjeras que operen en ella.

Finalmente, cabe señalar que, con independencia de las normas que resultan de aplicación, existen en vigor algunos convenios internacionales suscritos en materia de Impuesto sobre Sucesiones y Donaciones.

Ejemplos:

— Padre residente en Estados Unidos que dona un inmueble radicado en Suiza a un hijo residente en España: aplica ISyD por obligación personal.
— Padre residente en España que dona un inmueble radicado en Suiza a un hijo residente en Francia: no aplica ISyD.
— Padre residente en Estados Unidos que dona un inmueble radicado en España a un hijo residente en Francia: aplica ISyD por obligación real.
— Padre residente en Estados Unidos que fallece y un inmueble radicado en Suiza lo hereda un hijo residente en España: aplica ISyD por obligación personal.
— Padre residente en España que fallece y un inmueble radicado en Suiza lo hereda un hijo residente en Francia: no aplica ISyD.
— Padre residente en Estados Unidos que fallece y un inmueble radicado en España lo hereda un hijo residente en Francia: aplica ISyD por obligación real.

13.2.4. Devengo

Se trata de un impuesto instantáneo, ya que el devengo se produce:

— En el momento del fallecimiento del causante (por ejemplo, *sucesión mortis causa*).
— En el día en que se cause o celebre el acto gravado (por ejemplo, adquisiciones lucrativas *inter vivos*).

13.2.5. Determinación de la base imponible

La base imponible del ISyD está compuesta por el valor real de los bienes, derechos y obligaciones adquiridos o transmitidos. El valor real se asimila al concepto de valor de mercado, es decir, aquel que se habría acordado por personas o entidades independientes en condiciones de libre competencia.

Como puede vislumbrarse, la determinación de la base imponible de acuerdo a un concepto tan indeterminado como el «valor real» suscita innumerables conflictos en la práctica, respecto a discrepancias entre cuál es el valor real de las cosas heredadas o donadas, que producen comprobaciones de valor y liquidaciones tributarias por parte de las administraciones fiscales, y obligan al contribuyente a recurrir utilizando la figura de la tasación pericial contradictoria o la ausencia de motivación en las liquidaciones tributarias.

Diferenciando los tres hechos imponibles del impuesto:

- En las transmisiones *mortis causa,* la base imponible será el valor neto de la adquisición individual de cada causahabiente, entendiendo como tal el valor real de los bienes y derechos, minorado por las cargas y deudas que fueran deducibles.
- En las donaciones y demás transmisiones lucrativas *intervivos* equiparables, su base imponible será el valor neto de los bienes y derechos adquiridos, entendiéndose como tal el valor real de los bienes y derechos minorados por las cargas y deudas que fueran deducibles.
- En los seguros de vida, la base imponible son las cantidades percibidas por el beneficiario.

Particularizando el caso más común, el de las adquisiciones *mortis causa,* como principio general la base imponible estará constituida por el valor neto de la participación individual de cada causahabiente en el caudal hereditario o caudal relicto (conjunto de bienes, derechos y obligaciones que se traspasan), el cual es el valor real de los bienes y derechos adquiridos, minorado por las cargas o gravámenes, deudas y gastos que fueren deducibles.

Por ello, la determinación de la base imponible de cada heredero o legatario ha de partir necesariamente de la cuota que represente la misma en la totalidad del caudal relicto, que se integrará conforme a las disposiciones testamentarias, si las hubiera, o conforme al régimen previsto en el Código Civil o en las legislaciones territoriales específicas, en otro caso.

Un aspecto puntual a comentar en las transmisiones *mortis causa* es el denominado «ajuar doméstico», el cual se valora en un 3% del caudal relicto del causante, salvo que los interesados asignasen un valor superior, o probaran fehacientemente su inexistencia o que su valor fuera inferior a dicho porcentaje. En dicho concepto, no se incluyen determinados bienes singulares, tales como las joyas, obras de arte, vehículos, embarcaciones o aeronaves.

EJEMPLO 10

Fallece un miembro de un matrimonio casado en régimen de gananciales con un patrimonio común valorado en 1.800.000 euros. A su vez, el cónyuge fallecido era propietario de bienes privativos de 100.000 euros, y el cónyuge supérstite también tenía bienes privativos por 250.000 euros. Por herencia, los dos hijos reciben la nuda propiedad de toda la herencia por partes iguales, y el cónyuge supérstite el usufructo vitalicio.

Solución

La herencia total asciende a 1.000.000 de euros (1.800.000/2 + 100.000).

El ISyD se aplicará para cada hijo sobre el valor de 500.000 euros, de los que deberá minorarse el valor asignable al derecho de usufructo, y en el caso del cónyuge viudo (75 años) atendiendo al valor del usufructo vitalicio sobre un patrimonio de 1.000.000 euros.

A estos efectos, el artículo 26 de la LISyD establece la forma de valorar el usufructo vitalicio, siendo una fórmula que toma en consideración la edad del usufructuario. En el presente ejemplo, el valor asignable al usufructo para determinar la base imponible sería el 10% de 1.000.000, esto es, 100.000 euros.

Consecuentemente, la base imponible de cada heredero por la nuda propiedad de los bienes heredados es de 450.000 euros, y la del usufructuario de 100.000 euros.

13.2.6. Valoración de las inversiones financieras

Como regla general, y tal y como se ha mencionado anteriormente, las inversiones financieras deberán valorarse según su valor real en el momento de devengo del Impuesto (valor de mercado). No suele representar una dificultad establecer el valor de cotización de acciones o fondos de inversión, o el saldo en cuentas y depósitos bancarios el día del fallecimiento o de la donación. En cambio, en instrumentos no cotizados, como sociedades no cotizadas o derivados OTC, esta valoración puede encerrar cierta complejidad.

En consecuencia, las ganancias o pérdidas que experimenten los instrumentos financieros a partir de la fecha de fallecimiento son asignables fiscalmente a los herederos, incluso en los casos en que sean anteriores a la aceptación de la herencia o a la adjudicación de la misma.

13.2.7. Reducciones y bonificaciones

13.2.7.1. *Particularidades de las inversiones afectas a actividades económicas*

Existe una bonificación del 95% en la normativa estatal, que coincide con la mayoría de las normativas autonómicas, que prácticamente exonera de tributación el valor de una empresa individual o un negocio profesional, esto es, los bienes afectos a actividades económicas que el causante hubiera mantenido en una actividad empresarial, profesional, artística, deportiva o agraria, e igualmente para transmisiones *intervivos* (donación) como *mortis causa* (herencia o legado).

Los requisitos para materializar esta bonificación son los mismos que se aplican cuando lo que se transmiten son acciones o participaciones en sociedades o entidades que realizan este tipo de actividades, y por tanto nos remitimos al capítulo 14 para analizar los mismos.

13.2.7.2. *Beneficios asociados a la empresa familiar*

Existe una reducción por adquisición de una empresa o negocio profesional, tanto por título de donación como por razón de adquisición *mortis causa.*

— Adquisición *mortis causa.* Se aplica una bonificación del 95% a los descendientes o adoptados y al cónyuge de la persona fallecida, sobre el valor de participaciones en entidades, siempre y cuando la adquisición se mantenga durante los diez años siguientes al fallecimiento del causante (o el plazo que fije la normativa autonómica competente), salvo que falleciera el adquirente dentro de ese plazo (en caso de incumplimiento del plazo de mantenimiento, deberá pagarse la parte de la deuda que se hubiera dejado de ingresar y los intereses de demora).

Cuando no existan descendientes o adoptados, la reducción será de aplicación a las adquisiciones por ascendientes, adoptantes y colaterales, hasta el tercer grado (por ejemplo hermanos o sobrinos).

La LISyD establece que para poder aplicar la reducción mencionada es necesario que, a la fecha de fallecimiento del causante, la participación cumpla los requisitos de exención anteriormente contemplados para la exención en el Impuesto sobre el Patrimonio.

— En las adquisiciones *intervivos* se aplicará también una reducción en la base imponible del 95% del valor de adquisición de las participaciones en entidades del donante, a las que sea de aplicación la mencionada exención, regulada en la Ley del Impuesto del Patrimonio en la fecha de la transmisión. Asimismo, deberán cumplirse las siguientes condiciones:

- Que el donante tuviese 65 o más años o se encontrase en situación de incapacidad permanente, en grado de absoluta o gran invalidez.
- Que si el donante ejercía funciones de dirección en la entidad, deberá dejar de ejercerlas y de percibir la correspondiente remuneración.
- Que el donatario mantenga lo adquirido y realice la actividad de forma habitual, personal y directa, y constituya su principal fuente de renta durante los diez años siguientes, salvo que falleciera en dicho plazo.

La importancia práctica de esta ventaja fiscal es muy significativa, ya que sirve para no perjudicar un patrimonio empresarial cuando es transmitido en el seno familiar, esto es, ayuda a la transmisión generacional de la empresa familiar, no gravando transmisiones por donación o herencia.

13.2.7.3. *Tratamiento de la vivienda habitual*

La transmisión *mortis causa* de la vivienda habitual del causante también goza de una reducción del 95%, con un límite de 122.606,47 euros o el que establezca la comunidad autónoma competente. Tienen derecho a la reducción los sucesores que ostenten un determinado nivel de parentesco cercano con el causante (cónyuge, hijos...).

El adquirente debe conservar en su patrimonio la vivienda adquirida durante los diez años siguientes al fallecimiento del causante, no siendo necesario que el adquirente destine la vivienda a su residencia habitual.

Por último, para la determinación del concepto de vivienda habitual del causante ha de atenderse a la normativa del IRPF.

13.2.7.4. *Particularidades del seguro de vida*

Los beneficiarios de seguros de vida para el caso de fallecimiento pueden aplicar una reducción por beneficiario de hasta el 100% de la cantidad percibida, con el límite individual de 9.158,49 euros. Dicha reducción es única por sujeto pasivo, con independencia del número de contratos de seguros de vida de los que fuera beneficiario.

La aplicación de la presente reducción depende de los siguientes requisitos:

- Que se trate de un seguro acumulable a la transmisión mortis causa, ya se trate de un seguro individual en que coincida contratante-asegurado o de seguros colectivos en los que el asegurado sea el causante.
- Que el beneficiario sea cónyuge, ascendiente, descendiente, adoptante o adoptado del contratante-asegurado.

13.2.8. Bonificaciones por parentesco

En las adquisiciones *mortis causa,* incluidas las de los beneficiarios de pólizas de seguros de vida, si la comunidad autónoma competente no hubiese regulado otras reducciones se aplicarán las siguientes reducciones, en función del parentesco que tenga con el causante:

Grupo	Importe de la reducción
I) Descendientes y adoptados menores de 21 años.	Reducción de 15.956,87 euros más 3.990,72 euros por cada año menos de 21, sin que pudiera exceder de 47.858,59 euros.
II) Descendientes y adoptados de 21 o más años, cónyuge, ascendientes y adoptantes.	Reducción fija de 15.956,87 euros.
III) Colaterales de segundo y tercer grado, ascendientes y descendientes por afinidad.	Reducción fija de 7.993,46 euros.
IV) Colaterales de cuarto grado, grados más distantes y extraños.	No tienen derecho a reducción.

Para la determinación del parentesco del sujeto pasivo con el causante hay que acudir a las normas establecidas en el Código Civil, resultando el siguiente esquema:

<table>
<tr><td rowspan="2">Línea recta</td><td>Ascendente.</td><td>Primer grado: padres.
Segundo grado: abuelos.
Tercer grado: bisabuelos.</td></tr>
<tr><td>Descendente.</td><td>Primer grado: hijos.
Segundo grado: nietos.
Tercer grado: bisnietos.</td></tr>
<tr><td>Línea colateral</td><td colspan="2">Segundo grado: hermanos.
Tercer grado: hijos de hermanos (sobrinos) y hermanos de sus padres (tíos).</td></tr>
</table>

Más relevantes que estas reducciones, cuando se trata la modulación del ISyD para grados cercanos de parentesco, son las bonificaciones que algunas comunidades autónomas aplican para sucesiones o incluso donaciones (estas segundas sometidas a determinados requisitos formales) entre parientes próximos.

Así por ejemplo, la Comunidad de Madrid tiene en vigor una bonificación del 99% de la cuota del impuesto, que supone una práctica eliminación del impuesto, que alcanza a herederos o donatarios integrados en los grupos I y II de parentesco, que luego comentaremos (padres, hijos y cónyuges-parejas de hecho).

13.2.9. Escala de gravamen

Una vez minorada la base imponible por las reducciones, se calcula la base liquidable, a la cual ha de aplicarse la escala de gravamen que haya sido aprobada por la comunidad autónoma que resulte competente, para alcanzar la cuota íntegra.

En caso de que la comunidad autónoma no haya aprobado ninguna escala, o si aquella no hubiese asumido competencias normativas en materia del ISyD o no resultase aplicable a los sujetos pasivos la normativa propia de la comunidad, la base liquidable será gravada a los tipos que se indican en la siguiente escala estatal:

Base liquidable Hasta euros	Cuota íntegra Euros	Resto base liquidable Hasta euros	Tipo aplicable Porcentaje
0,00		7.993,46	7,65
7.993,46	611,50	7.987,45	8,50
15.980,91	1.290,43	7.987,45	9,35
23.968,36	2.037,26	7.987,45	10,20
31.955,81	2.851,98	7.987,45	11,05
39.943,26	3.734,59	7.987,46	11,90
47.930,72	4.685,10	7.987,45	12,75
55.918,17	5.703,50	7.987,45	13,60
63.905,62	6.789,79	7.987,45	14,45
71.893,07	7.943,98	7.987,45	15,30
79.880,52	9.166,06	39.877,15	16,15
119.757,67	15.606,22	39.877,16	18,70
159.634,83	23.063,25	79.754,30	21,25
239.389,13	40.011,04	159.388,41	25,50
398.777,54	80.655,08	398.777,54	29,75
797.555,08	199.291,40	en adelante	34,00

Como se aprecia, son escalas progresivas que pueden alcanzar un tipo de gravamen del 34% para las bases imponibles más elevadas.

13.2.10. Coeficientes por patrimonio preexistente

La cuota tributaria por este impuesto se obtendrá aplicando a la cuota íntegra un coeficiente multiplicador, en función de la cuantía de los tramos del patrimonio preexistente que hayan sido aprobados por la comunidad autónoma, y del grupo, según el grado de parentesco, señalado en el apartado dedicado a las bonificaciones por parentesco.

Si la comunidad autónoma no hubiese aprobado el coeficiente o la cuantía de los tramos a que se refiere el apartado anterior, o no resultase aplicable a los sujetos pasivos la normativa propia de la comunidad, se aplicará el que corresponda de los que se indican a continuación:

Patrimonio preexistente (euros)	**Grupos de parentesco**		
	I y II	**III**	**IV**
De 0 a 402.678,11	1,0000	1,5882	2,0000
De más de 402.678,11 a 2.007.380,43	1,0500	1,6676	2,1000
De más de 2.007.380,43 a 4.020.770,98	1,1000	1,7471	2,2000
Más de 4.020.770,98	1,2000	1,9059	2,4000

El cuadro anterior produce dos efectos muy relevantes para entender la mecánica del impuesto:

- Se gravan más las transmisiones *intervivos* o *mortis causa* en los grupos III y IV que en los I y II. Esto es, las herencias, legados y donaciones a parientes lejanos (por ejemplo hermanos o sobrinos, o incluso entre personas sin parentesco) pueden tributar hasta el doble de lo que sería la misma transmisión en el ámbito de padres/hijos/cónyuges.
- También dependiendo del patrimonio preexistente del sujeto pasivo se dispara la progresividad del impuesto, para que de este modo las personas que ya disponían de patrimonios elevados antes de recibir la herencia, legado o donación soporten una mayor progresividad fiscal.

En la fijación de la valoración del patrimonio preexistente se estará a los criterios establecidos por la Ley del Impuesto sobre el Patrimonio.

13.2.11. Aspectos conexos con el IRPF: ganancias y pérdidas patrimoniales en transmitentes y adquirentes

Cualquier transmisión a título lucrativo (ya sea herencia, legado o donación) podrá originar una ganancia patrimonial para el donante o transmitente, mientras que la ganancia obtenida por el adquirente no se gravaría en el IRPF, al quedar gravada por el ISyD. Todo ello con la relevante excepción de las transmisiones lucrativas realizadas por causa de la muerte del contribuyente, donde no existe la «plusvalía del muerto» en el IRPF.

Así, en casos de donaciones, a efectos de determinar la ganancia o pérdida patrimonial del donante, esta será la diferencia entre el valor de adquisición y el valor de transmisión, el cual corresponderá con el valor a efectos del ISyD. Si resultase ganancia patrimonial tributará en el IRPF, mientras que si el resultado es de pérdida patrimonial la misma no resulta computable.

EJEMPLO 11

El Sr. A dona unas acciones cotizadas a su sobrino B. Las acciones las había adquirido el Sr. A por valor de 300.000 euros. El valor de cotización en la fecha de la donación es de 390.000 euros.

Solución

Para el Sr. A se produce una ganancia patrimonial, que tributa en el ámbito del IRPF y se calcula por la diferencia entre el precio de adquisición (300.000 euros) y el valor a efectos del ISyD (390.000 euros). En definitiva, el Sr. A obtiene una ganancia patrimonial de 90.000 euros, sometida a tributación en el IRPF.

El sobrino donatario obtiene un incremento patrimonial lucrativo que tributa en el ISyD (no por IRPF) por el valor declarado por este impuesto (390.000 euros), supongamos que determinante de una cuota del ISyD de 40.000 euros. Este mismo valor (390.000 euros) más el propio ISyD pagado (40.000 euros) constituye, para el donatario, el valor de adquisición de las acciones.

De este modo, cuando el donatario venda las acciones que recibió por donación en el futuro, tendrá una ganancia o pérdida patrimonial a tributar en su IRPF por diferencia entre el valor de transmisión que obtenga por la venta y el valor de adquisición, que a efectos fiscales será de 430.000 euros.

EJEMPLO 12

Supongamos el mismo ejemplo anterior, pero con la diferencia de que el Sr. A fallece y deja en herencia las acciones a su sobrino B, las cuales cotizaban a 390.000 euros en la fecha del fallecimiento.

Solución

La declaración del IRPF que tendrán que hacer los sucesores del Sr. A correspondiente a su último año de vida no incluirá la ganancia patrimonial por la diferencia entre el precio de adquisición (300.000 euros) y el valor a efectos del ISyD (390.000 euros). En definitiva, esta plusvalía no es tributada por nadie.

El Sr. B obtiene un incremento patrimonial lucrativo que tributa en el ISyD (no por IRPF) por el valor declarado en este impuesto (390.000 euros), supongamos que determinante de una cuota del ISyD de 40.000 euros. Este mismo valor (390.000 euros), más el propio ISyD pagado (40.000 euros), constituye, para el Sr. B, el valor de adquisición de las acciones.

De este modo, supongamos que el Sr. B vende las acciones tras el fallecimiento del Sr. A, cuando cotizaban por 400.000 euros. Esto determinará una pérdida patrimonial de 30.000 euros que deberá declarar el Sr. B en su IRPF por diferencia entre el valor de transmisión que obtenga por la venta (400.000) y el valor de adquisición, que a efectos fiscales será de 430.000 euros.

13.2.12. Declaración y liquidación del impuesto

La gestión del impuesto es una de las materias en la que tienen plena competencia las comunidades autónomas. Así, según lo que establezcan, los sujetos pasivos vendrán obligados a presentar una declaración tributaria, o en su caso una autoliquidación, comprensiva de los hechos imponibles a que se refiere esta ley, en los plazos y en la forma que reglamentariamente se fijen.

Por lo que respecta al plazo para presentar la declaración del Impuesto, está establecido en seis meses para las adquisiciones *mortis causa,* desde la muerte del causante, y en treinta días hábiles para las adquisiciones *intervivos,* contados desde la fecha de devengo (por ejemplo, día en el que se celebre el acto o contrato).

13.3. EL IMPUESTO SOBRE LA RENTA DE NO RESIDENTES

13.3.1. Características

El Impuesto sobre la Renta de los No Residentes (en adelante, «IRNR») es un tributo de carácter directo que grava la renta obtenida en territorio español, por las personas físicas y entidades no residentes en el mismo.

Por el contrario, las personas físicas residentes en España a efectos fiscales tributan bajo el IRPF, y las personas jurídicas igualmente residentes bajo el Impuesto sobre Sociedades.

13.3.2. Normativa aplicable

Este impuesto, en lo que se refiere a la normativa interna española, se encuentra regulado en el texto refundido de la Ley del Impuesto sobre la Renta de No Residentes (en adelante, «TRLIRNR») aprobado en el Real Decreto Legislativo 5/2004, de 5 de marzo, y en el Reglamento del Impuesto sobre la Renta de No Residentes (en lo sucesivo, «RIRNR»), aprobado por el Real Decreto 1776/2004, de 30 de julio.

El impuesto se aplica en todo el territorio español, sin perjuicio de los regímenes tributarios forales de concierto y convenio económico en vigor, respectivamente, en los Territorios Históricos del País Vasco y en la Comunidad Foral de Navarra.

Adicionalmente, lo establecido en la normativa interna española se entenderá sin perjuicio de lo dispuesto en los tratados y convenios internacionales que hubieran pasado a formar parte del ordenamiento interno español, tal y como se establece en el artículo 96 de la Constitución. Por tanto, si bien dicha regulación constituye la normativa nuclear del impuesto, la misma vendrá condicionada por lo dispuesto en los Convenios suscritos por España con otros Estados para evitar la doble imposición y que se encuentren en vigor, y por la legislación y jurisprudencia comunitaria, que prevalecen en caso de conflicto con la normativa interna.

Puesto que cada Estado establece con carácter general un criterio de sujeción de las rentas obtenidas tanto por los residentes del mismo (independientemente del lugar en el que las obtengan) como de las rentas obtenidas dentro de dicho Estado (independientemente de quién las obtenga), un resultado que se puede producir es la doble imposición, cuando la misma renta es gravada por dos Estados según sus respectivas normativas unilaterales.

Con el fin de evitar esta circunstancia nacen los convenios para evitar la doble imposición (en lo sucesivo, «CDI»), que son tratados internacionales bilaterales que contienen, en particular, medidas que permitan evitar la doble imposición internacional, junto con otras medidas de coordinación entre los Estados.

Un CDI, una vez que cumple con los requisitos legales de ratificación y publicación en el Boletín Oficial del Estado, forma parte del ordenamiento interno. La validez legal de sus disposiciones es similar, a todos los efectos, a los de una ley formal, es decir, aprobada unilateralmente por vía parlamentaria.

13.3.3. Residencia fiscal

Los contribuyentes que sean considerados residentes a efectos fiscales en España tributarán en el marco del IRPF o del Impuesto sobre Sociedades, y lo harán por la totalidad de las rentas que obtuvieran tanto en España como en el extranjero.

Por el contrario, un contribuyente considerado no residente a efectos fiscales en España deberá tributar exclusivamente por razón de las rentas que el legislador considere «obtenidas» en España en la modalidad del IRNR.

A este respecto, la residencia en territorio español se determinará de acuerdo con lo dispuesto en la normativa relativa a ambos impuestos, o en su caso por lo que disponga el CDI que resultare de aplicación.

13.3.4. Puntos de conexión de las rentas para su tributación en España: rentas sujetas

Las personas físicas y las entidades no residentes tendrán la consideración de contribuyentes a efectos del IRNR en la medida que obtengan rentas en territorio español, esto es, las que de acuerdo con la Ley tienen un «punto de conexión» que permite a la Administración fiscal española atraer hacia sí la competencia para gravar esas rentas.

En caso de que el contribuyente fuera residente de un país con el que España ha suscrito un CDI, habrá que atender a este para verificar la tributación de la renta, ya que puede resultar que la tributación pueda ser menor o incluso, si concurren determinadas circunstancias, puede que la renta no estuviera sometida a imposición en España.

De ahí la importancia de conocer cuáles son esos «puntos de conexión», y para ello es preciso categorizar las diferentes tipologías de rentas, puesto que los criterios serán diferentes entre unas y otras. A continuación se exponen los tipos de renta más significativos y los criterios por los que las rentas se entienden obtenidas en territorio español, y la tributación conforme a la normativa interna española y los CDI.

13.3.5. Rentas de actividades o explotaciones económicas realizadas mediante establecimiento permanente situado en territorio español

El «establecimiento permanente» (en adelante, EP) es un concepto de carácter fiscal, a los efectos de localizar y hacer efectiva la tributación de las rentas asignables a los citados EP, ya que estos no tienen personalidad jurídica distinta de la propia de su «casa central».

Por ejemplo, es el caso de las sucursales en España de las entidades no residentes, que no tienen personalidad jurídica propia diferente de la de su casa central en el extranjero, pero que tributan por el IRNR. La diferencia es que si la entidad extranjera decide constituir en España una compañía filial, por ejemplo una sociedad anónima participada al 100% por la entidad extranjera, en este caso la filial tendrá personalidad jurídica propia y tributará en España por el IS.

La presencia o no de un EP en la actividad económica desarrollada en España será el principal factor determinante de la sujeción de dichas rentas por el IRNR, de modo que la concurrencia de un EP determina que la «forma de sujeción» del contribuyente no residente sea distinta de las rentas obtenidas sin su mediación.

Una persona o entidad opera mediante EP en territorio español cuando por cualquier título disponga en este, de forma continuada o habitual, de instalaciones o lugares de trabajo de cualquier índole, en los que realice toda o parte de su actividad, o actúe en él por medio de un agente autorizado para contratar, en nombre y por cuenta del contribuyente, que ejerza con habitualidad dichos poderes.

En particular, se entenderá que constituyen EP las sedes de dirección, las sucursales, las oficinas, las fábricas, los talleres, los almacenes, tiendas u otros establecimientos, las minas, los pozos de petróleo o de gas, las canteras, las explotaciones agrícolas, forestales o pecuarias o cualquier otro lugar de exploración o de extracción de recursos naturales, y las obras de construcción, instalación o montaje cuya duración exceda de seis meses

En este sentido, la doctrina administrativa ha matizado muchos supuestos dudosos en cuanto a establecer la naturaleza de un EP. Así, por ejemplo, se han descartado como EP las oficinas de información y las oficinas de representación de entidades financieras extranjeras, cuyas funciones consistan únicamente en promocionar productos, o para captación de clientes, que los clientes contratarán directamente con la entidad extranjera.

En los CDI suscritos por España habrá que atender a la definición de EP del convenio, que normalmente será más restringida que la de la normativa interna.

El EP en España tributará por la totalidad de la renta imputable a dicho establecimiento, cualquiera que sea el lugar de su obtención. En este sentido, componen la renta imputable al EP los rendimientos de las actividades o explotaciones económicas desarrolladas por dicho EP, los derivados de elementos afectos al EP y las ganancias o pérdidas patrimoniales derivadas de los elementos afectos. A este respecto, se entiende como elementos afectos aquellos que se encuentran vinculados funcionalmente al desarrollo de la actividad que constituye su objeto, así como los transmitidos dentro de los tres períodos impositivos siguientes al de la desafectación.

EJEMPLO 13

Una entidad norteamericana sitúa en territorio español a un equipo de trabajadores canadienses para realizar un trabajo para un cliente irlandés.

Solución

Dependiendo de la actividad que se realice en España, puede ocurrir:

1. Que la entidad norteamericana tenga un EP en España y tenga que tributar por las rentas asignables al mismo.
2. Que no exista EP en España, pero tribute por el IRNR al obtener rentas sin mediación de EP.
3. Que, de acuerdo a la normativa interna española y al CDI entre España y Estados Unidos, la entidad norteamericana no tenga que tributar en España por el IRNR.

Los no residentes que operen mediante EP están obligados a designar un representante fiscal en España.

13.3.6. Rentas de actividades o explotaciones económicas realizadas sin mediación de establecimiento permanente

Conforme a la normativa interna, se entienden obtenidos en territorio español, y por tanto atraídos al impuesto español, los rendimientos de las actividades económicas realizadas por sujetos pasivos que no son residentes fiscales en España y que a su vez operan sin EP situado en territorio español, en los siguientes casos:

— Cuando las actividades económicas sean realizadas en territorio español.
— Cuando se trate de prestaciones de servicios utilizadas en territorio español, en particular las referidas a la realización de estudios, proyectos, asistencia técnica o apoyo a la gestión.
— Cuando deriven, directa o indirectamente, de la actuación personal en territorio español de artistas y deportistas, o de cualquier otra actividad relacionada con dicha actuación, aun cuando se perciban por persona o entidad distinta del artista o deportista.

Por lo que respecta al tratamiento que la mayoría de los Convenios dan a los rendimientos de las actividades o explotaciones económicas obtenidos por los no residentes sin EP, es el siguiente:

— *Beneficios empresariales y actividades profesionales.* Normalmente, los beneficios empresariales obtenidos sin EP solo pueden ser sometidos a imposición en el país de residencia del contribuyente, estando exentos en España en aplicación del Convenio.

— *Actividades artísticas y deportivas.* Como norma general, los rendimientos por actuaciones realizadas en territorio español se pueden gravar en España. No obstante, existen peculiaridades en los diversos convenios con respecto a este tipo de rentas.

13.3.7. Rendimientos del trabajo

Estarán sujetos al IRNR los rendimientos de trabajo obtenidos por no residentes en los siguientes casos:

— Con carácter general, cuando deriven, directa o indirectamente, de una actividad personal desarrollada en territorio español.
— Cuando se trate de retribuciones públicas satisfechas por la Administración española, salvo que el trabajo se preste íntegramente en el extranjero y tales rendimientos estén sujetos a un impuesto de naturaleza personal en el extranjero.

Por lo que se refiere al tratamiento otorgado en los Convenios, generalmente los rendimientos percibidos por un empleo ejercido en España se pueden gravar por el Estado español, excepto si se dan conjuntamente las siguientes tres circunstancias:

i) Que la persona no residente no permanezca en España más de 183 días durante el año fiscal considerado.
ii) Que las remuneraciones se paguen por un empleador no residente.
iii) Que estas remuneraciones no se soporten por un EP o una base fija que el empleador tenga en España.

13.3.8. Pensiones

Conforme a la normativa interna, las pensiones y demás prestaciones similares se entienden obtenidas en territorio español, y por tanto atraídas al impuesto español, en los siguientes casos:

— Cuando deriven de un empleo prestado en territorio español.
— Cuando se satisfagan por una persona o entidad residente en territorio español o por un EP situado en el mismo.

Si resultara aplicable algún CDI, se ha de tener en cuenta que las pensiones públicas y privadas tienen distinto tratamiento.

— En las pensiones públicas, en general, el derecho lo tiene el Estado de donde proceden las mismas, salvo en el caso de residentes y nacionales del otro Estado, en cuyo caso el derecho de imposición corresponderá a este.
— En las pensiones privadas, la mayor parte de los convenios establecen el derecho de imposición exclusivo a favor del Estado de residencia del contribuyente.

13.3.9. Retribuciones de los administradores

Las retribuciones realizadas a los administradores y miembros de consejos de administración, de las juntas que hagan sus veces o de órganos representativos de una entidad, se ha de entender que son obtenidas en territorio español cuando se satisfagan por una entidad residente en territorio español.

En general, en los Convenios se establece que todas las participaciones, dietas de asistencia y otras retribuciones similares que el contribuyente obtenga como consecuencia de ser miembro de un consejo de administración de una sociedad residente en España, pueden ser sometidas a tributación en España.

13.3.10. Rendimientos de capital mobiliario

Se entienden obtenidos en territorio español los siguientes rendimientos:

— Los dividendos y otros rendimientos derivados de la participación en los fondos propios de entidades residentes en España, con la particular excepción de determinados dividendos distribuidos por las entidades que tienen el régimen fiscal especial de tenencia de valores extranjeros.

Ejemplo:

Un no residente que obtiene dividendos de Telefónica tributa por el IRNR, pero si los obtiene de Deutsche Telekom la renta no está sujeta al IRNR.

— Los intereses y otros rendimientos obtenidos por la cesión a terceros de capitales propios satisfechos por personas o entidades residentes en territorio español, o por establecimientos permanentes situados en este, o que retribuyan prestaciones de capital utilizadas en territorio español.

Ejemplo:

Un no residente que percibe intereses por un préstamo concedido que paga un residente en España tributa en todo caso por el IRNR, aunque el préstamo se concierte en el extranjero. Por el contrario, si el prestatario es un no residente y el préstamo se realiza en España, únicamente tributarán los intereses en sede del prestamista bajo el IRNR si los fondos prestados los utiliza el prestatario en territorio español, por ejemplo para adquirir un inmueble aquí situado.

Ejemplo:

Los intereses pagados por emisores de valores de deuda españoles, u originados por cuentas o depósitos en bancos en España, están sujetos al IRNR cuando son obtenidos por no residentes.

— Los cánones o regalías satisfechos por personas o entidades residentes en territorio español o por establecimientos permanentes situados en este, o que se utilicen en territorio español.
— Otros rendimientos de capital mobiliario no mencionados en los puntos anteriores, satisfechos por personas físicas que realicen actividades económicas, en el ejercicio de sus actividades, o entidades residentes en territorio español o por establecimientos permanentes situados en este.

En los Convenios suscritos por España se sigue normalmente el régimen de tributación compartida para los dividendos e intereses, en cuyo caso España tendría derecho de imposición sobre estos rendimientos, pero con un límite de imposición señalado en el respectivo Convenio.

Por ejemplo, un residente fiscal en Francia que percibe dividendos e intereses de fuente española, que como se ha comentado están sujetos a tributación en el IRNR. El CDI establece la tributación final de esas rentas en Francia, pero bajo el principio de tributación compartida, lo cual permite al Estado español gravar los dividendos al tipo del 15% y los intereses al 10%. Posiblemente este impuesto pueda ser deducido de la tributación final que deba soportar el sujeto pasivo en Francia.

Los no residentes que operen en España sin mediación de EP que sean titulares de valores no negociados en mercados oficiales están obligados a designar un representante fiscal en España.

13.3.11. Rendimientos de capital inmobiliario

Se entienden obtenidos en territorio español aquellos rendimientos derivados, directa o indirectamente, de bienes inmuebles situados en territorio español o de derechos relativos a estos, incluso los debidos a la imputación de rentas por la mera tenencia de inmuebles.

Los Convenios suscritos por España atribuyen potestad para gravar las rentas de los bienes inmuebles al Estado donde radiquen los mismos. Por tanto, las rentas derivadas de bienes inmuebles situados en España pueden ser gravadas conforme a la Ley española.

Los no residentes que operen en España sin mediación de EP y sean titulares de bienes situados en territorio español o de derechos que se cumplan o ejerciten en el mismo, están obligados a designar un representante fiscal en España.

13.3.12. Ganancias patrimoniales

Se entiende que una ganancia patrimonial ha sido obtenida en territorio español en los siguientes casos:

- Cuando se derive de valores emitidos por personas o entidades residentes en territorio español.
- Cuando se derive de otros bienes muebles, distintos de los valores, situados en territorio español, o de derechos que deban cumplirse o se ejerciten en territorio español.
- Cuando proceda, directa o indirectamente, de bienes inmuebles situados en territorio español o de derechos relativos a estos, incluyendo por tanto las participaciones en una entidad cuyo activo directa o indirectamente esté constituido por bienes inmuebles, o que atribuyeran a su titular el derecho de disfrute sobre bienes inmuebles.
- Cuando se incorporen al patrimonio del contribuyente bienes situados en territorio español o derechos que deban cumplirse o se ejerciten en dicho territorio, aun cuando no deriven de una transmisión previa, como las ganancias en el juego.

Por lo que se refiere a su tratamiento en los Convenios, en caso de que la ganancia proceda de la venta de un inmueble, esta, al estar situado el inmueble en territorio español, podrá ser sometida a imposición en España. Por otra parte, en caso de otras ganancias la potestad tributaria normalmente corresponderá exclusivamente al Estado de residencia, quedando exentas en España. No obstante, existen excepciones en muchos Convenios cuando dichas ganancias derivan de acciones o participaciones en entidades con sustrato inmobiliario, que permiten el gravamen en el Estado de situación de los inmuebles, así como por la transmisión de participaciones significativas.

Ejemplo:

Un no residente en España y residente en Perú obtiene una ganancia patrimonial sujeta al IRNR. La circunstancia de la sujeción determina que tenga que tributar en España. En cambio, si fuese un residente en Brasil no tributaría en España porque el CDI desplaza, como regla general sujeta a excepciones, la tributación en su totalidad a Brasil, impidiendo aplicar impuestos a España.

13.3.13. Exenciones

Como sucede en otros impuestos, determinadas rentas sujetas a gravamen son declaradas exentas del IRNR, evitando ser sometidas a tributación.

A continuación se enumeran los casos de exención más interesantes, reseñando los que afectan a las rentas financieras, ya que muchas de ellas, pese a estar sujetas al IRNR, quedan bajo el paraguas de alguna exención que hace que no tributen en España.

a) Determinados intereses y rendimientos de la cesión de capitales

— Los intereses y demás rendimientos obtenidos por la cesión a terceros de capitales propios, obtenidos sin EP por residentes en otro Estado miembro de la Unión Europea, excepto si se obtienen a través de un territorio calificado como paraíso fiscal.

Esta exención es muy amplia, ya que exonera de tributar por el IRNR los intereses derivados de préstamos, bonos, obligaciones, pagarés y resto de instrumentos de deuda, satisfechos por residentes en España y obtenidos por no residentes pero que son residentes en la Unión Europea. La medida favorece la importación de capitales procedentes de la Unión Europea, y otorga un trato de favor a las rentas pagadas de esta forma.

— Los rendimientos derivados de la Deuda Pública, obtenidos sin EP en España.

Esta exención exonera de tributación a los no residentes, cualquiera que sea su origen, que inviertan en deuda pública española, y representa una medida cuyo objetivo es atraer a los inversores extranjeros. Llama la atención que no exista una norma similar cuando se trata de emisiones de deuda privada.

— Las rentas derivadas de valores emitidos en España por no residentes, salvo cuando el titular de los valores sea un EP en territorio español.

— Los rendimientos de las cuentas de no residentes, que se satisfagan a contribuyentes por este impuesto, salvo que el pago se realice a un EP situado en territorio español.

Esta exención permite a los no residentes abrir cuentas en entidades bancarias en territorio español sin tributar por el IRNR.

— Las rentas derivadas de las emisiones de instrumentos de deuda realizadas por entidades de crédito o por una sociedad anónima residente en España o en un territorio de la Unión Europea, que no tuviera la condición de paraíso fiscal, y cuyos derechos de voto correspondan en su totalidad, directa o indirectamente, a una entidad de crédito española, cuya actividad u objeto exclusivos sea la emisión de participaciones preferentes u otros instrumentos financieros, siempre que dichos instrumentos financieros coticen en mercados organizados.

Esta exención favorece a las entidades de crédito españolas en la realización de emisiones de deuda para captar fondos en los mercados internacionales, al exonerarse de tributación en el IRNR a los inversores no residentes que adquieran estos valores.

b) Determinadas ganancias patrimoniales derivadas de valores y otros bienes muebles

— Las ganancias patrimoniales derivadas de bienes muebles, obtenidas sin mediación de establecimiento permanente, por residentes en otro Estado miembro de la Unión Europea o por establecimientos permanentes de dichos residentes situados en otro Estado miembro de la Unión Europea, excepto las que se obtengan a través de un territorio calificado como paraíso fiscal.

Es una importante exención que evita la tributación en el IRNR de las «plusvalías» sobre acciones y participaciones sociales españolas que obtengan los no residentes en España procedentes de la Unión Europea.

No obstante, esta exención no será de aplicación a las ganancias patrimoniales derivadas de la transmisión de acciones, participaciones u otros derechos en una entidad, en alguno de los siguientes casos:

- Cuando el activo de dicha entidad consista principalmente, directa o indirectamente, en bienes inmuebles situados en territorio español.
- Cuando, en algún momento durante un período de 12 meses precedente a la transmisión, el contribuyente haya participado, directa o indirectamente, en al menos el 25% del capital o patrimonio de dicha entidad.

— Las rentas derivadas de las transmisiones de valores o del reembolso de participaciones en fondos de inversión realizadas en mercados secundarios oficiales de valores españoles, obtenidas por personas físicas o entidades no residentes sin EP en territorio español, que sean residentes en un Estado que tenga suscrito con España un Convenio con cláusula de intercambio de información, y no se hayan obtenido a través de paraísos fiscales.

c) Determinados dividendos o participaciones en beneficios

— Los beneficios distribuidos por las sociedades filiales residentes en territorio español a sus sociedades matrices residentes en otros Estados miembros de la Unión Europea, cuando concurran los requisitos establecidos en la Directiva 90/453/CEE, relativa al régimen fiscal común aplicable a las sociedades matrices y filiales de Estados miembros diferentes (Directiva Matriz-filial). Esta exención, que permite la repatriación de los beneficios obtenidos por empresas españolas a través de dividendos obtenidos por sus socios europeos, sin tributación por el IRNR, requiere una participación directa o indirecta de al menos el 5%.

Esta exención se aplicará igualmente a los beneficios distribuidos a sociedades matrices residentes en los Estados integrantes del Espacio Económico Europeo, siempre que estos hayan suscrito un convenio con España para evitar la doble imposición internacional, con cláusula de intercambio de información o un acuerdo de intercambio de información en materia tributaria.

- Los dividendos y participaciones en beneficios obtenidos sin EP por fondos de pensiones equivalentes a los españoles (regulados en el texto refundido de la Ley de Planes y Fondos de Pensiones aprobado por Real Decreto Legislativo 1/2002), que sean residentes en otro Estado miembro de la Unión Europea o en Estados integrantes del Espacio Económico Europeo que hayan suscrito con España un convenio para evitar la doble imposición internacional, con cláusula de intercambio de información o un acuerdo de intercambio de información en materia tributaria.
- Los dividendos y participaciones en beneficios obtenidos sin mediación de establecimiento permanente por las instituciones de inversión colectiva reguladas por la Directiva 2009/65/CE del Parlamento Europeo y del Consejo, de 13 de julio de 2009; no obstante, en ningún caso la aplicación de esta exención podrá dar lugar a una tributación inferior a la que hubiera resultado de haberse aplicado a dichas rentas el mismo tipo de gravamen por el que tributan en el Impuesto sobre Sociedades las instituciones de inversión colectiva residentes en territorio español (que generalmente es al tipo del 1%).

  Esta exención se aplicará igualmente a las instituciones de inversión colectiva residentes en los Estados integrantes del Espacio Económico Europeo, siempre que estos hayan suscrito un convenio con España para evitar la doble imposición internacional con cláusula de intercambio de información o un acuerdo de intercambio de información en materia tributaria.

  Esta exención, al igual que la señalada en el punto anterior, tiene por finalidad otorgar el mismo trato tributario a fondos de pensiones o instituciones de inversión colectiva europeas respecto a las españolas, evitando una discriminación inaceptable bajo los principios de Derecho comunitario.

13.3.14. Base imponible

El cálculo de la base imponible del impuesto diferirá en función de si la renta se obtiene por mediación de un establecimiento permanente o, por el contrario, directamente por la entidad no residente.

13.3.14.1. *Determinación de la base imponible con establecimiento permanente*

La base imponible que corresponde a un EP en España se determina según las normas generales del Impuesto sobre Sociedades. Por consiguiente, la tributación de los EP en España es esencialmente la misma que la que tienen las sociedades o entidades con personalidad jurídica propia.

No obstante, los EP tienen algunas especialidades al tributar por el IRNR en vez del IS, entre las que interesa destacar la que establece la no deducibilidad de los pagos que el EP efectúe a la casa central, o a alguno de sus establecimientos permanentes, en concepto de cánones, intereses, comisiones, abonados en contraprestación de servicios de asistencia técnica, o por el uso o la cesión de bienes o derechos.

13.3.14.2. *Determinación de la base imponible sin establecimiento permanente*

— Con carácter general, la base imponible correspondiente a los rendimientos que los contribuyentes por este impuesto obtengan sin mediación de establecimiento permanente estará constituida por su importe íntegro.

— En los casos de prestaciones de servicios, asistencia técnica, obras de instalación y montaje derivados de contratos de ingeniería y, en general, de actividades o explotaciones económicas realizadas en España sin EP, la base imponible será la diferencia entre los ingresos íntegros y los gastos del personal y de aprovisionamiento de materiales incorporados a las obras o trabajos y de suministros.

— Por lo que respecta a las ganancias patrimoniales, estas deberán tributar de forma separada por cada devengo total o parcial de la renta. La tributación debe ser operación por operación.

  Con carácter general, la ganancia patrimonial se determinará, de acuerdo con lo establecido en la LIRPF, por la diferencia entre los valores de transmisión y de adquisición.

  Específicamente se señala que la persona que adquiera un inmueble en España a un no residente habrá de retener el 3% de la contraprestación acordada, para que de este modo se controle este tipo de transacciones.

— A pesar de todo lo anterior, cuando se trate de contribuyentes residentes en otro Estado miembro de la Unión Europea, para la determinación de dicha base se podrán deducir los gastos previstos en la LIRPF o la LIS, según se trate de personas físicas o de entidades, siempre que se acreditara que están relacionados directamente con los rendimientos obtenidos en

España y que tienen vínculo económico directo e indisociable con la actividad realizada en España.

13.3.15. Tipo de gravamen

Al igual que sucede con la base imponible, se ha de diferenciar entre actuar con o sin EP.

13.3.15.1. *Tipo de gravamen con establecimiento permanente*

El tipo de gravamen es del 25%, excepto cuando la actividad del EP fuese la de investigación y explotación de hidrocarburos, en cuyo caso será del 30%.

Adicionalmente, cuando las rentas obtenidas por EP de entidades no residentes se transfieran al extranjero será exigible una imposición complementaria, al tipo de gravamen del 19%, sobre las cuantías transferidas con cargo a las rentas del EP. No obstante, la imposición complementaria no será aplicable:

— A las rentas obtenidas en territorio español a través de establecimientos permanentes pertenecientes a entidades que tengan su residencia fiscal en otro Estado miembro de la Unión Europea, salvo que se trate de un país o territorio considerado como paraíso fiscal.
— A las rentas obtenidas en territorio español a través de establecimientos permanentes por entidades que tengan su residencia fiscal en un Estado que haya suscrito con España un convenio para evitar la doble imposición, en el que no se establezca expresamente otra cosa, siempre que exista un tratamiento recíproco.

13.3.15.2. *Tipo de gravamen sin establecimiento permanente*

Con carácter general, el tipo aplicable es el 24%. Sin embargo, para residentes en otros Estados miembros de la UE, Islandia o Noruega, el tipo es el 19%.

Pero existen tipos particulares en los siguientes casos:

— Los dividendos e intereses, así como las ganancias patrimoniales derivadas de transmisiones de elementos patrimoniales (inmuebles, valores...), tributan en todo caso al 19%.
— Las pensiones y demás prestaciones similares percibidas por personas físicas no residentes en territorio español, cualquiera que sea la persona que haya generado el derecho a su percepción, serán gravadas de acuerdo con la siguiente escala:

Importe anual pensión hasta (euros)	Cuota (euros)	Resto pensión hasta (euros)	Tipo aplicable (porcentaje)
0	0	12.000	8
12.000	960	6.700	30
18.700	2.970	En adelante	40

— Cuando se trate de rendimientos derivados de operaciones de reaseguro, el tipo es el 1,5%.

13.3.16. Deducciones

En el caso de que se actúe mediante EP en España se podrán aplicar las deducciones contempladas en el régimen general del Impuesto sobre Sociedades.

En cuanto a operar sin EP, la LIRNR no contempla la aplicación de deducciones sobre la cuota (excepto determinadas deducciones por donativos), si bien resultan deducibles las retenciones y pagos a cuenta practicados al contribuyente no residente en relación con la renta cuyo impuesto es objeto de liquidación.

13.3.17. Régimen de retenciones e ingresos a cuenta

Quedan sujetas a la obligación de retener todas las rentas sometidas al IRNR, ya se trate de rendimientos o de ganancias patrimoniales. En el caso de rentas satisfechas en especie, procederá, en lugar de la retención, la realización de un ingreso a cuenta.

El importe de la retención debe ser una cantidad equivalente a la deuda tributaria que se derive del impuesto, lo que en la práctica determina que en la mayor parte de los casos el IRNR sea recaudado por la vía de las retenciones practicadas por quienes pagan las rentas en España, hasta el punto de que los contribuyentes no estarán obligados a presentar la declaración correspondiente a las rentas respecto de las que se hubiese practicado la retención del impuesto.

Lo anterior es una obligación tributaria capital en nuestro sistema fiscal, ya que obliga a retener o ingresar a cuenta a particulares y empresas españolas cuando pagan rentas a no residentes que están gravadas en España por el IRNR.

No obstante, quedan exceptuadas de la obligación de retener las siguientes rentas obtenidas por no residentes:

— Las rentas que estén exentas del IRNR, bien por aplicación de la legislación doméstica o por aplicación de un CDI. Es el caso por ejemplo de las

cuentas de no residentes, o los intereses o ganancias patrimoniales obtenidas por residentes en la Unión Europea. No obstante la exención, estas rentas deberán ser objeto de declaración por parte del retenedor.
— Las rentas satisfechas o abonadas a contribuyentes por este Impuesto sin EP, cuando se acredite el pago del impuesto o la procedencia de exención.
— Otras rentas que se determinen reglamentariamente, entre las que destacan las ganancias patrimoniales, con ciertas excepciones (premios, las derivadas de la transmisión de bienes inmuebles situados en territorio español, o de acciones o participaciones representativas del capital o patrimonio de instituciones de inversión colectiva).

La obligación de retener e ingresar a cuenta nace en el momento del devengo del impuesto. En consecuencia, la obligación de retener nacerá, por regla general, en el caso de rendimientos, cuando sean exigibles o se satisfagan, lo que ocurra antes, y, en el caso de ganancias patrimoniales, cuando tenga lugar la alteración patrimonial.

A estos efectos, cuando no se practique retención por aplicación de las exenciones de la normativa interna española o de un CDI, por razón de la residencia fiscal del contribuyente, tal condición se justificará con un certificado de residencia.

13.3.18. Declaración y liquidación del impuesto

13.3.18.1. *Declaración y liquidación con establecimiento permanente*

Los EP en España están obligados a efectuar pagos fraccionados a cuenta del impuesto y declaraciones del mismo en los mismos términos que las entidades sujetas al Impuesto sobre Sociedades.

13.3.18.2. *Declaración y liquidación sin establecimiento permanente*

El contribuyente estará obligado a presentar el modelo 210 para declarar cada renta obtenida, individualmente considerada. No obstante, es posible la agrupación de rentas obtenidas por el mismo contribuyente de manera trimestral (si se trata de autoliquidaciones a ingresar) o anual (con resultado a devolver o cuota cero), en la medida que correspondan al mismo tipo de renta, procedan del mismo pagador, sea aplicable el mismo tipo de gravamen y procedan del mismo bien o derecho, salvo en los casos de rentas imputadas de inmuebles y de rentas derivadas de transmisiones de inmuebles.

Por lo que respecta al plazo de presentación, varía según los tipos de renta:

— Rentas derivadas de transmisiones de inmuebles: tres meses una vez transcurrido el plazo de un mes desde la fecha de la transmisión del inmueble.
— Resto de rentas:

- Autoliquidaciones con resultado a ingresar: veinte primeros días naturales de los meses de abril, julio, octubre y enero.
- Autoliquidaciones de cuota cero: el plazo de presentación será del 1 al 20 de enero del año siguiente al de devengo de las rentas declaradas.
- Autoliquidaciones con resultado a devolver: podrán presentarse a partir del 1 de febrero del año siguiente al de devengo de las rentas declaradas, y dentro del plazo de cuatro años contados desde el término del período de declaración e ingreso de la retención.

REFERENCIAS BIBLIOGRÁFICAS

Calvo Vérgez, J. *Impuesto sobre la Renta de no residentes.* Tirant lo Blanc.
CISS Fiscal. Editorial Wolters Kluwer.
Memento Fiscal. Ediciones Lefebvre.
Pérez Lara, M. *Impuesto sobre la Renta de las Personas Físicas, Impuesto sobre Patrimonio e Impuesto sobre la Renta de no residentes.* Tirant lo Blanc.
VV. AA. *Sistema tributario español.* Dykinson.

Páginas web recomendadas

Agencia Tributaria:

https://www.agenciatributaria.es/static_files/AEAT/Contenidos_Comunes/La_Agencia_Tributaria/Informacion_institucional/Campanias/Patrimonio/2018/Ayuda/Manual-Patrimonio_2018_V1_es_es.pdf.
https://www.agenciatributaria.es/static_files/AEAT/Contenidos_Comunes/La_Agencia_Tributaria/Segmentos_Usuarios/Empresas_y_profesionales/Empresario_individuales_y_profesionales/Folletos/ficheros/IRNR_enero2011_es_es.pdf.
https://www.agenciatributaria.es/AEAT.internet/Inicio/La_Agencia_Tributaria/Normativa/Normativa_tributaria_y_aduanera/Impuestos/Impuesto_sobre_la_renta_de_no_residentes/Normativa_basica_del_Impuesto_sobre_la_Renta_de_No_Residentes/Normativa_basica_del_Impuesto_sobre_la_Renta_de_No_Residentes.shtml.

BOE:

https://www.boe.es/legislacion/codigos/codigo.php?id=049_Codigo_de_Legislacion_Tributaria&modo=1.

Guía Fiscal 2019. CEF:

https://www.fiscal-impuestos.com/guia-fiscal-capitulo-5-impuesto-sucesiones-donaciones.
https://www.fiscal-impuestos.com/guia-fiscal-capitulo-7-impuesto-patrimonio.
https://www.fiscal-impuestos.com/guia-fiscal-capitulo-9-fiscalidad-internacional-impuesto-renta-no-residentes.

14 El Impuesto sobre Sociedades

Juan Manuel Moral Calvo

Resumen del capítulo

Estudio del Impuesto sobre Sociedades bajo la normativa actualmente vigente, centrado en los conceptos que interesan a un inversor persona jurídica para conocer el tratamiento fiscal de sus inversiones.

Objetivos de aprendizaje

Después de estudiar el capítulo, el lector ha de ser capaz de conocer y entender los siguientes conceptos:

1. Características y ámbito de aplicación del impuesto.
2. Los conceptos esenciales de sujeto pasivo, residencia y domicilio fiscal.
3. La estructura del impuesto y su conexión con el resultado contable.
4. La mecánica de los ajustes a la base imponible.
5. La problemática de la imputación temporal de las rentas.
6. El tratamiento de los instrumentos financieros, los gastos financieros y las operaciones financieras entre partes vinculadas.
7. El tratamiento de la doble imposición.
8. Tipos de gravamen.
9. El concepto de la retención a cuenta.
10. La mecánica de liquidación.
11. Particularidades del régimen especial de consolidación fiscal.
12. Los regímenes especiales de mayor interés en el ámbito financiero: transparencia fiscal internacional, IIC, fondos de pensiones, entidades de capital riesgo y SOCIMI.

14.1. CARACTERÍSTICAS

El Impuesto sobre Sociedades (en lo sucesivo IS) es un tributo de carácter directo (es de aplicación sobre la capacidad económica) y de naturaleza personal, que grava la renta obtenida por las sociedades y demás entidades jurídicas.

En términos generales, el IS grava la obtención de renta / beneficios por parte de las entidades, independientemente, en principio, de que dichas rentas o beneficios sean distribuidos o no.

14.2. NORMATIVA APLICABLE

La normativa principal, de aplicación en todo el territorio español, es la Ley 27/2014, de 27 de noviembre, del Impuesto sobre Sociedades (en adelante LIS), varias veces modificada desde su promulgación. La ley es desarrollada por el Real Decreto 634/2015, de 10 de julio, por el que se aprueba el Reglamento del Impuesto sobre Sociedades (en adelante RIS).

Adicionalmente, los Territorios Históricos de la Comunidad Autónoma del País Vasco y la Comunidad Foral de Navarra, mediante el Concierto y el Convenio económico respectivamente, delimitan los puntos de conexión de la normativa estatal con la normativa foral, estableciéndose normativa propia para cada una de las provincias de Guipúzcoa, Vizcaya, Vitoria y Navarra. Las cuatro tienen, por tanto, competencia plena tanto para promulgar sus propias leyes del impuesto como en las áreas de gestión, inspección y recaudación. Por el contrario, las comunidades autónomas de régimen común carecen de cualquier potestad con relación al IS, que, a diferencia del IRPF, queda por tanto regulado en su totalidad por la normativa estatal.

En la LIS se contiene la mayor parte de la regulación que afecta al IS, aunque han de mencionarse cuatro normas tributarias que recogen regulación específica del impuesto en ámbitos muy concretos:

- Ley 20/1990 de 19 de diciembre sobre régimen fiscal de cooperativas.
- Ley 20/1991 de 6 de junio y Ley 19/1994 de 6 de junio de régimen económico fiscal de Canarias.
- Ley 49/2002, de 23 de diciembre, de régimen fiscal de las entidades sin fines lucrativos y de los incentivos fiscales al mecenazgo.
- Ley 11/2009, de 26 de octubre, por la que se regulan las Sociedades Anónimas Cotizadas de Inversión en el Mercado Inmobiliario (SOCIMI).

Sin olvidar la incidencia de los tratados y convenios internacionales que vinculan a España, puesto que en el IS, al igual que en el resto de los impuestos, son normas que prevalecen en caso de conflicto con la normativa interna.

En la estructura del IS no existe una armonización en la Unión Europea (contadas excepciones suponen la Directiva 2009/133 de Fusiones y la 2011/96 «Matriz-Filial», que son importantes pero que limitan su alcance a ámbitos muy concretos del impuesto de trascendencia internacional), y cada Estado mantiene su competencia plena para fijar el modelo de impuesto, la forma de determinar la base imponible, los tipos de gravamen o las deducciones. De este modo, coexisten modelos diferentes, y en algunos casos competitivos entre sí, que tanto la Comisión Europea como el Tribunal de Justicia de la Unión Europea analizan en sus decisiones y sentencias para evitar que atenten contra los principios comunitarios, siendo frecuente la declaración de normas internas incompatibles con los principios de libertad de movimiento de personas, capitales y de libre prestación de servicios, que deben ser por tanto derogadas, e incluso restituidos sus efectos económicos.

Finalmente, debe apuntarse que la Comisión Europea inició en 2001 un ambicioso proyecto de armonización fiscal del IS, cuyo último coletazo han sido dos propuestas de directivas del mes de octubre de 2016, conocidas como CCTB-CCCTB *(Common Corporate Tax Base - Common Consolidated Corporate Tax Base),* y que persiguen que los grupos mercantiles puedan establecer la base imponible del impuesto de forma homogénea en todos los estados de la Unión Europea, incluso a nivel consolidado, manteniéndose la capacidad de determinar los tipos en los diferentes Estados, articulando unas técnicas de reparto de la cuota recaudatoria. Actualmente se encuentran en negociación.

14.3. SUJETO PASIVO: REGLAS DE RESIDENCIA Y DOMICILIO FISCAL

14.3.1. Condición de sujeto pasivo del IS

Son sujetos pasivos, entendiéndose como tales aquellas personas jurídicas obligadas al cumplimiento de las obligaciones tributarias, y siempre que tengan su residencia en territorio español, los siguientes:

1. Las personas jurídicas, con la excepción de las sociedades civiles que no tengan objeto mercantil, las cuales, a pesar de poder tener personalidad jurídica propia, tributan bajo el régimen de atribución de rentas.

   Las sociedades mercantiles, en consecuencia, comienzan a tributar por el IS una vez adquieren personalidad jurídica, y dejan de hacerlo cuando la pierden.

   No son contribuyentes del IS «las entidades en régimen de atribución de rentas» previstas en el art. 35.4 de la Ley General Tributaria, que son, entre otras, las comunidades de bienes, herencias yacentes, etc. Tampoco las sociedades civiles, con la excepción de las que tengan personalidad jurídica y objeto mercantil.
2. Determinadas entidades que, pese a carecer de personalidad jurídica, son contribuyentes del IS, por estar específicamente tipificadas como tales en el art. 7.1 LIS. Se trata de las sociedades agrarias de transformación, los fondos de inversión, las UTE, los fondos de capital-riesgo, los fondos de pensiones, los fondos de regulación del mercado hipotecario, los fondos de titulización hipotecaria, los fondos de titulización de activos, los fondos de garantía de inversiones, fondos de activos bancarios y las comunidades titulares de montes vecinales en mano común. Algunas de estas entidades se rigen por normas especiales y otras por las normas generales del impuesto, que en ocasiones les reservan algún régimen especial.
3. Por otro lado, en los grupos de régimen especial de consolidación fiscal la condición de sujeto pasivo recae en el grupo.

14.3.2. Residencia y domicilio fiscal

Para ser contribuyente del IS se exige tener la **residencia fiscal** en territorio español, y se consideran residentes en territorio español las entidades en las que concurra alguno de los siguientes requisitos:

- Que se hubieran constituido conforme a las leyes españolas.
- Que tengan su domicilio social en territorio español.
- Que tengan su sede de dirección efectiva en territorio español (entendida como la dirección y control del conjunto de sus actividades).

Es interesante apreciar que el tercer requisito es una potente norma antiabuso (común en la legislación internacional, por ejemplo en los Convenios bilaterales para evitar la doble imposición), para poder atraer fiscalmente a España sociedades artificialmente deslocalizadas en el extranjero. Qué debe entenderse por «dirección efectiva» es una cuestión subjetiva y abierta a la casuística de cada oportunidad. De ese modo, una sociedad constituida en el extranjero y con domicilio fuera de España podría tributar en España como si fuese residente fiscal, si la Inspección tributaria probase que su «sede de dirección efectiva» está radicada en territorio español (siempre a salvo de lo que pudiera establecer un convenio de doble imposición que resultase aplicable).

Además, la Administración tributaria puede presumir que una entidad radicada en algún país o territorio de nula tributación, o considerado como paraíso fiscal, tiene su residencia en territorio español cuando:

— Sus activos principales, directa o indirectamente, consistan en bienes situados o derechos que se cumplan o ejerciten en territorio español.
— Su actividad principal se desarrolle en este.

Todo ello con la salvedad de que dicha entidad acredite que su dirección y efectiva gestión tienen lugar en aquel país o territorio, así como que la constitución y operativa de la entidad responde a motivos económicos válidos y razones empresariales sustantivas y distintas de la gestión de valores u otros activos.

La residencia fiscal en España de una sociedad o entidad conceptuada como sujeto pasivo del IS determina el sometimiento al mismo, por la totalidad de su «renta mundial», lo que significa someter al impuesto las rentas, cualquiera que sea el lugar donde sean obtenidas, incluso las generadas en el extranjero desde establecimientos permanentes (no así cuando una entidad residente en España opera en el extranjero mediante filiales o entidades con personalidad jurídica propia, cuyas rentas no tributan en España mientras no sean distribuidas, como regla general, salvo que se apliquen normas de transparencia fiscal internacional). Socios o accionistas de la sociedad pueden ser tanto personas o entidades residentes como no residentes.

Esto debe diferenciarse del concepto de «establecimiento permanente en España» (EP) existente a efectos fiscales, el cual es una ficción tributaria para someter al IRNR las rentas obtenidas precisamente por entidades no residentes que operan en España, a las que se establece un punto de conexión para ser gravadas en España, en lo que se denomina «atribución de beneficios al EP».

Establecimientos permanentes son las sucursales de entidades extranjeras, reconocidas por nuestro Derecho Mercantil, y más allá cualquier «lugar fijo de negocios». El concepto, así como los puntos de conexión que determinan las rentas gravadas en España, lo definen los convenios de doble imposición en los casos en que existan, y en el ámbito interno la Ley del IRNR. Este tema ha sido contemplado en el capítulo anterior dedicado al IRNR.

Tras el repaso al concepto de residencia fiscal, cuestión diferente es la relativa al **domicilio fiscal.** El domicilio fiscal constituye el punto geográfico de conexión con la Administración tributaria, desde el punto de vista de la competencia territorial, y puede determinar la aplicación o no de alguno de los regímenes fiscales especiales por razón del territorio existentes en la actualidad (por ejemplo, el sometimiento a normativa foral). No debe confundirse con el domicilio social: ambos pueden y suelen ser coincidentes, pero no necesariamente.

El domicilio fiscal de los contribuyentes del IS residentes en España coincide con su domicilio social, siempre que en este se ejerza la dirección efectiva de la empresa (es decir, la gestión administrativa y la dirección de los negocios). Si dicha dirección efectiva se ejerce en lugar distinto del que constituye el domicilio social, prima el criterio de dirección efectiva para la localización del domicilio fiscal. En defecto de poder determinarse el domicilio fiscal según los criterios anteriores, el mismo estará situado donde radique el mayor valor del inmovilizado de la entidad.

Las sociedades mercantiles pueden, libremente, modificar la sede de su domicilio fiscal, simplemente modificando sus estatutos sociales, y eligiendo un lugar que respete lo dispuesto en el art. 9 de la Ley de Sociedades de Capital.

14.4. PERÍODO IMPOSITIVO Y DEVENGO

El IS es un tributo de carácter periódico, que exige la determinación de períodos impositivos para ser liquidado. A estos efectos se ha establecido que el período impositivo coincida con el ejercicio económico de la entidad (en sociedades mercantiles, con el ejercicio social establecido en los estatutos), y por ello la modificación del segundo supone paralelamente la modificación del primero. Como máximo la duración del período impositivo será de doce meses (en muchos casos coincide con el año natural, pero no tiene necesariamente que coincidir).

El período impositivo excepcionalmente concluye:

- Cuando la entidad se extinga, por disolución con liquidación o sin ella, como son los casos de fusión o escisión (cancelación en el Registro Mercantil, etc.).
- Cuando la entidad residente en España cambie su residencia al extranjero. En estos casos de «emigración» societaria al extranjero de una sociedad que no se extingue, se obliga a tributar en España por las plusvalías y minusvalías latentes de los elementos patrimoniales de la entidad (diferencia entre el valor en la fecha del traslado y el de adquisición), salvo que los mismos queden afectos a un establecimiento permanente en España (que por tanto sigue gravado aquí).
- Transformación de la forma jurídica de la entidad, y ello determine la no sujeción al IS de la entidad resultante. La transformación de SA en SL no implica la disolución de la sociedad ni la extinción de su personalidad jurídica, por lo que no supone la finalización del período impositivo.
- Cuando se produzca la transformación de la forma societaria de la entidad, o la modificación de su estatuto o régimen jurídico y por ello se determine la modificación de su tipo de gravamen o su régimen tributario.

Sería por ejemplo el caso de una SICAV que perdiese sus beneficios fiscales y pasase de tributar al 1% a hacerlo al tipo general del 25%. En el momento en que se produzca esta circunstancia se concluye un período impositivo, que tributa al 1%, y se inicia el siguiente, que tributaría al 25% (ambos serían inferiores a 12 meses).

En estos casos particulares, en la transmisión posterior de los elementos patrimoniales existentes en el momento de la transformación se tributará proporcionalmente bajo cada tipo, según el período transcurrido.

Ejemplo 1

Un activo se adquiere el 1/1/20XX en una SICAV que tributa al 1%, pero desde 1/1/20X + 1 la entidad tributa al 25%. Si se vende el activo el 31/12/20X + 2, ¿a qué tipo tributa la renta derivada de esta transmisión?

Solución

La renta tributará por 1/3 de su importe al tipo del 1%, y por los 2/3 restantes al tipo del 25%.

El IS se devenga el último día del período impositivo.

14.5. DETERMINACIÓN DE LA BASE IMPONIBLE. CONEXIÓN CON EL ORDENAMIENTO CONTABLE

14.5.1. Determinación de la base imponible

La base imponible del IS está compuesta por el importe de la «renta» obtenida en el período, generalmente determinada por el resultado contable, minorada por la compensación de bases imponibles negativas de ejercicios anteriores (en adelante «*BIN*») que, en su caso, estuvieran pendientes de compensar en el momento del devengo del Impuesto.

A diferencia del IRPF, donde, como estudiamos en el tema correspondiente, existen dos bases bien diferenciadas, la general y la del ahorro, en el IS la base imponible es única, y en su seno integra y compensa rentas de cualquier tipología, esto es, ingresos computables y gastos deducibles. Por tanto, no hay ningún problema en el IS para minorar ingresos de actividades económicas con pérdidas procedentes de inversiones financieras, y viceversa.

En términos generales, se establecen dos métodos para la obtención de la base imponible, el método de estimación directa y el método de estimación objetiva, que únicamente opera en el régimen especial de empresas navieras.

En el método de estimación directa, la base imponible del IS se obtiene corrigiendo, mediante los ajustes establecidos en la LIS, el resultado contable determinado de acuerdo con las normas previstas en el Código de Comercio y en las demás leyes relativas a dicha determinación.

Por basarse la base imponible del IS en el resultado dimanante del ámbito contable, la LIS obliga a los contribuyentes de este impuesto a llevar su contabilidad de acuerdo con lo previsto en el Código de Comercio o en las normas por las que se rigen, y por tanto a desarrollar los libros contables obligatorios según el Código de Comercio: Libro de Inventarios, Cuentas Anuales y Libro Diario.

Igualmente, ha de recordarse la obligación de legalizar los libros por el Registro Mercantil del domicilio social correspondiente, y de conservarlos, como regla general, durante un plazo de seis años a partir del último asiento (desde el punto de vista fiscal, la normativa mercantil difiere de aquella, en la medida en que el plazo general de prescripción es de cuatro años).

Ante estas obligaciones de los sujetos pasivos, la Administración tributaria tiene facultades para la comprobación e investigación mediante el examen de la contabilidad y demás documentos, escritos o informatizados, que obren en su poder.

14.5.2. La mecánica de los ajustes extracontables en base imponible

Partiendo del resultado contable de una entidad, una vez realizados los correspondientes ajustes extracontables se obtendrá la base imponible. Reitérese la importancia de la normativa contable a la hora de calcular la base imponible del IS.

Las principales causas de las correcciones al resultado contable efectuadas por la LIS son las siguientes:

- Distinta imputación temporal de ingresos y gastos, especialmente en el caso de las amortizaciones, depreciaciones, pérdidas por deterioro de los elementos patrimoniales, operaciones intragrupo y provisiones, puesto que la norma fiscal es más restrictiva en cuanto al concepto de gasto que la norma contable (artículos 11, 12, 13 y 14 LIS).
- Valoraciones fiscales según valor de mercado en operaciones vinculadas y en algunas operaciones societarias y transmisiones de elementos de activo (artículos 17 y 18 LIS).
- Gastos contables que, por su naturaleza, no se consideran fiscalmente deducibles. Entre ellos destacan los gastos financieros (artículos 15 y 16 LIS).

— Exenciones por doble imposición aplicables a dividendos y rentas derivadas de la transmisión de acciones o participaciones sociales, u obtenidas de establecimientos permanentes en el extranjero (artículos 21 y 22 LIS).
— Reducciones en base imponible: régimen de Patent Box (art. 23 LIS), obra benéfico-social de cajas de ahorro y fundaciones bancarias (art. 24 LIS) y reserva de capitalización (art. 25 LIS).

Las correcciones al resultado contable obligadas por la LIS se reflejarán por medio de ajustes extracontables al resultado contable, para obtener la base imponible, los cuales pueden ser:

— Temporales, anticipando o difiriendo el gasto o el ingreso fiscal respecto al contable: en este caso se produce una diferencia entre la contabilidad y fiscalidad, cuyo origen está en un diferente criterio de imputación temporal de una renta y que, por tanto, revertirá en períodos subsiguientes.
— Permanentes, donde se produce una diferencia entre contabilidad y fiscalidad de carácter definitivo que no revertirá en períodos subsiguientes.

Esta distinción resulta esencial para comprender el IS, y parte de la ficción jurídica y económica de fraccionar la vida de las entidades en ejercicios económicos (ámbito contable) y en períodos impositivos (ámbito fiscal). Podemos resumir el concepto de diferencia temporal como todo gasto o ingreso en el que su imputación contable en un determinado ejercicio no coincide con la fiscal.

Así, cuando un gasto se contabiliza en el año X y procede deducirse en el año X + 1 o X – 1, es preciso hacer un ajuste positivo sobre el resultado contable en el año X (diferencia temporal) y un ajuste negativo en el X + 1 o X – 1. Y viceversa si se trata de un ingreso, en cuyo caso el ajuste en el año de contabilización es negativo, mientras que en el período de cómputo fiscal debe ser positivo.

También simplificando mucho estas ideas iniciales, puede decirse que estas diferencias debidas a criterios de imputación temporal originan ajustes que «revierten» en ejercicios posteriores, por lo que al final de la vida de la sociedad la agregación de los resultados contables debería coincidir con la agregación de las bases imponibles declaradas, lógicamente en ausencia de diferencias permanentes.

EJEMPLO 2

La Sociedad A adquiere el 1/1/20XX un ordenador por importe de 1.000 euros, y contablemente lo amortiza anualmente en un porcentaje del 50%, si bien fiscalmente el porcentaje máximo de amortización anual es el 25%. El resultado contable de la sociedad ha sido en cada año a considerar de 10.000 euros.

Solución

De conformidad con el enunciado, la sociedad A reflejó contablemente la amortización por un importe anual de 500 euros. Es decir, la sociedad realizó, contablemente, el siguiente asiento en cada uno de los dos años de amortización contable:

500 Dotación amortización a Amortización acumulada 500

Sin embargo, fiscalmente solo se permite amortizar anualmente como máximo un importe de 250 euros, por lo que hay un exceso de amortización fiscal anual de 250 de euros, esto es, hay un exceso de gasto fiscal imputado contablemente en el ejercicio de 250 (pues la cuenta de «Dotación amortización» es del grupo 6, Gastos, del Plan General Contable).

La sociedad, como consecuencia de ese exceso contable de gasto fiscalmente admisible, deberá proceder a realizar en 20XX un ajuste en la base imponible del IS. En este caso eliminará fiscalmente ese mayor gasto contabilizado de 250 euros, lo que implica que incrementará la base imponible realizando un ajuste positivo a la misma por ese importe.

— Resultado contable: 10.000.
— Ajuste positivo por gasto no deducible por amortizaciones: 250.
— Base imponible: 10.250.

Este ajuste se repetirá en el año 20X + 1.

En los años 20X + 2 y 20X + 3 los ajustes revertirán, puesto que el equipo deberá seguir amortizándose fiscalmente (procede computar gasto fiscal en cada año), mientras que contablemente ya no se imputará nada, por cuanto estará contablemente íntegramente amortizado.

— Resultado contable: 10.000.
— Ajuste negativo por gasto no deducible por amortizaciones: –250.
— Base imponible: 9.750.

Por el hecho de revertir, este ajuste negativo originado por amortizaciones fiscalmente no deducibles representa la recuperación de los ajustes temporales anteriores.

Si, además, en el ejercicio 20XX la Sociedad A abona un importe de 2.000 euros en concepto de sanción por contaminación medioambiental, y percibe un ingreso exento por importe de 3.000 euros, deberá practicar adicionalmente un ajuste positivo y otro negativo como diferencias permanentes, por ser las multas gastos contables no deducibles fiscalmente, y los ingresos exentos no computables fiscalmente, resultando la liquidación de ese período impositivo como sigue:

— Resultado contable: 10.000.
— Ajuste positivo por gasto no deducible por amortizaciones: 250.
— Ajuste positivo por gasto no deducible por multa: 2.000.
— Ajuste negativo por ingreso exento no computable: –3.000.
— Base imponible: 9.250.

14.6. COMPENSACIÓN DE BASES IMPONIBLES NEGATIVAS (BIN)

En caso de que el sujeto pasivo originara BIN en un ejercicio, las mismas podrán ser compensadas con las rentas positivas obtenidas en los períodos impositivos subsiguientes, sin plazo para ello.

Se aplica con carácter general un límite a dicha compensación, del 70% de la base imponible positiva previa al ajuste por reserva de capitalización, el cual, no obstante, no opera hasta la cifra de 1 millón de euros o en el período en que se produce la extinción de la entidad.

Ejemplo 3

Una entidad obtiene en el período impositivo X una base imponible negativa de 5 millones de euros, y en el período X + 1 una base imponible positiva previa de 4 millones de euros.

Solución

Esta segunda podrá compensarse con las BIN de X en su 70%, 2,8 millones de euros, de modo que la base imponible de X + 1 sería de 1,2 millones, y restaría un importe de BIN para años siguientes de 2,2 millones de euros.

Ejemplo 4

Una entidad obtiene en el período impositivo X una base imponible negativa de 5 millones de euros, y en el período X + 1 una base imponible positiva previa de 1,2 millones de euros.

Solución

Esta segunda podrá compensarse con las BIN de X en un importe de 1 millón de euros (límite que prevalece sobre el otro límite del 70%), de modo que la base imponible de X + 1 sería de 0,2 millones, y restaría un importe de BIN para años siguientes de 4 millones de euros.

Como regla especial al límite del 70% anteriormente aludido, en los sujetos pasivos cuyo volumen de operaciones (de acuerdo con la normativa del IVA) superase la cifra de 20 millones de euros, durante los doce meses anteriores a la fecha en que se iniciara el período impositivo generador de las BIN, la compensación de estas queda limitada de acuerdo con los siguientes baremos:

— La compensación de BIN estará limitada al 50% de la base imponible previa a dicha compensación, cuando en esos doce meses el importe neto de la cifra de negocios sea al menos 20 millones de euros, pero inferior a 60 millones de euros.
— La compensación de BIN estará limitada al 25% de la base imponible previa a dicha compensación, cuando en esos doce meses el importe neto de la cifra de negocios sea al menos 60 millones de euros.

Lo anterior supone un endurecimiento en la compensación de BIN para las grandes empresas.

Para finalizar este epígrafe, contémplense las siguientes cuestiones:

— Las BIN se producen en el IS con independencia del destino contable de las pérdidas y del mismo importe de la pérdida contable.
— Las BIN se pierden con la extinción de la entidad. Excepciones son determinadas operaciones de reestructuración sometidas a régimen especial (permiten incluso la transmisión parcial de bases asociadas a ramas de actividad).
— Existe un plazo especial para la comprobación de las BIN (compensadas o pendientes), ya que se amplía, frente al plazo general de 4 años de prescripción de los impuestos, por facultad administrativa de comprobación hasta 10 años. Transcurrido dicho plazo ampliado, si permaneciesen las BIN sin ser compensadas, existe la obligación de acreditarlas mediante exhibición de la declaración y contabilidad, que deberá estar depositada en el Registro Mercantil.

14.7. TIPOS DE GRAVAMEN

El tipo general de gravamen es el 25%. No obstante, existen muchos casos de aplicación de otros tipos, según muestra el cuadro siguiente:

30%	• Entidades de crédito: Bancos y Cajas de Ahorro. • Las cooperativas de crédito (Cajas Rurales) tributan al 25% por los resultados cooperativos, y al 30% por los resultados extracooperativos. • Entidades de Exploración, Investigación y Explotación de Hidrocarburos.
25%	• Determinadas mutuas y mutualidades. • Sociedades de Garantía Recíproca y Sociedades de reafianzamiento. • Cooperativas de Crédito y Cajas Rurales (salvo resultados extracooperativos, que tributan al 30%). • Colegios profesionales, asociaciones empresariales, cámaras oficiales, sindicatos y partidos políticos. • Fundaciones y otras entidades sin ánimo de lucro no amparadas por la Ley 49/2002. • Fondos de Promoción de Empleo. • Uniones, Federaciones y Confederaciones de Cooperativas.
20%	• Cooperativas fiscalmente protegidas (salvo resultados extracooperativos, que tributan a tipo general).
15%	• Entidades de nueva creación no calificables como patrimoniales que realicen nuevas actividades económicas y no formen parte de un grupo mercantil. Tipo reducido del 15% en dos primeros ejercicios con base positiva (las creadas en 2013-2014: tipo del 15% en base imponible hasta 300.000 euros –20%).
10%	• Fundaciones y entidades amparadas en la Ley 49/2002.
1%	• Determinadas SICAV, Fondos de Inversión, Sociedades y Fondos de Inversión Inmobiliaria. • Fondo de Regulación del Mercado Hipotecario.
0%	• Fondos de Pensiones. • SOCIMI (con excepciones).

Destaca, frente a la aplicación del tipo general de gravamen, la posibilidad de aplicar un tipo reducido del 15% a la totalidad de la base imponible, con los siguientes requisitos:

— Ser una entidad de nueva creación, constituida a partir del 1 de enero de 2015.
— Realizar actividades económicas (art. 5.1 LIS).
— Que las nuevas actividades económicas no fuesen realizadas anteriormente por otras entidades vinculadas, o en el año anterior por socio de control persona física.
— No ser calificada como entidad patrimonial (art. 5.2 LIS).

— No formar parte de un grupo mercantil (referencia art. 42 Código de Comercio).

El tipo reducido del 15% opera en el primer período impositivo que se obtenga base positiva y en el siguiente.

14.8. IMPUTACIÓN TEMPORAL DE RENTAS

Para la determinación de la base imponible del IS, teniendo en cuenta que se parte del resultado contable, se requiere un criterio de imputación de ingresos y gastos.

A estos efectos, la LIS establece que los ingresos y los gastos se imputarán en el período impositivo en que se devenguen, atendiendo a la corriente real de bienes y servicios que los mismos representan, con independencia del momento en que se produzca la corriente monetaria o financiera, respetando la debida correlación entre unos y otros.

En consecuencia, en términos generales es de aplicación en el IS el criterio de devengo, tal y como se establece en la normativa contable (los efectos de las transacciones o hechos económicos se registrarán cuando ocurran, imputándose al ejercicio al que las cuentas anuales se refieran los gastos y los ingresos que afecten al mismo, con independencia de la fecha de su pago o de su cobro), frente al criterio de caja.

EJEMPLO 5

Se adquiere un «bono cupón cero» el 15 de mayo del año X, con vencimiento el 15 de mayo del año X + 2 (rendimiento implícito a dos años, al pagar el emisor los intereses únicamente al vencimiento del bono).

Solución

En el IS el bono podrá formar parte de la cartera de inversión a vencimiento, y los intereses se reconocen fiscalmente de forma periodificada, una parte en el año X, otra mayor en X + 1 y los últimos en X + 2, paralelamente a lo que ocurre en la Cuenta de Pérdidas y Ganancias, anticipándose el pago del impuesto al cobro del rendimiento.

En cambio, en el IRPF, si el titular del bono fuese una persona física, no existiría tributación en X ni en X + 1, y la totalidad del rendimiento tributaría en X + 2.

No se admite deducir gastos que no se hayan imputado contablemente en la cuenta de pérdidas y ganancias o en una cuenta de reservas si así lo establece una norma legal o reglamentaria.

Aquellos gastos que se hubieran imputado contablemente en un período anterior al que correspondiera, de acuerdo con el criterio de devengo, serán objeto de ajuste extracontable (positivo) en el ejercicio en que se imputaron contablemente, ya que no son deducibles hasta que se produzca su devengo, momento en el que procederá la realización de un ajuste extracontable de signo inverso.

Y, al contrario, si un gasto se contabiliza en período impositivo posterior a aquel en que se hubiera devengado, la regla general es que se imputará fiscalmente en el que figure contabilizado, esto es, deducirá cuando se contabiliza, excepto si de ello derivase una tributación inferior a la que hubiere correspondido si se hubiese imputado al período de devengo.

EJEMPLO 6

Un gasto por importe de 100 tiene su devengo contable en el ejercicio X, pero por error se contabiliza en el ejercicio X – 1. El resultado en ambos ejercicios es de 1.000.

Solución

Puesto que el gasto no es deducible en X – 1, debe practicarse un ajuste positivo de 100 en dicho ejercicio, resultando una base imponible de 1.100. Y a la inversa, en el ejercicio X podrá ser deducido, efectuándose un ajuste negativo de 100, lo que sitúa la base imponible de X en 900.

EJEMPLO 7

Un gasto por importe de 100 euros tiene su devengo contable en el ejercicio X, pero por error se contabiliza en el ejercicio X + 1. El resultado en ambos ejercicios es de 1.000 euros.

Solución

La regla general es que el gasto no es deducible en X (pese a su devengo en este año), pero sí en X + 1, que es cuando se contabiliza, y no deben efectuarse ajustes al resultado contable para determinar la base imponible. Ahora bien, si por cualquier circunstancia la deducibilidad del gasto en X + 1 determinase una ventaja fiscal respecto a haberlo deducido en X (por ejemplo, porque el tipo de gravamen sea superior en X + 1 que en X), debe practicarse un ajuste positivo de 100 en X + 1, resultando una base imponible de 1.100 euros. Paralelamente, puesto que el gasto es deducible en el ejercicio X, podrá efectuarse un ajuste negativo de 100 euros, lo que sitúa la base imponible de X en 900.

Algo parecido ocurre con los ingresos, los cuales deben imputarse fiscalmente cuando proceda, de acuerdo con el criterio contable de devengo, si bien en caso de que un ingreso se contabilice en período impositivo anterior a aquel en que se hubiera devengado, la regla general es que se imputará fiscalmente en aquel en el que figure contabilizado, tributando con anterioridad a lo que hubiera correspondido por criterio de devengo, excepto si de ello derivase una tributación inferior a la que hubiere correspondido si se hubiese imputado al período de devengo.

Asimismo, aquellos ingresos que se hubieran imputado contablemente en un período posterior al que correspondiera de acuerdo con el criterio de devengo, serán objeto de ajuste extracontable (negativo) en el ejercicio en que se imputaron contablemente. Por su parte, dichos ingresos serán objeto de imputación fiscal en el ejercicio que les correspondiera, de acuerdo de nuevo con el criterio de devengo, mediante la realización de un ajuste extracontable simétrico y de signo contrario (positivo en el ejercicio de devengo, anterior al de contabilización).

Ejemplo 8

Un ingreso por importe de 100 euros tiene su devengo contable en el ejercicio X, pero por error se contabiliza en el ejercicio X + 1. El resultado en ambos ejercicios es de 1.000 euros.

Solución

Puesto que el ingreso debe ser computable en X y no en X + 1, debe practicarse un ajuste positivo de 100 en X, resultando una base imponible de 1.100 euros. Y a la inversa, en el ejercicio X + 1 se hará un ajuste negativo de 100 euros, lo que sitúa la base imponible de X + 1 en 900 euros.

Ejemplo 9

Un ingreso por importe de 100 euros tiene su devengo contable en el ejercicio X, pero por error se contabiliza en el ejercicio X – 1. El resultado en ambos ejercicios es de 1.000 euros.

Solución

La regla general es que el ingreso es computable en X – 1, que es cuando se contabiliza, y no deben efectuarse ajustes al resultado contable para determinar la base imponible. Ahora bien, si por cualquier circunstancia la computabilidad del ingreso en X – 1 determinase una ventaja fiscal respecto a haberlo computado en X (por ejemplo, porque el tipo de gravamen sea inferior en X – 1 que en X), debe practicarse un ajuste positivo de 100 en X, resultando una base imponible de 1.100, y paralelamente un ajuste negativo en X – 1 de 100, lo que sitúa la base imponible de X – 1 en 900.

14.9. TRATAMIENTO DE LOS INSTRUMENTOS FINANCIEROS

La LIS recoge la tributación de los diferentes instrumentos financieros, ya sea de renta fija (bonos, obligaciones...) o de renta variable (acciones, participaciones sociales, etc.).

La regla general es que debe atenderse al tratamiento contable y a la clasificación otorgada por el Plan General de Contabilidad (PGC).

Así, de acuerdo con lo establecido en el PGC, los instrumentos financieros pueden clasificarse en cuatro carteras principales:

i) Cartera de negociación y otros activos financieros a valor razonable.
ii) Activos financieros mantenidos hasta vencimiento.
iii) Participaciones en entidades del grupo, multigrupo y asociadas.
iv) Activos financieros disponibles para la venta.

En materia fiscal es esencial distinguir en qué conjunto se contabiliza una inversión.

A continuación se analiza el tratamiento fiscal de estas cuatro tipologías:

a) Cartera de negociación y otros a valor razonable

Los activos financieros mantenidos para negociar son aquellos que se adquieren con el objeto de transmitirlos a corto plazo. Dichos activos se valorarán en cada momento por su valor razonable, y los cambios se imputarán a la cuenta de pérdidas y ganancias.

A efectos fiscales, las variaciones de valor originadas por aplicación del criterio de valor razonable tendrán efectos fiscales porque se imputan a la cuenta de pérdidas y ganancias. En este sentido, y teniendo en cuenta lo anterior, cualquier aumento o disminución de valor llevada contra la cuenta de pérdidas y ganancias tendrá efecto pleno en la base imponible.

EJEMPLO 10

Unas acciones adquiridas por 100, al finalizar el año se mantienen en cartera de negociación, y tienen un valor de: *a*) 90 euros o *b*) 120 euros.

Solución

En el primer caso se reconocería contablemente una pérdida de 10 euros, fiscalmente deducible. En el caso *b*) afloraría contablemente un ingreso de 20 euros, que sería fiscalmente computable.

Excepción puntual a lo anterior serían las acciones o participaciones sociales que otorgan exención por doble imposición (art. 21 LIS), que como luego veremos no facultan a reconocer pérdidas fiscalmente deducibles.

b) Participaciones en entidades del grupo, multigrupo y asociadas

De acuerdo con el PGC, estas participaciones se mantienen por su coste de adquisición y no se revalorizan, aunque a cierre de cada ejercicio se debe realizar un test de deterioro, con el objeto de determinar cualquier evidencia de pérdida de valor no recuperable, y si esto aconteciese debería reconocerse contablemente una pérdida por deterioro, la cual no sería fiscalmente deducible.

c) Inversiones financieras mantenidas hasta vencimiento

Esta cartera está reservada a instrumentos de deuda con fecha de vencimiento (pagarés, bonos, obligaciones...), y contablemente van reconociendo el ingreso financiero por criterio de coste amortizado, es decir, van periodificándolo, lo cual tiene plenos efectos fiscales.

Si se reconociese algún deterioro por pérdida de valor, no sería deducible.

EJEMPLO 11

Unas obligaciones se adquieren por su valor nominal (1.000) el 30 de junio del año X, y pagan un cupón del 2% a fecha 30 de junio de cada año.

Solución

El primer cupón a percibir será en el año X + 1 por importe de 20 euros, y contablemente se reconocerá un ingreso de 10 euros en el año X y otro igual de 10 euros en el año X + 1, ambos fiscalmente computables en el IS.

---

d) Activos financieros disponibles para la venta

Los activos financieros clasificados como disponibles para la venta se valoran contablemente en cada momento a valor razonable, con la reseñable particularidad de que los cambios de valor se reflejan en cuentas de patrimonio neto. No obstante, cuando se produzca una falta de recuperabilidad del valor en libros evidenciada, por ejemplo, por un descenso prolongado de su valor, podrá deteriorarse su valor con reflejo en la cuenta de pérdidas y ganancias.

En este sentido, de acuerdo con la normativa del IS, los efectos por cambio de valor (revalorizaciones o depreciaciones) no tienen efecto fiscal hasta que no afecten a la cuenta de Pérdidas y Ganancias, lo cual no ocurre al reconocerse con impacto en patrimonio neto, sino que ocurre cuando finalmente los activos son transmitidos o amortizados.

Si excepcionalmente se reconociesen deterioros de valor con reflejo en la cuenta de pérdidas y ganancias, no serían fiscalmente deducibles.

EJEMPLO 12

Unas acciones adquiridas por 100 euros, al finalizar el año se mantienen en cartera de disponibles para la venta y tienen un valor de: *a*) 90 euros o *b*) 120 euros.

Solución

En el primer caso contablemente se reconocería una pérdida de 10 euros, que no sería gasto sino menor patrimonio neto y fiscalmente no se deduciría. En el caso *b*) contablemente afloraría un ingreso de 20 euros, que no sería ingreso contable sino mayor patrimonio neto, que no sería fiscalmente computable.

Si en el segundo año se vendiesen las acciones por *a*) 90 euros o *b*) 120 euros, contablemente se reconocería el gasto de 10 euros o el ingreso de 20 euros en la cuenta de pérdidas y ganancias, y en ese ejercicio serían deducibles o computables, respectivamente.

14.10. DEDUCIBILIDAD DE LOS GASTOS FINANCIEROS

En el IS existen varias limitaciones a la hora de deducir los gastos financieros (por ejemplo, intereses de un préstamo).

La principal es la que establece un límite general, que impide deducir los gastos financieros netos que superen el 30% del beneficio operativo del ejercicio.

A tales efectos, se entenderá por gastos financieros netos el exceso de gastos financieros respecto de los ingresos derivados de la cesión a terceros de capitales propios devengados en el período impositivo.

Por lo que respecta al término beneficio operativo, este se determinará a partir del resultado contable, eliminando la amortización del inmovilizado, la imputación de subvenciones de inmovilizado no financiero y otras, así como el deterioro y resultado por enajenaciones de inmovilizado, y adicionando los dividendos de determinadas entidades.

EJEMPLO 13

Una sociedad tiene unos ingresos operativos de 100 millones de euros y unos gastos operativos de 60 millones, más unos gastos financieros de 30 millones. Su resultado operativo es de 40 millones de euros, si bien el resultado contable es de 10 millones.

Solución

Por la limitación a la deducibilidad de gastos financieros solo podrá deducir 12 millones de euros (40.000 × 30%), y tendrá unos gastos financieros contabilizados no deducibles de 18 millones, que deberán ser objeto de ajuste positivo a la base imponible, la cual quedará fijada en 28.000 millones de euros (10.000 + 18.000).

En este sentido, por lo que respecta a los gastos financieros no deducidos en el ejercicio por efecto de este límite, se establece que los mismos podrán deducirse en los períodos impositivos que concluyan en el futuro, sin límite temporal, teniendo en cuenta el límite anteriormente mencionado.

Asimismo, en caso de que no fuera de aplicación la limitación, por no superar los límites anteriormente referidos, la diferencia entre el citado límite y los gastos financieros netos del período impositivo se podrá compensar con los gastos financieros netos de los períodos impositivos que concluyan en los 5 años inmediatos y sucesivos y que superen el límite.

No obstante, se establece que, en todo caso, serán deducibles los gastos financieros netos del período impositivo por un importe de 1 millón de euros.

Finalmente, se establece que la limitación a la deducibilidad de los gastos financieros no será de aplicación a entidades de crédito y aseguradoras.

El anterior no es el único límite aplicable para la deducibilidad de cargas financieras en el IS: por un lado, tampoco resultan deducibles los derivados de préstamos participativos concertados entre empresas del mismo grupo, y por otro no tienen la consideración de gastos fiscalmente deducibles los gastos financieros devengados en el período impositivo, derivados de deudas con entidades del grupo destinadas a la adquisición, a otras entidades del grupo, de participaciones en el capital o fondos propios de cualquier tipo de entidades, o a la realización de aportaciones en el capital o fondos propios de otras entidades del grupo, salvo que el sujeto pasivo acredite que existen motivos económicos válidos para la realización de dichas operaciones.

14.11. OPERACIONES FINANCIERAS ENTRE PARTES VINCULADAS

La fiscalidad de las operaciones entre partes fiscalmente vinculadas, que cuando afecta al ámbito internacional se conoce como problemática de precios de transferencia, es un tema de gran importancia en el IS, cuya ley vigente dedica íntegramente un artículo, el 18. El precepto bebe de las Directrices de las OCDE aplicables en materia de precios de transferencia a empresas multinacionales, que inspira la legislación en muchas jurisdicciones, entre ellas la española. Se trata de una normativa que debe ser conciliada con lo que establecen los convenios bilaterales, para evitar la doble imposición, cuando el tema es planteado con una jurisdicción convenida en una operación internacional.

Lo primero que debe tenerse claro es que los supuestos de vinculación son específicos de la problemática del IS, y diferentes a otros casos de vinculación por ley, como los contables o los mercantiles. Son partes fiscalmente vinculadas simple y llanamente las que se enumeran en el apartado 2 del artículo 18 LIS, en un modelo de *numerus clausus.* Entre ellas destacamos:

- Una entidad y sus socios o partícipes con participación igual o superior al 25%, así como sus cónyuges y parientes en línea directa o colateral, por consanguinidad o afinidad hasta el tercer grado.
- Una entidad y sus consejeros o administradores (salvo por las retribuciones asociadas a sus funciones, que escapan de las normas de operaciones vinculadas), así como sus cónyuges y parientes en línea directa o colateral, por consanguinidad o afinidad hasta el tercer grado.
- Dos entidades que pertenezcan a un mismo grupo según los criterios del artículo 42 del Código de Comercio, al igual que una entidad y los consejeros o administradores de otra del mismo grupo.
- Una entidad y otra participada indirectamente en al menos el 25%.
- Dos entidades con los mismos socios participando en al menos el 25% de ambas, así como sus cónyuges y parientes en línea directa o colateral, por consanguinidad o afinidad hasta el tercer grado.

La filosofía central es que las operaciones vinculadas deben valorarse fiscalmente según el principio de libre competencia *(arm's length principle),* esto es, según el precio o contraprestación que hubiese sido acordado entre partes independientes y en operaciones similares en condiciones normales de mercado. Es decir, al valor de mercado, exista o no defraudación tributaria derivada de la utilización de un valor diferente.

El modelo implica una dificultad principal, que es la determinación de las condiciones normales de mercado y del propio valor de mercado, aspecto subjetivo y complejo de precisar en muchos casos, que propicia una elevada litigiosidad y mucha inseguridad jurídica.

El proceso de determinación del valor de mercado es por tanto una cuestión complicada, que requiere de partida comparar las condiciones de la operación vinculada con aquellas que serían acordadas entre partes independientes, lo que es denominado «análisis de comparabilidad». Para ello, se seleccionará el método de valoración entre los establecidos en el apartado 4 del artículo 18 LIS, que son:

— Método del precio libre comparable.
— Método del precio de reventa.
— Método del coste incrementado.
— Método de la distribución del beneficio.
— Método del margen neto operacional.

Indica el apartado 14 del art. 18 LIS que el valor de mercado, a estos efectos del IS, no producirá efectos en otros impuestos, salvo disposición expresa en contrario; viceversa, el valor de mercado en otros impuestos no opera, salvo disposición en contrario, a efectos del tratamiento de las operaciones vinculadas en el IS.

EJEMPLO 14

Se concede un préstamo por una sociedad a otra sociedad íntegramente participada por ella, y en el año se reconoce contablemente un ingreso en la primera de 100 euros y un equivalente gasto en la segunda por el mismo importe, resultado del tipo de interés aplicado a la operación, del 1%.

Solución

Si se determinase que ese tipo es inferior al normal de mercado que se habría aplicado entre partes no vinculadas, y se llegase a la conclusión de que el tipo de mercado es del 3%, el ingreso fiscal de la entidad prestamista y el gasto deducible de la prestataria sería de 300 euros, lo que obligaría a realizar a la primera un ajuste positivo en la base imponible de 200 euros, y a la segunda un ajuste negativo en la base imponible de 200 euros.

Adicionalmente, deben destacarse las especiales obligaciones de documentación de las operaciones vinculadas y el exigente régimen sancionador asociado a su incumplimiento. Así, es obligatorio mantener a disposición de la Administración tributaria la documentación específica que desarrolla el Reglamento del IS, en sus artículos 13 a 17. A este respecto, se trata de una prolija normativa que describe con todo detalle los contenidos de esta documentación, establece excepciones y salvedades para determinadas operaciones, y configura unas obligaciones de documentación simplificadas para pequeñas y medianas empresas, cuando el importe neto de la cifra de negocios sea inferior a 45 millones de euros.

Debe destacarse el reporte de información país por país *(Country by country report),* incorporado al artículo 14 del Reglamento del IS importando las propias recomendaciones de las conclusiones BEPS de la OCDE y las exigencias de la directiva UE. Obliga a grandes grupos internacionales con presencia en España (importe neto de cifra de negocios de al menos 750 millones de euros), y desglosa magnitudes diferentes relativas a los impuestos sobre beneficios satisfechos en las diferentes jurisdicciones en las que el grupo opera. Su objetivo es mostrar el reparto del pago de impuestos de las compañías multinacionales en las diferentes jurisdicciones donde actúan.

La regulación de las operaciones vinculadas abarca otras cuestiones importantes, pero más específicas, que simplemente quedan apuntadas a continuación:

- Reglas de prestaciones de servicios (por ejemplo *management fees* y gastos de apoyo a la gestión).
- Prestaciones de servicios de los socios profesionales y regla especial de presunción de retribución en condiciones de mercado.
- Tratamiento de los acuerdos de reparto de costes.
- Posibilidad de solicitar a la Administración tributaria un acuerdo previo y vinculante de valoración, conocido como APA *(Advanced Pricing Agreement).*
- Sistema de corrección por parte de la Administración tributaria en procesos de comprobación, y extensión del «ajuste secundario» (art. 18.11).

14.12. TRATAMIENTO FISCAL DE LAS INVERSIONES EN PARAÍSOS FISCALES

La normativa del IS depara algunos efectos particulares cuando los sujetos pasivos operan con entidades localizadas en países o territorios calificados como «paraísos fiscales». Los casos principales son los siguientes:

— Valoración de las operaciones por su valor de mercado, asimilándose así al caso de las operaciones vinculadas, y por tanto con especiales obligaciones de documentación (art. 19.2 LIS).
— Los gastos por servicios correspondientes a operaciones realizadas, directa o indirectamente, con personas o entidades residentes en paraísos fiscales, o que se paguen a través de personas o entidades residentes en estos, tienen una presunción de no deducibilidad, excepto si se prueba que el gasto corresponde a una operación o transacción efectivamente realizada (art. 15 g. LIS).
— Exclusión del régimen de exención de dividendos y plusvalías de fuente extranjera (art. 21 LIS), así como de rentas procedentes de establecimientos permanentes en el extranjero (art. 22 LIS).
— Régimen especial de valoración de inversiones en instituciones de inversión colectiva radicadas en paraísos fiscales (art. 54 LIS).
— Limitaciones para la aplicación del régimen especial de fusiones, escisiones, canjes de valores y aportaciones no dinerarias especiales (arts. 80.5 y 81.4 LIS).

La definición de los países o territorios calificados como paraísos fiscales por la jurisdicción española se contiene en una lista cerrada enumerada en el Real Decreto 1080/1991, de 5 de julio, si bien muchos de los allí listados han dejado de considerarse paraísos, por tener un efectivo intercambio de información tributaria, debido a la vigencia y aplicación de algún acuerdo o convenio internacional con intercambio de información.

14.13. PROBLEMÁTICA DE LA DOBLE IMPOSICIÓN

Como su propio nombre indica, la doble imposición es un fenómeno tributario donde una misma renta es gravada en varias ocasiones, por ejemplo en el caso de dividendos o plusvalías, así como en rentas obtenidas en el extranjero, sujetas a tributación en el país de origen de la renta y en el país de destino.

EJEMPLO 15

Una sociedad española obtiene unos beneficios de 1.000 euros, paga IS al 25% y posteriormente distribuye el remanente de 750 euros a sus accionistas en España.

Solución

Existe doble imposición si esos dividendos son gravados en el impuesto personal de los accionistas, bien por el IRPF o por el IS.

En este sentido, la normativa del IS establece una serie de mecanismos para que pueda eliminarse la doble imposición soportada, por un doble sistema: a través de deducción (método de imputación) o exención.

— El método de imputación es aquel donde las rentas percibidas se integran en la base imponible, y posteriormente se practica una deducción en la cuota.
— El método de exención opera de modo que las rentas percibidas no se integran en la base imponible mediante ajuste extracontable.

Adicionalmente, los convenios para evitar la doble imposición firmados por España tratan igualmente de eliminar dicha circunstancia, estableciendo aquellos casos y límites en los que una renta puede ser gravada en un país, en otro o en ambos.

14.13.1. Exención para evitar la doble imposición: dividendos

En términos generales, están exentos de tributación los dividendos percibidos por sujetos pasivos del IS, así como las rentas derivadas de la transmisión de las acciones o participaciones, siempre que se cumplan los siguientes requisitos:

— Que la participación sea mayor o igual al 5% , o bien que el valor de adquisición de la participación supere la cifra de 20 millones de euros.
— Que dicha participación se posea ininterrumpidamente por período igual o superior a un año.
— Tratándose de participaciones en entidades no residentes en España, que la entidad participada esté sometida a un impuesto extranjero de naturaleza idéntica o análoga al IS español, aplicándose un tipo nominal de, al menos, el 10% (en caso de existir CDI con cláusula de intercambio de información, se entiende cumplido este requisito).
— Que la entidad participada no resida en un territorio considerado como paraíso fiscal (salvo que se trate de un Estado miembro de la Unión Europea y se acredite la realización de actividades empresariales).

Lo anterior implica un beneficio fiscal muy importante, al dejarse exoneradas de tributación en España las rentas derivadas de la distribución de dividendos procedentes de estas entidades.

EJEMPLO 16

Una sociedad española percibe dividendos por su participación en otra sociedad española o extranjera.

Solución

Los dividendos son renta sujeta al IS, tributando en sede de la entidad perceptora, lo que determina la existencia de doble imposición. No obstante, se aplicará exención sobre los dividendos, excluyéndose su tributación por parte de su perceptor, si se cumplen los requisitos anteriormente señalados, siendo más importante tener una participación de más del 5%.

14.13.2. Exención por doble imposición: rentas derivadas de la transmisión

En caso de transmisión de acciones o participaciones sociales, la renta positiva o negativa derivada de dicha transmisión queda igualmente exenta siempre que se cumplan los requisitos apuntados en el apartado anterior (la entidad extranjera debe ser sometida en todo caso a un impuesto extranjero de naturaleza idéntica o análoga al IS español que aplique un tipo nominal de, al menos, el 10%), más algunos requisitos adicionales, como que la entidad transmitida no tenga el carácter de sociedad patrimonial.

EJEMPLO 17

Una sociedad española transmite su participación en otra entidad, española o extranjera.

Solución

Las rentas positivas (plusvalías) o negativas (pérdidas) registradas por la transmisión son renta sujeta al IS (ingresos computables o gastos deducibles), tributando en sede de la entidad perceptora, lo que puede determinar la existencia de doble imposición. No obstante, se aplicará exención, excluyéndose su tributación por parte de su perceptor, si se cumplen los requisitos anteriormente señalados, siendo más importante tener una participación de más del 5%.

14.13.3. Exención de determinadas rentas obtenidas en el extranjero a través de establecimientos permanentes

Dicha exención será de aplicación a las rentas positivas generadas por un establecimiento permanente en el extranjero, bien atribuidas o por transmisión de este, siempre que se cumplan los siguientes requisitos:

— Que la renta del establecimiento permanente proceda de la realización de actividades empresariales en el extranjero.
— Que el establecimiento permanente haya sido gravado por un impuesto de naturaleza idéntica o análoga al IS, con un tipo nominal de al menos el 10%, y que no se halle situado en un país o territorio considerado como paraíso fiscal.

Las rentas negativas no serán objeto de deducción en ningún caso, salvo en el de cese de actividad, con determinados requisitos.

EJEMPLO 18

Una sociedad española (casa matriz) tiene una sucursal en el extranjero, la cual en el año X genera beneficios y en el año X + 1 origina pérdidas.

Solución

La sociedad española debe integrar las rentas originadas por la sucursal en el extranjero en su base imponible del IS, lo que supone doble imposición cuando dichas rentas son positivas y la sucursal ha tributado a su vez en su país. Sin embargo, podrá aplicarse exención con los requisitos anteriormente expuestos.

En cambio, las pérdidas de la sucursal no serán deducibles en el IS de la casa matriz.

14.13.4. Deducciones para evitar la doble imposición internacional

Cuando en la base imponible se integren rentas obtenidas y gravadas en el extranjero, se deducirá de la cuota íntegra la menor de las dos cantidades siguientes:

— El importe efectivo satisfecho en el extranjero por razón de gravamen de naturaleza idéntica o análoga al IS español.
— El importe de la cuota íntegra que en España correspondería pagar por dichas rentas si se hubieran obtenido en territorio español.

En este sentido, el importe del impuesto satisfecho en el extranjero se incluirá en la renta a los efectos previstos en el apartado anterior e, igualmente, formará parte de la base imponible, aun cuando no fuese plenamente deducible.

Las cantidades que no hayan podido deducirse en la cuota de un período impositivo se trasladan a los siguientes períodos impositivos para su compensación.

EJEMPLO 19

Una sociedad española percibe un interés por un préstamo concedido a una entidad en el extranjero. El importe del interés es de 1.000 euros, y es objeto de retención como pago de impuesto en el Estado del prestatario por importe de 100 euros, luego se percibe en España un neto de 900 euros.

Solución

El IS grava el interés obligando a incorporar 1.000 euros a la base imponible. Supongamos que el tipo de gravamen del IS en España en este caso sea del 25%, luego la cuota íntegra sería de 250 euros. Podría aplicar una deducción de 100 euros, por lo que el pago final del IS sería de 150 euros.

EJEMPLO 20

Una sociedad española percibe un interés por un préstamo concedido a una entidad en el extranjero. El importe del interés es de 1.000 euros, y es objeto de retención como pago de impuesto en el Estado del prestatario por importe de 300 euros, luego se percibe en España un neto de 700 euros.

Solución

El IS grava el interés obligando a incorporar 1.000 euros a la base imponible. Supongamos que el tipo de gravamen del IS en España en este caso sea del 25%, luego la cuota íntegra sería de 250 euros. Podría aplicar una deducción de 250 euros (no de 300 euros, por ser el impuesto extranjero superior al español), por lo que el pago final del IS sería de 0 euros.

Para el caso concreto de dividendos distribuidos por entidades no residentes, cuando no pueda aplicarse la exención analizada anteriormente, por incumplimiento de alguno de los requisitos que la habilitan, el IS permite una deducción en la cuota del impuesto equivalente al impuesto efectivamente pagado por la entidad no residente pagadora del dividendo respecto de los beneficios con cargo a los cuales se abonan los dividendos («impuesto subyacente»), en la cuantía correspondiente de tales dividendos, siempre que dicha cuantía se incluya en la base imponible del sujeto pasivo.

Dicha deducción será de aplicación siempre que se cumplan los siguientes requisitos:

— Que el porcentaje de participación, directo o indirecto, sea igual o superior al 5%, o el valor de adquisición supere 20 millones de euros.
— Que dicho porcentaje se hubiere poseído de manera ininterrumpida durante un año.

En ningún caso esta deducción podrá exceder de la cuota íntegra que en España correspondería pagar por estas rentas si se hubieren obtenido en territorio español.

Ejemplo 21

Una sociedad española percibe dividendos por su participación en otra sociedad extranjera participada al 50%. La sociedad extranjera ganó 10.000 euros, pagó impuesto sobre beneficios en su país por el 5% (500 euros), y al distribuir el remanente (9.500 euros) tuvo que aplicar una retención del 10% (950 euros), distribuyéndose por tanto 8.550 euros.

No se cumplen los requisitos para aplicar la exención por doble imposición.

Solución

La entidad española ha percibido 4.275 euros (8.550 × 50%), pero debe integrar en la base imponible del IS un importe de 5.000 euros (10.000 × 50%). Aplicando el tipo de gravamen del 25%, resulta una cuota de 1.250 euros, sobre la que deduce tanto el impuesto subyacente (500 × 50% = 250 euros), como el impuesto de salida o *withholding tax* (950 × 50% = 475 euros). Por tanto, la deducción por doble imposición internacional es de 725 euros, de lo que resulta un impuesto a pagar de 525 euros.

14.14. RÉGIMEN FISCAL ESPECIAL DE CONSOLIDACIÓN FISCAL

Las entidades integradas en «grupos fiscales» podrán optar por el régimen tributario de consolidación fiscal, por lo que no tributarían en régimen individual. Es, por tanto, un régimen fiscal especial del IS, de carácter opcional.

En estos casos, el grupo fiscal tiene la consideración de contribuyente del impuesto, en sustitución de las entidades que lo integran. Pertenece la representación del grupo fiscal a la sociedad dominante (cuando sea residente fiscal en España), que estará sujeta al cumplimiento de las obligaciones tributarias materiales y formales que se deriven del régimen de consolidación fiscal.

Se entiende por grupo fiscal el conjunto de sociedades que cumplan una serie de requisitos que se resumen a continuación. Ha de llamarse la atención acerca de que el perímetro del grupo fiscal no coincide con el del grupo a efectos mercantiles o contables (art. 42 del Código de Comercio), y tampoco con el perímetro de entidades fiscalmente vinculadas del art. 18 LIS.

Estas diferencias conducen, en la práctica, a la existencia de sociedades que deben presentar cuentas anuales consolidadas, según los preceptos de la legislación mercantil, pero que no pueden optar por el régimen de tributación consolidada. Por el contrario, también puede darse el caso de que existan sociedades que pueden acogerse al régimen de consolidación fiscal, pero que no estarían obligadas a presentar cuentas anuales consolidadas.

Es sociedad dominante la que tenga una participación, directa o indirecta, al menos del 75% en otra u otras sociedades el primer día del período impositivo en que sea de aplicación este régimen fiscal especial de tributación. Dicho porcentaje se reduce al 70% del capital social, si se trata de sociedades cuyas acciones estén admitidas a negociación en un mercado regulado.

Son sociedades dependientes las integradas en el grupo participadas directa o indirectamente por la sociedad dominante en la forma anteriormente indicada.

El régimen de consolidación fiscal se aplica cuando todas las sociedades que deban integrar el grupo acuerden tributar en este régimen especial. Estos acuerdos deberán adoptarse por el consejo de administración u otro órgano equivalente.

La base imponible del grupo fiscal no es una magnitud que se alcance calculando una base imponible unificada del grupo, sino que se determinará sumando las bases imponibles individuales correspondientes a todas y cada una de las sociedades integrantes del grupo fiscal. Sobre este sumatorio de bases individuales se materializan las eliminaciones y posteriores incorporaciones, las cuales se hacen aplicando los criterios contables contenidos en la normativa contable de grupos de sociedades.

Sobre esta base imponible agregada se realizan los ajustes de consolidación fiscal, que son fundamentalmente:

— Las eliminaciones que pueden generar duplicidades a la hora de determinar la base imponible. Por ejemplo, los dividendos internos (aquellos que hayan sido registrados como ingresos del ejercicio de una sociedad del grupo y hayan sido distribuidos por otra del mismo grupo), o plusvalías/minusvalías por operaciones intragrupo.
— Las incorporaciones de las eliminaciones practicadas en ejercicios anteriores (los resultados eliminados se incorporarán a la base imponible del

grupo fiscal cuando, por ejemplo, una entidad participada deje de formar parte del grupo fiscal).

Sobre la base imponible del grupo operan conceptos que cuentan con reglas especiales, como la limitación de gastos financieros, la reserva de capitalización o la compensación de bases imponibles negativas. Determinada la cuota íntegra, cabe minorar las deducciones para incentivar la realización de determinadas actividades, las cuales se cuantifican, bajo el paraguas de este régimen, a nivel de grupo, por lo que el derecho a deducción generado por una sociedad durante el período en que está integrada en el grupo pertenece a este.

Las principales ventajas de la tributación en régimen de consolidación fiscal son las siguientes:

- — Aprovechamiento de la base imponible negativa individual obtenida en un período, al poder compensarla con la base imponible positiva obtenida por otra sociedad del grupo fiscal.
- — Eliminación de los resultados que se pudieran obtener por operaciones realizadas entre entidades del mismo grupo fiscal. Es el caso de cualquier resultado generado por la distribución de dividendos y la eliminación de cualquier tipo de renta derivada de la transmisión de activos financieros entre dos entidades que formaran parte del grupo fiscal.
- — No existe la obligación de practicar retenciones sobre los dividendos, intereses y demás rendimientos satisfechos entre sociedades que formen parte del mismo grupo fiscal.
- — No sería exigible la obligación de preparar documentación relativa a entidades vinculadas, para aquellas operaciones realizadas entre entidades que formaran parte del mismo grupo fiscal.

EJEMPLO 22

Un grupo de tres sociedades (A, B y C) aplica el régimen fiscal de consolidación fiscal. Cada una de ellas declara una base imponible de 10.000 euros en su declaración individual. A ha distribuido a B un dividendo de 1.000 euros, y C ha vendido a B un terreno originando una plusvalía en la transmisión de 5.000 euros.

Solución

La base imponible del grupo es de 24.000 euros. Es el resultado de sumar las tres bases imponibles individuales (30.000 euros) y eliminar los dividendos intragrupo (1.000 euros) y las plusvalías por operaciones intragrupo (5.000 euros). Estas segundas serán incorporadas a la base imponible del grupo cuando el mismo se extinga, o cuando B transmita el terreno a terceros.

14.15. TRATAMIENTO FISCAL DE LAS OPERACIONES DE REESTRUCTURACIÓN

Las operaciones de reestructuración empresarial suponen la transmisión de la totalidad o parte del patrimonio de las entidades, lo cual puede generar rentas sujetas al IS, cuyo coste puede ser muy significativo.

La normativa del IS establece el régimen general de tributación para dichas rentas, así como un régimen especial de neutralidad que se aplica si se cumplen determinados requisitos (salvo que se renuncie al mismo), y que tiene por objeto que dichas operaciones no tributen en el momento en el que se llevan a cabo, para favorecer la reestructuración.

14.15.1. Régimen general de tributación

Por lo que respecta al régimen general, las operaciones de reestructuración generan, en términos generales, dos tipos de rentas, una renta en sede de la sociedad objeto de la operación y una renta en sede de los socios de esta.

- En la sociedad transmitente se genera una renta por la diferencia entre el valor de mercado de los elementos transmitidos y su valor contable. Por tanto, un escenario similar al de la transmisión por venta de los activos o de simple disolución de la sociedad.
- En los socios en operaciones de fusión y escisión se genera una renta por la diferencia entre el valor normal de mercado de la participación recibida y el valor contable de la participación anulada (en los casos en que se transmitan acciones o participaciones).

EJEMPLO 23

La sociedad A es propietaria del 100% de la sociedad B. B es absorbida por A bajo el régimen general.

Solución

La tributación en el IS de esta operación implica reconocer fiscalmente en B todas las plusvalías existentes en sus activos, y en A una plusvalía por diferencia entre el valor de mercado de los activos (menos los pasivos) que recibe por la disolución de B (es decir, el valor de mercado de la sociedad B) menos el valor fiscal de adquisición de la participación que mantenía en B (esta plusvalía de A podría aplicar exención por doble imposición). En el ejemplo se ve cómo la fusión puede suponer una significativa tributación bajo el régimen general del IS.

14.15.2. Régimen especial de tributación

Dado el coste fiscal que pueden suponer dichas operaciones de reestructuración societaria, se establece un régimen especial para este tipo de operaciones el cual permite diferir las rentas anteriormente mencionadas, susceptible de ser objeto de renuncia.

Las operaciones de reestructuración susceptibles de acogerse a tal régimen son: la fusión, la escisión, la aportación no dineraria de rama de actividad y el canje de valores. Cada una de ellas queda definida en la LIS.

El régimen especial consiste, explicado de forma muy sumaria, en que no se integrarán en la base imponible las rentas que se ponen de manifiesto como consecuencia de las transmisiones realizadas por razón de las operaciones de reestructuración.

Paralelamente, como consecuencia de esta neutralidad fiscal, los bienes y derechos adquiridos mediante las transmisiones derivadas de las operaciones anteriormente referidas se valorarán, a efectos fiscales, por los mismos valores que tenían en la entidad transmitente, es decir, mantendrán el valor fiscal en la entidad adquirente.

EJEMPLO 24

Volviendo al ejemplo anterior, donde la sociedad A es propietaria del 100% de la sociedad B y B es absorbida por A, ¿qué sucedería si se aplicase el régimen especial?

Solución

B no tributaría por las plusvalías existentes en sus activos, y A tampoco generaría una plusvalía fiscal por diferencia entre el valor de mercado de los activos (menos los pasivos) que recibe por la disolución de B menos el valor fiscal de adquisición de la participación que mantenía en B. Lógicamente A recibiría el patrimonio de B, los activos menos los pasivos, al valor fiscal que tenían las acciones de A en B.

Cuando las operaciones mencionadas determinen una sucesión a título universal (de acuerdo con la normativa mercantil), se transmitirán a la entidad adquirente los derechos y las obligaciones tributarias de la entidad transmitente.

En consecuencia, la entidad adquirente asumirá el cumplimiento de los requisitos necesarios para continuar en los beneficios fiscales o consolidar los disfrutados por la entidad transmitente (bases imponibles negativas, deducciones, etc.).

No obstante, cuando la sucesión no sea a título universal, la transmisión se producirá únicamente respecto de los derechos y obligaciones tributarias que se refieran a los bienes y derechos transmitidos.

Por lo que se refiere a las bases imponibles negativas pendientes de compensar en la entidad transmitente, que serían traspasadas a la entidad adquirente (a través de operaciones de fusión y de escisión total), estas podrán ser compensadas por la entidad adquirente, bajo determinadas condiciones. Esto es una manifestación importante del régimen de neutralidad, ya que la regla general haría que las bases negativas se perdiesen al extinguirse la entidad que las generó.

14.16. LA TRANSPARENCIA FISCAL INTERNACIONAL

El régimen de transparencia fiscal internacional es una de las medidas antielusión existentes en el IS con objeto de incorporar un mecanismo específico para evitar que las rentas generadas en el extranjero por entidades no residentes, pero controladas por entidades residentes en España, no tributen en España, por el juego de la aplicación de entidades interpuestas en territorios de baja tributación.

Es un régimen obligatorio, que establece que los sujetos pasivos incluirán en su base imponible la renta positiva obtenida por una entidad no residente en territorio español cuando se cumplan las siguientes circunstancias:

- Que directa o indirectamente tengan una participación igual o superior al 50% en la entidad no residente, en la fecha del cierre del ejercicio social de esta última.
- Que el importe satisfecho por la entidad no residente en su jurisdicción fiscal, imputable a alguna de las clases de rentas que se señalarán a continuación, por razón de gravamen de naturaleza idéntica o análoga al IS, sea inferior al 75% del que hubiera correspondido de acuerdo con las normas del IS, en caso de haber tributado en España.

Las rentas que serán objeto de integración en la base imponible del IS deberán provenir de un catálogo de fuentes («rentas pasivas»), entre las que destacan:

- Titularidad de bienes inmuebles rústicos y urbanos o de derechos reales que recaigan sobre estos, salvo que estén afectos a una actividad empresarial.

- Participación en fondos propios de cualquier tipo de entidad (dividendos) y cesión a terceros de capitales propios (intereses).
- Transmisión de bienes y derechos mencionados en los anteriores párrafos. Es decir, tanto de bienes inmuebles como de activos financieros.
- Actividades crediticias, financieras, aseguradoras y de prestación de servicios, realizadas, directa o indirectamente, con personas o entidades residentes en territorio español y vinculadas a efectos fiscales, en cuanto determinen gastos fiscalmente deducibles en dichas entidades residentes.

La aplicación de tal régimen supone la determinación de la renta positiva obtenida por la entidad no residente de acuerdo con los principios y criterios establecidos en la normativa española y su inclusión en la base imponible del socio que tributa por el IS a la conclusión del ejercicio social de la entidad participada. Esta imputación será proporcional a la participación mantenida en la entidad no residente, salvo que esta no disponga de la correspondiente organización de medios materiales y personales, en cuyo caso la imputación es total. Es por tanto un obstáculo a la hora de deslocalizar fiscalmente rentas derivadas de inversiones financieras por el simple procedimiento de situarlas en entidades extranjeras que no tributan por el IS español.

Por otra parte, cabe señalar que, dado que este régimen especial se basa en la inclusión en la base imponible de la entidad española de las rentas tipificadas obtenidas por la entidad no residente, en el momento posterior en que esta última distribuyera dividendos con cargo a tales rentas no deberán ser sometidas a tributación de nuevo.

Finalmente, debe señalarse que la normativa fiscal establece que las rentas obtenidas a través de paraísos fiscales estarían bajo la aplicación de la transparencia fiscal internacional, si bien sería una presunción *iuris tantum* que admitiría prueba en contrario. En sentido contrario, no aplica el régimen fiscal cuando la entidad no residente sea residente en otro Estado de la UE, siempre que se acredite que su constitución y operativa responde a motivos económicos válidos y que realiza actividades económicas.

EJEMPLO 25

Una sociedad española tiene una participación del 75% en una entidad en el extranjero, que cumple los requisitos para incurrir en transparencia fiscal internacional. Las rentas de la entidad en el extranjero, computadas según las reglas del IS ascienden a 1.000 euros, si bien de ellas se corresponden con rentas pasivas 800 euros.

Solución

Aunque la sociedad española no ha percibido dividendos ni rentas de su filial extranjera, el régimen de transparencia internacional le obliga a tributar por el IS en el ejercicio en el que las rentas se originan, integrando en su base imponible del IS una renta de 600 (800 × 75%). Si posteriormente la entidad extranjera distribuyese dividendo y la sociedad española percibiese la renta de 600 euros, ese dividendo no tributaría, por haber tributado ya esa renta anteriormente por imputación.

Incluso esta imputación podría ser de 800 euros si la entidad participada extranjera no dispusiese de la correspondiente organización de medios materiales y personales.

14.17. INSTITUCIONES DE INVERSIÓN COLECTIVA

En el IS existe un régimen especial para las Instituciones de Inversión Colectiva (en lo sucesivo, «IIC»), más conocidas como sociedades y fondos de inversión (por ejemplo, SICAV). Dicho régimen especial de tributación persigue el objetivo de neutralidad fiscal para la inversión colectiva, de modo que el inversor no se vea sometido a un gravamen previo y adicional en sede del vehículo jurídico (IIC) utilizado para canalizar sus inversiones.

Todas las IIC residentes en territorio español, cualquiera que sea la forma jurídica que revistan, sociedad o fondo, y por tanto independientemente de su personalidad jurídica (los fondos carecen de ella), quedan sujetas al IS, debiendo tributar, igual que el resto de los sujetos pasivos de este impuesto, por la totalidad de la renta obtenida durante el período impositivo, con independencia de su fuente de procedencia.

Lo más relevante de su tratamiento fiscal es que las IIC reguladas en la Ley 35/2003, de 4 de noviembre, de Instituciones de Inversión Colectiva, tributan en el IS al tipo reducido del 1%, si la IIC reúne el número mínimo de socios o partícipes exigido en los artículos 5.4 y 9.4 de la LIIC, esto es, un mínimo de 100 partícipes o accionistas, sin perjuicio de que reglamentariamente se pueda establecer un umbral distinto en determinados casos[1].

A su vez, este tipo reducido también aplica a las IIC inmobiliarias, aunque deben reunir algunos requisitos adicionales.

A las IIC que les sea de aplicación el tipo reducido del 1% no podrán aplicar deducción alguna en la cuota del IS. No obstante, las IIC recuperan las re-

[1] Los artículos 3 y 6 del RIIC, en relación con las Sociedades y Fondos por compartimentos, exigen un mínimo de 20 socios o partícipes en cada compartimento, debiendo, en todo caso, respetarse el mínimo total de 100 socios o partícipes en el conjunto de la IIC.

Adicionalmente, los preceptos reglamentarios flexibilizan el número mínimo de partícipes/socios tratándose de fondos o sociedades de inversión libre, en cuyo caso es suficiente un mínimo de 25, en tanto que permiten la existencia de fondos principales participados íntegramente por los fondos subordinados.

tenciones e ingresos a cuenta practicados en exceso sobre la cuota resultante, que se aplican a las IIC de la misma forma que al resto de sujetos pasivos del IS. Esto último origina ineficiencias y complicaciones fiscales, al someterse las rentas derivadas de las IIC a las obligaciones de retención generales, al tipo actual del 19%, y tener que tramitar una devolución del 18% en la declaración del IS. Se trata de un efecto financiero perjudicial, y por ello existen excepciones aplicables a determinadas IIC que invierten en otras IIC o del tipo *master-feeder*.

Respecto de la tributación de los socios o partícipes de IIC, estos integrarán en su base imponible, de conformidad a los criterios contables de reconocimiento de ingresos y gastos, los siguientes conceptos:

- La renta, positiva o negativa, obtenida como consecuencia de la transmisión de las acciones o participaciones o del reembolso de estas últimas.
- Los beneficios distribuidos por las IIC, los cuales no darán derecho a la aplicación de exención o deducción para evitar la doble imposición.

Finalmente, se establece una regla antielusión para aquellos sujetos pasivos del IS que participen en IIC constituidas en territorios o países considerados como paraísos fiscales, según la cual:

- Se integrará en la base imponible del IS la diferencia positiva entre el valor liquidativo de la participación en el momento del cierre del período impositivo y su valor de adquisición, con una presunción legal de 15% de rentabilidad anual. Dicha cantidad se considerará mayor valor de adquisición.
- Los beneficios distribuidos por la IIC no se integrarán en la base imponible y minorarán el valor de adquisición de la participación. Dichos beneficios no darán derecho a deducción por doble imposición.

Ejemplo 26

Un inversor suscribe un millón de euros en un fondo de inversión en un paraíso fiscal el 31 de diciembre del año X.

Solución

En el año X + 1 ha de incluir en su declaración del IS una renta de 150.000 euros, o en su defecto la que corresponda si se puede probar la verdadera evolución financiera del fondo. Como contrapartida, cuando transmita su inversión el valor de adquisición a efectos fiscales se computará en 1.150.000 euros. Así, si reembolsa dicho fondo con posterioridad y obtiene 1.170.000 euros, la renta imputable a dicha operación será de 20.000 euros.

14.18. FONDOS DE PENSIONES

Los fondos de pensiones son sujetos pasivos del IS, si bien tributan al tipo de gravamen del 0%, por lo que se podría decir que están exentos del Impuesto.

Asimismo, y dado que la cuota resultante del IS ascenderá a cero, tendrán derecho a la devolución de las retenciones que se les practiquen.

No obstante, están obligados, como cualquier tipo de entidad, a calcular y presentar la declaración del IS, así como los correspondientes pagos a cuenta.

14.19. ENTIDADES DE CAPITAL RIESGO

Son entidades de capital riesgo aquellas entidades financieras cuyo objeto principal consiste en la toma de participaciones temporales en el capital de empresas no financieras y de naturaleza no inmobiliaria que, en el momento de la toma de participación, no coticen en mercados regulados.

A estos efectos, la normativa del IS considera las entidades de capital riesgo (sociedades y fondos de capital-riesgo, y a las sociedades gestoras de entidades de capital-riesgo), como sujetos pasivos del Impuesto, sometidas al tipo de gravamen general del 25%, si bien se establece un régimen especial de tributación siempre que se cumplan una serie de requisitos. Consiste en lo siguiente:

- Exención del 99% sobre las rentas obtenidas por la transmisión de las acciones o participaciones sociales en las que invierten, siempre que la transmisión se produzca a partir del inicio del segundo año de tenencia, computado desde el momento de adquisición o de la exclusión de cotización y hasta el decimoquinto, inclusive. Es, por tanto, una cuasiexención de plusvalías, que operará solo cuando la exención plena del régimen general no se cumpla, por falta de algún requisito.
- Aplicación de una exención de dividendos del 100% sobre las participaciones en beneficios procedentes de las sociedades o entidades que promuevan o fomenten, cualquiera que sea el porcentaje de participación y el tiempo de tenencia de las acciones o participaciones.

A su vez, los socios de las entidades de capital riesgo que sean sujetos pasivos del IS tributan con exención de los dividendos y, en general, las participaciones en beneficios percibidos de las entidades de capital-riesgo, aplicable igualmente a las rentas positivas puestas de manifiesto en la transmisión o reembolso de acciones o participaciones representativas del capital o los fondos propios de las entidades de capital-riesgo.

14.20. SOCIEDADES ANÓNIMAS COTIZADAS DE INVERSIÓN EN EL MERCADO INMOBILIARIO (SOCIMI)

El objetivo de las Sociedades Anónimas Cotizadas de Inversión en el Mercado Inmobiliario (SOCIMI) es dinamizar el mercado del arrendamiento de inmuebles, estableciendo una solución provista de beneficios fiscales que facilite la participación de los particulares en la propiedad inmobiliaria, centrado en la distribución obligatoria de beneficios y en un grado adecuado de liquidez a través de la obligación de negociación en mercados regulados.

Tienen la consideración de SOCIMI aquellas sociedades anónimas cotizadas cuyo objeto social principal sea la adquisición y promoción de bienes inmuebles de naturaleza urbana para su arrendamiento, o la tenencia de participaciones en el capital de otras SOCIMI o en el de otras entidades no residentes en territorio español que sean similares.

Las SOCIMI están obligadas a distribuir en forma de dividendos a sus accionistas la mayor parte del beneficio obtenido en cada ejercicio.

El régimen fiscal especial de las SOCIMI se resume como sigue:

— Las SOCIMI tributan al tipo de gravamen del cero por ciento en el IS.
— No resultan de aplicación las deducciones y bonificaciones.
— Como excepción al tipo cero, esto es, a la no tributación por IS, una SOCIMI estará sometida a un gravamen especial del 19% sobre el importe íntegro de los dividendos o participaciones en beneficios distribuidos a los socios cuya participación en el capital social de la entidad sea igual o superior al 5%, cuando dichos dividendos, en sede de sus socios, estén exentos o tributen a un tipo de gravamen inferior al 10%. Dicho gravamen tendrá la consideración de cuota del IS. Nótese que si los socios son contribuyentes del IRPF, o entidades que no alcanzan el 5% en la SOCIMI, se preserva la tributación al cero por ciento, al igual que cuando los dividendos o participaciones en beneficios sean percibidos por entidades no residentes que posean una participación igual o superior al 5% en el capital social y tributen al menos al tipo de gravamen del 10%.
— Los dividendos distribuidos con cargo a beneficios o reservas tributan en el IRPF, IS o IRNR, sin aplicación de deducción o exención alguna.
— Las rentas obtenidas en la transmisión o reembolso de la participación en el capital de las SOCIMI tributan sin ninguna particularidad, más que la imposibilidad de aplicar exención.

14.21. RÉGIMEN FISCAL DE LAS ENTIDADES *HOLDING* Y DE TENENCIA DE VALORES

Existe en el IS un régimen especial de entidades *holding* y de tenencia de valores, aplicable a las entidades cuyo objeto social sea la gestión y administración de valores representativos de los fondos propios de entidades no residentes en territorio español, mediante la correspondiente organización de medios materiales y personales.

Lo anterior significa la existencia de un régimen *holding* propio en España y muy ventajoso, si bien aplicable únicamente a entidades *holding* españolas con participaciones en empresas extranjeras. Por el contrario, no existe un régimen fiscal *holding* especial para las que tienen participaciones en empresas en España.

Se caracteriza porque los dividendos y plusvalías están generalmente exentos en el IS, y los beneficios distribuidos por estas entidades con cargo a las rentas exentas anteriormente mencionadas, cuando el perceptor sea una persona o entidad no residente, se encuentran no sujetos al IRNR.

Asimismo, para las rentas obtenidas en la transmisión de la participación en la entidad de tenencia de valores o en los supuestos de separación del socio o liquidación de la entidad, podrá aplicarse exención o no sujeción en el caso de no residentes.

14.22. RETENCIONES

14.22.1. Obligados a retener

La regla general establece que están obligados a retener o a efectuar ingresos a cuenta, respecto al IS, las entidades, incluidas las comunidades de bienes y las de propietarios, que satisfagan o abonen rentas sujetas a este impuesto, los empresarios individuales y profesionales respecto de las rentas que satisfagan o abonen a sujetos pasivos del IS en el ejercicio de sus actividades empresariales o profesionales, así como los no residentes en territorio español que operen en él mediante establecimiento permanente.

La obligación de retención implica la recaudación tributaria por parte del obligado a retener, el ingreso de la deuda tributaria de forma anticipada al devengo del impuesto y, tan importante como lo anterior, un sistema perfecto de suministro de información tributaria que garantiza el control de las rentas.

14.22.2. Rentas sometidas a retención o ingreso a cuenta

Sin ánimo de realizar una enumeración exhaustiva, conviene destacar las siguientes rentas sometidas al deber de retención en el ámbito del IS:

— Rendimientos de capital mobiliario. A su vez, pueden diferenciarse las siguientes rentas:

- Las derivadas de la participación en fondos propios, básicamente los dividendos.
- Las derivadas de la cesión a terceros de capitales propios. Tienen esta consideración las contraprestaciones de todo tipo, cualquiera que sea su denominación o naturaleza, dinerarias o en especie, como los intereses y cualquier otra forma de retribución pactada como remuneración por la cesión a terceros de capitales propios, e incluye tanto los rendimientos implícitos (por ejemplo, pagarés, si bien con la importante excepción de las Letras del Tesoro) como los rendimientos explícitos (por ejemplo, los intereses de préstamos o de cuentas corrientes, que se generan de forma separada —por tanto, no implícita— al capital). También tienen esta consideración las rentas derivadas de la transmisión, reembolso, amortización, canje o conversión de cualquier clase de activo representativo de la captación y utilización de capitales ajenos.
- Las restantes rentas conceptuadas como rendimientos de capital mobiliario en la LIRPF, art. 25. Entre otras, se encuentran las procedentes de la prestación de asistencia técnica, salvo que dicha prestación tenga lugar en el ámbito de una actividad económica.

— Las contraprestaciones obtenidas como consecuencia de la atribución de cargos de administrador o consejero en otras sociedades.

— También estarán sujetas a retención en el IS las rentas procedentes del arrendamiento o subarrendamiento de inmuebles urbanos, aun cuando constituyan ingresos derivados de explotaciones económicas. Ahora bien, esta obligación de retener presenta importantes excepciones.

— Las rentas obtenidas como consecuencia de las transmisiones o reembolsos de acciones o participaciones representativas del capital o patrimonio de instituciones de inversión colectiva. También este supuesto presenta algunas excepciones.

14.22.3. Tipos de retención aplicables

En el IS se aplica un porcentaje de retención general del 19%, y diferentes porcentajes especiales según el tipo de renta obtenida.

— Rentas procedentes del arrendamiento o el subarrendamiento de inmuebles urbanos situados en Ceuta, Melilla o en sus dependencias, obtenidas por entidades domiciliadas en dichos territorios o que operen en ellos mediante establecimiento o sucursal: el porcentaje aplicable se divide por dos.

— En el caso de rentas procedentes de la cesión del derecho a la explotación de la imagen o del consentimiento o autorización para su utilización, el 24%.
— Loterías y apuestas no exentas del gravamen especial: 20 por ciento.

14.23. DECLARACIÓN Y LIQUIDACIÓN DEL IMPUESTO

14.23.1. Pagos fraccionados

Los sujetos pasivos del IS (excepto los que tributan a los tipos de 1% o 0%) han de practicar tres pagos a cuenta a lo largo del período impositivo, antes de su finalización.

Los plazos para ello son los primeros veinte días naturales de los meses de abril, octubre y diciembre, para efectuar el pago fraccionado a cuenta de la liquidación de IS del período impositivo en curso a partir del día primero de los meses señalados, en la cuantía y porcentajes que establezca la ley de presupuestos de cada año.

Existen dos métodos para realizar los pagos fraccionados.

El primero de ellos, el general, es aquel en el que la base para determinar la cuantía del pago es la cuota íntegra positiva del IS correspondiente al último período impositivo cuyo plazo de declaración estuviere vencido el día primero del plazo de declaración del respectivo pago fraccionado (1 de abril, 1 de octubre y 1 de diciembre), minorada en las deducciones y bonificaciones, retenciones e ingresos a cuenta correspondientes a aquel ejercicio (si el impuesto resultó cero o a devolver, no procede pago fraccionado). De este modo, si fuese el período del IS coincidente con el año natural, el pago de abril toma en consideración la cuota del IS de dos años anteriores, y los pagos de octubre y diciembre la cuota del año anterior. Como se aprecia, su determinación es muy sencilla, y no existe referencia alguna al resultado del año corriente. Sobre esta base se aplica el tipo del 18%.

Frente a este método general existe otro particular y mucho más complejo, que obliga a aquellos contribuyentes cuyo importe neto de cifra de negocios haya superado la cantidad de 6 millones de euros durante los 12 meses anteriores a la fecha en que se inicie el período impositivo. Para estas grandes empresas, los pagos fraccionados se realizarán sobre la parte de la base imponible del IS calculada y correspondiente al período de los tres, nueve y once primeros meses de cada año natural. Es un método más perfecto, porque supone una especie de liquidación parcial del IS del año en curso.

Este segundo método de cálculo también puede ser elegido por opción del sujeto pasivo (cuyo volumen de operaciones no haya superado la cantidad de 6 millones de euros) cuando le perjudique el otro método. La opción deberá realizarse en declaración censal, con carácter general durante el período de dos meses a contar desde el inicio de dicho período impositivo.

En esta segunda modalidad, para determinar la cuantía del pago a cuenta se multiplica la base calculada, como se acaba de apuntar, por un tipo calculado en función del tipo de gravamen del IS aplicable a la entidad, y sobre este resultado se detraen las bonificaciones (no las deducciones), retenciones e ingresos a cuenta del ejercicio, así como los pagos fraccionados anteriores.

Adicionalmente, para sujetos pasivos del IS cuyo importe neto de cifra de negocios en los doce meses anteriores a la fecha en la que se inicie el período impositivo sea, al menos, de 10 millones de euros, existe un marco más exigente para la práctica de pagos fraccionados:

— En primer lugar, el porcentaje aplicable sobre la base imponible a considerar para el pago fraccionado resulta de multiplicar por 19/20 el tipo de gravamen, redondeado por exceso (resultando un 24% para entidades que tributan en el IS al tipo del 25%).
— En segundo lugar, se establece un importe mínimo de pago fraccionado, que es el 23% del resultado positivo de la cuenta de pérdidas y ganancias de los 3, 9 u 11 primeros meses de cada año natural, minorado en determinados conceptos que la propia norma detalla, así como en los pagos fraccionados realizados con anterioridad correspondientes al mismo período impositivo.

  Esto significa que, cuando este mínimo opera, el pago fraccionado se abstrae de la referencia a la base imponible, y por tanto ignora la compensación de bases imponibles negativas o los ajustes fiscales en base imponible. De este modo, el pago fraccionado del IS se determina sobre la referencia del «resultado positivo de la cuenta de pérdidas y ganancias, determinado de acuerdo con el Código de Comercio y demás normativa contable de desarrollo», lo que obliga a realizar una cuantificación del resultado, con pleno respeto de la normativa contable, a 31 de marzo, 30 de septiembre y 30 de noviembre.

14.23.2. Autoliquidación del impuesto

Los contribuyentes del IS tienen que presentar una declaración-autoliquidación por el impuesto en cada período impositivo, necesariamente por medios electrónicos.

El plazo para ello es de veinticinco días naturales siguientes a los seis meses posteriores a la conclusión del período impositivo. Así, los contribuyentes con ejercicio fiscal coincidente con el año natural practican sus declaraciones por IS en los primeros veinticinco días del mes de julio del año siguiente.

Junto a las obligaciones de declarar y autoliquidar está la de ingresar la deuda tributaria resultante cuando resulte positiva, en las entidades colaboradoras que correspondan.

También es posible que las autoliquidaciones resulten negativas o a devolver, por el importe que representa el exceso sobre la cuota resultante de la autoliquidación de los pagos a cuenta (retenciones, ingresos a cuenta y pagos fraccionados). En estos casos la Administración podrá revisar la devolución y practicar una liquidación provisional en un plazo de seis meses siguientes al fin del período voluntario de declaración, y si no lo hiciera deberá devolver de oficio las cantidades adeudadas al contribuyente en este plazo (con independencia de su capacidad de comprobar la autoliquidación posteriormente), computándose de oficio intereses de demora si el mismo se excediera.

REFERENCIAS BIBLIOGRÁFICAS

CISS Fiscal. Editorial Wolters Kluwer.
Memento Fiscal. Ediciones Lefebvre.
Rodríguez Relea, F. J. *Fiscalidad práctica 2018. Impuesto sobre Sociedades.* Aranzadi.
VV. AA. *Sistema tributario español.* Dykinson.

Páginas web recomendadas

Agencia tributaria:

https://www.agenciatributaria.es/AEAT.internet/Inicio/La_Agencia_Tributaria/Campanas/_Campanas_/Impuesto_sobre_Sociedades/_INFORMACION/Normativa_y_manuales/Normativa_y_manuales.shtml.

BOE:

https://www.boe.es/legislacion/codigos/codigo.php?id=062_Impuesto_sobre_Sociedades&modo=1.

Guía Fiscal 2019. CEF:

https://www.fiscal-impuestos.com/guia-fiscal-capitulo-4-impuesto-sociedades.

15 Fiscalidad de los principales productos financieros

Juan Manuel Moral Calvo

Resumen del capítulo

El objetivo de este capítulo es estudiar el tratamiento fiscal de los principales productos financieros que existen en el sistema financiero español. Vamos a hacerlo enfocado en el Impuesto sobre la Renta de las Personas Físicas (IRPF), porque es el más trascendente y el más complejo. Además, en la práctica suele ser el ámbito más proclive para realizar actuaciones de asesoramiento financiero-fiscal.

Objetivos de aprendizaje

Después de estudiar el capítulo, el lector ha de ser capaz de conocer y entender la tributación de los siguientes instrumentos financieros desde el prisma del inversor persona física residente en España (IRPF):

1. Cuentas y depósitos bancarios.
2. Activos financieros (renta fija).
3. Acciones y participaciones sociales (renta variable).
4. Fondos de inversión y SICAV.
5. Derivados.
6. Seguros de vida.
7. Planes de pensiones.

15.1. INTRODUCCIÓN

Para asimilar correctamente todos los conceptos que vamos a exponer, es importante haber trabajado previamente el capítulo 12, en el que hemos abordado el análisis del IRPF.

Realizando un breve recordatorio de los conceptos más importantes, sabemos que el IRPF es un impuesto de estructura analítica, que se caracteriza por la calificación fiscal de sus rentas. En el IRPF no hablamos de su ámbito propiamente tributario de intereses, ni de dividendos, ni de plusvalías, sino que hablamos de rendimientos del capital mobiliario, ganancias patrimoniales, etc. La razón, y esto es importante, es porque, según resulte una u otra tipología de renta, la estructura del impuesto depara un tratamiento fiscal diferenciado, y de ahí la importancia de realizar una adecuada calificación de cada renta obtenida en el IRPF. Como se verá, en este tema resultará una parte central del aprendizaje la forma en la que se califican las rentas que generan los diferentes productos financieros, que normalmente estarán en la dicotomía entre rendimientos del capital mobiliario y ganancias y pérdidas patrimoniales.

Otro concepto central para avanzar en la materia es entender la estructura actual de la base imponible del IRPF, compuesta de una renta general y una renta del ahorro. Como vimos en el capítulo 12, la renta general agrupa determinadas tipologías de renta, como los rendimientos del trabajo, los rendimientos de actividades económicas, los rendimientos del capital inmobiliario, y unas categorías residuales de rendimientos del capital mobiliario y ganancias y pérdidas patrimoniales, así como las imputaciones de rentas. De hecho, la mayor parte de las rentas existentes en el IRPF se integran dentro de la parte general del impuesto; aunque a los efectos que ahora nos interesan, que son las rentas financieras, veremos que solo de manera excepcional se integrarán en la parte general de la base imponible del impuesto, ya que en la mayoría de los casos estas rentas se dirigen a la parte de la base imponible que se denomina base imponible del ahorro.

En la base imponible del ahorro se integran y compensan entre sí la mayor parte de los rendimientos del capital mobiliario, tanto positivos como negativos, así como las ganancias y pérdidas patrimoniales siempre que se hayan puesto de manifiesto con ocasión de transmisiones de elementos patrimoniales, como serían los casos de ventas de acciones, reembolsos de fondos de inversión, etc.

Es muy diferente el impacto fiscal de las rentas que se integran en la base imponible general respecto a las que se integran en la base imponible del ahorro, ya que, como sabemos, la base liquidable general se somete a la tarifa del impuesto, con tipos máximos que pueden rondar el 50%, mientras que la base imponible del ahorro se somete a una tributación a tipos bastante más reducidos, en la horquilla del 19% al 23%. Por ello, las rentas del ahorro tienen una tributación inferior a las rentas que se integran en la base general.

Lo anterior ya resulta bien conocido, pero un poco más complejo es moverse con precisión entre las reglas de integración y compensación de rentas tanto en la base imponible general como en la del ahorro. La idea central es que estas bases imponibles no funcionan como cuentas de resultados donde todas las rentas positivas suman y las rentas negativas restan, de modo que al final se obtiene un resultado común de todas las sumas y todas las restas. Por el contrario, en el IRPF existen reglas especiales de integración y compensación de rentas, que en la práctica determinan limitaciones a la hora de compensar las rentas negativas con las positivas.

Así, tal y como estudiamos en el capítulo 12, debemos distinguir, dentro de la base imponible del ahorro, dos subconjuntos bien diferenciados, y en principio estancos entre sí: nos referimos al capítulo de rendimientos del capital mobiliario y al capítulo de ganancias y pérdidas patrimoniales.

Conviene entender bien el esquema mostrado en la figura 15.1.

Los rendimientos del capital mobiliario que se integran en la base imponible del ahorro proceden de una triple tipología:

i) Los rendimientos derivados de la participación en fondos propios de entidades, típicamente los dividendos.
ii) Los rendimientos del capital mobiliario derivados de la cesión a terceros de capitales propios, típicamente intereses.
iii) En tercer lugar los rendimientos del capital mobiliario derivados de operaciones de capitalización o contratos de seguro de vida o invalidez.

Estas tres tipologías de rentas pueden determinar rendimientos del capital mobiliario positivos o negativos, y en la base imponible del impuesto se integran y compensan entre sí sin ninguna dificultad, de modo que el resultado final de integrar y compensar todos los rendimientos del capital mobiliario positivos y negativos en la base imponible del ahorro determinará normalmente una cifra neta positiva, pero también pudiera determinar una cifra neta negativa.

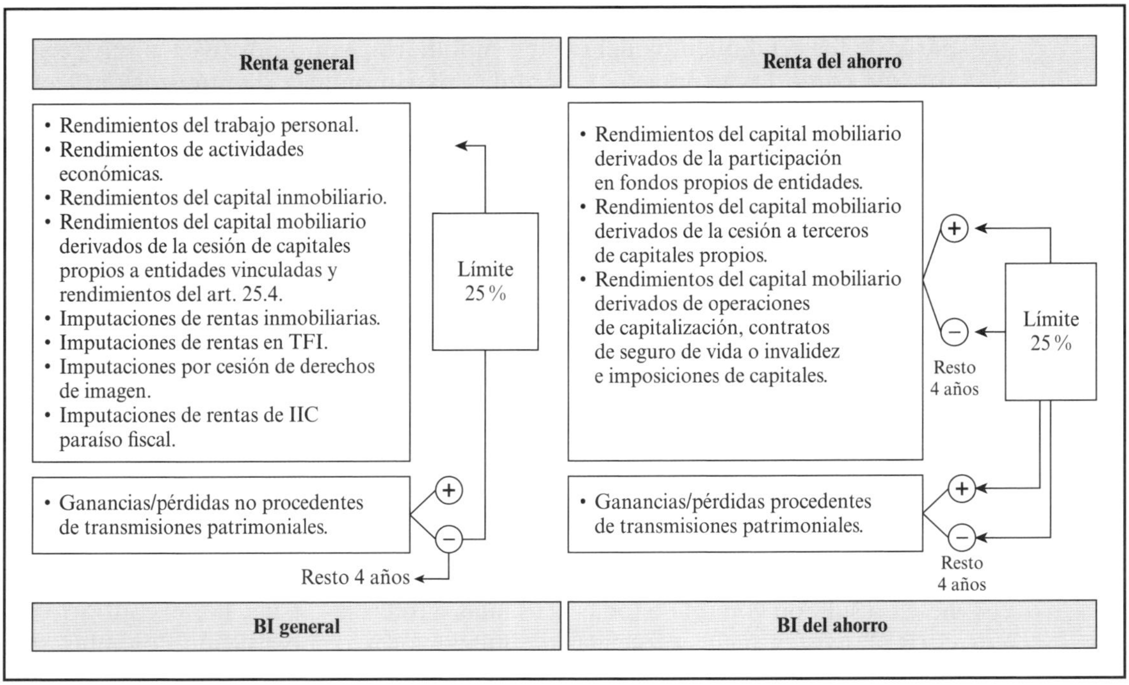

Figura 15.1.

Lo mismo ocurre con las demás rentas que se integran dentro de la base imponible del ahorro, que son las ganancias y pérdidas patrimoniales procedentes de transmisiones de elementos patrimoniales. Lo que vulgarmente se denominan plusvalías o minusvalías, en el ámbito fiscal son ganancias y pérdidas patrimoniales, dos tipologías de renta que igualmente se integran y compensan entre sí en la base imponible del ahorro del mismo ejercicio. Así, todas las ganancias patrimoniales de un contribuyente en un ejercicio suman y todas las pérdidas patrimoniales de ese mismo contribuyente en ese mismo ejercicio restan, siendo el resultado final una ganancia patrimonial neta del ejercicio o una pérdida patrimonial neta del ejercicio.

Una vez aquí, es necesario entender la integración y compensación del IRPF bajo el siguiente esquema:

— *Saldo neto de rendimientos del capital mobiliario positivo y saldo neto de ganancias y pérdidas patrimoniales positivas.* En ese caso ambos saldos positivos se suman, y el resultado se somete a la escala de gravamen que aplica a la base liquidable del ahorro.
— *Saldo neto de rendimientos del capital mobiliario negativo y saldo neto de ganancias y pérdidas patrimoniales negativo.* En ese caso, cada uno de es-

tos saldos netos representa un importe que podrá ser compensado en los próximos cuatro años con rentas positivas, en la forma que explicaremos a continuación.

— *Saldo neto de rendimientos del capital mobiliario positivo y saldo neto de ganancias y pérdidas patrimoniales negativo.* En este caso, podrán compensarse las pérdidas patrimoniales netas con los rendimientos del capital mobiliario positivos del período, pero con un límite, que es el 25% de estos últimos, y si como resultado de la aplicación de este límite quedasen pérdidas patrimoniales por compensar, las mismas podrán ser compensadas en los cuatro años siguientes.

En los años siguientes las pérdidas patrimoniales que no pudieron compensarse en años anteriores se compensarán con las ganancias patrimoniales netas del período que resten por compensar, estas en su caso después de compensarse con los rendimientos del capital mobiliario negativos de su mismo año de generación, comenzando por las de mayor antigüedad.

Finalmente procede compensar las ganancias patrimoniales que resten del período, después de los dos procesos de compensación anteriores, con los rendimientos negativos del capital mobiliario que se hubieran producido en los cuatro años anteriores (desde 2015 inclusive) y que estuviesen pendientes de compensación, comenzando por los de mayor antigüedad, si bien hasta el límite de 25% del saldo de las ganancias netas del período, límite que opera conjuntamente con el aplicable en el ejercicio de compensación de dichas ganancias con los rendimientos del capital mobiliario negativos del ejercicio.

— *Saldo neto de rendimientos del capital mobiliario negativo y saldo neto de ganancias y pérdidas patrimoniales positivo.* En este caso podrán compensarse las ganancias patrimoniales netas con los rendimientos del capital mobiliario negativos del período, pero con un límite, que es el 25% de las ganancias, y si como resultado de la aplicación de este límite quedasen rendimientos negativos por compensar, los mismos podrán ser compensados en los cuatro años siguientes.

En los años siguientes los rendimientos del capital mobiliario negativos que no pudieron compensarse en años anteriores se compensarán con los rendimientos del capital mobiliario positivos del período que resten por compensar, estos en su caso después de compensarse con las pérdidas patrimoniales de su mismo año de generación, comenzando por los de mayor antigüedad.

Finalmente procede compensar los rendimientos del capital mobiliario positivos que resten del período, después de los dos procesos de compensación anteriores, con las pérdidas patrimoniales que se hubieran producido en los cuatro años anteriores (desde 2015 inclusive) y que estuviesen pendientes de compensación, comenzando por las de mayor antigüedad, si bien hasta el límite de 25% del saldo de los rendimientos del capital mobiliario del período, límite que opera conjuntamente con el aplicable en el ejercicio de compensación de dichos rendimientos con las pérdidas patrimoniales del ejercicio.

Lo anterior es verdaderamente complejo, siendo mejor tratar de entenderlo con un ejemplo.

Ejemplo 1

Una persona física genera en un año un saldo neto positivo de rendimientos del capital mobiliario de 10.000 euros, unas ganancias patrimoniales integrables en la base imponible del ahorro de 20.000 euros y unas pérdidas patrimoniales de esta naturaleza de 21.000 euros.

A su vez, trae del año anterior unos rendimientos del capital mobiliario negativos pendientes de compensar de 2.000 euros y unas pérdidas patrimoniales igualmente pendientes de compensar de 1.000 euros.

Y finalmente trae de dos años anteriores unos rendimientos del capital mobiliario negativos pendientes de compensar de 3.000 euros y unas pérdidas patrimoniales igualmente pendientes de compensar de 4.000 euros.

Solución

El primer año, la base imponible del ahorro asciende a 9.000 euros, resultado de compensar 1.000 euros de rendimientos del capital mobiliario positivos con las pérdidas patrimoniales netas de 1.000 euros (20.000 − 21.000), por tanto sin agotar el límite del 25% de los rendimientos positivos. Como resultado, quedan 9.000 euros de rendimientos del capital mobiliario sin compensar.

Tras ello procede compensar, de este saldo de 9.000 euros de rendimientos, los rendimientos del capital mobiliario negativos pendientes de años anteriores, comenzando por los más antiguos (3.000) y siguiendo por los pendientes del año pasado (2.000). Por tanto, restan aún rendimientos del capital mobiliario positivos del año por 4.000 euros (9.000 − 3.000 − 2.000).

Finalmente procede compensar contra este último saldo las pérdidas patrimoniales de años anteriores pendientes de compensación, hasta un límite del 25% de los rendimientos positivos del año, límite en el que ya ha consumido una parte las pérdidas patrimoniales compensadas en el año. En definitiva, el límite de rendimientos del año compensable con pérdidas patrimoniales es de 2.500 euros (10.000 · 25%), y antes de llegar a este paso se han consumido 1.000 euros (las pérdidas netas del año), por lo que queda un excedente de 1.500 euros.

En consecuencia, podrán compensarse del remanente de rendimientos positivos de 4.000 euros un total de 1.500 euros, aplicando para ello parte de las pérdidas patrimoniales más antiguas, las de hace dos años (1.500 euros).

El resultado final es una base imponible del ahorro de 2.500 euros (4.000 − 1.500), y quedarían por compensar para años siguientes únicamente 3.500 euros, 2.500 procedentes de dos años anteriores (4.000 − 1.500), y 1.000 euros procedentes del año pasado.

15.2. CUENTAS CORRIENTES, IMPOSICIONES A PLAZO Y DEPÓSITOS BANCARIOS

Esta familia de productos engloba cualquier contrato por el cual un inversor acuerda con una entidad financiera la entrega de su dinero a cambio de unas condiciones financieras que comprenden la obligación de su restitución en un plazo acordado y la obtención de una rentabilidad.

Los productos más característicos son las cuentas corrientes y los depósitos o imposiciones a plazo, donde tradicionalmente los bancos abonan intereses como contraprestación a esta cesión de capitales. También las denominadas cuentas financieras, donde se invierten los fondos en deuda Pública u otros instrumentos muy líquidos, comprometiéndose la entidad, frente al titular, a recomprarlos a un plazo y precio determinado, y regularmente repetir la operación de venta con pacto de recompra.

Por ello, los intereses que producen estos productos se califican fiscalmente como rendimientos del capital mobiliario, los cuales pueden ser satisfechos de forma dineraria o en especie (casos en los que los bancos, en lugar de retribuir a sus clientes con intereses dinerarios, les entregan bienes o servicios).

Además de los intereses, también son rendimientos del capital mobiliario otros conceptos pagados por los bancos a sus clientes, como el caso de abonos en cuenta por devolución parcial de los recibos que son domiciliados.

Cuando la contraprestación es en especie, el rendimiento se valora por el valor normal de mercado del bien o servicio entregado.

Estos rendimientos del capital mobiliario, por naturaleza positivos, no permiten la deducción de ningún gasto o comisión bancaria, y son objeto de retención, al tipo actual del 19%, cuando son dinerarios, ya que si se trata de rendimientos en especie lo que se practica es un ingreso a cuenta por ese mismo porcentaje, aunque en este último caso la normativa establece para ello una regla que fija la base del ingreso a cuenta en el valor de adquisición o coste para el pagador, incrementado en un 20%.

EJEMPLO 2

Una persona física contrata un depósito a un año por importe de 100.000 euros a un tipo de interés del 2% anual.

Solución

El rendimiento de capital mobiliario ascenderá a 2.000 euros, y cuando se abone será objeto de retención por importe de 380 euros (19%).

EJEMPLO 3

El banco X ofrece un equipo electrónico valorado en 120 euros a quienes hagan un ingreso en el banco de, al menos, 3.000 euros, y mantenga dicho saldo durante 1 año. Se sabe que el equipo le cuesta al banco 100 euros (valor de mercado 110 euros). Nos dicen que el banco se encarga de ingresar a favor de la Administración Tributaria el importe del ingreso a cuenta, y posteriormente es repercutido al cliente, aunque en algunos casos es el banco quien asume el coste del ingreso a cuenta.

Solución

- Ingreso a cuenta: valor de adquisición incrementado en un 20%.
- Valor de adquisición: 100 euros.
- Base del ingreso a cuenta: 120 euros [100 + (100 · 0,2)].
- Tipo del ingreso a cuenta: 19%.
- Importe del ingreso a cuenta: 22,8 euros (120 · 0,19).
- Rendimiento del capital mobiliario: valor de mercado: 110 euros.

Particularmente en el caso en que el ingreso a cuenta lo soporte económicamente el banco y no el cliente:

- Rendimiento del capital mobiliario: valor de mercado + ingreso a cuenta.
- Total rendimiento del capital mobiliario: 132,8 euros (110 + 22,8).

Los depósitos bancarios más sofisticados satisfacen intereses variables, por ejemplo referenciados a la evolución de un índice bursátil. Esto no altera en nada la calificación de la renta como rendimiento del capital mobiliario, y lo único que produce es una indeterminación en cuanto a cuál será su cuantía final.

Algunos productos muy sofisticados, de naturaleza estructurada, pueden ir asociados a una posibilidad de pérdida de principal, es decir, a una especie de rendimiento negativo (estos productos se denominan contratos financieros atípicos), y en estos casos el tratamiento fiscal ha sido definido por consultas tributarias de la Dirección General de Tributos, estableciendo el criterio de que se genera un rendimiento de capital mobiliario negativo cuando a la liquidación se abona una cantidad de dinero inferior al de la imposición inicial, pero no se genera un rendimiento negativo cuando a vencimiento del contrato se entregan acciones u otros valores cuyo valor en ese momento es inferior al nominal del contrato adquirido. En consecuencia, el valor de adquisición de esos valores se corresponde con el importe inicialmente desembolsado en el contrato.

EJEMPLO 4

Un cliente contrata un contrato financiero atípico con las siguientes características: se desembolsa un importe de 100.000 euros, y se observa durante un plazo de dos años, de modo que si transcurridos dos años la cotización de las acciones de Telefónica es superior a la que tenían en el momento de contratar el depósito, el producto pagará un interés del 10%. Pero si ocurre lo contrario, el producto es liquidado con la entrega de un número *X* de acciones de Telefónica, cuyo valor en ese momento es inferior a 100.000 euros.

Solución

Si se produce el escenario negativo, y el cliente adquiere 1.000 acciones de Telefónica al vencimiento del contrato, cuyo valor de cotización en ese momento es de 85.000 euros, no experimenta un rendimiento del capital mobiliario negativo de 15.000 euros en ese momento, si bien esas acciones tendrán un valor fiscal de adquisición de 100.000 euros, lo que significa que si en el futuro se transmiten por 85.000 euros, en ese momento de la futura transmisión se generará una pérdida patrimonial de 15.000 euros.

Los rendimientos del capital mobiliario positivos o negativos derivados de estos productos bancarios tienen una regla de devengo que el IRPF fija según se pacte la exigibilidad del rendimiento, con independencia de cuándo se pague. Por ello, si se contrata un depósito a tres años y se liquidan semestralmente intereses, existirán rendimientos del capital mobiliario en todos los períodos impositivos en los que el producto estuvo vivo. Pero, por el contrario, si el producto acordase pagar todos los intereses a vencimiento, solo se tributaría en el último período impositivo, coincidiendo con la liquidación del depósito y el abono de intereses.

Una particularidad en esta familia de productos son los planes de ahorro a largo plazo, que son unos productos definidos en la normativa fiscal y que aportan el beneficio fiscal de exención de los rendimientos que generan. Para ello son necesarios los siguientes requisitos:

i) Un límite de inversión máximo de 5.000 euros al año por contribuyente.
ii) El mantenimiento por un plazo mínimo de cinco años desde que se realiza la primera aportación, con la obligación adicional de disponer de ellos en un solo cobro.

Por tanto, son productos de ahorro minorista, con limitaciones económicas en cuanto a su inversión y que fomentan el ahorro a medio o largo plazo. Además, la normativa obliga a configurar estos productos de modo que incorporen al menos una garantía del capital del 85%, para los casos en los que exista un tipo de interés variable que pueda resultar negativo. Es importante señalar que se permite la movilización de un plan de ahorro a largo plazo a otro, es decir, el cambio del producto entre entidades financieras, sin que ello determine tributación en el contribuyente.

15.3. ACTIVOS FINANCIEROS (INSTRUMENTOS DE DEUDA)

Esta familia de productos financieros es muy amplia, y engloba dos grandes capítulos.

— El primero son los contratos que instrumentan una cesión remunerada de capitales a terceros, como pueden ser los créditos o préstamos.
— El segundo atiende a los innumerables casos en los que la cesión de capitales se instrumenta a través de valores negociables, como bonos, obligaciones, pagarés, etc.

  Este grupo de productos financieros engloba por tanto las emisiones de deuda, tanto pública como privada, en sus múltiples manifestaciones en cuanto a condiciones financieras, duración, tipos de interés, riesgo, etc. Este grupo de activos está caracterizado por esta doble faceta de tratarse de valores negociables en mercados organizados, y que representan deuda para el emisor (esto es, un derecho de crédito frente al emisor), y son denominados en el ámbito fiscal como «activos financieros». Destaquemos la diferencia respecto a otros valores negociables, pero que no representan deuda para el emisor, sino capital o fondos propios, como son las acciones, las cuales no entran en el capítulo de los activos financieros y tienen una fiscalidad diferente a estos.

  El caso particular de las acciones o participaciones preferentes es reseñable, porque estos productos se asimilan fiscalmente a los activos financieros. Puntualmente cuentan con reglas especiales de cuantificación cuando se derivan de compensaciones recibidas a partir del 1 de enero de 2013 (disposición adicional 44 de la LIRPF).

Por consiguiente, esta amplia familia de productos genera las siguientes tipologías de rentas:

— Intereses percibidos por el prestamista en caso de préstamos o créditos.
— Cupones que pagan los bonos, obligaciones y otros empréstitos.
— Rendimientos implícitos que se derivan de valores emitidos con estas características, por ejemplo los pagarés o las Letras del Tesoro, que no abonan ninguna rentabilidad explícita y en los que la misma viene directamente determinada por la existencia de un valor de reembolso o amortización superior al valor de emisión.
— Rentas positivas o negativas derivadas de la transmisión de los activos financieros en los mercados en los que cotizan. Por ejemplo, sería el caso de las cesiones temporales de activos financieros o *repos*.
— Rentas positivas o negativas obtenidas cuando un activo financiero es objeto de amortización o reembolso, o es canjeado por otro activo diferente, o es objeto de conversión, como por ejemplo las obligaciones o bonos convertibles, en los que se genera un rendimiento del capital mobiliario por la diferencia entre el valor de conversión, esto es, el valor de las acciones que se entregan, y el valor de adquisición del bono.

En todos estos eventos se pueden generar rentas positivas o negativas, y lo importante es saber que tienen la calificación de rendimientos del capital mobiliario, sometidos como regla general a retención al tipo del 19%, aunque existen extensas excepciones, como el caso de las letras del Tesoro, o de las transmisiones o reembolsos de activos financieros con rendimiento explícito anotados y negociados.

Estos rendimientos del capital mobiliario permiten la deducción de los gastos de administración y depósito de los valores, como son los gastos y comisiones de custodia que cobran las entidades financieras.

A su vez, cuando se adquieren estos valores suelen existir gastos y comisiones de adquisición, y cuando se transmiten suelen existir gastos y comisiones de transmisión. Pues bien, hay que tenerlos en cuenta porque tienen implicaciones fiscales, de modo que los gastos y comisiones de adquisición deben sumarse al precio de adquisición para determinar fiscalmente el valor de adquisición, y a la inversa, los gastos y comisiones de transmisión deben minorar el precio de transmisión para alcanzar el valor de transmisión fiscalmente computable.

EJEMPLO 5

Si una persona física adquiere unas obligaciones en su emisión y desembolsa por ello 100.000 euros, siendo las comisiones de adquisición 200 euros, el valor de adquisición de ese activo será de 100.200 euros. Si un tiempo después transmitiese esas obligaciones por 102.000 euros, y pagase 300 euros de comisiones por la venta, el valor de transmisión a efectos fiscales sería de 101.700 euros.

Solución

Consecuentemente, como resultado de esa transmisión el contribuyente tendría una renta positiva de 1.500 euros, que representaría un rendimiento del capital mobiliario en su IR PF.

Por último, comentar una especialidad aplicable a los activos financieros cuando los mismos se transmiten generando rendimientos negativos del capital mobiliario, pero en el plazo de dos meses, previos o posteriores, contados desde la fecha de transmisión, el contribuyente adquiere activos financieros que se consideran homogéneos a efectos fiscales respecto a los transmitidos, lo que en la práctica viene a representar una recompra de los mismos valores que se han transmitido. En esos casos, la norma fiscal impide computar el rendimiento del capital mobiliario negativo, de modo que el mismo queda diferido hasta el momento en que los activos recomprados sean objeto de transmisión definitiva. Lo anterior es conocido como la «norma antiaplicación».

EJEMPLO 6

Supongamos que se venden 1.000 obligaciones X, y por ello se obtiene una pérdida que es calificada como rendimiento del capital mobiliario negativo de 1.500 euros. Ese mismo contribuyente, antes de que transcurran dos meses desde la fecha de venta, vuelve a adquirir 1.000 obligaciones X.

Solución

La consecuencia de ello es que no podrá computar el rendimiento negativo de 1.500 euros hasta que posteriormente proceda a una transmisión de las 1.000 obligaciones recompradas que no incurra a su vez en una casuística como la comentada.

Nótese que, si en lugar de adquirir 1.000 obligaciones X tras la venta de las 1.000 obligaciones X que anteriormente tenía, únicamente adquiriese 500, la normativa le permitiría computar un rendimiento del capital mobiliario negativo de 750 euros, quedando únicamente 750 euros de rendimientos del capital mobiliario negativo afectado por la recompra, y por tanto diferido hasta la transmisión de las 500 obligaciones recompradas.

15.4. ACCIONES Y PARTICIPACIONES SOCIALES: DIVIDENDOS

No es necesario detenerse mucho en el concepto del dividendo, ya que es la forma más extendida en nuestro derecho societario de distribuir los beneficios o las reservas acumuladas de las sociedades mercantiles a sus socios, accionistas o partícipes.

Si acaso solo recordar dos características. La primera, que los mismos proceden de beneficios o de reservas de libre disposición de la sociedad, que salvo casos muy excepcionales han sido objeto de tributación en el Impuesto sobre Sociedades (sociedades en España) o por impuestos similares que gravan los beneficios en otros Estados. La segunda característica es que el socio no tiene un derecho a percibir el dividendo, salvo en clases muy singulares de acciones, siendo este reparto una decisión de la junta de accionistas.

La normativa fiscal española asimila el tratamiento fiscal de los dividendos propios de las sociedades mercantiles a cualquier otra retribución que se obtenga por la participación en fondos propios de otras entidades y que implique una participación en sus beneficios o asimilados.

El tratamiento fiscal en el IRPF de los dividendos percibidos es muy sencillo, puesto que su importe bruto distribuido tributa como un rendimiento del capital mobiliario. Lo más destacable es que el sistema fiscal actual no contiene ningún mecanismo atenuador de la doble imposición, y por tanto el socio persona física que percibe dividendos se ve inexorablemente sometido a esquemas de doble imposición, resultado de unos beneficios que, como se ha apuntado anteriormente, primero han tributado en la sociedad, bajo el Impuesto sobre Sociedades, cuando se obtuvieron, y ahora tributan en el socio, bajo el IRPF, cuando se percibe el dividendo.

Esto determina que, en la práctica, en muchas sociedades no cotizadas y familiares la distribución del dividendo no sea común, puesto que el gravamen resulta elevado. Por esa razón se articulan otras vías para financiar a los socios y que puedan obtener liquidez de la compañía, como por ejemplo préstamos y cuentas corrientes de la sociedad a sus socios.

Para entender bien la problemática de la doble imposición de los dividendos basta un ejemplo muy sencillo: supóngase una sociedad que percibe un beneficio de 100, paga Impuesto sobre Sociedades por 25, y distribuye los 75 de remanente a sus socios personas físicas. Supongamos que el tipo aplicable en el IRPF a los rendimientos del capital mobiliario sea el más bajo de la escala, el 19%, y por ello los 75 distribuidos como dividendos tributasen en los socios por 14,25. El resultado final es que un beneficio de 100 ha pagado impuestos en estos dos niveles de tributación por un total de 39,25.

El hecho de que el IRPF sea insensible a la problemática de la doble imposición contrasta con el tratamiento fiscal de los dividendos en el Impuesto sobre Sociedades, que fue objeto de análisis en el capítulo 14. Si recordamos, los dividendos de participaciones superiores al 5% quedan exentos en el Impuesto sobre Sociedades, siempre que la participación se haya mantenido al menos un año. Esta es la razón por la que muchas veces es interesante articular sociedades *holding* entre los accionistas personas físicas y las sociedades operativas que generan beneficios, para poder distribuir los mismos a un primer nivel sin tributación.

Como ya sabemos, los rendimientos del capital mobiliario generados por los dividendos se integran en la base imponible del ahorro, y resultan deducibles los gastos que cobran quienes administran o gestionan el depósito de las acciones o participaciones de donde proceden. Además, sobre este rendimiento de capital mobiliario es aplicable un tipo de retención o ingreso a cuenta (dividendos en especie) que actualmente es el 19%.

Por último, apuntar que los dividendos que proceden del extranjero pueden ser objeto de retenciones o pagos de impuestos en esas jurisdicciones por su distribución (impuestos de salida o *withholdings*). En esos casos cabe aplicar una deducción por doble imposición internacional que reconoce al contribuyente del IRPF la posibilidad de deducir la menor de las siguientes dos cantidades: el importe del impuesto extranjero, o el tipo medio efectivo de la base liquidable aplicado a la renta gravada en el extranjero.

15.5. ACCIONES Y PARTICIPACIONES SOCIALES: TRANSMISIONES

La transmisión de acciones o participaciones en sociedades, normalmente por compraventa, pero también por otros negocios traslativos del dominio, como por ejemplo la donación, genera ganancias o pérdidas patrimoniales en la persona física transmitente, rentas que ya conocemos que se integran en la base imponible del ahorro del IRPF y que no son objeto de retención.

Una excepción son las transmisiones *mortis causa,* por ejemplo por herencia o legado, que no determinan ganancia ni pérdida patrimonial para el causante. En cambio, si la transmisión lucrativa es *intervivos,* por donación, el donante experimentará en su caso ganancias patrimoniales, si bien las pérdidas patrimoniales que pudieran producirse por la donación no son computables.

La ganancia o pérdida patrimonial se calcula de una forma muy sencilla, determinando el valor de adquisición y comparándolo con el de transmisión. El valor de adquisición será el precio de adquisición de las acciones o participaciones, si se compraron, o si se recibieron por herencia, legado o donación el valor a efectos del Impuesto sobre Sucesiones y Donaciones, esto es, el valor real de la fecha en la que se percibieron. Además, forman parte del valor de adquisición, sumando en el mismo los gastos de adquisición, por ejemplo las comisiones.

El valor de transmisión es igualmente sencillo de concebir, ya que es el precio obtenido por la transmisión del valor, o en su caso el valor de mercado de las acciones o participaciones cuando se transmiten por donación. Los gastos de transmisión soportados por el transmitente, por ejemplo las comisiones, se restan de dicho precio para determinar el valor de transmisión.

Ejemplo 7

En el año 2017 se adquirieron 1.000 acciones por un precio de cotización de 10 euros por acción, pagándose 10.000 euros. Las comisiones de compra fueron de 100 euros. Todo ello determina un valor de adquisición de ese paquete de acciones de 10.100 euros. En el presente ejercicio se transmiten 500 acciones por un precio de 12 euros, percibiéndose 6.000 euros, y las comisiones de venta fueron 50 euros. Esto supone que el valor de transmisión de las 500 acciones fue de 5.950 euros.

Solución

La renta obtenida por esa transmisión es la diferencia entre el valor de transmisión, 5.950 euros, y el valor de adquisición de las 500 acciones vendidas, que es igual a 5.050 euros (10.100/2). Por ello, en la operación el contribuyente habrá tenido una ganancia patrimonial de 900 euros.

Existe una regla especial para acciones o participaciones en sociedades no cotizadas, ya que en ese caso el valor de transmisión deberá ser el valor o precio pactado en la operación, o bien la mayor de las siguientes dos referencias:

i) El valor teórico resultante del último balance cerrado con anterioridad al devengo del impuesto.
ii) El resultado de capitalizar al 20% el promedio de los resultados de los últimos tres ejercicios sociales cerrados con anterioridad a la fecha de devengo del impuesto.

Cuando la transmisión afecte a acciones o participaciones adquiridas en distintas fechas, para el cálculo de la ganancia o pérdida patrimonial opera una regla que se denomina «FIFO» *(first in-first out),* lo que significa que, a efectos fiscales, se transmiten las acciones o participaciones con mayor antigüedad. Esta regla afecta a los valores que se consideren homogéneos a efectos de la normativa del IRPF, lo que en la práctica representa en la mayor parte de los casos las mismas acciones o participaciones transmitidas.

Ejemplo 8

En 2017 se compraron 1.000 acciones por un valor de adquisición de 10.000 euros (precio unitario de 10 euros por acción), y en 2018 se compraron 2.000 acciones del mismo emisor por un valor de adquisición de 22.000 euros (precio unitario 11 euros por acción). En 2019 se transmiten 2.000 acciones a un precio unitario de 9 euros por acción, y se perciben 18.000 euros.

Solución

La renta computable se determinaría, aplicando la «regla FIFO», identificando las 2.000 acciones vendidas como las 1.000 acciones compradas en 2017 y las 1.000 acciones de las que fueron compradas en 2018. Así, por las acciones compradas en 2017 se ha producido una pérdida de un 1 euro por acción, en total 1.000 euros, y por las 1.000 acciones compradas en 2018 se han perdido 2 euros por acción, lo que determina una pérdida de 2.000 euros. En total, esta operación habrá supuesto una pérdida patrimonial de 3.000 euros.

De forma similar a lo que analizamos en el capítulo de los activos financieros, también en las transmisiones de acciones o participaciones sociales opera la denominada «norma antiaplicación» de valores, que determina que cuando existe una transmisión de acciones o participaciones sociales y se genere una pérdida patrimonial, la misma no será computable si en el plazo de dos meses (acciones cotizadas) o de un año (acciones o participaciones en entidades no cotizadas) se han vuelto a adquirir valores homogéneos, esto es, las mismas acciones o participaciones sociales. Estos plazos de dos meses o un año se cuentan desde la fecha de transmisión, y operan hacia futuro o hacia pasado.

Ejemplo 9

En 2017 se adquieren 1.000 acciones por 10 euros de precio unitario, y por tanto el valor de adquisición es de 10.000 euros. En un año posterior se adquieren otras 1.000 acciones de las mismas características, por un precio de adquisición de 11.000 euros. Y antes de que transcurran dos meses desde esta segunda adquisición se transmiten 1.000 acciones, del paquete total de 2.000 que se posee, cuando cotizan a 9 euros por acción, lo que significa que se perciben 9.000 euros.

Solución

De conformidad con la «regla FIFO», estas 1.000 acciones transmitidas se corresponden con las adquiridas en 2017, por un precio de adquisición de 10.000 euros, y por consiguiente la transmisión ha determinado una pérdida patrimonial de 1 euro por acción, esto es, de 1.000 euros. Pero esta pérdida patrimonial no puede computarse en este período, precisamente porque ha operado la «regla antiaplicación» que estamos comentando, al haberse adquirido 1.000 acciones en una fecha que no es dos meses anterior (ni posterior) a la de transmisión.

Continuando entonces este ejemplo, supongamos que en el año siguiente se decide a vender las 1.000 acciones que le quedaban en cartera, que recordemos que son las adquiridas en segundo lugar por un valor de adquisición de 11.000 euros. Como han seguido cayendo de valor, y en la fecha de venta cotizan a 8 euros por acción, el valor de transmisión resulta ser de 8.000 €, lo que significa una pérdida patrimonial de 3.000 euros. En este caso, puesto que se ha producido una pérdida definitiva de la inversión, en el IRPF de este período se computará la pérdida patrimonial de 3.000 euros derivada de la transmisión, más la pérdida patrimonial de 1.000 euros procedente del ejercicio anterior y que no pudo ser computada por mandato de la «norma antiaplicación».

Existe un régimen especial para acciones o participaciones sociales adquiridas antes del 31 de diciembre de 1994. Para su análisis vamos a distinguir el caso de acciones cotizadas del de las acciones o participaciones sociales no cotizadas.

Comenzando por las segundas, en el caso de acciones o participaciones sociales no cotizadas lo primero es contar los días transcurridos desde la fecha de adquisición (anterior a 31 de diciembre de 1994) hasta la fecha del 20 de enero de 2006, y en segundo lugar los días transcurridos desde el 20 de enero de 2006 hasta la fecha de transmisión. La suma de estos dos resultados es el tiempo total de mantenimiento de las acciones o participaciones.

Si como resultado de la transmisión de estas acciones o participaciones sociales no cotizadas que se adquirieron antes del 31 de diciembre de 1994 se ha producido una ganancia patrimonial, la misma ha de ser prorrateada proporcionalmente entre los dos períodos calculados en el párrafo anterior, con lo que una parte de la ganancia se entiende obtenida antes del 20 de enero de 2006 y otra parte con posterioridad a esa fecha. En la parte de la ganancia más antigua se aplicará un porcentaje de reducción de esta del 11,11% por cada año de permanencia anterior a 31 de diciembre de 1994, redondeado por exceso.

EJEMPLO 10

Supongamos unas acciones que se han adquirido el 30 de marzo de 1990, y que se transmiten en este momento con una ganancia patrimonial de 100.000 euros.

Solución

Pues bien, como hemos comentado, lo primero es computar el número de días transcurridos desde el 30 de marzo de 1990 hasta el 20 de enero de 2006, lo que representa 5.771 días. Y lo segundo es computar los días transcurridos desde el 20 de enero de 2006 hasta la fecha de venta, que supongamos que son 4.500 días. En total, las acciones se han tenido 10.271 días, de modo que el período anterior al 20 de enero de 2016 (5.771 días) representa el 56,19%, y el período posterior el restante 43,81%.

Lo segundo es calcular el coeficiente reductor, que hemos dicho es igual a aplicar el coeficiente fijo del 11,11% por el número de años transcurrido desde la fecha de compra hasta el 31 de diciembre de 1994, redondeado por exceso, es decir, en el ejemplo cinco años; por tanto, el 55,55% será el coeficiente aplicable.

Por último, para llegar a la cifra de ganancia patrimonial que queda reducida de tributación lo que debe hacerse es aplicar sobre la ganancia total de 100.000 euros el porcentaje del 56,19%, y sobre ese resultado aplicar la reducción del 55,55%, lo que produce una cifra de ganancia exenta de 31.213,54 euros. De este modo la ganancia sometida a tributación no es de 100.000 euros, sino de 68.786,46 euros.

Pasándonos ahora a la aplicación de los coeficientes de abatimiento pero para el caso de acciones cotizadas, la mecánica es completamente distinta. En primer lugar, diremos que el coeficiente ya no es del 11,11% como hemos comentado antes, sino del 25%, recordemos que aplicable por cada año en el que las acciones se hayan poseído con anterioridad al 31 de diciembre de 1994, redondeado por exceso.

En segundo lugar necesitamos incluir una nueva referencia, que será el valor a efectos del Impuesto sobre el Patrimonio del año 2005, de las acciones transmitidas, el cual se calcula acudiendo a la cotización media del último trimestre del año 2005.

De este modo, para el caso de valores cotizados vamos a distinguir dos posibles escenarios.

El primero será el más habitual, y es cuando el valor de transmisión de las acciones sea superior al valor de dichas acciones acudiendo a la reglas de valoración del Impuesto sobre el Patrimonio 2005. En esta hipótesis, la ganancia patrimonial se calcula en dos tramos, el primero el que resulta de comparar el precio de venta con el valor a efectos del Impuesto de Patrimonio de 2005, que tributa sin ninguna particularidad, y el segundo el que resulta de comparar el valor del Impuesto sobre el Patrimonio 2005 con el valor de adquisición, que es sobre el que aplica el coeficiente reductor.

Ejemplo 11

Supongamos que unas acciones cotizadas se compraron el 30 de marzo de 1990 por un valor de 100.000 euros, y se transmiten en este momento por un valor de 200.000 euros; por tanto, existe una ganancia patrimonial de 100.000 euros. Como necesitamos el dato de la valoración de esas acciones según el Impuesto sobre Patrimonio de 2005, vamos a suponer que era de 140.000 euros.

Solución

Pues bien, la ganancia de 100.000 euros ya la tenemos dividida en dos tramos, 40.000 euros generados hasta 2005 y 60.000 euros generados con posterioridad.

Es sobre los 40.000 euros más antiguos donde aplica el coeficiente reductor, que en este ejemplo será del 100%, puesto que han transcurrido cinco años desde la fecha de compra hasta el 31 de diciembre de 1994, y el coeficiente aplicable es el 25%.

Como resultado, tenemos que la ganancia patrimonial computable no es de 100.000 euros, sino de 60.000 euros.

Para terminar, el último escenario a analizar sería cuando el valor de transmisión de las acciones cotizadas fuese inferior a la valoración que dichas acciones tienen aplicando las reglas del Impuesto sobre el Patrimonio del año 2005. En este caso, que es el más sencillo, se aplicaría el coeficiente reductor a la plusvalía total.

Ejemplo 12

Utilizando los mismos valores del ejemplo anterior, cuando las acciones se adquirieron el 30 de marzo de 1990 por un importe de 100.000 euros, y se transmiten en este momento por un importe de 200.000 euros, supongamos que el valor de dichas acciones atendiendo al Impuesto sobre Patrimonio de 2005 era de 250.000 euros.

Solución

La consecuencia es la aplicación a toda la ganancia patrimonial, recordemos que 100.000 euros, del coeficiente de reducción aplicable, que igualmente recordemos es del 100%; por tanto, en este ejemplo el contribuyente no tendría que computar ninguna ganancia patrimonial por esta transmisión.

Este beneficio fiscal puede ser aplicado por cada contribuyente, en diferentes períodos impositivos, si bien cesará cuando el valor de transmisión de los elementos patrimoniales que sean acreedores del beneficio supere los 400.000 euros, calculándose proporcionalmente hasta alcanzar esta cifra. Ante ello, cuando existan varios elementos que puedan disfrutar de este beneficio, el contribuyente deberá elegir en qué operaciones de transmisión lo aplica, optando lógicamente por las que más le interese.

15.6. ACCIONES Y PARTICIPACIONES SOCIALES: OPERACIONES SOCIETARIAS

La renta variable no agota su casuística en los dividendos y las transmisiones, sino que en ocasiones el inversor participa en operaciones societarias, como son la ampliación o reducción de capital, o la distribución de prima de emisión.

Si comenzamos con las ampliaciones de capital, es algo común cuando las sociedades amplían capital ofreciendo a sus socios la posibilidad de suscribir las nuevas acciones, bien sin coste alguno o por un valor de emisión determinado, o no acudir a la ampliación y poder transmitir sus derechos de suscripción o de asignación preferente.

Si el socio acude a la ampliación de capital y adquiere nuevas acciones o participaciones liberadas, esto es, sin coste, no tiene ningún impacto fiscal en este momento, y lo que se produce es la entrada de nuevas acciones a su cartera a coste cero, lo que reduce el valor de adquisición de las acciones o participaciones restantes. Es sencillo: si antes de la ampliación se tenían 10 acciones de valor unitario 10 euros, y por tanto el valor de adquisición de las 10 acciones es de 100 euros, y se recibe una acción gratuita por cada 10, tras la ampliación se será titular de 11 acciones, cuyo valor unitario a efectos de futuras transmisiones será de 9,09 euros por acción (100/11).

Pero en estos procesos de ampliación de capital el socio puede decidir no acudir a la ampliación, y negociar o vender los derechos de suscripción o de asignación que se le han concedido. Hasta 2017 la venta de derechos en sociedades cotizadas no determinaba renta en el IRPF, y el importe percibido por su transmisión reducía el valor fiscal de adquisición de la cartera de acciones o participaciones. Actualmente, la transmisión o venta de derechos determina en todo caso ganancias o pérdidas patrimoniales, como siempre comparando el valor de transmisión con el valor de adquisición, e incluso si estos derechos son los originados en una ampliación de capital, la ganancia está sometida a retención tratándose de derechos procedentes de acciones cotizadas.

Otras operaciones corporativas relativamente frecuentes son aquellas donde una sociedad restituye aportaciones a los socios, bien por procesos de reducción de capital con devolución de aportaciones, o por distribución de prima de emisión. En estos casos, la tributación de las cantidades percibidas por una u otra tipología de operaciones es diferente según se trate de sociedades cotizadas o no cotizadas.

En las sociedades no cotizadas esos importes representan para el socio un rendimiento del capital mobiliario, que se cuantifica de una forma especial, si bien no está sometido a las obligaciones de retención.

En cambio, si la reducción de capital o la distribución de prima de emisión se produce en una sociedad cotizada, las cantidades percibidas por el socio reducirán el valor de adquisición de su cartera, es decir, no tributan en el período en que sean percibidas, sino que de alguna manera tributarán en el futuro, cuando las acciones o participaciones sociales se vendan o transmitan. Únicamente en los casos residuales en los que el importe percibido excediese del valor de adquisición, como no es posible un valor de adquisición negativo a efectos fiscales, cualquier exceso tributará como rendimiento del capital mobiliario, no sometido a retención.

15.7. INSTITUCIONES DE INVERSIÓN COLECTIVA

Esta amplia familia tan popular de productos financieros engloba los fondos de inversión y las SICAV, constituidos o registrados en España o en otro Estado de la Unión Europea, siempre que sean objeto de comercialización en España.

A continuación vamos a analizar el tratamiento fiscal de estas instituciones de inversión colectiva para sus socios o partícipes.

Con independencia de que su naturaleza jurídica sea la de un fondo o la de una sociedad, lo cual tiene muchas implicaciones mercantiles, desde el punto de vista fiscal resultan lo mismo; por tanto, asimilaremos fondos a SICAV.

Algunas de estas instituciones de inversión colectiva distribuyen sus beneficios a sus socios o partícipes. En estos casos, esa distribución se asimila a un dividendo, y tiene la misma tributación que hemos analizado para los dividendos procedentes de acciones o participaciones en sociedades mercantiles.

Pero la mayoría no son de reparto, sino de acumulación, al menos en España. Esto significa que el socio o participe no percibe beneficios de la institución de inversión colectiva, sino que los mismos se van incorporando al patrimonio de la sociedad o del fondo, lo que a efectos prácticos significa que se incrementa el valor liquidativo, es decir, que la inversión cada vez tiene mayor valor. Obviamente, si el fondo generase pérdidas el efecto es el contrario, de modo que el valor liquidativo iría reduciéndose, y por ser menor que el valor de adquisición se estaría en una situación de minusvalías.

Lo relevante para entender la tributación de los socios o partícipes en las instituciones de inversión colectiva de acumulación es que las rentas se manifiestan a efectos fiscales en el IRPF únicamente cuando sus acciones o participaciones sean objeto de transmisión o reembolso, y la renta positiva o negativa que se produce en estas operaciones es calificada como ganancia o pérdida patrimonial, con la singularidad de que en el caso de las ganancias son objeto de retención al tipo actual del 19%, retención que es practicada por la entidad gestora o comercializadora.

Sin embargo, lo anterior no es una afirmación absoluta, porque existen fondos de inversión con una garantía externa, donde un tercero, normalmente un banco, aporta una garantía a favor de los partícipes del fondo que permite a los mismos asegurarse un valor determinado del fondo a una fecha (normalmente para preservar la integridad de la inversión inicial). Así, en los casos en que la garantía operase, los pagos del garante a los partícipes personas físicas serían calificados en su IRPF como rendimientos del capital mobiliario.

Esto significa que la inversión en instituciones de inversión colectiva permite modelos de diferimiento fiscal, ya que no se tributa mientras no se deshace la inversión (mejor dicho, la tributación anterior se produce únicamente al tipo del 1%, que es el tipo al que tributa un fondo o una SICAV en el IS). Por ejemplo, tratándose de un fondo de inversión, si el fondo va revalorizándose la ganancia patrimonial se manifestará para el partícipe únicamente cuando reembolse o transmita las participaciones en el fondo. Idénticamente, si el fondo va perdiendo, la pérdida patrimonial solo podrá computarse cuando se reembolsen o transmitan sus participaciones sociales.

La fórmula de cálculo de la ganancia o pérdida patrimonial por el reembolso o transmisión de acciones o participaciones en instituciones de inversión colectiva es la misma que la que hemos explicado en líneas anteriores para las acciones o participaciones sociales. Recordemos que consiste en determinar un valor de transmisión, en el que las comisiones y gastos de transmisión (por ejemplo las comisiones de reembolso) minoran el precio de transmisión, y un valor de adquisición que se compone del precio de adquisición o suscripción, más las comisiones y gastos de adquisición (por ejemplo las comisiones de suscripción).

En este aspecto también aplica la denominada regla «FIFO», que hemos estudiado en el capítulo de las acciones o participaciones sociales, cuando lo que se transmiten son valores que se han adquirido en fechas diferentes.

Igualmente, las «normas antiaplicación» de pérdidas patrimoniales son operativas cuando se transmiten acciones o participaciones en sociedades o fondos de inversión, con la referencia temporal de dos meses.

El análisis efectuado en el caso de las acciones o participaciones sociales para los denominados coeficientes de abatimiento (valores adquiridos antes del 31 de diciembre de 1994) también resulta aplicable para las instituciones de inversión colectiva, asimilándose al caso de las acciones cotizadas.

Una cuestión de extraordinaria importancia es el especial régimen de neutralidad fiscal que tienen conferidas las instituciones de inversión colectiva, y que se conoce como la «neutralidad de los traspasos». Se trata de una particularidad característica de esta familia de productos, que no es aplicable a ningún otro, lo cual le otorga un especial atractivo fiscal.

Como hemos comentado antes, las instituciones de inversión colectiva son figuras de diferimiento fiscal, en la medida en que mientras no se produzca su transmisión o reembolso no se genera la ganancia o pérdida patrimonial. Esto no es exclusivo de estas inversiones, porque podríamos decir que lo mismo ocurre en unas acciones o en un inmueble.

Pero la extraordinaria singularidad de las instituciones de inversión colectiva en el ámbito fiscal es que es posible trasladar las inversiones de unas a otras, manteniendo la misma neutralidad fiscal, es decir, sin tributar. Así, un accionista de una SICAV o un partícipe de un fondo de inversión mobiliario puede solicitar el traspaso de sus acciones o participaciones a otra sociedad o fondo, de modo que el mismo es efectuado automáticamente, sin impacto fiscal.

El movimiento puede ser de un fondo de inversión a otro fondo de inversión, o de un fondo de inversión a una SICAV, y al revés, también puede ser de una SICAV a otra SICAV o a un fondo de inversión, aunque cuando la entidad de origen es una SICAV la normativa exige dos requisitos:

1. Que dicha SICAV tenga un número superior de 500 socios.
2. Que el contribuyente no haya participado en algún momento dentro de los 12 meses anteriores a la fecha de traspaso, en más del 5% del capital de la SICAV.

De este modo, se habilita una doble posibilidad para los inversores en instituciones de inversión colectiva cuando quieren perder, total o parcialmente, la posición en una SICAV o fondo: pueden transmitir o reembolsar, percibiendo el valor liquidativo y generando la correspondiente ganancia o pérdida patrimonial, o pueden traspasar sus posiciones a otra sociedad o fondo, sin impacto fiscal. En este último caso, es importante tener en cuenta que la participación en la sociedad o fondo de destino tendrá como fecha de adquisición y valor de adquisición, ambos a efectos fiscales, magnitudes coincidentes con las que tenía la inversión de origen.

EJEMPLO 13

Supongamos que una persona física tiene una inversión en un fondo que suscribió en el año 2006 por valor de adquisición de 100.000 euros. El valor liquidativo de este fondo de inversión en 2019 es de 150.000 euros.

Solución

Si en el año 2019 realizase un reembolso de este fondo, se generaría una ganancia patrimonial de 50.000 euros, que además sería objeto de retención.

Pero si el inversor decidiese un traspaso para movilizar sus posiciones del fondo de origen a un nuevo fondo B de destino, en ese caso no tendría una ganancia patrimonial a efectos fiscales, y las participaciones que recibe en el fondo B tendrían un valor fiscal de adquisición de 100.000 euros (no de 150.000 euros) y una fecha de adquisición de 2006 (no de 2019). Así, siguiendo el ejemplo, si posteriormente materializase un reembolso del fondo B cuando el valor liquidativo de su posición es de 140.000 euros, dicho reembolso determinaría una ganancia patrimonial de 40.000 euros (140.000 − 100.000).

Este beneficio fiscal, que permite «saltar» de un fondo a otro sin tributar, es propio de las instituciones de inversión colectiva, ya que en otros casos, por ejemplo cambiando unas acciones por otras, o unos activos financieros por otros, o un depósito bancario por otro, existe impacto fiscal en la operación (lo que se denomina «peaje fiscal»). Por esta razón, las instituciones de inversión colectiva son uno de los instrumentos favoritos de los ahorradores personas físicas (las personas jurídicas no pueden aplicar este beneficio en el Impuesto sobre Sociedades), ya que las inversiones pueden estar realizando *trading* activo, esto es, cambiándose tantas veces como se quiera de un vehículo de inversión a otro, sin impacto fiscal.

Para completar el análisis de las instituciones de inversión colectiva, únicamente puntualizar que existe una familia de fondos y sociedades de inversión con determinadas características fiscales, que son los fondos o sociedades de inversión cotizados (ETF). A esta tipología de instituciones de inversión colectiva se aplican dos especialidades, frente a todo lo apuntado anteriormente:

1. No proceden retenciones en sus transmisiones.
2. No pueden beneficiarse de los mecanismos de los traspasos que acabamos de comentar.

Para finalizar el análisis de la tributación de las instituciones de inversión colectiva, y aunque el estudio realizado en este capítulo únicamente comprende las instituciones de inversión colectiva reguladas en España, es interesante apuntar la existencia de un régimen fiscal penalizador aplicable a quienes invierten en instituciones de inversión colectiva constituidas en países o territorios calificados reglamentariamente como paraísos fiscales. En estos casos, que son muy poco frecuentes en la práctica, se establece que los inversores deberán tributar todos los años por la diferencia negativa de restar su valor de adquisición y el valor liquidativo de la participación, el cual además se presume, salvo prueba en contrario, que es el 15% del valor de adquisición. Por consiguiente, se rompe el modelo de diferimiento fiscal propio de estos vehículos de inversión. Además, estas imputaciones de rentas se integrarán en la base imponible general, tributando a las escalas progresivas del impuesto, y no a los tipos reducidos de la base imponible del ahorro.

15.8. SEGUROS DE VIDA

Los seguros de vida-ahorro son también soluciones muy extendidas para materializar inversiones por parte de las personas físicas, normalmente proyectadas a medio o largo plazo.

Un seguro de vida es un contrato por el cual una parte, que se denomina asegurador, se obliga mediante el cobro de las primas estipuladas (prima única o primas periódicas o sucesivas), que paga el tomador del seguro, a satisfacer al beneficiario designado un capital, una renta u otras prestaciones convenidas, ya sea en caso de muerte del asegurado (seguros de riesgo), en caso de supervivencia del mismo (seguros de ahorro) o en ambos eventos conjuntamente (seguros mixtos).

En el ámbito del IRPF, estos seguros tributan cuando la figura del tomador coincide con la del beneficiario, ya que en caso contrario el gravamen aplicable sería el Impuesto sobre Sucesiones y Donaciones.

Ejemplo 14

El señor A suscribe un contrato de seguro y satisface unas primas mensuales de 300 euros, de modo que, si fallece, la señora B percibe un capital, pero si el señor A vive hasta los 65 años sería el señor A el que percibiría un capital o una renta a partir de esa edad (estaríamos ante un seguro de vida mixto, con cobertura de supervivencia y fallecimiento).

Solución

El tratamiento fiscal en las dos posibilidades sería el siguiente:

a) Si el señor A fallece antes de cumplir 65 años, las prestaciones del seguro las percibiría la señora B, que tributaría por el Impuesto sobre Sucesiones y Donaciones.

b) Pero si el señor A ha alcanzado la edad de 65 años y es él quien cobra las prestaciones del seguro, la tributación en sede del señor A sería por el IRPF.

Por tanto, en estos seguros de vida individuales las rentas fiscales se generan cuando se perciben las prestaciones o cuando los seguros son objeto de rescate, y cuando tributan por el IRPF dichas rentas son calificadas como rendimientos del capital mobiliario, por la diferencia entre las prestaciones percibidas y las primas pagadas (en la parte que las mismas cubren la contingencia de supervivencia). Dichos rendimientos son objeto de retención al tipo actual vigente del 19%.

Mención especial ha de hacerse a los seguros en los que el tomador asume el riesgo de la inversión *(unit linked),* caracterizados porque el tomador puede ir cambiando de opciones de inversión de manera activa dentro del paraguas de un único contrato de seguro, aplicando para ello las diferentes opciones que admita cada contrato. Por esta particularidad financiera, estos seguros pueden estar penalizados y tributar en el IRPF del tomador por la rentabilidad obtenida en cada período impositivo, cuando los contratos incumplan determinadas condiciones previstas en el art. 14.2.*h*) de la Ley del IRPF. No nos detenemos en enumerar dichas condiciones, que son complejas, puesto que en la práctica los seguros *unit linked* que se comercializan en España cumplen con los requisitos que permiten a los inversores evitar esta tributación anual, y por tanto pagar su IRPF como el resto de los seguros de vida, cuando son percibidas sus prestaciones o son rescatados.

Un caso especial es el de este tipo de seguros cuando las prestaciones se perciben en forma de renta vitalicia o temporal, y no en forma de capital, ya que la tributación es establecida aplicando unos determinados porcentajes sobre el importe de las rentas percibidas. Estos porcentajes los determina la ley, y en el caso de las rentas vitalicias están en función de la edad del rentista al constituirse la renta, de acuerdo a la siguiente tabla:

— 40% cuando la edad sea inferior a 50 años.
— 35% cuando la edad se sitúe entre 40 y 49 años.
— 28% cuando la edad se sitúe entre 50 y 59 años.
— 24% cuando la edad se sitúe entre 60 y 65 años.
— 20% cuando la edad se sitúe entre 66 y 69 años.
— 8% cuando la edad sea superior a 70 años.

EJEMPLO 15

Supongamos que una persona de 54 años contrata un seguro de rentas vitalicias inmediatas, abonando 100.000 euros y percibiendo 500 euros mensuales.

Solución

Esta persona obtendrá 6.000 euros cada año, multiplicados por el porcentaje que le corresponde en función de la edad, que es el 28%, de modo que el rendimiento de capital mobiliario que genera este seguro es de 1.680 euros cada año.

Suponiendo que esta persona viviese 25 años desde que comenzó a percibir las rentas, en total habría cobrado 150.000 euros (6.000 · 25), y habría obtenido una rentabilidad de 50.000 euros (150.000 − 100.000), aunque sus rendimientos fiscalmente computables fueron de 42.000 euros (1.680 · 25).

Mientras que en el caso de las rentas temporales, los referidos porcentajes están en función de la duración de la rentas. Así, son los siguientes:

— 12% cuando la renta tenga una duración inferior o igual a cinco años.
— 16% cuando la renta tenga una duración superior a cinco e inferior o igual a 10 años.
— 20% cuando la renta tenga una duración superior a 10 e inferior o igual a 15 años.
— 25% cuando la renta tenga una duración superior a 15 años.

En los seguros donde las rentas temporales o vitalicias no son inmediatas, sino diferidas, esto es, la percepción de las rentas se difiere en el tiempo, tomando como referencia la fecha de pago de la prima, la tributación es más compleja, porque obliga a sumar, al importe de las rentas percibidas en los primeros diez años de cobro de rentas, la rentabilidad obtenida desde el pago de la prima hasta la constitución de la renta, produciéndose por la suma de estos dos componentes el rendimiento de capital mobiliario que es objeto de tributación una vez aplicados los porcentajes anteriormente comentados.

Existen dos modalidades de seguros con beneficios fiscales. Una primera son los denominados planes de ahorro a largo plazo, que son muy similares a los que hemos visto cuando hemos estudiado en capítulos anteriores los depósitos y cuentas bancarias. Se trata de contratos de seguro de vida donde las primas que se pueden abonar en cada año tienen un límite de 5.000 euros, y en los que se permite una exención fiscal de las rentas que los mismos generan, siempre que haya un período de mantenimiento mínimo de cinco años desde la primera aportación, y las prestaciones se perciban en forma de capital único.

El segundo tipo de seguros con beneficios fiscales son los conocidos como planes individuales de ahorro sistemático (PIAS), que también son seguros que reconocen una exención fiscal si se cumplen determinados requisitos. Estos requisitos son básicamente tres:

1. El primero es una limitación anual de 8.000 euros de primas que se pueden abonar, con un límite absoluto de 240.000 euros para el producto.
2. El segundo es que el seguro no puede generar prestaciones en favor del beneficiario antes de que transcurran cinco años desde la primera aportación.
3. El tercero es que las prestaciones deben ser en forma de renta vitalicia inmediata, es decir, percibiéndose rentas hasta la fecha de fallecimiento.

El beneficio fiscal propio de los PIAS consiste en que toda la rentabilidad obtenida durante el período transcurrido entre que se pagan las primas y se constituye la renta vitalicia queda exento de tributación, de modo que la tributación para el beneficiario se deriva de la aplicación de los porcentajes que corresponda sobre las rentas vitalicias que genere el producto a su vencimiento.

Normalmente los PIAS son rescatables en cualquier momento, y así, cuando se produzcan dichos rescates (por ejemplo antes del transcurso del plazo mínimo de cinco años), el producto pierde toda su ventaja fiscal, y pasa a tributar como un seguro de capital diferido, que, tal y como hemos comentado, determina rendimientos del capital mobiliario por la diferencia entre las prestaciones percibidas y las primas pagadas.

Como última ventaja propia de los PIAS está que el ahorrador puede cambiar de un PIAS a otro sin tributar.

15.9. INSTRUMENTOS FINANCIEROS DERIVADOS

Esta amplia familia de productos financieros engloba principalmente los futuros, las opciones, los contratos por diferencias y las permutas financieras *(swaps),* que pueden ser contratados por las personas físicas, normalmente a través de mercados organizados, aunque también al margen de estos (OTC).

La tributación de estos productos genera rentas positivas o negativas que se califican como ganancias o pérdidas patrimoniales, no sometidas a retención, y que se integran en la base imponible del ahorro.

En casos más excepcionales, cuando estos productos se contraten por una persona física empresaria para la cobertura de operaciones principales en el desarrollo de su actividad, generarán rendimientos de actividades empresariales, en lugar de ganancias y pérdidas patrimoniales; sería el caso de una persona física empresaria que quisiese cubrir mediante futuros el precio de su cosecha de aceite.

Es importante saber que en estas operaciones suelen articularse depósitos en garantía, a modo de fianzas que aseguran sus liquidaciones, cuyo tratamiento fiscal se limita a los intereses que puedan pactarse, determinantes de rendimientos del capital mobiliario, sujetos a retención.

En el caso de los futuros, en los mercados se liquidan por diferencias, y cada liquidación determina una ganancia o una pérdida patrimonial. Por el contrario, en el caso de las opciones la ganancia patrimonial que se puede producir en su caso resultaría de minorar el importe obtenido en la liquidación en el precio de la prima pagada.

Una tipología especial de derivados son los *warrants,* que son contratos de opciones instrumentados como valores negociables, y que igualmente generan ganancias y pérdidas patrimoniales en su vencimiento o en su negociación. Su particularidad fiscal estriba en que resultarían invocables las «normas antiaplicación» que hemos analizado en el capítulo de las acciones o participaciones sociales, cuando su transmisión determine pérdidas y vaya acompañada de una recompra en un plazo no superior a dos meses.

15.10. PLANES DE PENSIONES

Los planes de pensiones representan la tipología más conocida de los instrumentos financieros que pretenden cubrir la previsión social complementaria de las personas. Son una familia bastante amplia de productos, que se encuentra regulada por el Real Decreto-Ley 1/2002 que aprobó la Ley de Planes y Fondos de Pensiones.

Los mismos pueden ser individuales, cuando el inversor libremente los elige en el mercado, o de empleo, cuando las aportaciones las realiza la empresa que está vinculada laboralmente con el inversor. Los más comunes en España son los primeros.

La mecánica de los planes de pensiones es relativamente sencilla: primeramente, en la fase de aportaciones, un partícipe realiza desembolsos, que se capitalizan en el patrimonio de un fondo de pensiones y que van produciendo unas rentabilidades, determinadas por el perfil financiero del plan elegido y la gestión realizada. Finalmente, en la fase de prestaciones el partícipe del plan se transforma en beneficiario, y percibe sus derechos consolidados por la fórmula que elija, que puede ser un capital único, un sistema de rentas, una mezcla de ambos, o sencillamente disposiciones «a la carta» según sus necesidades financieras.

Quizá convenga recordar dos características de las muchas que regulatoriamente configuran los planes de pensiones:

1. La primera es que las aportaciones a planes de pensiones tienen un límite máximo de 8.000 euros anuales por persona (salvo algunos casos excepcionales que permiten mayores límites, como por ejemplo los deportistas profesionales o las aportaciones a favor de personas con discapacidad).
2. La segunda es la iliquidez propia de los mismos, puesto que los derechos consolidados en un plan de pensiones no se pueden percibir libremente cuando se quiera, sino que están condicionados a determinadas contingencias o eventos de liquidez, como serían, entre otros, los casos de fallecimiento, jubilación, invalidez, dependencia severa o gran dependencia, enfermedad grave, desempeño de larga duración o el transcurso de diez años desde la aportación.

Hablamos de planes de pensiones de una forma simplificada, porque a efectos fiscales resultan análogas otras figuras, como son los planes de previsión asegurados (PPA), las entidades de previsión social voluntaria (EPSV), las mutualidades de previsión social, los planes de previsión social empresarial y los seguros de dependencia.

En lo que respecta a las aportaciones, incorporan una notable ventaja fiscal, puesto que las mismas son objeto de reducción en la base imponible general del IRPF del partícipe/aportante, siempre que se sujeten a dos límites económicos:

1. El ya citado de 8.000 euros anuales máximo por persona.
2. Uno segundo, que es la referencia a la magnitud del 30% de la suma de los rendimientos netos del trabajo personal y de actividades económicas percibidos individualmente en el ejercicio.

En el caso en el que se supere este segundo límite, los excesos de aportación que no pueden ser objeto de reducción podrán aplicarse en los cinco años siguientes.

EJEMPLO 16

Un contribuyente obtiene en un ejercicio rendimientos netos del trabajo de 25.000 euros y realiza aportaciones a un plan de pensiones por 8.000 euros.

Solución

El límite para poder efectuar reducciones en la base imponible del IRPF de ese ejercicio es de 7.500 euros (30% sobre 25.000). Por tanto, su base imponible general será de 17.500 euros (25.000 − 7.500), y el exceso de 500 euros aportado al plan, pero que no ha sido objeto de reducción, podrá utilizarse, en los cinco siguientes ejercicios, para reducir la base imponible de los mismos.

Adicionalmente a todo lo anterior, resulta posible realizar aportaciones en favor del cónyuge que no haya obtenido durante el ejercicio unos rendimientos del trabajo o de actividades económicas superiores a 8.000 euros. En este supuesto, el cónyuge aportante puede realizar aportaciones con un límite de 2.500 euros, adicional al comentado anteriormente.

Podemos decir que los planes de pensiones son los únicos productos financieros que incorporan beneficios fiscales durante el período de inversión, por el mero hecho de realizar aportaciones a los mismos. Estas ventajas son muy significativas, porque reducen la base imponible general, y por tanto representan un ahorro directo en función del tipo marginal del contribuyente.

Ejemplo 17

Supongamos un contribuyente que obtiene unos rendimientos del trabajo de 80.000 euros al año, y por esta razón aplica un tipo marginal del 45% sobre los mismos. En ese año decide aportar 8.000 euros a un plan de pensiones.

Solución

Su base imponible general del IRPF se reduciría a 72.000 euros, con lo que habría rebajado 8.000 euros el tramo de base imponible que se somete al tipo más alto de la escala progresiva, en este ejemplo el 45%, lo que significa que obtiene un ahorro fiscal efectivo de 3.600 euros (8.000 · 45%).

Este beneficio fiscal pretende operar como un modelo de diferimiento, de modo que cuando se perciban las prestaciones del plan de pensiones, las mismas tributan como rendimientos del trabajo personal, incluso en la contingencia de fallecimiento. Por tanto, siendo un producto financiero, sus prestaciones no generan rendimientos del capital mobiliario ni ganancias patrimoniales, sino, como se ha indicado, rendimientos del trabajo personal, que son sometidos a retención y que se integran en la base imponible general.

Es importante asentar la idea de que los planes de pensiones son productos de ahorro a largo plazo, en los que puede transcurrir un período de capitalización bastante dilatado entre la realización de las aportaciones y la percepción de las prestaciones. Durante ese período, en el que el plan de pensiones obtendrá rentabilidades positivas o negativas, no existe ningún impacto fiscal para el partícipe, ya que la tributación se determina con ocasión de comenzar a percibir las prestaciones del plan.

Estos rendimientos del trabajo, puesto que se someten a la escala aplicable a la base imponible general, tributan de una manera normalmente más severa que las rentas del ahorro. Por esta razón, y puesto que existe libertad a la hora de cobrar un plan de pensiones, es muy conveniente que los partícipes reciban un buen asesoramiento fiscal para elegir el cobro de prestaciones de la forma fiscalmente más eficiente.

Así, si una persona llega a la edad de jubilación con unos derechos consolidados en un plan de pensiones de 100.000 euros, y decide cobrarlos íntegramente en un único pago en forma de capital, el tratamiento fiscal será el de imputar unos rendimientos del trabajo de 100.000 euros, adicionales a los que esta persona pudiera tener, por ejemplo por su pensión de jubilación, lo que le sitúa en los tipos marginales máximos de la escala del IRPF. Por esta razón, es posible que esta persona pudiera decidir ir cobrando su plan de pensiones poco a poco y cuando quiera, tratando de modular su base imponible en función de sus situaciones en cada año.

En este sentido, hay que recordar una particularidad, que consiste en que aquellos que tengan aportaciones anteriores al año 2007, las mismas más sus rentabilidades acumuladas pueden ser percibidas de una vez, en forma de capital, beneficiándose de una reducción fiscal del 40% de su importe. Para ello hay que atender a una serie de plazos y condiciones que es importante observar, puesto que este particular régimen transitorio puede generar importantes ahorros.

EJEMPLO 18

Una persona fallece con un plan de pensiones de 450.000 euros que comenzó a constituir en 1980, y sus herederos, beneficiarios del plan de pensiones, deciden percibir todo el plan de pensiones en forma de capital.

Solución

Los beneficiarios podrán aplicar una reducción del 40% sobre la parte de prestaciones que se corresponde con las aportaciones realizadas hasta el año 2006 inclusive. Si este importe fuese de 250.000 euros, el rendimiento del trabajo que se corresponde a los 450.000 euros percibidos sería de 350.000 euros, puesto que el 40% de 250.000 euros resultaría no tributable.

Los planes de pensiones permiten además otro beneficio adicional, cual es que sus partícipes pueden movilizarse de un plan a otro sin tributar, con neutralidad fiscal, tanto en la fase de aportaciones como en la fase de prestaciones, lo cual les permite elegir en cada momento los planes de pensiones más adecuados, sin «peaje fiscal» por el cambio de posiciones entre ellos.

15.11. DECLARACIÓN DE INVERSIONES EN EL EXTRANJERO

Desde 2012 existe en España una obligación muy particular, que afecta a los bienes y derechos de contenido económico situados en el extranjero, consistente en una obligación tributaria de carácter informativo acerca de los mismos, la cual articula una potente herramienta a favor de la Administración Tributaria contra el fraude fiscal asociado a la tenencia de inversiones ocultas en el extranjero.

Se trata de una declaración que ha de realizarse anualmente, en forma telemática a través del modelo 720, e incumbe tanto a personas físicas como jurídicas residentes en España.

La obligación de declarar abarca a:

- Quienes tengan la titularidad jurídica de los bienes o derechos ubicados en el extranjero.
- Quienes sean titulares reales (aunque no jurídicos) de tales bienes (por ejemplo, en los casos en que se interponen entidades fiduciarias).
- Quienes ostenten algún poder de disposición sobre dichos bienes, aunque no sean titulares de estos.
- Quienes tengan la condición de representantes, apoderados o beneficiarios de los indicados bienes o derechos.

El contenido de la declaración comprende tres grupos diferentes de inversiones, que son objeto de declaración separada:

- Cuentas y depósitos en entidades bancarias ubicadas en el extranjero.
- Acciones, participaciones sociales y otros valores representativos de la participación en cualquier tipo de entidad y valores representativos de deuda (emisiones de bonos, obligaciones, etc.), cuando los valores estén situados en el extranjero (incluso *trusts* e instituciones de inversión colectiva), y también contratos de seguros de ahorro y rentas situados en el extranjero.
- Bienes inmuebles y derechos sobre ellos en el extranjero.

No existirá obligación de declarar en los siguientes casos:

- Cuando no se superen los 50.000 euros de valor para cada grupo de inversiones. En años sucesivos solo debe presentarse la declaración para informar sobre los grupos declarados en años anteriores en los que haya existido un incremento de valor superior a 20.000 euros respecto a la última declaración presentada.
- Los bienes o derechos que se encuentren registrados en la contabilidad del titular, debidamente identificados e individualizados.

Para cada uno de estos tres grupos de inversiones es necesario declarar en el modelo 720 una serie de información bastante detallada, y se aplican sanciones (multas) muy onerosas para los casos de incumplimiento, que han sido denunciadas por la Comisión Europea por desproporcionadas.

Otras consecuencias derivadas de la no presentación del modelo 720 son las siguientes:

- Para los titulares personas físicas, la tenencia del bien o derecho en el extranjero no declarado y que sea descubierto tendrá la consideración de ganancia de patrimonio no justificada, que se integrará en la base liquidable general de su IRPF del ejercicio más antiguo, entre los no prescritos, susceptible de regularización (imprescriptibilidad).
- Ídem para las personas jurídicas, donde estas situaciones tendrán la consideración de renta no declarada, que se imputará al Impuesto sobre Sociedades del período impositivo más antiguo de entre los no prescritos susceptible de regularización.
- En estos supuestos de ganancias patrimoniales no justificadas se establece una sanción específica del 150% de la cuota íntegra (del IRPF o del Impuesto sobre Sociedades) correspondiente a la mencionada ganancia de patrimonio no justificada o renta no declarada.

REFERENCIAS BIBLIOGRÁFICAS

Cabezas Arias, J. *Fiscalidad de los productos y servicios financieros.* CEF.

Instituto Econospérides (2011). *Guía de la fiscalidad de las operaciones financieras.* Aranzadi-Thomson Reuters.

Rescalvo Santiago, J. M. *Tributación de las operaciones y productos financieros.* Lex Nova.

Páginas web recomendadas

Guía de fiscalidad de productos financieros IRPF (Unicaja): https://azure.afi.es/ContentWeb/EmpresasUnicaja/guias/fiscalidad/franquicias/fiscalidad/productos/financieros/irpf/listado/guias_sidN_1052322_sid2N_1052385_cidlL_425935_slyN_1_climN_-1_utN_1.aspx.

Guía fiscal básica de productos financieros (Bolsas y Mercados Españoles). https://www.bolsasymercados.es/docs/BME/docsSubidos/Guia_Fiscal2016.pdf.

La fiscalidad de los productos de ahorro (BBVA). https://www.jubilaciondefuturo.es/es/blog/la-fiscalidad-de-los-productos-de-ahorro.html.

16 Planificación fiscal

Juan Manuel Moral Calvo

Resumen del capítulo

En este capítulo se realiza una aproximación a las tareas de planificación fiscal basada en la utilización de productos financieros, a través de varios ejemplos que sirven para ilustrar y reflexionar sobre estrategias de planificación fiscal comunes y efectivas.

Objetivos de aprendizaje

Después de estudiar el capítulo, y de aprender a través de los casos expuestos, el lector ha de ser capaz de conocer y entender las técnicas de planificación fiscal más comunes en materia de inversión de productos financieros, basadas en lo siguiente:

1. Modelos de arbitraje entre el IRPF y el Impuesto sobre Sociedades, mediante la utilización de vehículos de inversión.
2. Estructuras de diferimiento fiscal.
3. Planificación de la previsión social complementaria a través de los planes de pensiones.
4. Optimización de la tributación en el Impuesto sobre el Patrimonio.

16.1. INTRODUCCIÓN

Podríamos definir de muchas formas la planificación fiscal en el ámbito de las operaciones y productos financieros:

- La incorporación del análisis fiscal en el proceso de toma de decisiones.
- La elección de las decisiones de inversión y desinversión, de modo que se acomoden al mejor tratamiento fiscal posible.
- La maximización de la rentabilidad financiero-fiscal del inversor.
- En definitiva, la búsqueda de las estrategias más convenientes para reducir el pago de impuestos.

Planificar fiscalmente las inversiones de una forma adecuada es un ejercicio que redunda en favor del inversor, ya que consigue reducir el pago de impuestos y así optimizar la rentabilidad final de sus inversiones.

Podemos decir que es un ejercicio absolutamente legítimo, e incluso necesario, ya que aprovechar las diferentes posibilidades a la hora de elegir entre las múltiples opciones que existen es un derecho inalienable de todo inversor, que en definitiva es quien ha decidido acumular patrimonio, en lugar de consumirlo, y pretende obtener una rentabilidad que le permita preservarlo en el entorno inflacionista, y si es posible incrementarlo, obteniendo una tasa de rentabilidad positiva.

Gestionar el patrimonio es eso, asumir un adecuado nivel de riesgo, siempre con toda la información requerida, y optimizar la generación de rentabilidades; en este propósito los impuestos tienen claramente mucho que aportar.

La planificación fiscal puede operar de una forma modesta y cotidiana, en sede de cualquier inversor. Un ejemplo sería quien ha vendido unas acciones en bolsa y ha generado pérdidas, y para compensarlas fiscalmente en el mismo año decide vender antes del 31 de diciembre otras acciones en las que acumulaba plusvalías, siendo esta última venta una decisión basada en razones estrictamente fiscales, ya que de otro modo no la habría realizado en ese momento, hasta el punto de que tras la venta de las acciones con ganancia procede a recomprarlas para seguir manteniendo la posición.

Pero realmente la planificación fiscal se asocia a los mayores inversores, con inversiones sofisticadas y diversificadas y esquemas de ahorro proyectados a largo plazo. Es en estos casos donde los impuestos son más onerosos, al dispararse los tipos progresivos, donde son protagonistas las técnicas más elaboradas de planificación fiscal, basadas en diferimientos de impuestos (incluso vinculadas a obtención de liquidez mediante apalancamiento), fraccionamiento de rentas (repartiéndolas en el grupo familiar, para evitar acumularlas en un contribuyente y mitigar así el efecto de los tipos progresivos de gravamen), la utilización de vehículos de inversión, tanto nacionales como extranjeros (por ejemplo, sociedades de inversión), o la incorporación de productos financieros más complejos, a los que de forma natural tiene acceso esta tipología de inversores (por ejemplo, los derivados OTC).

Así hasta alcanzar el máximo estadio de la planificación, que es el que conlleva la utilización de la fiscalidad internacional *(cross-border)*, como la deslocalización de las personas y entidades a otras jurisdicciones más ventajosas (por ejemplo, la pérdida de residencia fiscal en España), o a menor medida la elección de una u otra comunidad autónoma para residir y tributar.

Además, optar por la decisión fiscalmente más ventajosa ha de ser visto no solo como una legítima economía de opción, sino también como una respuesta para aquellos casos donde el legislador otorgue un tratamiento fiscal favorable en un caso determinado. Por ejemplo, las reducciones fiscales en las aportaciones a planes de pensiones existen porque se quiere fomentar el ahorro voluntario individual a estos sistemas que complementan las pensiones públicas. Nadie que las utiliza debe pensar que está abusando de los beneficios que producen.

Planificar los impuestos no es una tarea sencilla, debido a la complejidad del sistema tributario y a la enorme pluralidad de opciones de inversión que ofrecen en la actualidad nuestros mercados financieros, altamente desarrollados y globales. Por ello requiere básicamente dominar dos áreas de conocimiento:

1. El financiero, para buscar el modelo de inversión más adecuado para los fines que se persiguen (esto es, el producto que mejor se adapta a los condicionantes particulares de cada inversor de riesgo-rentabilidad, liquidez, plazo, estructura de gastos, etc.).
2. El fiscal, para aprovechar todas las ventajas que el sistema tributario ofrece en el marco de la legalidad, las cuales en ocasiones son lagunas tributarias (normalmente tienen una vida corta, hasta que son rellenadas por un cambio normativo), y en otras beneficios fiscales claramente definidos.

Con el conocimiento de los productos financieros y de las posibilidades que ofrece la fiscalidad, el inversor estará en disposición de planificar su inversión, tomando las decisiones más adecuadas en cada momento.

Es importante considerar ante cualquier decisión no solo el efecto a corto plazo (un ahorro inmediato de impuestos), sino también proyectar la estructura a largo plazo y considerando la situación personal y familiar de cada individuo.

Un ejemplo en este sentido es si un inversor decide crear una SICAV para invertir tributando al 1%, en lugar de a los tipos generales del ahorro del IRPF (19%-23%) o del Impuesto sobre Sociedades (25%). Efectivamente, gracias a la SICAV puede construir un modelo de diferimiento muy ventajoso, pero si no había considerado que iba a necesitar la liquidez de sus inversiones en un plazo corto, de dos a tres años, por ejemplo para iniciar un negocio, esta estructura pierde su interés, ya que al transmitir o liquidar la SICAV acaba tributando todo lo que ahorró, y seguramente no le compensarán los costes adicionales añadidos a la constitución y mantenimiento de la SICAV.

Aporta dificultad en este campo la pluralidad de figuras impositivas a considerar en cualquier planificación. Si bien es cierto que en el caso de las personas físicas el impuesto central es el IRPF, y en las sociedades y otras entidades jurídicas lo es el Impuesto sobre Sociedades, también hay que considerar otras variables, como por ejemplo:

— El Impuesto sobre Sucesiones y Donaciones, que puede presidir el interés de un ejercicio de planificación fiscal en determinadas personas de edad avanzada que quieran organizar su sucesión y tratar de minimizar el pago de impuestos asociado al relevo generacional.
— El Impuesto sobre el Patrimonio en caso de personas con elevado nivel patrimonial.
— Los Impuestos de no Residentes que se pagan en otros países cuando se realizan determinadas inversiones internacionales.
— E incluso los impuestos transaccionales, como el IVA o el Impuesto sobre Transmisiones Patrimoniales y Actos Jurídicos Documentados, que en ocasiones inciden en algunas operaciones financieras.

En este capítulo vamos a trabajar las técnicas de planificación fiscal más extendidas, sobre la base de casos prácticos resueltos que sirvan de apoyo para tratar de entender los conceptos fundamentales. Para ello, en primer lugar abordaremos la problemática de la valoración, calificación, integración y compensación de rentas en el IRPF, que es el armazón sobre el que se sustenta cualquier planificación fiscal en el IRPF, y que resulta de obligado conocimiento.

A partir de aquí desarrollaremos cuatro epígrafes en los que veremos los siguientes conceptos:

— Las estrategias de utilización del Impuesto sobre Sociedades como alternativa al IRPF, lo que se consigue a través de vehículos de inversión.
— Las técnicas de diferimiento fiscal más efectivas en el IRPF.
— La optimización fiscal en el ahorro-previsión a través de planes de pensiones.
— La planificación del Impuesto sobre el Patrimonio a través de la utilización del «límite conjunto renta-patrimonio».

16.2. CALIFICACIÓN, INTEGRACIÓN Y COMPENSACIÓN DE RENTAS EN EL IRPF

Para que las personas físicas residentes en España puedan realizar cualquier planificación fiscal en el IRPF es preciso que dominen tres conceptos fundamentales:

— La calificación de las diferentes rentas, positivas y negativas, ingresos y gastos, plusvalías y minusvalías, dentro de las tipologías que integran las bases imponibles del impuesto.
— La integración de dichas rentas en la estructura de base imponible dual, por un lado la general, y por otro la del ahorro, que se someten a tipos impositivos diferentes.
— La mecánica de compensación de rentas positivas y negativas del IRPF, ya que no es posible que cualquier renta positiva absorba a cualquier renta negativa, sino que va a depender de la naturaleza de las rentas en cuestión.

Esta materia ha sido objeto de análisis en el capítulo dedicado al IRPF, y ahora retomamos el conocimiento teórico adquirido gracias al mismo para pasar a aplicarlo a un caso práctico que integra un amplio abanico de productos financieros.

EJEMPLO 1

Don Federico, de 60 años de edad, percibe unos rendimientos netos del trabajo computables a efectos del IRPF de 20.000 euros.

En estos últimos años ha ido generando un patrimonio personal que tiene invertido como sigue:

a) Tiene unas **acciones cotizadas** en la Bolsa de Madrid, de un único emisor, cuyo movimiento en el año 2019 ha sido el siguiente:

Adquisiciones

Fecha de adquisición	Número de títulos	Precio de compra
2 de marzo de 2018	1.000	5.000
12 de mayo de 2019	1.000	30.000
20 de septiembre de 2019	1.500	38.000

Transmisiones

Fecha de transmisión	Número de títulos	Precio de venta
18 de julio de 2019	1.500	36.000

Dividendo	Fecha de cobro
1 euro/acción	1 de junio de 2019
0,2 euros/acción	25 de septiembre de 2019

Se han pagado gastos en concepto de administración y depósito de las acciones por 400 euros.

b) El 8 de abril de 2016 contrató un **depósito a plazo fijo** con un banco, con vencimiento a 3 años y pago de intereses al vencimiento por su totalidad, por importe de 7.200 euros.

c) Tiene diversas participaciones sobre **fondos de inversión,** que han experimentado en los últimos años la siguiente evolución:

— El 5 de diciembre de 2006 suscribió 1.000 participaciones en un fondo de inversión de renta fija al valor unitario de 50 euros.

— El 10 de septiembre de 2008 suscribió 300 participaciones en el mismo fondo de renta fija, a su valor liquidativo unitario de 70 euros.

— El 30 de abril de 2019 traspasó 1.000 participaciones de este fondo a otro fondo de inversión diferente (de renta variable), siendo en ese momento el valor liquidativo de cada participación en el primero de 85 euros. Por dicho traspaso se recibieron 500 participaciones del nuevo fondo de inversión de renta variable, al ser su valor liquidativo de 170 euros por participación.

— El 8 de junio de 2019 reembolsó 250 participaciones del segundo fondo de inversión (el de renta variable), al valor unitario por participación de 150 euros.

d) En 2013 adquirió 1.000 participaciones de un **ETF cotizado en bolsa** por valor de 20.000 euros. El ETF distribuyó un dividendo de 300 euros en 2019. Las 1.000 participaciones fueron transmitidas el 19 de octubre de 2019 por precio de 16.000 euros. El día 15 de noviembre de 2019 se adquirieron 500 participaciones del mismo ETF pagando 8.500 euros.

e) El 15 de marzo de 2010 adquirió 100 **obligaciones a 10 años emitidas por una empresa** por un precio de 52.000 euros. El valor nominal de las obligaciones es de 500 euros y las mismas pagan una remuneración fija anual (cupón) del 3% el 1 de abril de cada año. 50 obligaciones fueron vendidas el 31 de marzo de 2019 por 25.750 euros. Las restantes obligaciones se amortizaron el 2 de abril de 2019 por su valor nominal (25.000 euros).

f) Durante el año realizó **operaciones «intra-día» en bolsa,** con el resultado de originar ganancias patrimoniales de 15.000 euros y pérdidas de 51.000 euros. También realiza operaciones que han consistido en adquirir derechos de suscripción preferente en ampliaciones de capital en bolsa para posteriormente transmitirlos (sin acudir a la ampliación); en estas últimas el valor de transmisión de dichos derechos fue de 15.000 euros, y el beneficio obtenido de 1.500 euros.

g) Mantiene un **plan de pensiones individual,** al que aporta todos los años el máximo permitido por ley (8.000 euros en 2019).

Se pide calcular las bases liquidables, general y del ahorro, que deberá declarar don Federico en el IRPF del año 2019.

Solución

La primera parte de este ejercicio consiste en la cuantificación y calificación de las rentas que originan las operaciones financieras de este contribuyente en el IRPF.

Calificación de las rentas

Los rendimientos del trabajo percibidos en el año se facilitan ya en términos netos de gastos y partidas deducibles, y ascienden a 20.000 euros. Esta magnitud se integrará en la base imponible general.

a) En cuanto a las operaciones realizadas con acciones cotizadas, observamos que ha percibido dos dividendos, uno en fecha 1 de junio y otra en fecha 25 de septiembre, el primero por importe bruto de 2.000 euros (correspondiente a 2.000 acciones que pagan 1 euros por acción), y el segundo de 400 euros (2.000 acciones por un dividendo unitario de 0,20 euros por acción).

La percepción de dividendos determina rendimientos del capital mobiliario por el importe íntegro de los dividendos percibidos, en este caso 2.400 euros. Sobre estos ingresos es posible deducir los gastos por administración y depósito de la cartera de valores, que ascienden a 400 euros, de modo que el rendimiento neto a declarar por los dividendos será de 2.000 euros.

Nótese que el dividendo no es objeto de ningún mecanismo que evite o atenúe la doble imposición, ya que el IRPF carece de este tipo de ventajas.

La segunda manifestación fiscal que producen las acciones cotizadas del caso es la transmisión de 1.500 acciones con fecha 18 de julio. Se trata de una venta en bolsa cuando las mismas cotizan a 24 euros por acción. De ahí los 36.000 euros obtenidos por esa operación.

Para determinar la renta que produce esa transmisión, que como sabemos será calificada de ganancia o pérdida patrimonial, es necesario arbitrar la «regla FIFO», que identifica las 1.500 acciones vendidas entre las más antiguas del patrimonio del contribuyente. Así, en el momento de la venta don Federico era propietario de 2.000 acciones, 1.000 adquiridas el 2 de marzo de 2018 y otras 1.000 adquiridas el 12 de mayo de 2019. Esta regla obliga a considerar que las 1.500 acciones transmitidas son el paquete entero de 1.000 acciones comprado el 2 de marzo de 2018, y 500 acciones de las compradas el 12 de mayo de 2019. Por tanto, aunque solo hay una venta, a efectos fiscales hay que diferenciar:

- Por la transmisión de las 1.000 acciones adquiridas el 2 de marzo de 2018, el valor de adquisición fue de 5.000 euros, y el valor de transmisión de estas 1.000 acciones a la cotización de 24 euros por acción es de 24.000 euros; por tanto, se genera una ganancia patrimonial de 19.000 euros.
- Por la transmisión de 500 acciones adquiridas el 12 de mayo de 2019, en este caso el valor de adquisición es de 15.000 euros, puesto que cotizaban a 30 euros por acción en la fecha de compra. Y el valor de transmisión es de 12.000 euros, resultado de la cotización a 24 euros por acción a fecha de venta. Por tanto, en este segundo paquete de acciones se ha generado una pérdida patrimonial de 3.000 euros.

Así, en términos netos la operación de transmisión de acciones ha determinado una ganancia patrimonial neta de 16.000 euros (19.000 − 3000).

b) Por lo que respecta al depósito a plazo fijo contratado en abril de 2016, con vencimiento a tres años, por tanto en abril de 2019, y que paga la totalidad de los intereses en un solo pago, coincidiendo con la fecha de vencimiento del depósito (tipo cupón cero), el tratamiento fiscal es sencillo, puesto que el importe íntegro de los intereses percibidos, los indicados 7.200 euros, representa un rendimiento del capital mobiliario. El hecho de que esta renta se haya generado durante más de un año, en concreto tres, no traslada ninguna implicación fiscal.

c) En este apartado vamos a trabajar las implicaciones fiscales de la operativa en fondos de inversión. Como vemos en el enunciado, don Federico estaba situado en un fondo de renta fija, con 1.300 participaciones adquiridas en dos fechas diferentes.

El 30 de abril de 2019 decide traspasar 1.000 participaciones, de este total de 1.300, a otro fondo diferente, de renta variable, ya que esperaba un buen comportamiento de la bolsa en ese año. Posteriormente, en junio de 2019, como la bolsa no había ido bien decidió reembolsar 250 participaciones del fondo de renta variable.

En relación a la operación de traspaso, la «regla FIFO» nos lleva a considerar que las 1.000 participaciones traspasadas del fondo de renta fija al nuevo fondo de renta variable son las 1.000 participaciones suscritas en diciembre de 2006. Aquellas participaciones se adquirieron a 50 euros de valor unitario por participación, y en el momento del traspaso el valor liquidativo de cada participación es de 85 euros; por consiguiente, existe una ganancia patrimonial latente de 35.000 euros. Pero esta ganancia no se devenga fiscalmente por la operación de traspaso, puesto que merece un régimen de neutralidad fiscal.

Por tanto, el traspaso no tributa en el IRPF, si bien es muy importante entender que las 500 participaciones recibidas en el fondo de renta variable van a heredar la fecha y valor de adquisición de las participaciones de donde proceden, que son las del fondo de renta fija, que, como indica el enunciado, se adquirieron el 5 de diciembre de 2006 por un valor de suscripción de 50.000 euros. Esto significa que, a efectos fiscales, las 500 participaciones en el fondo de renta variable tendrán un valor fiscal unitario por participación de 100 euros (50.000 / 500).

Continuando con el ejemplo, cuando el 8 de junio de 2019 se reembolsan 250 participaciones del paquete total de 500 participaciones en el fondo de renta variable, este reembolso sí determina renta fiscal, por diferencia entre el valor de reembolso y el valor de adquisición. Si en el reembolso las 250 participaciones tenían un valor liquidativo de 150 euros, y en la adquisición, como hemos explicado en el párrafo anterior, las 250 participaciones tienen un valor fiscal de 100 euros, la ganancia patrimonial asciende a 12.500 euros (37.500 − 25.000).

Este ejemplo es oportuno para distinguir, en materia de instituciones de inversión colectiva, las operaciones de traspaso de las operaciones de reembolso o transmisión: las primeras gozan de neutralidad fiscal, a diferencia de las segundas.

d) Don Federico también ha desarrollado operativa financiera invirtiendo en ETF, que son fondos cotizados en bolsa. El enunciado nos indica que adquirió 1.000 participaciones en 2013 por valor de adquisición de 20.000 euros, y en 2019 el ETF paga un dividendo y posteriormente es transmitido y recomprado. Veamos las implicaciones fiscales de todo esto:

- En cuanto al dividendo, el importe íntegro del mismo, 300 euros, representa un rendimiento del capital mobiliario.
- En cuanto a la transmisión con fecha de 19 de octubre de 2019, la misma produce una pérdida patrimonial cuantificada en 4.000 euros, en la medida en que el valor de transmisión es de 16.000 euros y el valor de adquisición de 20.000 euros.

Ahora bien, esta pérdida patrimonial tiene un problema para ser computada fiscalmente, debido a lo que se conoce como «norma antiaplicación». Y es que antes de que transcurran dos meses desde la fecha de transmisión, concretamente el 15 de noviembre de 2019, don Federico volvió a comprar 500 participaciones en el mismo fondo. Por ello, la normativa del IRPF impide computar íntegramente la pérdida de 4.000 euros, y solamente permite computar la mitad, 2.000 euros, la parte correspondiente a las 500 participaciones definitivamente vendidas. La otra parte de la pérdida patrimonial, 2.000 euros, que no ha podido ser computada por haber recomprado 500 participaciones, podrá computarse fiscalmente cuando en el futuro dichas 500 participaciones sean objeto de transmisión, sin incurrir a su vez en la «norma antiaplicación».

e) En este apartado vamos a calificar las rentas generadas por don Federico sobre unas obligaciones emitidas por una empresa. Las adquirió en 2010, pagando por ellas 52.000 euros, aunque el valor nominal de ese paquete de obligaciones era de 50.000 euros. El mayor valor de adquisición se debe a que no las adquirió en su emisión, sino en el mercado secundario.

Don Federico vendió la mitad de estas obligaciones el 31 de marzo de 2019, obteniendo 25.750 euros. Esta operación es una venta de activos financieros, y la calificación de la renta no es de ganancia o pérdida patrimonial, sino de rendimiento del capital mobiliario, que en este caso se cuantifica comparando el valor de transmisión (25.750 euros) y el valor de adquisición, que es de 26.000 euros (52.000/2). Por tanto, esta transmisión determina un rendimiento del capital mobiliario negativo de 250 euros.

El enunciado nos indica que al día siguiente de esta transmisión, el 1 de abril de 2019, las 50 obligaciones restantes, de valor nominal unitario 500 euros, pagaron un cupón del 3%. Esto totaliza un cupón percibido de 750 euros, que se califica igualmente de rendimiento del capital mobiliario.

Por último, el caso refleja que las 50 obligaciones restantes son amortizadas por el emisor el día siguiente al pago del cupón, el 2 de abril de 2019, devolviendo el valor nominal, que como hemos visto es de 25.000 euros. Pues bien, la amortización o reembolso de los activos financieros determina rendimientos del capital mobiliario, que en este caso son negativos de 1.000 euros, resultado de comparar el importe obtenido por la amortización (25.000 euros) y el valor de adquisición (26.000 euros).

En definitiva, en términos netos toda la operativa de obligaciones en 2019 ha generado rendimientos del capital mobiliario negativos de 500 euros (−250 + 750 − 1.000).

f) Don Federico también es activo en operativa de *trading* en acciones cotizadas, realizando múltiples operaciones intra-día en el año. El enunciado nos indica que dichas operaciones han determinado en conjunto ganancias patrimoniales de 15.000 euros y pérdidas patrimoniales de 51.000 euros, lo que en términos netos representa una pérdida patrimonial a computar en el impuesto de 36.000 euros. Nótese que en realidad cada operación de bolsa debe ser declarada individualmente.

También durante el año ha realizado algunas operaciones comprando y vendiendo derechos de suscripción preferente, en casos de compañías que realizaban ampliaciones de capital. La compra y venta de estos derechos determina igualmente ganancias y pérdidas patrimoniales, y en este caso se nos dice que la ganancia patrimonial es de 1.500 euros.

g) Para terminar, don Federico ha realizado aportaciones a su plan de pensiones individual, por importe de 8.000 euros. Como se verá, dichas aportaciones van a permitir una reducción de la base imponible general, aunque sujeta a determinados límites.

Integración y compensación de rentas

Una vez tenemos todas las rentas debidamente cuantificadas y calificadas, vamos a analizar cómo se integran dentro de la base imponible general y de la base imponible del ahorro, en el IRPF de don Federico del año 2019.

— *Cálculo de la base liquidable general*

De la totalidad de rentas obtenidas por don Federico, las únicas que han de integrarse en la base imponible general son los rendimientos del trabajo (20.000 euros).

En cuanto a las aportaciones al plan de pensiones, las mismas reducen dicha base imponible general, si bien sometidas a un límite máximo del 30% de los rendimientos netos del trabajo, en este caso 6.000 euros. Esto significa que, aunque la aportación al plan ha sido de 8.000 euros, solo sirven para reducir la base imponible de este año 6.000 euros, de modo que los 2.000 euros restantes pueden ser utilizados por don Federico para reducir bases imponibles en los períodos impositivos siguientes.

En resumen, la base imponible general de 20.000 euros es objeto de una reducción de 6.000 euros, lo que determina una base liquidable general de 14.000 euros, que se somete a la escala de gravamen de este tramo del impuesto.

— *Cálculo de la base liquidable del ahorro*

Como estudiamos en el capítulo dedicado al IRPF, dentro de la base imponible del ahorro se integran los rendimientos del capital mobiliario (salvo casos de rendimientos muy excepcionales, cuya integración ha de realizarse en la base imponible general), y las ganancias y pérdidas patrimoniales que derivan de la transmisión de elementos patrimoniales.

Ahora bien, la mecánica liquidatoria del impuesto obliga a diferenciar, por un lado, los rendimientos del capital mobiliario, y por otro las ganancias y pérdidas patrimoniales, si bien ambas, como hemos dicho, estarán integradas en la base imponible del ahorro.

- En cuanto a los rendimientos del capital mobiliario, el saldo obtenido por don Federico respecto a esta tipología de renta es de 9.000 euros, resultado de integrar 2.000 euros procedentes de los dividendos de las acciones, 300 euros por los dividendos del ETF, menos 500 euros por las operaciones sobre las obligaciones, y 7.200 euros que son los intereses del depósito bancario.
- En cuanto a las ganancias y pérdidas patrimoniales, el saldo neto es negativo, representando una pérdida patrimonial neta de 8.000 euros. A esta cifra se llega sumando las ganancias patrimoniales de 19.000 euros derivadas de la venta de acciones, más la ganancia de 12.500 euros por el reembolso del fondo de inversión, más la ganancia de 1.500 euros por las operaciones sobre derechos de suscripción preferente. De este sumatorio hay que restar las pérdidas patrimoniales derivadas de la transmisión de acciones (3.000 euros), por la operativa de *trading* de acciones (36.000 euros) y por la transmisión del ETF (2.000 euros).

Como se ve, dentro de la base imponible del ahorro encontramos unos rendimientos netos del capital mobiliario positivos de 9.000 euros y unas pérdidas patrimoniales netas de 8.000 euros. Es importante entender que la normativa del IRPF no permite restar enteramente la segunda magnitud de la primera, lo que daría una base liquidable del ahorro de 1.000 euros, sino que la capacidad de compensar pérdidas patrimoniales con rendimientos netos del capital mobiliario positivos en la base imponible del ahorro opera con un límite, que es el 25% de las rentas positivas que van a ser objeto de compensación (en este caso el 25% de 9.000 euros, que son 2.250 euros).

Así, la base liquidable del ahorro se compondrá de la diferencia entre 9.000 euros y los indicados 2.250 euros, resultando una base de 6.750 euros, que se somete a los tipos aplicables a la base del ahorro.

Cabe apreciar por tanto que existe un importe de 5.750 euros de pérdidas patrimoniales del ejercicio que no han podido ser objeto de compensación (8.000 − 2.250). Dichas pérdidas patrimoniales podrán ser objeto de compensación, en su caso, en los cuatro períodos impositivos siguientes, de acuerdo a la misma mecánica de compensación indicada.

Este ejercicio permite entender de una manera bastante completa la estructura del IRPF, y la mecánica de calificación, integración y compensación de rentas, utilizando una pluralidad de instrumentos financieros.

Estrategia de planificación fiscal

Si nos preguntase don Federico qué podría haber hecho para mejorar su situación fiscal, le daríamos las tres siguientes recomendaciones:

— Haber limitado su aportación a planes de pensiones a 6.000 euros, en vez de 8.000 euros, puesto que la diferencia no ha tenido ninguna ventaja fiscal en este año.
— Llamar su atención respecto a lo beneficioso que le ha resultado el depósito bancario contratado a tres años y con pago de intereses enteramente a vencimiento, puesto que con ello ha conseguido no pagar ningún impuesto por este producto financiero hasta el año tres. Si este mismo depósito hubiese liquidado los intereses semestralmente, habría anticipado impuestos en cada uno de los años de cobro de los intereses.
— Puesto que ha dejado 5.750 euros de pérdidas patrimoniales sin aplicar en este año, debe intentar canalizar sus operaciones financieras para tratar de obtener en el futuro ganancias patrimoniales, en lugar de rendimientos del capital mobiliario. Así, le recomendaríamos invertir en fondos de inversión o en acciones antes que en depósitos o en emisiones de renta fija, ya que de este modo las rentas que obtenga de estos productos, si evolucionan favorablemente, serán ganancias patrimoniales, que no tributarán, al ser compensadas con las pérdidas que arrastra de 2019.

16.3. UTILIZACIÓN DE VEHÍCULOS DE INVERSIÓN

En el ámbito de la planificación financiero-fiscal es importante tener en cuenta que el IRPF y el Impuesto sobre Sociedades son dos tributos muy diferentes, y que el tratamiento de los productos financieros en uno u otro no coincide.

Esto significa que un inversor podría arbitrar las rentas que obtiene de sus productos financieros eligiendo tributar por el IRPF o por el Impuesto sobre Sociedades. La forma de hacerlo es sencilla. Solo tiene que constituir o adquirir una sociedad mercantil (por ejemplo una sociedad de responsabilidad limitada, que incluso podría ser unipersonal), y trasladar a ella los fondos necesarios para realizar las inversiones, pudiendo financiar la sociedad por ampliación de capital o por un préstamo concedido del socio a la sociedad.

Esta planificación resulta más sencilla en el caso de inversores que ya tienen sociedades constituidas, y que por tanto pueden elegir con naturalidad desarrollar sus inversiones financieras desde su sociedad, o desde la persona física a título particular.

De hecho, las inversiones de los grandes patrimonios a través de SICAV en muchos casos es simplemente esto, trasladar patrimonio financiero desde las personas físicas (IRPF) a una persona jurídica, para así tributar en el Impuesto sobre Sociedades, y además a un tipo reducido ventajoso del 1%.

Este ámbito de la planificación a través de vehículos societarios resulta técnicamente complejo, porque, además de requerir el conocimiento de la fiscalidad, tanto en el IRPF como en el Impuesto sobre Sociedades, y detectar las ventajas e inconvenientes de una y otra, también es necesario acompasar las decisiones con las características financieras del inversor, el perfil de riesgo asumido en cada producto y la duración proyectada de las inversiones. Además, un aspecto que siempre hay que tener en cuenta cuando se utilizan sociedades es la problemática de la doble imposición, que está ahí cuando una sociedad distribuye dividendos a sus socios personas físicas o bien cuando la sociedad acumula sus beneficios sin ser repartidos, pero es finalmente transmitida o liquidada, y todo ello sin olvidar incorporar en la ecuación los costes que conlleva constituir y mantener una sociedad.

En el siguiente ejemplo vamos a tratar de analizar la diferencia entre invertir a título particular y tributar bajo el IRPF, o bien hacerlo a través de una sociedad para tributar por el Impuesto sobre Sociedades. Para ello vamos a proyectar un horizonte de tres años y concretar el ejemplo en los tres productos financieros más populares: depósitos bancarios, acciones cotizadas y fondos de inversión.

Ejemplo 2

Una persona física residente fiscal en España y que tributa bajo el IRPF dispone de liquidez de 4.000.000 de euros, y decide invertir del siguiente modo: 1.000.000 de euros en fondos de inversión, 1.000.000 de euros en acciones y 2.000.000 de euros en depósitos bancarios.

La evolución de estas inversiones ha sido como sigue:

— El fondo de inversión es suscrito en el año 1 (1.000.000 euros), y en el año 3 es objeto de desinversión por la fórmula de realizar un traspaso a otro fondo de inversión, cuando este fondo ha obtenido una revalorización del 50%, y por tanto vale 1.500.000 euros.

— La inversión en acciones ha ido igualmente bien, porque las mismas se compraron en el año 1 por 1.000.000 de euros, y en el año 3 se venden por 1.500.000 euros. Además, estas acciones pagaron un dividendo de 100.000 euros en el año 2.
— El depósito bancario ha sido un depósito a tres años con pago de intereses íntegramente a vencimiento, y así se contrató desembolsando 2.000.000 de euros en el año 1, y en el año 3 se obtiene la devolución del depósito más unos intereses de 200.000 euros.

En el ejemplo vamos a comparar el resultado fiscal de realizar estas inversiones por una persona física a título particular, tributando en el IRPF, frente a otra alternativa que consistiría en invertir desde una sociedad, la cual, al tener como capital el mínimo legal de 3.000 euros, ha de recibir los 4.000.000 de euros de su socio persona física por la fórmula de un préstamo que concede el socio a la sociedad, el cual está remunerado a un tipo de interés que se considera de mercado (3%). En el ejemplo vamos a situar el tipo aplicable a la base imponible del ahorro del IRPF en el tramo máximo, que es el 23%.

Solución

Escenario de inversión por la persona física a título particular (tributación en el IRPF)

Las rentas que producen estas operaciones son las siguientes:

— Cobro del dividendo en el año 2: 100.000 euros.
— Venta de las acciones en el año 3: 500.000 euros.
— Liquidación del depósito en el año 3: 200.000 euros.
— Traspaso del fondo de inversión en el año 3: no genera renta tributable.

En resumen, la tributación por el IRPF es sencilla: el inversor tiene una base imponible del ahorro de 100.000 euros en el año 2, por la que paga 23.000 euros, y una base imponible del ahorro de 700.000 euros en el año 3 (500.000 + 200.000), por la que paga 161.000 euros. En total, el pago de impuestos en el período de tres años ha sido de 184.000 euros.

Escenario de inversión a través de la sociedad (tributación en el Impuesto sobre Sociedades)

Tratándose del Impuesto sobre Sociedades, las rentas que generan estas operaciones en sede de la sociedad son las siguientes:

— En cuanto al fondo de inversión, asumiendo que no es contabilizado en la cartera de negociación, el mismo genera una renta positiva de 500.000 euros en el año 3, cuando el fondo es objeto de transmisión (la mecánica de traspasos con neutralidad fiscal no opera en el Impuesto sobre Sociedades, a diferencia del IRPF).
— En cuanto al depósito bancario, el Impuesto sobre Sociedades obliga a computar los intereses por un criterio de devengo financiero, lo que origina renta durante los tres años: 62.000 euros en el año 1, 66.000 euros en el año 2, y 72.000 euros en el año 3 (a diferencia del IRPF, donde los 200.000 euros de intereses se manifiestan a efectos fiscales únicamente en el año 3, en el que los intereses resultan exigibles, lo que redunda en un diferimiento en el pago del impuesto).
— En cuanto a las acciones, la rentas coinciden en el Impuesto sobre Sociedades respecto a lo comentado en el IRPF, de modo que en el año 2 se genera una renta de 100.000 euros por el cobro del dividendo, y en el año 3 una renta de 500.000 euros por plusvalía en venta.

Además de lo anterior, como estamos ante una sociedad que es financiada en 4.000.000 de euros por su socio persona física mediante un préstamo que tiene pactado un tipo de interés de mercado (3%), es necesario plantear el tratamiento fiscal, tanto en la sociedad como en el socio, de los 120.000 euros de intereses que la sociedad paga cada año al socio.

— Por lo que respecta a la sociedad, vamos a considerar que se trata de un gasto fiscalmente deducible, aunque en realidad podríamos encontrarnos casos donde esto no fuese así, por las reglas que limitan la deducibilidad de los gastos financieros en el Impuesto sobre Sociedades.
— Por lo que respecta al socio persona física que percibe anualmente los intereses, esta renta es calificada como rendimiento del capital mobiliario, aunque con la particularidad de que va a ser integrada en la base imponible general del IRPF del socio, por la parte de endeudamiento de la sociedad que exceda del triplo de sus fondos propios, que a efectos del ejemplo son 3.000 euros, y que por su escasa cuantía vamos a despreciar a efectos del ejemplo. Por esta circunstancia, vamos a asumir que los intereses tributan cada año en la base imponible general del socio al tipo máximo de la escala aplicable a la misma, que a efectos del ejemplo situamos en el 44%.

Con todo lo anterior, el Impuesto sobre Sociedades de la sociedad será como sigue:

— Año 1. La sociedad habrá generado una base imponible negativa de 58.000 euros, resultado de la renta positiva por el depósito bancario

(62.000 euros) y los gastos financieros anuales (120.000 euros). En consecuencia, la sociedad no paga ningún impuesto.

— Año 2. La sociedad ha obtenido el dividendo de 100.000 euros, la renta positiva derivada de la periodificación del depósito, que como hemos dicho en este año 2 asciende a 66.000 euros, y la renta negativa producto del pago de intereses (120.000 euros). En consecuencia, la base imponible previa es de 46.000 euros, la cual es objeto de compensación con parte de la base imponible negativa que había generado en el año 1, que era de 58.000 euros, y que en este año 2 es compensada por importe de 46.000 euros. Por tanto, también en el año 2 la sociedad no paga impuestos.
— Año 3. La sociedad ha obtenido sendas rentas positivas de 500.000 euros, por un lado por el reembolso del fondo de inversión y por otro por la venta de las acciones. Además, tiene una tercera renta positiva por la periodificación del depósito (72.000 euros) y el gasto deducible resultante de los intereses (120.000 euros). Esto determina un resultado de 952.000 euros, el cual, después de aprovechar los 12.000 euros de base imponible negativa del año 1 que no pudo ser compensada en el año 2, determina una base imponible en el Impuesto sobre Sociedades de 940.000 euros, que al tipo general del 25% supone una cuota de 235.000 euros.

Si terminásemos aquí la comparación de las dos opciones, el resultado sería que esta inversión por el IRPF habría tributado 184.000 euros, y por el Impuesto sobre Sociedades 235.000 euros, concluyendo así que el Impuesto sobre Sociedades es más oneroso que el IRPF por una diferencia de 51.000 euros. Pero el ejemplo quedaría imperfecto por dos razones:

— La primera porque ignora la tributación en el IRPF del socio de los intereses percibidos, que es el colateral de la deducción de dichos intereses en el Impuesto sobre Sociedades. Como hemos dicho, el socio ha de computar cada año un rendimiento del capital mobiliario de 120.000 euros, que al integrarse en la base imponible general va a tributar al tipo del 44%, lo que supone un pago de impuestos anual en el socio de 52.800 euros, que proyectado a tres años son 158.400 euros.
— La segunda cuestión a considerar es que, puesto que hemos proyectado las inversiones a tres años, y en el año 3 la sociedad ha liquidado todas sus posiciones, perfectamente podría la sociedad ser disuelta, o distribuir su beneficio acumulado a su socio a través de dividendo. Como la sociedad en los tres años ha ganado 940.000 euros, pero ha pagado impuestos por 235.000 euros, el importe que puede distribuir a su socio persona física sería de 705.000 euros, que representaría un rendimiento del capital mobiliario computable en el IRPF y un pago de impuesto de 162.150 euros.

De este modo, si sumamos el efecto fiscal de estos dos puntos anteriores, que totaliza 320.550 euros (158.400 + 162.150), la estructura societaria ha tenido un coste fiscal extra respecto a la opción más sencilla de invertir y tributar en el IRPF, que se cuantifica en 371.550 euros (51.000 + 320.550).

La conclusión es que en este caso la inversión a través de una sociedad con estas características hubiese sido muy perjudicial, pagándose muchos más impuestos en comparación con una alternativa donde no se utilizase la sociedad y el inversor invirtiese en su nombre a título particular, y tributase por el IRPF.

Es un buen ejemplo que demuestra que ha de erradicarse la idea general de que la tributación en el Impuesto sobre Sociedades es siempre más ventajosa que en el IRPF. Al menos en materia de inversión de productos financieros esto no es así, y por ello en muchos casos es desaconsejable hacerlo desde las sociedades operativas que generan beneficios y acumulan liquidez.

Estrategia de planificación fiscal

Si el cliente nos pidiese consejo para optimizar su situación y realizar una adecuada planificación fiscal, podríamos aconsejarle lo siguiente:

— La inversión en fondos de inversión suele ser más ventajosa si se realiza en sede de persona física, porque admite la fórmula de los traspasos para desinvertir en un fondo y entrar en otro, sin tributación. En el Impuesto sobre Sociedades esto no es posible.
— Si quiere utilizarse una sociedad para realizar inversiones financieras, debe explorarse la viabilidad de una SICAV, ya que reduce el tipo del Impuesto sobre Sociedades del 25 al 1%. No obstante, hay que tener en cuenta dos cuestiones: *i*) en primer lugar, los costes que conlleva constituir y mantener una SICAV; *ii*) en segundo lugar, el coste fiscal que supone cuando la SICAV distribuye dividendos a sus socios personas físicas o es transmitida o liquidada, en cuyo caso el modelo de diferimiento pierde su virtualidad al tributar en sede de las personas físicas, aunque evitando la doble imposición porque apenas ha existido.
— En el ejemplo, la solución de financiar la sociedad por un préstamo de la persona física en favor de la sociedad no es fiscalmente aconsejable, ya que si bien la sociedad deduce estos intereses en el Impuesto sobre Sociedades, a un tipo impositivo del 25%, la persona física ha de integrar los mismos intereses en su IRPF, en la base imponible general, a los tipos máximos de la escala de gravamen (en el ejemplo, el 44%). Quizá hubiese sido más aconsejable financiar la sociedad por aportación de capital inicial, la cual además no tributa por el Impuesto sobre Operaciones Societarias (1%), si bien este gravamen recaería en la disolución.
— El tipo impositivo en el Impuesto sobre Sociedades, que es el 25%, es superior a los tipos aplicables a la base liquidable del ahorro en el IRPF, que se mueven en una horquilla del 19 al 23%. Por tanto, nominalmente no existe ventaja de tipo impositivo en el Impuesto sobre Sociedades res-

pecto al IRPF, sino más bien al contrario. Esto es muy diferente a la comparación del tipo general del Impuesto sobre Sociedades con la escala progresiva aplicable a la base imponible general del IRPF, que actúa sobre rendimientos de actividades empresariales y profesionales, y donde el ejercicio de tratar de trasladar rentas desde el IRPF al Impuesto sobre Sociedades sí puede obtener la ventaja de aplicar un tipo impositivo mucho menor.

- Como se ve, la distribución de dividendos o la liquidación de la sociedad resulta muy gravosa, por tributar en el IRPF del socio. Por tanto, una recomendación básica sería tratar de evitar ambas situaciones, y mantener viva la sociedad con los beneficios acumulados en sus reservas, los cuales pueden ser lógicamente reinvertidos en otros productos financieros, en inmuebles o para iniciar una actividad económica.
- En los casos en los que se produzca la generación de rentas en sociedades, bien constituidas como vehículos de inversión, bien porque de forma natural la actividad y el patrimonio está en una sociedad (por ejemplo empresas familiares), y los socios requieran la distribución de dividendos para obtener la liquidez que precisan para sustentarse, sabemos que el dividendo que se distribuye a personas físicas tributa sin paliativos en el IRPF, como rendimiento del capital mobiliario, al tipo 19%-23%, originándose una doble imposición, porque un único ingreso ha pagado impuestos primero en la sociedad, al originarse (Impuesto sobre Sociedades), y luego en el socio al distribuirse (IRPF). Una conocida planificación para evitar el impuesto en el socio sería constituir una entidad *holding,* situada entre el socio y la sociedad que genera las rentas, y aprovechar la exención de tributación de los dividendos existente en el Impuesto sobre Sociedades. Con ello se evita, al menos a un primer nivel, el impacto fiscal de la distribución de dividendos, aunque deberá buscarse la fórmula para dirigir la liquidez desde la entidad *holding* hasta los socios finales, ya que un sucesivo dividendo tributaría como se ha comentado y haría inútil la ventaja fiscal de la sociedad *holding.*
- Finalmente debe tenerse en cuenta que cuando se invierte en productos financieros y se solicita financiación para ello a terceros (apalancamiento), el Impuesto sobre Sociedades puede permitir la deducibilidad fiscal de los intereses pagados, bajo determinadas condiciones, a diferencia del IRPF donde estas partidas nunca resultan deducibles. De ahí que el uso de una sociedad para comprar productos financieros con deuda puede ser una ventaja frente a solicitar la financiación por parte de una persona física.

16.4. PLANIFICACIÓN FISCAL BASADA EN EL DIFERIMIENTO DE IMPUESTOS

Si hiciésemos un ejercicio de simplificación máxima, podríamos decir que los ejercicios de planificación fiscal acaban persiguiendo uno de los dos siguientes objetivos: no pagar impuestos gracias a la aplicación de supuestos de exención o de no sujeción, o diferir en el tiempo el pago del impuesto.

El segundo es mucho más común, porque en la práctica es difícil encontrar supuestos donde una renta resulte exenta o no sea gravada por un impuesto.

La posibilidad de diferir impuestos en el tiempo está anclada a las reglas de devengo de rentas que establecen los diferentes impuestos,

En el Impuesto sobre Sociedades, el diferimiento se consigue cuando las reglas contables permiten retrasar la imputación fiscal de las rentas positivas, normalmente hasta los ejercicios donde se produce la desinversión. Esto no ocurre cuando la normativa contable obliga a realizar valoraciones de los instrumentos financieros todos los años a valor de mercado con cambios en la cuenta de pérdidas y ganancias, porque en estos casos, al ser objeto de revalorización contable siempre que hayan generado resultados positivos (beneficios), dicha revalorización representa contablemente un ingreso que debe tributar cuando es contabilizado. Por el contrario, esto no ocurre en las carteras contables, donde es posible retrasar el reconocimiento contable del ingreso hasta que el activo financiero se ha vendido, transmitido o amortizado, o reembolsado, así como en las carteras contables, donde, a pesar de tener que calificar los activos a valor razonable en cada momento, esta valoración no impacta en la cuenta de pérdidas y ganancias, sino que se realiza con abono a las cuentas de patrimonio neto.

Como se ve, el diferimiento de las rentas basadas en instrumentos financieros en el Impuesto sobre Sociedades depende directamente del tratamiento contable que se aplique los mismos.

En el IRPF, el principal modelo de diferimiento descansa en la regla que establece que el devengo de los rendimientos del capital mobiliario se produce cuando los mismos son exigibles por su perceptor, y que las ganancias patrimoniales se devengan cuando se produce la alteración patrimonial.

Así, tratándose de rendimientos del capital mobiliario, los mismos no han de integrarse en la base imponible hasta que sean exigibles. De este modo, es posible diferir impuestos a través de productos financieros que hagan los rendimientos del capital mobiliario exigibles en plazos largos. Por ejemplo, si se contratase por una persona física un bono cupón cero, cuyo perfil financiero determinase que durante 10 años no se percibe ningún interés, y es en el año 10 cuando se percibe toda la rentabilidad, se conseguiría diferir el impuesto hasta ese año 10.

Por otro lado, si se adquieren acciones o fondos de inversión y los mismos van ganando valor porque se revalorizan, no se tributará por ese incremento de valor hasta el momento en que las acciones o las participaciones en los fondos sean vendidas o transmitidas o reembolsadas.

Lo anterior permite concebir un modelo de diferimiento fiscal en el IRPF que asocia la tributación a la transmisión de los activos. Esto significa que cuando una persona física decide transmitir unas acciones o unas participaciones en fondos de inversión, esa decisión acarrea un «peaje fiscal», puesto que ha de tributar por las ganancias obtenidas en el IRPF, algo que hubiera podido evitar si no hubiese transmitido. Esto es así incluso en los casos en los que se vende una acción o un fondo de inversión es reembolsado y automáticamente se reinvierte en otro producto financiero.

No obstante, existen algunas posibilidades legales para poder evitar este efecto, y obtener también neutralidad fiscal, y por consiguiente posibilidades de continuar difiriendo la tributación de las ganancias latentes, en los casos en que un activo es transmitido y sustituido por otro.

Esto es muy beneficioso, ya que permite a los inversores realizar su *trading* activo sobre sus instrumentos financieros, es decir, comprar y vender en el momento que se considere, sin que exista el anteriormente denominado «peaje fiscal».

EJEMPLO 3

Una persona física residente en España, y que por tanto tributa en el IRPF, tiene 70 años y dispone de un patrimonio para invertirlo en productos financieros de 3.000.000 de euros. Es un banco quien le realiza la gestión discrecional de esta cartera, y a efectos del ejemplo vamos a suponer que la misma produce una rentabilidad sostenida del 6% anual, durante un horizonte temporal de 15 años.

Solución

Primera opción de inversión

Una primera posibilidad sería invertir en una amplia gama de productos financieros, como por ejemplo acciones que produjesen dividendos o plusvalías por su revalorización bursátil, y para las posiciones más conservadoras invertir en depósitos o activos de renta fija que pagasen intereses y cupones.

En este escenario, la rentabilidad obtenida cada año se integraría en la base imponible del ahorro del IRPF de cada período impositivo, y estos rendimientos del capital mobiliario o ganancias patrimoniales netas tributarían según la escala del ahorro, que a efectos del ejemplo vamos a situar el tipo máximo de la misma (23%).

De este modo, y siguiendo el cuadro inferior, puede verse cómo en el año 1, cuando comienza la inversión inicial de 3.000.000 de euros, se obtiene una rentabilidad de 180.000 euros (3.000.000 · 6%), la cual es objeto de pago de impuestos en el IRPF al tipo del 23% (41.400 euros), y por tanto resulta una rentabilidad neta de impuestos de 138.600 euros.

Por tanto, al final del año 1 el inversor dispone de los 3.000.000 iniciales más los 138.600 euros de rentabilidad, esto es, de 3.138.600 euros, que va a invertir en el año 2 y sucesivos de este mismo modo. Así, esta secuencia, proyectada durante 15 años, determina que el capital al final del año 15 de esta persona sea de 5.906.700 euros.

En este escenario se ve cómo se tributa todos los años por la rentabilidad financiera obtenida por los productos, y en consecuencia no existe ningún modelo de diferimiento fiscal. A cambio, el inversor ha podido en todo momento elegir sus inversiones en función de la evolución de los mercados, sin ver condicionadas sus decisiones financieras por cuestiones fiscales.

Opción 1

	Año 1	Año 2	Año 3	Año 4	Año 5
Inversión inicial	3.000,0	3.138,6	3.283,6	3.435,3	3.594,0
Rentabilidad (6%)	180,0	188,3	197,0	206,1	215,6
IRPF (23%)	41,4	43,3	45,3	47,4	49,6
Inversión final	3.138,6	3.283,6	3.435,3	3.594,0	3.760,1
	Año 6	**Año 7**	**Año 8**	**Año 9**	**Año 10**
Inversión inicial	3.760,1	3.933,8	4.115,5	4.305,7	4.504,6
Rentabilidad (6%)	225,6	236,0	246,9	258,3	270,3
IRPF (23%)	51,9	54,3	56,8	59,4	62,2
Inversión final	3.933,8	4.115,5	4.305,7	4.504,6	4.712,7
	Año 11	**Año 12**	**Año 13**	**Año 14**	**Año 15**
Inversión inicial	4.712,7	4.930,4	5.158,2	5.396,5	5.645,8
Rentabilidad (6%)	282,8	295,8	309,5	323,8	338,7
IRPF (23%)	65,0	68,0	71,2	74,5	77,9
Inversión final	4.930,4	5.158,2	5.396,5	5.645,8	**5.906,7**

Segunda opción de inversión

Comparemos el anterior escenario con otro alternativo, en el que el inversor coloca sus ahorros desde el primer momento en instituciones de inversión colectiva, bien fondos de inversión o bien en SICAV. Como sabemos, la inversión en estos vehículos no determina tributación para el inversor persona física hasta que los mismos sean transmitidos o reembolsados, y además existe la posibilidad de continuar difiriendo la tributación de las ganancias asociadas a estos activos incluso cuando sean objeto de transmisión, acudiendo a la mecánica de los «traspasos». Esto lo hemos estudiado en detalle en el capítulo anterior, y recordemos que consiste en la posibilidad de desinvertir en un fondo o en una SICAV para invertir automáticamente todo el importe obtenido en otro fondo o en otra SICAV, y por ello obtener neutralidad fiscal y no tributar por dicha transmisión, manteniendo, eso sí, los costes fiscales de adquisición del activo originario.

Bajo esta estrategia financiera, que en definitiva se resume en invertir en instituciones de inversión colectiva y movilizarse siempre de unas a otras por la vía de los traspasos, este inversor consigue un completo diferimiento fiscal, ya que no tributa por las ganancias obtenidas cada año (6%).

Observando el cuadro adjunto, se aprecia que la inversión inicial es de 3 millones de euros, la rentabilidad asociada a la misma son 180.000 euros en el año 1 (6%), y puesto que no se pagan impuestos en dicho año el capital disponible a final de ese año es de 3.180.000 euros, el cual puede ser invertido en el año 2 y sucesivos siguiendo este mismo esquema.

Opción 2.1

	Año 1	**Año 2**	**Año 3**	**Año 4**	**Año 5**
Inversión inicial	3.000,0	3.180,0	3.370,8	3.573,0	3.787,4
Rentabilidad (6%)	180,0	190,8	202,2	214,4	227,2
IRPF (23%)	0,0	0,0	0,0	0,0	0,0
Inversión final	3.180,0	3.370,8	3.573,0	3.787,4	4.014,7
	Año 6	**Año 7**	**Año 8**	**Año 9**	**Año 10**
Inversión inicial	4.014,7	4.255,6	4.510,9	4.781,5	5.068,4
Rentabilidad (6%)	240,9	255,3	270,7	286,9	304,1
IRPF (23%)	0,0	0,0	0,0	0,0	0,0
Inversión final	4.255,6	4.510,9	4.781,5	5.068,4	5.372,5
	Año 11	**Año 12**	**Año 13**	**Año 14**	**Año 15**
Inversión inicial	5.372,5	5.694,9	6.036,6	6.398,8	6.782,7
Rentabilidad (6%)	322,4	341,7	362,2	383,9	407,0
IRPF (23%)	0,0	0,0	0,0	0,0	963,6
Inversión final	5.694,9	6.036,6	6.398,8	6.782,7	**6.226,0**

De este modo se alcanza el inicio del año 15 con un capital de 6.782.700 euros, que no ha sido objeto de pago de impuestos en ningún momento. Al finalizar dicho año, y tras generar su correspondiente rentabilidad anual del 6% (407.000 euros), es cuando todas las inversiones son liquidadas, vendiendo o reembolsando todas las posiciones en fondos de inversión y SICAV. En este año 15 es cuando se produce la tributación de todas las ganancias obtenidas, que ascienden a 4.189.700 euros (6.782.700 + 407.000 − 3.000.000), y que el IRPF grava en calidad de ganancia patrimonial a un tipo del 23%, resultando una tributación de 963.600 euros.

Resultado de todo esto es un capital final en el año 15 de 6.226.100 euros, producto de sumar los 3.000.000 de euros iniciales a los 3.226.100 euros de rentabilidad obtenida después de impuestos (4.189.700 − 963.600).

Como fácilmente se aprecia, este escenario de diferimiento fiscal es más ventajoso que el escenario anterior donde se pagaban impuestos todos los años, y ello a pesar de que las dos variables que juegan son iguales: rentabilidad anual del 6% y pago de impuestos al tipo del 23%. Esto es debido sencillamente a que, puesto que el pago de impuestos se acumula al final del año 15, durante los 15 años se tienen mayores bases de inversión, ya que se opera con capitales que no han pagado impuestos. Ahí radica la explicación de los 319.300 euros de mayor rentabilidad final en la opción 2.

El ejemplo puede completarse incluyendo una eventualidad, que es el fallecimiento del inversor en el año 15 (recordemos que este inversor tenía 70 años en el año 1). En este escenario, que se muestra en el cuadro siguiente, y cuyos números coinciden con el cuadro anterior, vemos cómo el inversor en el comienzo del año 15 dispone de unos capitales invertidos en instituciones de inversión colectiva de 7.189.700 euros, resultado de 15 años de inversión sin pago de impuestos. En la hipótesis en la que el inversor falleciese a finales del año 15, no existiría pago de IRPF, puesto que las plusvalías obtenidas (4.189.700 euros) quedan no gravadas por el IRPF, por provocarse en una situación de fallecimiento (las denominadas «plusvalías del muerto»).

En este escenario la potencia del diferimiento fiscal es rotunda, porque gracias al diferimiento que desemboca en fallecimiento se han obtenido importantes rentabilidades que no han tributado por el IRPF.

Nótese que los herederos percibirán por herencia las participaciones en estas instituciones de inversión colectiva, y tras la tributación que corresponda por el Impuesto sobre Sucesiones y Donaciones (al ser hijos del causante, existen importantes beneficios fiscales en la mayor parte de las comunidades autónomas), recibirán la titularidad de estas inversiones y podrán proceder a su transmisión. Es importante saber que, cuando los herederos transmitan estas inversiones, la ganancia o pérdida patrimonial en su IRPF se computará por diferencia entre el valor de transmisión y su valor de adquisición, y a estos efectos el valor de adquisición es de 7.189.700 euros, que es el valor que tenían las inversiones en la fecha de fallecimiento del causante, y por tanto la base imponible del Impuesto sobre Sucesiones y Donaciones. Lo anterior consolida de alguna manera el diferimiento fiscal que obtuvo el inversor durante sus 15 años de vida, y lo transforma en un ejemplo de desimposición, puesto que dichas ganancias patrimoniales tampoco van a ser tributadas por los herederos.

Opción 2.2

	Año 1	Año 2	Año 3	Año 4	Año 5
Inversión inicial	3.000,0	3.180,0	3.370,8	3.573,0	3.787,4
Rentabilidad (6%)	180,0	190,8	202,2	214,4	227,2
IRPF (23%)	0,0	0,0	0,0	0,0	0,0
Inversión final	3.180,0	3.370,8	3.573,0	3.787,4	4.014,7
	Año 6	**Año 7**	**Año 8**	**Año 9**	**Año 10**
Inversión inicial	4.014,7	4.255,6	4.510,9	4.781,5	5.068,4
Rentabilidad (6%)	240,9	255,3	270,7	286,9	304,1
IRPF (23%)	0,0	0,0	0,0	0,0	0,0
Inversión final	4.255,6	4.510,9	4.781,5	5.068,4	5.372,5
	Año 11	**Año 12**	**Año 13**	**Año 14**	**Año 15 (rip)**
Inversión inicial	5.372,5	5.694,9	6.036,6	6.398,8	6.782,7
Rentabilidad (6%)	322,4	341,7	362,2	383,9	407,0
IRPF (23%)	0,0	0,0	0,0	0,0	0,0
Inversión final	5.694,9	6.036,6	6.398,8	6.782,7	**7.189,7**

Este ejemplo muestra de una manera sencilla las estrategias de planificación fiscal en las que están asentados un número importante de inversores en España, de edades avanzadas, y que no necesitan disponer de sus ahorros para vivir. Es tan sencillo como invertir en instituciones de inversión colectiva y proyectar un modelo de diferimiento permanente que desemboque en el necesario y obligado fallecimiento.

Cierto es que se trata de un ejemplo simplista que asimila una tasa de rentabilidad anual del 6% para cualquier familia de productos financieros, y no tiene en consideración los diferentes costes y comisiones de unos y otros, pero sirve para mostrar la potencia de las estrategias de diferimiento fiscal en el IRPF y explicar que las mismas se pueden conseguir seleccionando adecuadamente los instrumentos financieros elegidos para desarrollar las inversiones.

16.5. PLANIFICACIÓN DE LA JUBILACIÓN MEDIANTE PLANES DE PENSIONES

Uno de los ámbitos en materia de productos financieros donde la planificación fiscal alcanza su mayor exponente es cuando se decide invertir en planes de pensiones o en productos asimilados, como por ejemplo los planes de previsión asegurados.

Estos productos tienen como particularidad que ofrecen beneficios fiscales en la fase de aportaciones, ya que reducen la base imponible general del IRPF de los partícipes. Pero, como contrapartida, las prestaciones tributan como rendimientos del trabajo, igualmente en la base imponible general de sus beneficiarios. Por tanto, podría decirse que son instrumentos financieros que articulan mecanismos de diferimiento fiscal, en muchos casos a muy largo plazo, lo cual los hace por definición muy interesantes.

Vamos a representar en un caso práctico un modelo de planificación fiscal basado en planes de pensiones.

EJEMPLO 4

El ejemplo se construye sobre una persona física residente en España y que tributa en el IRPF, que obtuvo unos rendimientos del trabajo que le situaron en el tipo máximo de la escala de gravamen del IRPF (45%), supongamos que por ser superiores a 80.000 euros cada año. Esta persona realizó aportaciones a planes de pensiones durante los 10 años previos a su jubilación, por el importe máximo permitido, que es de 8.000 euros al año, a la vez que pudo ahorrar en una cartera de inversiones en otros productos.

Posteriormente se jubiló a los 65 años y percibió una serie de ingresos, en ellos su pensión pública, que durante un tiempo fueron suficientes para mantener su nivel de vida. Por tanto, no tuvo que disponer de sus inversiones financieras. Los rendimientos que integró en su base imponible general a partir de este momento fueron de un importe tal, que 5.000 euros tributaron al tipo del 37%, situándose el resto de la base imponible en los tipos del 28%-24%.

Fue a partir de los 75 años cuando por su edad necesitó obtener mayor liquidez todos los meses, para atender sus necesidades vitales, y en este caso precisó complementar su pensión disponiendo de sus ahorros de toda la vida en los planes de pensiones.

Solución

Podríamos decir que la decisión de invertir en planes de pensiones en los últimos 10 años de su vida activa ha sido muy acertada, puesto que ha conseguido reducir en cada año 8.000 euros la base liquidable general de impuesto, que tributa en su último tramo de renta al tipo máximo del 45%. Esto significa que cada año ahorró en su IRPF 3.600 euros (8.000 · 45%), lo cual en 10 años significa un ahorro efectivo de 36.000 euros.

Tras la jubilación a los 65 años esta persona podría haber decidido disponer de sus planes de pensiones, pero no lo hizo, porque no tenía necesidad de una mayor liquidez frente a la que obtenía por su pensión y por otras rentas. Es una decisión adecuada, puesto que evita un innecesario pago de impuestos.

Pero es más, a pesar de estar ya jubilado decidió continuar realizando aportaciones al plan de pensiones por un importe de 5.000 euros al año, que es exactamente el importe de su base imponible que le situaba dentro de la escala progresiva de gravamen, a un tipo marginal del 37%, resultado de las rentas que integraba cada año. Con esta estrategia consiguió reducir su base imponible en 5.000 euros al año, justamente los que tributaban al tipo del 37%, obteniendo en cada año un ahorro de 1.850 euros (5.000 · 37%), que proyectado durante los 10 años que ha mantenido esta estrategia representa un ahorro efectivo de 18.500 euros en su IRPF. De este modo, consiguió además modular su base imponible en cada año, situándola en importes que no superaban el tipo del 28%.

Pudiera ser que esta persona no tuviera una capacidad financiera suficiente para realizar estas aportaciones estando ya jubilado (50.000 euros durante 10 años), porque su nivel de rentas no se lo permitiese. En este caso perfectamente podría haber dispuesto de otras inversiones que tenía en otros productos financieros, para trasladarlas anualmente a los planes de pensiones.

Como comenta el enunciado del caso, a partir de los 75 años esta persona ya no tiene la posibilidad financiera de continuar aportando al plan de pensiones, y precisa disponer de sus derechos consolidados para mantener el nivel de atención en su vida que requiere su edad.

Es por ello por lo que, ya con 76 años, y durante el resto de su vida, va disponiendo de todo el ahorro que acumuló en los planes de pensiones durante los 20 años de aportaciones anteriores. Estas disposiciones no las realiza en forma de capital único, ni tampoco por importes que no necesite para consumir en cada año, para evitar engrosar su base imponible general de forma innecesaria. Por tanto, va disponiendo de los planes de pensiones estrictamente por los importes que necesita en cada momento para vivir, realizando disposiciones «a la carta» según sus necesidades en cada momento. Debido a su edad y a otras circunstancias, los importes que cada año va disponiendo en el plan de pensiones no tributan a un tipo superior al 28%.

La ventaja fiscal de esta estrategia se refleja como sigue:

— Durante 20 años realizó unas aportaciones totales a su plan de pensiones de 130.000 euros (8.000 · 10 + 5.000 · 10) y, como se ha explicado, consiguió ahorros fiscales en su IRPF muy importantes, que totalizan 54.500 euros de menor pago de impuestos (36.000 + 18.500).
— Ahora bien, tratándose de un modelo de diferimiento, cuando a partir de los 76 años dispone de sus derechos en el plan, ha de tributar bajo un tipo aplicable del 28% por las cantidades dispuestas; por tanto, puesto que esta persona tiene la fortuna de vivir muchos años y de agotar el plan de

pensiones, aquellas aportaciones de 130.000 euros son objeto de tributación en el IRPF por importe de 36.400 euros.

— Por una sencilla comparación entre los ahorros obtenidos en la fase de aportaciones (54.500 euros) y la tributación en la fase de prestaciones (36.400 euros), obtenemos el ahorro fiscal definitivo de 18.100 euros.

Para completar el modelo financiero deberían incluirse dos variables adicionales:

— La primera mejora el capítulo de los beneficios fiscales de los planes de pensiones y redunda en favor del inversor, puesto que el diferimiento fiscal, que se proyecta en plazos superiores a 20 años, le ha permitido durante este tiempo disponer de mayor capacidad de inversión, precisamente derivada del menor pago de impuestos durante toda la fase de aportaciones. Hemos dicho que durante 20 años consiguió un menor pago de impuestos de 54.500 euros, y estos fondos disponibles posiblemente le hayan permitido ahorrar en otros productos financieros y obtener rentabilidades adicionales, que el ejemplo no computa.

— La segunda variable, en cambio, va en contra del modelo y perjudica al inversor, puesto que cabe suponer que las aportaciones al plan de pensiones habrán generado rentabilidades positivas, y por tanto que las prestaciones del plan serán mayores que las aportaciones, precisamente por la revalorización del plan de pensiones. Estas revalorizaciones financieras, que se han percibido por el inversor durante la fase de prestaciones, tributan como rendimientos del trabajo, y en este caso, como hemos indicado, al tipo del 28%, que es un tipo superior al que grava la rentas del ahorro en la base liquidable del ahorro, que actualmente encuentra una horquilla de tipos entre el 19 y el 23%. Esto significa que las rentabilidades asociadas a planes de pensiones generalmente tributan a unos tipos superiores a las rentabilidades derivadas de otros productos financieros, porque las primeras se integran en la base imponible general del IRPF y la segunda en la base imponible del ahorro.

Estrategia de planificación fiscal

Ha quedado visto que los planes de pensiones son productos muy incididos por la fiscalidad y en los que acertar resulta complejo. Por ello es un ámbito clásico de planificación fiscal:

— Durante la fase de aportaciones, deberá compararse el ahorro fiscal que se obtiene por las aportaciones anuales a planes de pensiones (que estará en función del tipo marginal máximo de gravamen en el IRPF), con los inconvenientes de los planes de pensiones, fundamentalmente su iliquidez (solo se pueden cobrar en circunstancias tasadas). La combinación de estos dos factores sin duda dirige los planes de pensiones hacia personas con altas o medias rentas y elevados tipos de gravamen, y con capacidad de ahorro a largo plazo.

— Durante la fase de acumulación no incide la fiscalidad, al no existir tributación por el IRPF ni por el Impuesto sobre el Patrimonio. La clave es financiera, elegir los mejores planes de pensiones que aporten una mayor rentabilidad acorde al riesgo elegido. Esto se facilita por la posibilidad de mover las inversiones de un plan a otro sin tributación, siendo recomendable invertir en varios planes a la vez.
— Durante la fase de cobro de prestaciones es donde más conviene disponer de un buen asesoramiento fiscal, para planificar el pago del IRPF. Puesto que las prestaciones de planes tributan a los tipos más elevados de la escala general del IRPF, será conveniente modular los cobros en el tiempo para no disparar innecesariamente dichos tipos, que son progresivos. Para ello es recomendable no percibir más dinero de los planes de pensiones del que realmente se necesite, y elegir los años que tengan una estructura y nivel de rentas más adecuado para ello.

16.6. OPTIMIZACIÓN EN EL IMPUESTO SOBRE EL PATRIMONIO

Un impuesto que incide muy significativamente en muchos inversores es el Impuesto sobre el Patrimonio. Como estudiamos en el capítulo que analiza esta figura tributaria, el mismo no grava las rentas (a esto se dedica el IRPF), sino que somete a gravamen la mera tenencia de un patrimonio en sede de las personas físicas.

En consecuencia, la tenencia de inversiones financieras ha de computarse dentro de la base imponible del Impuesto sobre el Patrimonio, porque será difícil que encuentre alguna ventaja fiscal que lo evite, a diferencia de la inversión inmobiliaria, que, bien por tratarse de vivienda habitual, o bien por consistir en inmuebles que pueden valorarse según su valor catastral, obtienen un tratamiento favorable en el Impuesto sobre el Patrimonio.

En cambio, los inversores que a 31 de diciembre de cada año mantienen inversiones en depósitos bancarios, acciones, instrumentos de renta fija, acciones o participaciones instituciones de inversión colectiva, entre otros instrumentos financieros, se ven afectados por el Impuesto sobre el Patrimonio, al integrar dentro de la base imponible de este el valor de dichas inversiones.

A continuación vamos a analizar, gracias a un ejemplo, un mecanismo existente en nuestro sistema tributario, que permite reducir el pago del Impuesto sobre el

Patrimonio para determinados inversores que se ven afectados por el mismo. Nos referimos a una figura que se denomina «límite conjunto renta-patrimonio», y que estudiamos en detalle y con anterioridad en el capítulo destinado al Impuesto sobre el Patrimonio.

Como se verá, este mecanismo puede conseguir hasta una reducción del 80% de la cuota del Impuesto sobre el Patrimonio, y para alcanzarlo es crítico invertir de una determinada manera, eligiendo algunos instrumentos financieros y descartando otros. Por tanto, es una figura muy utilizada en las estrategias de planificación fiscal de las personas con altos niveles de renta y altos niveles de patrimonio en España.

EJEMPLO 5

Don Hipólito es una persona física residente fiscal en España y contribuyente del IRPF, y declara todos los años unos rendimientos netos del trabajo personal de 30.000 euros. Adicionalmente, en 2019 fallece su padre y hereda una cantidad importante de dinero, concretamente 3.200.000 euros, que decide invertir del siguiente modo.

- Adquiere una vivienda habitual, valorada en 1.200.000 euros.
- Su patrimonio financiero, que asciende a 2.000.000 de euros, decide invertirlo en una gran parte (1.500.000 euros) en un pagaré de empresa a un año de plazo, con rentabilidad del 4% (60.000 euros), y el resto, 500.000 euros, en acciones cotizadas que le aportan unos dividendos anuales de 20.000 euros.

Bajo este esquema financiero, don Hipólito percibe en un año 110.000 euros (30.000 + 60.000 + 20.000), y vamos a analizar su tributación tanto en el IRPF como en el Impuesto sobre el Patrimonio.

Solución

La liquidación de sus impuestos es como sigue:

- En el IRPF la base liquidable general asciende a 30.000 euros (los rendimientos del trabajo), y la base liquidable del ahorro a 80.000 euros (las rentas financieras). Esto deriva en una cuota íntegra del impuesto, atendiendo a sus circunstancias personales y familiares, que asciende a 22.280 euros.
- En cuanto al Impuesto sobre el Patrimonio, hemos comentado que su patrimonio se valora en 3.200.000 euros, y puesto que para determi-

nar la base imponible existe un importe exento de 300.000 euros respecto a la vivienda habitual, y un mínimo exento general de 700.000 euros, la base liquidable del impuesto se corresponde con 2.200.000 euros (3.200.000 – 300.000 – 700.000).

Aplicando la escala de gravamen estatal del Impuesto sobre el Patrimonio, resulta una cuota íntegra de 19.742 euros.

Por tanto, el pago conjunto en un año de IRPF + Impuesto sobre el Patrimonio de don Hipólito asciende a 42.022 euros, lo cual representa un 38% de sus ingresos (110.000 euros).

Estrategia de planificación fiscal

Frente a la anterior situación, propondríamos a este inversor una planificación fiscal muy sencilla, que simplemente pasa por las dos siguientes acciones:

- Sustituir la inversión directa en el pagaré (1.500.000 euros) por una inversión en una cartera de fondos de inversión en renta fija de un perfil de riesgo y rentabilidad similar a los pagarés.
- Igualmente, sustituir la inversión directa en acciones (500.000 euros) por una inversión por importe equivalente en fondos de inversión de renta variable de similar combinación rentabilidad-riesgo a la de las acciones.

Y puesto que el inversor disponía en el caso anterior de una liquidez anual derivada de sus productos financieros de 80.000 euros, que utilizaba para su consumo, le proponemos realizar reembolsos de su cartera de fondos por la misma cantidad cada año, 80.000 euros, si bien con el importante matiz de recomendarle esperar al transcurso del plazo de un año, desde que realiza la inversión en los fondos, para realizar los primeros reembolsos. Es importante entender que en este caso el inversor obtiene una liquidez anual de 80.000 euros, exactamente igual que la del escenario anterior.

Veamos ahora la diferencia en la tributación tanto del IRPF como en el Impuesto sobre el Patrimonio, bajo este modelo alternativo al anterior.

- En cuanto al IRPF, la base liquidable general sigue siendo la misma, los 30.000 euros obtenidos como rendimientos del trabajo, pero la base liquidable del ahorro, que en el modelo anterior era de 80.000 euros, ahora es únicamente de 3.133 euros, que es la ganancia patrimonial asociada al reembolso de participaciones en los fondos de inversión por importe de 80.000 euros (recordemos que la tributación equivale a la diferencia entre el valor de reembolso y el valor de suscripción de las participaciones, y que por haber transcurrido solo un año la rentabilidad de las participaciones reembolsadas, asumiendo el ejemplo de una rentabilidad del 4%, es solo de 3.133 euros, si bien reiteramos que la liquidez obtenida es de 80.000 euros.

De este modo, la cuota íntegra correspondiente a la base liquidable general del IRPF asciende a 5.000 euros, y la cuota íntegra correspondiente a la base liquidable del ahorro asciende a 595 euros, por lo que resulta un pago de IRPF en el año de 5.595 euros. Como se ve, es una cifra significativamente inferior a la derivada del escenario anterior (22.280 euros), precisamente por la ventaja de invertir en fondos de inversión.

— Por lo que respecta a la liquidación en el Impuesto sobre el Patrimonio, no hay ninguna diferencia respecto al escenario anterior, y la cuota íntegra resultante asciende igualmente a 19.742 euros.

Ahora bien, es necesario realizar el ejercicio de límite conjunto renta-patrimonio, porque, como se verá, podría reducirse la cuota indicada del Impuesto sobre el Patrimonio. Veamos cómo se hace.

Lo primero es sumar la cuota íntegra del Impuesto sobre el Patrimonio (19.742 euros), más la cuota íntegra del IRPF correspondiente a la base imponible general (5.000 euros), más la cuota íntegra del IRPF correspondiente a la base imponible del ahorro, pero excluyendo el efecto de las ganancias y pérdidas patrimoniales que se correspondan con transmisiones de elementos patrimoniales adquiridos con más de un año de antelación (en el ejemplo esta magnitud es cero, porque la totalidad de la base imponible del ahorro se compone de rentas generadas a más de un año procedentes de los reembolsos de fondos de inversión, que, como hemos indicado antes, se han mantenido más de un año desde su suscripción).

Obtenida la suma de las anteriores magnitudes, que es 24.742 euros, procede compararlo con el producto de multiplicar por 60% la base liquidable general del IRPF (30.000 euros) más la parte de la base liquidable del ahorro que se corresponde con ganancias y pérdidas patrimoniales generadas a menos de un año (en el ejemplo no existen). El resultado de este producto es de 18.000 euros.

Lo anterior es precisamente el límite conjunto renta-patrimonio que queremos analizar, que en resumidas cuentas consiste en que lo pagado por el IRPF, más lo pagado por el Impuesto sobre el Patrimonio, no puede exceder del 60% de las bases liquidables del IRPF (excluyendo en ambos factores el efecto de las ganancias y pérdidas patrimoniales a más de un año).

Para tratar de entenderlo mejor, y simplificando al extremo, lo que el sistema tributario quiere es que nadie pague por IRPF e Impuesto sobre el Patrimonio una cantidad conjunta que supere el 60% de lo que se gana en cada año.

Realizando ya directamente esta comparación, resulta que el sumatorio de lo pagado por don Hipólito en el IRPF más el Impuesto sobre el Patrimonio (24.742 euros) es superior a la cantidad límite comentada de 18.000 euros, por una diferencia de 6.742 euros.

De este modo, es posible reducir la cuota del Impuesto sobre el Patrimonio por la cantidad que acabamos de indicar como diferencia, lo que permite situar la cuota del Impuesto sobre el Patrimonio en 13.000 euros (19.742 − 6.742).

Así, directamente se ahorra en el pago del Impuesto sobre el Patrimonio la cantidad de 6.742 euros.

El resultado final de este escenario de planificación fiscal es que el pago conjunto del IRPF y el Impuesto sobre el Patrimonio es de 18.595 euros (5.595 + 13.000), lo cual, comparado con el pago de impuestos en el escenario anterior (42.022 euros), manifiesta un ahorro fiscal de 23.427 euros, o lo que es lo mismo una reducción en el pago de impuestos del 56%.

Nótese por tanto que la ventaja fiscal de este mecanismo, que redunda en una reducción de la cuota del Impuesto sobre el Patrimonio, estriba en algo tan sencillo como sustituir productos financieros generadores de rendimientos del capital mobiliario (depósitos, seguros de vida, dividendos, renta fija...) por otros productos financieros cuyas rentas se califiquen como ganancias y pérdidas patrimoniales, y que puedan proyectarse a más de un año (como los fondos de inversión).

De este modo se produce un «estrangulamiento» de las bases liquidables del IRPF, y un consecuente beneficio fiscal por la reducción del Impuesto sobre el Patrimonio.

Esta problemática es muy común en España, en personas de altas rentas y altos niveles patrimoniales, y produce que la tributación de cualquier producto financiero que genere cualquier tipología de renta que no sea la de ganancia o pérdida patrimonial a más de un año pueda tener una tributación a un tipo efectivo del 60%, sumando IRPF e Impuesto sobre el Patrimonio.

Este ejemplo podría incidir aún más en la ventaja fiscal, si esta persona dejase de trabajar para vivir de sus rentas. Así, siguiendo con el ejemplo, el pago por el IRPF sería inexistente, ya que la única base liquidable sería la correspondiente a las ganancias de los reembolsos de fondos de inversión (3.133 euros), neutralizando con el juego del mínimo personal cualquier pago de impuestos en estos niveles de rentas.

En relación al Impuesto sobre el Patrimonio, la cuota íntegra sería la indicada de 19.742 euros.

El límite conjunto renta-patrimonio llevaría al absurdo de considerar que, puesto que el sumatorio de la base liquidable general, más la base liquidable del ahorro que no se corresponde con ganancias netas patrimoniales a más de un año, es cero, la reducción del Impuesto sobre el Patrimonio sería por la totalidad de su importe, puesto que el 60% de este límite sería igualmente cero.

Para evitar esta situación, la normativa indica que en estos casos la reducción de la cuota íntegra del Impuesto sobre el Patrimonio tiene un máximo del 80% de su importe. En consecuencia, la cuota íntegra de este impuesto se reduciría en un 80%, en un importe de 15.794 euros (19.742 · 80%). De ello resultaría un pago de Impuesto sobre el Patrimonio de 3.948 euros (19.742 − 15.794).

La conclusión que podría alcanzar esta persona es que, renunciando a sus rendimientos del trabajo de 30.000 euros, obtiene un ahorro de impuestos de 14.647 euros (18.595 − 3.948). Lo que desde otra perspectiva indica que los rendimientos del trabajo tributan al tipo efectivo de 49%.

Por esta razón, la planificación fiscal para conseguir la optimización de la combinación de pago de IRPF e Impuesto sobre el Patrimonio no solo pasa por elegir los productos financieros más adecuados (los generadores de ganancias patrimoniales a más de un año), sino también por reducir al máximo la base imponible general, expulsando de la misma las rentas que la componen, como los rendimientos del trabajo o de actividades económicas, o los rendimientos del capital inmobiliario. Para conseguir este último objetivo puede ser una buena solución tratar de trasladarlos a sociedades controladas.

REFERENCIAS BIBLIOGRÁFICAS

Amado Guirado, J. *Gestión fiscal de patrimonios.* CISS.

Domínguez Barrero, F. *Planificación fiscal personal y en la empresa.* Thomson Reuters-Aranzadi.

VV. AA. Guía fiscal del inversor. Instituto Superior de Técnicas y Prácticas Bancarias.

Páginas web recomendadas

Diez trucos para pagar menos impuestos por sus ahorros: http://www.asesora.com/wp-content/uploads/2015/04/guia-menos-impuestos.pdf.

Aspectos prácticos de fiscalidad de los productos financieros: https://www.caixabank.com/deployedfiles/caixabank/Estaticos/PDFs/aula/CABK_Productos_financieros_fiscalidad_2017.pdf.

17 Cumplimiento normativo

Ana Isabel Segovia San Juan

Resumen del capítulo

En este capítulo se ofrece una visión, eminentemente normativa, de aspectos esenciales tales como la prestación de servicios de inversión, el abuso de mercado, la prevención del blanqueo de capitales y de la financiación del terrorismo y la protección de datos. Para cada uno de estos contenidos comenzaremos ofreciendo su vertiente conceptual, con la finalidad de delimitar los términos, para continuar desarrollando para cada uno de ellos sus principales consideraciones legislativas aplicables, así como los organismos supervisores que velan por su cumplimiento. Dada la amplitud de contenidos a desarrollar, nos centraremos en aquellos más relevantes y que afectan o pueden afectar al desarrollo de la asesoría financiera.

Objetivos de aprendizaje

Después de estudiar el capítulo, el lector ha de ser capaz de entender:

1. La diferencia entre los servicios de inversión y los servicios auxiliares.
2. Los mecanismos de protección del inversor.
3. Los sistemas de clasificación de clientes.
4. Los conceptos relacionados con el abuso de mercado: información privilegiada y manipulación de mercado.
5. Los conceptos relacionados con el blanqueo de capitales y los sujetos obligados.
6. Los principios de la Ley de protección de datos y los principales derechos establecidos en la normativa.

17.1. INTRODUCCIÓN

A lo largo de este capítulo nos referiremos al cumplimiento normativo en lo referente a cuatro cuestiones fundamentales:

— Prestación de servicios de inversión.
— Abuso de mercado.
— Prevención del blanqueo de capitales y de la financiación del terrorismo.
— Protección de datos.

Al tratar la **prestación de servicios de inversión,** analizaremos en primer lugar la diferencia entre los servicios de inversión y los servicios auxiliares. Esta distinción es imprescindible para comprender la tipología de empresas de servicios de inversión que establece la normativa. Uno de los principales objetivos de la actual regulación en materia de mercado de valores es proteger al inversor, velando por el adecuado funcionamiento de las propias empresas de servicios de inversión, potestad que tiene la Comisión Nacional del Mercado de Valores (CNMV). Otro mecanismo de protección para el inversor es el Fondo de Garantía de Inversiones (FOGAIN), que también es analizado en este capítulo. La normativa establece, para el análisis de la adecuación de los productos de inversión, dentro de la prestación del servicio de asesoramiento, dos conceptos bien diferenciados, la *conveniencia* y la *idoneidad,* que se aplicarán o no en función del sistema de clasificación de clientes (minoristas, profesionales y contrapartes elegibles). Expondremos también la exigencia de cualificaciones para profesionales establecidos por ESMA y por la CNMV.

En relación con el **abuso de mercado,** nos detendremos en las conductas ilegales en los mercados financieros y, en concreto, en la realización de operaciones con información privilegiada, la comunicación ilícita de la misma y la manipulación de mercado. Tales conductas impiden la plena y adecuada transparencia del mercado, que es una condición previa para la negociación por parte de los agentes económicos en unos mercados financieros integrados.

La **prevención del blanqueo de capitales y de la financiación del terrorismo** es otro de los bloques temáticos a analizar en este capítulo. Estudiaremos su definición, los sujetos obligados y los organismos supervisores, entre otros aspectos.

Por último, analizaremos **la protección de datos,** centrándonos en la normativa que la desarrolla. Para ello, delimitaremos algunos aspectos conceptuales y nos detendremos en los principios y tratamiento de los datos, así como en los derechos de acceso, rectificación, supresión, limitación del tratamiento, portabilidad de los datos y oposición, así como en los códigos de conducta y organismos supervisores.

17.2. PRESTACIÓN DE SERVICIOS DE INVERSIÓN

17.2.1. Servicios de inversión, servicios auxiliares y tipología de empresas de servicios de inversión

Se consideran **servicios de inversión** los siguientes (art. 140 del TRLMV):

a) La recepción y transmisión de órdenes de clientes en relación con uno o más instrumentos financieros. Se entenderá comprendida en este servicio la puesta en contacto de dos o más inversores, para que ejecuten operaciones entre sí sobre uno o más instrumentos financieros.
b) La ejecución de órdenes por cuenta de clientes.
c) La negociación por cuenta propia.
d) La gestión de carteras.
e) La colocación de instrumentos financieros sin base en un compromiso firme.
f) El aseguramiento de instrumentos financieros o colocación de instrumentos financieros sobre la base de un compromiso firme.
g) El asesoramiento en materia de inversión.

No se considerará que constituya asesoramiento, a los efectos de lo dispuesto en este apartado, las recomendaciones de carácter genérico y no personalizadas que se puedan realizar en el ámbito de la comercialización de valores e instrumentos financieros. Dichas recomendaciones tendrán el valor de comunicaciones de carácter comercial. Asimismo, tampoco se considerará recomendación personalizada las recomendaciones que se divulguen exclusivamente al público[1].

[1] Se estudiará con mayor profundidad en el capítulo 18.

h) La gestión de sistemas multilaterales de negociación.
i) La gestión de sistemas organizados de contratación.

Se consideran **servicios auxiliares** (art. 141 del TRLMV) los siguientes:

a) La custodia y administración por cuenta de clientes de los instrumentos financieros, incluidos la custodia y servicios conexos como la gestión de tesorería y de garantías.
b) La concesión de créditos o préstamos a inversores, para que puedan realizar una operación sobre uno o más de los instrumentos previstos en el artículo 2 del TRMLV, siempre que en dicha operación intervenga la empresa que concede el crédito o préstamo.
c) El asesoramiento a empresas sobre estructura del capital, estrategia industrial y cuestiones afines, así como el asesoramiento y demás servicios en relación con fusiones y adquisiciones de empresas.
d) Los servicios relacionados con el aseguramiento.
e) La elaboración de informes de inversiones y análisis financieros u otras formas de recomendación general relativa a las operaciones sobre instrumentos financieros.
f) Los servicios de cambio de divisas, cuando estén relacionados con la prestación de servicios y actividades de inversión.
g) Los servicios y actividades de inversión, así como los servicios auxiliares que se refieran al subyacente no financiero de los instrumentos financieros derivados, cuando se hallen vinculados a la prestación de servicios y actividades de inversión o de servicios auxiliares. Se entenderá incluido el depósito o entrega de las mercaderías que tengan la condición de entregables.

El artículo 143 del TRLMV establece las **clases de empresas de servicios de inversión,** que son las siguientes[2]:

— Las sociedades de valores.
— Las agencias de valores.
— Las sociedades gestoras de carteras.
— Las empresas de asesoramiento financiero.

Las empresas de servicios de inversión, conforme a su régimen jurídico específico, podrán realizar **servicios de inversión** o **servicios auxiliares,** tal y como se expone a continuación:

---

[2] La regulación jurídica de las empresas de servicios de inversión la encontramos en el Texto Refundido de la Ley del Mercado de Valores, así como en el Real Decreto 217/2008, de 15 de febrero, sobre el régimen jurídico de las empresas de servicios de inversión y de las demás entidades que prestan servicios de inversión.

a) Las **sociedades de valores:** son aquellas empresas de servicios de inversión que pueden operar profesionalmente, tanto por cuenta ajena como por cuenta propia, y realizar todos los servicios de inversión y servicios auxiliares previstos en los artículos 140 y 141 del TRLMV, respectivamente.

b) Las **agencias de valores:** son aquellas empresas de servicios de inversión que profesionalmente solo pueden operar por cuenta ajena, con representación o sin ella. Podrán realizar los servicios de inversión y los servicios auxiliares previstos en los artículos 140 y 141, respectivamente, excepto la negociación por cuenta propia, el aseguramiento de instrumentos financieros o colocación de instrumentos financieros sobre la base de un compromiso firme.

c) Las **sociedades gestoras de carteras:** son aquellas empresas de servicios y actividades de inversión que exclusivamente pueden prestar los siguientes servicios y actividades de inversión: gestión de carteras y asesoramiento en materia de inversión. Respecto a los servicios auxiliares, solo pueden realizar el asesoramiento a empresas sobre estructura del capital, estrategia industrial y cuestiones afines, así como el asesoramiento y demás servicios en relación con fusiones y adquisiciones de empresas, así como la elaboración de informes de inversiones y análisis financieros u otras formas de recomendación general relativa a las operaciones sobre instrumentos financieros.

   Las sociedades gestoras de carteras no estarán autorizadas a tener fondos o valores de clientes, por lo que en ningún caso podrán colocarse en posición deudora con respecto a sus clientes.

d) Las **empresas de asesoramiento financiero:** son aquellas personas físicas o jurídicas que exclusivamente pueden prestar el servicio de inversión del asesoramiento en materia de inversión. Respecto a los servicios auxiliares, únicamente puede llevar a cabo el asesoramiento a empresas sobre estructura del capital, estrategia industrial y cuestiones afines, así como el asesoramiento y demás servicios en relación con fusiones y adquisiciones, y la elaboración de informes de inversiones y análisis financieros u otras formas de recomendación general relativa a las operaciones sobre instrumentos financieros de empresas.

   Las actividades realizadas por las empresas de asesoramiento financiero no están cubiertas por el fondo de garantía de inversiones. Estas empresas no estarán autorizadas a tener fondos o valores de clientes, por lo que en ningún caso podrán colocarse en posición deudora con respecto a sus clientes.

Las agencias de valores, las sociedades gestoras de carteras y las empresas de asesoramiento financiero no podrán realizar operaciones sobre valores o efectivo en nombre propio, salvo para, con sujeción a las limitaciones que reglamentariamente se establezcan, administrar su propio patrimonio.

El artículo 145 del TRLMV establece, además, que las **entidades de crédito,** aunque no sean empresas de servicios y actividades de inversión, de acuerdo a lo expuesto con anterioridad, podrán realizar habitualmente todos los servicios de inversión y servicios auxiliares siempre que su régimen jurídico, sus estatutos y su autorización específica les habiliten para ello. En el procedimiento por el que se autorice a las entidades de crédito para la prestación de servicios y actividades de inversión o servicios auxiliares será preceptivo el informe de la CNMV.

Las empresas de servicios y actividades de inversión, *excepto las empresas de asesoramiento financiero,* podrán designar agentes vinculados para la promoción y comercialización de los servicios y actividades de inversión y servicios auxiliares que estén autorizadas a prestar, si bien los agentes actuarán en todo momento por cuenta y bajo responsabilidad plena e incondicional de las empresas de servicios y actividades de inversión que los hubieran contratado (art. 146 del TRLMV). Dichos agentes deberán ser inscritos en el registro de la CNMV para poder iniciar su actividad.

17.2.2. La protección del inversor como adquirente de valores y como usuario de servicios financieros

La protección del inversor es uno de los principales objetivos de la actual normativa en materia de inversión; de hecho, la última revisión del TRLMV tiene como uno de sus objetivos básicos reforzar la protección de los clientes de servicios financieros, aumentando el nivel de confianza en las entidades que prestan estos servicios.

En España, la CNMV es el organismo encargado de la supervisión de las normas de protección del inversor. Los mecanismos de protección del inversor como adquirente de valores vienen dados por el marco jurídico previsto en la legislación sobre el mercado de valores, así como en la legislación en materia específica de los productos específicos, y por la vigilancia y control establecidos al respecto por la CNMV y por las autoridades bursátiles. Por su parte, los mecanismos de protección del inversor como usuario de servicios financieros están previstos por la CNMV en la legislación relacionada con la protección de los consumidores[3]. En este sentido, las guías publicadas por la CNMV de carácter informativo sobre la protección del inversor son una herramienta para conocer los deberes y derechos de los inversores.

[3] Ley 43/2007, de 13 de diciembre, de protección de los consumidores en la contratación de bienes con oferta de restitución del precio; Real Decreto Legislativo 1/2007, de 16 de noviembre, por el que se aprueba el Texto Refundido de la Ley General para la Defensa de los Consumidores y Usuarios y otras leyes complementarias; Ley 22/2007, de 11 de julio, sobre comercialización a distancia de servicios financieros destinados a los consumidores. Ley 7/1998, de 13 de abril, de condiciones generales de la contratación.

Una de las formas de proteger al inversor es velar por el adecuado funcionamiento de las propias empresas de servicios de inversión. Así, estas deberán pasar por diferentes fases para su constitución, tales como la autorización y el registro[4].

Autorización

Es la CNMV el organismo que ha de autorizar la creación de empresas de servicios de inversión. En dicha autorización se ha de hacer constar la clase de empresa de servicios de inversión de que se trate, así como la lista de servicios de inversión y servicios auxiliares autorizados. La autorización otorgada por la CNMV será válida para toda la Unión Europea (UE). Las empresas de servicios de inversión no podrán realizar servicios de inversión, ni servicios auxiliares sobre instrumentos financieros que no consten expresamente en la autorización. Asimismo, en ningún caso se concederá la autorización para la prestación únicamente de servicios auxiliares. Por tanto, todas las empresas de servicios de inversión, para desarrollar sus actividades han de obtener previamente la preceptiva autorización y hallarse inscritas en los correspondientes registros administrativos de la CNMV o del Banco de España. Las denominaciones de «Sociedad de Valores», «Agencia de Valores», «Sociedad Gestora de Carteras» y «Empresa de Asesoramiento Financiero», así como sus abreviaturas «S. V.», «A. V.», «S. G. C.» y «E. A. F.» respectivamente, quedan reservadas a las entidades inscritas en los correspondientes registros de la CNMV, las cuales están obligadas a incluirlas en su denominación.

Registro

Para que una empresa de servicios de inversión, una vez autorizada, pueda iniciar su actividad, los promotores deberán constituir la sociedad, inscribiéndola en el Registro Mercantil y posteriormente en el Registro de la CNMV que corresponda. No se practicarán inscripciones en el registro de la CNMV en el caso de que entre la fecha de autorización y la de solicitud de inscripción en el Registro hubiera transcurrido más de un año. Cuando se trate de empresas de asesoramiento financiero que sean personas físicas, la inscripción en el registro de la CNMV se producirá con carácter simultáneo a la autorización. La CNMV notificará toda autorización concedida a la Autoridad Europea de Valores y Mercados. Las entidades deberán cumplir los requisitos de carácter societario, financiero, de gobierno corporativo, cumplimiento de las normas de conducta y los procedimientos relacionados con la prevención de blanqueo de capitales y de organización interna establecidos por la normativa.

---

[4] Regulado en el capítulo III (Autorización y registro de las empresas de servicios de inversión) del Real Decreto 217/2008, de 15 de febrero.

La CNMV tiene la potestad de difundir cuanta información sea necesaria con la finalidad de proteger a los inversores, así como de realizar advertencias al público. En esta función de protección del inversor, la CNMV advierte sobre:

- Entidades que pueden estar prestando servicios de inversión sin estar debidamente habilitadas para ello.
- Entidades que no cuentan con ningún tipo de autorización ni están registradas a ningún efecto en la CNMV y que podrían estar realizando algún tipo de actividad de captación de fondos o prestando algún servicio de naturaleza financiera.

Este organismo ha habilitado varios buscadores de información en su página web, que cualquier inversor puede consultar, y que son los siguientes:

- Buscador de entidades advertidas: pueden localizarse las entidades que han sido incorporadas a alguno de los grupos de advertencias al público (https://www.cnmv.es/Portal/BusquedaAdvertencias.aspx?tc=1).
- Buscador de entidades autorizadas: para prestar algún servicio de inversión (https://www.cnmv.es/Portal/Consultas/BusquedaPorEntidad.aspx?tipoBusqueda=ESI).

Además, la CNMV ofrece pautas a los inversores para advertirles de los posibles riesgos sobre los denominados *chiringuitos financieros,* estableciendo incluso un decálogo para intentar evitarlos (https://www.cnmv.es/Portal/Inversor/Decalogo-chiringuitos.aspx).

De igual forma, y también a través de su página web, la CNMV ofrece al inversor información completa sobre cómo proceder para realizar una reclamación (https://www.cnmv.es/Portal/Inversor/Como-Reclamar.aspx).

En el ámbito transfronterizo, se debe mencionar el Financial Dispute Resolution Network (FIN-NET), que es una red de organizaciones responsables de resolver por vía extrajudicial las reclamaciones de consumidores en el área de los servicios financieros. Esta red abarca los países de la UE, Islandia, Liechtenstein y Noruega. Fue creada por la Comisión Europea en el año 2001 con dos objetivos esenciales:

1. Fomentar la cooperación entre los servicios nacionales de defensa del consumidor en el área de los servicios financieros.
2. Facilitar a los consumidores el acceso a procedimientos de resolución alternativa de litigios en caso de litigio transfronterizo sobre la prestación de servicios financieros, conforme a los principios establecidos en la Directiva 2013/11/UE relativa a la resolución alternativa de litigios (RAL)[5].

[5] https://ec.europa.eu/info/business-economy-euro/banking-and-finance/consumer-finance-and-payments/retail-financial-services/financial-dispute-resolution-network-fin-net/fin-net-network/members-fin-net-country_es.

Otro mecanismo de protección para el inversor es el Fondo de Garantía de Inversiones (FOGAIN), cuya finalidad es ofrecer a los clientes cubiertos de las sociedades de valores, agencias de valores y sociedades gestoras de carteras, una indemnización en caso de que alguna de estas entidades entre en una situación de concurso de acreedores o se produzca respecto de la entidad una declaración de insolvencia por parte de la CNMV. Si se da uno de estos supuestos, y como consecuencia de ello algún cliente no puede obtener la devolución o entrega del efectivo y valores confiados a dicha entidad, el FOGAIN despliega su cobertura e indemniza a tales clientes con un importe máximo de 100.000 euros para los clientes de aquellas entidades que devengan en alguna de las situaciones arriba mencionadas (www.fogain.com/inversores).

Están asegurados por el FOGAIN los clientes de los siguientes tipos de entidades (hay que tener en cuenta que la adhesión a este Fondo es de carácter obligatorio): empresas de servicios de inversión autorizadas en España (excepto las empresas de asesoramiento financiero), las sociedades gestoras de instituciones de inversión colectiva (en caso de que gestionen carteras individuales) y las sucursales de empresas de servicios de inversión con sede social en un Estado no miembro de la UE, autorizadas para operar en España y que no acrediten su pertenencia a un fondo similar en su país de origen. Es importante resaltar que las operaciones realizadas a través de intermediarios no autorizados (los denominados *chiringuitos financieros*) no se benefician de la protección del FOGAIN ni de ningún otro Fondo de Garantía; por ello la CNMV advierte de la importancia de acudir a entidades autorizadas para prestar servicios de inversión y supervisadas por las autoridades competentes.

Por último, mencionar que, para el caso de los productos bancarios, existe el Fondo de Garantía de Depósitos de Entidades de Crédito (FGDEC), que tiene por objeto garantizar los depósitos en dinero y en valores u otros instrumentos financieros constituidos en las entidades de crédito, con el límite de 100.000 euros.

17.2.3. Sistema de clasificación de clientes

De acuerdo con el artículo 203 del TRLMV, las empresas de servicios de inversión clasificarán a sus clientes en minoristas, profesionales y contrapartes elegibles[6]. Esta misma obligación será aplicable a las demás empresas que presten servicios y actividades de inversión respecto de los clientes a los que les presten u ofrezcan dichos servicios.

[6] La categoría de contraparte elegible solo resulta aplicable en relación con el servicio de recepción y trasmisión de órdenes, ejecución de órdenes por cuenta de terceros o negociación por cuenta propia, y los servicios auxiliares directamente relacionados con estos. Esta categorización no es posible cuando se presten servicios distintos de los anteriores, como es el caso de gestión de carteras y asesoramiento.

Clientes profesionales

De acuerdo con el artículo 205 TRLMV, tendrán la consideración de clientes profesionales aquellos a quienes se presuma la experiencia, conocimientos y cualificación necesarios para tomar sus propias decisiones de inversión y valorar correctamente sus riesgos.

Se consideran *clientes profesionales* los siguientes:

a) Las entidades financieras y demás personas jurídicas que para poder operar en los mercados financieros hayan de ser autorizadas o reguladas por Estados, sean o no miembros de la Unión Europea. Se incluirán entre ellas las entidades de crédito, las empresas de servicios de inversión, las entidades aseguradoras o reaseguradoras, las instituciones de inversión colectiva y las Sociedades Gestoras de Instituciones de Inversión Colectiva, las entidades de capital-riesgo, otras entidades de inversión colectiva de tipo cerrado y las Sociedades Gestoras de Entidades de Inversión Colectiva, los fondos de pensiones y sus sociedades gestoras, los fondos de titulización y sus sociedades gestoras, los operadores que contraten habitualmente con materias primas, así como operadores que contraten en nombre propio y otros inversores institucionales.

b) Los Estados y administraciones regionales, los organismos públicos que gestionen la deuda pública a escala nacional y regional, los bancos centrales y organismos internacionales y supranacionales, como el Banco Mundial, el Fondo Monetario Internacional, el Banco Central Europeo, el Banco Europeo de Inversiones y otros de naturaleza similar.

c) Los empresarios que individualmente reúnan, al menos, dos de las siguientes condiciones:

   — Que el total de las partidas del activo sea igual o superior a 20 millones de euros.
   — Que el importe de su cifra anual de negocios sea igual o superior a 40 millones de euros.
   — Que sus recursos propios sean iguales o superiores a 2 millones de euros.

d) Los inversores institucionales que, no incluidos en la letra *a*), tengan como actividad habitual invertir en valores u otros instrumentos financieros.

Las entidades señaladas en los apartados anteriores se considerarán clientes profesionales, sin perjuicio de que puedan solicitar un trato no profesional y de que las empresas de servicios de inversión puedan acordar concederles un nivel de protección superior. La empresa de servicios de inversión debe informar al cliente de que puede pedir una modificación de las condiciones del acuerdo para obtener mayor grado de protección.

Clientes minoristas

Se considerarán clientes minoristas todos aquellos que no sean clientes profesionales.

Contrapartes elegibles

En el artículo 207 del TRLMV se prevén las operaciones con **contrapartes elegibles**, indicando que tendrán esta consideración las siguientes entidades:

a) Las empresas de servicios y actividades de inversión.
b) Las entidades de crédito.
c) Las entidades aseguradoras y reaseguradoras.
d) Las instituciones de inversión colectiva y sociedades gestoras de instituciones de inversión colectiva.
e) Las entidades de capital-riesgo, otras entidades de inversión colectiva de tipo cerrado y sociedades gestoras de entidades de inversión colectiva de tipo cerrado.
f) Los fondos de pensiones y sus sociedades gestoras.
g) Otras entidades financieras autorizadas o reguladas por la legislación europea o por el derecho nacional de un Estado miembro.
h) Los gobiernos nacionales y sus servicios correspondientes, incluidos los que negocian deuda pública a escala nacional, Bancos Centrales y organismos supranacionales. También tendrán dicha consideración las entidades de terceros países equivalentes y las comunidades autónomas.

17.2.4. Requisitos de idoneidad en el marco de la prestación del servicio de asesoramiento: exigencia de cualificaciones para profesionales

El TRLMV establece que las empresas de servicios de inversión y las restantes entidades que presten servicios de inversión deberán definir y aplicar políticas y procedimientos adecuados para garantizar que la empresa, sus directivos, su personal y sus agentes cumplan las obligaciones que la normativa del Mercado de Valores les impone.

Las entidades deben contar con procedimientos de formación y evaluación continuada del personal, que garanticen que el mismo actúa de forma honesta, imparcial y profesional en el mejor interés de los clientes; estos procedimientos deberán contemplar evaluaciones periódicas a los empleados, de forma que no presten servicios de inversión sin la adecuada capacitación y experiencia exigidas.

Los diferentes desarrollos normativos relacionados con la MiFID han establecido la obligación de que el personal que preste asesoramiento o informe disponga de los conocimientos y competencias necesarios, y prevén que los Estados miembros publiquen los criterios utilizados para evaluarlos.

La Guía ESMA de 22 de marzo de 2016 (ESMA/2015/1886 ES[7]) establece las directrices que determinan los criterios de conocimientos y competencias tanto del personal que proporciona información sobre servicios de inversión o servicios auxiliares, como del personal que presta asesoramiento en materia de inversión. En este sentido, indica que el nivel y la profundidad de conocimientos y competencias que se esperan de quienes prestan asesoramiento en materia de inversión será mayor que el de quienes solo proporcionan información sobre productos y servicios de inversión. Las sociedades se asegurarán de que el personal que presta los servicios pertinentes posee los conocimientos y competencias necesarios para cumplir los requisitos legales y reglamentarios y las normas de conducta ética.

Por su parte, la CNMV ha publicado la *Guía Técnica 4/2017,* para la evaluación de los conocimientos y competencias del personal que informa y asesora (https://www.cnmv.es/DocPortal/Legislacion/Guias-Tecnicas/GuiaTecnica_2017_4.pdf). El ámbito de aplicación son las entidades de crédito, empresas de servicios de inversión, sociedades gestoras de institución de inversión colectiva y sociedades gestoras de entidades de inversión de tipo cerrado que presten servicios de inversión en España y al personal relevante de las mismas (incluidos los agentes, quienes dan información o asesoran a clientes o potenciales clientes). Su principal objetivo es establecer criterios sobre los conocimientos y competencias que debe tener el personal que facilita información y/o asesora a los clientes por cuenta de las entidades, y sobre el modo en que dichos conocimientos y competencias deben ser evaluados, y concretar la forma en la que las entidades obligadas habrán de acreditar su cumplimiento ante la CNMV.

17.2.5. Análisis de la adecuación de los productos de inversión en el marco de la prestación del servicio de asesoramiento

Las empresas que presten servicios de inversión deben cumplir con las siguientes obligaciones de acuerdo con el TRLMV:

— Diseño y comercialización de productos financieros:

 - Cuando diseñen instrumentos financieros para su venta a clientes, deben garantizar que estén elaborados para responder a las necesidades en función de la tipología de cliente.

[7] Directrices para la evaluación de los conocimientos y competencias del personal que informa y que asesora, en vigor desde el 3 de enero de 2018.

  - Deben comprender las características de los instrumentos financieros que ofrecen o recomiendan, valorar la compatibilidad de estos con las necesidades de los clientes a quienes prestan servicios y actividades de inversión, y garantizar que los instrumentos se ofrezcan o comercialicen únicamente cuando ello redunde en interés del cliente.

— Deberes de información:

  - Las entidades que presten servicios de inversión deberán mantener en todo momento adecuadamente informados a sus clientes.
  - Toda información dirigida a los clientes, incluida la de carácter publicitario, deberá ser imparcial, clara y no engañosa.
  - Las comunicaciones publicitarias deberán ser identificables con claridad como tales.
  - A los clientes, incluidos los potenciales, se les proporcionará con suficiente antelación información conveniente con respecto a la empresa de servicios y actividades de inversión, los instrumentos financieros y las estrategias de inversión propuestas, los centros de ejecución de órdenes y todos los costes y gastos asociados.

— Orientaciones y advertencias sobre los riesgos asociados a los instrumentos financieros y a las estrategias de inversión:

  - La información referente a los instrumentos financieros y a las estrategias de inversión deberá incluir orientaciones y advertencias apropiadas sobre los riesgos asociados a tales instrumentos o estrategias.
  - En el caso de valores distintos de acciones emitidos por una entidad de crédito, la información que se entregue a los inversores deberá incluir información adicional, para destacar al inversor las diferencias de estos productos y los depósitos bancarios ordinarios en términos de rentabilidad, riesgo y liquidez.
  - La CNMV podrá requerir que en la información que se entregue a los inversores con carácter previo a la adquisición de un producto se incluyan cuantas advertencias estime necesarias relativas al instrumento financiero y, en particular, aquellas que destaquen que se trata de un producto no adecuado para inversores no profesionales debido a su complejidad. Igualmente, podrá requerir que estas advertencias se incluyan en los elementos publicitarios.

— Deber de información sobre el servicio prestado:

  - La empresa de servicios de inversión proporcionará al cliente en un soporte duradero informes adecuados sobre el servicio prestado. Dichos informes incluirán comunicaciones periódicas a sus clientes, tomando en consideración el tipo y la complejidad de los instrumentos financieros de que se trate y la naturaleza del servicio prestado al cliente, e incluirán, en su caso, los costes de las operaciones y servicios realizados por cuenta del cliente.

La normativa establece, para el análisis de la adecuación de los productos de inversión, dentro de la prestación del servicio de asesoramiento, dos conceptos bien diferenciados: la *idoneidad* y la *conveniencia.*

A) Evaluación de idoneidad

Cuando preste servicios de asesoramiento en materia de inversiones o de gestión de carteras, la empresa de servicios de inversión obtendrá la información necesaria sobre los conocimientos y experiencia del cliente o posible cliente en el ámbito de inversión correspondiente al tipo concreto de producto o servicio, su situación financiera, incluida su capacidad para soportar pérdidas, y sus objetivos de inversión, incluida su tolerancia al riesgo, con el fin de que la empresa pueda recomendarle los servicios de inversión e instrumentos financieros que sean idóneos para él y que, en particular, mejor se ajusten a su nivel de tolerancia al riesgo y su capacidad para soportar pérdidas.

En el caso de clientes profesionales, la entidad no tendrá que obtener información sobre los conocimientos y experiencia del cliente en relación con los productos, operaciones y servicios para los cuales ha obtenido la clasificación de cliente profesional. Cuando la entidad no obtenga la mencionada información, no le recomendará servicios y actividades de inversión o instrumentos financieros al cliente o cliente potencial.

Al prestar asesoramiento en materia de inversión, la empresa de servicios y actividades de inversión proporcionará al cliente, antes de que se efectúe la operación, una declaración de idoneidad, en soporte duradero, en la que se especifique el asesoramiento proporcionado y de qué manera este asesoramiento se ajusta a las preferencias, objetivos y otras características del cliente minorista.

Cuando una empresa de servicios y actividades de inversión preste servicios de gestión de carteras o haya informado al cliente de que efectuará una evaluación periódica de idoneidad, el informe periódico deberá contener un estado actualizado de cómo la inversión se ajusta a las preferencias, objetivos y otras características del cliente minorista.

B) Evaluación de la conveniencia

Cuando se presten servicios distintos del servicio de asesoramiento en materia de inversiones o de gestión de carteras, la empresa de servicios de inversión deberá solicitar al cliente, incluido en su caso los clientes potenciales, que facilite información sobre sus conocimientos y experiencia en el ámbito de inversión correspondiente al tipo concreto de producto o servicio ofrecido o solicitado, con la finalidad de que la entidad pueda evaluar si el servicio o producto de inversión es adecuado para el cliente. La entidad entregará una copia al cliente del documento que recoja la evaluación realizada. Cuando la entidad considere que el producto o el servicio de inversión no es adecuado para el cliente, se lo advertirá. Cuando el cliente no proporcione la información o esta sea insuficiente, la entidad le advertirá de que dicha decisión le impide determinar si el servicio de inversión o producto previsto es adecuado para él.

17.2.6. Organismos supervisores

A nivel de la UE, la Autoridad Europea de Valores y Mercados (ESMA[8]) es el organismo supervisor del sistema financiero en materia de mercados financieros y valores. Fue creada por el Reglamento de la UE núm. 1095/2010, del Parlamento Europeo y del Consejo, y ha sustituido al Comité Europeo de Valores (CESR) desde el pasado 1 de enero de 2011. Algunas de sus funciones son la creación y llevanza de bases de datos, el control de las actividades financieras nuevas y existentes, la formulación de advertencias en el caso de amenaza grave, la creación de un comité sobre innovación en materia financiera, y la prohibición o restricción temporal de determinadas actividades en situaciones de emergencia. ESMA elabora proyectos de normas técnicas de regulación y de ejecución, emite guías y recomendaciones, adopta decisiones individuales dirigidas a las autoridades competentes en casos específicos o a los participantes en los mercados cuando afecte al derecho de la UE directamente aplicable, y emite dictámenes para el Parlamento Europeo, el Consejo o la Comisión. Tiene su sede en París, y está conformada por grupos de trabajo de expertos de cuatro tipos: grupos permanentes *(permanent standing committees)*, grupos temporales *(temporary groups)*, grupos técnicos y de asistencia *(technical support groups)* y redes operacionales *(operational networks)*.

En España, la CNMV es el organismo encargado de la supervisión e inspección de los mercados de valores españoles y de la actividad de cuantos intervienen en los mismos. El objetivo de la CNMV es velar por la transparencia de los mercados de valores españoles y la correcta formación de precios, así como la protección de los inversores.

En materia de empresas de servicios de inversión, la CNMV actúa en los siguientes ámbitos:

— Autorización y registro de entidades que prestan servicios y en los productos de inversión, al encargarse de la instrucción, información y trami-

[8] European Securities and Markets Authority.

tación de los expedientes de autorización de Empresas de Servicios de inversión, de inscripción y baja en los registros de la CNMV, los relacionados con la revocación de autorizaciones y las modificaciones posteriores de estas entidades.

— Supervisión de normas de conducta y requisitos organizativos de empresas que prestan servicios de inversión (empresas de servicios de inversión y entidades de crédito):

- Clasificación de clientes, obligaciones de información a clientes, evaluación de la adecuación del producto o servicio para el cliente y las obligaciones relativas a la gestión y ejecución de órdenes.
- Supervisión de los requisitos organizativos.
- En el caso de entidades de crédito que presten servicios de inversión, y de acuerdo con el reparto de competencias entre la CNMV y el Banco de España, la CNMV se encargará de las obligaciones referidas a control de riesgos, auditoría interna y protección de clientes.
- Supervisión del cumplimiento de las existencias regulatorias de capital, la obligación de evaluar las necesidades internas de capital y de divulgación por parte de las entidades.

La Directiva 2013/36/UE, de 26 de junio de 2013, relativa al acceso a la actividad de las entidades de crédito y a la supervisión prudencial de las entidades de crédito y las empresas de inversión, establece requerimientos de transparencia para las autoridades supervisoras (Banco de España y CNMV, respectivamente). La Comisión Europea ha adoptado el Reglamento de ejecución 650/2014, en el que se establecen las normas técnicas de ejecución en lo que respecta al formato, la estructura, el índice de contenidos y la fecha de publicación anual de la información que deben publicar las autoridades competentes. Son la Autoridad Bancaria Europea y los diversos supervisores nacionales de entidades de crédito y de empresas de inversión los que publican, en sus respectivas páginas web, la información requerida, en un medio y formato común y debidamente actualizada.

17.2.7. Normativa de referencia

Texto Refundido de la Ley del Mercado de Valores, aprobado por el Real Decreto Legislativo 4/2015, de 23 de octubre, que ha sido modificado por el Real Decreto-ley 14/2018, de 28 de septiembre.

Real Decreto 1464/2018, de 21 de diciembre, por el que se desarrollan el Texto Refundido de la Ley del Mercado de Valores, aprobado por el Real Decreto Legislativo 4/2015, de 23 de octubre, y el Real Decreto-ley 21/2017, de 29 de diciembre, de medidas urgentes para la adaptación del Derecho español a la normativa de la Unión Europea en materia de mercado de valores, y por el que se modifican parcialmente el Real Decreto 217/2008, de 15 de febrero, sobre el régimen jurídico de las empresas de servicios de inversión y de las demás entidades que prestan servicios de inversión y por el que se modifican parcialmente el Reglamento de la Ley 35/2003, de 4 de noviembre, de Instituciones de Inversión Colectiva, aprobado por el Real Decreto 1309/2005, de 4 de noviembre, y otros reales decretos en materia de mercado de valores.

Real Decreto 217/2008, de 15 de febrero, sobre el régimen jurídico de las empresas de servicios de inversión y de las demás entidades que prestan servicios de inversión y por el que se modifica parcialmente el Reglamento de la Ley 35/2003, de 4 de noviembre, de Instituciones de Inversión Colectiva, aprobado por el Real Decreto 1309/2005, de 4 de noviembre.

Directiva 2014/65/UE, del Parlamento Europeo y del Consejo, de 15 de mayo de 2014, relativa a los mercados de los instrumentos financieros.

Reglamento (UE) núm. 600/2014, del Parlamento Europeo y del Consejo, de 15 de mayo de 2014.

17.3. ABUSO DE MERCADO

17.3.1. Aspectos conceptuales

El concepto de abuso de mercado abarca conductas ilegales en los mercados financieros, y se entiende como la realización de operaciones con información privilegiada, la comunicación ilícita de la misma y la manipulación de mercado. Tales conductas impiden la plena y adecuada transparencia del mercado, que es una condición previa para la negociación por parte de los agentes económicos en unos mercados financieros integrados.

La normativa de referencia la encontramos en el Reglamento (UE) núm. 596/2014, del Parlamento Europeo y del Consejo, de 16 de abril de 2014, que establece un marco normativo común en el ámbito de las operaciones con información privilegiada, la comunicación ilícita de información privilegiada y la manipulación de mercado (abuso de mercado), así como medidas para impedir el abuso de mercado, a fin de garantizar la integridad de los mercados financieros de la Unión y reforzar la protección de los inversores y su confianza en esos mercados. En España, el Real Decreto-ley 19/2018, de 23 de noviembre, de servicios de pago y otras medidas urgentes en materia financiera, así como el Texto Refundido de la Ley del Mercado de Valores, aprobado por el Real Decreto Legislativo 4/2015, de 23 de octubre, han adaptado el marco normativo europeo a la regulación de nuestro país en esta materia.

Dedicamos a continuación un epígrafe a cada uno de los dos aspectos mencionados: la información privilegiada y la manipulación de mercado.

17.3.2. Información privilegiada

Concepto

En términos generales, la **información privilegiada** es aquella de carácter concreto que no se haya hecho pública, que se refiera directa o indirectamente a uno o varios emisores o a uno o varios instrumentos financieros o sus derivados, y que, de hacerse pública, podría influir de manera apreciable sobre los precios de dichos instrumentos o de los instrumentos derivados relacionados con ellos.

Así, los elementos que integran la información privilegiada son los siguientes:

- Que se refiera directa o indirectamente a uno o varios emisores o a uno o varios instrumentos financieros o sus derivados.
- Que sea información de carácter concreto. Cuando se trate de un proceso prolongado en el tiempo con el que se pretenda generar o que tenga como consecuencia determinadas circunstancias o un hecho concreto, podrán tener la consideración de información de carácter concreto tanto esa circunstancia o ese hecho futuro como las etapas intermedias de ese proceso que estén ligadas a la generación o provocación de esa circunstancia o ese hecho futuro.
- Que no se haya hecho pública.
- Que, de hacerse pública, podría influir de manera apreciable sobre los precios de dichos instrumentos o de los instrumentos derivados relacionados con ellos. Se entiende por información que, de hacerse pública, podría influir de manera apreciable sobre los precios de instrumentos financieros, instrumentos financieros derivados, contratos de contado sobre materias primas relacionados con ellos o productos subastados basados en derechos de emisión, aquella información que un inversor razonable utilizaría probablemente como uno de los elementos de la motivación básica de sus decisiones de inversión.

Operaciones con información privilegiada

Las conductas que constituyen operaciones con información privilegiada son las realizadas por personas que disponen de la información privilegiada y la utilizan, bien para adquirir, transmitir o ceder los instrumentos financieros a los que se refiere la información, o bien para cancelar o modificar una orden que hubieran formulado antes de conocer la información privilegiada. La prohibición también alcanza a las operaciones que se efectúan siguiendo recomendaciones o inducciones de personas que poseen información privilegiada, cuando la persona que sigue la recomendación o la inducción sabe o debe saber que está basada en información privilegiada. Así lo establece el artículo 8 del Reglamento: «Las operaciones con información privilegiada son aquellas realizadas por una persona que dispone de información privilegiada y que la utiliza adquiriendo, transmitiendo o cediendo, por cuenta propia o de terceros, directa o indirectamente, los instrumentos financieros a los que se refiere esa información. También se considera como operación con información privilegiada la utilización de este tipo de información, cancelando o modificando una orden relativa al instrumento financiero al que se refiere la información, cuando se hubiese dado la orden antes de que el interesado tuviera conocimiento de la información privilegiada».

Recomendar que una persona realice operaciones con información privilegiada o inducir a una persona a que realice operaciones con información privilegiada se produce cuando una persona que posee dicha información:

a) Recomienda, sobre la base de dicha información, que otra persona adquiera, transmita o ceda instrumentos financieros a los que se refiere la información, o induce a esa persona a realizar la adquisición, transmisión o cesión.
b) Recomienda, sobre la base de dicha información, que otra persona cancele o modifique una orden relativa al instrumento financiero al que se refiere la información, o induce a dicha persona a realizar esa cancelación o modificación.

Cuando la persona que siga la recomendación o inducción sepa o debiera saber que estas se basan en información privilegiada, y siga dichas recomendaciones, también se considerará como una operación con información privilegiada.

El artículo 14 del Reglamento determina, en relación con la prohibición de las operaciones con información privilegiada y de la comunicación ilícita de información privilegiada, que ninguna persona podrá:

a) Realizar o intentar realizar operaciones con información privilegiada.
b) Recomendar que otra persona realice operaciones con información privilegiada o inducirla a ello.
c) Comunicar ilícitamente información privilegiada.

Conductas legítimas

En el mismo Reglamento también se especifican algunas conductas legítimas que no cabe considerar operaciones con información privilegiada (artículo 9 del Reglamento). Son las siguientes:

— *En el caso de las personas jurídicas,* del mero hecho de que una persona jurídica posea o haya poseído información privilegiada no se considerará que la haya utilizado y que, por tanto, haya realizado operaciones con información privilegiada en relación con alguna adquisición, transmisión o cesión, siempre que esa persona jurídica:

- Haya establecido, aplicado y mantenido mecanismos y procedimientos internos adecuados y eficaces que garantizan eficazmente que ni la persona física que adoptó en su nombre la decisión de adquirir, transmitir o ceder los instrumentos financieros a los que se refiere la información, ni ninguna otra persona física que pueda haber influido en dicha decisión, estaba en posesión de la información privilegiada.
- No haya alentado, recomendado o inducido a la persona física que, por cuenta de la persona jurídica, adquirió, transmitió o cedió los instrumentos financieros a los que se refiere la información, o no haya influido en esa persona física por cualquier otro medio.

— *En el caso de las personas físicas,* del mero hecho de que una persona posea información privilegiada no se considerará que la haya utilizado y que, por tanto, haya realizado operaciones con información privilegiada en relación con alguna adquisición, transmisión o cesión, siempre que dicha persona:

- Por lo que respecta al instrumento financiero al que se refiere dicha información, sea un creador de mercado o una persona autorizada para actuar como contraparte, y la adquisición, transmisión o cesión de los instrumentos financieros a los que se refiere dicha información se realice de forma legítima en el curso normal del ejercicio de su función como creador de mercado o como contraparte en relación con dicho instrumento financiero.
- Esté autorizada a ejecutar órdenes por cuenta de terceros, y la adquisición, transmisión o cesión de los instrumentos financieros a los que se refiere la orden se realice de forma legítima en el curso normal del ejercicio de su trabajo, profesión o funciones.
- Realice una operación para adquirir, transmitir o ceder instrumentos financieros, y esta operación se efectúe de buena fe en cumplimiento de una obligación vencida y no para eludir la prohibición de operaciones con información privilegiada, y dicha obligación se derive de una orden dada o de un acuerdo celebrado antes de que la persona en cuestión tuviera conocimiento de la información privilegiada, o esa operación tenga por objeto cumplir una disposición legal o reglamentaria anterior a la fecha en que la persona en cuestión tuviera conocimiento de la información privilegiada.

- Haya obtenido esa información privilegiada en el transcurso de una oferta pública de adquisición o fusión con una empresa, y utilice dicha información privilegiada con el mero objeto de llevar a cabo esa fusión u oferta pública de adquisición, siempre que en el momento de la aprobación de la fusión o aceptación de la oferta por los accionistas de la empresa en cuestión toda información privilegiada se haya hecho pública o haya dejado de ser información privilegiada.

Por último, el mero hecho de que una persona utilice su propio conocimiento de que ha decidido adquirir, transmitir o ceder instrumentos financieros en la adquisición, transmisión o cesión de dichos instrumentos financieros no constituirá en sí mismo utilización de información privilegiada.

Comunicación ilícita de información privilegiada

El Reglamento considera que existe comunicación ilícita de información privilegiada cuando una persona posee información privilegiada y la revela a cualquier otra persona, excepto cuando dicha revelación se produce en el normal ejercicio de su trabajo, profesión o funciones.

También se considera que existe comunicación ilícita de información privilegiada cuando la persona que revele la recomendación o inducción sepa o deba saber que se basaba en información privilegiada.

Prospección de mercado

La prospección de mercado consiste en la comunicación de información a uno o más inversores potenciales, con anterioridad al anuncio de una operación, a fin de evaluar el interés de estos en una posible operación y las condiciones relativas a la misma, como su precio o volumen potencial, efectuada por:

a) Un emisor.
b) Un oferente en el mercado secundario de un instrumento financiero, cuando el volumen o valor de la operación la hagan diferente de las negociaciones habituales e implique un método de venta basado en la evaluación previa del interés potencial de los inversores potenciales.
c) Un participante del mercado de derechos de emisión.
d) Un tercero que actúe en nombre o por cuenta de alguna de las personas contempladas en las letras *a*), *b*) o *c*).

Se considerará que la comunicación de información privilegiada realizada en el marco de una prospección de mercado se ha realizado en el normal ejercicio del trabajo, profesión o funciones de una persona, si el participante del mercado, previamente a la comunicación de información:

a) Obtiene el consentimiento de la persona receptora de la prospección de mercado para la recepción de información privilegiada.
b) Informa a la persona receptora de la prospección de mercado de que se le prohíbe utilizar dicha información, o intentar utilizarla, adquiriendo, transmitiendo o cediendo, por cuenta propia o de terceros, directa o indirectamente, instrumentos financieros que guarden relación con esa información.
c) Informa a la persona receptora de la prospección de mercado de que se le prohíbe utilizar dicha información, o intentar utilizarla, mediante la cancelación o modificación de una orden ya dada, relativa a un instrumento financiero con el que guarde relación la información.
d) Informa a la persona receptora de la prospección de mercado de que al aceptar la recepción de la información se obliga a mantener su confidencialidad.

El participante del mercado que comunica la información deberá realizar y mantener un registro de toda la información facilitada a la persona receptora de la prospección de mercado, información que deberá conservar durante un período de al menos cinco años.

17.3.3. Manipulación del mercado

Concepto

La manipulación de mercado incluye las siguientes actividades:

— Ejecutar una operación, dar una orden de negociación o cualquier otra conducta que:

  • Transmita o pueda transmitir señales falsas o engañosas en cuanto a la oferta, la demanda o el precio de un instrumento financiero o de un contrato de contado sobre materias primas relacionado con él.
  • Fije o pueda fijar en un nivel anormal o artificial el precio de uno o varios instrumentos financieros o de un contrato de contado sobre materias primas relacionado con ellos.

— Ejecutar una operación, dar una orden de negociación o cualquier otra actividad o conducta que afecte o pueda afectar, mediante mecanismos ficticios o cualquier otra forma de engaño o artificio, al precio de uno o varios instrumentos financieros, de un contrato de contado sobre materias primas relacionado o de un producto subastado basado en derechos de emisión.

— Difundir información a través de los medios de comunicación, incluido Internet, o por cualquier otro medio, transmitiendo así o pudiendo transmitir señales falsas o engañosas en cuanto a la oferta, la demanda o el precio de un instrumento financiero, de un contrato de contado sobre materias primas relacionado o de un producto subastado basado en derechos de emisión, o pudiendo así fijar en un nivel anormal o artificial el precio de uno o varios instrumentos financieros, de un contrato de contado sobre materias primas relacionado o de un producto subastado basado en derechos de emisión, incluida la difusión de rumores, cuando el autor de la difusión sepa o debiera saber que la información era falsa o engañosa.
— Transmitir información falsa o engañosa o suministrar datos falsos en relación con un índice de referencia, cuando el autor de la transmisión o del suministro de datos supiera o debiera haber sabido que eran falsos o engañosos, o cualquier otra conducta que suponga una manipulación del cálculo de un índice de referencia.

El Reglamento especifica en su artículo 15 que ninguna persona manipulará o intentará manipular el mercado.

Conductas consideradas manipulación de mercado

a) La intervención de una persona, o de varias en concierto, para asegurarse una posición dominante sobre la oferta o demanda de un instrumento financiero, de un contrato de contado sobre materias primas relacionado o de un producto subastado basado en derechos de emisión, que afecte o pueda afectar a la fijación, de forma directa o indirecta, de precios de compra o de venta, o que cree o pueda crear otras condiciones de negociación no equitativas.

b) La compra o venta de instrumentos financieros, en el momento de apertura o cierre del mercado, que tenga o pueda tener el efecto de inducir a confusión o engaño a los inversores que operen basándose en las cotizaciones mostradas, incluidas las cotizaciones de apertura o de cierre.

c) La formulación de órdenes en un centro de negociación, incluidas la cancelación o modificación de estas, a través de cualesquiera métodos de negociación disponibles, incluidos los medios electrónicos, como las estrategias de negociación algorítmica y de alta frecuencia al:

1. Perturbar o retrasar el funcionamiento del mecanismo de negociación utilizado en el centro de negociación, o hacer que ello tenga más probabilidades de ocurrir.

2. Dificultar a otras personas la identificación de las órdenes auténticas en el mecanismo de negociación del centro de negociación, o aumentar la probabilidad de dificultarla, en particular introduciendo órdenes que den lugar a la sobrecarga o a la desestabilización del carné de órdenes.
3. Crear, o poder crear, una señal falsa o engañosa sobre la oferta y demanda o sobre el precio de un instrumento financiero en particular, emitiendo órdenes para iniciar o exacerbar una tendencia.

d) Aprovechar el acceso, ocasional o regular, a los medios de comunicación, tradicionales o electrónicos, para exponer una opinión sobre un instrumento financiero, contrato de contado sobre materias primas relacionado o producto subastado basado en derechos de emisión (o, de modo indirecto, sobre el emisor de los mismos), después de haber tomado posiciones sobre ese instrumento, contrato o producto subastado basado en derechos de emisión, y a continuación aprovechar los efectos que las opiniones expresadas tengan sobre el precio de dicho instrumento, contrato o producto subastado basado en derechos de emisión, sin haber revelado al público simultáneamente el conflicto de intereses de una manera adecuada y efectiva.

e) La compra o venta en el mercado secundario, antes de la subasta prevista en el Reglamento (UE) núm. 1031/2010, de derechos de emisión o de instrumentos derivados relacionados con ellos, con el resultado de fijar el precio de adjudicación de los productos subastados en un nivel anormal o artificial o de inducir a confusión o engaño a los oferentes en las subastas.

Prácticas de mercado aceptadas

Las autoridades competentes podrán determinar que una práctica de mercado es aceptada teniendo en cuenta los criterios siguientes:

a) Si la práctica de mercado ofrece un grado de transparencia sustancial para el mercado.

b) Si la práctica de mercado garantiza un alto grado de protección del funcionamiento de las fuerzas del mercado y la adecuada interacción de las fuerzas de la oferta y la demanda.

c) Si la práctica de mercado tiene un impacto positivo en la liquidez y eficiencia del mercado.

d) Si la práctica de mercado tiene en cuenta el mecanismo de negociación del mercado en cuestión y permite a los participantes del mercado reaccionar de forma adecuada y oportuna a la nueva situación del mercado creada por dicha práctica.

e) Si la práctica de mercado no genera riesgos para la integridad de los mercados directa o indirectamente relacionados, regulados o no, en el instrumento financiero de que se trate dentro de la Unión.

f) El resultado de cualquier investigación realizada sobre la práctica de mercado en cuestión por parte de cualquier autoridad competente u otra autoridad, en particular sobre la posible infracción por dicha práctica de mercado de normas o reglamentos destinados a impedir el abuso de mercado, o de códigos de conducta, tanto si se refiere al mercado de que se trate como si se refiere, directa o indirectamente, a mercados relacionados dentro de la Unión.

g) Las características estructurales del mercado en cuestión, incluyendo, entre otros, si se trata de un mercado regulado o no, los tipos de instrumentos financieros que se negocian y el tipo de participantes del mercado, incluido el grado de participación de inversores particulares en el mercado en cuestión.

17.3.4. Prevención y detección del abuso de mercado

Los organismos gestores del mercado y las empresas de servicios de inversión que gestionen un centro de negociación establecerán y mantendrán mecanismos, sistemas y procedimientos eficaces para prevenir y detectar las operaciones con información privilegiada y las manipulaciones de mercado, así como los intentos de realizar operaciones con información privilegiada y de manipular el mercado. Así, deben notificar a la autoridad competente del centro de negociación las órdenes y operaciones, incluidas las cancelaciones y modificaciones que pudieran constituir operaciones con información privilegiada, manipulación de mercado o tentativas de operar con información privilegiada o de manipular el mercado.

En el mismo sentido, cualquier profesional que prepare o ejecute operaciones establecerá y mantendrá mecanismos, sistemas y procedimientos eficaces para detectar y notificar las órdenes y operaciones sospechosas. Cuando dicha persona tenga sospechas fundadas de que una orden o una operación en relación con algún instrumento financiero, tanto dentro como fuera del correspondiente centro de negociación, podría constituir una operación con información privilegiada o una manipulación de mercado, o bien un intento de operar con información privilegiada o de manipular el mercado, deberá notificarlo a la autoridad competente.

17.3.5. Requisitos de comunicación

Difusión pública de información privilegiada[9]

El Reglamento obliga a hacer pública, tan pronto como sea posible, toda información privilegiada, sin perjuicio de la posibilidad de que el emisor retrase la publicación, bajo su propia responsabilidad, si concurren los siguientes tres requisitos:

- Que la difusión inmediata pueda perjudicar los intereses legítimos del emisor.
- Que la demora no pueda inducir al público a confusión o engaño.
- Que el emisor esté en condiciones de garantizar la confidencialidad de la información. Esta última condición debe ser evaluada de forma especialmente estricta por los emisores. Así, los emisores que estén retrasando la comunicación de una información privilegiada están obligados a publicarla tan pronto como sea posible, si aparecen noticias o rumores suficientemente precisos como para indicar que la confidencialidad ya no está asegurada.

El cumplimiento de este deber implica que los emisores que estén retrasando la difusión de una información privilegiada deben seguir la evolución en el mercado de sus valores, y las noticias y rumores que les afectan.

Tal y como indica la CNMV, la norma solo permite mantener la demora mientras se pueda garantizar la confidencialidad. Por ello, si por el elevado número y el variado grupo de personas que llegan a conocer la información, por haberse detectado rumores que aún no han llegado a los medios, o por cualquier otro motivo, resulta imposible que siga siendo confidencial, el emisor debería de inmediato proceder a la publicación.

También se indica que los emisores de valores no están obligados, salvo requerimiento expreso de la CNMV, a desmentir rumores falsos o sin base real.

Lista de iniciados

Los emisores o las personas que actúen en su nombre, o por su cuenta, deberán elaborar una lista de todas las personas que tengan acceso a información privilegiada y trabajen para ellas en virtud de un contrato de trabajo, o que desempeñen funciones a través de las cuales tengan acceso a información privilegia-

---

[9] Epígrafe redactado utilizando el *Comunicado dirigido a los emisores de valores cotizados sobre el nuevo marco normativo europeo de abuso de mercado* (CNMV, 2019). Disponible en: https://www.cnmv.es/loultimo/ISMAR_ok.pdf.

da, como asesores, contables o agencias de calificación crediticia. Es lo que se conoce como «lista de iniciados».

Los emisores o las personas que actúen en su nombre, o por su cuenta, deberán adoptar todas las medidas razonables para garantizar que toda persona que figure en la lista de iniciados reconozca por escrito las obligaciones legales y reglamentarias que ello implica, y sea consciente de las sanciones aplicables a las operaciones con información privilegiada y la comunicación ilícita de información privilegiada. Cuando otra persona que actúe en nombre o por cuenta del emisor asuma la función de elaborar y actualizar la lista de iniciados, la responsabilidad plena del cumplimiento del presente artículo seguirá recayendo en el emisor. El emisor conservará siempre el derecho de acceso a la lista de iniciados.

La lista de iniciados incluirá al menos la información siguiente:

a) La identidad de toda persona que tenga acceso a información privilegiada.
b) El motivo de la inclusión de esa persona en la lista de iniciados.
c) La fecha y la hora en que dicha persona obtuvo acceso a la información privilegiada.
d) La fecha de elaboración de la lista de personas con acceso a información privilegiada.

Esta lista tiene que ser actualizada, incluyendo la fecha de la actualización en las siguientes circunstancias:

a) Cuando cambie el motivo de la inclusión de una persona que ya figure en la lista de iniciados.
b) Cuando deba incluirse en la lista de iniciados a una nueva persona, por tener acceso a información privilegiada.
c) Cuando una persona deje de tener acceso a información privilegiada.

En cada actualización se especificarán la fecha y la hora en que se produjo el cambio que dio lugar a la actualización.

Por último, indicar que la lista de iniciados ha de ser facilitada lo antes posible a la autoridad competente, a requerimiento de esta. Los emisores o las personas que actúen en su nombre o por su cuenta conservarán la lista de iniciados durante al menos cinco años a partir de su elaboración o actualización.

17.3.6. Referencia a las empresas de inversión y transparencia informativa

El Reglamento Delegado (UE) 2016/958 y el Reglamento Delegado (UE) 2016/957, ambos de 9 de marzo de 2016, fueron aprobados atendiendo a las especialidades de las empresas de servicios de inversión, en cuanto a su actividad exclusiva, regulada y supervisada. Así establecen, por un lado, unas normas comunes, a fin de que las recomendaciones de inversión se realicen de manera imparcial y transparente, y por otro lado unas normas relativas a los mecanismos, sistemas y procedimientos apropiados, para prevenir, detectar y, en última instancia, notificar prácticas abusivas u operaciones sospechosas.

Dada la extensión de dicha normativa y la limitación de espacio, apuntamos las ideas esenciales, si bien se recomienda la consulta de la fuente legislativa.

Reglamento Delegado (UE) 2016/958 de la Comisión, de 9 de marzo de 2016

Las personas que elaboren recomendaciones[10] deben comunicar de modo claro y visible, en todas las recomendaciones que elaboren, su identidad y la siguiente información sobre la identidad de cualquier otra persona o personas responsables de la elaboración de la recomendación:

a) El nombre y el cargo de todas las personas físicas que participen en la elaboración de la recomendación.
b) Cuando una persona física o jurídica que participe en la elaboración de la recomendación actúe bajo contrato, incluido un contrato laboral, o de otro modo en el caso de una persona jurídica, el nombre de dicha persona jurídica.

El Reglamento desarrolla las obligaciones generales respecto a la presentación objetiva de recomendaciones (que la información sea clara y visible, las fuentes de información fiables, identificación clara de las hipótesis empleadas para elaborar proyecciones y previsiones, así como la indicación de la fecha y hora de la finalización de la elaboración de la recomendación). En el caso de las recomendaciones no escritas, realizadas en reuniones, presentaciones itinerantes, videoconferencias o audioconferencias y entrevistas en la radio, la televisión o Internet, la persona que elabore recomendaciones indicará en la recomendación el lugar en el que las personas receptoras de la recomendación pueden acceder directa y fácilmente a la información exigida de forma gratuita.

También se especifican las obligaciones respecto a la comunicación de posibles conflictos de intereses y la forma y mecanismos de difusión de las recomendaciones, tanto si se trata de recomendaciones completas como resúmenes o extractos.

Reglamento Delegado (UE) 2016/957 de la Comisión, de 9 de marzo de 2016

Las personas que preparen o ejecuten operaciones profesionalmente establecerán y mantendrán mecanismos, sistemas y procedimientos que garanticen:

---

[10] Entendidas como recomendaciones de inversión o información de otro tipo en la que se recomiende o sugiera una estrategia de inversión.

a) Un control eficaz y continuo, a efectos de detectar e identificar las órdenes y operaciones que pudieran constituir operaciones con información privilegiada, manipulación de mercado o intentos de operar con información privilegiada o de manipular el mercado, de todas las órdenes recibidas y transmitidas y de todas las operaciones ejecutadas.
b) La transmisión de STOR[11] a las autoridades competentes, de conformidad con los requisitos establecidos en el presente Reglamento y utilizando una plantilla para tal fin (incluida en el anexo del propio Reglamento Delegado).

Las personas que tramiten o ejecuten operaciones profesionalmente, los organismos rectores del mercado y las empresas de servicios de inversión que gestionen un centro de negociación velarán porque los mecanismos, los sistemas y los procedimientos:

a) Sean adecuados y proporcionados con respecto a la escala, dimensión y naturaleza de su actividad.
b) Se evalúen regularmente, al menos a través de una auditoría y revisión interna, realizadas anualmente, y se actualicen cuando sea necesario.
c) Estén claramente documentados por escrito, incluidas sus modificaciones o actualizaciones, a efectos de cumplir lo dispuesto en el presente Reglamento, y que la información documentada se conserve durante un período de cinco años.

Por tanto, en el mencionado Reglamento Delegado se establecen los mecanismos, sistemas y procedimientos de prevención, control y detección de operaciones con información privilegiada o manipulación de mercado, o intentos de operar con información privilegiada o de manipular el mercado, así como los plazos de conservación de la documentación.

17.3.7. Organismos supervisores

Los organismos supervisores en materia de abuso de mercado son, a nivel europeo, ESMA, que tiene la facultad de elaborar proyectos de normas reglamentarias e implantar normas técnicas en esta materia, mientras que en España el organismo supervisor es la CNMV, que será la autoridad competente para la

---

[11] STOR: «notificación de operaciones u órdenes sospechosas»: la comunicación de órdenes y operaciones sospechosas, incluidas las cancelaciones y modificaciones, que pudieran constituir operaciones con información privilegiada, manipulación de mercado o intentos de operar con información privilegiada o de manipular el mercado, que debe efectuarse con arreglo al artículo 16, apartados 1 y 2, del Reglamento (UE) núm. 596/2014.

aplicación del Reglamento (UE) núm. 596/2014, del Parlamento Europeo y del Consejo, de 16 de abril de 2014, y podrá adoptar las normas de desarrollo y ejecución que resulten precisas para el cumplimiento del citado Reglamento y del resto de las disposiciones vigentes en materia de abuso de mercado. En concreto, la CNMV podrá determinar cuáles son las prácticas de mercado aceptadas sobre abuso de mercado, mediante su aprobación por la correspondiente Circular.

17.3.8. Normativa de referencia

Texto Refundido de la Ley del Mercado de Valores, aprobado por el Real Decreto Legislativo 4/2015, de 23 de octubre.

Real Decreto-ley 19/2018, de 23 de noviembre, de servicios de pago y otras medidas urgentes en materia financiera.

Reglamento Delegado (UE) 2016/522, de la Comisión, de 17 de diciembre de 2015, por el que se completa el Reglamento (UE) núm. 596/2014, del Parlamento Europeo y del Consejo, en lo que respecta a la exención relativa a determinados bancos centrales y organismos públicos de terceros países, los indicadores de manipulación de mercado, los umbrales de divulgación, la autoridad competente para las notificaciones de retrasos, la autorización de negociación durante períodos limitados y los tipos de operaciones de notificación obligatoria realizadas por los directivos.

Reglamento Delegado (UE) 2016/957, de la Comisión, de 9 de marzo de 2016, por el que se completa el Reglamento (UE) núm. 596/2014, del Parlamento Europeo y del Consejo, en lo que respecta a las normas técnicas de regulación aplicables a los mecanismos, sistemas y procedimientos apropiados, así como a las plantillas de notificación, que deben utilizarse para prevenir, detectar y notificar prácticas abusivas u órdenes u operaciones sospechosas

Reglamento Delegado (UE) 2016/958, de la Comisión, de 9 de marzo de 2016, por el que se completa el Reglamento (UE) núm. 596/2014, del Parlamento Europeo y del Consejo, en lo que respecta a las normas técnicas de regulación relativas a las medidas técnicas aplicables a la presentación objetiva de las recomendaciones de inversión o información de otro tipo en las que se recomiende o sugiera una estrategia de inversión y a la comunicación de intereses particulares o indicaciones de conflictos de intereses

Reglamento Delegado (UE) 2016/960, de la Comisión, de 17 de mayo de 2016, por el que se completa el Reglamento (UE) núm. 596/2014, del Parlamento Europeo y del Consejo, en lo relativo a las normas técnicas de regulación aplicables a las disposiciones, los sistemas y los procedimientos adecuados de realización de prospecciones de mercado por parte de los participantes del mercado que comunican información.

Reglamento de Ejecución (UE) 2016/347, de la Comisión, de 10 de marzo de 2016, por el que se establecen normas técnicas de ejecución en lo que respecta al formato específico de las listas de iniciados y a la actualización de esas listas, de conformidad con el Reglamento (UE) núm. 596/2014, del Parlamento Europeo y del Consejo.

Reglamento de Ejecución (UE) 2016/523, de la Comisión, de 10 de marzo de 2016, por el que se establecen las normas técnicas relativas al formato y la plantilla para la notificación y la publicación de las operaciones realizadas por directivos de conformidad con el Reglamento (UE) núm. 596/2014, del Parlamento Europeo y del Consejo.

Reglamento de Ejecución (UE) 2016/959, de la Comisión, de 17 de mayo de 2016, por el que se establecen normas técnicas de ejecución en relación con las prospecciones de mercado, en lo que respecta a los sistemas y las plantillas de notificación que deberán utilizar los participantes del mercado que comunican información y al formato de los registros de conformidad con el Reglamento (UE) núm. 596/2014, del Parlamento Europeo y del Consejo.

Reglamento (UE) núm. 596/2014, del Parlamento Europeo y del Consejo, de 16 de abril de 2014, sobre el abuso de mercado (Reglamento sobre abuso de mercado) y por el que se derogan la Directiva 2003/6/CE, del Parlamento Europeo y del Consejo, y las Directivas 2003/124/CE, 2003/125/CE y 2004/72/CE, de la Comisión.

17.4. PREVENCIÓN DEL BLANQUEO DE CAPITALES Y DE LA FINANCIACIÓN DEL TERRORISMO

17.4.1. Aspectos conceptuales

Las empresas de servicios de inversión deberán contar con procedimientos y órganos adecuados para prevenir e impedir la realización de operaciones relacionadas con el blanqueo de capitales y la financiación del terrorismo, en los términos establecidos en la Ley 10/2010, de 28 de abril, y en su normativa de desarrollo. Estos procedimientos deberán estar documentados en un manual de prevención del blanqueo de capitales y de la financiación del terrorismo. Cuando la entidad pretenda prestar servicios por medios telemáticos, deberá disponer de los medios adecuados para garantizar la seguridad, confidencialidad, fiabilidad y capacidad del servicio prestado y para el adecuado cumplimiento de las normas sobre prevención del blanqueo de capitales, de conducta, de control interno y de evaluación de riesgos, y para el correcto desarrollo de las normas de supervisión e inspección de la Comisión Nacional del Mercado de Valores.

Las actividades que se consideran **blanqueo de capitales** son las siguientes:

a) La conversión o la transferencia de bienes, a sabiendas de que dichos bienes proceden de una actividad delictiva o de la participación en una actividad delictiva, con el propósito de ocultar o encubrir el origen ilícito de los bienes o de ayudar a personas que estén implicadas a eludir las consecuencias jurídicas de sus actos.

b) La ocultación o el encubrimiento de la naturaleza, el origen, la localización, la disposición, el movimiento o la propiedad real de bienes o derechos sobre bienes, a sabiendas de que dichos bienes proceden de una actividad delictiva o de la participación en una actividad delictiva.

c) La adquisición, posesión o utilización de bienes, a sabiendas, en el momento de la recepción de estos, de que proceden de una actividad delictiva o de la participación en una actividad delictiva.

d) La participación en alguna de las actividades mencionadas en las letras anteriores, la asociación para cometer este tipo de actos, las tentativas de perpetrarlas y el hecho de ayudar, instigar o aconsejar a alguien para realizarlas o facilitar su ejecución.

Por otra parte, la **financiación del terrorismo** se define como el suministro, el depósito, la distribución o la recogida de fondos o bienes, por cualquier medio, de forma directa o indirecta, con la intención de utilizarlos o con el conocimiento de que serán utilizados, íntegramente o en parte, para la comisión de cualquiera de los delitos de terrorismo tipificados en el Código Penal (arts. 571 a 580). Se considerará que existe financiación del terrorismo aun cuando el suministro o la recogida de fondos o bienes se hayan desarrollado en el territorio de otro Estado.

17.4.2. Sujetos obligados

Son sujetos obligados:

a) Las entidades de crédito.

b) Las entidades aseguradoras autorizadas para operar en el ramo de vida y los corredores de seguros cuando actúen en relación con seguros de vida u otros servicios relacionados con inversiones, con las excepciones que se establezcan reglamentariamente.

c) Las empresas de servicios de inversión.

d) Las sociedades gestoras de instituciones de inversión colectiva y las sociedades de inversión cuya gestión no esté encomendada a una sociedad gestora.

e) Las entidades gestoras de fondos de pensiones.

f) Las sociedades gestoras de entidades de capital-riesgo y las sociedades de capital-riesgo cuya gestión no esté encomendada a una sociedad gestora.

g) Las sociedades de garantía recíproca.

h) Las entidades de pago y las entidades de dinero electrónico.
i) Las personas que ejerzan profesionalmente actividades de cambio de moneda.
j) Los servicios postales respecto de las actividades de giro o transferencia.
k) Las personas dedicadas profesionalmente a la intermediación en la concesión de préstamos o créditos, así como las personas que, sin haber obtenido autorización como establecimientos financieros de crédito, desarrollen profesionalmente alguna de las actividades a que se refiere la disposición adicional primera de la Ley 3/1994, de 14 de abril, por la que se adapta la legislación española en materia de Entidades de Crédito a la Segunda Directiva de Coordinación Bancaria y se introducen otras modificaciones relativas al sistema financiero.
l) Los promotores inmobiliarios y quienes ejerzan profesionalmente actividades de agencia, comisión o intermediación en la compraventa de bienes inmuebles.
m) Los auditores de cuentas, contables externos o asesores fiscales.
n) Los notarios y los registradores de la propiedad, mercantiles y de bienes muebles.
ñ) Los abogados, procuradores u otros profesionales independientes cuando participen en la concepción, realización o asesoramiento de operaciones por cuenta de clientes relativas a la compraventa de bienes inmuebles o entidades comerciales, la gestión de fondos, valores u otros activos, la apertura o gestión de cuentas corrientes, cuentas de ahorros o cuentas de valores, la organización de las aportaciones necesarias para la creación, el funcionamiento o la gestión de empresas o la creación, el funcionamiento o la gestión de fideicomisos *(trusts),* sociedades o estructuras análogas, o cuando actúen por cuenta de clientes en cualquier operación financiera o inmobiliaria.
o) Las personas que con carácter profesional y con arreglo a la normativa específica que en cada caso sea aplicable, presten los siguientes servicios por cuenta de terceros: constituir sociedades u otras personas jurídicas; ejercer funciones de dirección o de secretarios no consejeros de consejo de administración o de asesoría externa de una sociedad, socio de una asociación o funciones similares en relación con otras personas jurídicas o disponer que otra persona ejerza dichas funciones; facilitar un domicilio social o una dirección comercial, postal, administrativa y otros servicios afines a una sociedad, una asociación o cualquier otro instrumento o persona jurídicos; ejercer funciones de fiduciario en un fideicomiso *(trust)* o instrumento jurídico similar o disponer que otra persona ejerza dichas funciones; o ejercer funciones de accionista por cuenta de otra persona, exceptuando las sociedades que coticen en un mercado regulado de la Unión Europea y que estén sujetas a requisitos de información acordes con el derecho de la Unión o a normas internacionales equiva-

lentes que garanticen la adecuada transparencia de la información sobre la propiedad, o disponer que otra persona ejerza dichas funciones.

p) Los casinos de juego.

q) Las personas que comercien profesionalmente con joyas, piedras o metales preciosos.

r) Las personas que comercien profesionalmente con objetos de arte o antigüedades.

s) Las personas que ejerzan profesionalmente las actividades a que se refiere el artículo 1 de la Ley 43/2007, de 13 de diciembre, de protección de los consumidores en la contratación de bienes con oferta de restitución del precio.

t) Las personas que ejerzan actividades de depósito, custodia o transporte profesional de fondos o medios de pago.

u) Las personas responsables de la gestión, explotación y comercialización de loterías u otros juegos de azar presenciales o por medios electrónicos, informáticos, telemáticos e interactivos. En el caso de loterías, apuestas mutuas deportivo-benéficas, concursos, bingos y máquinas recreativas tipo «B», únicamente respecto de las operaciones de pago de premios.

v) Las personas físicas que realicen movimientos de medios de pago, en los términos establecidos en el artículo 34.

w) Las personas que comercien profesionalmente con bienes, en los términos establecidos en el artículo 38.

x) Las fundaciones y asociaciones, en los términos establecidos en el artículo 39.

y) Los gestores de sistemas de pago y de compensación y liquidación de valores y productos financieros derivados, así como los gestores de tarjetas de crédito o débito emitidas por otras entidades, en los términos establecidos en el artículo 40.

Los sujetos obligados habrán de analizar los riesgos principales a los que se enfrentan, los cuales variarán en función del tipo de negocio, de los productos y de los clientes con los que establecen relaciones de negocio. A partir de ese análisis, se ha de proceder a diseñar las políticas y procedimientos internos, de manera tal que estos se adapten al perfil de riesgo de la entidad, moderándose la intensidad de las medidas de diligencia debida aplicadas, según las características concretas del cliente y la operación. Los sujetos obligados quedarán, asimismo, sometidos a dichas obligaciones respecto de las operaciones realizadas a través de agentes u otras personas que actúen como mediadores o intermediarios de aquellos.

Los sujetos obligados identificarán y comprobarán, mediante documentos fehacientes, la identidad de cuantas personas físicas o jurídicas pretendan establecer relaciones de negocio o intervenir en cualesquiera operaciones ocasionales cuyo importe sea igual o superior a 1.000 euros. Se considerarán documentos fehacientes, a efectos de identificación formal, el documento nacional de identidad (para las personas físicas de nacionalidad española), la tarjeta de residencia (para las personas físicas de nacionalidad extranjera) y el pasaporte (para ciudadanos de la UE). Para las personas jurídicas, los documentos públicos que acrediten su existencia y contengan su denominación social, forma jurídica, domicilio, la identidad de sus administradores, estatutos y número de identificación fiscal.

Los sujetos obligados recabarán de sus clientes información, a fin de conocer la naturaleza de su actividad profesional o empresarial. La actividad declarada por el cliente será registrada por el sujeto obligado con carácter previo al inicio de la relación de negocios. Las acciones de comprobación de la actividad profesional o empresarial declarada se graduarán en función del riesgo y se realizarán mediante documentación aportada por el cliente, o mediante la obtención de información de fuentes fiables independientes. Asimismo, los sujetos obligados podrán comprobar la actividad profesional o empresarial de los clientes mediante visitas presenciales a las oficinas, almacenes o locales declarados por el cliente como lugares donde ejerce su actividad mercantil, dejando constancia por escrito del resultado de dicha visita.

Los sujetos obligados conservarán toda la documentación obtenida o generada en aplicación de las medidas de diligencia debida, con inclusión, en particular, de las copias de los documentos fehacientes de identificación, las declaraciones del cliente, la documentación e información aportada por el cliente u obtenida de fuentes fiables independientes, la documentación contractual y los resultados de cualquier análisis efectuado, durante un período de diez años desde la terminación de la relación de negocio o la ejecución de la operación ocasional.

17.4.3. Organismos supervisores

SEPBLAC

Servicio Ejecutivo de la Comisión de Prevención del Blanqueo de Capitales e Infracciones Monetarias. Es la Unidad de Inteligencia Financiera de España y la Autoridad Supervisora en materia de prevención del blanqueo de capitales y de la financiación del terrorismo, creado en el año 1993. El SEPBLAC, como Autoridad Supervisora, tiene la misión de asegurar el cumplimiento por parte de los sujetos obligados de sus deberes de prevención del blanqueo de capitales y de la financiación del terrorismo.

Los órganos colaboradores con el SEPBLAC vienen determinados en la Ley de Prevención del Blanqueo de Capitales y Financiación del Terrorismo, y son los siguientes:

— Colaboración de distintas autoridades o funcionarios, los cuales tendrán la obligación de informar al SEPBLAC de cualquier hecho del que ten-

gan conocimiento, que pueda constituir indicio o prueba de blanqueo de capitales o de financiación del terrorismo. En caso de no cumplir con dicha obligación, podrán ser sancionados independientemente de la responsabilidad penal que se genere.
— El Banco de España.
— La Comisión Nacional del Mercado de Valores.
— La Dirección General de Seguros y Fondos de Pensiones.
— La Dirección General de los Registros y del Notariado.
— El Instituto de Contabilidad y Auditoría de Cuentas.
— Los colegios profesionales y los órganos estatales o autonómicos competentes.

Por otra parte, los **principales organismos internacionales** para la prevención del blanqueo de capitales y la financiación del terrorismo son los siguientes (https://www.sepblac.es/es/sobre-el-sepblac/cooperacion-internacional/):

— **Grupo de Acción Financiera Internacional (GAFI).** Organismo intergubernamental creado en 1989, del que España es miembro desde 1990, ejerciendo su presidencia en dos ocasiones, que tiene entre sus objetivos la implantación de estándares y la promoción efectiva de medidas legales, regulatorias y operativas para prevenir el blanqueo de capitales y la financiación del terrorismo, para lo que ha desarrollado una serie de recomendaciones, reconocidas como referente internacional en la materia, que constituyen la base para la elaboración de una respuesta coordinada a las actuales amenazas a la integridad del sistema financiero internacional. Así lo reconoce la propia Ley 10/2010, que en su preámbulo indica que las recomendaciones del GAFI aprobadas en 1990 se convirtieron en el estándar internacional en la materia, constituyéndose en la inspiración directa de la primera directiva comunitaria.
— **Grupo Egmont.** Organización de la que SEPBLAC es miembro desde 1995, que agrupa más a 150 unidades de inteligencia financiera de todo el mundo y proporciona herramientas para el intercambio de recursos en materia de prevención del blanqueo de capitales y de financiación el terrorismo.
— **Grupo de Acción Financiera del Caribe (GAFIC).** Organización constituida a principios de los años noventa, en la que España ostenta la condición de nación cooperadora y de apoyo, que integra a distintos Estados y territorios caribeños que han acordado implementar contramedidas comunes para prevenir el blanqueo de capitales, la financiación del terrorismo y la financiación de la proliferación de armas de destrucción masiva.
— **Grupo de Acción Financiera de Latinoamérica (GAFILAT).** Organización intergubernamental creada en 2000, de la que España es miembro observador, que tiene por objeto la prevención del blanqueo de capitales y de

la financiación del terrorismo a través de la mejora de las políticas nacionales y la profundización en los distintos mecanismos de cooperación entre los países miembros.

- **Grupo de Acción Financiera del Medio Oriente y África del Norte (GAFI-MOAN).** Organización independiente creada en 2004, de la que España es miembro observador, que incluye entre sus objetivos la adopción de las recomendaciones del GAFI; la implementación de los tratados, acuerdos y resoluciones de las Naciones Unidas y de su Consejo de Seguridad; y la cooperación regional entre los países del Medio Oriente y África del Norte en materia de prevención del blanqueo de capitales y de la financiación del terrorismo.
- **Comité de Basilea.** El Comité de Supervisión Bancaria de Basilea (BCBS, por sus siglas en inglés) constituye un foro internacional de cooperación en materia de supervisión bancaria. Su principal objetivo es mejorar la comprensión de los temas claves en el terreno de la supervisión y aumentar la calidad de la supervisión bancaria a nivel mundial, a través de la puesta en común de enfoques, técnicas y experiencias.

  El comité aprovecha este acervo para desarrollar directrices y estándares. Los ejemplos más relevantes son el estándar internacional sobre medidas y normas de capital (Acuerdos de Basilea), los principios básicos para una supervisión bancaria eficaz *(core principles)* y el concordato sobre supervisión transfronteriza.

  El comité alienta los contactos y la cooperación entre sus miembros y otras autoridades de supervisión bancaria, distribuye a los supervisores de todo el mundo sus documentos de trabajo y proporciona orientación sobre cuestiones de supervisión bancaria. Con el fin de intensificar los contactos entre supervisores, organiza con carácter bianual la Conferencia Internacional de Supervisores Bancarios (ICBS, por sus siglas en inglés).

  El comité está compuesto por autoridades de Alemania, Arabia Saudí, Argentina, Australia, Bélgica, Brasil, Canadá, China, Corea, España, Estados Unidos, Francia, Hong Kong, India, Indonesia, Italia, Japón, Luxemburgo, México, Países Bajos, Reino Unido, Rusia, Singapur, Sudáfrica, Suecia, Suiza y Turquía. Su secretaría se encuentra en el Banco de Pagos Internacionales, en Basilea (Suiza). El Banco de España es el representante español en el BCBS.
- **Grupo de Wolfsberg.** Es una asociación de trece bancos globales que tiene como objetivo desarrollar los marcos y directrices para la gestión de riesgos de delitos financieros, en particular con respecto a «Conozca a su cliente», antilavado de dinero y políticas de financiamiento de la lucha antiterrorista.

  El grupo se formó en el año 2000 en el castillo Wolfsberg, situado en el noreste de Suiza, en compañía de representantes de Transparencia Internacional, incluyendo Stanley Morris, y el profesor Mark Pieth de la Universidad de Basilea, para trabajar en la redacción de directrices contra el lavado de dinero para banca privada. Los principios de Wolfsberg Lavado de Dinero para la Banca Privada se publicaron posteriormente en octubre de 2000, revisado en mayo de 2002 y de nuevo más recientemente en junio de 2012. El pasado 7 de septiembre de 2015 el grupo Wolfsberg presentó un documento con «preguntas frecuentes» sobre los aspectos clave de las evaluaciones de riesgo de delitos financieros. El grupo espera que estas preguntas frecuentes contribuyan a la promoción de la gestión eficaz del riesgo, y sirvan de apoyo a la prevención de los abusos del uso de los sistemas financieros con fines delictivos. https://prevenciondelblanqueodecapitales.wordpress.com/2015/09/10/que-es-el-grupo-wolfsberg/.

Uno de sus objetivos primordiales es desarrollar un marco de referencia para la gestión del riesgo relacionado con crímenes financieros. Actualmente los documentos que ha emitido el grupo son tomados, en algunos casos, como referencia en las guías emitidas por el Grupo de Acción Financiera Internacional Contra el Blanqueo de Capitales.

17.4.4. Referencias normativas

Ley 10/2010, de 28 de abril, de prevención del blanqueo de capitales y de la financiación del terrorismo.

Real Decreto-ley 11/2018, de 31 de agosto, de transposición de directivas en materia de protección de los compromisos por pensiones con los trabajadores, prevención del blanqueo de capitales y requisitos de entrada y residencia de nacionales de países terceros y por el que se modifica la Ley 39/2015, de 1 de octubre, del Procedimiento Administrativo Común de las Administraciones Públicas.

Real Decreto 54/2005, de 21 de enero, por el que se modifican el Reglamento de la Ley 19/1993, de 28 de diciembre, sobre determinadas medidas de prevención del blanqueo de capitales, aprobado por el Real Decreto 925/1995, de 9 de junio, y otras normas de regulación del sistema bancario, financiero y asegurado.

Ley 19/2003, de 4 de julio, sobre régimen jurídico de los movimientos de capitales y de las transacciones económicas con el exterior y sobre determinadas medidas de prevención del blanqueo de capitales.

Orden ECC/2402/2015, de 11 de noviembre, por la que se crea el Órgano Centralizado de Prevención del blanqueo de capitales y de la financiación del terrorismo del Colegio de Registradores de la Propiedad, Mercantiles y de Bienes Muebles.

Real Decreto 304/2014, de 5 de mayo, por el que se aprueba el Reglamento de la Ley 10/2010, de 28 de abril, de prevención del blanqueo de capitales y de la financiación del terrorismo (corrección de errores publicada en el BOE, el 1 de agosto de 2014).

Resolución de 10 de agosto de 2012, de la Secretaría General del Tesoro y Política Financiera, por la que se publica el Acuerdo de 17 de julio de 2012, de la Comisión de Prevención del Blanqueo de Capitales e Infracciones Monetarias, por el que se determinan las jurisdicciones que establecen requisitos equivalentes a los de la legislación española de prevención del blanqueo de capitales y de la financiación del terrorismo.

Orden EHA/114/2008, de 29 de enero, reguladora del cumplimiento de determinadas obligaciones de los notarios en el ámbito de la prevención del blanqueo de capitales.

Orden EHA/2444/2007, de 31 de julio, por la que se desarrolla el Reglamento de la Ley 19/1993, de 28 de diciembre, sobre determinadas medidas de prevención del blanqueo de capitales, aprobado por Real Decreto 925/1995, de 9 de junio, en relación con el informe de experto externo sobre los procedimientos y órganos de control interno y comunicación establecidos para prevenir el blanqueo de capitales.

Orden EHA/2619/2006, de 28 de julio, por la que se desarrollan determinadas obligaciones de prevención del blanqueo de capitales de los sujetos obligados que realicen actividad de cambio de moneda o gestión de transferencias con el exterior.

Directiva (UE) 2015/849, del Parlamento Europeo y del Consejo, de 20 de mayo de 2015, relativa a la prevención de la utilización del sistema financiero para el blanqueo de capitales o la financiación del terrorismo, y por la que se modifica el Reglamento (UE) núm. 648/2012, del Parlamento Europeo y del Consejo, y se derogan la Directiva 2005/60/CE, del Parlamento Europeo y del Consejo, y la Directiva 2006/70/CE, de la Comisión.

17.5. PROTECCIÓN DE DATOS

17.5.1. Aspectos conceptuales

La protección de datos de carácter personal se concibe como un derecho fundamental, que consiste en un poder de disposición y de control sobre los datos personales, que faculta a la persona para decidir cuáles de esos datos proporcionar a un tercero, sea el Estado o un particular, o cuáles puede este tercero recabar, y que también permite al individuo saber quién posee esos datos personales y para qué, pudiendo oponerse a esa posesión o uso. Estos poderes de disposición y control sobre los datos personales se concretan jurídicamente en la facultad de consentir la recogida, la obtención y el acceso a los datos personales, su posterior almacenamiento y tratamiento, así como su uso o usos posibles, por un tercero, sea el Estado o un particular.

La normativa actualmente en vigor en materia de protección de datos es la siguiente:

— Reglamento General de Protección de Datos[12], publicado en mayo de 2016 y aplicable a partir del 25 de mayo de 2018. Es una norma de aplicación directa en toda la Unión Europea, relativa a la protección de las personas físicas en lo que respecta al tratamiento de datos personales y a la libre circulación de estos datos.
— Ley Orgánica 3/2018, de 5 de diciembre, de Protección de Datos Personales y garantía de los derechos digitales. Esta Ley Orgánica tiene por objeto adaptar el ordenamiento jurídico español al Reglamento (UE) 2016/679 y garantizar los derechos digitales de la ciudadanía conforme al mandato establecido en el artículo 18.4 de la Constitución.

Algunos conceptos fundamentales desarrollados en la normativa son los siguientes:

— Se consideran **datos personales** toda información sobre una persona física identificada o identificable («el interesado»); se considerará persona física identificable toda persona cuya identidad pueda determinarse, directa o indirectamente, en particular mediante un identificador, como por ejemplo un nombre, un número de identificación, datos de localización, un identificador en línea o uno o varios elementos propios de la identidad física, fisiológica, genética, psíquica, económica, cultural o social de dicha persona.
— **Tratamiento:** cualquier operación o conjunto de operaciones realizadas sobre datos personales o conjuntos de datos personales, ya sea por procedimientos automatizados o no, como la recogida, registro, organización, estructuración, conservación, adaptación o modificación, extracción, consulta, utilización, comunicación por transmisión, difusión o cualquier otra forma de habilitación de acceso, cotejo o interconexión, limitación, supresión o destrucción.
— **Elaboración de perfiles:** toda forma de tratamiento automatizado de datos personales consistente en utilizar datos personales para evaluar determinados aspectos personales de una persona física, en particular para analizar o predecir aspectos relativos al rendimiento profesional, situación económica, salud, preferencias personales, intereses, fiabilidad, comportamiento, ubicación o movimientos de dicha persona física.
— **Fichero:** todo conjunto estructurado de datos personales, accesibles con arreglo a criterios determinados, ya sea centralizado, descentralizado o repartido de forma funcional o geográfica.

[12] Reglamento (UE) 2016/679, del Parlamento Europeo y del Consejo, de 27 de abril de 2016, relativo a la protección de las personas físicas en lo que respecta al tratamiento de datos personales y a la libre circulación de estos datos y por el que se deroga la Directiva 95/46/CE (Reglamento general de protección de datos)

- **Responsable del tratamiento o responsable:** la persona física o jurídica, autoridad pública, servicio u otro organismo que, solo o junto con otros, determine los fines y medios del tratamiento; si el derecho de la Unión o de los Estados miembros determina los fines y medios del tratamiento, el responsable del tratamiento o los criterios específicos para su nombramiento podrá establecerlos el derecho de la Unión o de los Estados miembros.
- **Encargado del tratamiento o encargado:** la persona física o jurídica, autoridad pública, servicio u otro organismo que trate datos personales por cuenta del responsable del tratamiento.
- **Delegado de protección de datos:** el artículo 34 de la Ley Orgánica de Protección de Datos establece que los responsables y encargados del tratamiento deberán designar un delegado de protección de datos cuando se trate de las siguientes entidades:

  a) Los colegios profesionales y sus consejos generales.
  b) Los centros docentes que ofrezcan enseñanzas en cualquiera de los niveles establecidos en la legislación reguladora del derecho a la educación, así como las universidades públicas y privadas.
  c) Las entidades que exploten redes y presten servicios de comunicaciones electrónicas conforme a lo dispuesto en su legislación específica, cuando traten habitual y sistemáticamente datos personales a gran escala.
  d) Los prestadores de servicios de la sociedad de la información cuando elaboren a gran escala perfiles de los usuarios del servicio.
  e) Las entidades incluidas en el artículo 1 de la Ley 10/2014, de 26 de junio, de ordenación, supervisión y solvencia de entidades de crédito.
  f) Los establecimientos financieros de crédito.
  g) Las entidades aseguradoras y reaseguradoras.
  h) Las empresas de servicios de inversión, reguladas por la legislación del Mercado de Valores.
  i) Los distribuidores y comercializadores de energía eléctrica y los distribuidores y comercializadores de gas natural.
  j) Las entidades responsables de ficheros comunes para la evaluación de la solvencia patrimonial y crédito o de los ficheros comunes para la gestión y prevención del fraude, incluyendo a los responsables de los ficheros regulados por la legislación de prevención del blanqueo de capitales y de la financiación del terrorismo.
  k) Las entidades que desarrollen actividades de publicidad y prospección comercial, incluyendo las de investigación comercial y de mercados, cuando lleven a cabo tratamientos basados en las preferencias de los afectados o realicen actividades que impliquen la elaboración de perfiles de estos.

l) Los centros sanitarios legalmente obligados al mantenimiento de las historias clínicas de los pacientes. Se exceptúan los profesionales de la salud que, aun estando legalmente obligados al mantenimiento de las historias clínicas de los pacientes, ejerzan su actividad a título individual.
m) Las entidades que tengan como uno de sus objetos la emisión de informes comerciales que puedan referirse a personas físicas.
n) Los operadores que desarrollen la actividad de juego a través de canales electrónicos, informáticos, telemáticos e interactivos, conforme a la normativa de regulación del juego.
o) Las empresas de seguridad privada.
p) Las federaciones deportivas cuando traten datos de menores de edad.

Los responsables y encargados del tratamiento comunicarán en el plazo de diez días a la Agencia Española de Protección de Datos, o en su caso a las autoridades autonómicas de protección de datos, las designaciones, nombramientos y ceses de los delegados de protección de datos, tanto en los supuestos en que se encuentren obligadas a su designación como en el caso en que sea voluntaria. La Agencia Española de Protección de Datos mantendrá una relación pública y actualizada de los delegados de protección de datos, accesible por cualquier persona. Los conocimientos en la materia se podrán acreditar mediante esquemas de certificación. Asimismo, no podrá ser removido, salvo en los supuestos de dolo o negligencia grave. Es de destacar que el delegado de protección de datos permite configurar un medio para la resolución amistosa de reclamaciones, pues el interesado podrá reproducir ante él la reclamación que no sea atendida por el responsable o encargado del tratamiento.

17.5.2. Principios de la Ley de Protección de Datos y tratamiento de los datos

De acuerdo con el artículo 5 del Reglamento, los datos personales se regirán por los siguientes principios:

- *Licitud, lealtad y transparencia:* serán tratados de manera lícita, leal y transparente en relación con el interesado.
- Serán *recogidos con fines determinados, explícitos y legítimos,* y no serán tratados ulteriormente de manera incompatible con dichos fines.
- *Minimización de datos:* serán adecuados, pertinentes y limitados a lo necesario en relación con los fines para los que son tratados.
- *Exactitud:* serán exactos y, si fuera necesario, actualizados; se adoptarán todas las medidas razonables para que se supriman o rectifiquen sin dilación los datos personales que sean inexactos con respecto a los fines para los que se tratan.

— *Limitación del plazo de conservación:* los datos serán mantenidos de forma que se permita la identificación de los interesados durante no más tiempo del necesario para los fines del tratamiento de los datos personales; los datos personales podrán conservarse durante períodos más largos siempre que se traten exclusivamente con fines de archivo en interés público, fines de investigación científica o histórica o fines estadísticos.
— *Integridad y confidencialidad:* los datos serán tratados de tal manera que se garantice una seguridad adecuada de los datos personales, incluida la protección contra el tratamiento no autorizado o ilícito y contra su pérdida, destrucción o daño accidental, mediante la aplicación de medidas técnicas u organizativas apropiadas.
— *Responsabilidad proactiva:* el responsable del tratamiento tiene que aplicar medidas técnicas y organizativas apropiadas a fin de garantizar y poder demostrar que el tratamiento cumple la normativa. En términos prácticos, este principio requiere que las organizaciones analicen qué datos tratan, con qué finalidades lo hacen y qué tipo de operaciones de tratamiento llevan a cabo. A partir de este conocimiento deben determinar de forma explícita la forma en que aplicarán las medidas previstas en la normativa, asegurándose de que esas medidas son las adecuadas para cumplir con el mismo y de que pueden demostrarlo ante los interesados y ante las autoridades de supervisión. En síntesis, este principio exige una actitud consciente, diligente y proactiva por parte de las organizaciones frente a todos los tratamientos de datos personales que lleven a cabo.

El *tratamiento de datos* es definido como cualquier operación o conjunto de operaciones realizadas sobre datos personales o conjuntos de datos personales, ya sea por procedimientos automatizados o no, como la recogida, registro, organización, estructuración, conservación, adaptación o modificación, extracción, consulta, utilización, comunicación por transmisión, difusión o cualquier otra forma de habilitación de acceso, cotejo o interconexión, limitación, supresión o destrucción. Dicho tratamiento solo será lícito si se cumple al menos una de las siguientes condiciones (art. 6):

a) El interesado dio su consentimiento para el tratamiento de sus datos personales para uno o varios fines específicos.
b) El tratamiento es necesario para la ejecución de un contrato en el que el interesado es parte o para la aplicación a petición de este de medidas precontractuales.
c) El tratamiento es necesario para el cumplimiento de una obligación legal aplicable al responsable del tratamiento.
d) El tratamiento es necesario para proteger intereses vitales del interesado o de otra persona física.

e) El tratamiento es necesario para el cumplimiento de una misión realizada en interés público o en el ejercicio de poderes públicos conferidos al responsable del tratamiento.
f) El tratamiento es necesario para la satisfacción de intereses legítimos perseguidos por el responsable del tratamiento o por un tercero, siempre que sobre dichos intereses no prevalezcan los intereses o los derechos y libertades fundamentales del interesado que requieran la protección de datos personales, en particular cuando el interesado sea un niño.
g) Lo dispuesto en la letra *f*) anterior no será de aplicación al tratamiento realizado por las autoridades públicas en el ejercicio de sus funciones.

Teniendo en cuenta la naturaleza, el ámbito, el contexto y los fines del tratamiento, así como los riesgos de diversa probabilidad y gravedad para los derechos y libertades de las personas físicas, el responsable del tratamiento aplicará medidas técnicas y organizativas apropiadas, a fin de garantizar y poder demostrar que el tratamiento es conforme con la normativa. Dichas medidas se revisarán y actualizarán cuando sea necesario.

También deberá tomar en consideración el estado de la técnica, el coste de la aplicación y la naturaleza, ámbito, contexto y fines del tratamiento, así como los riesgos de diversa probabilidad y gravedad que entraña el tratamiento para los derechos y libertades de las personas físicas. El responsable del tratamiento aplicará, tanto en el momento de determinar los medios de tratamiento como en el momento del propio tratamiento, medidas técnicas y organizativas apropiadas, como la seudonimización, concebidas para aplicar de forma efectiva los principios de protección de datos, como la minimización de datos, e integrar las garantías necesarias en el tratamiento, a fin de cumplir los requisitos de la normativa y proteger los derechos de los interesados.

El responsable del tratamiento aplicará las medidas técnicas y organizativas apropiadas con miras a garantizar que, por defecto, solo sean objeto de tratamiento los datos personales que sean necesarios para cada uno de los fines específicos del tratamiento. Esta obligación se aplicará a la cantidad de datos personales recogidos, a la extensión de su tratamiento, a su plazo de conservación y a su accesibilidad. Tales medidas garantizarán en particular que, por defecto, los datos personales no sean accesibles, sin la intervención de la persona, a un número indeterminado de personas físicas.

Respecto a las *condiciones que se deben dar para el consentimiento,* son las siguientes (art. 7 del Reglamento):

— Cuando el tratamiento se base en el consentimiento del interesado, el responsable deberá ser capaz de demostrar que aquel consintió el tratamiento de sus datos personales.
— Si el consentimiento del interesado se da en el contexto de una declaración escrita que también se refiera a otros asuntos, la solicitud de consen-

timiento se presentará de tal forma que se distinga claramente de los demás asuntos, de forma inteligible y de fácil acceso, y utilizando un lenguaje claro y sencillo.

- El interesado tendrá derecho a retirar su consentimiento en cualquier momento. La retirada del consentimiento no afectará a la licitud del tratamiento basada en el consentimiento previo a su retirada. Antes de dar su consentimiento, el interesado será informado de ello. Será tan fácil retirar el consentimiento como darlo.
- Al evaluar si el consentimiento se ha dado libremente, se tendrá en cuenta en la mayor medida posible el hecho de si, entre otras cosas, la ejecución de un contrato, incluida la prestación de un servicio, se supedita al consentimiento al tratamiento de datos personales que no son necesarios para la ejecución de dicho contrato.

17.5.3. Derechos de acceso, rectificación, supresión, limitación del tratamiento, portabilidad de los datos y oposición

Derecho de acceso

Es el derecho del interesado a obtener del responsable del tratamiento confirmación de si se están tratando o no datos personales que le conciernen y, en tal caso, derecho de acceso a los datos personales y a la siguiente información:

- Los fines del tratamiento.
- Las categorías de datos personales de que se trate.
- Los destinatarios o las categorías de destinatarios a los que se comunicaron o serán comunicados los datos personales, en particular destinatarios en terceros países u organizaciones internacionales.
- De ser posible, el plazo previsto de conservación de los datos personales, o de no ser posible los criterios utilizados para determinar este plazo.
- La existencia del derecho a solicitar del responsable la rectificación o supresión de datos personales o la limitación del tratamiento de datos personales relativos al interesado, o a oponerse a dicho tratamiento.
- Derecho a presentar una reclamación ante una autoridad de control.
- Cuando los datos personales no se hayan obtenido del interesado, cualquier información disponible sobre su origen.
- La existencia de decisiones automatizadas, incluida la elaboración de perfiles.

El responsable del tratamiento facilitará una copia de los datos personales objeto de tratamiento. El responsable podrá percibir por cualquier otra copia solicitada por el interesado un canon razonable, basado en los costes administrativos. Cuando el interesado presente la solicitud por medios electrónicos, y a menos que este solicite que se facilite de otro modo, la información se facilitará en un formato electrónico de uso común.

Derecho de rectificación

Es el derecho del interesado a obtener sin dilación indebida del responsable del tratamiento la rectificación de los datos personales inexactos que le conciernan. Teniendo en cuenta los fines del tratamiento, el interesado tendrá derecho a que se completen los datos personales que sean incompletos, inclusive mediante una declaración adicional.

Derecho de supresión (el derecho al olvido)

Es el derecho del interesado a obtener sin dilación indebida del responsable del tratamiento la supresión de los datos personales que le conciernan, el cual estará obligado a suprimir sin dilación indebida los datos personales cuando concurra alguna de las circunstancias siguientes:

a) Los datos personales ya no sean necesarios, en relación con los fines para los que fueron recogidos o tratados de otro modo.
b) El interesado retire el consentimiento en que se basa el tratamiento de conformidad.
c) El interesado se oponga al tratamiento.
d) Los datos personales hayan sido tratados ilícitamente.
e) Los datos personales deban suprimirse para el cumplimiento de una obligación legal establecida en el Derecho de la Unión o de los Estados miembros que se aplique al responsable del tratamiento.
f) Los datos personales se hayan obtenido en relación con la oferta de servicios de la sociedad de la información.

Cuando haya hecho públicos los datos personales y esté obligado a suprimir dichos datos, el responsable del tratamiento, teniendo en cuenta la tecnología disponible y el coste de su aplicación, adoptará medidas razonables, incluidas medidas técnicas, con miras a informar a los responsables que estén tratando los datos personales de la solicitud del interesado de supresión de cualquier enlace a esos datos personales, o cualquier copia o réplica de estos.

Derecho a la limitación del tratamiento

El interesado tendrá derecho a obtener del responsable del tratamiento la limitación del tratamiento de los datos cuando se cumpla alguna de las condiciones siguientes:

a) El interesado impugne la exactitud de los datos personales, durante un plazo que permita al responsable verificar la exactitud de estos.
b) El tratamiento sea ilícito y el interesado se oponga a la supresión de los datos personales y solicite en su lugar la limitación de su uso.
c) El responsable ya no necesite los datos personales para los fines del tratamiento, pero el interesado los necesite para la formulación, el ejercicio o la defensa de reclamaciones.
d) El interesado se haya opuesto al tratamiento.

Derecho a la portabilidad de los datos

El interesado tendrá derecho a recibir los datos personales que le incumban, que haya facilitado a un responsable del tratamiento, en un formato estructurado, de uso común y lectura mecánica, y a transmitirlos a otro responsable del tratamiento sin que lo impida el responsable al que se los hubiera facilitado, cuando el tratamiento esté basado en el consentimiento y el tratamiento se efectúe por medios automatizados.

Derecho de oposición

Es el derecho del interesado a oponerse en cualquier momento, por motivos relacionados con su situación particular, a que datos personales que le conciernan sean objeto de un tratamiento. El responsable del tratamiento dejará de tratar los datos personales, salvo que acredite motivos legítimos imperiosos para el tratamiento que prevalezcan sobre los intereses, los derechos y las libertades del interesado, o para la formulación, el ejercicio o la defensa de reclamaciones.

17.5.4. Sistemas de información crediticia

Salvo prueba en contrario, se presumirá lícito el tratamiento de datos personales relativos al incumplimiento de obligaciones dinerarias, financieras o de crédito por sistemas comunes de información crediticia, cuando se cumplan los siguientes requisitos:

a) Que los datos hayan sido facilitados por el acreedor o por quien actúe por su cuenta o interés.
b) Que los datos se refieran a deudas ciertas, vencidas y exigibles, cuya existencia o cuantía no hubiese sido objeto de reclamación administrativa o judicial por el deudor o mediante un procedimiento alternativo de resolución de disputas vinculante entre las partes.
c) Que el acreedor haya informado al afectado en el contrato o en el momento de requerir el pago acerca de la posibilidad de inclusión en dichos

sistemas, con indicación de aquellos en los que participe. La entidad que mantenga el sistema de información crediticia con datos relativos al incumplimiento de obligaciones dinerarias, financieras o de crédito deberá notificar al afectado la inclusión de tales datos y le informará sobre la posibilidad de ejercitar sus derechos dentro de los treinta días siguientes a la notificación de la deuda al sistema, permaneciendo bloqueados los datos durante ese plazo.

d) Que los datos únicamente se mantengan en el sistema mientras persista el incumplimiento, con el límite máximo de cinco años desde la fecha de vencimiento de la obligación dineraria, financiera o de crédito.

e) Que los datos referidos a un deudor determinado solamente puedan ser consultados cuando quien consulte el sistema mantuviese una relación contractual con el afectado que implique el abono de una cuantía pecuniaria, o este le hubiera solicitado la celebración de un contrato que suponga financiación, pago aplazado o facturación periódica, como sucede, entre otros supuestos, en los previstos en la legislación de contratos de crédito al consumo y de contratos de crédito inmobiliario. Cuando se hubiera ejercitado ante el sistema el derecho a la limitación del tratamiento de los datos, el sistema informará a quienes pudieran consultarlo, con arreglo al párrafo anterior, acerca de la mera existencia de dicha circunstancia, sin facilitar los datos concretos respecto de los que se hubiera ejercitado el derecho, en tanto se resuelve sobre la solicitud del afectado.

f) Que, en el caso de que se denegase la solicitud de celebración del contrato, o este no llegara a celebrarse, como consecuencia de la consulta efectuada, quien haya consultado el sistema informe al afectado del resultado de dicha consulta.

17.5.5. Códigos de conducta

Los Estados miembros y las autoridades de control promoverán la elaboración de códigos de conducta destinados a contribuir a la correcta aplicación de la normativa en materia de protección de datos, teniendo en cuenta las características específicas de los distintos sectores de tratamiento y las necesidades específicas de las microempresas y las pequeñas y medianas empresas.

El objetivo de estos códigos es especificar la aplicación de la normativa, y en concreto lo relativo a:

a) El tratamiento leal y transparente.

b) Los intereses legítimos perseguidos por los responsables del tratamiento en contextos específicos.

c) La recogida de datos personales.

d) La seudonimización de datos personales.
e) La información proporcionada al público y a los interesados.
f) El ejercicio de los derechos de los interesados.
g) La información proporcionada a los niños y la protección de estos, así como la manera de obtener el consentimiento de los titulares de la patria potestad o tutela sobre el niño.
h) Las medidas y procedimientos para garantizar la seguridad del tratamiento.
i) La notificación de violaciones de la seguridad de los datos personales a las autoridades de control y la comunicación de dichas violaciones a los interesados.
j) La transferencia de datos personales a terceros países u organizaciones internacionales.
k) Los procedimientos extrajudiciales y otros procedimientos de resolución de conflictos que permitan resolver las controversias entre los responsables del tratamiento y los interesados relativas al tratamiento.

Dichos códigos podrán promoverse, además de por las asociaciones y organismos representativos de categorías de responsables o encargados del tratamiento de datos, por empresas o grupos de empresas, así como por los organismos o entidades que asuman las funciones de supervisión. Los responsables o encargados del tratamiento que se adhieran al código de conducta se obligan a someter al organismo o entidad de supervisión las reclamaciones que les fueran formuladas por los afectados en relación con los tratamientos de datos incluidos en su ámbito de aplicación, en caso de considerar que no procede atender a lo solicitado en la reclamación. Además, podrán voluntariamente, y antes de llevar a cabo el tratamiento, someter al citado organismo o entidad de supervisión la verificación de la conformidad de este con las materias sujetas al código de conducta.

La autoridad de protección de datos competente verificará que los organismos o entidades que promuevan los códigos de conducta han dotado a estos códigos de la supervisión necesaria. Los códigos de conducta serán aprobados por la Agencia Española de Protección de Datos o, en su caso, por la autoridad autonómica de protección de datos competente. La Agencia Española de Protección de Datos y las autoridades autonómicas de protección de datos mantendrán registros de los códigos de conducta aprobados por las mismas, que estarán interconectados entre sí y coordinados con el registro gestionado por el Comité Europeo de Protección de Datos. El registro será accesible a través de medios electrónicos.

17.5.6. Organismos supervisores

La Agencia Española de Protección de Datos es una autoridad administrativa independiente de ámbito estatal, con personalidad jurídica y plena capacidad pública y privada, que actúa con plena independencia de los poderes públicos en el ejercicio de sus funciones. Se relaciona con el gobierno a través del Ministerio de Justicia, y representa a las autoridades de protección de datos españolas en el Comité Europeo de Protección de Datos. Es el organismo encargado de supervisar la aplicación de la normativa en materia de protección de datos. Asimismo, podrá dictar disposiciones denominadas «Circulares de la Agencia Española de Protección de Datos», que serán obligatorias una vez publicadas en el Boletín Oficial del Estado.

17.5.7. Referencias normativas

Ley Orgánica 5/2018, de 5 de diciembre, de protección de datos de carácter personal y garantía de los derechos digitales (LOPD).

Reglamento (UE) 2018/1807, del Parlamento Europeo y del Consejo, de 14 de noviembre de 2018, relativo a un marco para la libre circulación de datos no personales en la Unión Europea.

Reglamento (UE) 2016/679, del Parlamento Europeo y del Consejo, de 27 de abril de 2016, relativo a la protección de las personas físicas en lo que respecta al tratamiento de datos personales y a la libre circulación de estos datos y por el que se deroga la Directiva 95/46/CE (Reglamento general de protección de datos).

REFERENCIAS BIBLIOGRÁFICAS

CNMV (2017). *Guía Técnica 4/2017,* para la evaluación de los conocimientos y competencias del personal que informa y asesora. https://www.cnmv.es/DocPortal/Legislacion/Guias-Tecnicas/GuiaTecnica_2017_4.pdf.

CNMV (2019). *Comunicado dirigido a los emisores de valores cotizados sobre el nuevo marco normativo europeo de abuso de mercado.* https://www.cnmv.es/loultimo/ISMAR_ok.pdf.

ESMA (2016). *Directrices para la evaluación de los conocimientos y competencias del personal que informa y que asesora,* de 22 de marzo de 2016 (ESMA/2015/1886ES).

Munuera, C. (2017). La prospección de mercados en el Reglamento de Abuso de Mercado. *Revista Referencias Jurídicas CHS,* enero. Disponible en: http://www.cms.law/esp/publication/la_prospeccion_de_mercados_en_el_reglamento_de_abuso_de_mercado.

Páginas web recomendadas

Autoridad Europea de Valores y Mercados: https://www.esma.europa.eu/.

Comisión Nacional del Mercado de Valores: https://www.cnmv.es/.

Servicio Ejecutivo de la Comisión de Prevención del Blanqueo de Capitales e Infracciones Monetarias: https://www.sepblac.es/es/.

Grupo de Acción Financiera Internacional: http://www.fatf-gafi.org/.

Grupo Egmont: https://www.egmontgroup.org/.

Grupo de Acción Financiera del Caribe: https://cfatf-gafic.org/es/.

Grupo de Acción Financiera Internacional de Latinoamérica: http://www.gafilat.org/index.php/es/.

Grupo de Acción Financiera del Medio Oriente y África del Norte: http://www.menafatf.org/.

Agencia Española de Protección de Datos: https://www.aepd.es/.

18 Directivas de la Unión Europea. Código de ética EFPA®

Ana Isabel Segovia San Juan

Resumen del capítulo

En este capítulo se ofrece una visión genérica de la Directiva de Mercados e Instrumentos Financieros (MiFID), junto con sus desarrollos reglamentarios. Se hace especial hincapié en el concepto de asesoramiento según la MiFID, entendida como la prestación de recomendaciones personalizadas a un cliente, así como la obligación de realizar un test de idoneidad de los clientes con carácter previo a la prestación de los servicios de asesoramiento financiero y gestión de carteras, con la finalidad de que solo se ofrezcan al cliente servicios idóneos para el mismo. Asimismo, se ofrece el marco jurídico, respecto a los deberes de información al cliente, al que se encontrarán sujetos los asesores, como mecanismo de protección de los mismos. Por último, se expone el código ético de EFPA.

Objetivos de aprendizaje

Después de estudiar el capítulo, el lector ha de ser capaz de entender:

1. La normativa que desarrolla la Directiva de Mercados e Instrumentos Financieros (MiFID).
2. El concepto de asesoramiento según la MiFID.
3. Las principales funciones de la Asociación Europea de Planificación Financiera (EFPA).
4. El código ético desarrollado por EFPA.

18.1. INTRODUCCIÓN

La Directiva de Mercados e Instrumentos Financieros MiFID (Directiva 2004/39/CE, relativa a los mercados de instrumentos financieros) tenía por principal objetivo regular la prestación de servicios de inversión por las empresas de servicios de inversión y entidades de crédito, así como regular el funcionamiento de los mercados. Esta normativa fue desarrollada posteriormente a través fundamentalmente del Reglamento UE 600/2014, conocido como MiFIR. En la actualidad, ambas regulaciones, conocidas como MiFID II, han comenzado a aplicarse a partir del 3 de enero de 2018; concretamente en España se ha adoptado gran parte del paquete regulatorio de la MiFID II a través de la aprobación del Real Decreto-ley 21/2017, de 29 de diciembre, de medidas urgentes para la adaptación del derecho español a la normativa de la Unión Europea en materia del mercado de valores, y del texto refundido de la Ley del Mercado de Valores, aprobado por el Real Decreto Legislativo 4/2015, de 23 de octubre, que ha sido modificado por el Real Decreto-ley 14/2018, de 28 de septiembre.

En este capítulo nos centraremos en el asesoramiento en materia de inversión, delimitando su concepto y principales características, enfatizando su consideración como un servicio consistente en la prestación de recomendaciones personalizadas a un cliente. Cuando se presta el servicio de asesoramiento en materia de inversión, la entidad obtendrá la información necesaria sobre los conocimientos y experiencia del cliente en el ámbito de inversión correspondiente al tipo de producto o de servicio concreto de que se trate, sobre la situación financiera y los objetivos de inversión de aquel, con la finalidad de que la entidad pueda recomendarle los servicios de inversión e instrumentos financieros que más le convengan. En este sentido, estudiaremos lo que se denomina *test de idoneidad,* que permitirá saber la formación y experiencia del cliente en materia de inversión, así como su situación financiera y capacidad para afrontar riesgos.

Otro de los mecanismos de protección al inversor consiste en adoptar las medidas necesarias por parte de los asesores para ofrecer una adecuada información a los clientes. Para ello, la información ha de ser imparcial, clara y no engañosa, debiendo tener adecuadamente clasificados a sus clientes (como profesionales o minoristas), tal y como establece el Reglamento Delegado (UE) 2017/565, de la Comisión.

Para terminar este capítulo expondremos el Código ético de la Asociación Europea de Planificación Financiera (EFPA, según sus siglas en inglés *European Financial Planning Association*).

18.2. DIRECTIVA DE MERCADOS E INSTRUMENTOS FINANCIEROS (MiFID)

La Directiva conocida como MiFID (Directiva 2004/39/CE, del Parlamento Europeo y del Consejo, de 21 de abril de 2004, relativa a los mercados de instrumentos financieros) establecía las normas de conducta aplicables a las empresas de servicios de inversión en la prestación de servicios de inversión a sus clientes. Posteriormente, la Directiva 2014/65/UE, del Parlamento Europeo y del Consejo, de 15 de mayo de 2014, relativa a los mercados de los instrumentos financieros, desarrolló su contenido, especificando nuevas obligaciones informativas en el caso de prestar un servicio de asesoramiento en materia de inversión. En esta Directiva se regulan las condiciones de autorización y funcionamiento de las Empresas de Servicios de Inversión, incluyendo la libertad de establecimiento y de prestación de servicios en la Unión Europea, así como la actividad de las empresas de terceros Estados; las condiciones de autorización y funcionamiento de los mercados regulados; la limitación de las posiciones y controles de la gestión de posiciones en derivados sobre materias primas; las normas de conducta y protección al inversor a seguir por las empresas de servicios de inversión; los servicios de suministro de datos, y los requerimientos de organización y conducta para los participantes en el mercado con el objetivo de mejorar la protección del inversor.

Por su parte, el Reglamento (UE) núm. 600/2014, del Parlamento Europeo y del Consejo, de 15 de mayo de 2014 (conocido como MiFIR), regula la transparencia pre y posnegociación en relación con las autoridades competentes y los inversores, los requisitos y obligaciones de los proveedores de servicios de datos, establece la obligación de negociación de derivados en centros de negociación y ciertas acciones supervisoras.

Ambas normativas conforman el conocido como «paquete regulatorio MiFID II» o «MiFID II/MiFIR» (en adelante, MiFID II). Este paquete regulatorio, que comenzó a aplicarse desde el 3 de enero de 2018, tiene los siguientes objetivos:

a) Asegurar unos elevados niveles de protección de los inversores en productos financieros, especialmente de los inversores minoristas.
b) Mejorar la estructura organizativa y el gobierno corporativo de las empresas de servicios de inversión.
c) Aumentar la seguridad, eficiencia, buen funcionamiento y estabilidad de los mercados de valores.
d) Garantizar una convergencia normativa que permita la competencia en el marco de la Unión Europea.
e) Fomentar el acceso de las pequeñas y medianas empresas a los mercados de capitales.

El ordenamiento jurídico español adoptó gran parte del paquete regulatorio de la MiFID II a través de la aprobación del Real Decreto-ley 21/2017, de 29 de diciembre, de medidas urgentes para la adaptación del derecho español a la normativa de la Unión Europea en materia del mercado de valores, y del texto refundido de la Ley del Mercado de Valores, aprobado por el Real Decreto Legislativo 4/2015, de 23 de octubre, que ha sido modificado por el Real Decreto-ley 14/2018, de 28 de septiembre.

En este marco jurídico se hacía necesario un desarrollo legislativo, que ha sido publicado a través del Real Decreto 1464/2018, de 21 de diciembre[1]. Con este Real Decreto, que entró en vigor el 17 de enero de 2019, se completa la transposición al ordenamiento jurídico español del paquete regulatorio MiFID Europeo.

Los principios regulatorios que inspiran este Real Decreto son los siguientes:

a) Asegurar unos elevados niveles de protección de los inversores en productos financieros, especialmente de los inversores minoristas.
b) Mejorar la estructura organizativa de los mercados regulados.
c) Mejorar la estructura organizativa y el gobierno corporativo de las empresas.
d) Aumentar la seguridad y eficiencia de los mercados de valores.

Este Real Decreto responde a los principios de necesidad, eficacia, proporcionalidad, seguridad jurídica y transparencia:

---

[1] Real Decreto 1464/2018, de 21 de diciembre, por el que se desarrollan el texto refundido de la Ley del Mercado de Valores, aprobado por el Real Decreto Legislativo 4/2015, de 23 de octubre, y el Real Decreto-ley 21/2017, de 29 de diciembre, de medidas urgentes para la adaptación del Derecho español a la normativa de la Unión Europea en materia de mercado de valores, y por el que se modifican parcialmente el Real Decreto 217/2008, de 15 de febrero, sobre el régimen jurídico de las empresas de servicios de inversión y de las demás entidades que prestan servicios de inversión y por el que se modifican parcialmente el Reglamento de la Ley 35/2003, de 4 de noviembre, de Instituciones de Inversión Colectiva, aprobado por el Real Decreto 1309/2005, de 4 de noviembre, y otros reales decretos en materia de mercado de valores.

— **Principios de necesidad y eficacia.** Nace como un instrumento para llevar a cabo la transposición parcial del paquete regulatorio MiFID II, y dar así cumplimiento a las obligaciones de España en relación con la incorporación de normas de derecho europeo a nuestro ordenamiento jurídico.
— **Principio de proporcionalidad.** Guarda el necesario equilibrio entre proporcionar un marco normativo adecuado, ágil y que favorezca el desarrollo y competitividad de nuestro sector financiero, por un lado; y garantizar la protección al inversor, que redundará en una mayor confianza en el sector financiero y un mejor desempeño por parte de este de las funciones que debe realizar en el conjunto de la economía española, por el otro.
— **Principio de seguridad jurídica.** Este principio queda reforzado, en la medida en que el Real Decreto desarrolla reglamentariamente aquellas cuestiones que, por su nivel de detalle o carácter eminentemente técnico, deben ser reguladas en normas de rango reglamentario.
— **Principio de transparencia.** Tanto en la fase de consulta pública como en la de audiencia pública, los interesados tuvieron acceso al borrador del mencionado proyecto de real decreto, del que trae causa el actual Real Decreto, y a otros documentos de apoyo en la sede electrónica del Ministerio de Economía y Empresa, por lo que no se ha estimado necesario reproducir consulta pública y audiencia respecto del nuevo texto.

El ámbito de aplicación MiFID es el siguiente:

— Las empresas de servicios de inversión.
— Las entidades de crédito que presten servicios y actividades de inversión.
— Las sociedades gestoras de instituciones de inversión colectiva que gestionen carteras de inversión.

El texto aprobado tiene como objetivos básicos reforzar la protección de los clientes de servicios financieros, aumentando el nivel de confianza en las entidades que prestan estos servicios, e incrementar la transparencia y la información disponible para los supervisores y el público en general sobre las operaciones que se llevan a cabo con instrumentos financieros en los mercados de valores.

18.2.1. Concepto y limitación del asesoramiento como un servicio de inversión[2]

El asesoramiento en materia de inversión es un servicio que consiste en la prestación de recomendaciones personalizadas a un cliente, ya sea a petición de

[2] Para el desarrollo de este epígrafe se ha tomado como referencia, además de la normativa aplicable, la *Guía sobre la prestación del servicio de asesoramiento en materia de inversión,* publicada por la CNMV (CNMV, 2010).

este o por iniciativa de la empresa de servicios de inversión, con respecto a una o más operaciones relativas a instrumentos financieros.

No tienen el carácter de asesoramiento las recomendaciones genéricas o no personalizadas, que se considerarán comunicaciones de carácter comercial, y tampoco se considerará recomendación personalizada las recomendaciones que se divulguen exclusivamente a través de canales de distribución o al público (por ejemplo, a través de periódicos, revistas, Internet, etc.).

Las condiciones que han de cumplirse para que una recomendación constituya un servicio de asesoramiento en materia de inversión son:

a) **Debe tratarse de una recomendación,** es decir, debe incluir un elemento de opinión por parte de quien presta el servicio, y no tratarse sencillamente de una información o explicación de las características y riesgos de una operación o servicio financiero. Se considera que existe una recomendación cuando el lenguaje utilizado incorpora algún elemento subjetivo, juicio de valor u opinión, dirigido a que un inversor tome una determinada decisión. En consecuencia, la recomendación se contrapone a la transmisión de información o datos objetivos. En general, transmitir información objetiva, sin hacer ningún comentario o juzgar su valor o relevancia a los efectos de la decisión del inversor, no es una recomendación.

A efectos de determinar el alcance del servicio de asesoramiento en materia de inversión, es importante distinguir tres tipos de recomendaciones, puesto que no todas las recomendaciones emitidas están bajo el ámbito de este servicio:

— *Recomendación personalizada:* la recomendación deberá presentarse como idónea para esa persona, basándose en una consideración de sus circunstancias personales, y deberá consistir en una recomendación para realizar alguna de las siguientes acciones:

- Comprar, vender, suscribir, canjear, reembolsar, mantener o asegurar un instrumento financiero específico.
- Ejercitar o no ejercitar cualquier derecho conferido por un instrumento financiero determinado para comprar, vender, suscribir, canjear o reembolsar un instrumento financiero.

Por tanto, los elementos que caracterizan a una recomendación personalizada son dos: que la propuesta vaya dirigida a un inversor concreto, y que se presente como idónea para ese inversor basándose en sus circunstancias personales. Únicamente las recomendaciones personalizadas entran en el ámbito de la prestación del servicio de asesoramiento en materia de inversión, siempre que cumpla el resto de condiciones para serlo.

— *Recomendación general:* la recomendación general se define como «aquella que está destinada a los canales de distribución o al público»[3], por lo que es lo opuesto a la definición de *recomendación personalizada* que acabamos de comentar.

  El asesoramiento sobre instrumentos financieros ofrecido en un periódico, diario, revista o cualquier otra publicación dirigidos al público en general (incluido a través de Internet), o en cualquier emisión de radio o televisión, *no debe considerarse como una recomendación personal* y, por tanto, *no se trata de un asesoramiento en materia de inversión.*

— *Asesoramiento genérico:* la normativa define el asesoramiento genérico como el asesoramiento sobre un tipo de instrumento financiero, y señala que no constituye asesoramiento en materia de inversión, puesto que este está restringido al asesoramiento sobre instrumentos financieros concretos. Algunos ejemplos en los que se consideraría que existe asesoramiento genérico son:

  - Recomendar un determinado tipo de instrumento financiero, sin detallar el valor al que se refiere (por ejemplo, recomendar comprar acciones del Ibex-35).
  - Recomendar la inversión de un porcentaje de la cartera en una zona geográfica (por ejemplo, el 10% de renta variable de Japón).

b) **Que la recomendación se realice respecto a una o más operaciones relativas a instrumentos financieros concretos.**

c) **Que sea una recomendación personalizada,** es decir, debe presentarse explícita o implícitamente como idónea para esa persona, basándose en sus circunstancias personales.

d) **Debe realizarse a través de medios que no consistan exclusivamente en canales de distribución dirigidos al público en general,** como anuncios en prensa, televisión o radio.

e) **Debe ser individualizada,** es decir, realizarse a una persona en su calidad de inversor o posible inversor, o en calidad de apoderado o representante del mismo.

La CNMV resume en dos puntos esenciales los elementos anteriores:

1. Que exista una recomendación sobre instrumentos financieros concretos, ya sea explícita o implícita.
2. Que la recomendación sea personalizada, es decir, que se presente como idónea al inversor, basándose en sus circunstancias personales.

---

[3] Entraría en el ámbito del servicio auxiliar.

La consecuencia más importante asociada al servicio de asesoramiento en materia de inversión es que **una entidad no puede recomendar productos no idóneos para el cliente.** Ello implica que, antes de emitir la recomendación personalizada, la entidad debe obtener determinada información para poder concluir si el producto es o no idóneo para el cliente y, en consecuencia, si puede seguir adelante emitiendo la recomendación.

Este proceso consta de dos fases, una que consiste en la obtención de información sobre el inversor y otra que denominamos «evaluación de la idoneidad».

18.2.2. Test de idoneidad[4]

Cuando se presta el servicio de asesoramiento en materia de inversión o de gestión de carteras, la entidad obtendrá la información necesaria sobre los conocimientos y experiencia del cliente en el ámbito de inversión correspondiente al tipo de producto o de servicio concreto de que se trate, sobre la situación financiera y los objetivos de inversión de aquel, con la finalidad de que la entidad pueda recomendarle los servicios de inversión e instrumentos financieros que más le convengan. Cuando la entidad no obtenga esta información, no recomendará servicios de inversión o instrumentos financieros al cliente o posible cliente.

En términos generales, podríamos distinguir dos tipos de asesoramiento:

- *Asesoramiento recurrente:* el cliente tiene una relación continuada con su asesor, que periódicamente le presenta recomendaciones de inversión. En general, el asesoramiento en materia de inversión a clientes que pertenecen a un segmento comercial separado (banca privada o banca personal) se sitúa en el contexto de asesoramiento recurrente.
- *Asesoramiento puntual o venta asesorada:* en este caso, la relación comercial con el cliente no se desarrolla en el ámbito del asesoramiento; sin embargo, esporádicamente la entidad puede realizar al cliente recomendaciones de inversión. En el segmento comercial genérico (banca comercial o banca universal), cuando se presentan recomendaciones de inversión en el ámbito de la idoneidad, se sitúan en la esfera del asesoramiento en materia de inversión en el contexto del asesoramiento puntual.

De acuerdo con el artículo 72 del Real Decreto 217/2008, a efectos de lo dispuesto en el artículo 79.bis.6 de la Ley del Mercado de Valores, las entidades que presten el servicio de asesoramiento en materia de inversiones o de gestión de carteras deberán obtener de sus clientes, incluidos los potenciales, la información

[4] Para el desarrollo de este epígrafe se ha tomado como referencia, además de la normativa aplicable, la *Guía de actuación para el análisis de la conveniencia y la idoneidad,* publicada por la CNMV (CNMV, 2010).

necesaria para que puedan comprender los datos esenciales de sus clientes y para que puedan disponer de una base razonable para pensar, teniendo en cuenta debidamente la naturaleza y el alcance del servicio prestado, y que la transacción específica que debe recomendarse, o que debe realizarse al prestar el servicio de gestión de cartera, cumple las siguientes condiciones:

a) **Responde a los objetivos de inversión del cliente** en cuestión. Los factores relevantes para evaluar este aspecto son:

— Preferencia en cuanto a asunción de riesgos, perfil de riesgos y finalidad de la inversión.
— Información sobre el horizonte temporal deseado para la inversión.

Respecto a los **objetivos de inversión,** un mismo cliente puede tener diferentes objetivos para diferentes operaciones. La evaluación de los objetivos de inversión debe referirse a un mandato específico del cliente o a una operación concreta. En este sentido, cabe mencionar lo siguiente:

— En el asesoramiento puntual deben evaluarse los objetivos para cada operación.
— En el asesoramiento recurrente deben analizarse los objetivos de inversión para el mandato concreto al comienzo del mismo, y cuando el mandato tiene una duración prolongada o incluso indefinida deberán realizarse revisiones periódicas de dicha evaluación inicial.

b) Es de tal naturaleza que el cliente puede, **desde el punto de vista financiero,** asumir cualquier riesgo de inversión que sea coherente con sus objetivos de inversión.

Los factores relevantes para evaluar la situación financiera del cliente son detallados en el artículo 72 del Real Decreto 217/2008:

— Información sobre el origen y el nivel de sus ingresos periódicos.
— Información sobre sus activos, incluyendo sus activos líquidos, inversiones y bienes inmuebles.
— Información sobre sus compromisos financieros periódicos.

La evaluación de estos factores debe servir de base para que la entidad se forme una opinión sobre el grado de significación que tiene la inversión planteada sobre el patrimonio total del cliente.

Mediante la valoración de este aspecto, la entidad debería poder identificar cuándo una recomendación o decisión de inversión es de tal naturaleza que el cliente pueda asumir los riesgos financieros potenciales de la misma. La evaluación de este aspecto puede obligar a ajustar a la baja el perfil de riesgo y objetivos declarados por el inversor, pero no a la inversa.

c) Es de tal naturaleza que el cliente cuente con los **conocimientos y experiencia** necesarios para comprender los riesgos que implica la transacción o la gestión de su cartera. En el caso de clientes profesionales, la entidad tendrá derecho a asumir que el cliente tiene los conocimientos y experiencia necesarios, a efectos de lo dispuesto en esta letra, en cuanto a los productos, servicios y transacciones para los que esté clasificado como cliente profesional.

Cuando la entidad no obtenga la información señalada en las letras anteriores, no podrá recomendar servicios de inversión o instrumentos financieros al cliente o posible cliente ni gestionar su cartera.

De forma resumida, los aspectos a considerar en el análisis de la idoneidad son los siguientes (Agüero, 2018, 335 y siguientes):

a) *Formación y experiencia en materia de inversión:* debe analizarse si el cliente cuenta con la experiencia y conocimientos necesarios para comprender los riesgos que implica la transacción o la gestión de su cartera. Si la empresa de inversión estima que el cliente no cuenta con estos conocimientos necesarios, no podrá realizar la recomendación (aunque se cumplan los otros dos requisitos de la evaluación de idoneidad, es decir, que sea adecuada a su situación financiera y que responda a sus objetivos de inversión).

b) *Situación financiera y capacidad para afrontar riesgos:* la información relativa a la situación financiera del cliente incluirá, cuando proceda, información sobre el origen y el nivel de sus ingresos periódicos, sus activos, incluyendo sus activos líquidos, inversiones y bienes inmuebles, así como sus compromisos financieros periódicos.

c) *Responde a los objetivos de inversión del cliente:* se debe recabar información sobre las preferencias del cliente en relación a la asunción de riesgos y las finalidades de la inversión. La CNMV considera la evaluación de los objetivos de inversión para cada operación concreta, y no de forma genérica.

Cuando realicen las evaluaciones de idoneidad, las entidades tendrán en cuenta lo dispuesto en los artículos 54 del Reglamento Delegado (UE) 2017/565, de la Comisión, de 25 de abril de 2016:

Artículo 54. Evaluación e informes de idoneidad (artículo 25, apartado 2, de la Directiva 2014/65/UE)

1. Las empresas de servicios de inversión no crearán ninguna ambigüedad ni confusión acerca de sus responsabilidades en el proceso al evaluar la idoneidad de los

servicios de inversión o los instrumentos financieros. Al emprender la evaluación de idoneidad, la empresa informará a los clientes o posibles clientes, de forma clara y sencilla, de que el motivo de la misma es permitir a la empresa actuar en el mejor interés del cliente.

Si el asesoramiento en materia de inversión o los servicios de gestión de carteras se prestan total o parcialmente a través de un sistema automatizado o semiautomatizado, la responsabilidad de llevar a cabo la evaluación de idoneidad recaerá en la empresa de servicios de inversión que preste el servicio, y no se reducirá por la utilización de un sistema electrónico para formular la recomendación personal o la decisión de negociar.

2. Las empresas de servicios de inversión deberán determinar el alcance de la información que recabarán de los clientes, teniendo en cuenta todas las características de los servicios de asesoramiento en materia de inversión o gestión de carteras que vayan a prestar a dichos clientes. Las empresas de servicios de inversión obtendrán de los clientes o posibles clientes la información necesaria para poder comprender los hechos esenciales sobre el cliente y disponer de una base razonable para determinar, atendiendo debidamente a la naturaleza y el alcance del servicio prestado, si la operación específica que vaya a recomendarse, o realizarse en el marco de la prestación de un servicio de gestión de carteras, cumple los siguientes criterios:

a) responda a los objetivos de inversión del cliente en cuestión, incluida su tolerancia al riesgo;
b) sea de tal naturaleza que el cliente pueda asumir, desde el punto de vista financiero, cualquier riesgo de inversión conexo coherente con sus objetivos de inversión;
c) sea de tal naturaleza que el cliente cuente con la experiencia y los conocimientos necesarios para comprender los riesgos que implica la operación o la gestión de su cartera.

3. Cuando una empresa de servicios de inversión preste un servicio de inversión a un cliente profesional, tendrá derecho a suponer que, en relación con los productos, operaciones y servicios por los cuales ha obtenido esa clasificación, el cliente tiene la experiencia y los conocimientos necesarios a efectos del apartado 2, letra *c*) anterior.

Cuando el servicio de inversión consista en la prestación de asesoramiento en materia de inversión a un cliente profesional contemplado en el anexo II, sección 1, de la Directiva 2014/65/UE, la empresa de servicios de inversión tendrá derecho a suponer, a efectos del apartado 2, letra *b*), que el cliente puede asumir, desde el punto de vista financiero, cualquier riesgo de inversión conexo coherente con los objetivos de inversión de dicho cliente.

4. La información relativa a la situación financiera del cliente o posible cliente incluirá, cuando proceda, información sobre la fuente y magnitud de sus ingresos ordinarios, sus activos, incluidos activos líquidos, inversiones y bienes inmuebles, así como sus compromisos financieros ordinarios.

5. La información relativa a los objetivos de inversión del cliente o posible cliente incluirá, cuando proceda, información sobre el horizonte temporal deseado para la inversión, sus preferencias en relación con la asunción de riesgos, su perfil de riesgo y las finalidades de la inversión.

6. En caso de que el cliente sea una persona jurídica o un grupo de dos o más personas físicas, o cuando una o más personas físicas estén representadas por otra persona física, la empresa de servicios de inversión establecerá y aplicará una política para determinar quién debe ser objeto de la evaluación de idoneidad y el modo en que esta evaluación se llevará a cabo en la práctica, incluyendo de quién se recabará la información relativa a los conocimientos y experiencia, la situación financiera y los objetivos de inversión. La empresa de servicios de inversión deberá registrar esta política.

En caso de que una persona física esté representada por otra persona física, o cuando deba tomarse en consideración para la evaluación de idoneidad a una persona jurídica que haya solicitado ser tratada como cliente profesional, de conformidad con el anexo II, sección 2, de la Directiva 2014/65/UE, la situación financiera y los objetivos de inversión serán los de la persona jurídica o, en lo que atañe a la persona física, del cliente subyacente, en lugar de los del representante. Los conocimientos y la experiencia serán los del representante de la persona física o la persona autorizada a realizar operaciones en nombre del cliente subyacente.

7. Las empresas de servicios de inversión tomarán medidas razonables para garantizar que la información recogida sobre sus clientes o posibles clientes sea fiable. Entre ellas se incluirán, sin limitarse a ellas, las siguientes:

a) cerciorarse de que los clientes sean conscientes de la importancia de facilitar información exacta y actualizada;
b) velar por que todas las herramientas empleadas en el proceso de evaluación de idoneidad, tales como las utilizadas para definir perfiles de evaluación de riesgos o para valorar los conocimientos y la experiencia del cliente, estén adaptadas y adecuadamente diseñadas para ser usadas con sus clientes, identificándose y atenuándose activamente cualesquiera limitaciones a través del proceso de evaluación de la idoneidad;
c) velar por que las preguntas formuladas en el proceso puedan ser entendidas por los clientes y permitan obtener una imagen exacta de los objetivos y necesidades del cliente, y la información necesaria para llevar a cabo la evaluación de idoneidad, y
d) adoptar las medidas oportunas para asegurar la coherencia de la información del cliente, por ejemplo examinando si existen inexactitudes evidentes en la información proporcionada por los clientes.

Las empresas de servicios de inversión que tengan una relación continua con el cliente, por ejemplo las que presten un servicio continuo de asesoramiento o gestión de carteras, contarán con políticas y procedimientos apropiados a fin de mantener información adecuada y actualizada sobre los clientes en la medida necesaria para cumplir los requisitos del apartado 2, y habrán de poder demostrar que cuentan con tales políticas y procedimientos.

8. Cuando, al prestar el servicio de asesoramiento en materia de inversión o gestión de carteras, una empresa de servicios de inversión no obtenga la información requerida de conformidad con el artículo 25, apartado 2, de la Directiva 2014/65/UE, la empresa no recomendará servicios de inversión o instrumentos financieros al cliente o posible cliente.

9. Las empresas de servicios de inversión contarán con políticas y procedimientos adecuados para permitirles comprender la naturaleza, las características, incluidos los costes y riesgos de los servicios de inversión y los instrumentos financieros seleccionados para sus clientes, y evaluar, teniendo en cuenta el coste y la complejidad, si otros servicios de inversión o instrumentos financieros equivalentes pueden responder al perfil de su cliente, y habrán de poder demostrar que cuentan con tales políticas y procedimientos.

10. Al prestar el servicio de asesoramiento en materia de inversión o gestión de carteras, la empresa de servicios de inversión se abstendrá de hacer recomendaciones o decidir negociar si ninguno de los servicios o instrumentos es idóneo para el cliente.

11. Al prestar servicios de asesoramiento en materia de inversión o de gestión de carteras que impliquen cambiar de inversiones, ya sea mediante la venta de un instrumento y la compra de otro o mediante el ejercicio del derecho a efectuar un cambio con respecto a un instrumento ya existente, las empresas de servicios de inversión deberán recabar la información necesaria sobre las inversiones existentes del cliente y las inversiones nuevas recomendadas, y realizar un análisis de los costes y beneficios del cambio, de modo que puedan demostrar, en la medida de lo razonable, que las ventajas de hacerlo son mayores que los costes.

12. Al prestar asesoramiento en materia de inversión, las empresas de servicios de inversión facilitarán al cliente minorista un informe que incluya un resumen del asesoramiento proporcionado y una explicación de los motivos por los que la recomendación es idónea para dicho cliente, incluida la forma en que responde a los objetivos y las circunstancias personales del cliente con referencia al plazo de inversión requerido, a los conocimientos y la experiencia del cliente, y a su actitud frente al riesgo y su capacidad de asumir pérdidas.

Las empresas de servicios de inversión deberán reclamar la atención del cliente sobre el hecho de que los servicios o instrumentos recomendados puedan requerir, en su caso, que el cliente minorista solicite un reexamen periódico de lo acordado entre ellos, e incluirán en el informe de idoneidad información a ese respecto.

Cuando una empresa de servicios de inversión preste un servicio que incluya evaluaciones e informes de idoneidad periódicos, los informes posteriores que se presenten una vez establecido el servicio inicial podrán englobar únicamente los cambios habidos en los servicios o instrumentos correspondientes o las circunstancias del cliente, sin tener que repetir todos los datos del primer informe.

13. Las empresas de servicios de inversión que ofrezcan una evaluación periódica de idoneidad reexaminarán, a fin de mejorar el servicio, la idoneidad de las recomendaciones formuladas al menos una vez al año. La frecuencia de esta evaluación se incrementará en función del perfil de riesgo del cliente y del tipo de instrumentos financieros recomendados.

Reproducimos a continuación parte del contenido de la *Guía de inversión* publicada por ESMA en 2012 (ESMA, 2012), donde aparecen algunas de las preguntas que pueden conformar el test de idoneidad:

Objetivos de inversión. Para conocer sus objetivos de inversión es posible que se le hagan preguntas sobre los siguientes aspectos:

— La finalidad de la inversión. Por ejemplo, es posible que quiera invertir para obtener ingresos (cobros periódicos en forma de dividendo o intereses), o para aumentar el valor del capital (al término de la inversión), o para mantener su capital seguro. La información de este tipo abarca asimismo su disposición a asumir riesgos y su perfil de riesgo.
— La cuantía de la inversión.
— El período durante el cual desea mantener la inversión. Esta información es especialmente importante cuando se compran productos cuya venta le pueda resultar a usted luego difícil o costosa si lo hace antes del vencimiento contractual. También es importante en relación con la tributación de determinadas inversiones (que en algunos casos puede estar vinculada, por ejemplo, al período durante el cual se mantiene el producto).
— Su disposición a asumir riesgos y su perfil de riesgo. Para la empresa es importante saber si usted quiere limitar los riesgos, o si acepta un nivel superior de riesgo ante la perspectiva de conseguir posiblemente un mayor beneficio, aunque también una pérdida de capital.

Situación financiera. Para conocer su situación financiera es posible que se le hagan preguntas sobre sus ingresos, sus activos, sus deudas u otros compromisos financieros que pueda tener. En concreto, las preguntas pueden referirse a los aspectos siguientes:

— Un resumen de sus activos (por ejemplo, depósitos en bancos, inmuebles, otras inversiones). En caso pertinente, la empresa recabará también información sobre las condiciones, cláusulas, modalidades de disposición, préstamos, garantías y otras restricciones aplicables a los activos.
— Un resumen de sus deudas y de sus compromisos financieros periódicos (por ejemplo, alquileres, matrículas de estudios, primas de seguros de vida).
— La cuantía de sus ingresos regulares y sus ingresos totales, tanto permanentes como temporales, junto a su fuente (por ejemplo, rendimientos del trabajo, pensión de jubilación, rentas del capital, ingresos por alquileres, etc.).
— Sus planes de asistencia sanitaria.
— Su régimen de planificación de la jubilación.
— Su situación laboral.
— Su estado civil.
— Su situación familiar (ya que puede afectar a su situación financiera: por ejemplo, en caso de nacimiento de un hijo o de que sus hijos estén en edad de cursar estudios universitarios).

Experiencia y conocimientos. Para conocer sus conocimientos y experiencia de los mercados y productos financieros es posible que se le hagan preguntas sobre:

— Los tipos de servicios, transacciones y productos que conoce.
— La naturaleza, volumen y frecuencia de sus transacciones anteriores.
— Su nivel de educación.
— Su profesión actual o anterior.

18.2.3. Información y difusión de la información al inversor

Los deberes de información al cliente al que se encuentran sujetos los asesores como mecanismos de protección de los mismos los encontramos en el Reglamento Delegado (UE) 2017/565, de la Comisión, de 25 de abril de 2016. Capítulo III, sección 1 (Información a clientes y posibles clientes), que pasamos a exponer a continuación.

A) Requisitos para una información imparcial, clara y no engañosa[5]

Las empresas de servicios de inversión se asegurarán de que toda información dirigida a clientes minoristas o profesionales o posibles clientes minoristas o profesionales, o difundida de tal manera que probablemente sea recibida por los mismos, incluidas las comunicaciones publicitarias, satisfagan las condiciones establecidas en los siguientes apartados.

— La empresa de servicios de inversión se asegurará de que la información que difunda cumpla las siguientes condiciones:

a) Incluirá el nombre de la empresa de servicios de inversión.
b) Será exacta y ofrecerá siempre de manera imparcial y visible una indicación de los riesgos pertinentes cuando haga referencia a los beneficios potenciales de un servicio de inversión o instrumento financiero.
c) Al indicar los riesgos pertinentes se utilizará un tamaño de fuente que sea, como mínimo, igual al tamaño de fuente predominante en toda la información facilitada, así como una presentación que garantice que tal indicación resulte visible.
d) Será suficiente y se presentará de forma que resulte comprensible para cualquier integrante medio del grupo al que se dirige, o para los receptores probables de la información.
e) No encubrirá, minimizará u ocultará puntos, declaraciones o advertencias importantes.
f) Se presentará de manera coherente en la misma lengua en cualquier tipo de material informativo y publicitario que se facilite a cada cliente, a menos que este haya aceptado recibir información en más de una lengua.
g) Estará actualizada y resultará pertinente a efectos de los medios de comunicación utilizados.

[5] Artículo 44 del Reglamento Delegado (UE) 2017/565, de la Comisión, de 25 de abril de 2016. Capítulo III, Sección 1 (Información a clientes y posibles clientes).

— Cuando la información compare servicios, instrumentos financieros o personas que presten servicios de inversión o auxiliares, las empresas de servicios de inversión velarán por el cumplimiento de las siguientes condiciones:

a) La comparación deberá ser pertinente y presentarse de una manera imparcial y equilibrada.
b) Deberán especificarse las fuentes de la información utilizada para la comparación.
c) Deberán incluirse los principales hechos e hipótesis utilizados para hacer la comparación.

— Cuando la información indique resultados anteriores de un instrumento financiero, un índice financiero o un servicio de inversión, las empresas de servicios de inversión velarán por el cumplimiento de las siguientes condiciones:

a) Esa indicación no deberá ser el elemento más destacado de la comunicación.
b) La información deberá incluir datos apropiados sobre resultados en los cinco años anteriores, o sobre todo el período durante el cual se haya ofrecido el instrumento financiero, se haya establecido el índice financiero o se haya prestado el servicio de inversión si es inferior a cinco años, o un período tan largo como la empresa decida; en todos los casos, la información sobre los resultados deberá basarse en períodos completos de doce meses.
c) Se indicará claramente el período de referencia y la fuente de información.
d) La información deberá advertir de forma bien visible que las cifras se refieren al pasado y de que los resultados anteriores no son un indicador fiable de resultados futuros.
e) En los casos en que esta indicación se base en cifras expresadas en una moneda distinta de la del Estado miembro de residencia del cliente minorista o posible cliente minorista, deberá mencionarse claramente la divisa e incluirse una advertencia que prevenga de posibles incrementos o disminuciones del rendimiento en función de las fluctuaciones monetarias.
f) Si la indicación se basa en los resultados brutos, deberá revelarse el efecto de las comisiones u otras cargas.

— Cuando la información incluya o haga referencia a resultados históricos simulados, las empresas de servicios de inversión se asegurarán de que la información se refiera a un instrumento financiero o un índice financiero, y se cumplan las siguientes condiciones:

a) Que los resultados históricos simulados se basen en los resultados históricos reales de uno o más instrumentos financieros o índices financieros que sean idénticos o sustancialmente idénticos, o subyacentes, al instrumento financiero del que se trate.
b) En lo relativo a los resultados históricos reales mencionados en la letra *a*), que se cumplan las condiciones establecidas en el apartado anterior, letras *a*), *b*), *c*), *e*) y *f*).
c) Que la información advierta de forma bien visible que las cifras hacen referencia a resultados históricos simulados y que los rendimientos pasados no constituyen un indicador fiable de resultados futuros.

— Cuando la información contenga datos sobre resultados futuros, las empresas de servicios de inversión se asegurarán de que se cumplan las siguientes condiciones:

a) Que la información no se base en resultados históricos simulados ni haga referencia a los mismos.
b) Que la información se base en supuestos razonables respaldados por datos objetivos.
c) Si la información se basa en los resultados brutos, que se revele el efecto de comisiones u otras cargas.
d) Que la información se base en escenarios de resultados correspondientes a diferentes condiciones de mercado (tanto negativos como positivos), y refleje la naturaleza y los riesgos de los tipos específicos de instrumentos incluidos en el análisis.
e) Que la información contenga una advertencia bien visible de que estas previsiones no representan un indicador fiable de resultados futuros.

— Si la información menciona un tratamiento fiscal particular, indicará de manera bien visible que el tratamiento fiscal depende de las circunstancias individuales de cada cliente y puede variar en el futuro.
— La información no utilizará el nombre de ninguna autoridad competente, de modo alguno que indique o pueda inducir a pensar que dicha autoridad aprueba o respalda los productos o servicios de la empresa de servicios de inversión.

B) Información referente a la categorización de los clientes[6]

— Las empresas de servicios de inversión notificarán a sus clientes nuevos y a los ya existentes su clasificación como clientes minoristas, clientes pro-

[6] Artículo 45 del Reglamento Delegado (UE) 2017/565, de la Comisión, de 25 de abril de 2016. Capítulo III, Sección 1 (Información a clientes y posibles clientes).

fesionales o contrapartes elegibles conforme a la Directiva 2014/65/UE, en virtud de la obligación de nueva categorización impuesta a la empresa por dicha Directiva.

— Las empresas de servicios de inversión informarán a los clientes en un soporte duradero del derecho que les asiste, en su caso, de exigir una clasificación distinta y de toda limitación que de ello podría derivarse en cuanto a la protección del cliente.

— Las empresas de servicios de inversión podrán, por propia iniciativa o a petición del cliente correspondiente, tratar a un cliente de la siguiente manera:

a) Como cliente profesional o minorista cuando ese cliente pueda en su defecto clasificarse como contraparte elegible de conformidad con el artículo 30, apartado 2, de la Directiva 2014/65/UE.

b) Como cliente minorista cuando ese cliente se considere cliente profesional de conformidad con el anexo II, sección I, de la Directiva 2014/65/UE.

C) Información sobre la empresa de servicios de inversión y sus servicios destinada a clientes y posibles clientes[7]

— Las empresas de servicios de inversión proporcionarán a sus clientes o posibles clientes la información general siguiente, cuando proceda:

a) El nombre y la dirección de la empresa de servicios de inversión, y los datos de contacto necesarios para permitir la comunicación efectiva del cliente con la empresa.

b) Las lenguas en las cuales el cliente podrá comunicarse con la empresa de servicios de inversión, y recibir documentos y otra información de la empresa.

c) Los métodos de comunicación que deberán utilizar, entre ellos la empresa de servicios de inversión y el cliente, incluidos, cuando proceda, las formas de envío y recepción de las órdenes.

d) Una declaración que acredite que la empresa de servicios de inversión está autorizada, y el nombre y la dirección de contacto de la autoridad competente que haya concedido la autorización.

e) Si la empresa de servicios de inversión actúa a través de un agente vinculado, una declaración de este hecho en la que se especifique el Estado miembro en que dicho agente está registrado.

f) La naturaleza, frecuencia y calendario de los informes sobre el funcionamiento del servicio que debe transmitir la empresa de servicios

---

[7] Artículo 47 del Reglamento Delegado (UE) 2017/565, de la Comisión, de 25 de abril de 2016. Capítulo III, Sección 1 (Información a clientes y posibles clientes).

de inversión al cliente, de conformidad con el artículo 25, apartado 6, de la Directiva 2014/65/UE.

g) Cuando la empresa de servicios de inversión posea instrumentos financieros o fondos de clientes, una descripción sucinta de las medidas que adopte para garantizar su protección, incluida una reseña de cualquier sistema de garantía de depósitos o indemnización de los inversores que sea aplicable a la empresa en virtud de sus actividades en un Estado miembro.

h) Una descripción, que puede ser en forma resumida, de la política en materia de conflictos de intereses seguida por la empresa.

i) A petición del cliente, más detalles sobre la citada política en materia de conflictos de intereses, por medio de un soporte duradero o a través de un sitio web (cuando esto no constituya un soporte duradero).

La información indicada en las letras *a*) a *i*) se facilitará con suficiente antelación antes de la prestación de servicios de inversión o servicios auxiliares a clientes o posibles clientes.

— Al prestar el servicio de gestión de carteras, las empresas de servicios de inversión deberán establecer un método apropiado de evaluación y comparación, como por ejemplo un parámetro de referencia significativo, basado en los objetivos de inversión del cliente y en los tipos de instrumentos financieros que figuran en la cartera del mismo, con el fin de permitir al cliente al que se presta el servicio evaluar el resultado obtenido por la empresa.

— En los casos en que las empresas de servicios de inversión propongan la prestación de servicios de gestión de cartera a un cliente o posible cliente, proporcionarán al mismo, además de la información que exige el apartado 1, la siguiente información, cuando proceda:

a) Información sobre el método y la frecuencia de valoración de los instrumentos financieros de la cartera del cliente.

b) Información sobre la delegación, en su caso, de la gestión discrecional de la totalidad o parte de los instrumentos financieros o de los fondos que haya en la cartera del cliente.

c) Especificación de cualquier parámetro de referencia que vaya a utilizarse para comparar los resultados de la cartera.

d) Los tipos de instrumentos financieros que pueden incluirse en la cartera del cliente y los tipos de operaciones que pueden llevarse a cabo con dichos instrumentos, incluido cualquier límite.

e) Los objetivos de gestión, el nivel de riesgo que debe reflejarse en la gestión discrecional, y cualquier limitación específica de dicha facultad discrecional.

La información indicada en las letras *a*) a *e*) se facilitará con suficiente antelación antes de la prestación de servicios de inversión o servicios auxiliares a clientes o posibles clientes.

D) Información sobre el asesoramiento en materia de inversión[8]

— Las empresas de servicios de inversión deberán explicar de manera clara y concisa si el asesoramiento en materia de inversión puede considerarse independiente o no y por qué, así como el tipo y la naturaleza de las restricciones aplicables, en particular, cuando presten servicios de asesoramiento en materia de inversión con carácter independiente, la prohibición de recibir y conservar los incentivos.

Cuando ofrezcan o presten asesoramiento al mismo cliente, tanto de forma independiente como no independiente, las empresas de servicios de inversión deberán explicar el alcance de ambos servicios para permitir a los inversores comprender las diferencias entre ellos y no presentar el conjunto de su actividad como de asesoramiento independiente en materia de inversión. Las empresas no harán resaltar indebidamente sus servicios de asesoramiento independiente en materia de inversiones con respecto a los servicios de inversión no independientes en sus comunicaciones con los clientes.

— Las empresas de servicios de inversión que ofrezcan asesoramiento en materia de inversión, de forma independiente o no independiente, deberán explicar al cliente la gama de instrumentos financieros que puedan ser recomendados, incluida la relación de la empresa con los emisores o proveedores de los instrumentos.

— Las empresas de servicios de inversión facilitarán una descripción de los tipos de instrumentos financieros considerados, la gama de instrumentos financieros y proveedores analizados por cada tipo de instrumento según el alcance del servicio, y, cuando presten asesoramiento independiente, explicarán de qué forma el servicio prestado cumple las condiciones para la prestación de asesoramiento en materia de inversión con carácter independiente, y los factores que se tengan en cuenta en el proceso de selección utilizado por la empresa de servicios de inversión para recomendar instrumentos financieros, como, por ejemplo, los riesgos, los costes y la complejidad de los mismos.

— Cuando la gama de instrumentos financieros evaluados por la empresa de servicios de inversión que preste asesoramiento en materia de inversión de forma independiente incluya los instrumentos financieros de la propia empresa o los emitidos o facilitados por entidades que tengan vínculos es-

[8] Artículo 52 del Reglamento Delegado (UE) 2017/565, de la Comisión, de 25 de abril de 2016. Capítulo III, Sección 1 (Información a clientes y posibles clientes).

trechos o cualquier otra estrecha relación jurídica o económica con la empresa de servicios de inversión, así como otros emisores o proveedores que no tengan ningún vínculo o relación, la empresa de servicios de inversión distinguirá, para cada tipo de instrumento financiero, la gama de los emitidos o facilitados por entidades que no tengan ningún vínculo con la empresa de servicios de inversión.

— Las empresas de servicios de inversión que ofrezcan una evaluación periódica de la idoneidad de las recomendaciones formuladas, deberán comunicar toda la información siguiente:

a) La frecuencia y el alcance de la evaluación periódica de la idoneidad y, cuando proceda, las condiciones que den lugar a dicha evaluación.
b) La medida en que la información recogida anteriormente estará sujeta a reevaluación.
c) La manera en que se comunicará al cliente una recomendación actualizada.

E) Asesoramiento en materia de inversión con carácter independiente[9]

— Las empresas de servicios de inversión que proporcionen asesoramiento en materia de inversión con carácter independiente definirán y aplicarán un proceso de selección para evaluar y comparar una gama suficiente de instrumentos financieros disponibles en el mercado, de conformidad con el artículo 24, apartado 7, letra *a*), de la Directiva 2014/65/UE.

El proceso de selección deberá incluir los elementos siguientes:

a) El número y la variedad de instrumentos financieros considerados serán proporcionados al alcance de los servicios de asesoramiento en materia de inversión ofrecidos por el asesor independiente en materia de inversión.
b) El número y la variedad de instrumentos financieros considerados serán suficientemente representativos de los instrumentos financieros disponibles en el mercado.
c) La cantidad de los instrumentos financieros emitidos por la propia empresa de servicios de inversión o por entidades estrechamente vinculadas a ella será proporcionada a la cantidad total de instrumentos financieros considerados.
d) Los criterios de selección de los diversos instrumentos financieros incluirán todos los aspectos relevantes, como son los riesgos, los costes y la complejidad, así como las características de los clientes de la em-

[9] Artículo 53 del Reglamento Delegado (UE) 2017/565, de la Comisión, de 25 de abril de 2016. Capítulo III, Sección 1 (Información a clientes y posibles clientes).

presa de servicios de inversión, y garantizarán que la selección de los instrumentos que puedan recomendarse no se vea sesgada.

En caso de que tal comparación no sea posible, debido al modelo de negocio o al alcance específico del servicio prestado, la empresa de servicios de inversión que preste asesoramiento en materia de inversión no se presentará como independiente.

— Una empresa de servicios de inversión que preste asesoramiento en materia de inversión con carácter independiente, y que se centre en determinadas categorías o en una determinada gama de instrumentos financieros, deberá cumplir los siguientes requisitos:

a) La empresa se promocionará de forma que solo tenga por objeto atraer clientes con una preferencia por esas categorías o gama de instrumentos financieros.
b) La empresa deberá pedir a los clientes que indiquen que solo están interesados en invertir en la categoría o la gama especificada de instrumentos financieros.
c) Antes de la prestación del servicio, la empresa deberá asegurarse de que su servicio sea conveniente para cada nuevo cliente, comprobando que su modelo de negocio se ajuste a las necesidades y objetivos del cliente, y que la gama de instrumentos financieros sea idónea para el cliente; si no es así, la empresa no prestará ese servicio al cliente.

— Una empresa de servicios de inversión que ofrezca asesoramiento en materia de inversión, tanto de forma independiente como no independiente, deberá cumplir los siguientes requisitos:

a) Con suficiente antelación antes de la prestación de sus servicios, la empresa de servicios de inversión comunicará a sus clientes, en un soporte duradero, si el asesoramiento será independiente o no independiente, de conformidad con el artículo 24, apartado 4, letra *a*), de la Directiva 2014/65/UE y las pertinentes disposiciones de ejecución.
b) La empresa de servicios de inversión se presentará como independiente en relación con los servicios para los que preste asesoramiento en materia de inversión de forma independiente.
c) La empresa de servicios de inversión establecerá unos requisitos de organización y controles adecuados, a fin de garantizar que ambos tipos de servicios de asesoramiento y de asesores estén claramente separados entre sí y que los clientes no puedan confundirse en cuanto al tipo de asesoramiento que reciben y obtengan el tipo de asesoramiento conveniente para ellos; la empresa de servicios de inversión no permitirá que una persona física preste asesoramiento, tanto independiente como no independiente.

18.3. EL CÓDIGO ÉTICO DE EFPA®

La Asociación Europea de Planificación Financiera (EFPA, según sus siglas en inglés *European Financial Planning Association*) fue creada en el año 2000 como una iniciativa de autorregulación en los servicios financieros. Fundada en Rotterdam (Holanda), como iniciativa de la Universidad Erasmus, fue creada para garantizar el adecuado desarrollo de la profesión y aunar los intereses de inversores, entidades y profesionales a escala europea.

Son países miembros de EFPA: Alemania, Austria, España, Estonia, Irlanda, Italia, Reino Unido, República Checa, Francia, Polonia y Hungría.

EFPA España es la delegación en España de la asociación europea de asesoría y planificación financiera-patrimonial. Se constituye también en el año 2000, totalmente ligada a la creación de la EFPA. EFPA España actúa como plataforma independiente que agrupa a los profesionales dedicados al asesoramiento y la planificación financiera en nuestro país, y en la actualidad (febrero de 2019) cuenta con más de 25.000 asociados.

Los objetivos de EFPA España (https://www.efpa.es/documento/dossier-informativo-efpa-asociacion.pdf) son los siguientes:

— Acreditar y certificar los conocimientos, habilidades y aptitudes de los profesionales dedicados al asesoramiento y planificación financiera-personal, asociados a EFPA.
— Asegurar el nivel de conocimientos y la formación continua de sus asociados a través de la exigencia de la recertificación.
— Asegurar una conducta ética profesional a través del acatamiento del Código Ético de la asociación entre los miembros de EFPA España.
— Promover y dar a conocer las certificaciones profesionales: DAFTM Diploma de Agente Financiero, EFPA European Financial Advisor y EFPA European Financial Planner, como las más reconocidas, respetadas y las de más alta calidad en el sector del asesoramiento y planificación financiera personal, disponibles en Europa y en el resto del mundo.
— Convertir el registro de certificados y miembros de la asociación en el único legal y oficial reconocido por el sector.

Uno de los Comités de EFPA España es el Comité Deontológico, cuya misión es la de supervisar e impulsar la implantación y cumplimiento del Código Ético EFPA que pasamos a mostrar a continuación.

El Código Ético de EFPA (2013) se basa en dos tipos de principios:

— *Principios fundamentales:* establecen el comportamiento ético esencial de los asesores financieros.
— *Principios clave:* estándares que se recomienda que adopte cada asociación nacional para dar efecto a cada principio fundamental específico.

Pasamos a reproducirlos a continuación.

Principio fundamental 1. Primacía del interés del cliente

Los asesores financieros siempre deben anteponer los intereses del cliente a los propios. En cada relación con un cliente, el asesor financiero deberá siempre actuar en el mejor interés del cliente y clientes potenciales y anteponer siempre los intereses del cliente y clientes potenciales a los suyos y los de su empresa.

Principios clave:

a) Los asesores financieros deberán siempre negociar de manera justa con todos sus clientes o clientes potenciales.
b) Los asesores financieros deberán siempre llevar a cabo el test de idoneidad y conveniencia según los estándares más altos de la profesión.
c) Los asesores financieros deberán siempre seguir los más altos estándares de la profesión al proporcionar información, hacer recomendaciones o informar a los clientes.
d) Los asesores financieros no deberán desvelar información confidencial sobre clientes y clientes potenciales y sus negocios salvo que sea requerido por ley.
e) Los asesores financieros no deberán realizar declaraciones que puedan ser engañosas respecto a los servicios ofrecidos a los clientes y clientes potenciales.
f) Los asesores financieros deberán actuar siempre de manera justa y según los estándares más altos de la profesión al ejecutar órdenes.

Principio fundamental 2. Los estándares más altos

En todas sus actividades profesionales, los asesores financieros deberán respetar los más altos estándares de honestidad, integridad, y justicia y llevar a cabo sus obligaciones con todo el debido cuidado y diligencia. El seguimiento de este principio al actuar deberá inspirar confianza y seguridad en los clientes y a la vez otorgar buena reputación a la profesión del asesor financiero en su conjunto.

Principios clave:

a) Los asesores financieros deberán mostrar la máxima integridad al tomar decisiones.
b) Los asesores financieros deberán aplicar los estándares éticos más altos en su relación con el cliente. Deberá descartarse la mínima sospecha de engaño o incorrección de cualquier tipo.

c) Los asesores financieros deberán prestar mucha atención y cuidado a los detalles en su trabajo. Esto incluye la recopilación meticulosa y el análisis de la información del cliente, una valoración minuciosa de las opciones así como la presentación significativa de recomendaciones.

Principio fundamental 3. Independencia y objetividad

Los asesores financieros deberán encargarse de mantener la independencia y objetividad y dar opiniones justas en el desarrollo de sus actividades profesionales.

Principios clave:

a) Los asesores financieros deberán ser capaces de dar opiniones y recomendaciones de modo desapasionado y sin tener en consideración su propia remuneración.
b) Los asesores financieros deberán ser objetivos y deberán esforzarse para asegurarse de que sus decisiones no están excesivamente influenciadas por sus propios intereses o prejuicios.
c) Los asesores financieros deberán ser neutros en relación con la recomendación de productos específicos a sus clientes. Deberá divulgarse el alcance total de los productos a elegir. Los clientes deberán estar seguros de que los productos a elegir ofrecidos satisfacen sus objetivos y necesidades.
d) Los asesores financieros deberán revelar cualquier hecho o circunstancia que pueda comprometer su capacidad para actuar de manera completamente independiente o que pueda influir en su objetividad.

Principio fundamental 4. Competencia profesional

Los asesores financieros deberán esforzarse en todo momento por mantener y mejorar su competencia profesional, y deberán reconocer los límites de sus conocimientos y habilidades. Asimismo, los asesores financieros deberán reconocer las circunstancias en las que su conocimiento y competencias no sean suficientes para realizar la tarea en cuestión y buscar el apoyo de otros profesionales.

Los asesores financieros deberán usar sus certificaciones con el debido cuidado para mejorar el prestigio y confianza de dichas certificaciones y las asociaciones vinculadas a estas.

Principios clave:

a) Los asesores financieros deberán llevar a cabo los pasos específicos para esforzarse de manera continua en el mantenimiento y mejora de sus competencias profesionales.

b) Los asesores financieros deberán siempre tener cuidado de no ofrecer servicios en los que no son competentes. En dichos casos el servicio deberá ser rechazado o bien otro profesional, con las cualificaciones adecuadas, deberá ser consultado.
c) Los asesores financieros deberán demostrar sus competencias y su profesionalismo siempre que interactúen con sus clientes.

Principio fundamental 5. Cumplimiento de todas las leyes

Los asesores financieros deberán conocer y cumplir todas las leyes, normas, regulaciones aplicables, y los códigos éticos y estándares de conducta profesional de asociaciones nacionales o regionales, y no deberán violarlas de manera consciente.

Principios clave:

a) Los asesores financieros deberán cumplir todas las leyes, normas, regulaciones aplicables y este código ético en su relación con el cliente.
b) Los asesores financieros deberán estar al día de todos los reglamentos pertinentes.

Principio fundamental 6. Base razonable y representación justa

Los asesores financieros deberán presentar a sus clientes y clientes potenciales las recomendaciones de inversión, la distribución de cartera y el rendimiento de la cartera, así como cualquier otro asesoramiento, de manera justa, exacta y completa, de un nivel de comparabilidad profesional.

Principios clave:

a) Los asesores financieros deberán seguir un criterio razonable en sus recomendaciones de inversión, y deberán apoyarse en un análisis meticuloso y laborioso y el conocimiento de los objetivos, las limitaciones y la tolerancia al riesgo de cada cliente.
b) Los asesores financieros deberán distinguir claramente los hechos y las opiniones. Las predicciones, así como las opiniones personales de los asesores, deberán presentarse como tales de manera clara.
c) Los asesores financieros deberán divulgar los principios básicos y métodos utilizados para dar recomendaciones y gestionar las carteras, y cualquier cambio material de estos; todos los hechos materiales y factores de riesgo deberán ser divulgados en su totalidad.
d) En caso de utilizar material preparado por terceras personas, los asesores financieros deberán mencionar la fuente.

e) Los asesores financieros deberán guardar la documentación adecuada para apoyar sus recomendaciones de inversión y otras actividades profesionales.
f) Los asesores financieros, mientras estén en posesión de información privilegiada relativa a los emisores de instrumentos financieros o a instrumentos financieros, no deberán aprovecharse de, ni comunicar dicha información, hasta que se haga pública.

Principio fundamental 7. Prevención y divulgación de conflictos de intereses

Los asesores financieros deberán tomar las medidas necesarias para resolver conflictos de intereses que de manera razonable pueda parecer que perjudican a su independencia y objetividad, y si no divulgar cualquier conflicto aparente.

Principios clave:

a) Los asesores financieros deberán esforzarse por resolver o minimizar todos los conflictos de intereses que de manera razonable pueda parecer que perjudican a su independencia y objetividad respecto a sus clientes y clientes potenciales y cualquier parte afectada.
b) Si no se pueden evitar dichos conflictos de intereses, los asesores financieros deberán divulgarlo a sus clientes, clientes potenciales y cualquier parte afectada.
c) Los asesores financieros deberán divulgar a sus clientes y clientes potenciales todos los pagos o beneficios pertinentes recibidos de una fuente diferente de las de sus empresas. Los asesores financieros deberán estar dispuestos a y ser capaces de explicar los fundamentos de los honorarios y otra remuneración relativa a los servicios llevados a cabo en nombre del cliente.
d) Los asesores financieros no deberán aceptar regalos ni otros beneficios que de manera razonable pueda parecer que afectan a su independencia y objetividad.
e) Los asesores financieros deberán dar prioridad a las transacciones de inversión de los clientes frente a las transacciones de cuentas personales o de sus empresas.

Principio fundamental 8. Uso de las designaciones de EFPA

Los asesores financieros y planificadores deberán usar de manera apropiada la designación que se les haya concedido, y buscar lo mismo de los otros, de conformidad con el marco desarrollado por EFPA y accesible en el sitio web de EFPA.

Principios clave:

a) Los miembros de EFPA pueden utilizar únicamente la designación que se les haya concedido, y únicamente tras haberse registrado en la base de datos nacional de afiliados.
b) Las designaciones de EFPA son únicamente EFPA EFA *(European Financial Advisor),* y EFPA EFP *(European Financial Planner).*
c) La designación EFPA debe usarse estrictamente de conformidad con el marco aprobado por la junta de EFPA. El uso incorrecto de las designaciones se considerará una violación de este código ético.
d) Los miembros de EFPA deberán asegurarse de que el resto (periodistas, departamentos de marketing, recursos humanos, etc.) también utilizan de manera adecuada las designaciones de EFPA.

El código EFPA establece, además, las siguientes premisas:

1. **Integridad:** los miembros realizarán labores de planificación o asesoramiento financiero en el mejor interés del público debiendo actuar con el máximo grado de integridad en cualquiera de sus actividades profesionales.

   Sobre los miembros pesa la responsabilidad de comportarse de forma acorde con su profesión, sirviendo al interés público, y haciendo honor a la especial confianza que el público otorga a un miembro de la EFPA, así como comportándose con dignidad a la hora de llevar a cabo su trabajo. Como depositarios de la confianza pública, los miembros deberán aplicar el máximo sentido de justicia, integridad y claridad en todas sus actuaciones profesionales.
2. **Transparencia:** los miembros siempre deben ser objetivos o explicar a los clientes las razones en los casos que la objetividad esté comprometida, salvo cuando resulte obvio para el cliente que el asesor representa a su empresario en asuntos vinculados a esta representación.

   Un miembro deberá mantener su objetividad y honestidad intelectual, debiendo revelar todo conflicto de intereses en el ejercicio de sus actividades profesionales. En aquellos casos en los que los compromisos con sus empresarios hagan imposible esa objetividad, se deberá explicar claramente la situación a los clientes. Cuando se desempeñen funciones de asesoramiento financiero, los miembros deben informar al cliente si actúa de forma independiente o representa a una empresa.
3. **Primacía del interés del cliente:** los miembros siempre deben anteponer los intereses del cliente a los propios.

   En cada relación con un cliente, el miembro deberá poner el interés del cliente por encima del suyo propio. El miembro aceptará la responsabilidad de poner en conocimiento del cliente o de aquellas partes interesadas, así como de tomar las medidas necesarias, en aquellas ocasiones en las que detecte la existencia de circunstancias, influencias negativas o conflictos de intereses que puedan afectar a la objetividad de sus juicios.

4. **Atención debida:** los miembros deberán proporcionar sus servicios profesionales con la máxima competencia y atención debida.

   Un miembro deberá trabajar para obtener, y animar a los demás a que obtengan, las cualificaciones y conocimientos necesarios, debiendo además cumplir los estándares y códigos éticos y profesionales, así como trabajar para mejorar la calidad del servicio y con ello el reconocimiento de su profesión, y desarrollando sus servicios dando lo mejor de sí mismo.

5. **Formación continua:** los miembros continuarán formándose para mantener los máximos niveles de preparación y competencia profesional.

   Un miembro deberá obtener, mantener y utilizar los conocimientos y cuidado debidos marcados por los estándares y que sean relevantes para el ejercicio de su actividad como planificador o asesor financiero, o para cualquier otra actividad dentro de su labor profesional.

6. **Confidencialidad:** los miembros deben tratar confidencialmente la información de los clientes según la legislación nacional y cualquier otra norma derivada de su empleo.

   Un miembro debe solicitar toda la documentación que considere relevante para satisfacer las necesidades del cliente y respetar la confidencialidad de toda la información obtenida en el desempeño de sus servicios profesionales salvo que la ley exija lo contrario, o en el transcurso de un conflicto civil.

7. **Profesionalidad:** los miembros actuarán de forma profesional y se comportarán honrando y dignificando su profesión.

   Un miembro deberá actuar de manera honesta y cortés hacia toda persona con la que tenga relaciones profesionales, debiendo trabajar para mejorar la imagen de su profesión entre la comunidad en la que él o ella sirva.

8. **Diligencia:** los miembros deberán actuar diligentemente a la hora de descargar de responsabilidades a sus clientes y público en general, debiendo proporcionar sus servicios de forma rápida, cuidadosa y minuciosa.

   La diligencia debida requiere que el miembro planifique y supervise de forma exhaustiva cualquier actividad profesional de la que él o ella sea responsable.

9. **Conocimientos y tareas asumidas:** los miembros solo deberán asumir tareas para las que cuenten con el necesario conocimiento, experiencia, habilidades y competencia general.

   El miembro deberá reconocer los límites de su competencia profesional así como en los que su actuación está autorizada, y actuar dentro de ellos. Los miembros deberán reconocer aquellas circunstancias en las que su conocimiento y competencias no sean suficientes para realizar la tarea en cuestión e informar de ello a su cliente.

10. **Cumplimiento de todas las leyes:** los miembros deberán cumplir con todas las leyes y regulaciones donde ejerzan su actividad o tenga consecuencias la misma.

    Un miembro debe conocer y cumplir las principales leyes y regulaciones que ordenan la práctica profesional, además de este código ético y cualquier código establecido por las autoridades reguladoras.

11. **Comisiones y costes:** los miembros deberán explicar claramente las comisiones y esquema de costes acordados con el cliente antes de establecer un contrato de servicio.

    Un miembro deberá ser capaz de explicar el motivo y bases de las comisiones que carga y de cualquier otra remuneración que reciba por el ejercicio de sus servicios en nombre del cliente.

12. **Explicación del código ético a los clientes:** los miembros deberán proporcionar una copia de este código ético a sus clientes cuando lo soliciten, y explicar aquellos puntos en los que surjan dudas sobre el significado de sus disposiciones.

    Un miembro deberá ser capaz de explicar cómo se aplican las estipulaciones del código ético en el ámbito de su relación con el cliente, y cuáles son sus obligaciones y papel respecto al cliente, respecto a su empleador o empresario, y respecto a la EFPA.

13. **Incentivar su aceptación:** los miembros deberán incentivar la aceptación de este código ético y de las ideas que defiende.

    Se anima a todos los planificadores y asesores financieros a promocionar este código ético, y poner en conocimiento de otros colegas y de los clientes las ideas que representa. La mejora, tanto interna como externa, de la imagen de la profesión y de nuestro compromiso con la excelencia, es tarea y responsabilidad de todos los profesionales.

REFERENCIAS BIBLIOGRÁFICAS

Agüero, A. (2018). *El protocolo MiFID II y los remedios aplicados a los contratos de inversión* (tesis doctoral). Toledo: Universidad de Castilla-La Mancha.

CNMV (2010). *Guía sobre la prestación del servicio de asesoramiento en materia de inversión.* Disponible en: http://www.cnmv.es/DocPortal/GUIAS_Perfil/GuiaAsesoramientoInversion.pdf.

EFPA (2013). *Código ético.* Disponible en: https://www.efpa-eu.org/docs/Code-of-ethics.pdf (versión inglés), y https://www.efpa.es/documento/codigo_etico.pdf (versión en español).

ESMA (2012). *Guía de inversión.* Disponible en: https://www.cnmv.es/DocPortal/Publicaciones/Guias/GinvESMA.pdf.

Guía CNMV (2010). *Guía de actuación para el análisis de la conveniencia y la idoneidad.* Disponible en: http://www.cnmv.es/docportal/guias_perfil/guiaconvenienciaidoneidad.pdf.

Normativa

Real Decreto-ley 21/2017, de 29 de diciembre, de medidas urgentes para la adaptación del derecho español a la normativa de la Unión Europea en materia del mercado de valores.

Texto Refundido de la Ley del Mercado de Valores, aprobado por el Real Decreto Legislativo 4/2015, de 23 de octubre, que ha sido modificado por el Real Decreto-ley 14/2018, de 28 de septiembre.

Real Decreto 1464/2018, de 21 de diciembre, por el que se desarrollan el Texto Refundido de la Ley del Mercado de Valores, aprobado por el Real Decreto Legislativo 4/2015, de 23 de octubre, y el Real Decreto-ley 21/2017, de 29 de diciembre, de medidas urgentes para la adaptación del derecho español a la normativa de la Unión Europea en materia de mercado de valores, y por el que se modifican parcialmente el Real Decreto 217/2008, de 15 de febrero, sobre el régimen jurídico de las empresas de servicios de inversión y de las demás entidades que prestan servicios de inversión y por el que se modifican parcialmente el Reglamento de la Ley 35/2003, de 4 de noviembre, de Instituciones de Inversión Colectiva, aprobado por el Real Decreto 1309/2005, de 4 de noviembre, y otros reales decretos en materia de mercado de valores.

Directiva 2004/39/CE, del Parlamento Europeo y del Consejo, de 21 de abril de 2004, relativa a los mercados de instrumentos financieros.

Directiva 2014/65/UE, del Parlamento Europeo y del Consejo, de 15 de mayo de 2014, relativa a los mercados de los instrumentos financieros.

Reglamento (UE) núm. 600/2014, del Parlamento Europeo y del Consejo, de 15 de mayo de 2014.

Reglamento Delegado (UE) 2017/565, de la Comisión, de 25 de abril de 2016.

Páginas web recomendadas

Comisión Nacional del Mercado de Valores: http://cnmv.es/portal/MiFIDII_MiFIR/MapaMiFID.aspx.

Q&A, Understanding the definition of the advice under MiFID (CESR/10-293): http://www.esma.europa.eu/sites/default/files/library/2015/11/10_293.pdf.
EFPA Europa: https://www.efpa-eu.org/.
EFPA España: https://www.efpa.es/.

19 Asesoramiento y planificación financiera

Gabriel J. López

Resumen del capítulo

El objetivo del presente capítulo es presentar la transformación actual del modelo de asesoramiento y planificación financiera y las razones detrás de ello. La longevidad, la tecnología, los bajos tipos de interés y pobre planificación estatal e individual se traducen en una cobertura menor de las pensiones.

La imperiosa necesidad de planificar la pensión individual choca con el comportamiento bipolar de los mercados y la falta de escrúpulos en las recomendaciones recibidas.

Por ello, el regulador europeo ha introducido medidas para proteger al pequeño inversor y asegurar una planificación de calidad exigiendo un alto nivel de certificación y aumentar la confianza en el servicio.

Objetivos de aprendizaje

Después de estudiar el capítulo, el lector ha de ser capaz de entender:

1. El concepto de planificación financiera.
2. La necesidad de una independencia financiera.
3. Las diferencias entre invertir y planificar.
4. El riesgo del cliente y el riesgo del mercado.
5. La diversificación del riesgo.
6. La importancia del ciclo de vida de la inversión.
7. La función del asesor financiero.
8. La determinación de los objetivos de la inversión.
9. El diseño de una cartera de inversión.

19.1. INTRODUCCIÓN

El pasado mes de junio de 2019 el Foro Económico Mundial publicó un informe indicando que los pensionistas sobrevivirán a su ahorro en al menos 10 años de vida, y que los gobiernos han dejado en manos de los individuos su jubilación. La solución implica posponer la jubilación, gastar menos y ahorrar más para cubrir el déficit en su pensión. El otro gran problema es la falta de cultura financiera: nuestros ahorros no producen los retornos necesarios, al estar invertidos en productos demasiado seguros que generan pocas ganancias.

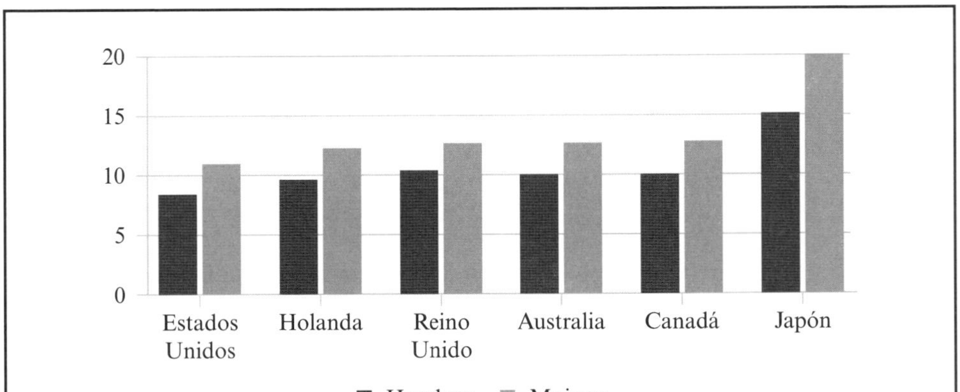

FUENTE: World Economic Forum, Bloomberg.

Figura 19.1. Brecha de ahorro para la jubilicación. Años estimados de esperanza de vida después de ahorros de jubilación, por país.

La necesidad de un asesoramiento financiero para optimizar nuestros ahorros es una realidad. La gestión de nuestro riesgo financiero actual, que permita garantizar nuestra independencia futura, se consigue con una buena planificación en la inversión de nuestros ahorros.

La tecnología está transformando nuestras vidas. De la misma forma que en menos de 20 años podremos desplazarnos en vehículos autónomos, robotizados, capaces de imitar el comportamiento humano y navegar solos, los *roboadvisors* o asesores financieros automatizados controlarán nuestros gastos para conseguir esa independencia financiera.

Los bancos están cerrando oficinas, y el director ya no puede vender el producto recomendado del banco si no está autorizado y capacitado para ello. El beneficio del banco está en el asesoramiento, no en la comisión del producto que vende.

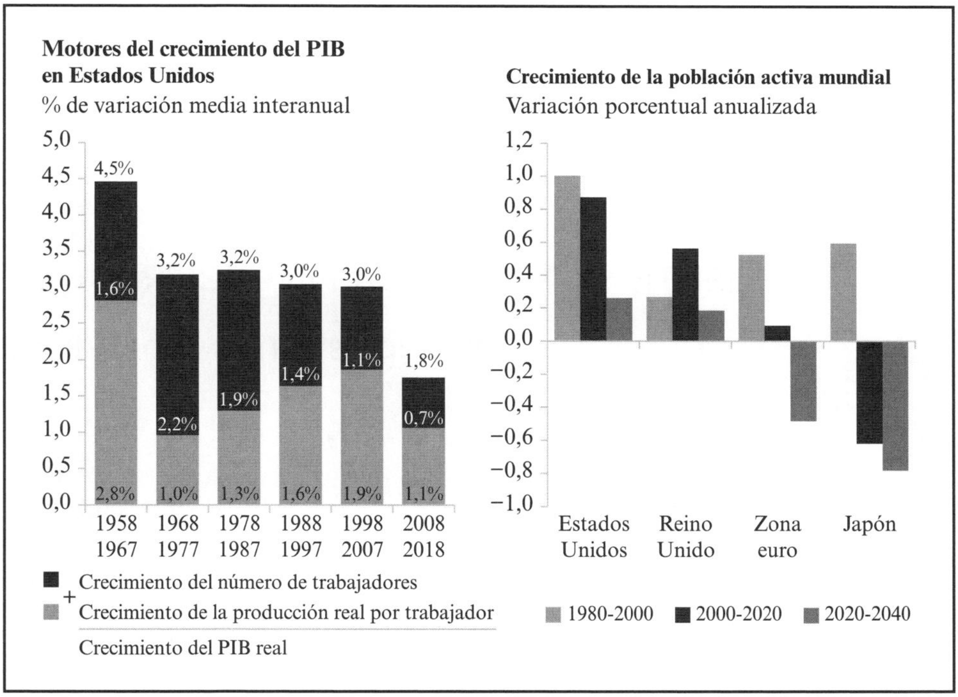

Oficina de Análisis Económico de Estados Unidos, Oficina de Estadísticas Laborales de Estados Unidos (izquierda). Los motores del PIB se calculan como el crecimiento medio anualizado entre el cuarto trimestre del primer y el último años. Departamento de Asuntos Económicos y Sociales de Naciones Unidas (ONU) (derecha). La población activa se establece en un rango de edad de 15-69 años. Los datos de 2020 en adelante son previsiones de la ONU. Las rentabilidades pasadas no son representativas de los resultados futuros.

FUENTE: J.P. Morgan Asset Management. *Guide to the Markets-Europa* (datos a 31 de marzo de 2019).

Figura 19.2. Productividad y crecimiento de la población.

El desarrollo de la ciencia en el estudio de nuestra conducta a la hora de invertir, ciencia que demuestra que preferimos no ganar antes que perder, determina la labor del asesor financiero de hoy en día. El asesor nos ayuda a superar nuestras emociones ante la irracionalidad en el comportamiento de los mercados.

El asesor estudia nuestros conocimientos sobre el riesgo de los mercados y nos bautiza en la virtud de la paciencia y las bondades del control del riesgo financiero y la diversificación de nuestras carteras, analizando nuestras necesidades durante las diferentes etapas de nuestro ciclo vital para asegurarnos una independencia financiera en nuestra jubilación.

La complejidad y sofisticación de los mercados financieros y su irracionalidad, la creciente información disponible y la exageración, por parte de los periodistas y no profesionales, de los potenciales riesgos, unido a los bajos niveles de los tipos de interés y, en consecuencia, bajos retornos de nuestras inversiones, hacen que la búsqueda de la racionalidad en nuestras inversiones sea primordial. La situación es crítica: los pensionistas sobrevivirán a sus pensiones y los gobiernos han planificado los planes de pensiones con desacierto, de modo que se encuentran con los fondos de previsión social vacíos, por la última crisis financiera, y con la imposibilidad de garantizar el bienestar del pasado a los futuros pensionistas, los cuales deben buscar una solución propia.

19.2. EL CLIENTE Y LA ASESORÍA FINANCIERA

19.2.1. Banca de productos versus banca de clientes

Banca de productos

El objetivo de la banca comercial o de productos es la búsqueda de clientes para comercializar y vender sus productos financieros, tales como fondos de inversión o de pensiones. Su estrategia de marketing es la especialización en productos financieros propios, diseñados en exclusiva para el cliente de la red y que se incluyen dentro de los servicios tradicionales de la banca comercial, ofrecidos por profesionales no especializados que obtienen incentivos en la colocación de los productos de la entidad. La red de oficinas bancarias son los centros de distribución y venta de productos promocionados o de los productos directamente solicitados por el cliente. El servicio lleva una comisión para el banco e incentivo para vendedor. Al ser productos propios, tienen mayor margen que los productos de terceros.

Banca de clientes

Al contrario que la banca de productos, el objetivo de la banca de clientes es la búsqueda del mejor producto financiero para las necesidades del cliente, siempre respetando el riesgo que puede asumir en relación con sus circunstancias personales. La estrategia de marketing consiste en mantener la fidelización del cliente a una marca bancaria y, de forma suplementaria, ofrecer para sus mejores clientes un servicio exclusivo y personalizado de asesoramiento llamado de «banca personal o privada», de la mano de profesionales especializados en finanzas y con un buen conocimiento de cada cliente.

Características de los clientes

Por lo general, y según sus necesidades, el cliente aspira a un nivel de servicio en proporción al nivel de su patrimonio. Cada banco, a su vez, pide unos criterios y un patrimonio mínimo para beneficiarse del servicio. El mayor control fiscal y de blanqueo de capitales, así como el aumento en la complejidad de los mercados financieros, aumenta la demanda por servicios más especializados, como los ofrecidos por la banca personal.

19.2.2. Características de la banca personal

A mayor servicio, mayor coste. La banca personal se ofrece a segmentos de rentas medias y altas, con patrimonios entre 50.000 a 300.000 euros. A pesar de ser un servicio más personalizado, en muchos casos suele ser muy estandarizado y dirigido a una clientela muy segmentada por su renta personal, su edad, objetivos de inversión y conocimientos del mercado financiero. El responsable de la cartera pasa de ser agente financiero a llamarse «gestor personal».

Análisis de los clientes

Al ofrecer unos servicios personalizados y de mayor valor añadido y coste el cliente, por lógica exige mayor atención y resultados. El gestor personal debe convertirse en su persona de contacto.

El regulador de los mercados financieros, la CNMV, establece tres tipos de inversor, según su perfil de riesgo: bajo, medio o alto. Los criterios de clasificación de los clientes según su perfil de riesgo no están estrictamente reglamentados, por lo que pueden variar entre una y otra entidad. La necesidad de definir con mayor acierto el perfil de riesgo de cada cliente ha llevado a algunas entidades a distribuir el perfil de cada cliente entre cinco tipologías: muy conservador, conservador, moderado, arriesgado y muy arriesgado. El perfil de riesgo de cada cliente suele variar con el tiempo, según los cambios en las circunstancias personales de cada cual y por aspectos puramente psicológicos, como la confianza o desconfianza en su asesor, o la fortaleza o debilidad de los mercados financieros. Por ello, el regulador recomienda su revisión anual y su correspondiente reajuste.

Tipología del inversor de banca personal

Las características del cliente de banca personal son diferentes a las del cliente de banca comercial tradicional. Al tener unos ingresos y patrimonio más elevado, reclama mayor atención y es más exigente con los servicios prestados y con la rentabilidad conseguida. Es un cliente con mayor experiencia sobre el funcionamiento de los mercados financieros y de sus riesgos, y por consiguiente está dispuesto a invertir en carteras con mayor diversificación de productos y, por lo general, solo accesibles a este tipo de cliente.

19.2.3. Características de la banca privada

Se nombra «banca privada» *(wealth management)* a la actividad de asesoramiento financiero con alto valor añadido, para patrimonios cuyo valor mínimo oscila entre los 300.000-500.000 euros, dependiendo de la entidad. La diferencia entre el servicio de banca privada y el de banca personal radica en el patrimonio y el tipo de asesoramiento prestado, donde el cliente recibe un trato individualizado, confidencial y con filosofía de largo plazo. El responsable de la cuenta es el «banquero personal», que busca cercanía y empatía para satisfacer todas las posibles aspiraciones del cliente.

La atención al cliente es continua y en algunos casos sofisticada, disponible solo con cantidades mínimas, integrando la utilización de herramientas tecnológicas avanzadas para valorar la evolución de las inversiones en tiempo real.

Satisfacer las expectativas del cliente es su responsabilidad. El banquero personal debe descubrir, conocer y entender a fondo al cliente: sus datos personales, incluido su nivel de estudios, profesión, estado civil, patrimonio (bienes, ahorros y deudas), fiscales (residencia oficial, situación con la Hacienda Pública) y sus objetivos económico-financieros en el corto, medio y largo plazo, así como el conocimiento de los riesgos de los mercados financieros, gastos o necesidades de liquidez, ahorro y cualquier información relevante para lograr sus objetivos. Otro dato subjetivo de importancia es su experiencia pasada ante las caídas de los mercados y comportamiento hacia ellos.

Cuánto riesgo puede asumir o cuánto dinero estaría inicialmente dispuesto a perder precisan una profunda reflexión por parte del cliente y su asesor. Definir y cuantificar de una forma realista la finalidad del asesoramiento patrimonial y el compromiso que adquieren las dos partes evita provocar disgustos posteriores. Determinar el perfil de riesgo del cliente es un excelente punto de partida para la toma de decisiones de inversión y de los productos adecuados que se ajustan a sus necesidades. Un cuestionario detallado nos permite analizar su capacidad a asumir pérdidas. Cuanto mayor riesgo tome, mayor será el riesgo de perder en el corto plazo, pero mayor su ganancia con el tiempo.

Por un lado, existen entidades dedicadas en exclusiva a la banca privada y de cierto renombre internacional y, por otro, filiales de banca privada de bancos comerciales que captan a sus clientes a través de su red de oficinas. La banca privada, por lo general, no ofrece servicios tradicionales de banca comercial.

Análisis de los clientes

El principal interés del cliente de banca privada es el de preservar su patrimonio, mantener su estilo de vida y planificar una correcta herencia generacional. Por consiguiente, es una planificación financiera de largo plazo, con un período de madurez superior a 10 o 20 años y repartido en inversiones, en los mercados financieros, inversiones alternativas, en el sector inmobiliario, inversiones en arte, crédito al sector privado o *private equity,* inversión directa en empresas y con una planificación fiscal ordenada de muy largo plazo. La banca privada internacional está especialmente estructurada para ofrecer todos estos servicios de forma global al cliente bajo la coordinación de su banquero personal.

19.2.4. Servicios adicionales ofrecidos por la banca privada

Correduría

Entre los servicios adicionales que ofrece la banca está incluida la intermediación financiera, y la compra y venta de activos en los mercados financieros. Debido al alto riesgo inherente a ciertos productos, el regulador financiero exige una prueba, llamada «test de conveniencia», que evalúe el conocimiento del cliente del riesgo inherente a este tipo de operaciones.

El cliente interesado en actividades de *trading* u operaciones a corto plazo puede separar parte de su cartera a este fin. La entidad puede informar y ofrecer una opinión generalizada sobre el mercado y la idoneidad de cada inversión, pero la decisión final es suya. En los últimos años, la tecnología ha permitido el acceso a los mercados internacionales de forma eficiente y con bajo coste, y en especial en productos derivados de alto riesgo que conviene que el cliente entienda. La actividad tradicional de operaciones a corto plazo en acciones es arriesgada pero genera ingresos adicionales al banco.

Asesoramiento financiero

Aquellos clientes con conocimientos altos del funcionamiento, psicología y riesgos de los mercados de capitales pueden solicitar en algunas entidades un asesoramiento financiero más especializado, con un agente dedicado en exclusiva para actividades de corto plazo o *trading:* el cliente es asesorado y toma la decisión final de compra o venta. Las recomendaciones son generalizadas, pero adecuadas al perfil de riesgo y la idoneidad del cliente con respecto al producto financiero intermediado. En otras palabras, el asesoramiento debe tomar en cuenta el riesgo asumible por el cliente y sus circunstancias personales, siendo aconsejable informar puntualmente al cliente de cualquier circunstancia que pueda afectar su inversión y limitar su posible pérdida.

Gestión discrecional

Dentro del objetivo de la banca personal de ofrecer un servicio personalizado e individual, se ofrece la posibilidad de delegar la toma de decisión de las inversiones a un equipo o gestor especializado. El perfil del cliente interesado en este servicio es el de un cliente con suficientes conocimientos de mercado, pero que por un tiempo delega la gestión en un profesional de su máxima confianza, que puede implantar las estrategias de inversión de forma ágil y eficaz. La composición de la cartera suele incluir acciones individuales, precisándose de un equipo de ejecución profesional para reaccionar con rapidez ante las oportunidades e ineficiencias del mercado. Para carteras de menor tamaño, existen carteras modelo con un riesgo determinado y que se administran de forma conjunta con otras carteras con el mismo perfil.

El *reporting* o seguimiento es hoy en día, gracias a la tecnología, en tiempo real. Algunos clientes prefieren un contacto telefónico, por lo que se debe tener un respaldo tecnológico que grabe las conversaciones, recomendaciones e instrucciones en caso de disputa. El control del riesgo de la cartera es diario, y la retribución del servicio se realiza con el cobro de una comisión por ejecución, a lo que hay que añadir gastos por corretajes y deposito.

Planificación financiera *(financial planning)*

La planificación patrimonial o *financial planning* es el servicio por excelencia de la banca privada, ofreciendo un plan integral de ahorro e inversión para conseguir retornos financieros estables, que incluye un estudio continuado de las siguientes áreas:

1. *Planificación patrimonial:* asegurar una gestión del patrimonio y generar flujos de caja futuros para cubrir las necesidades básicas (vivienda, transporte y otros gastos recurrentes) y de consumo (ropa, restaurantes u ocio), así como la gestión de deudas (reducción de intereses) y liquidez ante un imprevisto o emergencia que se pueda presentar.
2. *Planificación por protección,* que cubre el riesgo personal y patrimonial con seguros.
3. *Planificación fiscal,* que identifica el impacto fiscal medio a largo plazo y cómo beneficiarse de reducciones fiscales en la jubilación.

4. *Planificación de la jubilación,* para asegurar el mantenimiento del nivel de vida en la jubilación.
5. *Planificación inmobiliaria* para gestionar los activos inmobiliarios.
6. *Planificación sucesoria,* que garantiza el futuro de las nuevas generaciones.

Family office

Se denominan *family office* los servicios destinados a gestionar grandes fortunas o el legado futuro de una familia en el tiempo, a través de una «oficina» que coordina la administración de sus bienes, preserva su valor y lo mantiene unido dentro de la familia, actuando como coordinador en beneficio de futuras generaciones. Para alcanzar estos objetivos cuentan con un equipo de profesionales especializados, asesores financieros, analistas de inversiones, juristas, fiscalistas, contables y administrativos, de modo que, por su coste, solo puede ser amortizado por familias con un patrimonio alto. Las *multifamily office* dan el mismo servicio de coordinación y buen gobierno, pero a varias familias y con total confidencialidad e independencia y compartiendo los gastos.

Debido a la importancia del capital que representan, superior a los 5-10 millones de euros, tienen el mismo estatus que una gran empresa, por lo que reciben servicios y condiciones ventajosas.

Empresas de asesoramiento financiero

Las empresas de asesoramiento financiero (EAF), autorizadas y reguladas por la CNMV, son una variante de empresa de servicios de inversión (ESI), de las que existen alrededor de 220 en actividad. La figura del asesor financiero autorizado en los países anglosajones es muy común; en España, en cambio, es un tipo de asesoramiento aún en desarrollo, al ser los bancos los distribuidores tradicionales de los productos de inversión.

Desde la entrada en vigor de MiFID II en enero del año 2018 se distingue a las entidades no independientes de las independientes, esto es, aquellas que reciben una comisión o retrocesión de la venta de productos financieros propios o de terceros, y por tanto un conflicto de interés con el cliente, de las que recomiendan el mejor producto posible y sin limitaciones o deber fiduciario con el cliente. Debido a ello, todas las entidades de servicios de inversión, incluidos los bancos, deben desglosar y comunicar al cliente una relación de los costes asociados a su asesoramiento e intermediación y retrocesiones recibidas.

El cliente con esta medida se verá beneficiado y podrá determinar la calidad de los servicios recibidos contra el coste total del asesoramiento.

19.3. ESTABLECIMIENTO DE LA RELACIÓN CLIENTE-ASESOR

19.3.1. Perfil del asesor financiero

Cualidades

Los clientes aspiran hoy en día a un asesoramiento personal, profesional y con garantías. Para aplicarlo, el asesor debe cumplir con una formación y experiencia adecuadas si pretende obtener su confianza. La valoración del servicio recibido es a la vez objetiva, pues se consigue con resultados, y subjetiva, por la calidad de su relación con el cliente, por su dedicación y en especial por su capacidad de comunicación.

En toda relación individual e interpersonal, la calidad de sintonía y comunicación bidireccional, el grado de sinceridad y la empatía entre las dos partes son indispensables para conocer las necesidades objetivas y subjetivas del cliente y conseguir un asesoramiento exitoso. Los mercados financieros no son lineales, existiendo ciclos económicos: estadísticamente se ha demostrado que a partir de los siete años se consigue, con una probabilidad del 100%, un retorno positivo en inversiones en renta variable; al mismo tiempo, durante el primer año la probabilidad de pérdidas o ganancias es del 50%. Lo natural es exigir resultados en el corto plazo, pero la realidad es completamente otra. La psicología del comportamiento humano en relación con los mercados financieros es irracional, y emocionalmente preferimos no tener beneficios en el largo plazo a ver perdidas en el corto plazo, cuando es imposible conseguir lo primero sin sufrir lo segundo.

El asesor financiero con experiencia que ha navegado por diferentes ciclos económicos está mejor preparado en el *coaching* de nuevos clientes durante este viaje. La complejidad y volatilidad diaria de los mercados financieros requiere una capacidad de análisis importante, por lo que el asesor debe estar informado y actualizado en todo momento y debe poder transmitir de forma sencilla la evolución y los riesgos de las inversiones a su cliente. Por estas razones, la banca privada suele exigir un mínimo de 10 años de experiencia al gestor responsable de las mejores cuentas, una alta habilidad de comunicación y un trato exquisito, además de discreción y buena presencia. Por contra, al asesor junior de clientes de banca privada se le suele exigir un mínimo de tres años de experiencia. Debido a la alta exigencia de su profesión, el asesor financiero de jerarquía suele ser bien considerado y remunerado de forma apropiada.

Al aspecto subjetivo anterior debemos añadir el aspecto objetivo. El cumplimiento normativo vigente exige al asesor financiero una certificación y formación continuada que acredite sus conocimientos y deontología profesional.

La tecnología ha permitido la robotización de los servicios financieros, la visualización y valoración del riesgo y el retorno de las carteras en tiempo real, pero la relación humana y la labor didáctica del asesor son insustituibles. Los mercados son cada día más complejos y eficientes, haciéndose necesario explicar los nuevos riesgos y cambios recomendados de las inversiones. La mensajería *online,* en cierto modo, te permite cubrir este espacio y responder al instante cualquier duda. La banca tradicional y privada está invirtiendo grandes cantidades en tecnología, lo que le permite reducir costes y mejorar la información global que se ofrece, personalizar la gestión y optimizar las recomendaciones que se ajusten al perfil del inversor.

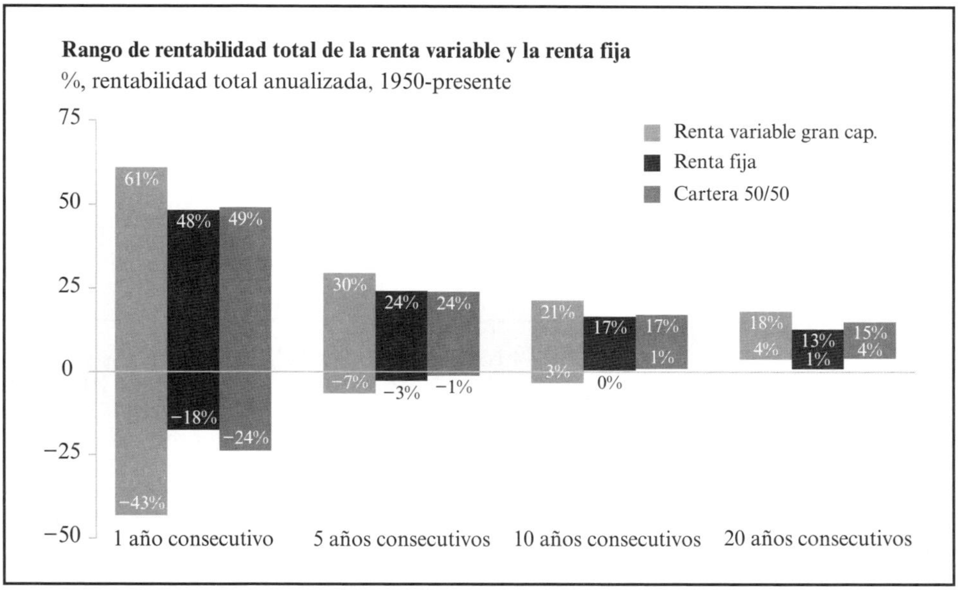

La renta variable de gran capitalización representa al S&P 500 Composite, y la renta fija representa al Strategas/Ibbotson US Government Bond Index y el US Long-term Corporate Bond Index. Las rentabilidades indicadas son anuales, se calculan en base a las rentabilidades mensuales entre 1950 y los datos más recientes disponibles, e incluyen dividendos. Las rentabilidades pasadas no son representativas de los resultados futuros.

FUENTE: Strategas/Ibbotson, J.P. Morgan Asset Management. *Guide to the Markets-Europa.* Datos a 31 de marzo de 2019.

Figura 19.3. Rentabilidad de los activos por período de inversión en Estados Unidos.

Lo que no puede ofrecer la tecnología es la exclusividad de un servicio personalizado; no puede sustituir la construcción de una relación personal y de calidad con el cliente, que solo se consigue de forma reservada y en oficinas de alto nivel, así como con invitaciones a eventos sociales.

En efecto, las nuevas generaciones son muy conscientes del «activismo social» de sus inversiones, y cualquier colaboración en actividades de beneficencia, mecenazgo y patrocinio cultural o deportivo constituye un excelente punto de encuentro en la relación con el cliente.

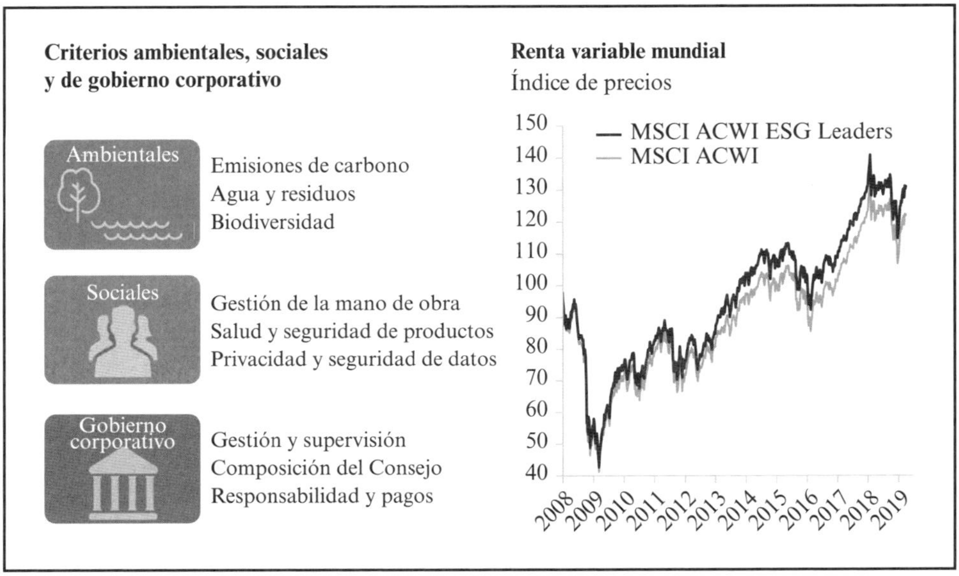

Tanto el MSCI ACWI como el MSCI ACWI ESG Leaders se expresan en USD, reajustados a 100 en el lanzamiento del ESG Leaders index. El MSCI ACWI ESG Leaders es un índice de precios ponderado por capitalización, que ofrece exposición a empresas con calificaciones altas en materia de medio ambiente, cuestiones sociales y gobernanza, en relación con sus pares del sector, y no incluye empresas relacionadas con el alcohol, los juegos de azar, el tabaco, la energía nuclear y las armas. Las empresas reciben calificaciones en materia de medio ambiente, cuestiones sociales y gobernanza en el marco del MSCI. El objetivo del MSCI ESG Leaders Index es centrarse en los pesos por sector de los índices subyacentes, con el fin de limitar el riesgo sistemático introducido por el proceso de selección de los aspectos medioambientales, sociales y de gobernanza. Las rentabilidades pasadas no son representativas de los resultados futuros.

FUENTE: MSCI, Refinitiv Datastream, J.P. Morgan Asset Management. *Guide to the Markets-Europa.* Datos a 31 de marzo de 2019.

Figura 19.4. Inversión sostenible.

Funciones

La función del asesor financiero es valorar la situación financiera actual del cliente y diseñar un plan que le permita conseguir unos objetivos de independencia financiera determinados en el tiempo.

La planificación financiera es un proceso vivo que evoluciona con la edad del cliente y se adapta a las diferentes fases de su «ciclo vital», que son tres:

1. Fase de acumulación (ahorradores jóvenes).
2. Fase de consolidación (mediana edad).
3. Fase de protección (jubilación).

El asesor financiero debe adaptarse a la disposición del cliente a asumir riesgos, explicarle esos riesgos y lo que representan, y aconsejarle sobre la importancia de la duración de la inversión en relación con el riesgo que puede asumir y los retornos esperados en cada etapa. Los objetivos de inversión y el riesgo en cada etapa van evolucionando en función de sus necesidades financieras, por lo que las características de cada inversión también lo hacen.

Para realizar de forma correcta un proceso de planificación financiera, este debe cumplir y completar las siguientes etapas:

1. La recopilación de datos relevantes del cliente.
2. La preparación de su estado financiero.
3. Análisis con el cliente de su situación actual y de sus oportunidades.
4. Identificación del objetivo financiero a corto, medio y largo plazo.
5. Diseño del plan en base a la situación actual y a los objetivos trazados.
6. Asignación de activos y ejecución del plan financiero.
7. Constitución de la cartera.
8. Gestión del riesgo.
9. Valoración de su evolución, revisión periódica y adaptación del plan.

El cumplimiento de cada una de estas etapas es responsabilidad del asesor financiero, y particularmente valorar si el riesgo de la cartera existe conforme al riesgo que el cliente puede asumir. El regulador financiero requiere anualmente información sobre cambios en el perfil de riesgo de cada cliente, por lo que el cuestionario de idoneidad debe enviarse cada año. Al ser un proceso de inversión continuo, el control sobre su eficacia debe revisarse de forma periódica.

Además del asesoramiento financiero tradicional, las grandes fortunas exigen asesoramiento en inversiones alternativas, como la inversión directa en una empresa, inversión inmobiliaria en locales, garajes, edificios, etc., o productos financieros apalancados o inversión en obras de arte, antigüedades o joyas.

19.4. RECOPILACIÓN DE LOS DATOS DEL CLIENTE Y DETERMINACIÓN DE LOS OBJETIVOS Y EXPECTATIVAS

19.4.1. Marco jurídico

La prestación del servicio de asesoramiento financiero en materia de inversión está regulada por la directiva europea MiFID II sobre los mercados e instrumentos financieros, con el objetivo de mejorar la protección de los intereses de los inversores particulares en el sector financiero en toda la Unión Europea, y el aumento de su confianza en el sistema financiero en su conjunto.

En España, el 3 de enero de 2018 entró en vigor el Real Decreto 1464/2018, de 21 de diciembre, por el que se desarrolla el Texto Refundido de la Ley del Mercado de Valores, aprobado por el Real Decreto Legislativo 4/2015 y el Real Decreto-ley 21/2017, de medidas urgentes para la adaptación del derecho español a la normativa de la Unión Europea en materia de mercado de valores. El contenido de la norma es preciso:

> El asesoramiento en materia de inversión, entendiéndose por tal la prestación de recomendaciones personalizadas a un cliente, sea a petición de este o por iniciativa de la empresa de servicios de inversión, con respecto a una o más operaciones relativas a instrumentos financieros.
>
> No se considerará que constituya asesoramiento, a los efectos de lo previsto en este apartado, las recomendaciones de carácter genérico y no personalizadas que se puedan realizar en el ámbito de la comercialización de valores e instrumentos financieros. Dichas recomendaciones tendrán el valor de comunicaciones de carácter comercial. Asimismo, tampoco se considerará recomendación personalizada las recomendaciones que se divulguen exclusivamente a través de canales de distribución o al público.
>
> A tales efectos, se entenderá por recomendación personal la recomendación realizada a una persona en su calidad de inversor o posible inversor, o en su calidad de representante o apoderado de aquel.
>
> La recomendación deberá presentarse como idónea para esa persona, basándose en una consideración de sus circunstancias personales, y deberá consistir en una recomendación...

El incumplimiento de estas obligaciones puede derivar en responsabilidad del asesor o de la entidad de los daños, por culpa y negligencia, en el caso que exista relación entre el daño y el incumplimiento, y la jurisprudencia establece presunciones si se evaluaron correctamente la conveniencia y la idoneidad. La supervisión en su cumplimiento es responsabilidad del regulador español, la CNMV y su departamento de supervisión de las entidades que prestan servicios de inversión (ESI-ECA), y de ESMA, la Autoridad Europea de Valores y Mercados, entidad reguladora e independiente con sede en París.

La normativa obliga a las entidades o profesionales que presten servicios de asesoramiento financiero en materia de inversión a evaluar a su cliente y obtener la suficiente información para determinar de forma detallada la idoneidad del cliente en relación con el servicio ofrecido. Si la entidad se limita a vender productos financieros, está obligada a realizar un test de conveniencia. Si la entidad financiera realiza asesoramiento financiero y gestión de carteras, o recomendaciones personalizadas, es obligatorio realizar un test de idoneidad. Los cuestionarios son diseñados por las entidades, aunque su supervisión es responsabilidad de la CNMV.

La primera directiva europea, MiFID I, entró en vigor en 2007, y su motivación principal era la protección del cliente minorista. Su incumplimiento se evidenció dos años más tarde, con productos de alto riesgo, complejos y no convenientes, como las «preferentes», en manos de pequeños inversores desprotegidos que perdían sus ahorros por el altísimo riesgo que asumían.

El pasado 6 de febrero de 2019 la CNMV, en un comunicado, anunció que ha detectado deficiencias al realizar el test de idoneidad o conveniencia al cliente, que «puede facilitar indebidamente a la entidad la colocación de valores e instrumentos financieros, tanto propios como de terceros» no convenientes, por lo que hay entidades cuyo test de idoneidad les permite «vender» un activo en principio «no apto».

Al no tener una prueba universal, con baremos y criterios únicos, siguen apareciendo incoherencias entre las valoraciones realizadas entre una entidad y otra. El resultado de la idoneidad permite en ciertos casos motivar los intereses del cliente y la prestación de servicios no convenientes. Es por ello por lo que el 22 de mayo de 2018 la ESMA restringió la comercialización, distribución o venta de contratos por diferencias (CFD) y opciones binarias a clientes minoristas, advirtiendo el supervisor de que el 82% de los clientes sufrieron pérdidas. A pesar de ello existe un subterfugio para saltarse la norma: la medida solo afecta al cliente minorista, que, bajo su responsabilidad, puede solicitar el cambio a cliente profesional.

Es por ello por lo que el conocimiento de los aspectos subjetivos en el comportamiento emocional del cliente hacia los mercados es de igual importancia que la evaluación objetiva.

19.4.2. Test de conveniencia y test de idoneidad

En primer lugar, y con anterioridad a la firma de un contrato de prestación de servicios de inversión, se debe realizar un test de conveniencia sobre los conocimientos, la experiencia y cualificación del cliente, para clasificarle como minorista o profesional.

1. La categoría de cliente minorista goza de la totalidad de los derechos de protección establecidos en la normativa vigente, puesto que se le otorgan mayores derechos de información con carácter previo y posterior a la prestación del servicio de inversión.
2. El cliente profesional es aquel que, por su experiencia laboral relacionada con el sector financiero, sus conocimientos y formación académica y cualificación, puede tomar sus propias decisiones de inversión y valorar los riesgos de estas, y por tanto se le otorgan menores derechos de información que a los clientes minoristas.

En segundo lugar, es obligatorio evaluar la idoneidad del cliente si la entidad financiera realiza asesoramiento financiero y gestión de carteras, o recomendaciones personalizadas en relación con:

1. Sus objetivos de inversión.
2. Su capacidad financiera, incluida su capacidad para soportar pérdidas y sus necesidades de liquidez y compromisos financieros a corto, medio y largo plazo.
3. Sus conocimientos y experiencia inversora en los instrumentos sobre los que se va a asesorar. En los supuestos en que el cliente haya sido clasificado como cliente profesional, salvo que el mismo manifieste expresamente lo contrario, la entidad presumirá que dicho cliente con los conocimientos y experiencia inversora suficientes.
4. Su tolerancia global al riesgo.

La evaluación de idoneidad se realiza mediante entrevistas personales y un cuestionario detallado de información confidencial, y por su naturaleza debe cumplir la ley de protección de datos en vigor en cuanto al método de su obtención y preservación. La entrevista y el cuestionario deben entrar en detalle sobre diferentes aspectos personales, en especial los ingresos que pretende recibir, su plazo, si son ingresos periódicos, si pretende aumentar el valor del patrimonio o mantener su poder adquisitivo y el máximo riesgo dispuesto a asumir.

El denominado «test de idoneidad» *(suitability test)* es un cuestionario que cuantifica objetivamente los riesgos. Generalmente se presenta dividido en tres secciones, que determinan el objetivo del asesoramiento financiero con el fin de poder recomendar los instrumentos financieros que más convengan al cliente.

1. Conocimientos y experiencia.
2. Situación financiera y capacidad para soportar pérdidas.
3. Objetivos de la inversión y tolerancia el riesgo.

Es obligación del asesor llevar a cabo dicha evaluación, y responsabilidad del cliente suministrar una información veraz, eximiendo al primero de cualquier responsabilidad con terceros. De igual forma, el cliente también es responsable de mantener esta información actualizada en todo momento. Si existen dudas sobre la información suministrada por el cliente, el deber del asesor es comprobar la veracidad de esta.

19.4.3. Situación financiera y capacidad para soportar pérdidas

El primer paso de cualquier plan financiero individual es recopilar y ordenar toda la información relevante del cliente. Entre los datos más importantes se encuentran la edad, que establece la fase de su «ciclo de vida», afiliación, régimen jurídico del matrimonio, personas a su cargo, necesidades de liquidez y plan de jubilación. Es particularmente importante en este proceso definir y diferenciar las expectativas de cada cónyuge y su percepción del riesgo. El poder de la capitalización financiera se materializa con el tiempo, por lo que comenzar el ahorro con una edad temprana es muy conveniente. Asimismo, las necesidades de liquidez durante el ciclo de vida, como la compra de una casa, son variables importantes para tener en cuenta en la planificación.

El Colegio de Economistas cuenta con un cuestionario de idoneidad, que utilizaremos como base de modelo de cuestionario. Lo más relevante es el baremo de puntuación que utiliza en cada respuesta: cuantos más puntos reciba el cliente en cada apartado —conocimientos y experiencia, situación financiera y capacidad para soportar pérdidas, objetivos de la inversión y tolerancia el riesgo— mayor será el riesgo implícito que pueda soportar.

TABLA 19.1

Situación financiera del cliente y su capacidad para soportar pérdidas

	Baremo
1. Fuente de ingresos periódicos (indicar porcentaje):	
1.1. Actividad laboral.	1
1.2. Pensión.	1
1.3. Rentas de bienes muebles en propiedad.	1
1.4. Renta de bienes inmuebles en propiedad.	1
1.5. Otros (especificar).	1
2. Nivel de ingresos periódicos:	
2.1. Menos de 50.000 €.	1
2.2. De 50.000 € a 100.000 €.	2
2.3. De 100.000 € a 500.000 €.	3
2.4. Más de 500.000 €.	4
3. Porcentaje de ingresos periódicos que se destinan al ahorro:	
3.1. Más del 50%.	4
3.2. Del 25% al 50%.	3
3.3. Del 10% al 25%.	2
3.4. Menos del 10%.	1
4. Composición en porcentaje de su patrimonio (indicando si los citados activos están pignorados o existen garantías sobre:	
4.1. Activos financieros.	
4.2. Patrimonio inmobiliario de uso propio y de inversión.	
4.3. Participaciones en capital de empresas (no financiero).	
4.4. Otros activos.	

TABLA 19.1 *(continuación)*

	Baremo
5. Pasivos financieros como porcentaje del patrimonio:	
5.1. Menos del 15%.	4
5.2. Entre el 15% y el 30%.	3
5.3. Entre el 30% y el 60%.	2
5.4. Más del 60%.	1
6. Estimación del patrimonio financiero (alternativamente):	
6.1. Hasta 200.000 €.	1
6.2. De 200.000 € a 600.000 €.	2
6.3. De 600.000 € a 2.000.000 €.	3
6.4. Más de 2.000.000 €.	4
7. Origen del capital que desea invertir o reinvertir ahora como «patrimonio asesorado»:	
7.1. Recolocar inversiones financieras existentes.	1
7.2. Herencia o donación.	1
7.3. Ahorro ingresos periódicos.	1
7.4. Otro origen.	1
8. Porcentaje que representa el «patrimonio asesorado» sobre el patrimonio financiero total:	
8.1. Menos del 25%.	4
8.2. Entre el 25% y el 50%.	3
8.3. Entre el 50% y el 75%.	2
8.4. Entre el 75% y el 100%.	1
9. Porcentaje de patrimonio asesorado que necesitará en los próximos 12 meses:	
Nada.	4
Menos del 25%.	3
Entre el 25% y el 50%.	2
Más del 50%.	1
10. Porcentaje de pérdida sobre el patrimonio asesorado que puede asumir sin afectar al nivel de vida:	
Nada.	1
Menos del 25%.	2
Entre el 25% y el 50%.	3
Más del 50%.	4
Puntuacion máxima:	**30**

Para conocer la situación financiera del cliente el cuestionario hace las siguientes preguntas:

1. Fuente de ingresos periódicos.
2. Nivel de ingresos periódicos.
3. Porcentaje de ingresos periódicos que se destinan al ahorro.
4. Composición en porcentaje de su patrimonio (indicando si los citados activos están pignorados).
5. Pasivos financieros como porcentaje del patrimonio.
6. Estimación del patrimonio financiero (alternativamente).
7. Origen del capital que desea invertir o reinvertir ahora como «patrimonio asesorado».
8. Porcentaje que representa el «patrimonio asesorado» sobre el patrimonio financiero total.
9. Porcentaje de patrimonio asesorado que necesitará en los próximos 12 meses.
10. Porcentaje de pérdida sobre el patrimonio asesorado que puede asumir sin afectar al nivel de vida.

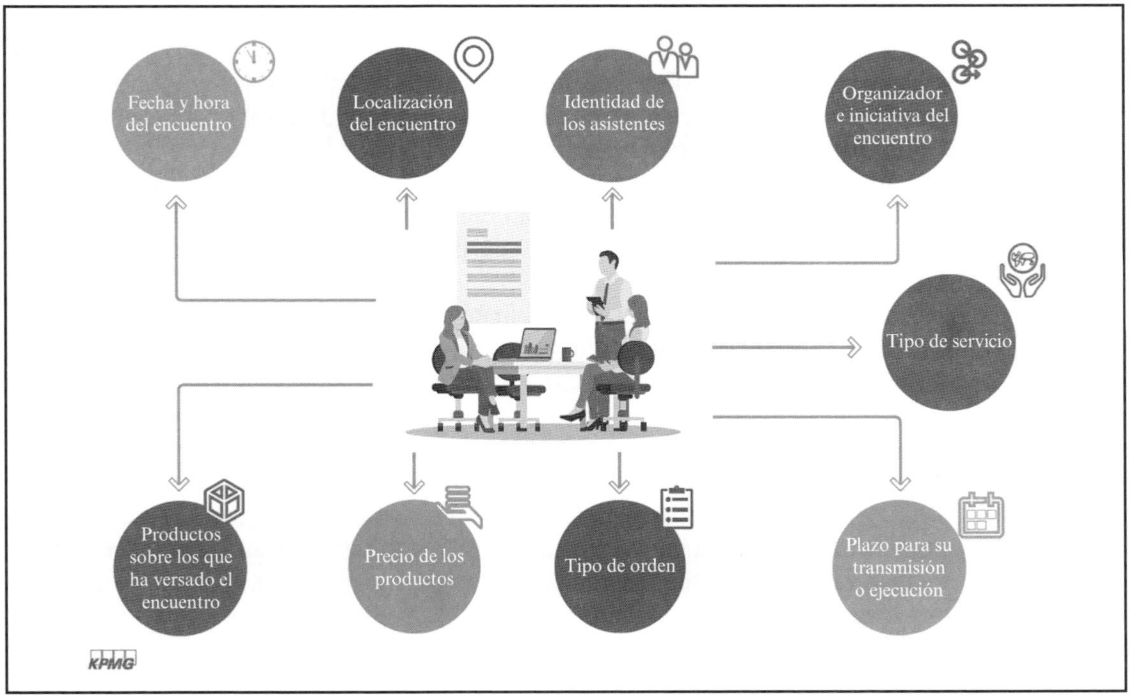

FUENTE: KPMG Abogados, S. L., mayo de 2018, p. 36.

Figura 19.5. El asesoramiento en materia de inversión.

Se pueden solicitar comentarios adicionales, como pueden ser: su previsión de crecimiento en el tiempo de los rendimientos del trabajo, rentas del capital (liquidez, bonos, acciones, fondos, seguros de ahorro, etc.), ingresos por alquileres (inmuebles, terrenos) y otras inversiones alternativas que pudiese tener, colecciones privadas de arte, joyas, etc.

La entrevista y el cuestionario deben entrar en detalle sobre los ingresos que pretende recibir el cliente, su plazo, si son ingresos periódicos en forma de dividendos, cupones o intereses, el término de la inversión, si pretende aumentar el valor del patrimonio con aportaciones regulares o mantener su poder adquisitivo, su previsión de liquidez en el corto plazo, etc. La cantidad estimada debe invertirse en activos monetarios de poco rendimiento, por lo que deben analizarse con objetividad elementos como la compra de una casa, un viaje o la educación de los hijos. La previsión de emergencias es otro factor importante, muy ligado a los seguros que pueda tener contratado, como muerte, enfermedad, paro, responsabilidad civil, y al riesgo fiscal en el corto y largo plazo.

La última pregunta, y seguramente la más importante, repetida de diferentes formas a lo largo del cuestionario, trata sobre el riesgo, en este caso referido al «porcentaje de pérdida sobre el patrimonio asesorado que puede asumir sin afectar al nivel de vida».

Al poner sobre la mesa nuestros ahorros, y el enorme esfuerzo en conseguirlos, es natural que emocionalmente nos cueste ver pérdidas. La actitud del cliente hacia sus pérdidas refleja su actitud ante el riesgo y sus conocimientos del funcionamiento de los mercados. El sesgo psicológico y de comportamiento errático de los mercados tiene una influencia dramática sobre los clientes. A nadie le gusta perder o la posibilidad de perder todavía más, pero la realidad es que es imposible no perder en el corto plazo si pretendes ganar en el largo plazo, y dependiendo del ciclo económico puedes perder aún más en el corto plazo que si estuvieras en otro lugar de este ciclo.

Los mercados financieros no son lineales, existiendo ciclos económicos. Estadísticamente se ha demostrado que a partir de los siete años se consigue, con una probabilidad del 100%, un retorno positivo en inversiones en renta variable, pese a que durante el primer año la probabilidad de pérdidas o ganancias es del 50%. Si el objetivo es una cartera de por vida, no tiene por consiguiente sentido tomar decisiones en base a pérdidas de un año: el cliente debe entenderlo y debe evaluar el límite que está dispuesto a perder. Es una decisión de extrema importancia para el futuro de la cartera: cuanto mayor sea el riesgo, mayor será el retorno.

Del mismo modo, cuanto mayor sean sus ingresos y su nivel de ahorro, mayor es el riesgo asumible y mayor el retorno en el largo plazo; cuanto mayor sea el porcentaje de su deuda y las necesidades de liquidez dentro del total de su patrimonio, menor su riesgo asumible y menor su retorno en el largo plazo.

El comportamiento del mercado hacia el riesgo es asimétrico, y nuestro comportamiento hacia el riesgo debe ser en principio por igual. El profesional de los mercados financieros y con experiencia lo entiende, pero el cliente azaroso es muy permeable a este miedo, y la prensa que vive de las noticias y riesgos del corto plazo no hace sino amplificarlo. El desarrollo de las finanzas conductuales lo ha demostradom particularmente el psicólogo Daniel Kahneman, premio Nobel de Economía en 2002, que dice: «un individuo prefiere no perder 100 dólares antes que ganar 100 dólares».

19.4.4. Objetivos de la inversión y tolerancia al riesgo

El propósito de esta sección es conocer los valores, actitudes y expectativas del cliente, y confirmar por segunda vez su nivel de tolerancia al riesgo. El asesor deber entender los objetivos personales y vitales del cliente, y si se sostienen en base a su situación financiera, para así evitar falsas expectativas. Se debe conocer lo siguiente:

TABLA 19.2

Objetivos de inversión y tolerancia al riesgo

	Baremo
11. Horizonte temporal de la inversión:	
11.1. Menos de 1 año.	4
11.2. Entre 1 año y 3 años.	3
11.3. Entre 3 años y 5 años.	2
11.4. Más de 5 años.	1
12. Percepción del cliente de su perfil de riesgo:	
12.1. Muy conservador.	1
12.2. Conservador.	2
12.3. Moderado.	3
12.4. Arriesgado.	4
12.5. Muy arriesgado.	5
13. Objetivo que persigue al realizar su inversión:	
13.1. Preservar el capital invertido, no estando dispuesto a asumir riesgos, aunque el rendimiento obtenido sea bajo o nulo.	1
13.2. Crecimiento medio del capital, estando dispuesto a asumir fluctuaciones moderadas del capital invertido.	2
13.3. Crecimiento alto del capital, aprovechando las oportunidades del mercado, asumiendo un riesgo alto y fluctuaciones elevadas en el valor de la inversión.	3
13.4. Crecimiento fuerte del capital invertido, asumiendo un riesgo considerable, pudiéndose producir fluctuaciones muy elevadas en el valor de la inversión.	4

TABLA 19.2 *(continuación)*

	Baremo
14. Porcentaje de patrimonio financiero que estaría dispuesto a invertir en activos de riesgo elevados (derivados, CFD, etc.):	
14.1. Ninguno.	1
14.2. Hasta el 10%.	2
14.3. Del 10% al 25%.	3
14.4. Del 25% 50%.	4
14.5. Más del 50%.	5
15. Porcentaje de patrimonio financiero que estaría dispuesto a invertir en activos ilíquidos:	
15.1. Ninguno.	1
15.2. Hasta el 10%.	2
15.3. Del 10% al 25%.	3
15.4. Del 25% al 50%.	4
15.5. Más del 50%.	5
16. Nivel de pérdidas que estaría dispuesto a asumir en la cartera global asesorada en 12 meses:	
16.1. Nada.	1
16.2. Menos del 5% de la inversión.	2
16.3. Menos de 10% de la inversión.	3
16.4. Menos del 25% de la inversión.	4
16.5. Más del 25% de la inversión.	5
Puntuacion máxima:	**28**

1. Horizonte temporal de la inversión.
2. Percepción del cliente de su perfil de riesgo.
3. Objetivo que persigue al realizar su inversión.
4. Porcentaje de patrimonio financiero que estaría dispuesto a invertir en activos de riesgo elevados (derivados, CFD, etc.).
5. Porcentaje de patrimonio financiero que estaría dispuesto a invertir en activos ilíquidos.
6. Nivel de pérdidas que estaría dispuesto a asumir en la cartera global asesorada en 12 meses.

El horizonte temporal de la inversión es la variable más importante al invertir y conocer el margen de tiempo que el cliente dispone para mantener su inversión sin que se prevea necesario para otros fines. Esto permite planificar y distribuir el riesgo de la cartera de forma proporcional y con mayor probabilidad de conseguir los objetivos.

Si el período es corto, esto es, menos de un año, la prioridad debe ser preservar el capital, mediante inversiones muy conservadoras, en renta fija o deuda estatal, con un riesgo mínimo y rentabilidades muy reducidas y disponibles de inmediato.

Si el horizonte temporal es a medio plazo: entre tres años y cinco años, se aumenta la proporción en activos de renta fija corporativa y renta variable de acuerdo con el riesgo histórico del fondo y por zonas geográficas de menor a mayor riesgo según el perfil.

Un horizonte temporal a largo plazo se da a partir de cinco-siete años; aquí la cartera tiene mayores oscilaciones y pérdidas en el corto plazo, con la mayor parte de la inversión en renta variable.

Para evaluar desde otra óptica el riesgo disponemos de una pregunta adicional sobre su percepción de riesgo personal, donde se emplaza entre cinco perfiles: conservador, muy conservador, moderado, arriesgado y muy arriesgado. En la valoración, el cliente puede entrar en contradicción entre un horizonte temporal de largo plazo, y su autoevaluación se traduce en inversiones de menor riesgo, pudiendo confirmarse en la siguiente pregunta, que establece los objetivos que persigue al realizar su inversión y escoger entre cuatro opciones: preservar el capital invertido, crecimiento medio del capital, crecimiento alto del capital o crecimiento fuerte del capital invertido, asumiendo un riesgo considerable, expuesto a producir fluctuaciones muy elevadas en el valor de la inversión, lo que tiene sentido si tenemos un horizonte temporal de 10 años o más. La percepción del riesgo cambia con los años y la experiencia, y su actualización es indispensable: se puede tener mayor experiencia y apetito a tomar riesgo, pero el tiempo puede estar en contra. Se puede aparentar tener más aguante ante el riesgo, pero el resultado del cuestionario generalmente resulta en que el cliente suele ser más conservador de lo que parece o cree, o teóricamente le conviene.

Algunos productos de inversión se deben mantener durante un plazo determinado para obtener la rentabilidad ofrecida y beneficiarse de sus efectos fiscales, como son los fondos garantizados, para los que el rembolso anticipado tiene penalización por contrato y por la iliquidez del producto.

19.4.5. Conocimientos y experiencia

La finalidad de la evaluación de la conveniencia e idoneidad es la protección del cliente y adecuar proporcionalmente sus inversiones a los riesgos asociados a cada producto en el que invierte. El asesor tiene la obligación de clasificar cada instrumento financiero por su complejidad y riesgo, y advertir al cliente sobre ellos.

TABLA 19.3

Conocimiento y experiencia

					Baremo
17. Experiencia profesional en entidades financieras donde está o ha estado familiarizado con los instrumentos y mercados financieros:					
17.1. Nunca ha estado relacionado con el sector financiero.					
17.2. Durante menos de un año.					1
17.3. Durante más de un año, y está totalmente familiarizado con los productos y mercados financieros.					2
18. Conocimientos del producto:	**Poco o ninguno**	**Limitado**	**Bastante**	**Amplio**	
Depósitos e IPF		1	2	3	
Fondos monetarios y garantizados		1	2	3	
Otros fondos de inversión		2	3	4	
Renta fija pública o privada		3	4	5	
Renta variable		4	5	6	
Participaciones preferentes		4	5	6	
Derivados		7	8	9	
Notas estructuradas-garantías de capital		7	8	9	
Otras notas estructuradas		7	8	9	
Inversiones alternativas		7	8	9	
Gestión discrecional de carteras		1	2	3	66
19. Inversiones realizadas en los últimos 12 meses (número de operaciones):	**Ninguna**	**Menos de 4**	**De 4 a 8**	**Más de 8**	
Depósitos e IPF		1	2	3	
Fondos monetarios y garantizados		1	2	3	
Otros fondos de inversión		2	3	4	
Renta fija pública o privada		3	4	5	
Renta variable		4	5	6	
Participaciones preferentes		4	5	6	
Derivados		7	8	9	
Notas estructuradas-garantías de capital		7	8	9	
Otras notas estructuradas		7	8	9	
Inversiones alternativas		7	8	9	
Gestión discrecional de carteras		1	2	3	66
Puntuación máxima:					**135**

Los productos tradicionales de ahorro e inversión, como son los fondos de inversión, acciones, letras del Tesoro, bonos y obligaciones del Estado, pagarés, bonos y obligaciones de renta fija, se diferencian de los productos de alto riesgo, como son los derivados, futuros, opciones, *swaps, warrants, turbowarrants,* contratos por diferencias (CFD) o fondos de inversión libre. Para evitar los excesos del pasado, desde 2010 el regulador financiero los clasifica entre «productos no complejos» y «productos complejos».

Los **productos no complejos** cumplen las siguientes cuatro características:

1. Se pueden reembolsar de forma frecuente a precios conocidos por el público. En general, siempre es fácil conocer su valor en cualquier momento y hacerlos efectivos.
2. El inversor no puede perder un importe superior a su coste de adquisición, es decir, a lo que invirtió inicialmente.
3. Existe información pública, completa y comprensible para el inversor minorista, sobre las características del producto.
4. No son productos derivados.

Los **productos complejos:**

1. Son los que no cumplen con todas o alguna de las características anteriores.
2. Pueden suponer mayor riesgo para el inversor, suelen tener menor liquidez (en ocasiones no es posible conocer su valor en un momento determinado) y, en definitiva, es más difícil entender tanto sus características como el riesgo que llevan asociado.

En la última sección del cuestionario se relaciona cada producto por grado de complejidad y se pide al cliente que valore su grado de conocimiento (poco, limitado, bastante y amplio), y en una segunda parte su experiencia e inversiones realizadas durante los últimos doce meses (ninguna, menos de 4, de 4 a 8, más de 8):

1. Depósitos e IPF.
2. Fondos monetarios y garantizados.
3. Otros fondos de inversión.
4. Renta fija pública o privada.
5. Renta variable.
6. Participaciones preferentes.
7. Derivados (*warrants,* opciones, futuros, CFD).
8. Notas estructuradas-garantías de capital.
9. Otras notas estructuradas.
10. Inversiones alternativas.
11. Gestión discrecional de carteras.

La información relativa a los conocimientos y experiencia del cliente incluirá su nivel de estudios, la profesión actual y anterior, su relación con el sector financiero, y su experiencia y familiaridad con los productos y mercados. En la sección anterior se le preguntó sobre el nivel de pérdidas que estaría dispuesto a asumir en la cartera en 12 meses, y su respuesta de alguna manera debe coincidir con el nivel de riesgo que quiere asumir y su capacidad de asumir pérdidas en el corto plazo.

En la gestión discrecional de las carteras la confianza en el gestor predomina a la experiencia. El cliente gestionado puede contar con la experiencia y los conocimientos necesarios para comprender los riesgos, o puede que no, pero tiene un mayor autocontrol de sus emociones y está dispuesto a aceptar que un profesional gestione el riesgo.

Finalmente, comentar el resultado de las entrevistas y del cuestionario sirve para alinear los objetivos teóricos del cliente con los objetivos reales. El aspecto emocional sobre la incertidumbre sobre el futuro y el riesgo que implica es difícil de valorar, aunque a medida que se va conociendo al cliente y compartimos las diferentes vicisitudes del mercado se diagnostica mejor. Al principio de la relación existe reticencia a aceptar una oferta con un resultado incierto, frente a otra oferta con un resultado menos rentable pero más seguro, y como resultado la rentabilidad obtenida será menor de la que el cliente espera obtener. La aversión a las pérdidas psicológicamente predomina y el cliente evalúa el asesoramiento por los resultados obtenidos al precio de compra cuando en realidad en el largo plazo ese precio de compra cada vez es más irrelevante. Existe asimetría entre el objetivo del cliente y el riesgo, entre las modas del mercado en el corto plazo, el efecto rebaño y el objetivo final, entre la incertidumbre y volatilidad de los mercados y la certeza de nuestra jubilación final.

TABLA 19.4

Clasificación general

Principales categorías de productos financieros	**Complejidad**		**Factores de riesgo**
	No complejos	**Complejos**	
Renta fija	Renta fija (que no se hayan catalogado como complejos). Instrumentos del mercado monetario que no incorporen derivado implícito (letras del Tesoro, pagarés de empresas).	Instrumentos de renta fija con derivado implícito. Emisiones perpetuas. Pasivos admisibles para la recapitalización interna de la entidad emisora.	**Riesgo de mercado** • Riesgo de variación en el precio por la evolución de los tipos de interés. • Riesgo de variación en el precio por la evolución del tipo de cambio. **Riesgo de crédito** • Riesgo de crédito o insolvencia del emisor. • Riesgo por limitaciones a la remuneración. • Riesgo de no amortización o de amortización condicionada. **Riesgo de liquidez** • Riesgo de ausencia de mercado de negociación y falta de liquidez. **Otras circunstancias que pueden afectar al precio** **Riesgo de reinversión**

TABLA 19.4 *(continuación)*

Principales categorías de productos financieros	Complejidad		Factores de riesgo
	No complejos	Complejos	
Renta variable	Acciones admitidas a negociación en un mercado regulado o equivalente de un tercer país. Derechos preferentes de suscripción (adquisición de los necesarios para completar el redondeo de la ampliación de capital).	Acciones no cotizadas o cotizadas en mercados no regulados. Derechos preferentes de suscripción (adquisición adicional de derechos).	**Riesgo de mercado** • Riesgo por la evolución de los precios de cotización. • Riesgo por la evolución de los tipos de interés. • Riesgo por el tipo de cambio. **Riesgo de crédito** • Riesgo en la remuneración. **Riesgo de liquidez** • Riesgo de falta de liquidez. **Escenarios de posible evolución**
Instituciones de inversión colectiva (IIC)	Instituciones de inversión colectiva armonizadas a nivel europeo (UCIT III/IV). IIC no europeas o no UCIT, cuando: *a*) Existan posibilidades frecuentes de reembolso a precios públicos. *b*) No puedan implicar pérdidas que excedan del importe invertido. *c*) Haya información pública suficiente sobre sus características.	Participaciones y acciones de IIC estructuradas. IIC no europeas o no UCIT. *Hedge funds*. Fondos inmobiliarios. Fondos de capital riesgo o *private equity*.	**Riesgo de mercado** • Riesgo de divisa. • Riesgo por evolución del valor liquidativo. **Riesgo de crédito** • Riesgo de apalancamiento. **Riesgo de liquidez** • Riesgo de falta de liquidez.
Contratos por diferencia (CFD, *contracts for difference*)		Los CFD son considerados productos complejos.	**Riesgo de mercado** • Riesgo de apalancamiento. • Riesgo por operaciones financieras del subyacente. **Riesgo de crédito** • Riesgo de garantías adicionales.
Productos derivados		Futuros, opciones, *swaps, warrants,* certificados.	**Riesgo de mercado** • Riesgo de tipos de interés. • Riesgo de evolución de los subyacentes y su volatilidad y otros factores. • Riesgo de número de días a vencimiento. **Riesgo de crédito** • Riesgo de crédito/contrapartida. • Riesgo por asumir compromisos financieros adicionales. • Riesgo de apalancamiento. **Riesgo de liquidez** • Riesgo de liquidez.

TABLA 19.4 *(continuación)*

Principales categorías de productos financieros	Complejidad		Factores de riesgo
	No complejos	Complejos	
Productos estructurados o referenciados		Productos garantizados. Productos no garantizados: *a*) De cupón. *b*) De participación. *c*) De apalancamiento.	**Riesgo de mercado** • Riesgo en caso de venta anticipada. **Riesgo de crédito** • Riesgo del emisor y riesgo del garante. **Riesgo de liquidez** **Riesgo de cobertura**
ETF, ETN, ETP	ETF armonizados	ETF, ETN, ETP	**Riesgo de mercado** • Riesgo de distinta evolución que el activo de referencia. **Riesgo de crédito** • Riesgo de apalancamiento. • Riesgo de contrapartida. **Riesgo de liquidez** • Riesgos de liquidez y de precio de negociación. **Otros riesgos**

19.5. DETERMINACIÓN DEL ESTADO ECONÓMICO-FINANCIERO DEL CLIENTE

19.5.1. Estado financiero actual

Una vez hemos determinado el nivel de tolerancia al riesgo del cliente y conocemos sus objetivos de inversión, el siguiente paso es analizar el estado de su situación patrimonial real.

Para ello debemos analizar sus recursos y obligaciones financieras presentes y futuras, de modo similar a una auditoria sobre el balance de situación de una empresa, y con ello establecemos su capacidad de ahorro y de inversión.

En el balance de situación desglosaremos todas las fuentes de ingresos, tanto fijos como variables (salarios, tendencia en el futuro y su indexación a la inflación), y partidas de gasto, endeudamiento fijo y variable (hipotecas, créditos personales). También sus inversiones, por riesgo y retorno esperado, sus propiedades y su disposición a mantener inversiones perdedoras, y la posibilidad de venderlas en el corto y largo plazo, ingresos extraordinarios, como herencias y cálculo de su vida laboral, y situación de su pensión esperada con la Seguridad Social y fiscalidad, tipo marginal en renta y patrimonio.

Activo	Pasivo
Activos financieros *Inversiones:* 1. Cuentas corrientes, depósitos, letras del Tesoro, FI monetarios. 2. Bonos, obligaciones, FI RF. 3. Acciones, FI RV. 4. Planes de ahorro, *Unit-Linked,* PIAS. SIALP. 5. Planes de pensiones, PPA, PPSE. *Otros activos:* 6. No financieros. 7. Negocios privados.	*Deudas a corto plazo* 1. Saldos vivos en tarjetas de crédito. 2. Préstamos, líneas de crédito. *Deudas a largo plazo:* 3. Hipoteca sobre vivienda habitual. 4. Otras hipotecas. 5. Otras deudas a largo plazo.
Total activo	**Total pasivo**

Cuenta de resultados (ingresos y gastos)

Ingresos	Gastos
Ingresos del trabajo *(bonus)*. Ingresos adicionales: alquileres, intereses, dividendos, prestaciones de planes de pensiones, prestación actual o futura Seguridad Social, otros.	Gastos fijos: alquileres, hipoteca, servicios, seguros, educación hijos, compras bienes duraderos, impuestos, cuotas de préstamos, contribuciones Seguridad Social, otros. Gastos variables.
Total ingresos (+)	**Total gastos (−)**

Como bien indica Ricardo Ruiz, en su manual *Asesoramiento y planificación financiera:*

> **Análisis financiero patrimonial**
>
> El análisis de la capacidad financiera se realiza a través de tres herramientas:
>
> 1. Análisis del patrimonio neto.
> 2. Análisis de la liquidez disponible.
> 3. Análisis de la capacidad de endeudamiento.
>
> Para ello se usan diferentes ratios:

— Ratio de ahorro: Ahorro anual/Ingresos netos (dependiendo la edad del cliente, su valor debería oscilar entre 8% y 25%).
— Ratio de liquidez: Activos líquidos/Deuda (no debe ser muy inferior a 1).
— Ratio de solvencia: Activos totales/Deuda (debería ser superior a 1,10).
— Ratio de fondo de emergencia: Activos líquidos/Gastos mensuales no discrecionales (lo deseable es entre tres y seis meses).

Análisis de los gastos

— Gastos no discrecionales: los que son fundamentales para la vida diaria del individuo: alquiler o hipotecas, coche y seguros de vida, impuestos, alimentos y ropa, etc.
— Gastos discrecionales: los que no son esenciales para la vida diaria del individuo: suscripciones a revistas, pertenencia a asociaciones, vacaciones, ocio, etc.

Análisis del presupuesto de tesorería

— Es el proceso de proyectar, vigilar y ajustar los futuros niveles de ingresos y gastos.
— Lo primero será determinar las unidades monetarias de gastos por categoría y mes, y expresarlo como porcentaje de los ingresos brutos. Después, identificar cuáles de los costes son sensibles a la inflación y proyectar los ingresos del siguiente año en base mensual. Una vez proyectado el presupuesto para los próximos 12 meses, habrá que informar al cliente sobre su nivel de ahorro mensual, así como de sus hábitos de gastos.

19.5.2. Actitudes y expectativas

Una vez conocida la capacidad financiera del cliente, su situación patrimonial, su capacidad de ahorro y su nivel de tolerancia al riesgo, podemos concluir si sus expectativas de inversión son realistas. En otras palabras, el tipo de interés de retorno deseado contra un retorno realista. La tendencia es a sobreestimar o exagerar los ingresos y conocimientos e infravalorar los riesgos, así como nuestra longevidad y años de pensión. El cliente, por ejemplo, no es consciente del coste y efectos de la inflación en el largo plazo.

El éxito de nuestro servicio como asesores financieros empieza dialogando con el cliente y hacerle partícipe de cada etapa del proceso de planificación. Nuestro cliente puede ser un verdadero experto en su profesión, pero su comportamiento en el pasado y su situación patrimonial actual pueden entrar en conflicto con su objetivo final. ¿Estamos realizando una gestión patrimonial estratégica, una inversión financiera parcial, o postergando nuestra independencia financiera, cuyo coste en el tiempo es irrecuperable?

19.5.3. Necesidades de capital actuales/esperadas

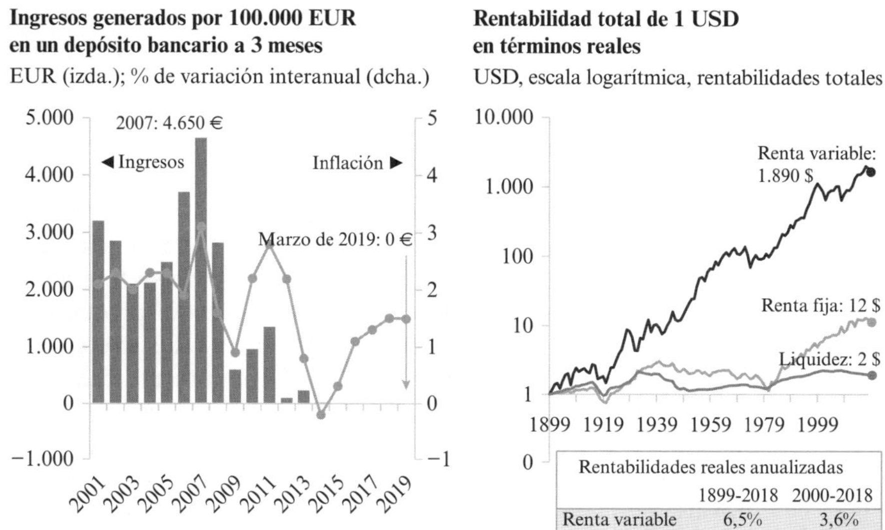

Rentabilidades reales anualizadas	1899-2018	2000-2018
Renta variable	6,5%	3,6%
Renta fija	2,1%	4,3%
Liquidez	0,6%	−0,6%

La inflación es el porcentaje de variación interanual del índice armonizado para la zona euro de los precios al consumo. Las rentabilidades pasadas no son representativas de los resultados futuros.

FUENTE: Bloomberg, Eurostat, J.P. Morgan Asset Management (izda.). Bloomberg, Bloomberg Barclays, FactSet, Shiller, Siegel, Standard & Poor's, J.P. Morgan Asset Management. Rentabilidades antes de 2010: Shiller, Siegel; desde 2010: Renta variable: S&P 500; Renta fija: Bloomberg Barclays US Treasury 20+ year Total Return Index; Liquidez: Bloomberg Barclays US Treasury Bills Total Return Index (dcha.). *Guide to the Markets-Europa* (datos a 31 de marzo de 2019).

Figura 19.6. Inversiones en liquidez.

El asesoramiento financiero debe considerar las necesidades de capital regulares e irregulares a corto y medio plazo del cliente, entre 12 meses y 3-5 años, así como la previsión de un fondo de maniobra para cubrirlo, incluidos gastos inesperados. La liquidez sirve para aprovechar oportunidades de compra ante las ineficiencias del mercado.

19.5.4. Tolerancia al riesgo

Cada persona, cada profesional y cada entidad tiene su concepto de riesgo, por lo que la valoración del riesgo que hace nuestro cliente puede entrar en conflicto con nuestra valoración final. No se puede presumir conocer sus necesidades sin estar de acuerdo las dos partes con ellas.

El objeto principal del cuestionario de idoneidad es valorar de forma objetiva la tolerancia al riesgo del cliente, y en las entrevistas su conducta hacia él. El asesor debe vigilar en el tiempo posibles cambios en su orientación hacia el riesgo. El mejor barómetro de tolerancia al riesgo se mide cuando existen bajadas fuertes en los mercados, como las que vivimos en diciembre de 2018, en un entorno de crecimiento económico fuerte, de pleno empleo en Estados Unidos y bajos tipos de interés en todo el mundo, una situación idónea para los mercados; sin embargo, en menos de tres semanas los mercados bajaron 20%-25%. Si en ese momento, conocido como «el umbral del sueño», los clientes empiezan a llamar y claudicar en su confianza, en esa situación su tolerancia al riesgo queda a la vista, pero si al contrario les llamas y no están preocupados y confían en tu asesoramiento, y saben que es parte del proceso de inversión a largo plazo, sabes que estás realizando un buen trabajo. Generalmente cuando es el cliente el que se pone en contacto, mostrando preocupación, sabes que está cercano a su límite de tolerancia.

Determinar el perfil de riesgo del cliente como inversor es un arte, y sin duda la variable más importante en el proceso de planificación e inversión, junto con la variable del tiempo de inversión. El umbral del insomnio es el nivel máximo de pérdidas toleradas. Las matemáticas financieras calculan las oscilaciones del mercado, similares a un electrocardiograma, y las miden contra su media histórica: cuanto mayor y más frecuente sea la variación, mayor es la volatilidad; así es como se mide el riesgo. La estadística financiera mide el riesgo de una cartera. principalmente por su volatilidad.

Cada activo financiero tiene una volatilidad media histórica: el activo con volatilidad cercana a cero es la deuda gubernamental con garantía del estado de corto plazo; un bono de 5 y 10 años tiene una volatilidad de alrededor del 5%; un índice bursátil, como el S&P500, entre 13%-18%, y una acción puede oscilar entre el 20%-25% o más. La volatilidad media de una cartera debe corresponder al perfil de riesgo del cliente, y a su vez la rentabilidad esperada de la cartera es directamente proporcional a su riesgo. Si la volatilidad de la cartera es del 7%, su retorno medio esperado en el tiempo será alrededor del 7%.

Como perfectamente lo resume la CNMV: «una regla de oro que nunca hay que olvidar es que rentabilidad y riesgo son dos conceptos que van unidos: cuanta mayor sea la rentabilidad esperada de un producto mayor será el riesgo que asumamos», con la siguiente advertencia, «desconfíe de quien le ofrezca un producto con rentabilidad elevada y sin riesgo: esa combinación no existe».

Perfiles de riesgo

La CNMV establece un mínimo de tres categorías de perfil riesgo: conservador, medio y agresivo. Desde nuestro punto de vista, el espacio en la frontera entre uno y otro permite aplicar un margen de volatilidad amplio. Por su lado, el Colegio de Economistas que asesora a las empresas de asesoramiento financiero reguladas recomienda a las empresas adscritas al colegio un modelo de cuestionario de riesgo de cinco categorías, que permite mayor precisión en calibrar el riesgo adecuado.

1. **Muy conservador.** Perfil de inversor cuyo fin es la preservación del capital y sin riesgo.
2. **Conservador.** Perfil cuyo fin es la preservación del capital, sin necesidades de liquidez a corto plazo y dispuesto a invertir en activos de bajo riesgo, como deuda estatal con un interés fijo.
3. **Moderado.** Es el perfil mayoritario de los clientes, dispuestos a mantener sin cambios su cartera durante un mínimo de dos años, con una volatilidad media por debajo del 10% y con el 50% de la cartera en activos de renta variable.
4. **Dinámico.** Inversor con experiencia en los mercados y con inversión orientada al medio y largo plazo, con una combinación de la cartera 35% en renta fija y 65% en renta variable.
5. **Agresivo.** Inversor con amplia experiencia en los mercados, con el 95% de la cartera en renta variable y un plazo de inversión superior a los cinco años.

	Muy conservador	**Conservador**	**Moderado**	**Dinámico**	**Agresivo**
Renta fija	95,00%	65,00%	50,00%	35,00%	5,00%
Renta variable	5,00%	35,00%	50,00%	65,00%	95,00%
Rendimiento esperado	1-3%	(−1-+4%)	(−3-+12%)	(−8-+18%)	(−18-+25%)
Volatilidad	0-2%	2-4%	4-10%	10-15%	15-25%
Horizonte de inversión	6 meses	1 año	2 años	3 años	5 años
Objetivos de inversión	20%	40%	60%	80%	100%
Situacion financiera	30%	40%	60%	80%	100%
Conocimientos y experiencia	30%	50%	75%	85%	100%

Resultado	**Puntuación**	**Máximo**	**%**	**Perfil**	
Objetivos de inversion	12	28	43%	Moderado	3
Situación financiera	12	30	40%	Moderado	3
Conocimientos y experiencia	66	134	49%	Conservador	2

Evaluacion del cliente.

Los objetivos de inversión no son adecuados para la situación financiera, o los conocimientos y experiencia del cliente: **no apto.**

Cada categoría implica un nivel de riesgo más definido y conlleva rentabilidades futuras en el tiempo, proporcionales al riesgo asumido. Las probabilidades de conseguir las rentabilidades implícitas a cada perfil se consiguen con el tiempo. Cuanto menor es el riesgo asumido, menor es la rentabilidad y el tiempo para conseguirlo; por el contrario, cuanto mayor sea el riesgo, mayor es la rentabilidad, pero mayor el tiempo para alcanzarlo.

Si partimos de la teoría sobre la imposibilidad de predecir los mercados y de la dificultad en superarlos de forma consistente en el tiempo, llamada «hipótesis del mercado eficiente» (HME), en el sentido de que los mercados en todo momento se encuentran correctamente valorados y que su valoración se refleja en las fuerzas de la oferta y de la demanda en la cotización de los índices de referencia, y que estos índices de referencia son a su vez la suma del valor de una serie de activos financieros y el baremo que utilizamos para calificar la rentabilidad de nuestras inversiones, esta hipótesis establece que los mercados y los inversores se comportan de forma irracional; para suplir esta irracionalidad es necesario diversificar su inversión. La diversificación se consigue invirtiendo en una cesta de productos que repliquen en un 99% de los casos a su índice de referencia, reduciendo con ello el riesgo de mercado al nivel exigido para cada perfil.

El resultado de la mayoría de los cuestionarios de riesgo es equivalente a una cartera **moderada,** lo que implica una cartera diversificada en un 50% en renta fija y un 50% en renta variable, con un rendimiento esperado anual entre el −3% y el +12% para un horizonte temporal mínimo de dos años y una volatilidad entre el 4% al 8%.

El cuestionario del Colegio de Economistas pone, por ejemplo, como prioridad de criterio para definir el perfil de riesgo de los clientes sus conocimientos y experiencia. En el ejemplo anterior, el cliente obtuvo una puntuación por debajo del 50% en el resultado de sus objetivos de inversión y situación financiera; aunque se situó dentro del rango de perfil moderado, no alcanzó el baremo del 50% en conocimientos, y concluye que los objetivos de inversión no son adecuados para la situación financiera o los conocimientos y experiencia del cliente, por lo que lo califica como **no apto.** Se debe revisar a la baja el riesgo de sus objetivos financieros y adecuarlos a sus conocimientos y experiencia para que califique como **apto.**

Con el tiempo, la experiencia y conocimientos del inversor evolucionan, así como sus necesidades y circunstancias personales. Si su experiencia con el asesor ha sido positiva y coincide con un ciclo positivo del mercado, suele aumentar su sesgo al riesgo dispuesto a asumir. La irracionalidad de los mercados en el corto plazo y un exceso de confianza pueden influir en su patrón de comportamiento, y cierta flexibilidad puede justificarse. La CNMV recomienda realizar el cuestionario anualmente y requiere le sea comunicada oficialmente sobre cambios de categoría de riesgo diferente al de la primera categorización del cliente.

Existe la posibilidad, para un cliente, de aumentar al máximo el riesgo de sus inversiones y renunciar a la protección ofrecida como categoría minorista, siempre que se respeten los criterios de conocimientos y la experiencia, y complete el correspondiente procedimiento. Debe declarar por escrito a la entidad su deseo de ser tratado como cliente profesional, ya sea en todo momento o con respecto a un servicio de inversión o a una operación especial, y a su vez la entidad debe advertirles, acerca de la menor protección en cuanto a derechos de indemnización.

Exposición al riesgo

La naturaleza de los mercados financieros obliga al asesor financiero a vigilar de forma continuada el riesgo financiero inherente de la cartera del cliente y su riesgo futuro. Cada instrumento financiero tiene un riesgo financiero medio histórico, y su cuantificación no significa que se reproduzca de la misma forma en el futuro.

La diversificación de la cartera permite repartir al mínimo el riesgo de la cartera, debiendo entenderse como la banda de fluctuación máxima de la cartera ante un evento de riesgo máximo totalmente inesperado o «cisne negro». Los principales riesgos a los que está expuesta la cartera de inversión de un cliente son:

1. El riesgo de mercado: variaciones de los precios de los activos.
2. Riesgo de crédito: es la posibilidad de insolvencia e impago del emisor de la deuda, del principal o intereses, y se mide con el *rating* de las agencias de calificación.
3. Riesgo de liquidez: la liquidez mide el potencial de pérdida adicional derivada por la falta de contrapartida a la hora de vender una inversión, por compromiso contractual, venta anticipada y penalización.
4. Riesgo de cambio: mide el riesgo por la fluctuación del precio de una divisa y el coste de la transacción.
5. Operativo: debido a errores humanos por ineficiencias en la ejecución de órdenes o fallos tecnológicos.
6. Riesgo de apalancamiento: algunos instrumentos financieros apalancados producen mayores ganancias o pérdidas del deseado.
7. Riesgo geopolítico, como una guerra tarifaria Estados Unidos con China, lanzamiento de misiles por Corea, referéndum del *brexit,* etc.

Gestión del riesgo

El asesor financiero está obligado a analizar la estructura de complejidad de cada una de las inversiones del cliente, estilo de gestión, coste total y rentabilidad neta recibida. Cada fondo de inversión cuenta hoy en día con un indicador de complejidad, siendo 1/6 indicativo de menor riesgo y 6/6 de mayor riesgo, debiéndose indicar claramente en la ficha, al igual que el TER *(total expense ratio)* o ratio de costes totales, que incluyen la comisión de gestión, impuestos y auditoría. Por ejemplo, los fondos de inversión pasiva replicando a su índice de referencia cuentan con unos costes de gestión muy bajos; y, al contrario, en los fondos de gestión activa, los costes totales son superiores, al incluir el gasto de análisis y gestión.

La gestión y planificación del riesgo personal es igualmente importante. La previsión de un seguro de vida y el alcance de la cobertura es indispensable si queremos conseguir la independencia financiera del cliente, debiendo considerarse como parte de nuestra gestión del riesgo.

La situación fiscal del cliente es otro factor de riesgo clave en una eficiente planificación financiera, y puede convertirse, en algunos casos, en el mayor factor de rentabilidad de la cartera; las deducciones fiscales por inversión en tecnología o subvenciones por producción cinematográficas son un buen ejemplo de ello. Por el contrario, el riesgo por incumplimiento de obligaciones tributarias y su desconocimiento pueden obligar a realizar ventas de activos en un momento inapropiado del mercado. Las deducciones fiscales por la correcta gestión de las plusvalías o minusvalías en el tiempo o inversión en productos de previsión, como fondos de pensiones, optimizan el retorno del cliente en el largo plazo.

Estrategias y políticas de inversión actuales

Una vez conocemos el perfil de riesgo del cliente podemos optimizar la estructura de sus inversiones actuales y si se ajustan a los planes del cliente. Esta etapa nos permite analizar la actuación del cliente en el pasado, la modalidad de las inversiones realizadas, la estrategia realizada y la efectividad de la rentabilidad conseguida contra el riesgo asumido. Entender las estrategias utilizadas hasta el momento y su efectividad pasada nos permite conocer mejor al cliente y sus conocimientos y expectativas.

Se debe desglosar cada una de las inversiones, diversificándolas por activos, por zonas geográficas, por riesgo y correlación entre sí. Una vez conocemos con cierta precisión el riesgo global de la cartera de inversiones, podemos ofrecer alternativas que optimicen y se ajusten al ciclo vital del cliente.

Otro aspecto importante para tomar en cuenta dentro del proceso de valoración es analizar su situación de previsión ante su jubilación, e incluir un estudio sobre su vida laboral y la existencia de un plan o seguro de ahorro o pensiones.

Finalmente, conocer la estrategia de la sucesión del patrimonio del cliente, por muy pequeña que pueda ser, es a menudo causa de conflictos y riesgos fiscales, por lo que conviene planificarla.

19.6. DESARROLLO Y PRESENTACIÓN DE UN PLAN FINANCIERO BASADO EN EL CICLO DE VIDA

19.6.1. Contrato de asesoramiento

A pesar de que la ley establece que los servicios de inversión solo pueden ser prestados por personas o empresas autorizadas, si accedemos a Internet encontraremos innumerables servicios de asesoramiento financieros no autorizados o regulados. El peligro radica en repetir sucesos del pasado, donde el ahorrador sin conocimientos pierda sus ahorros en una mala inversión. La única forma de protegerle y establecer el alcance del servicio es firmando un contrato que manifieste el interés del cliente por un servicio de asesoramiento financiero regulado y autorizado por la CNMV. El contrato debe reflejar que, con anterioridad a la firma del contrato, se ha obtenido información sobre los conocimientos, la experiencia y cualificación del cliente, para clasificarle como minorista o profesional y evaluar la idoneidad del cliente para inversiones con un riesgo determinado. De igual forma, el cliente debe confirmar el importe del capital y que los fondos que pone bajo asesoramiento son de procedencia lícita y de su propiedad, y cumple con la normativa sobre el blanqueo de capitales.

El contrato establece el formato del asesoramiento, y si es independiente o no. Con relación al primero, existe el deber fiduciario de recomendar al cliente el mejor producto financiero posible, de acuerdo con sus objetivos y perfil de riesgo; en el segundo caso, el no independiente, existe una vinculación contractual entre el asesor y los productos recomendados. Para el primero, el alineamiento del interés del cliente con el del asesor es total, no habiendo conflictos de interés; no sucede así en el segundo, el cual recibe una comisión o retrocesión por el producto recomendado, que puede que no sea el mejor producto disponible. En los dos casos, los criterios de selección de los instrumentos recomendados y su complejidad deben adecuarse a su perfil de riesgo.

Desde enero 2018, y con la introducción de MiFID II, se incrementa el nivel de transparencia en el servicio, pues toda recomendación, independiente o no independiente, debe incluir el desglose del coste total del servicio y la tarifa del asesoramiento, que debe estar autorizada por la CNMV, así como detalle de todos los costes y gastos directos, y de los cobrados de terceros.

19.6.2. Diseño de carteras básicas según los diversos objetivos del cliente

Una vez firmado el contrato, el siguiente paso dentro del proceso de planificación es el diseño de la cartera.

Nuestro nivel de relación y de conocimiento del cliente y sus expectativas de inversión a estas alturas del proceso deben ser elevados. Aunque todavía no hemos compartido con él los vaivenes de la bolsa, y especialmente su reacción hacia las correcciones del mercado, tenemos una idea aproximada de su tolerancia al riesgo y el horizonte temporal de la inversión.

El diseño del plan debe incluir las siguientes explicaciones y consideraciones:

1. Establecer la fase del ciclo vital del cliente.
2. Expectativas del cliente y la realidad de la rentabilidad esperada.

3. Estadística financiera.
4. Hipótesis del Mercado Eficiente (HME).
5. El interés compuesto.
6. La inflación.
7. Costes de gestión.
8. Fiscalidad.
9. La volatilidad.
10. La diversificación.
11. Horizonte temporal de la inversión y porcentajes de inversión por activo.

Establecer la fase del ciclo vital del cliente

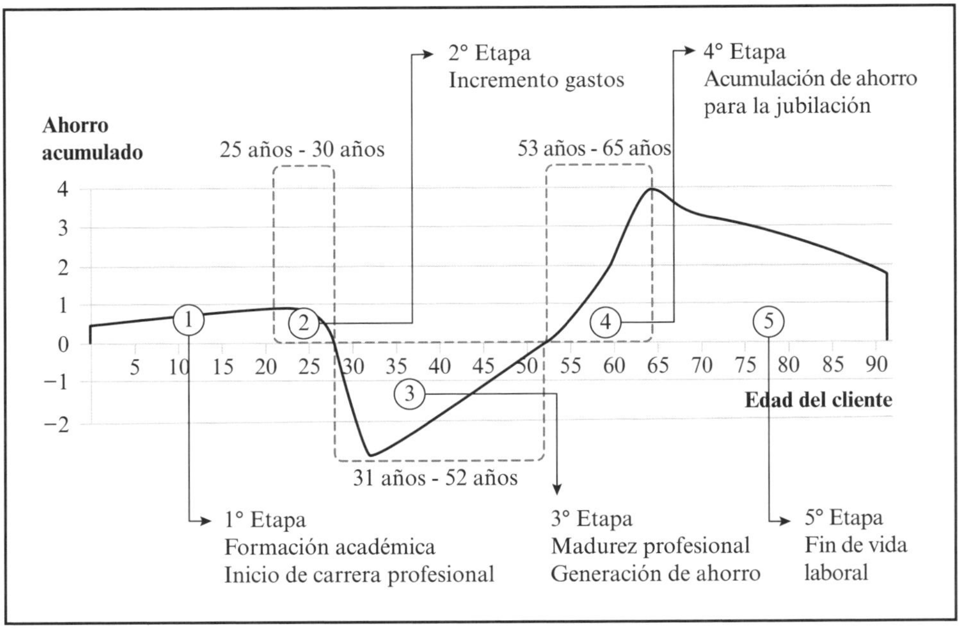

FUENTE: KPMG Abogados, S. L., mayo de 2018, p. 11.

Figura 19.7. El asesoramiento en materia de inversión.

Etapa joven-adulto (de 22 a 35 años): esta fase del ciclo, una vez formado y de entrada en el mundo laboral, es la idónea para comenzar a construir una cartera y fomentar el ahorro; sin embargo, las necesidades de consumo —coches, viajes, boda o vivienda— implican que las inversiones deben estar disponibles. El ahorrador se inicia en el funcionamiento de los mercados financieros y de crédito y de sus riesgos. El asesoramiento financiero puede reducir costes innecesarios, por desconocimiento de la pequeña letra en los contratos bancarios, plazos de los créditos, tipo de interés de referencia, margen y coste de los intereses derivados de ellos. Las inversiones están orientadas al medio plazo, 3-5 años, y con riesgo medio-alto.

La cartera, inicialmente, y considerando que el horizonte temporal de la inversión es superior a 20 años, debe tener un componente alto en activos de renta variable, sensibles al crecimiento, e ir reduciéndolo a medida que nos acerquemos a la jubilación. Una cartera amplia y muy bien diversificada es lo aconsejable, con una volatilidad ligeramente por encima de la media, geográficamente repartida y con inversiones con comportamientos no correlacionados entre sí.

Etapa de acumulación (de 35 a 45 años): en esta etapa parte de los ahorros anteriores se dedican a construir la unidad familiar y la educación de los hijos. Los gastos son mayores, pero se dividen y compensan con mayores ingresos. Es conveniente cierta seguridad y estabilidad en el futuro de la unidad y contratar seguros de vida. Es el momento de invertir en planes de ahorro de jubilación con ventajas fiscales y planificar la jubilación con inversiones de largo plazo y mayor riesgo.

Etapa de consolidación (de 45 a 60 años): es la etapa donde el asesor puede aportar mayor valor añadido, puesto que se debe rentabilizar al máximo los ahorros y reducir al mínimo el riesgo de cualquier imprevisto, laboral, médico o fiscal.

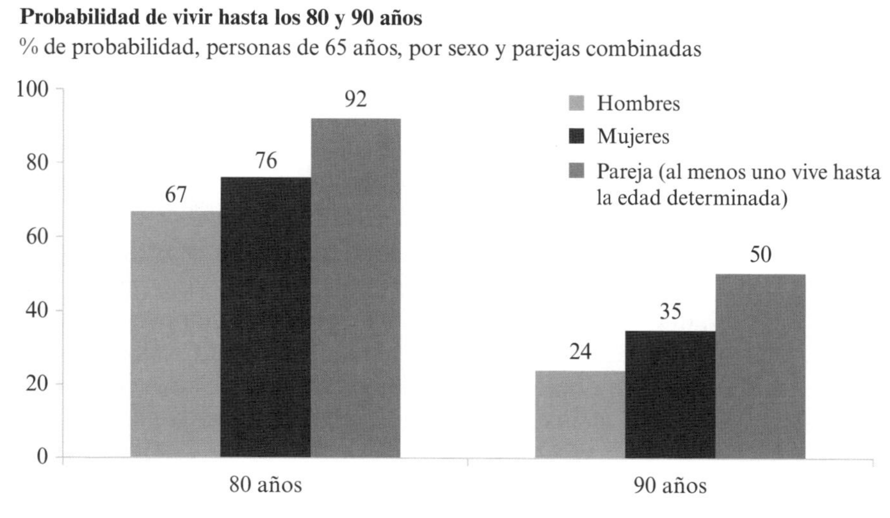

Las rentabilidades pasadas no son representativas de los resultados futuros.
FUENTE: ONS 2015-2017 Life Tables, J.P. Morgan Asset Management. *Guide to the Markets-Europa* (datos a 31 de marzo de 2019).

Figura 19.8. Esperanza de vida.

Etapa de protección, jubilación y donación (a partir de los 60 años): la esperanza de vida en España en 2019, y según los datos del INE, es en las mujeres de 85,73 años y para los hombres de 80,39 años, con una media para ambos sexos de 83,10. Para el 2030 las expectativas aumentarán en cuatro años en las mujeres y cinco en los hombres. Si la edad de jubilación se sitúa de media en los 63 años, equivale a planificar un nivel de ingresos adecuado durante 20 años más, como mínimo, 25 en el caso de la mujer. Estamos hablando de una media de años, pero nuestro cliente puede perfectamente vivir cinco años por encima de esa media, especialmente particular si es mujer. Por lógica, la tolerancia al riesgo disminuye y el objetivo principal es proteger el capital y cubrir los gastos personales y familiares. Los gastos sanitarios se incrementan y la posibilidad de dejar una herencia disminuye con el tiempo. La cartera debe estar invertida en activos de renta, como dividendos, cupones o interés, y de un riesgo bajo.

La eventualidad de un gasto extraordinario se incrementa y se recomienda mantener un 5% de la cartera en liquidez a muy corto plazo y otro 5% para cubrir los gastos de 12 meses.

Expectativas del cliente y la realidad de la rentabilidad esperada

La irracionalidad de los mercados financieros causa desconfianza a la hora de invertir nuestros ahorros en productos de volátiles, por lo que una introducción a las bondades de una inversión a largo plazo es el mejor comienzo. Una explicación sobre el comportamiento histórico de los mercados en los últimos cien años, la rentabilidad obtenida en ese plazo por la renta variable, la renta fija, la liquidez y la inflación y su predictibilidad en el tiempo, así como el crecimiento medio de la economía mundial en ese período, sirven de excelente punto de partida como argumento de inversión a largo plazo.

Cuando nos referimos a rentabilidades medias históricas, y al igual que con nuestra esperanza de vida, la media induce a errores de cálculo graves; el ejemplo claro lo vemos en los datos publicados este año por el Foro Económico Mundial, que indica que los jubilados de todo el mundo sobrevivirán a sus ahorros a razón de entre ocho y casi 20 años en promedio, y las mujeres dos años más. De igual forma, dentro de la media de retornos históricos existen años muy buenos y años muy malos, y pocos ciertamente se acercan a su media.

Estadística financiera

La pedagogía en la estadística financiera contribuye a fijar objetivos de largo plazo. Como referencia, observamos que la rentabilidad media anual de una cartera moderada, con una volatilidad media del 5,25% —50% en renta variable y otro 50% en renta fija—, ha sido del 5,5% en los últimos 10 años. La rentabilidad media obtenida en los últimos 120 años ha sido del 6,5% en renta variable y del 2,1% en renta fija. La liquidez obtuvo un 0,6%. Todo ello en un período con dos guerras mundiales, 25 recesiones económicas y dos grandes crisis financieras. La tendencia natural es la de crecer, y de hecho la economía mundial creció de media un 3% anualmente en cien años.

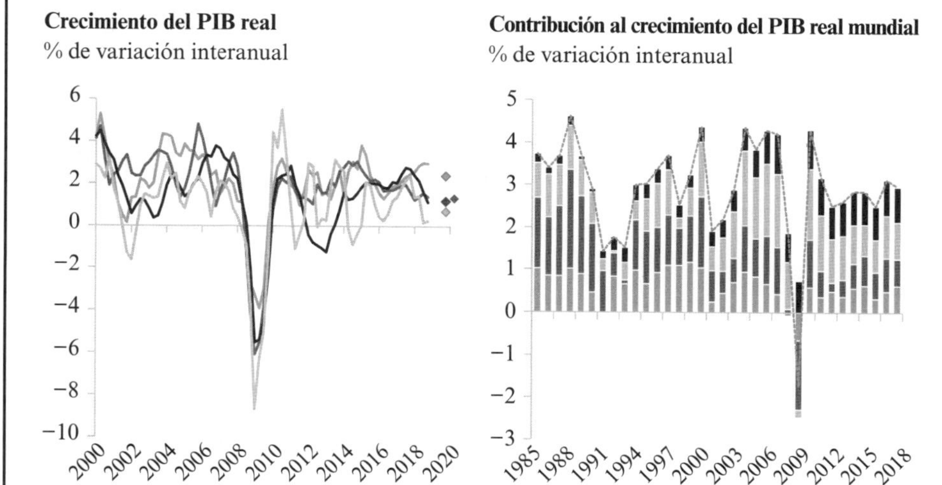

	2019 previsión de consenso
Estados Unidos	2,4 %
Reino Unido	1,3 %
Zona euro	1,2 %
Japón	0,7 %

ME hace referencia a mercados emergentes; MD hace referencia a mercados desarrollados. Los datos de 2018 son estimaciones a partir de los datos de la OCDE. Las rentabilidades pasadas no son representativas de los resultados futuros.

FUENTE: Oficina de Análisis Económico de Estados Unidos, Bloomberg, Eurostat, Oficina del Gabinete de Japón, Oficina de Estadísticas Nacionales del Reino Unido, Refinitiv Datastream, J.P. Morgan Asset Management. Las previsiones se derivan del índice de contribuyentes de Bloomberg (izda.). Refinitiv Datastream, Banco Mundial, J.P. Morgan Asset Management (dcha.). *Guide to the Markets-Europa* (datos a 31 de marzo de 2019).

Figura 19.9. Crecimiento mundial.

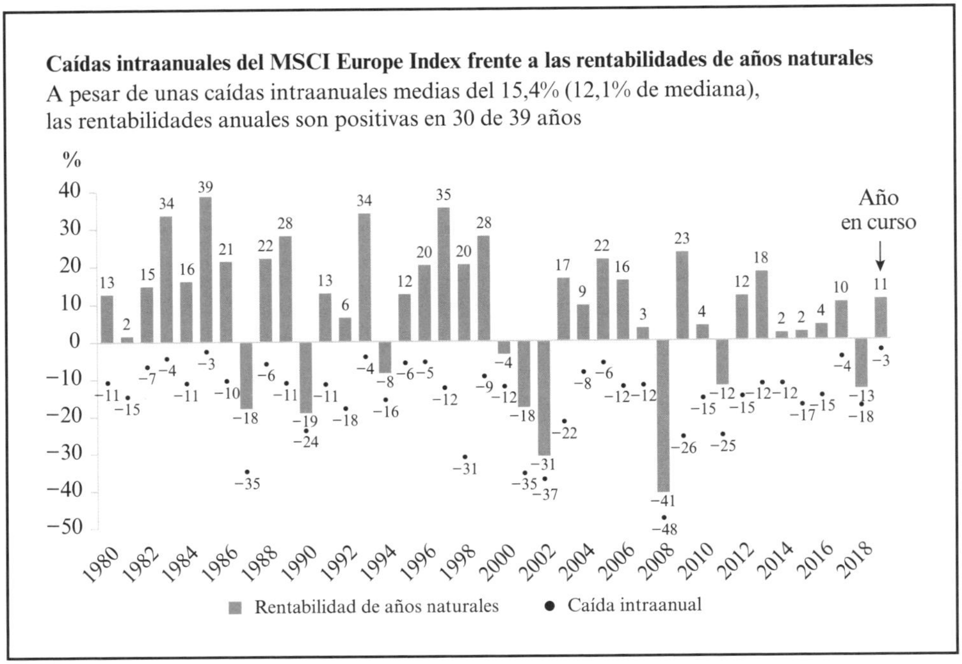

Las rentabilidades se basan en los precios únicamente y no incluyen los dividendos. La caída intraanual se refiere a la mayor caída del mercado desde el «pico» hasta el «valle» en un corto período de tiempo durante el año natural. La rentabilidad indicada corresponde a los años naturales desde 1980 a 2018. Las rentabilidades pasadas no son representativas de los resultados futuros.

FUENTE: MSCI, Refinitiv Datastream, J.P Morgan Asset Management. *Guide to the Markets-Europa* (datos a 31 de marzo de 2019).

Figura 19.10. Rentabilidades anuales y caídas intraanuales.

Hipótesis del mercado eficiente (HME)

Las leyes de la física funcionan muy bien en los mercados que efectivamente se comportan como un péndulo, de modo que los excesos de un lado se compensan con excesos en el otro. Las ganancias de unos se compensan con las pérdidas de otros. De ahí surge la hipótesis del mercado eficiente (EMH) (*efficient market hypothesis,* EMH), desarrollada por Eugene Fama en 1965, premio Nobel de Economía en 2013, cuya teoría se basa en que el mercado siempre vuelve a su media y en el largo plazo es muy difícil una rentabilidad superior a esta media.

El interés compuesto

Otra variable en nuestra pedagogía financiera debe referirse al «interés compuesto» y su capacidad de crecer exponencialmente con el tiempo, al acumular rendimientos pasados. Si aplicamos un interés compuesto del 5,5% a una cartera y la mantenemos sin cambios, sin aportaciones o reembolsos, doblaría su capital inicial en 13 años. Según Albert Einstein: «la capitalización compuesta es la fuerza más poderosa de la naturaleza». Una encuesta de la OCDE de 2016 encontró que solo un 42% de la población de la zona es consciente del fenómeno del «interés compuesto».

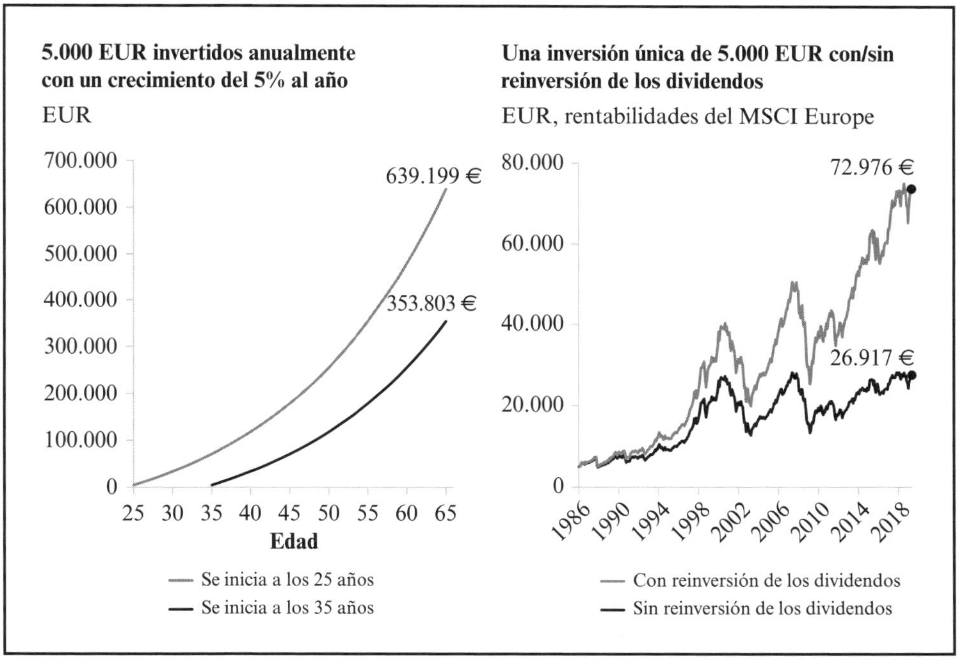

Exclusivamente con fines ilustrativos, asume que se reinvierten todos los dividendos, y que las inversiones reales pueden incurrir en tasas y gastos de crecimiento superiores o inferiores. Se basa en el MSCI Europe Index y no presupone ningún gasto. Las rentabilidades pasadas no son representativas de los resultados futuros.

FUENTE: J.P. Morgan Asset Management (izda.). Bloomberg, MSCI, J.P. Morgan Asset Management (dcha.). *Guide to the markets-Europa* (datos a 31 de marzo de 2019).

Figura 19.11. El poder de la capitalización.

La inflación

Otro factor muy importante que se debe explicar con claridad es el efecto negativo de la inflación en el largo plazo, y cómo disminuye nuestro poder adquisitivo y el valor de la cartera. En los mercados financieros, al hablar de crecimiento económico en el largo plazo se añade la palabra «real», indicando que se descuenta el efecto de la inflación al crecimiento inicial. De igual forma, cuando hablemos del retorno de la cartera se debe hacer referencia a la rentabilidad «real». La tasa media anual de la inflación en la eurozona en los últimos 20 años ha sido del 1,96%.

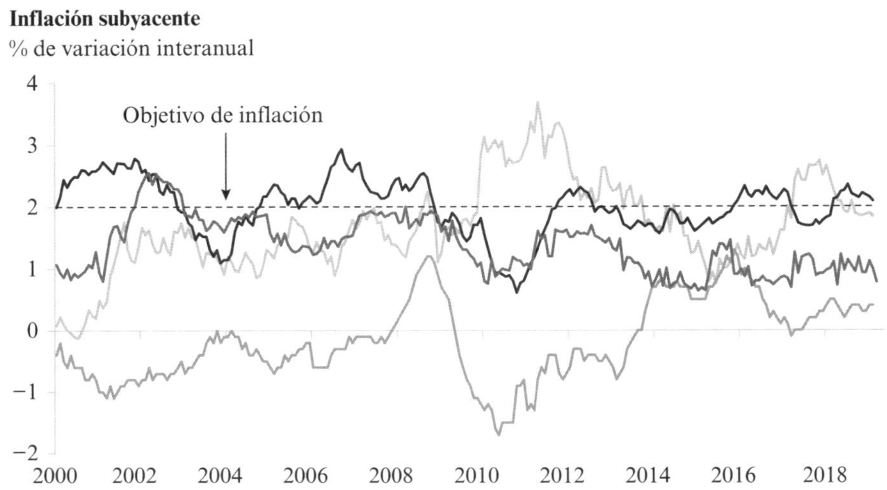

	Media desde 2000	Último
Estados Unidos	2,0%	2,1%
Reino Unido	1,7%	1,8%
Zona euro	1,4%	0,8%
Japón	−0,2%	0,4%

El IPC es el índice de precios al consumo. La inflación subyacente de Estados Unidos se define como el IPC, sin incluir los alimentos y la energía. La inflación subyacente de Japón se define como el IPC, sin incluir los alimentos frescos y la energía. La inflación subyacente de Reino Unido y la zona euro se define como el IPC, menos la energía, los alimentos, el alcohol y el tabaco. El IPC subyacente de Japón ha sido reajustado a la baja en un 2% desde abril de 2014 hasta marzo de 2015, para eliminar el impacto estimado del incremento sobre el impuesto al consumo de este período. Las rentabilidades pasadas no son representativas de los resultados futuros.

FUENTE: Banco de Japón, Oficina de Estadísticas Laborales de Estados Unidos, Eurostat, Oficina de Estadísticas Nacionales del Reino Unido, Refinitiv Datastream, J.P. Morgan Asset Management. *Guide to the markets-Europa* (datos a 31 de marzo de 2019).

Figura 19.12. Inflación subyacente global.

Costes de gestión

Pero esta rentabilidad «real» tampoco es la final, pues a ella hay que descontarle los costes de gestión y asesoramiento que resultan en un retorno aún menor, y llamada «nominal» o tasa anual de retorno efectiva. Los gastos de gestión en la industria de los fondos de inversión oscilan alrededor del 0,10%-2,50%, dependiendo de si son fondos pasivos, que replican a un índice, o fondos activos, donde el gestor analiza y escoge sus mejores inversiones. Las comisiones por asesoramiento financiero oscilan entre el 0,30% y el 1%. De media estos costes suponen en el largo plazo un 2% de menor rentabilidad efectiva.

Fiscalidad

Todas las ganancias de capital tarde o temprano tributan, al igual que las plusvalías, los dividendos, rescate de plan de pensiones, etc. El impuesto medio, sobre nuestra ganancia en el largo plazo, suele oscilar alrededor del 15%-21%. La rentabilidad financiero-fiscal es la definitiva, y nos referimos a ella como la rentabilidad «neta». En España existe la posibilidad de diferir el pago de las plusvalías en productos de ahorro, como los fondos de inversión, los cuales pueden intercambiarse entre sí o traspasarse, y congelar el efecto fiscal en el tiempo hasta su venta final.

La volatilidad

La variable que precisa una mayor explicación es la del riesgo o volatilidad, puesto que, ante una mayor volatilidad, mayor es el riesgo y mayor el tiempo necesario en obtener rentabilidades positivas. El diseño del plan de inversión debe calibrar el ciclo de vida del cliente con su perfil de riesgo, y en muchos casos puede resultar en una rentabilidad final «neta» menor a la esperada.

En 1952, Harry Markowitz, premio Nobel de Economía de 1990, introdujo la teoría moderna de gestión de patrimonios, con el objetivo de maximizar rentabilidades, minimizando el riesgo, estableciendo que para cada tipo de activo se debe esperar unas rentabilidades medias en el largo plazo según su volatilidad. Las acciones de una empresa que cotizan en bolsa tienen históricamente una volatilidad alta, superior al 18%. Si creamos una cartera que incluye acciones con otro tipo de activo, la volatilidad media de la cartera se reduce, y el comportamiento de un activo se compensa con otro. De esta forma podemos combinar diferentes activos cuya volatilidad final se ajuste al perfil de riesgo.

Así reducimos el riesgo de la cartera al riesgo implícito a cada producto financiero. Al aumentar el número de inversiones, aumentan las probabilidades de obtener su retorno medio esperado. De ello se deduce la teoría de diversificación eficiente de las carteras: si invertimos en una gama muy amplia de productos con riesgos diferentes, conseguiremos unos retornos medios según el riesgo medio de la inversión. El objetivo es maximizar los retornos, minimizando los riesgos en proporción al horizonte temporal de la inversión.

La diversificación

La diversificación se optimiza combinando inversiones dentro de la misma gama de productos de riesgo con comportamientos dispares entre sí, por ejemplo ampliando la inversión a otros países y otras divisas. De esta forma se descorrelaciona la cartera, se reduce el riesgo y su estabilidad en el tiempo aumenta. Existen dos tipos de riesgo: el riesgo sistemático y el no sistemático. El riesgo sistemático de la inversión se reduce a cero, al estar muy diversificado, pero el riesgo no sistemático o irracional seguirá existiendo. El riesgo no sistemático es la conducta emocional de los mercados hacia las pérdidas en el corto plazo, y refleja la incertidumbre sobre el futuro.

Horizonte temporal de la inversión

«El objetivo de cualquier inversor debería ser comprar, a un precio razonable, una participación en una empresa que sea fácil de entender y cuyas ganancias vayan aumentando en cinco, diez y veinte años desde el momento de la compra. Con el paso del tiempo no encontrarás muchas compañías que cumplan con estos requisitos, de modo que cuando encuentres una que califique debes comprar una cantidad significativa de acciones. También debes resistir la tentación de desviarte de tus objetivos: si no estás dispuesto a poseer una acción durante diez años, ni siquiera valores tenerla durante diez minutos», carta de Warren Buffet, considerado uno de los más prestigiosos inversores de nuestra época, a los accionistas de Berkshire Hathaway, su *holding* inversor en 1996.

El espacio temporal de una inversión es, junto a la volatilidad, el factor más importante en una inversión. A mayor riesgo, mayor es el tiempo necesario y mayores los retornos o viceversa. Cada activo financiero tiene una volatilidad histórica media y un tiempo mínimo de maduración.

El profesor Jeremy J. Siegal, en su libro *Guía para invertir a largo plazo. La guía definitiva de estrategias que funcionan para ganar en bolsa,* demuestra estadísticamente la importancia del plazo del tiempo en una inversión financiera. Con datos históricos del período 1802-1997 (195 años) en Estados Unidos, demuestra que, en períodos de 10 años, la rentabilidad de las acciones supera a los bonos un 80% del tiempo, en períodos de 20 años, un 90% de las veces y en 30 años, un 100%. El último período de 30 años en que los bonos superaron a las acciones terminó en 1861, al inicio de su Guerra Civil. En períodos cortos, dos de cada cinco años son negativos en inversiones en acciones. Otro dato significativo de su libro es la correlación negativa entre acciones y bonos en períodos largos.

Como conclusión, y según los retornos de los datos históricos, Siegal recomienda las asignaciones en acciones en porcentaje de la cartera total que se reflejan en la tabla 19.5.

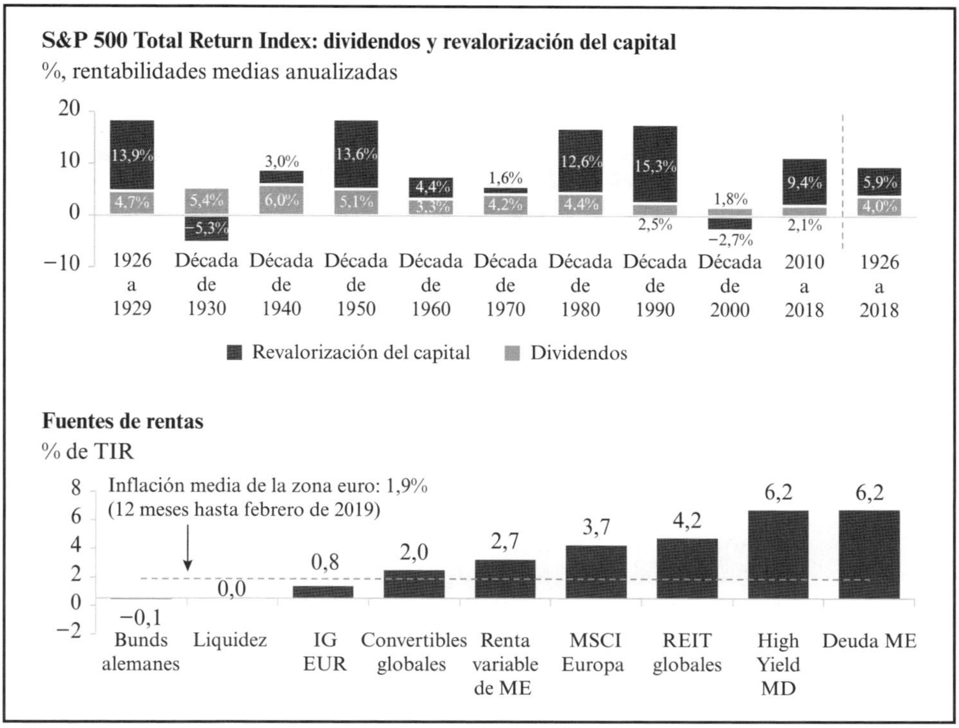

Las *tires* de los índices de bonos son *tires* hasta el vencimiento, y la rentabilidad por dividendo para los índices de renta variable. Las rentabilidades pasadas no son representativas de los resultados futuros.

FUENTE: Ibbotson, Refinitiv Datastream, Standard & Poor's, J.P. Morgan Asset Management (superior). Barclays, BofA/Merrill Lynch, FTSE, Refinitiv Datastream, J.P. Morgan Asset Management. IG EUR: Bloomberg Barclays Euro Aggregate Credit-Corporate; Convert. globales: Bloomberg Barclays Global Convertibles; RV ME: MSCI EM; REIT globales: FTSE NAREIT Index; High Yield ME: BofA/Merrill Lynch Developed Markets High Yield Constrained; deuda de ME: J.P. Morgan EMBI Global (inferior). *Guide to the Markets-Europa* (datos a 31 de marzo de 2019).

Figura 19.13. Rentabilidad por dividendo.

Siegal desglosa cada perfil de inversor en cuatro tipologías de riesgo:

1. El muy conservador, que exige la máxima seguridad sin importarle el rendimiento.
2. El conservador, que acepta pequeños riesgos para lograr un rendimiento adicional.
3. El moderado, que asume riesgos.
4. El arriesgado, dispuesto a aceptar riesgos sustanciales en busca de rendimientos superiores.

TABLA 19.5

Asignación de cartera: porcentaje de la cartera en acciones según todos los datos históricos

Tolerancia al riesgo	**Horizonte temporal de la inversión**			
	1 año	**5 años**	**10 años**	**30 años**
Muy conservador	7,0%	25,0%	40,6%	71,3%
Conservador	25,0%	42,4%	61,3%	89,7%
Moderado	50,0%	62,7%	86,0%	112,9%
Arriesgado	75,0%	77,0%	104,3%	131,5%

La asignación de capital que recomienda aumenta a medida que se alarga el período de la inversión. Es importante destacar que su análisis indica que el inversor muy conservador de largo plazo (30 años) debería tener el 71,3% de su cartera en acciones a más de 30 años, el inversor conservador un 90%, y el moderado y arriesgado un 100%.

Hasta la publicación del libro de Siegal el período de la inversión no tenía la importancia que tiene hoy en día; hasta entonces el riesgo en la fluctuación de los precios de una inversión era aleatorio o debido al azar. Como lo resume Warren Buffet: «los mejores inversores no son los inteligentes, sino los pacientes».

19.6.3. Presentación y revisión del plan con el cliente

Asignación de activos

La «política de asignación de activos» de una cartera de inversión es la razón de ser del asesor. Una vez que tenemos contrastadas con el cliente sus expectativas de rentabilidades esperadas en relación con su ciclo vital, y según su perfil de riesgo y horizonte temporal, elaboramos un plan de inversión y asignación de activos *(asset allocation),* por lo general distribuidos entre renta variable y renta fija. Esta parte final, de diseño e implementación dentro del proceso global de asesoramiento financiero, es la más crítica; es en el largo plazo donde se diferencia a un buen asesor.

Como hemos explicado, cuanto mayor sea la diversificación de su cartera menor será su riesgo de mercado y mayor la probabilidad en el tiempo de conseguir los objetivos trazados. Pero el primer ciclo de inversión es el más delicado, puesto que las probabilidades de generar pérdidas son altas especialmente en el primer año.

Correlaciones de acciones y bonos a 6 meses móviles

Correlación de la rentabilidad total de la renta variable estadounidense (S&P 500) y los bonos del Tesoro estadounidense (10 años)

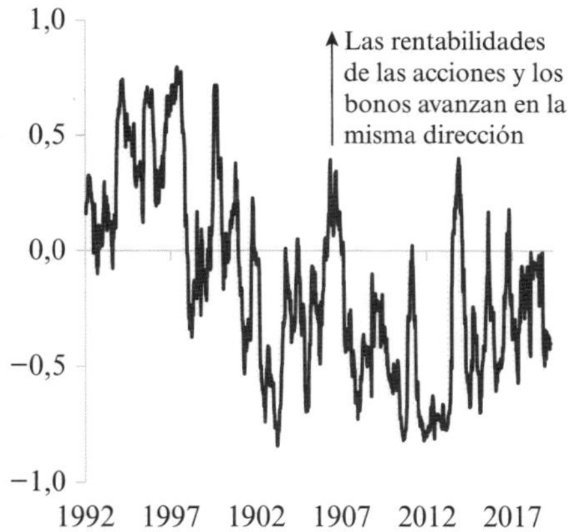

Rentabilidades de los *hedge funds* en diferentes entornos de mercado

%, rentabilidad total media en los meses al alza y a la baja, 2001-actualidad

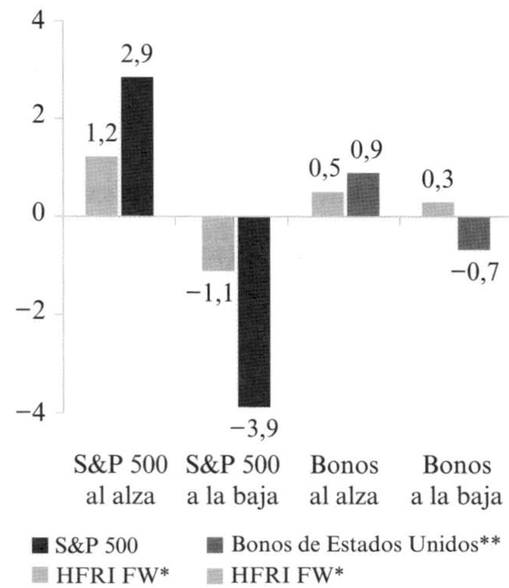

* El HFRI FW es el Hedge Fund Research Index Fund Weighted.

** Los bonos de Estados Unidos están representados por el Bloomberg Barclays US Aggregate Bond Index.

La protección contra caídas se refiere al intento de minimizar el impacto de las caídas en las inversiones subyacentes. Las rentabilidades pasadas no son representativas de los resultados futuros.

FUENTE: Refinitiv Datastream, J.P. Morgan Asset Management (izda.). Barclays, Hedge Fund Research, Refinitiv Datastream, Standard & Poor's, J.P. Morgan Asset Management (dcha.). *Guide to the Markets-Europa* (datos a 31 de marzo de 2019).

Figura 19.14. Correlación entre acciones y bonos y protección contra caídas.

TABLA 19.6

Cartera modelo

	Muy conservador	**Conservador**	**Moderado**	**Dinámico**	**Agresivo**
Renta fija	95%	70%	50%	30%	10%
Renta variable	5%	30%	50%	70%	90%
Rendimiento esperado	1-3%	(−1%-4%)	(−3-12%)	(−8-18%)	(−18-25%)
Volatilidad	0-2%	2-4%	4-8%	8-15%	15-25%
Horizonte de inversión	6 meses-1 año	1-2 años	2-3 años	3-5 años	5-7 años
Bonos	95%	70%	50%	30%	10%

TABLA 19.6 *(continuación)*

	Muy conservador	Conservador	Moderado	Dinámico	Agresivo
Monetarios (liquidez)	5%	5%	5%	5%	5%
Bonos de alta calidad	55%	30%	20%	10%	5%
Deuda corporativa, 1-5 años	20%	25%	20%	20%	10%
Deuda corporativa	15%	20%	20%	25%	25%
Alta rentabilidad	5%	10%	15%	20%	25%
Deuda soberana de ME		5%	10%	10%	15%
Deuda corporativa de ME		5%	10%	10%	15%
Total renta fija	**100%**	**100%**	**100%**	**100%**	**100%**
Renta variable	5%	30%	50%	70%	90%
Indexados	70%	70%	70%	65%	40%
Hedge funds				5%	10%
Growth (*large cap* y *small cap*)			5%	10%	30%
Value (*large cap* y *small cap*)			5%		
Temáticos			5%	10%	20%
Defensivos		15%	5%	5%	
Dividendos	30%	15%	10%	5%	
Total renta variable	**100%**	**100%**	**100%**	**100%**	**100%**
Estados Unidos		45%	45%	43%	40%
ME		15%	15%	20%	25%
UE		25%	25%	25%	25%
Reino Unido		5%	5%	4%	3%
Japón		5%	5%	4%	4%
Suiza		5%	5%	4%	3%
Diversificación geográfica		**100%**	**100%**	**100%**	**100%**

Los diversos activos financieros disponibles en el *asset allocation* son:

1. Liquidez o depósitos a plazo.
2. Renta fija, títulos de deuda pública o privada, bonos y obligaciones.
3. Renta variable, acciones.
4. Fondos de inversión.
5. Inversión activos inmobiliarios.
6. Materias primas.
7. Inversiones alternativas: colecciones, obras de arte, joyas.

Fondos de inversión

Por sus características, los fondos de inversión son la mejor vía de inversión para cualquier pequeño o gran inversor. Los fondos de inversión o «instituciones de inversión colectiva» representan el capital de un grupo de inversores o partícipes que crean un fondo y que invierten en uno o varios de los diversos activos y mercados anteriormente mencionados. Al representar un mayor número de inversores por su volumen, permiten una eficaz gestión del riesgo, diversificación del patrimonio, y posibilidad de invertir de forma muy diversificada con cantidades mínimas. En la encuesta de competencias financieras (ECF) del Banco de España, la CNMV y el INE del 2017, un 26% de los españoles prefirió tener su dinero en cuentas, y solo un 13% ha comprado alguna vez acciones o fondos de inversión, por lo general concentrado en hogares con una renta superior a 26.000 euros, el tercio de la población. Según la encuesta, el 80% de los que han contratado cuentas de ahorro, planes de pensiones o fondos de inversión ha recibido información de un profesional financiero.

Activos Financieros	1985	1990	1995	2000	2005	2007	2008	2009	2010	2011	2012	2013	2014	2015	2016	2017	2018
I. DEPÓSITOS Y EFECTIVO	**63,0**	**61,0**	**51,1**	**39,3**	**36,4**	**37,7**	**46,5**	**46,7**	**47,6**	**46,2**	**46,5**	**44,0**	**42,0**	**40,4**	**40,3**	**39,2**	**40,9**
Efectivo	5,9	7,0	7,0	5,2	4,9	4,5	5,2	5,3	5,1	4,9	4,8	4,2	3,7	3,4	3,2	2,8	2,5
Depósitos transferibles	7,2	8,9	5,6	5,7	16,8	14,5	15,8	17,7	17,4	17,0	17,0	17,1	18,2	20,7	24,1	26,5	29,9
Otros depósitos	49,9	45,1	38,6	28,4	14,6	18,7	25,5	23,7	25,0	24,4	24,8	22,8	20,1	16,2	13,1	9,8	8,6
II. INSTITUC. INV. COLECTIVA	**0,3**	**1,6**	**10,1**	**14,0**	**12,9**	**10,8**	**8,8**	**8,6**	**7,4**	**6,7**	**6,5**	**9,2**	**11,2**	**12,6**	**13,1**	**14,3**	**14,2**
Fondos de Inversión	0,3	1,6	10,1	14,0	12,4	10,3	8,4	7,7	6,5	5,9	5,7	6,4	8,0	8,7	9,2	10,0	9,9
IIC extranjeras/SICAV[(1)]					0,4	0,5	0,4	0,9	0,9	0,8	0,9	2,8	3,2	3,9	3,9	4,3	4,3
III. FONDOS DE PENSIONES	**0,3**	**3,1**	**3,4**	**5,0**	**5,3**	**5,2**	**5,3**	**5,5**	**5,5**	**5,1**	**5,3**	**5,2**	**5,5**	**5,4**	**5,4**	**5,5**	**5,3**
Externos		0,9	2,1	3,8	4,6	4,6	4,7	4,9	4,8	4,6	4,8	4,7	5,0	5,0	5,0	5,1	5,0
Internos	0,3	2,2	1,4	1,2	0,6	0,6	0,6	0,6	0,7	0,5	0,5	0,5	0,5	0,4	0,4	0,4	0,3
IV. INVERSIÓN DIRECTA	**23,7**	**21,5**	**23,1**	**29,1**	**32,9**	**34,4**	**26,3**	**26,4**	**26,2**	**29,0**	**28,3**	**29,2**	**28,3**	**29,1**	**28,4**	**28,4**	**26,0**
Renta Fija	**8,1**	**7,4**	**3,6**	**2,5**	**2,1**	**2,7**	**2,3**	**2,5**	**2,9**	**4,8**	**4,0**	**2,5**	**1,7**	**1,7**	**1,2**	**0,8**	**0,8**
Corto plazo	1,5	4,4	1,2	0,2	0,1	0,4	0,4	0,2	0,1	0,7	0,9	0,1	0,1	0,0	0,0	0,0	0,0
Largo plazo / Préstamos	6,6	3,0	2,4	2,4	2,0	2,3	1,9	2,4	2,8	4,1	3,1	2,4	1,6	1,6	1,2	0,8	0,8
Otras participaciones	**1,4**	**0,4**	**1,4**	**2,8**	**2,4**	**3,4**	**3,9**	**3,3**	**5,3**	**6,0**	**6,5**	**5,1**	**5,5**	**5,7**	**6,1**	**6,2**	**5,7**
Renta Variable	**14,2**	**13,7**	**18,1**	**23,8**	**28,4**	**28,3**	**20,1**	**20,6**	**18,0**	**18,2**	**17,9**	**21,6**	**21,1**	**21,7**	**21,0**	**21,3**	**19,5**
Cotizada	-	-	4,6	10,6	7,0	7,3	4,7	6,1	5,3	5,1	6,5	8,1	7,7	6,2	5,8	5,9	4,8
No cotizada	-	-	13,5	13,2	21,4	21,1	15,4	14,5	12,7	13,1	11,4	13,5	13,3	15,5	15,2	15,4	14,7
V. SEGUROS/Ent.Prev.Social	**1,7**	**4,2**	**6,6**	**9,8**	**9,4**	**8,6**	**10,1**	**10,4**	**10,3**	**10,1**	**10,5**	**10,3**	**10,9**	**10,6**	**11,0**	**10,8**	**11,3**
Reservas vida	0,5	2,2	4,8	6,4	5,3	4,9	5,9	6,3	6,3	6,5	6,8	6,8	7,5	7,2	7,6	7,5	7,9
Seguros colectivos pensiones			0,1	0,9	1,9	1,6	1,8	1,7	1,6	1,5	1,5	1,4	1,4	1,3	1,3	1,2	1,2
EPSV			0,6	0,6	0,5	0,5	0,9	0,9	0,9	0,9	1,0	1,0	1,1	1,1	1,0	1,0	1,0
Otras reservas	1,1	2,0	1,1	1,9	1,6	1,6	1,5	1,5	1,5	1,2	1,2	1,1	1,0	1,0	1,1	1,1	1,1
VI. CRÉDITOS	**8,5**	**6,2**	**3,4**	**2,0**	**1,8**	**1,5**	**1,2**	**0,8**	**1,2**	**1,0**	**1,0**	**0,7**	**0,7**	**0,6**	**0,6**	**0,6**	**0,6**
VII. OTROS	**2,5**	**2,4**	**2,2**	**0,7**	**1,3**	**1,7**	**1,7**	**1,6**	**1,8**	**1,9**	**1,8**	**1,4**	**1,4**	**1,3**	**1,1**	**1,3**	**1,7**
TOTAL	**100,0**	**100,0**	**100,0**	**100,0**	**100,0**	**100,0**	**100,0**	**100,0**	**100,0**	**100,0**	**100,0**	**100,0**	**100,0**	**100,0**	**100,0**	**100,0**	**100,0**

[(1)] IC: desde 2013, incluye SICAV domésticas e IC extranjeras de los hogares españoles. Antes de 2013 solo SICAV. No incluye inversores personas jurídicas.

FUENTE: INVERCO con datos del Banco de España.

Figura 19.15. Activos financieros de las familias españolas. Estructura del ahorro finannciero de las familias (% sobre total).

2008	2009	2010	2011	2012	2013	2014	2015	2016	2017	2018	1T19	Rentabilidad anualizada	Volumen
RF Gob 15,9%	RV ME 73,5%	REITS 36,4%	Deuda ME 12,1%	REITS 18,3%	RV MD 21,9%	REITS 44,8%	REITS 13,9%	BonosHY 17,7%	RV ME 21,0%	RF Gob 4,6%	REITS 18,8%	Bonos HY 9,3%	RV ME 29,6%
Liquidez 5,7%	Bonos HY 54,4%	RV ME 27,5%	REITS 10,9%	Bonos HY 17,8%	Cartera 3,3%	Deuda ME 20,2%	Deuda ME 12,8%	Materias primas 15,1%	RV MD 8,1%	Bonos IG 1,3%	RV MD 14,7%	REITS 9,0%	REITS 20,3%
Bonos IG −3,9%	RV MD 26,7%	Materias primas 24,9%	RF Gob 9,9%	RV ME 16,8%	Bonos HY 2,7%	RV MD 20,1%	RV MD 11,0%	RV ME 14,9%	Cartera 1,7%	Bonos HY 0,8%	RV ME 11,9%	Deuda ME 8,3%	Bonos HY 18,3%
Deuda ME −6,3%	Cartera 25,4%	Bonos HY 22,8%	Bonos IG 7,8%	Deuda ME 16,7%	Hedge funds 2,1%	Bonos IG 17,5%	Bonos HY 8,4%	Deuda ME 13,5%	Liquidez −0,3%	REITS 0,7%	Cartera 9,6%	RV MD 6,7%	RV MD 17,0%
Hedge funds −19,3%	Deuda ME 24,2%	RV MD 20,1%	Bonos HY 6,6%	RV MD 14,7%	Liquidez 0,2%	Cartera 16,2%	RF Gob 7,7%	REITS 12,6%	Bonos HY −3,0%	Deuda ME 0,2%	Deuda ME 8,5%	Bonos IG 5,9%	Materias primas 15,7%
Cartera −20,9%	REITS 23,5%	Deuda ME 19,8%	Liquidez 1,7%	Cartera 10,7%	REITS −1,3%	Bonos HY 13,9%	Bonos IG 7,4%	RV MD 11,4%	Deuda ME −4,0%	Liquidez −0,3%	Bonos HY 8,3%	Cartera 5,8%	Cartera 11,7%
Bonos HY −23,1%	Bonos IG 15,5%	Cartera 18,9%	Cartera 1,2%	Bonos IG 9,5%	Bonos IG −4,0%	Hedge funds 13,2%	Hedge funds 7,3%	Cartera 10,3%	REITS −4,0%	Cartera −1,6%	Materias primas 8,2%	RF Gob 4,7%	Deuda ME 11,4%
Materias primas −32,3%	Materias primas 15,2%	RF Gob 13,3%	RV MD −1,8%	Hedge funds 1,9%	RV ME −6,5%	RF Gob 13,0%	Cartera 6,4%	Bonos IG 7,4%	Bonos IG −4,2%	Hedge funds −2,0%	Bonos IG 6,0%	RV ME 2,7%	Hedge funds 9,3%
REITS −34,1%	Hedge funds 9,9%	Bonos IG 13,2%	Hedge funds −5,8%	Liquidez 1,2%	RF Gob −8,4%	RV ME 11,8%	Liquidez 0,1%	Hedge funds 5,6%	RF Gob −5,8%	RV MD −3,6%	Hedge funds 4,7%	Hedge funds 1,2%	RF Gob 7,6%
RV MD −37,2%	Liquidez 2,3%	Hedge funds 12,5%	Materias primas −10,4%	RF Gob 0,3%	Deuda ME −10,6%	Liquidez 0,3%	RV ME −4,9%	RF Gob 4,7%	Hedge funds −6,9%	Materias primas −6,8%	RF Gob 3,4%	Liquidez 1,1%	Bonos IG 7,5%
RV ME −50,8%	RF Gob −0,6%	Liquidez 1,1%	RV ME −15,4%	Materias primas −2,6%	Materias primas −13,4%	Materias primas −5,5%	Materias primas −16,1%	Liquidez −0,1%	Materias primas −10,7%	RV ME −9,9%	Liquidez −0,1%	Materias primas −5,1%	Liquidez 1,7%

La rentabilidad anualizada abarca el período comprendido entre 2008 y 2018. Vol., es la desviación estándar de las rentabilidades anuales. Deuda pública: Bloomberg Barclays Global Aggregate Government Treasuries; Bonos HY: Bloomberg Barclays Global High Yield; Deuda ME: J.P. Morgan EMBI Global; Bonos IG: Bloomberg Barclays Global Aggregate Corporates; Materias primas: Bloomberg Commodity; REIT: FTSE NAREIT All REITS; RV MD: MSCI World; RV ME: MSCI EM; Hedge funds: HFRI Global Hedge Fund Index; Liquidez: J.P. Morgan Cash Index EUR (3M). Cartera hipotética (exclusivamente con fines ilustrativos, no debería considerarse una recomendación): 30% RV MD; 10% RV ME; 15% Bonos IG; 12,5% Deuda pública; 7,5% Bonos HY; 5% Deuda ME; 5% Materias primas; 5% Liquidez; 5% REITS y 5% Hedge funds. Todas las rentabilidades son rentabilidades totales, en EUR sin cobertura. Las rentabilidades pasadas no son representativas de los resultados futuros.

FUENTE: Barclays, Bloomberg, FTSE, MSCI, J.P. Morgan Economic Research, Refinitiv Datastream, J.P. Morgan Asset Management. *Guide to the Markets-Europa* (datos a 31 de marzo de 2019).

Figura 19.16. Rentabilidades por clases de activos (EUR).

Según la modalidad de gestión del fondo, no todos cobran las mismas comisiones. «Jack» Bogle, fundador de Vanguard Group y del primer fondo pasivo de bajo coste, decía: «el tiempo es tu mejor amigo cuando inviertes, pero los costes en el tiempo son tu mayor enemigo, la tiranía del coste compuesto». En 1975, Bogle puso en práctica la hipótesis del mercado eficiente (HME), en el sentido de que era muy difícil batir al índice, creando un fondo que invertía en las 500 empresas que componían el índice S&P500. De esta manera invertías en una cartera de máxima diversificación, reduciendo el riesgo de mercado al mínimo y sin prácticamente costes de gestión, puesto que la decisión de dónde y cuánto debías invertir estaba establecida en la composición del propio índice.

La correcta diversificación de una cartera implica invertir de un modo u otro en la mayoría de los activos financieros disponibles en el mercado que se ajusten a tu perfil de riesgo, y la distribución entre renta variable y renta fija se puede establecer según el modelo de cartera de Siegel.

La cartera típica, la moderada, está dividida entre un 50% en renta variable y otro 50% en renta fija, con un rendimiento esperado del 5,50% y una volatilidad entre el 4% y 8%. La correlación entre renta variable y renta fija en el largo plazo es negativa y sirve de colchón. Cuando la renta variable cae, la renta fija sube. Dentro de cada perfil hay cierto margen alrededor del baremo recomendado, según la situación en el tiempo del ciclo de la inversión. Por lo general la asignación a renta fija debe ser tu edad menos 10: por ejemplo, si tienes 40 años tu asignación sería aproximadamente 30% en renta fija 70% en renta variable.

Cartera estratégica

De esta forma, en el transcurso de un ciclo económico unos activos se comportarán mejor que otros, pero ante la imposibilidad de predecir qué activos pueden ejercer mejor que otros se distribuye la inversión según el riesgo de cada producto y en proporción al riesgo que puede asumir el cliente para conseguir unos retornos medios estables en el tiempo. Esta cartera estable se denomina cartera estratégica de largo plazo y representa alrededor de un 70% de la cartera, invierte en las principales clases de activos de renta fija y renta variable, en cierta medida replicando los principales índices de referencia y su ponderación en cada mercado, invirtiendo en productos pasivos y de bajo coste. Los críticos señalan que, al ser una inversión pasiva, compras lo bueno y lo malo a la vez, pero los costes anuales son determinantes. Según lo repetía constantemente Bogle, «si los costes anuales por año son del 0,2%, con rentabilidades medias anuales del 8%, cada euro invertido crecerá hasta 20 euros en 40 años, pero si la comisión es del 2,5%, cada euro crecerá a solo 8,50 euros».

Se determinará la estrategia a largo plazo y el *benchmark* o índice de referencia. La volatilidad se trata como un factor de riesgo, y la cartera se conforma en virtud de la tolerancia al riesgo de cada inversor en particular, tras calibrar el máximo nivel de retorno disponible para el nivel de riesgo escogido.

Cartera táctica

El mundo académico y los actores de la industria financiera están de acuerdo en que los mercados financieros son irracionales e ineficientes. Ciertos activos suben a precios sobrevalorados, comparados con su media histórica, o sucede todo lo contrario, bajan muy por debajo de su media. La cartera estratégica debe permanecer estable en el tiempo y con reajustes en relación con el ciclo de vida del cliente. Para beneficiarse de esta ineficiencia, el 30% restante se invierte en fondos activos, que pueden rotar sus inversiones de forma activa, aumentar o disminuir su liquidez según criterios del propio gestor. Esta parte de la cartera se denomina cartera táctica, y las decisiones de rotación entre activos se realiza también por recomendación del asesor financiero.

Es la parte activa de la cartera que, por su naturaleza, tiene mayor riesgo, pero al mismo tiempo puede producir una mayor oportunidad para batir los índices de referencia, o, todo lo contrario. Es en ella donde se demuestra la valía del asesor. Al tomar una decisión de predicción en el futuro comportamiento de los mercados, el riesgo aumenta. Solo los mejores asesores tienen capacidad de batir a los índices; hoy en día los *roboadvisors* ofrecen este servicio a un menor coste, pero queda todavía por demostrar que puedan hacerlo mejor que el asesor. Estudios académicos han demostrado que el valor añadido de hacerlo en la cartera estratégica es muy pequeño.

La rotación dentro de la cartera táctica implica reajustar ponderaciones en activos sensibles al ciclo económico, dentro de la renta fija, modificar la duración de la cartera y reequilibrar entre los bonos corporativos de alta calidad (IG) y los de al redimiento (HY), y mercados emergentes y dentro de la renta variable, por inversiones cíclicas, de crecimiento *(growth)* o defensivas *(value)*. Tradicionalmente, los gestores *value,* como Warren Buffet, cuya filosofía de inversión se basa en comprar empresas con ingresos recurrentes en el largo plazo, han batido al índice de forma consistente en el largo plazo; en España los gestores de mayor renombre utilizan esta misma técnica, pero sus resultados durante la última década han sido peor que las inversiones en crecimiento. Otras estrategias de inversión son las del valor relativo o valor absoluto.

Una buena gestión de la cartera táctica puede suponer que en el largo plazo la cartera obtenga ganancias superiores a su *benchmark* de alrededor del 2%. El objetivo es optimizar la eficiencia del riesgo utilizado por la cartera y la rentabilidad conseguida, y cuantificarla mediante la ecuación o ratio de Sharpe, la cual mide cada punto de rentabilidad obtenida por punto de riesgo, con el objetivo que sea superior a la unidad.

Cada cartera debe ser individual y personalizada, aunque muchas entidades de banca privada utilizan carteras modelo según el perfil del cliente, y las rotan de forma autónoma, con autorización del cliente y según recomendación de su comité de inversión, y otras por *roboadvisor,* entrando en conflicto con un asesoramiento independiente.

19.6.4. Aplicación de las recomendaciones

Todas las recomendaciones en materia de inversión realizadas deben ser comunicadas anualmente por cada una de las empresas de servicios de inversión (ESI) al regulador. Cada una de las recomendaciones debe ser comunicada de forma oficial al cliente, indicando el nivel de riesgo del cliente y del producto, e incluir el aviso de riesgo correspondiente.

TABLA 19.7

Recomendación en materia de inversión

Cliente:
Perfil de inversor:
Fecha de la recomendación:
Instrumento financiero:
ISIN:
Nivel de riesgo • Riesgo liquidez: **Bajo/Medio/Alto.** • Riesgo de mercado: **Bajo/Medio/Alto.** • Riesgo de crédito: **Bajo/Medio/Alto.** • Complejo/no complejo: **No complejo.**
Tipo de operación recomendada:
Traspaso C/V:
Volumen:
Importe:
Precio:
Núm. títulos:

TABLA 19.7 *(continuación)*

Cartera:
Otros datos:
Fecha de ejecución:

Consideramos que la presente propuesta es idónea para usted, ya que conoce el instrumento y los riesgos asociados al mismo, que le han sido explicados convenientemente, y está ajustada a su horizonte temporal y a sus objetivos de inversión dentro de su cartera global de inversión.

La presente recomendación se emite de conformidad con el art.63, 1g) y art. 79 bis. 6 de la Ley del Mercado de Valores, y el art. 5.1 g), 72 y 74 del RD 217/2008, y de acuerdo con la circular 3/2013, de 12 de junio, de la Comisión Nacional del Mercado de Valores, sobre el desarrollo de determinadas obligaciones de información a los clientes a los que se prestan servicios de inversión, en relación con la evaluación de la conveniencia e idoneidad de los instrumentos financieros, una vez evaluado el test de idoneidad del Cliente aportado a la EAFI. Las recomendaciones de inversión contenidas en el presente documento en ningún caso garantizan rentabilidades en los activos propuestos. Las recomendaciones de compra de cartera no tienen necesariamente que ir asociadas a recomendaciones de venta posteriores de las recomendaciones efectuadas previamente. La EAFI queda exonerada expresamente por el cliente de toda responsabilidad derivada del resultado económico último del asesoramiento, asumiendo el cliente expresamente las pérdidas que, por circunstancias implícitas del propio mercado, o como consecuencia del riesgo inherente a toda inversión en valores e instrumentos financieros, puedan producirse. De acuerdo con la normativa sobre transparencia y protección de la clientela prevista por la Ley 44/2002, de 22 de noviembre, el RD 303/2004 de 20 de febrero y, en particular, por la Orden ECO/734/2004, de 11 de marzo, la EAFI pone a disposición de sus clientes un Departamento de Atención al Cliente cuyo cometido será el de atender y resolver las quejas y reclamaciones de los clientes de la EAFI.

El siguiente paso es determinar un calendario de ejecución del plan, a través de los vehículos de inversión que más se ajusten a las necesidades del cliente.

Si partimos de la base que es imposible predecir el futuro y que la probabilidad de ganar o perder en el corto plazo en los mercados es del 50%, encontrar el mejor momento para empezar a construir la cartera es igual de difícil. Numerosos estudios académicos sobre el *market timing* o la estrategia de encontrar el mejor momento de mercado para comprar o vender han demostrado su ineficacia.

Según JP Morgan, si una inversión de 10.000 euros en el MSCI Europe entre 2001 y 2016 se hubiera mantenido invariable en el tiempo, hubiera obtenido una rentabilidad anualizada del 3,4% y generado 16.000 euros, pero si decidimos rotar, entrar y salir y se pierden los 10 mejores días de subidas, la rentabilidad hubiera sido negativa, y si se pierden las 50 mejores jornadas el valor final sería de solo 2.000 euros. Por ello, lo aconsejable es permanecer con el 70% de la cartera en todo momento invertida, y empezar a invertir con un 30% de la liquidez de forma inmediata y repartirlo.

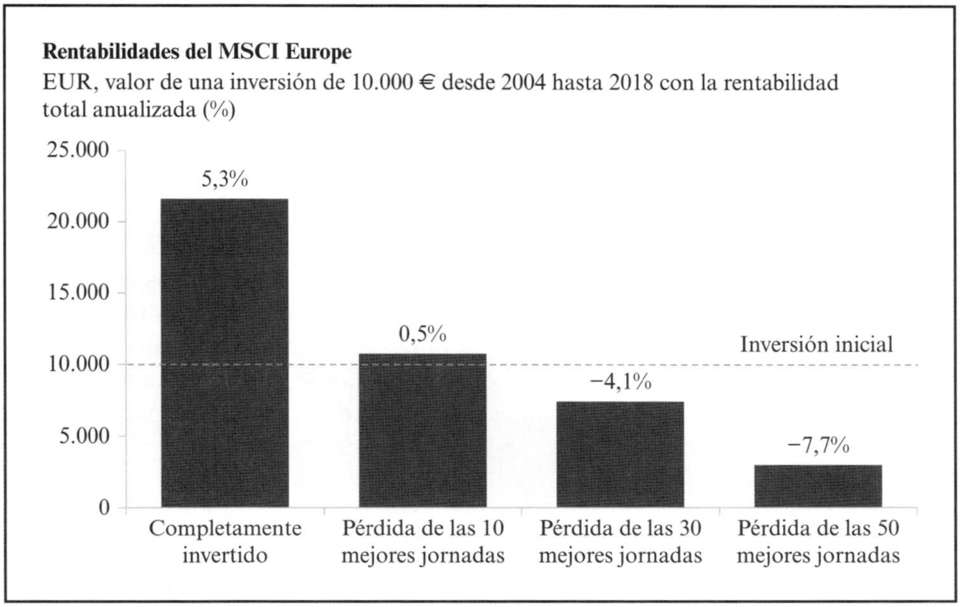

Los resultados de inversión se basan en la rentabilidad total. Exclusivamente con fines ilustrativos. Rentabilidades calculadas diariamente a lo largo del período, presuponiendo que no se generó ninguna rentabilidad en el número indicado de mejores días. Las rentabilidades pasadas no son representativas de los resultados futuros.

FUENTE: Bloomberg, MSCI, J.P. Morgan Asset Management. *Guide to the Markets-Europa* (datos a 31 de marzo de 2019).

Figura 19.17. Impacto de estar fuera del mercado.

Sell in May and go away, vende en mayo y vete. Las estadísticas demuestran que, desde 1945, el S&P500 desde mayo hasta octubre ha generado una ganancia media del 1,4%, si se compara con una ganancia del 6,7% de noviembre a abril, en 64% de los casos en el período desde mayo hasta octubre y 77% desde noviembre hasta abril. De la misma forma demuestran que históricamente los precios de las acciones bajan el lunes, por lo que es de los mejores días para comprar, al igual que el viernes es el mejor día para vender, y que el mejor mes para comprar es septiembre, y para vender enero.

Independientemente de estas estadísticas, el mejor método para comenzar la inversión es el de recomendar al cliente repartir las entradas en el tiempo, pero conviene tener al menos el 30% de la cartera invertida en los primeros tres meses, y posteriormente estar atentos ante cualquier corrección, en especial si la desviación típica del valor del mercado en un momento dado es superior a una desviación típica, pero si no se encuentra la oportunidad se debe continuar invirtiendo de forma escalonada en el tiempo y evitar perderse los mejores días del mercado.

Una vez más el comportamiento emocional del cliente es determinante: si tiene «fe ciega en su asesor» su apetito a tomar riesgo aumenta; y si sufre angustia «o miedo a perdérselo», lo que los ingleses denominan *fear of missing out* (FOMO), puede presionar o puede desviarse de la ejecución del plan inicial y sin comunicarlo. En la mayoría de los casos es un error, por lo que hay que ser pacientes y mantener el rumbo y la velocidad establecida.

Otro aspecto muy importante que el asesor debe controlar son: la calidad del servicio que el cliente recibe en la ejecución de las órdenes, el precio final de compra o venta, el servicio de la entidad depositaria y los costes del servicio, accesibilidad a los productos recomendados y facilidad en realizar los traspasos. Si el cliente trabaja con asesores independientes, lo aconsejable es una cuenta en una entidad que le ofrezca la oportunidad de comprar cualquier producto recomendado, y la libertad de acceder a fondos fuera de la gama de productos propios de la entidad.

19.6.5. Control del plan: reajustes y reequilibrios

Con relación a la cartera estratégica, que suele representar un 70% de la cartera, la idiosincrasia del funcionamiento del mercado y su ineficiencia nos obligan a realizar ajustes y reequilibrios periódicos para mantenernos fieles al plan inicial. Dependiendo de la política de cada asesor, el reajuste es trimestral, semestral o anual, dependiendo de si el desajuste en la ponderación se desvía sobre ciertos límites. La incertidumbre en el comportamiento del mercado, y el hecho de que, históricamente, y de media cada tres meses, existen tomas de beneficios en los mercados de renta variable del 5%, y correcciones semestrales del 10%, aconsejóndose una revisión trimestral o cuando suceda el movimiento.

En períodos más largos de tres a cinco años, y dependiendo de la situación en el ciclo vital de la cartera y del horizonte temporal del ciclo, se reajustan las ponderaciones iniciales.

En el caso de la cartera táctica, un 30%, al tener un carácter más dinámico, su reajuste depende de las ineficiencias del mercado, de su tendencia o de la moda de un producto determinado. Una buena gestión de la cartera táctica puede optimizar el rendimiento de la cartera en alrededor de un 2%, y es donde mayor valor aporta el asesor y donde mejor se aprecia. El comportamiento bipolar de los mercados confunde sobremanera a los clientes: cuando hay malas noticias, el mercado las interpreta como buenas, o viceversa, de modo que su correcta interpretación es una virtud muy apreciada por los clientes.

El seguimiento y la buena evolución de las carteras se mide contra el comportamiento de los índices de cada producto, pero debería ser por su rendimiento absoluto, y es a partir del momento en que se cumple el plazo de maduración mínima por ciclo de inversión cuando se puede valorar la conveniencia del asesor.

19.6.6. Ventajas e inconvenientes de la planificación financiera

La ejecución de un plan financiero es un plan de inversión pero no lo contrario, y consiste en establecer un proyecto de vida y mantenerlo en el tiempo, adecuando en todo momento su riesgo a los objetivos inicialmente establecidos.

La diferencia básica entre un plan de inversión y un plan financiero es que este último se mantiene en un plazo largo de tiempo. El objetivo del plan financiero es conseguir independencia financiera, es una solución integral, para cubrir gastos futuros y calidad de vida, toma en consideración toda nuestra vida, nuestros ingresos, inversiones, seguros, impuestos, herencia, y un plan de inversión busca crear rentabilidades positivas en un plazo corto de tiempo y conlleva mayor riesgo y probabilidades de pérdidas.

19.7. CONCLUSIONES

Un estudio, publicado por la revista *Journal of Financial Therapy* de Estados Unidos, estableció que durante la llamada Segunda Gran Crisis financiera de 2008 se encontró que un 93% de los asesores financieros sufrían síntomas de estrés, insomnio, angustia e inseguridad, al tener que interiorizar y prevenir que sus clientes claudicaran con pérdidas del 50%, perdieran la fe y vendieran sus inversiones. Gracias a esta labor, los clientes recuperaron sus inversiones en menos de cuatro años. Aquellos que no tenían asesor en la mayoría de los casos claudicaron y tardaron una década en recuperarse.

El caso español es aún peor: muchos lo perdieron todo, al invertir en productos de alto riesgo, preferentes, convertibles y hasta en sellos, mientras que aquellos que recomendaron estos productos han sufrido poco. Por lógica, la desconfianza hacia el banquero y sus recomendaciones en productos de riesgo es alta, y la mayoría invierte hoy en día en productos de poca rentabilidad y sin riesgo. El coste y oportunidad del tiempo perdido es irrecuperable, además prefieren hacerlo ellos mismos, siendo usual recibir hojas de cálculo de difícil interpretación, con una serie de inversiones realizadas al azar, fruto de sus corazonadas.

Con la llegada de la inteligencia artificial, y los llamados *roboadvisors,* por una cantidad mínima el cliente puede ahorrarse el coste del asesoramiento y reajustes de la cartera. Pero la realidad es que cada *roboadvisor* tiene su algoritmo y ofrecen recomendaciones diferentes, unos mejor que otros; puede que para la cartera estratégica sea una buena base de inversión, pero para la cartera táctica ya no lo son tanto.

Sin embargo, a la hora de las caídas, entran las angustias y el insomnio; es habitual buscar asesoramiento y consuelo en ese conocido que sigue el mercado y que tiene fama de buen inversor, pero tampoco tranquiliza. Al final es el profesional quien ayuda a mantener el rumbo y navegar con confianza; el coste de su asesoramiento se amortiza con creces por el valor añadido que aporta.

En este punto, el desconfiado persiste y se apunta a un curso de inversión; el 90% del trabajo lo realiza él, vuelven a caer los mercados, vuelve a perder y vuelve a llamar a su asesor, prefiere no perder el tiempo, no es su profesión y lo deja en manos de su asesor financiero. El placer de tener a un asesor financiero profesional puede ser muy satisfactorio.

Como moraleja, y por mi propia experiencia como profesional financiero, no todos nacemos para entender, sufrir, invertir y vivir de ello, o simplemente tenemos otros intereses; lo que está fuera de toda duda, sin embargo, es que en la mayoría de los casos los errores de planificación e inversión se pagan muy caros.

De todo el proceso de asesoramiento financiero este aspecto es de los más importantes; por ello no ha dejado de evolucionar con el tiempo.

«Todos seríamos mejores inversores si tomásemos menos decisiones de inversión.»

DANIEL KAHNEMAN (Premio Nobel de Economía, 2002)

REFERENCIAS BIBLIOGRÁFICAS

Eguren Galende, T., Elvira Benito, Ó. y Larraga, B. P. (2009). *Asesoramiento financiero en la práctica: proceso de asesoramiento y planificación financiera y ética de asesoramiento financiero.* Profit.

Evensky, H. (1996). *Wealth management: The financial advisor's guide to investing and managing your client's assets.* Irwin/Iafp Series in Financial Planning.

Evensky, H. y Horan, S. M. (2011). *The new wealth management: The financial advisor's guide to managing and investing client assets.* CFA Series Book 28.

KPMG International (2018). *El asesoramiento en materia de inversión.* KPMG Abogados, S. L., mayo.

Lucas, S. E. (2008). *Gestión de patrimonios «wealth» claves para rentabilizar, proteger, disfrutar y compartir el patrimonio familiar.* Profit (edición original de la Wharton School Publishing).

Marks, H. (2011). *Lo más importante para invertir con sentido común.* Profit (edición original de la Columbia Business School Publishing).

Olalla Myriam, G. (dir.), Martínez García, F. J. y Fernández González, E. (coord.) (2018). *Manual del asesor financiero* (2.ª ed.). Paraninfo.

Reuvid, J. (2012). *The handbook of personal wealth management: How to ensure maximum investment returns with security: How to ensure maximum return and security.* Kogan Page Publishers.

Siegel, J. J. (2015). *Guía para invertir a largo plazo. La guía definitiva de estrategias que funcionan para ganar en bolsa.* Profit.

Thaler, R. H. y Sunstein Cass, R. (2008). *Un pequeño empujón: el impulso que necesitas para tomar mejores decisiones sobre salud, dinero y felicidad.* Penguin Random House.

Agradecimiento especial a J. P. Morgan Asset Management España por permitir la reproducción de los gráficos contenidos en su *Guide to the Markets.*

J.P. Morgan Asset Management. *Guide to the Markets.* https://www.jpmorganassetmanagement.es/es/showpage.aspx?pageid=2.

El programa *Market Insights* proporciona información exhaustiva y comentarios sobre los mercados globales, sin hacer referencia a ningún producto en particular. Diseñada como una herramienta para ayudar a los clientes a comprender mejor los mercados y servirles como apoyo en la toma de sus decisiones de inversión, el programa explora y sopesa las implicaciones de la información actual de la economía y las condiciones variables del mercado. Con respecto a la Directiva Europea 2014/65/UE (MiFID II/MiFIR), los programas Market Insights y Portfolio Insights son comunicaciones publicitarias y no están incluidos en el ámbito de alcance de ningún requisito MiFID II/MiFIR específicamente relacionado con los informes de inversiones. Además, los programas Market Insights y Portfolio Insights de J.P. Morgan Asset Management, al no tratarse de un tipo de análisis independiente, no se han elaborado con arreglo a las disposiciones legales orientadas a promover la independencia de los informes de inversiones, y no existe prohibición alguna que impida la negociación antes de su divulgación.

Páginas web recomendadas

Banco Central Europeo (BCE): www.ecb.int.

Banco de España: http://www.bde.es.

Bank for International Settlements (BIS): http://www.bis.org.

Agencia Estatal Boletín Oficial del Estado (BOE): https://www.boe.es/buscar/doc.php?id=DOUE-L-2016-81150.

Directiva (UE) 2016/1034, del Parlamento Europeo y del Consejo, de 23 de junio de 2016, por la que se modifica la Directiva 2014/65/UE, relativa a los mercados de instrumentos financieros.

Orden ECC/2316/2015, de 4 de noviembre, relativa a las obligaciones de información y clasificación de productos financieros. https://www.boe.es/buscar/doc.php?id=BOE-A-2015-11932.

Banco de España y CNMV: *Encuesta de competencias financieras y el plan de educación financiera 2018-2021.* https://www.bde.es/f/webbde/GAP/Secciones/SalaPrensa/NotasInformativas/18/prebe2018_26.pdf.

CNMV (Comisión Nacional del Mercado de Valores): https://www.cnmv.es/portal/home.aspx.

Guía de actuación para el análisis de la conveniencia y la idoneidad... (CNMV): https://www.cnmv.es/DocPortal/GUIAS_Perfil/GuiaConvenienciaIdoneidad.pdf.

Guía sobre la prestación de asesoramiento en materia de inversión: https://www.cnmv.es/DocPortal/GUIAS_Perfil/GuiaAsesoramientoInversion.pdf.

Consulta de la CNMV relativa a un sistema de clasificación de instrumentos financieros e identificación de productos especialmente complejos: http://www.cnmv.es/DocPortal/DocFaseConsulta/CNMV/docconsulta.pdf.

Consejo General de Economistas de España, EAF-CGE - Economistas Asesores Financieros: https://eaf.economistas.es/presentacion/.

Solicitud de autorización de empresas de asesoramiento financiero (EAF): https://eaf.economistas.es/modelos-normalizados-de-empresas-de-asesoramiento-financiero-eafi/.

Contrato de asesoramiento financiero: https://webcache.googleusercontent.com/search?q=cache:jRtCv_FATtMJ:https://www.economistas.es/contenido/EAF/CumplimientoNormativo/ContratoAsesoramientoFinancieroI.doc+&cd=1&hl=es&ct=clnk&gl=es.

Credit Suisse Research Institute, *Global Wealth Report 2018:* https://www.credit-suisse.com/corporate/en/research/research-institute/global-wealth-report.html.

Ernst & Young Global Limited - Wealth & asset management: https://www.ey.com/en_gl/wealth-asset-management; https://www.ey.com/Publication/vwLUAssets/EY-could-your-client-needs-be-your-competitive-advantage/$FILE/EY-could-your-client-needs-be-your-competitive-advantage.pdf.

Inverco, Asociación de Instituciones de Inversión Colectiva y Fondos de pensiones: http://www.inverco.es/.

Evolución del ahorro financiero de las familias españolas: http://www.inverco.es/40/42/46; http://www.inverco.es/archivosdb/1812-ahorro-financiero-de-las-familias-espanolas.pdf.

El 61% del ahorro de los partícipes se canaliza a través de fondos mixtos, globales o de renta variable, https://view.publitas.com/evercom/ndp-e-informe-patrimonio-y-participes-en-fondos-por-ccaa-anos-2018-nacional-05-06-2019/page/1.

J.P. Morgan Asset Management: www.jpmorganassetmanagement.es/.

Guide to the Markets: https://www.jpmorganassetmanagement.es/es/showpage.aspx? pageid=2.

PricewaterhouseCoopers International Limited (PwCIL). *Asset and wealth management:* https://www.pwc.com/gx/en/industries/financial-services/asset-management.html.

Asset and wealth management trends 2019: https://www.pwc.com/gx/en/ceo-survey/2019/Theme-assets/reports/ceo-survey-2019-asset-wealth-management.pdf.

Asset and wealth management revolution: Embracing exponential change: https://www.pwc.com/gx/en/asset-management/asset-management-insights/assets/awm-revolution-full-report-final.pdf.

Sink or Swim - Why wealth management can't afford to miss the digital wave: https://www.pwc.ch/en/publications/2016/PwC%20Wealth%20Management_Sink%20or%20Swim_Final.pdf.

Navigating the Unexpected, 2017 Annual Asset and Wealth Management Conference: https://www.pwchk.com/en/events/awm-conference-session-summary.pdf.

Banking and capital markets trends 2019: https://www.pwc.es/es/publicaciones/financiero/assets/banking-capital-markets-trends-2019.pdf.

Organisation for Economic Co-operation and Development (OECD). *Survey on measuring financial literacy and financial inclusion:* http://www.oecd.org/daf/fin/financial-education/2015finlitmeasurementexercise.htm.

G20/OECD INFE report on adult financial literacy in G20 countries: http://www.oecd.org/daf/fin/financial-education/g20-oecd-infe-report-adult-financial-literacy-in-g20-countries.htm.

World Economic Forum. *Retirees worldwide will outlive their savings by a decade - and women will fare worse:* https://www.weforum.org/press/2019/06/retirees-worldwide-will-outlive-their-savings-by-a-decade-and-women-will-fare-worse/.

TÍTULOS RELACIONADOS

Análisis de estados financieros consolidados, *A. Somoza López.*

Casos prácticos de dirección financiera, *M. Martín Fernández y P. Martínez Solano.*

Decisiones óptimas de inversión y financiación en la empresa, *A. S. Suárez Suárez.*

Dirección financiera I. Selección de inversiones, *F. Blanco, M. F. Ferrando y M.ª F, Martínez.*

Dirección financiera II. Medios de financiación empresarial, *C. Lassala Navarré, A. Medal Bartual, V. Navarro Miquel, V. Sanchis Berenguer y A. Soler Movilla.*

Dirección financiera de la empresa, *A. Partal Ureña, F. Moreno Bonilla, M. Cano Rodríguez y P. Gómez Fernández-Aguado.*

Dirección financiera de la empresa. Teoría y práctica, *J. L. Jiménez Caballero, C. Pérez López y A. de la Torre Gallegos.*

Dirección financiera del riesgo de interés, *L. Ferruz Agudo (coord.), M.ª P. Portillo Tarragona y J. L. Sarto Marzal.*

El asesoramiento financiero en Europa tras la MiFID II (I). Instrumentos y mercados financieros, *I. Pra Martos y R. Martín García (Coords.).*

El asesoramiento financiero en Europa tras la MiFID II (II). Carteras, regulación y fiscalidad, *I. Pra Martos y R. Martín García (Coords.).*

Estados financieros. Interpretación y análisis, *J. Palomares y M.ª J. Peset.*

Financiación del proceso emprendedor, *J. Hoyos Iruarrizaga y A. Blanco Mendialdua.*

Finanzas aplicadas al marketing, *D. Ruiz Palomo.*

Finanzas corporativas, *S. Durbán Oliva.*

Finanzas internacionales para la empresa, *J. J. Durán Herrera y F. Gallardo Olmedo.*

Gestión financiera en el sector turístico. Inversión y financiación a largo plazo, *R. García Villanueva, C. Pérez López y M.ª J. Piñas Azpitarte.*

Gestión y operativa bancaria, *F. J.Castaño Gutiérrez (coord.), M.ª T. Tascón Fernández y P. Castro Castro.*

Gestión y operativa bancaria. Cuaderno de ejercicios, *F. J.Castaño Gutiérrez.*

Gestión patrimonial avanzada. Planificación patrimonial, *J. Andreu Corbatón (coord.), S. Cano Berlanga, X. Cardona Tomás y F. González Navarro.*

Gestión patrimonial y banca privada. Manual del asesor financiero, *B. Vallejo Alonso y M. Solórzano García (Coords.).*

Gestión de riesgos financieros en la banca internacional, *A. Partal Ureña y P. Gómez Fernández-Aguado (coords.).*

Impuestos para todos los públicos, *F. J. Delgado Rivero y R. Fernández Llera.*

Instrumentos financieros. Los activos y pasivos financieros en el Plan General de Contabilidad 2007 (adaptado a las NIIF), *B. Torvisco Manchón.*

Introducción a la gestión patrimonial, *J. Andreu, S. Cano y X. Cardona.*

Introducción a las finanzas, *M.ª del C. Valls Martínez (Coord.).*

Introducción a las finanzas empresariales, *A. Partal Ureña, F. Moreno Bonilla, M. Cano Rodríguez y P. Gómez Fernández-Aguado.*

Inversiones financieras: selección de carteras. Teoría y práctica, *J. García Boza.*

La valoración ante un contexto de riesgo. La práctica empresarial, *S. Durbán Oliva.*

Matemáticas financieras, *J. García Boza (coord.).*

Matemáticas financieras en el nuevo PGC, *E. Bustos Contell.*

Opciones financieras, *M. Casanovas Ramón.*

Operaciones financieras avanzadas, *M.ª del C. Valls Martínez y S. Cruz Rambaud.*

Planes de previsión social, *J. I. de la Peña Esteban.*

Planificación financiera en la práctica empresarial, *S. Durbán Oliva, A. I. Irimia Diéguez, M.ª D. Oliver Alfonso y M.ª J. Palacín Sánchez.*

Prácticas de iniciación a las finanzas, *M.ª del C. Valls, F. Galán e I. María Parra.*

Problemas resueltos de matemática de las operaciones financieras, *J. García Boza, A. Déniz Tadeo, L. Jordán Sale, R. M.ª Cáceres Apolinario y O. Maroto Santana.*

Supuestos prácticos de dirección financiera, *J. F. Rosario Díaz, M.ª del M. Sánchez Cañadas y J. E. Trinidad Segovia.*

Teoría de la financiación II. OPT, estructura de capital y dividendos, *A. R. Gómez Calvet, J. A. Piñol Espasa, A. Reig Pérez y A. Rodrigo González.*

Teoría de la inversión, *F. Blanco Ramos, M. Ferrando Bolado y M.ª F. Martínez Lobato.*

Valoración de empresas y análisis bursátil, *A. de la Torre Gallegos y F. Jiménez Naharro.*